# 临朐年鉴

# LINQU YEARBOOK 2018

临朐县人民政府　主办

临朐县史志办公室　　编

方志出版社
Publishing House of Local Records

**图书在版编目（CIP）数据**

临朐年鉴.2018 / 临朐县史志办公室编. -- 北京：
方志出版社，2018.9
ISBN 978-7-5144-3282-4

Ⅰ.①临… Ⅱ.①临… Ⅲ.①临朐—2018—年鉴
Ⅳ.①Z525.24

中国版本图书馆 CIP 数据核字（2018）第 219716 号

**临朐年鉴（2018）**

**编　　者**：临朐县史志办公室
**责任编辑**：刘方圆
**出 版 人**：冀祥德
**出 版 者**：方志出版社
地址 北京市朝阳区潘家园东里 9 号（国家方志馆 4 层）
邮编 100021
网址 http://www.fzph.org
**发　　行**：方志出版社图书经销中心
电话（010）67110500
**经　　销**：各地新华书店
**印　　刷**：山东星海彩印有限公司
**开　　本**：889×1194　1/16
**印　　张**：21.81
**字　　数**：615 千字
**版　　次**：2018 年 9 月第 1 版　2018 年 9 月第 1 次印刷
**印　　数**：0001 ～ 1000 册

ISBN 978-7-5144-3282-4　**定价**：280.00 元

## 临朐县地方志编纂委员会

**名誉主任：** 顾建华

**主　　任：** 刘裕斌

**副 主 任：** 张惠玉

**委　　员：** 李　平　王明奋　赵　憬　李富华　张孝友　孟繁胜　邢岳文
傅光正　张　杰　谭茂村　谭　甲　杨维政　王学鹏　张佃平
梅传杰　马庆荣　赵洪军　邓大海　王宗功　孟凡政　李　萍
马光亮　孙中强　董树华　李　斌　袁海涛　王　楷　蒋发永
李　霞　高　帅　刘胜山　刘兆鹏　李本元　郭守平　鞠光明

## 《临朐年鉴（2018）》编审人员

**主　审：** 张惠玉

**副主审：** 李　平

**主　编：** 张孝友

**副主编：** 刘冠伟　程国栋

**编　辑：**（按姓名笔画排列）
王淑刚　刘传党　苏传宝　李海玲　张凤双　张世梅
张建政　郭太生　徐传国

# 编辑说明

一、《临朐年鉴（2018）》（以下简称《年鉴》）是中共临朐县委、临朐县人民政府主办的大型综合性政务工具书。旨在全面、系统、客观的反映临朐县政治、经济、社会等各方面的发展变化，反映临朐县地方特色，为各行各业提供咨询服务，为各级领导科学决策提供可靠依据，同时也为社会各界全面了解临朐提供丰富、准确、实用的地情资料。

二、《年鉴》的编纂，坚持以马列主义、毛泽东思想、邓小平理论、“三个代表”重要思想、科学发展观和习近平新时代中国特色社会主义思想为指导，实事求是的反映全县各行各业发展的历史进程。务求做到观点正确，内容翔实，分类科学，结构严谨，特点鲜明，语言精炼，文图并茂，实用性强。

三、《年鉴》主要记述2017年全县政治、经济、政法、军事、科技、教育、文化、体育、社会、人物等方面的内容，力求多层次、多角度、全方位的反映出全县的总体面貌和特点。

四、《年鉴》设类目、分目、条目三个层次。条目为记述的基本单元。为查阅方便，条目标题采用黑体字并加【】表示。

五、《年鉴》中涉及的省、市、县的内容，若未作特别说明，均指山东省、潍坊市、临朐县。

六、《年鉴》刊用的稿件，由临朐县各镇（街、园、区），县直各部门以及省、市驻临各单位提供，由专人撰写，并经供稿单位负责人审核。所用数据，以县统计局正式公布的数字为准，统计局未列入的，以部门认定的数据为准。

七、《年鉴》行文采用语体文、记述体，语言力求准确、精炼、朴实，做到文约事丰。使用规范化汉字、标点符号和标准计量单位。

八、《年鉴》的编纂工作，得到全县各有关单位的大力支持，在此深表谢意。由于水平有限，书中纰漏与不足在所难免，恳请广大读者批评指正，以使《临朐年鉴》编纂质量不断提高。

# 临朐县地图

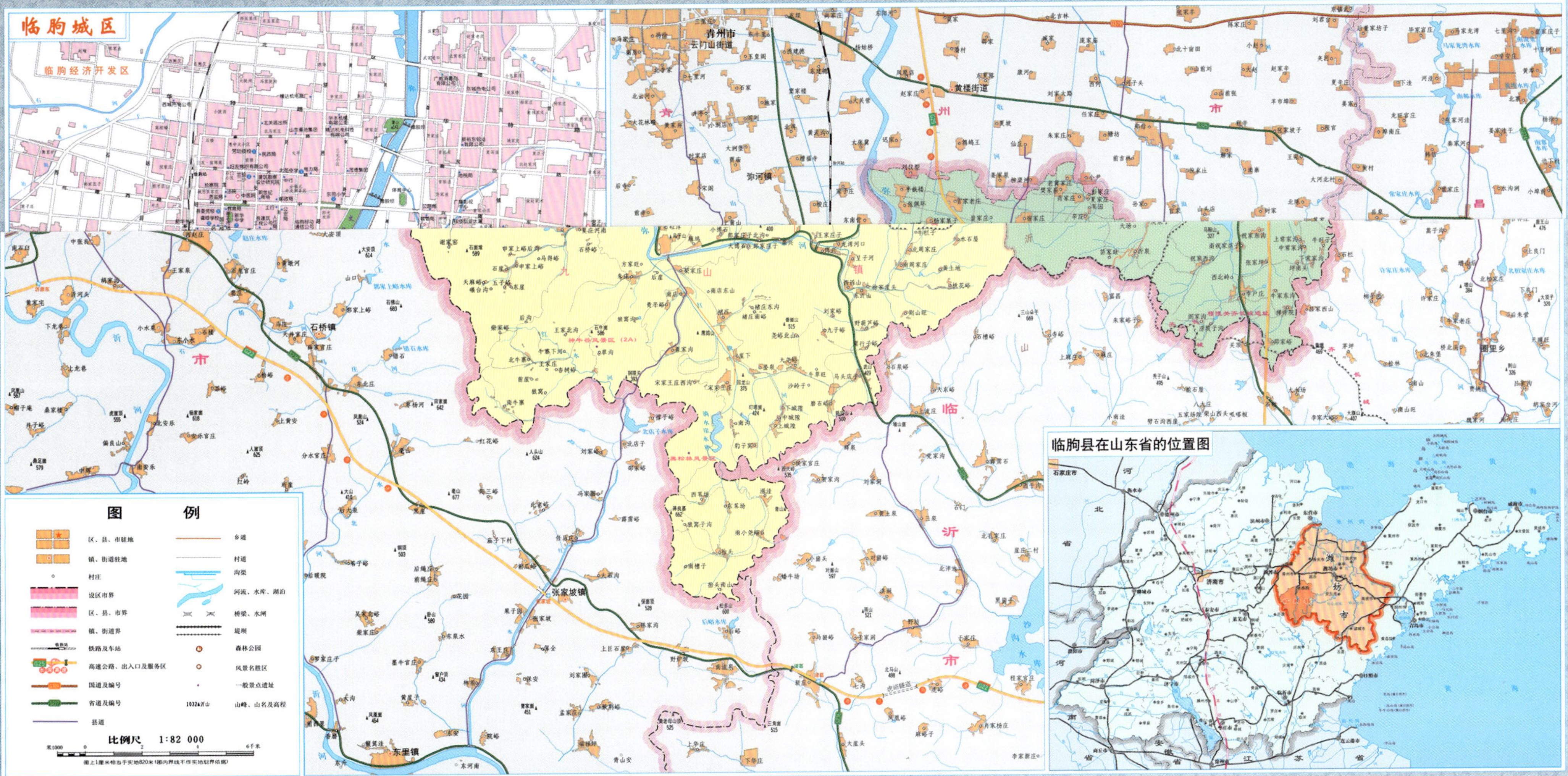



统一书号：1280754・365　2014年6月第1版　2014年6月第1次印刷　印数：0001-3000　定价：20.00元　覆膜：68.00元
鲁SG(2014)　号



临朐县国土资源局组编　山东省地图出版社编制・出版・印刷
电话：0531-88930993　邮编：250014
地址：济南市二环东路6090号

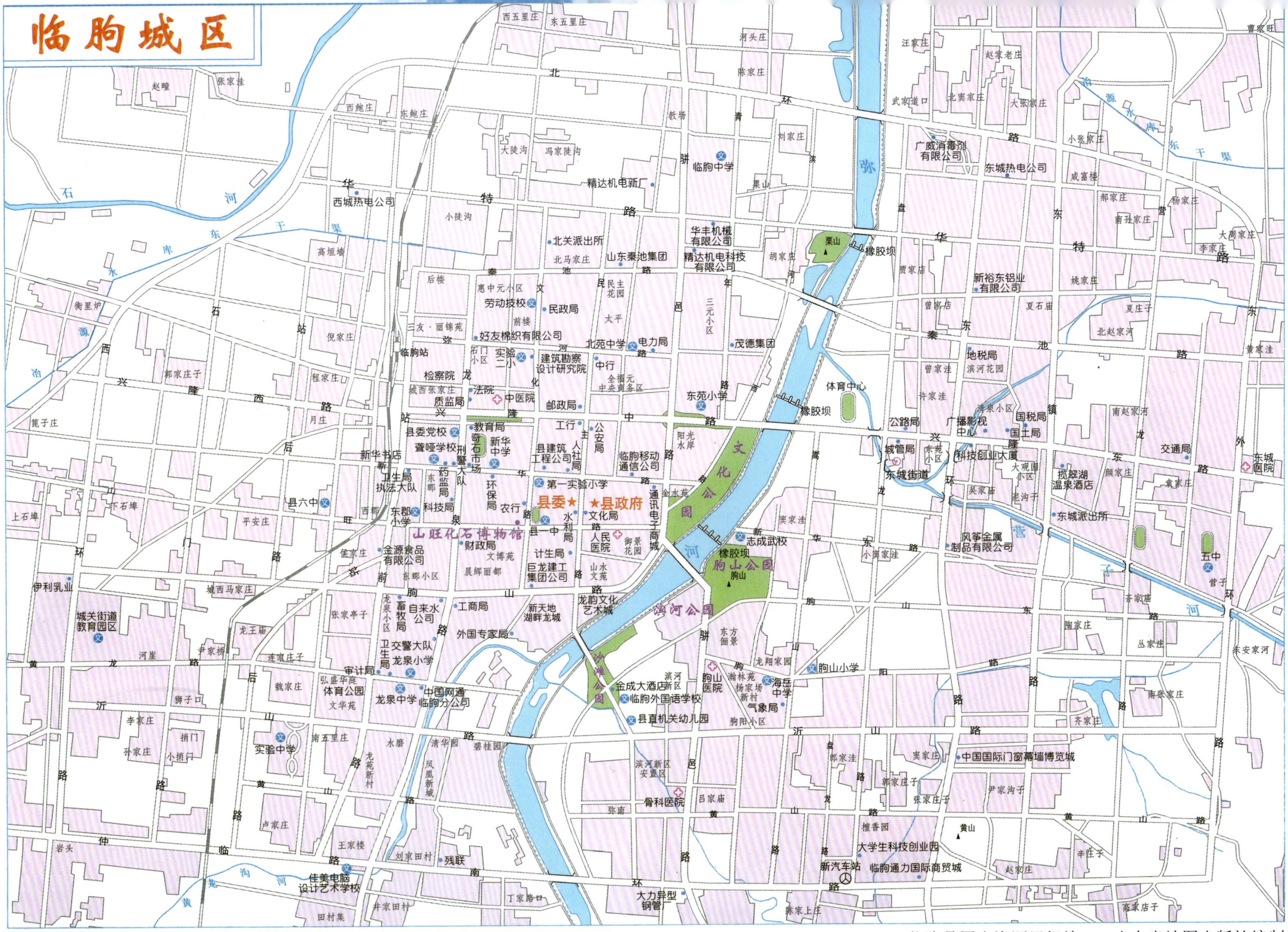


审图号：鲁 SG（2015）170 号

临朐县国土资源局组编　　山东省地图出版社编制

全国文化模范县
全国绿化模范县
国家级生态示范区
中国最佳生态旅游县
中国绿色名县
中国民间文化艺术之乡
中国观赏石之乡
中国（江北）铝型材第一县
中国铝型材产业基地
中国金融生态县
全国科普示范县
全国绿色能源示范县
全国科技工作先进县
中国优质果品基地重点县
全国果品生产百强县
全国牛奶生产50强县
全国造林绿化先进单位
全国生态农业建设县
全国生态农业试点县
全国山区综合开发试点县

# 临朐名片

LINQU HONORARY TITLE

- 全国生猪生产基地县
- 全国土地开发整理示范区
- 全国新农保工作试点县
- 全国群众体育工作先进县
- 国家园林县城
- 国家主体功能区建设试点示范县
- 全国农村学校艺术教育实验县
- 中国民间文化艺术之乡
- 全国计划生育优质服务先进县
- 国家智慧城市试点县
- 中国书法之乡
- 中国节能门窗产业基地
- 中国铝模板产业基地
- 中国铝合金装饰材料产业基地
- 国家火炬计划磁电装备特色装备产业基地
- 中国有机硅密封胶产业基地
- 中国大棚樱桃第一县
- 国家级出口食品农产品质量安全示范区
- 国家电子商务进农村综合示范县
- 全国暑期避暑度假类旅游目的地
- 全国财政管理先进县

2017年4月19日，山东省委农村工作领导小组副组长王军民（右二）在潍坊市委副书记、市长李宽端（右三）陪同下到临朐县调研
（供稿：临朐报社）

2017 年 8 月 23 日，山东省委常委、组织部部长杨东奇（左二）到临朐县调研组织工作服务生态文明建设情况

（供稿：临朐县委组织部）

2017年10月2日，黑龙江省政协副主席于莎燕（中）到临朐县寺头镇瑞庄村县委旧址等地考察（于莎燕系中共临朐县委第一任书记于杰之女）（供稿：临朐县史志办）

2017 年 7 月 10 日，潍坊市委书记、市人大常委会主任刘曙光（中）到临朐县对新项目建设、新旧动能转换进行调研　（供稿：临朐报社）

2017 年 3 月 17 日，潍坊市委副书记、市长李宽端（右二）到临朐县调研经济社会发展情况

（供稿：临朐报社）

2017 年 8 月 22 日，潍坊市政协主席苏立科（右二）到临朐县调研工业经济和委员企业发展情况

（供稿：临朐报社）

2017 年 10 月 27 日，潍坊市人大常委会副主任、临朐县委书记顾建华（中）到临朐农贸综合批发市场进行现场调度
（供稿：临朐报社）

2017 年 8 月 17 日，临朐县委副书记、县长刘裕斌（右一）到县智慧城市建设管理中心调研政务服务热线工作（供稿：临朐报社）

# 第五届中国（临朐）沂山文化节

## （2017 年 4 月 16 日——10 月 31 日）

2017 年 4 月 16 日，第五届中国（临朐）沂山文化节开幕式暨丁酉年东镇沂山祀山大典在沂山风景区东镇庙举行。山东省旅游发展委员会副主任张明池，潍坊市人大常委会副主任、临朐县委书记顾建华，潍坊市人民政府副市长马清民，潍坊市政协原副主席王庆德，临朐县委副书记、县长刘裕斌出席活动。顾建华宣布第五届中国（临朐）沂山文化节开幕，王庆德恭读祭文。省内外各界嘉宾 600 余人参加活动。

沂山文化节期间，举办了“放飞梦想”全民风筝放飞活动、沂山徒步大会、沂山美食节暨第二届“美丽厨娘”大赛、浙江卫视大型音乐真人秀节目“中国新歌声”全国海选走进沂山、沂山摄影大赛、百名画家画沂山、知名作家看沂山、“槐花飘香，舞动沂山”全县广场舞大赛、全县文化产品进景区等一系列体育文化娱乐活动。

◀ 山东省旅游发展委员会副主任张明池出席开幕式并致辞

◀ 潍坊市人大常委会副主任、临朐县委书记顾建华宣布第五届中国（临朐）沂山文化节开幕

（本栏照片由沂山风景区管委会提供）

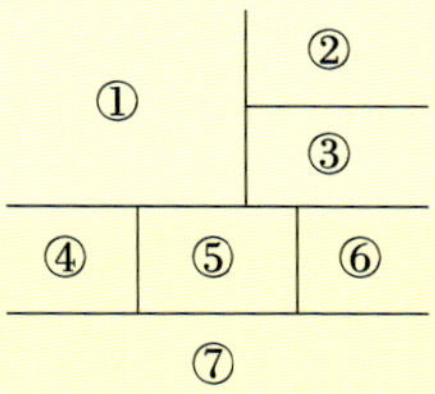


①潍坊市人民政府副市长马清民出席开幕式并致辞

②潍坊市政协原副主席王庆德恭读祭文

③临朐县委副书记、县长刘裕斌出席开幕式并致辞

④开幕式现场

⑤唐皇祀山仪式

⑥⑦开幕式表演

# 第五届中国（临朐）家居门窗博览会

2017年4月18日——20日

2017年4月18日，第五届中国（临朐）家居门窗博览会在国际门窗幕墙博览城开幕。全国政协委员、中国建筑金属结构协会会长郝际平，中国有色金属工业协会副会长文献军出席并致辞，中国建筑装饰协会副会长张京跃、坦桑尼亚国家住房总局局长 nehemiah mchechu（那贺米阿）、坦桑尼亚驻华使领馆全权代表 mr. saidi massoro（马萨罗）出席，临朐县委副书记田元君致辞。

开幕式上，中国模板脚手架协会、中国建筑装饰协会、中国有色金属加工工业协会分别授予临朐县“中国铝模板产业基地”“中国铝合金装饰材料产业基地”“中国节能门窗产业基地”称号。

博览会期间，举办了冬天里的春天—王志纲解码时代与未来商机专题讲座、第三届中国国际工程采购联盟供需合作高峰论坛、第四届中国绿色建筑与装配式被动房技术交流大会、中国模板脚手架协会第二届铝模板产业发展联盟会议、全国首届铝型材家居门窗幕墙涂装技术交流会等活动。

① ②
③ ④ ⑤
⑥
⑦

①中国节能门窗产业基地授牌仪式

②中国铝合金装饰材料产业基地授牌仪式

③全国政协委员、中国建筑金属结构协会会长郝际平出席开幕式并致辞

④中国著名战略咨询专家、智纲智库创始人王志纲作主题讲座

⑤临朐县委副书记田元君主持开幕式

⑥ 活动现场

⑦开幕式现场

（本栏照片由华建集团提供）

# 第六届中国（临朐）家居门窗博览会暨全铝家居展览会

2017年10月12日—14日

2017年10月12日，第六届中国（临朐）家居门窗博览会暨全铝家居展览会在国际门窗幕墙博览城开幕。国务院参事、中国有色金属工业协会会长陈全训，中国有色金属工业协会党委副书记、中国有色金属加工工业协会理事长范顺科，市人大常委会副主任、县委书记顾建华出席开幕式并致辞，中国有色金属工业协会副会长、山东魏桥创业集团董事长张波，国际铝协秘书长 Ron Knapp（罗恩·耐普），中国有色金属加工工业协会副理事长、山东创新集团董事长崔立新，中国家具协会秘书长张冰冰出席开幕式，临朐县委副书记、县长刘裕斌主持开幕式。

本届博览会突出“全铝家居”和“家居门窗”两大主题，普及全铝家居应用，推广绿色节能门窗，追求绿色健康生活方式。同期举办全铝家居、定制家居＋智慧生活、门窗设备采购对接会议、中欧节能门窗产业发展联盟成立大会等多元活动。

| | | |
|---|---|---|
| ① | | |
| ② | ③ | ④ |
| ⑤ | | |
| ⑥ | ⑦ | ⑧ |

①开幕式现场

②国务院参事、中国有色金属工业协会会长陈全训出席博览会并致辞

③潍坊市人大常委会副主任、临朐县委书记顾建华出席开幕式并致辞

④临朐县委副书记、县长刘裕斌主持开幕式

⑤中国有色金属工业协会党委副书记、中国有色金属加工工业协会理事长范顺科出席开幕式并致辞

⑥国际铝协秘书长罗恩·耐普出席博览会

⑦⑧博览会期间部分论坛活动

（本栏照片由华建集团提供）

# 山东省第四届乡村旅游节

（2017 年 9 月——11 月）

中国文联、中国杂技家协会赴临朐县慰问演出

开幕式文艺演出

电影《编外媳妇李小双》拍摄片场

2017 年 9 月 27 日，主题为“全域旅游 · 自由自在 · 好客山东 · 乡约临朐”的山东省第四届乡村旅游节在嵩山生态旅游区开幕。省旅游发展委员会产业促进处处长季将，省旅游行业协会秘书长尚玉轩，市旅游发展委员会副主任李相群，全国政协委员、国家一级演员巩汉林，临朐县委副书记田元君出席开幕仪式。

本届乡村旅游节与潍坊市“十一欢乐金秋游潍坊”主题活动同时举办，内容包括电影《编外媳妇李小双》开机仪式、齐鲁嵩山第三届蜜桃文化旅游节、2017 好客山东（临朐）乡村旅游商品大集等 16 项活动。

（本栏照片由嵩山风景区管委会、县文联提供）

山东省第四届乡村旅游节开幕式

## 城关街道
（2017）

- 总面积 90 平方公里
- 总人口 14.9 万人
- 财政总收入 4.27 亿元
- 一般公共预算收入 2.52 亿元

## 东城街道
（2017）

- 总面积 144 平方公里
- 总人口 12 万人
- 财政总收入 7.2 亿元
- 一般公共预算收入 4.2 亿元

**五井镇**
（2017）

- 总面积 102 平方公里
- 总人口 5.2 万人
- 财政总收入 2.16 亿元
- 一般公共预算收入 1.08 亿元

**冶源镇**
（2017）

- 总面积 153.2 平方公里
- 总人口 10.7 万人
- 财政总收入 8370.3 万元
- 一般公共预算收入 5016.1 万元

## 寺头镇
（2017）

- 总面积 276 平方公里
- 总人口 7.4 万人
- 财政总收入 3438 万元
- 一般公共预算收入 2041 万元

## 九山镇
（2017）

- 总面积 254 平方公里
- 总人口 5.3 万人
- 财政总收入 1764.7 万元
- 一般公共预算收入 1060.5 万元

## 辛 寨 镇
（2017）

- 总面积 230 平方公里
- 总人口 12.8 万人
- 财政总收入 10148.5 万元
- 一般公共预算收入 6444 万元

## 蒋 峪 镇
（2017）

- 总面积 178 平方公里
- 总人口 6.2 万人
- 财政总收入 1940 万元
- 一般公共预算收入 1271 万元

## 柳山镇
（2017）

- 总面积 97.1 平方公里
- 总人口 4.2 万人
- 财政总收入 1954 万元
- 一般公共预算收入 1227 万元

## 山旺镇
（2017）

- 总面积 108 平方公里
- 总人口 3.7 万人
- 财政总收入 3022 万元
- 一般公共预算收入 1604 万元

## 沂山风景区
（2017）

- 总面积 148 平方公里
- 总人口 2.9 万人
- 财政总收入 1509.5 万元
- 一般公共预算收入 887.2 万元

## 龙山高新技术产业园
（2017）

- 总面积 67 平方公里
- 总人口 3.5 万人
- 财政总收入 4435 万元
- 一般公共预算收入 2719 万元

## 嵩山生态旅游区
（2017）

- 总面积 89 平方公里
- 总人口 2.2 万人
- 财政总收入 1287.41 万元
- 一般公共预算收入 712.34 万元

2017 年 11 月，临朐县五井镇花园河村被评为“全国文明村镇”

2017 年 12 月，临朐县九山镇牛寨村被评为“全国生态文化村”

# 目 录
# CONTENTS

## 特　　载
Feature



## 大事记
Chronicle Events



## 全县概况
Overview of the Whole Country

# 中共临朐县委
Linqu County Committee of the CPC

## 临朐县人民代表大会
The People's Congress of Linqu County

## 临朐县人民政府
## The People's Government of Linqu County

## 政协临朐县委员会
Linqu County Committee of the CPPCC



## 中共临朐县纪律检查委员会
Linqu Commission for Discipline Inspection of the CPC



## 社会团体
Nongovernmental Organizations

## 军　事
## Military



## 法　治
## Government by Law

## 经济监督管理

Economic Supervision and Administration

## 农　业
Agriculture

## 工 业
## Industry

## 交通 邮政 通信
## Transportation Post and Telecommunication



## 建设 环保
## Construction and Environmental Production

## 商贸流通
Commerce and Trade Circulation

## 旅　游
Tourism



## 财税　金融
Fiscal Taxation and Finance

## 科学技术
Science and Technology



## 教 育
Education

## 文化 体育
## Culture and Sports

## 医疗卫生
Medical Treatment and Public Health



## 社会民生
Society Administration and Residents Living

# 镇（街、园、区）概况
Overview of Towns ( Communitys, Parks, Districts)

## 人 物
Personages



## 附 录
Appendix

## 索　引
Index

# 特载

## 顾建华
## 在全县经济工作暨大项目建设突破年动员会议上的讲话

（2017年2月3日）

今天这次会议，主要任务是贯彻落实中央和全省经济工作会议精神，总结去年工作，表彰先进，对今年全县经济工作和大项目建设突破年活动作出安排部署。春节刚过，在这里，我首先代表县委、县政府，向在座的各位并通过大家向全县的干部群众拜个年，祝大家鸡年大吉，吉祥如意，在新的一年里取得新的更大的成绩！向刚刚受到表彰的先进集体和单位表示衷心感谢和热烈祝贺！

过去的一年，全县上下紧紧围绕“又好又快、进位争先”工作总基调，认真组织实施“一四三五”思路举措，全县经济社会呈现出健康协调发展的良好态势，实现了“十三五”良好开局，在由省社情民意调查中心统一组织的2016年度全省各县市区群众满意度测评中，我县位居全市前列。一是经济保持较快增长。去年，全县实现地区生产总值261.1亿元，同比增长8%，增幅居全市第3位；完成固定资产投资330亿元，同比增长13.6%，增幅居全市第1位；预计实现社会消费品零售总额152.6亿元，同比增长11%；实现一般公共预算收入15.7亿元，同比增长12.1%，增幅居全市第1位；金融机构本外币存、贷款余额分别达到379.8亿元、232.6亿元，同比增长19.7%和5.4%，增幅均居全市第3位。二是质量效益明显提升。三次产业比重调整为13.9∶40.6∶45.5，其中第三产业占比较上一年提高2.1个百分点。企业效益进一步提升，全县259家规模以上工业企业实现主营业务收入437.3亿元、利税23.3亿元、利润13.9亿元，同比分别增长8.5%、11.5%和10.4%；特别是40家重点骨干企业利润和利税好于全市、全县平均水平，增幅均保持在20%以上。财政收入保持合理结构，税收收入、四大主体税种收入占公共财政收入的比重分别达到86.6%、50.6%，均居全市第1位。三是发展动能加快转换。“三招三引”成效显著，新引进落户投资过亿元项目20个，其中过5亿元项目8个、过10亿元项目4个。骨干企业带动能力不断增强，主营业务收入过亿元工业企业达到120家，实缴税金过千万元企业12家。科技支撑作用更加明显，新增市级以上创新研发平台15家，高新技术产业产值占比预计达到42%。大众创业万众创新取得新进展，新登记各类市场主体6171户、同比增长30.3%，注册资本（金）84.7亿元、同比增长61.5%。四是城乡发展更加协调。中心城区提升取得新进展，完成滨河西路、赋海街、黄龙沟桥改造等工程建设，实施站前路、营龙路等道路绿化亮化，新增绿地面积9万平方米。有序推进成熟存量土地开发，挂牌成交土地23宗、总面积936.6亩，完成房地产开发面积 210.5 万平方米。城镇化步伐进一步加快，全县城镇建成区面积达到 49 平方公里，常住人口城镇化率达到 50%，冶源、辛寨入选全国重点镇。新型社区建设成效明显，新建和改建 4 个城市社区、34 个农村社区，九山社区、寺头社区被确定为省级“农村新型示范社区”。五是生态环境持续改善。主体功能区战略深入实施，成功纳入“国家重点生态功能区”。全面启动新一轮“三八六”环保行动，工业点源深度治理、城建环卫精细管理、城镇废水综合利用等“十大环保工程”进展顺利，全县人居环境质量明显提升。去年，全县能耗和主要污染物削减量全部完成市级下达的节能减排任务，全年“蓝繁”天数达到 273 天，空气质量综合指数稳定在全市前列。大力实施造林绿化工程，新增造林面积 1 万亩，完成森林抚育 3.8 万亩，绿色生态品牌进一步打响。

去年，在全县广大干部群众的共同努力下，我县各项工作取得了新的成绩，许多重点工作实现了新突破。一是大项目建设实现新突破，伊利二期、高铁轨道大板、米兰之窗等 7 个项目竣工投产，总投资 76 亿元的抽水蓄能电站项目进入可研阶段，预计 2018 年下半年正式开工建设，总投资 20 亿元的中欧节能门窗产业园项目顺利推进，总投资 12 亿元的北江 • 鲁中农副产品批发交易市场项目完成签约选址。二是房地产去库存实现新突破，2016 年，我们审时度势，抢抓机遇，及时出台去库存政策，有力促进了房地产业健康发展。全县共消化房地产库存 5000 余套、65 万平方米，占年初库存量的 80%；房地产销售面积、套数增幅均保持 40% 左右，增幅在全市位居第一。三是棚户区改造实现新突破，完成魏家庄、皇山 2 个片区、1211 户居民搬迁，全县棚改任务开工率达到 100%，6 个货币化安置项目全部完成主体建设。在棚户区改造过程中，东城和城关党工委闯出了路子，创造了经验，作出了突出贡献，希望大家在新的一年里，学习借鉴他们的经验，大力推进棚户区改造工作，不断提升城市形象，进一步改善居民生活条件。四是美丽乡村建设实现新突破，全县 382 个村达到环境整洁村建设标准，99 个村达到生态文明村标准，60 个村达到美丽乡村标准，在全省城乡环卫一体化群众满意度电话调查中，我县取得全省第 23 名、全市第 1 名的好成绩，全市美丽乡村建设现场会和城乡环卫一体化建设现场会在我县召开。五是精准扶贫工作实现新突破，2016 年，全县实现精准脱贫 6192 户、13810 人，贫困人口脱贫率达到 84.5%，84 个省定贫困村全部摘帽，“党支部 + 合作社 + 贫困户”扶贫模式被新华社、大众日报等多家媒体报道，市委、市政府在我县召开现场会，推广我县脱贫攻坚经验做法。六是旅游业发展实现新突破，深入实施“旅游 +”三年行动计划，连续三年成功举办山东省乡村旅游节，集中打造了城关寨子崮、五井隐士、嵩山淹子岭和北黄谷等一批乡村旅游亮点村，被确定为“国家全域旅游示范区创建单位”。七是文化建设实现新突破，成功创评“中华诗词之乡”和“齐鲁诗词之乡”，大型现代周姑戏《淌水崖》在全市巡回演出，在 2016 年全省乡村文明、移风易俗群众满意度调查中，我县取得全省第 8 名、全市第 1 名的好成绩。八是“两河”开发取得新进展，建成汶河省级湿地公园，完成弥河冶源水库至县城段综合治理及两岸绿化工程，形成了连续 20 公里的绿色生态长廊。九是教育事业实现新突破，大力实施“全面改薄”工程，积极推进中小学幼儿园三年行动计划，新建改建中小学 8 所、标准化幼儿园 19 处，高考一本上线率和名生录取率均居全市第一位，14 名考生被清华大学、北京大学录取。十是党的建设实现新突破，县委作出关于开展向牛寨村党支部学习的决定，牛寨村党支部被省委授予“山东省先进基层党组织”荣誉称号，淌水崖水库纪念馆被确定为市委党性教育基地和全市青少年教育基地、爱国主义教育基地。

在肯定成绩的同时，还必须清醒地看到工作中存在的困难和问题，主要是：经济下行压力较大，部分行业企业经营困难；支撑全县经济发展的大企业大项目数量还比较少，带动作用还不够强；产业结构不够合理，产品市场竞争力不强，科技对经济增长的贡献率不高；带领群众致富奔小康的任务较重，群众关心的一些民生问题还需要下大气力解决；资源环境约束趋紧，土地、资金等瓶颈制约较为突出，等等。对以上问题，必须采取切实有效措施，认真加以解决。

2017 年是新一届党委政府的开局之年，也是全面实施“十三五”规划的重要一年。全县经济工作的总体要求是：坚持以党的十八大、十八届三中、四中、五中、六中全会和习近平总书记系列重要讲话精神为指导，以创新、协调、绿色、开放、共享五大发展理念为统领，认真贯彻落实县第十四次党代会精神，围绕“稳中求进、进位争先”和各项主要经济指标增幅高于全市平均水平的目标要求，以实施“大项目建设突破年”为总抓手，着力抓好供给侧结构性改革“一条主线”，突出抓好大项目建设、工业经济、新型城镇化、全域旅游、美丽乡村、脱贫攻坚“六项重点”，不断强化产业园区、改革创新、发展环境、依法治县、干部作风、基层党建“六个保障”，加快推进富强临朐、文化临朐、生态临朐建设。

经济社会发展的主要预期目标是：确保主要经济指标增幅高于全市平均水平、并位居前列，其中，地区生产总值增长8%左右，固定资产投资增长11%以上，一般公共预算收入增长10%以上，社会消费品零售总额增长11%以上，城镇和农村居民人均可支配收入分别增长8%和8.5%左右，全面完成节能减排和环境保护等约束性指标。围绕上述任务目标，重点抓好以下六个方面的工作：

## 一、以“大项目建设突破年”为总抓手，推动经济工作实现新突破

“大项目建设突破年”是今年全县工作的总抓手，对这项工作，县委、县政府高度重视，春节前进行了认真研究和充分论证，有关部门也做了大量工作，制定了方案，列出了清单，明确了责任。下步，全县上下要进一步统一思想，采取强有力措施，扎扎实实地推进。

（一）要形成高度共识。坚持“大项目带动”战略不动摇，我们已经讲了多年，持续抓了多年，也收到了明显成效，但是仍然有个别部门和对此认识不高、重视不够、抓得时紧时松。对此，有必要进一步统一思想，从以下五个方面形成共识。首先，抓大项目是进位争先、赶超先进的需要。在县十四次党代会上，我们明确提出了“稳中求进、进位争先”的目标要求。进位争先靠什么？最重要的就是靠抓大项目。近年来，经过全县上下的共同努力，我县经济有了很大发展，但与先进县市相比，我们还有很大差距。比如，与青州、高密相比，我们的面积、人口差不多，但我们的经济总量、地方财政收入等主要经济指标，大体是他们的一半左右。要缩小与他们的差距，如果继续按部就班、四平八稳，只能是越拉越远。只有抓大项目、抓好项目、抓大企业，才能逐步缩小与兄弟县市区的差距，进而实现赶超的目标。第二，抓大项目是转方式、调结构的必然要求。近几年，我县的转方式、调结构工作取得了很大成效，但企业管理粗放，技术相对落后，高耗能、高排放、低效益、低产出，仍然是我们面临的主要问题。通过抓优质大项目，提升工艺水平、优化产业结构、培植新的动能，是转方式、调结构的题中应有之义，也是我们当前工作的必然选择。第三，抓大项目是应对经济下行、企业强身健体做大做强的需要。一个企业能否在激烈的市场竞争中立于不败之地，大项目、好项目起着决定性作用。我们县内就有一些很好的例子，华建之所以不断提升、蓝帆之所以不断壮大、伊利之所以迅速膨胀、轨枕材料公司之所以突飞猛进，答案是一致的，就是他们都持续不断上大项目、上好项目。所以说，抓大项目、上好项目，是我们企业做大做强的根本之策。第四，抓大项目是致富奔小康、促进城乡均衡发展的需要。大项目建设具有现实和长远的拉动力，不仅能够充分拉动就业、致富百姓，而且，还可以提供强有力的财源，促进以工补农、以城带乡、反哺农村，进而实现城乡均衡发展。第五，抓大项目是临朐社会事业发展的迫切需要。我县基础差、底子薄、财力弱，教育、文化、卫生、体育等社会事业的发展相对滞后。要把社会事业、基础设施等方面的短板补起来，没有大项目的支撑、没有财力的保证，只能是一句空话。这些财力从哪里来？一方面要争取上级政策支持，另一方面必须要自力更生发展经济。因此，我们必须像抓作风建设一样，一年接着一年，持之以恒地抓好大项目建设，不断壮大我们的财力，为各项事业发展提供有力保证。对此，全县上下要不断增强责任感、紧迫感，做到思想上自觉、行动上积极、措施上有力，全力往前推进。

（二）要正确处理好五个关系。一要处理好招引大项目和现有企业新上项目的关系。对这两个方面，

各级各部门要同等重视、同等用力，既要努力推进新招引项目落地见效，也要对现有企业的转型升级项目抓住不放，做到统筹兼顾，同等对待。如果只片面重视招引，而忽视了现有企业转型升级和新上项目，那么工作就可能会出现偏向。二要处理好抓工业大项目和抓房地产项目的关系。工业大项目是主攻方向，是我们经济建设的战略支撑，必须牢牢抓在手上；房地产项目能够提升城市形象，改善居民的生活条件，为经济发展提供强有力支撑，为财政提供现实的财源，必须抓在手上、毫不放松。三要处理好当前和长远的关系。一方面要抓好龙头企业的转型升级项目，另一方面也要特别注重成长型企业的新兴项目，二者不可偏废。我们提出的“5141”工程，既有10大骨干财源项目和40家重点企业，还有10家成长型企业。如果说骨干企业是我们的参天大树，必须要培植好，那么成长型企业就是勃勃生长的幼苗，也必须要呵护好、支持好。只有这样，我们才能获得源源不断的后续财源和经济支撑。四要处理好落户“一区四园”和落户本地工业园区的关系。在项目落地上，大家要牢固树立全县“一盘棋”思想，总的要按照产业化集聚发展的思路布局项目，形成集团发展、集中突破、集成创新、集约服务的格局。要具体情况具体分析，支持鼓励各镇（街、园、区）在不违背主体功能区规划，符合绿色、安全、高效的前提下办好自己的产业园区，加快镇域经济发展。但局部要服从全局，眼前要服从长远。今年在大家自报、县里审定的基础上，确定了79个重点项目，下步要对项目库实行动态化管理，镇街提报的优质项目要及时纳进来，不行的项目要退出去，做到动态管理。五要处理好富民与强县的关系。我们抓项目、发展经济，目的就是两个，一是富民，二是强县。各级党委政府，尤其是主要负责，要牢固树立正确的执政理念，处理好富民和强县的关系，两个方面都要重视、都要抓好，决不能有失偏颇。要通过坚持不懈的努力，不断增强县域经济综合实力，提升人民群众的富裕程度。

（三）要精心组织推进。抓好大项目建设是一项系统工程，必须上下联动、左右配套，着力抓好五项保障措施。一要成立强有力的领导机构和办事机构。县里已经成立了大项目建设突破年活动领导小组，我和刘县长任组长，有关县级领导和部门的负责任成员；领导小组办公室由县委组织部和县考核办牵头，从县委督查室、县政府督查室、发改局、经信局、中小企业办、招商局等单位抽调人员、集中办公，加强对这项工作的日常协调调度。二要落实大项目责任制。今年的大项目已经拉出任务清单和责任清单，各镇街、县直各部门要按照分工，细化责任落实，加快时间进度，自我加压，确保完成任务。各级领导干部要发挥好带头作用，县级领导要盯紧靠上、加强监督，各镇街、部门主要负责要亲力亲为，以高度负责的精神，把大项目建设作为“一号工程”，牢牢抓在手上。三要强化推进机制。由县委组织部和县考核办牵头，县委办公室、县政府办公室、发改局、经信局等部门参与，每月对列入任务清单的大项目进行一次调度，拉出进度表，建立问题台账、进度台账、责任人履职台账，进一步加大工作推进力度。县大项目领导小组要在每季度最后一月25号左右，对列入清单的大项目进行集中调度，由县委、县政府主要领导带队，实地督察、现场推动。县考核办要提前5天拿出方案，报县委、县政府审核。四要严格考核奖惩。会上已经下发了今年科学发展考核的意见，在镇街2000分制考核中，拿出1000分作为对大项目的考核分值；在县直部门1000分制考核中，拿出200分作为服务大项目建设绩效的考核分值。要坚持考核导向与发展导向、用人导向、评先树优导向四个导向相一致，最大力度地把领导精力、资源向大项目建设倾斜，有力促进大项目的落实。五要加大宣传力度。由县委宣传部负责，县报社、电台、电视台、智慧临朐、政府网站等媒体，统一开设“来自大项目建设一线的报道”专题栏目，在重要版面、重要时段，每周至少报道2个在大项目建设推进过程中涌现出的先进镇街、先进部门和好项目、大项目，营造出浓厚氛围，为大项目建设鸣锣开道，提供强有力的舆论支持。

## 二、以“161”工程为重点，推动工业经济实现新突破

对下步的工业工作，我们要在全球、全国、全省的大背景下，在全行业的大背景下，来思考、谋划和

运作。当前，我国经济运行有四大特点，一是经济企稳态势比较明显，二是经济结构优化显著，三是企业效益逐步提高，四是市场供求关系逐步改善。我们要准确把握全县经济发展面临的宏观经济形势，大力实施“161”工程，即突出一条主线，抓好六个重点，搞好一个服务。

“一条主线”，就是供给侧结构性改革这条主线。企业生产的产品不是用来存的，也不是用来看的，而是用来卖的，而且要赚取利润，这是企业生存的必要条件。因此，每一个企业家都应该非常清醒地把握好市场需求，以市场为导向来设计产品、生产产品、调整产品。市场一旦发生变化，产品就必须变化，做到以变应变；如果盲目生产，企业就会走向衰败。在这方面，有很多活生生的例子，有正面的，也有反面的，我们县内有，外地也有。所以，企业必须以市场为导向，向市场提供优质有效的供给，这也是供给侧结构性改革的内涵所在。

“六个重点”：一要抓住人才和科研这个核心。企业产品的竞争，说到底是人才和科技的竞争。我县华建、华特、伊利、轨枕公司、宝龙达、东临新材料、恒彩、华艺等企业，他们从小到大、由弱变强的历程告诉我们，谁抓住了一流的人才，谁占领了同行业同类型产品的科技制高点，谁就会永远立于不败之地。因此，各位企业家要盯住同行业高层次人才，千方百计引进来，为我所用，从而不断提高企业和产品的核心竞争力，这是企业发展的百年大计。二要加强企业管理。管理是企业永恒的主题，企业就像一台机器，能不能有效运转，管理调度至关重要。因此，每一个企业家都要研究企业管理，眼睛向内，练好内功。要通过走出去学习、请进来传授等方式，加强对成本管理、人力资源管理、安全风险防控管理、企业经济运行数据分析管理等方面的学习，打造一支懂经营、会管理的企业家队伍，实现企业低成本、高效益运行。在这方面，大家要向蓝帆、华建、联科、雷奥、万豪等企业学习。有关部门要深入调查研究，挖掘典型经验，引导全县广大企业家加强管理、降低成本。三要深化企业改革。对企业改制，大多数企业家认识是到位的，但也有个别企业认为改制后企业信息透明、不能暗箱操作等等，导致工作不主动、不积极，进展较为缓慢。实践证明，企业改制，是我们的企业走向规范化、进而做大做强的关键一步，不仅能够解决企业管理不规范、融资难、融资贵、资金紧张等问题，而且会激发企业长久发展的活力。今年，县金融办、经信局等部门要下大气力抓好企业规范化改制工作，这是为我县企业走向强大的奠基之举。希望广大企业、特别是规模以上企业，要把眼光放远一些，胸怀宽一些，积极参与到这件既利己又利众的大事中来，通过改制，让企业逐步完善、逐步规范、逐步做大做强。四要抓好品牌建设。品牌是一个企业的名片。从某种程度上说，品牌就是质量，就是影响力，就是市场，就是竞争力和效益。比如，蓝帆今年实施品牌创新战略，通过“实业 + 资本”“创新 + 品牌”，取得了显著成效。其他企业也要高度重视品牌创建工作，积极学习借鉴蓝帆、华建、华特等企业的先进经验，力争使我县企业产品在争创驰名商标等方面有一个大的提高。近几年，县市场监管局工作积极主动，对这项工作的推进力度非常大，下步要继续为企业品牌建设搭好台、牵好线、搞好服务，推动我县企业创出过硬品牌，实现更好发展。五要抓好行业协会工作。这几年我县铝型材、雕塑、磁电、胶业先后成立了行业协会，在行业自律、规范企业、服务企业、协作发展方面发挥了重要作用。县民政、经信、中小企业办等部门，也都发挥了很好的服务指导作用，工作值得充分肯定。特别是中小企业发展促进会，通过举办论坛、创立刊物、交流座谈等方式，研讨企业发展重大问题，开展企业精准帮扶，工作很有成效。下步，要总结推广现有的经验做法，更好地发挥行业协会服务、协调、帮扶作用，实现企业合作共赢、共同发展。六要抓好工业化和信息化融合。现代企业的发展离不开高度发展的信息化手段。经信等主管部门要把这项工作列为今年工业经济工作的重点，围绕如何实现有效融合，加大对企业的指导培训力度。各位企业家要主动研究、主动融入，通过信息平台、电子商务等方式，推介企业，推销产品，改造企业装备，提高企业素质，让信息化为企业插上腾飞的翅膀。

“一个服务”，就是以政府为主导的为企业全程服务。一是牢固树立为企业服务的理念。各级各部门要把为企业服务作为自己的分内工作，真正想企业所想，办企业所需，决不能光喊口号、没有行动。二是大力推行服务企业经理人制度。对全县259家规模以上企业，每一家都要派1名副科级干部担任服务企业经理。县里已经制定出台了具体意见，县委组织部要会同县经信局、中小企业办，建立工作台账，提出明确要求，确保落实到位。服务企业经理人每月要至少到企业2次，对企业存在的问题，自己能够解决的立即解决，解决不了的报给包片经理协调解决；包片经理解决有难度的，报县委、县政府协调解决，决不能久拖不决。要像抓“千名干部进千村、入万户、察民情、解民忧”活动一样，扎扎实实抓好这项工作的落实，实现企业与政府的有效对接，进一步建立起为企业服务的长效机制和畅通机制。三是各部门要各司其职、形成合力。企业在项目立项、建设、生产经营过程中，会遇到很多具体问题，关键是要服务到位、主动服务。要把大项目建设和服务企业问题作为督导督查、纪律问责的重点，坚决克服慢作为、不作为和乱作为现象，推动企业健康快速发展。县纪委、县软环境办要设立公开电话，及时受理企业投诉，对工作拖沓、设卡子、办事效率低、作风漂浮等问题，要发现一件，查处一件，确保问题解决到位。要抓几个反面典型，进行公开曝光、公开问责，该组织处理的组织处理，该纪律处分的纪律处分，决不能让影响发展的人逍遥自在。

## 三、以棚户区改造为重点，推动新型城镇化实现新突破

要以促进城乡均衡发展为目标，抓住国家大力推进棚户区改造这一有利时机，统筹推进中心城区、小城镇、农村新型社区建设。

*一要大力度抓好棚户区改造*。今年的棚改任务已经明确，全年改造5000户，货币化安置率70%以上。这项工作是重大民生工程，群众关注度高，必须全力以赴、保质保量地完成。要按照尊重群众意愿，以街道、镇村为主体，市场化运作的要求，坚持依法、有情、合理的原则，稳妥推进棚户区改造。各责任镇街要进一步完善政策，制定方案，配强队伍，切实加快推进房屋搬迁安置、土地征收等前期工作，促进项目早日开工。要切实抓好安置工程建设，县棚改工作领导小组要加强协调调度，突出质量安全管理，确保搬迁居民尽快回迁入住。要强化资金保障，县发改、财政、住建、国土等部门要准确把握政策信息，搞好项目包装上报，加强与国开行、农发行、建设银行及有关商业银行的对接，用足用好上级财政资金，积极争取政策性贷款。要不断拓宽资金来源渠道，探索利用PPP、BOT等融资模式，鼓励引导民间资本通过投资参股、委托代建等形式参与棚户区改造，进一步强化资金保障。

*二要着力提升中心城区*。要高起点规划，围绕建设“山水园林宜居城市”，加快推进县城控制性详细规划编制，完善城市功能分区和空间布局规划，进一步拓展城市发展空间。要高标准建设，尽快打通南环路东段、沂山路西段、文化南路、民主路北段、粟山路、黄龙路等“断头路”，改造提升弥河两岸堤坝路；组织实施仲临路新线绿化、兴隆弥河大桥桥体亮化等工程，规划建设一批绿荫停车场和公共卫生间；积极推进海绵城市和地下综合管廊建设，有序组织实施城区道路雨污分流改造，提升城市载体功能。要实施好龙泉小区、东郡小区等老旧小区改造，加强物业管理，改善群众居住条件。要高效益经营，有序推进成熟存量土地开发，引导鼓励企业建设高品质楼盘，力争年内新开工房地产开发面积50万平方米，实现房地产开发面积160万平方米。要加强房地产市场监管整顿，开展房地产领域易发问题专项治理，规范开发、销售、中介等行为，促进房地产业持续健康发展。要坚定不移做好去库存工作，进一步完善《关于化解房地产库存、促进房地产业持续发展的意见》，延长激励政策期限，释放住房刚性需求，防止市场大起大落。要在加快农村居民市民化、扩大有效需求的基础上，引导房地产企业积极发展养生、养老、旅游等地产，多渠道、多方式消化库存。要高水平管理，加快“智慧临朐”建设，启动城区违法建设三年治理行动，深入开展市容市貌、交通秩序、建筑垃圾清运等专项整治，提升城市精细化管理水平。

*三要积极培育特色城镇*。各镇街要立足实际，发挥比较优势，突出抓好城镇规划和建设，打造各具特

色的工业强镇、农业大镇、商贸重镇、旅游名镇。要按照“一镇一业、一镇一品”要求，着力培植特色优势产业，规划建设特色产业园区，以产业聚人气，以园区带镇区，努力建设经济强镇。要抓住全省创建60个特色小镇的机遇，搞好九山薰衣草小镇等特色镇村建设，积极申报省级、国家级传统村落、历史文化名镇和美丽宜居镇村。要坚持“镇当城建”理念，加快集中供热、供气等基础设施配套，扎实推进学校、医院、养老机构等公共服务设施建设，提升区域集聚带动能力。要加强道路交通设施建设，组织实施好仲临路（五井至沂源段）大修和冶伦路、冶五路大修工程，年内完成潍九路（县城至冶源段）、东红路（辛寨南至沂水段）改建工程立项。加快推进农村公路网化工程建设，年内完成新建、改建农村公路290公里，构筑便捷、畅通、安全的城乡公路交通体系。

四要持续抓好社区建设。农村社区，要认真落实“一五五”三年行动计划，由县委组织部牵头，县民政、住建部门参与，进一步调整优化我县农村社区布局，形成科学合理的农村社区规划。各镇街要坚持从实际出发，区别不同情况，明确不同标准，整合资源，加大力度，不断完善社区服务功能，年内开工建设农村新型社区11个，完善提升农村社区服务中心11个。要认真学习借鉴嵩山生态旅游区“一个中心村、一个村委会、一个社区服务体系” 的三位一体经验做法，坚持以服务群众为主线，在服务功能上进一步完善，在建设标准上因村制宜、区别对待、实事求是，真正把出发点落脚点放在联系群众、服务群众、方便群众、带领群众致富奔小康上。要把完善社区服务与党群服务体系建设结合起来，加大职能下放、干部下沉、资源下移力度，拓展服务领域和种类，大力开展便民利民服务，提高社区服务水平和质量。城市社区，要坚持以“三有一化”为目标，以“四全一特”为要求，以兴隆、李家庄、吴家庙、滨河四个社区为重点，加快推进基础设施配套，加强综合管理服务中心和信息化服务平台建设，促进社区正常规范运行。

### 四、以创建全域旅游示范县为重点，推动现代服务业实现新突破

要不断做大做强旅游产业，巩固提升传统服务业，大力发展新兴服务业，推动服务业发展提速、比重提高、层次提升。

一要积极推进全域旅游。要围绕创建“国家全域旅游示范区”，大力实施“旅游+”行动计划，扎实开展“全域旅游创建工作推进年”活动，建设全县旅游集散中心和旅游数据中心，抓好冶源、嵩山、九山、沂山、寺头等全域旅游示范点建设，提升全域旅游发展水平。要按照“打生态牌、念山水经、唱文化戏、走特色路”的总体要求，抓好“三山两园一谷”等重点景区改造提升，积极推动宋香园生态旅游世界、淹子岭、官护山、凤凰谷等新景区开发建设，加快推进石门坊、老龙湾创建国家4A级景区。要大力发展乡村旅游，打通环西南部乡村旅游专线，持续抓好城关寨子崮、九山牛寨、五井隐士、嵩山北黄谷和淹子岭、沂山上寺院等乡村旅游点开发，增强我县乡村旅游吸引力。要强化旅游宣传营销，精心筹办第四届山东省乡村旅游节和沂山文化节、石门坊红叶节、嵩山桃花节等节会活动，着力引进知名品牌赛事，打响“灵气所钟、山水临朐”品牌。要深化旅游综合改革，成立县旅游发展委员会，整合旅游资源，组建文化旅游公司，实行“投资、建设、管理、运营”一体化运作，增强旅游发展活力。

二要大力发展文化产业。宣传、文化等部门要搞好文化产业发展规划，制定关于加快文化产业发展的实施意见，积极申报创建国家和省、市文化产业示范基地，推动文化产业差异化、特色化发展。要以奇石、雕塑、红木工艺、临朐手绘年画四大特色文化产业为重点，深入实施重大项目、特色园区、骨干企业带动战略，集中力量培育一批文化龙头企业，提升一批文化专业市场，建设一批具有较强示范效应和产业拉动作用的文化产业项目，推动临朐文化产业扩规模、提档次。要着力提升华艺雕塑、恒彩数码、宽惠红木等骨干文化企业规模，抓好中国奇石城二期项目运营，带动特色文化创意产业集聚发展，形成具有较强竞争力的文化产业集群。要发挥文化对其他产业发展的提升作用，积极推进文化与旅游、工业、城市建设、美丽乡村建设等融合发展，进一步彰显临朐的文化魅力。

三要提升商贸流通业。要按照“城内大商场、城

外大市场、镇村连锁店”思路，着力提升商业发展质态，推动城乡居民消费上档升级。要提升城市商业中心服务功能，建成运营佳乐家综合商务楼、隆达商业广场，积极推进鼎基国际城市广场建设。要进一步完善江北物流城功能布局，搞好陶瓷市场搬迁，加快鸿运物流园、汽车4S店集中发展区和农贸综合批发市场建设进度，提升专业市场发展层次和规模。要加快推进镇级商贸中心和农村商品配送中心建设，支持银座华兴、金丰农资积极延伸链条，进一步完善城乡流通体系。要大力发展电子商务，完善县电子商务产业园载体功能，强化电商人才培训，努力争创省级电子商务示范县。

四要积极发展新兴服务业。要培植发展金融业，加快引进外地股份制银行、证券公司，规范发展小额贷款公司、融资性担保公司、民间融资机构等新型地方金融组织，鼓励金融机构到镇街、社区设立分支机构，提高普惠金融服务的广度和深度。要大力发展会展经济，办好中国（临朐）家居门窗博览会、观赏石博览会等展会活动，以会展促进交流、拉动经济增长。要紧紧围绕社区居民生活需求，大力发展修理修缮、家政服务、医疗服务、养老托老等新型业态，着力构建多层次、多形式、多渠道的社区服务产业发展格局。

## 五、以美丽乡村建设为重点，推动农村改革发展实现新突破

要把深化农业供给侧结构性改革作为农业农村工作的主线，不断改善农业基础条件，调整农业结构，优化农民人居环境，推进农村经济发展，促进农民致富奔小康，全面提高新农村建设水平。

一要推进美丽乡村建设。要以落实“三化四好五美”为目标，深入实施美丽乡村建设三年行动计划，推动美丽乡村建设从抓点连线向全域覆盖，确保年内新建美丽乡村60个、生态文明乡村200个，力争全县50%以上的村庄达到生态文明村建设标准。要继续坚持典型引领、示范带动，突出抓好精品村建设，确保每个镇街至少建成2个精品村，带动全县面上工作开展。要突出产业带动，大力发展规模种养和乡村旅游，打造一批“一村一品”“一村一业”示范村，促进村集体和农民收入持续增加。要深化“一三六三”乡风文明培育工程，积极开展“新农村新生活”“善行义举四德榜”“星级文明户”创评等活动，进一步提高群众精神文明素养。要完善长效建管机制，通过政府购买服务、财政补助、产权改革等多种形式，健全完善美丽乡村投入、运营、激励机制，确保美丽乡村建设常抓不懈。

二要深化农业供给侧结构性改革。深化农业供给侧结构性改革是今年农村工作的主线。我县农业基础良好、特色鲜明，但是结构不合理、产出效益低、难以适应市场需求的问题比较突出。必须加快推进农业供给侧结构调整，把增加绿色优质农产品供给放在突出位置，着力培育壮大奶牛、黄烟、有机果品、生态观光农业等特色优势产业，着力抓好各类示范园区建设，推动我县农业向优质高端迈进。年内新发展优质果品基地1万亩，落实黄烟种植面积2.3万亩，新增“三品一标”农产品5个以上。要围绕“吃得安全、吃得放心”，狠抓农产品质量安全监管，搞好农产品标准化生产，争创“国家农产品质量安全县”。要大力实施农业品牌引领工程，集中打造临朐大樱桃、九山苹果、杨善西瓜、嵩山蜜桃等一批区域性特色产业品牌，尽快推出临朐农业区域公共品牌，提升我县农产品核心竞争力。

三要加快农业结构调整。要坚持以市场为导向、以科技为支撑、以服务为保障，不断加快农业产业结构调整步伐，引导支持农民因地制宜发展适销对路产品，推动农民收入持续较快增长。要围绕提质增效、农民增收，向开发农业多种功能要潜力，深入发展农产品精深加工和特色加工业，积极发展休闲农业、农村电商等新兴服务业，加快一二三产业深度融合发展。要加大财政扶持力度，培育壮大农业龙头企业、农民合作社、家庭农场等经营主体，加快发展适度规模经营，拓宽农民致富门路。要积极发展“互联网＋现代农业”，加强与阿里、淘宝、京东等平台合作，加快培育一批特色电商村、电商镇，拓宽农副产品销售渠道。镇村负责要紧密结合各自实际，认真研究农业结构调整这件事情，优化种植结构，加强技术培训，搞好产前产中产后服务，构筑我县农业发展新优势。

四要夯实农业发展基础。要加强农田水利设施建设，组织实施好小农水重点县、高标准农田、小流域

治理、农业综合开发等项目，全面完成27座小型水库除险加固，进一步改善农业生产条件。要狠抓农业资源环境突出问题整治，搞好畜禽养殖废弃物处理和资源化利用，加强农业面源污染防治。要大力推进农业科技创新、装备水平提升和信息化改造，加强农业生产技能和科技培训，提高农业科技含量。要进一步深化农村产权制度改革，有序推进农村集体经营性资产改革，建立健全土地承包经营权抵押融资制度，做好农村土地承包经营权确权登记颁证后续工作，激发农业农村发展活力。

## 六、以脱贫攻坚为重点，推动民生保障实现新突破

要以打赢脱贫攻坚战为抓手，坚持以人为本，扎实做好保障和改善民生工作，不断提高群众的幸福感和满意度。

一要全面完成脱贫任务。要把发展产业、促进就业作为带领群众脱贫致富奔小康的重点，认真落实贫困线与低保线“两线合一”，强化教育、医疗、住房等政策兜底作用，确保年内兜底完成脱贫攻坚任务。要健全完善项目收益与贫困户利益链接机制，确保2016年度141个扶贫项目一季度全部完工，力争2017年度扶贫项目上半年全部开工建设。要按照精准扶贫、精准脱贫的要求，突出抓好产业扶贫，大力推行“党支部＋合作社＋贫困户”扶贫模式，加快特色种养、农村电商、乡村旅游等扶贫产业培育，实现村集体经济壮大、贫困户脱贫、合作社发展三方共赢。要全面推行建档立卡贫困户精细化管理，规范做好贫困人口脱贫退出工作，确保贫困户真脱贫、脱贫户不返贫。

二要协调发展社会事业。要牢固树立教育优先发展理念，以“全面改薄”和破解“大班额”为重点，深入实施“中小学幼儿园三年行动计划”，新建、改扩建龙泉中学、朐阳学校、蒋峪初中等中小学和幼儿园30处，进一步改善办学条件。要加强卫生基础设施建设，推进县中医院、糖尿病医院改扩建工程，建成启用县妇幼保健院，改造提升基层卫生院（室），满足群众医疗需求。要大力发展文化事业，深入实施“十百千”文化人才培训工程，高水平举办第四届群众文化艺术节，完成历史动漫剧《东镇沂山传奇》制作播出，打造一批具有临朐特色的文艺精品。要进一步加大民生投入力度，着力抓好重点民生工程，开工建设县民兵训练基地、县文化中心和新档案馆，改造提升县体育中心，建成启用大关水厂等，提升群众幸福指数。

三要提升社会保障水平。要强化就业托底作用，进一步完善支持促进就业的政策措施，突出抓好高校毕业生、城镇失业人员、退役军人、贫困人口等重点群体就业创业工作，确保实现新增城镇就业4000人，转移农村劳动力7000人。要严格落实社会保险扩面征缴各项政策，加强社会保险管理服务，不断扩大社会保险覆盖范围。要大力发展社会福利和慈善事业，扎实做好城乡低保、特困人员供养、医疗救助、临时救助等工作，加大对残疾人的康复救助、生活保障力度，搞好县社会福利服务中心运营，提高特殊困难群体关爱救助实效。要健全完善社会养老服务体系，突出抓好镇街敬老院改造提升和农村幸福院建设，年内完成景福养老护理院项目并投入运营，推进养老事业健康发展。

完成上述六项重点工作，任务艰巨，责任重大。全县上下要准确把握中央和省、市经济工作会议对当前工作的总体要求，进一步统一思想，坚定信心，加强领导，明确责任，不断增强做好经济工作的责任感和紧迫感，确保各项任务不折不扣落到实处。要着力抓好以下六项保障措施：

第一，要进一步推动园区转型升级。园区是经济发展的主阵地，项目建设的主平台。去年，县里出台了加快开发区创新发展的实施意见，各级各部门要认真抓好落实，特别是要立足“一区四园”各自发展定位，按照产城一体思路，落实“飞地”政策，完善服务功能，更大力度推进设施配套、项目集聚、产业提升，推动园区上档升级。各园区要坚持走特色化、差异化发展道路，围绕现有主导产业，着力建链、强链、补链，加快形成主业突出、特色鲜明的产业聚集区。要大力实施“突破龙山”五年行动计划，按照“规划引领、分步实施、重点突破、集约发展”的思路，集中优势资源，制定扶持政策，抓好组织领导、力量配备、资源配置、工作推进等各项工作，着力引进一批投资规

模大、科技含量高、带动能力强的龙头型项目，培强壮大新材料、铝型材深加工、高档汽车配件等主导产业，努力将龙山高新技术产业园打造成百亿级产业聚集区和高新技术示范区。要进一步加强镇街工业园区的改造提升，打造要素集聚、优势明显的产业板块。

第二，要进一步深化改革创新。一要全面深化改革。要认真贯彻中央和省、市委全面深化改革决策部署，积极稳妥推进各项改革试点工作，力争在重点领域和关键环节的改革方面取得突破。要加快推进综合行政执法改革，完善事中事后监管制度，建立综合监管体系，推动“双随机、一公开”监管年内实现全覆盖。要做好省现代预算管理制度改革试点工作，理顺县镇两级财权事权和支出责任配置，全面提高税收征管水平，推动财政稳定增收。要深化文化教育、医疗卫生、创业就业、社会保障等领域改革，让群众有更多的认同感和获得感。二要强化创新驱动。要深化产学研合作，引导支持企业加强创新平台建设，加快新技术、新产品、新工艺研发应用，年内力争实现产学研项目合作20项以上，新建市级以上创新平台5家以上，申请专利400项以上。要大力实施人才强县战略，加大高层次人才培养引进力度，鼓励企业采取兼职聘用、联合攻关、项目合作等方式，加快培养集聚一批科技领军人才、高技能人才和创新团队，增强创新发展能力。三要扩大对外开放。要抓住国家实施“一带一路”建设、中非合作计划等机遇，加快东兴跨境电商产业园建设，建成肯尼亚、乌干达等“海外仓”，引导支持企业积极走出去开拓国际市场，推动铝型材、轨枕、水泥等优势产品出口快速增长，确保全年完成进出口总额27亿元，实际利用外资3.3亿元。要坚持一企一策，加快完善企业自营进出口手续，着力壮大外贸进出口企业队伍，力争年内新增进出口备案企业60家。

第三，要进一步优化发展环境。一要打造宜居宜业的生态环境。要以我县被确定为“国家重点生态功能区”为契机，全面落实主体功能区规划，进一步优化空间布局。要持续深化“三八六”环保行动，积极推进工业点源深度治理等“十大环保工程”，切实改善生态环境。要持续加强弥河、汶河“两河”保护开发，组织实施弥河北段综合治理和汶河流域生态旅游开发工程，争创弥河国家湿地公园。要大力开展植树造林，以荒山、水系、镇村、园区为重点，新增造林1.1万亩、森林抚育2.3万亩。二要打造安商富商的政务环境。要加快推进“放管服”改革，进一步清理行政审批事项，简化优化公共服务流程，激发各类市场主体的活力。要开展行风专项整治，完善涉企投诉受理和调查处理快速反应机制，从严查处不作为、乱作为、缓作为，让广大投资者放心投资、放手发展。三要打造宽松活跃的创业环境。要认真落实各类扶持政策，积极培育创新创业主体，最大限度释放潜能与活力。要强化创业平台建设，发挥县中小企业创业产业园示范带动作用，加快推进大学生创业孵化基地、全福元商贸服务业创业园等载体建设，为各类创业群体搭建良好平台。

第四，要进一步推进依法治县。要加快推进依法治县进程，带动全社会形成办事依法、遇事找法、解决问题用法、化解矛盾靠法的良好环境。一要加快推进法治建设。要坚持依法行政，深入实施政府权力清单和责任清单制度，提升各级干部运用法治思维和法治方式的水平。要认真做好“七五”普法工作，推进县镇公共法律服务中心建设，使尊法学法守法用法成为全社会的良好习惯。二要坚决守住安全底线。要严格落实“党政同责、一岗双责、齐抓共管、失职追责”要求，持续推进安全生产标准化规范化建设，开展“大快严”集中行动和“打非治违”专项行动，严防各类安全事故发生。要以创建省级“食品安全先进县”为抓手，加强食品药品安全监管，切实保障人民群众“舌尖上的安全”。要深化平安临朐建设，强化社会治安综合治理，对各类违法犯罪行为露头就打、见芽就掐，全力维护社会大局稳定。三要着力改进信访工作。要加强矛盾纠纷排查，综合运用来信、来访、网络等手段，对发现的问题早介入、早化解，力争解决在基层、解决在萌芽状态。要加强社会稳定风险评估，开展领导干部基层群众工作日活动，畅通群众诉求表达、利益协调、权益保障渠道，有效化解矛盾、降低风险。要加大信访积案化解力度，积极做好信访事项听证工作，依法严厉打击非访行为，最大限度减少不和谐因素。

第五，要进一步转变工作作风。要继续围绕解决“三个不够高、四个不够强”问题，持续开展干部作风教育整顿，在全县大力弘扬“同心同德、艰苦奋斗、自强不息、开拓创新”的淌水崖水库精神，真正让“临朐发展，我的责任”成为全县党员干部的座右铭。一要强化责任担当。各级各部门要牢固树立“等不起”的机遇意识、“慢不得”的忧患意识、“坐不住”的责任意识，对重点工作、疑难问题盯上靠上，不回避、不推诿、不敷衍，以转变作风的实际成效凝神聚力、干事创业、加快发展。要紧紧抓住想干事、敢干事两个关键点，完善政绩考核评价体系，特别是按照“三个区分开来”的要求，落实好容错纠错机制，坚决查处诬告陷害行为，为想干事、能干事、干成事的人提供舞台、创造条件，最大限度地激发各级干事创业的积极性。二要坚持领导带头。干部作风是抓出来的，更是带出来的。各级领导干部要切实发挥好模范带头作用，要求别人做到的，自己首先做到；要求别人不做的，自己坚决不做。要亲力亲为，率先垂范，做到既当指挥员、又当战斗员，既当教练员、又当运动员，决不能只挂帅、不出征，当甩手掌柜，坚决刹住自己干不好还说风凉话的不良风气。要一级带着一级干，一级做给一级看，通过领导带头、以上率下，推进各项工作高效落实。三要狠抓现场调度。各级党员干部要多跑基层一线、多到项目现场、多下生产车间，做到干部在一线指挥、工作在一线推进、措施在一线落实、问题在一线解决、成效在一线检验。要继续大力推行“三个重点”调度推进机制，对大项目建设、工业经济、新型城镇化、全域旅游、美丽乡村、脱贫攻坚等重点工作、重点项目和重点工程，强化督查调度，及时跟踪问效，确保各项工作一抓到底、卓有成效。四要坚持典型带动。要注重在工作中挖掘典型、发现典型、培养典型、推广典型，认真总结、宣传、推广一批各行各业涌现出来的先进典型和经验，通过抓两头、带中间，促进工作平衡开展。

**第六，要进一步加强基层党的建设。**党的根基在基层，活力源泉也在基层。要按照全面从严治党的要求，认真研究新常态下基层党建的新思路、新举措，着力破解发展难题，打造坚强有力的战斗堡垒。一要强化基层党建工作责任。要健全完善党建“三个清单”和项目化推进“3+1”工作机制，全面开展镇村党组织书记述职评议考核，认真落实基层党建约谈制度和常态督导检查机制，确保基层党建各项工作任务落实到位。二要扎实推进党群服务体系建设。要大力推广嵩山生态旅游区“一中心村一村委会一社区” 的“三位一体”做法，规范提升“服务到社区”和“两托管一代办”为民服务机制，积极搭建“互联网 + 党建”工作平台，抓好新一轮包村联户和选派“第一书记”工作，深入推进向牛寨村党支部学习和“千名干部进千村、入万户、察民情、解民忧”活动，增强联系服务群众实效。三要提升村级治理能力。要进一步理顺社区、村党组织设置，依法依规搞好村“两委”换届选举，选优配强村级班子，提升农村党组织运行水平。要加强后进村治理整顿，按照不低于10%比例，倒排相对后进村，严格落实县委常委、镇街党政班子成员分工包靠责任，确保按期转化销号。要认真落实“四议两公开一监督”“阳光议事日”、村级事务决策执行监管等制度规定，积极开展村级审计督查，有效巩固农村“三资”清理规范、“两清理、两规范”活动成果。四要加强党员队伍管理。要大力实施“素质升级”工程，全面推行村党组织书记“四诺履职”和农村党员积分制管理，更好发挥党员先锋模范作用。同时，要积极抓好区域化党建和“两新”组织党建工作，扩大党建工作的覆盖面和影响力。五要抓好党风廉政建设。要严格落实党风廉政建设党委主体责任和纪委监督责任，建立健全巡察领导机制和工作机制，切实抓好领导干部经济责任审计、建立廉政档案等工作，确保权力在阳光下运行。要驰而不息正风肃纪，组织开展“为官不为”等专项整治，加大违法违纪案件查办力度，加强党性党风党纪教育，着力营造崇廉尚洁的良好氛围。

同志们，完成今年的经济工作，任务艰巨，责任重大。县委、县政府要求，全县上下要进一步坚定信心、振奋精神，自强不息、攻坚克难，为圆满完成今年的任务目标，建设富强临朐、文化临朐、生态临朐做出新的更大贡献！

（县委办公室）

# 政府工作报告

## ——2018年1月16日在临朐县第十七届人民代表大会第二次会议上

临朐县县长　刘裕斌

### 2017年政府工作回顾

2017年是新一届县政府工作的开局之年。一年来，在县委的坚强领导下，在县人大、县政协的监督支持下，县政府紧紧团结和依靠全县人民，认真组织实施“一二五六”思路举措，锐意进取，真抓实干，较好地完成了县十七届人大一次会议确定的目标任务。预计实现地区生产总值280亿元，同比增长8%；一般公共预算收入16.3亿元，增长11.8%；社会消费品零售总额173亿元，增长9.3%；外贸进出口总额30.3亿元，增长24.7%；金融机构本外币存款余额438亿元、贷款余额264亿元，分别增长15.4%、13.4%；城乡居民人均可支配收入分别达到31822元、15978元，分别增长8.4%、8.7%。被授予“中国节能门窗产业基地”“中国铝模板产业基地”和“中国大棚樱桃第一县”等称号。

（一）大项目建设实现新突破。深入开展“大项目建设突破年”活动，开工建设大项目89个，完成投资75.6亿元。34个项目被列入市“四个城市”建设重要支撑项目，抽水蓄能电站项目列入省重大项目库；高铁轨道大板二期、伊利高端液态奶二期等46个项目投产或试产。招商引资成效显著，新引进落户过亿元项目29个。大项目和骨干企业支撑带动作用进一步凸显。华建集团上缴税金突破2亿元，伊利乳业、山水水泥、高速轨道设备材料、蓝帆新材料等企业实现税收过亿元，5家工业企业实现税收占全县税收的28.8%。

（二）园区建设取得重大进展。抢抓北京疏解非首都功能机遇，发挥主导产业优势和龙头企业引领作用，创新“园区+招商主体”的模块化、组合化招商模式，强力推进中欧节能门窗产业园和铝模板产业园建设，引进落户产业链高端企业26家。加快实施“突破龙山”战略，“一区四园”基础设施更趋完善，载体平台功能持续增强，产业聚集度显著提高，园区成为转型发展的主阵地和经济发展的增长极。

（三）棚户区改造加速推进。紧抓棚户区改造重大机遇，全面完成11个片区、5000户年度棚改任务，安置楼开工率100%，棚改工作综合评价位居全市前列。调整棚改体制机制，实行“县里主导、街道实施、社区（村）自改”的棚改新模式，提前启动2018年棚改任务，粟山、齐家庙等1524户完成搬迁，为打赢棚改“三年会战”奠定了基础。顺应市场需求，有序科学供地，新开发房地产面积97.6万平方米，房地产市场保持平稳健康发展。

（四）发展动能加快转换。积极构建现代产业体系，三次产业比重调整为13.5：40：46.5。“工业强县”战略深入实施，完成工业技改及新上项目固定资产投资130亿元，新增改制企业76家、挂牌企业6家，40家重点骨干企业主营业务收入、利润、利税分别增长26%、45%、50%。铝型材产业集群入选全省先进制造业集群转型升级示范项目，磁电产业集群被评为省级产业集群。科技创新能力持续增强，达成产学研合作20项，新增省、市创新平台和海外研发中心17家，泰山产业领军人才引进实现突破，4人入选鸢都产业领军人才。县检验检测中心、山东华铝实验室通过国家认可委员会认证。现代农业加快发展，新流转土地1.8万亩，新增农民专业合作社180家、农业示范园区和家庭农场49个，新认证“三品一标”农产品品牌6个，创建为“国家级出口食品农产品质量安全示范区”。现代服务业提质发展，北江·鲁中农副产品交易市场一期、隆达商业广场和兴隆大厦基本建成，成功举办第五届、第六届中国（临朐）家居门窗博览会。新设立电子商务镇村服务站65处，被评为“国家电子商务进农村综合示范县”。“旅游富县”战略深入推进，“国家全域旅游示范区”创建扎实有效，环西南部旅游专线、宋香园生态世界等重点旅游项目进展顺利，成功举办第四届山东省乡村旅游节，被评为“山东省千万市民游乡村重点县”和“全国暑期避暑度假类旅游目的地”。

（五）城乡统筹一体发展。完成南环路、营龙路、龙高路续建工程，新增城区绿化29.7万平方米，拆除违法建设7.4万平方米，新建城市公厕10处，新施划停车位1.2万个，城市承载力进一步增强。扎实开展省级文明县、省级卫生县城“双城同创”，创卫工作通过省级暗访，城区环境面貌大为改观。建成新型农村社区13个，改造提升社区服务中心26个。新建美丽乡村60个、生态文明村180个，完成农村改厕4.8万户，城乡环卫一体化成果不断巩固。九山薰衣草小镇入选省级“特色小镇”，蒋峪镇入选省级“美丽宜居小镇”，牛寨村被评为国家级“宜居村庄”，花园河村被评为“全国文明村”。大沂路、东红路中修工程全面完成，滨九路、仲临路大中修工程基本完工。新改建农村公路296公里，县乡公路生命安全防护工程全部完成。在全国率先运营城市共享新能源汽车，群众出行更加方便快捷。

（六）生态环境明显改善。大力实施“生态立县”战略，全力抓好中央和省环保督察问题整改，完成10吨及以下燃煤锅炉“清零”，西城热电、绿能供热、蓝帆新材料等5家企业燃煤锅炉完成超低排放改造，取缔“散乱污”企业187家，立案查处环保违法案件960起。空气质量优良天数达到249天，较上年增加26天。着力加强森林防火体系建设，护林防火能力进一步提高。实施饮用水水源地保护行动。全面实行“河长制”，强力推进畜牧禁养区关闭搬迁，扎实开展“清河行动”，“八乱”治理取得阶段性成效。

（七）民生福祉持续增进。不断加大民生投入，民生支出占公共财政支出的比重达到83.7%。脱贫攻坚成效显著，44个扶贫项目全部建成，1280户、2584名贫困人口在现行标准下全部实现脱贫。持续加快教育事业发展，新改建龙泉中学等中小学幼儿园29处，以公办普惠为主体的学前教育办园体制基本形成，10名学生被清华、北大录取。县妇幼保健院投入使用，县中医院门诊病房综合楼建成主体。建成村（社区）综合文化服务中心、文体广场339处，县全民健身中心主体完工，成功举办群众文化艺术节、沂山文化节等系列活动，被命名为第五批“山东省民间文化艺术之乡”。华艺雕塑作品荣获“第十三届中国民间文艺山花奖”。社会保险扩面征缴，新增参保人员4219人。养老服务机构“公建民营”“医养结合”试点工作扎实推进，县社会福利服务中心投入运营。圆满完成年度征兵任务，军民融合深度发展，被评为“军民融合产业先行示范区”。统筹推进安全生产、食药监管、社会治安防控，社会大局保持和谐稳定。其他各项社会事业都取得了新进展。

（八）政府效能不断提升。扎实推进“两学一做”学习教育常态化制度化，深入开展“作风建设年”活动，实施服务企业经理人制度。深化“放管服”改革，公布首批“零跑腿”和“只跑一次”事项204项，取消县级行政权力事项124项、盖章类手续65项，综合执法改革深入推进。认真办理人大代表议案、建议和政协提案，按期办结率100%。大力支持监察体制、司法体制改革。加强法治财政建设，深入推进财政预算管理改革，被评为“全国财政管理先进县”。强化政府投资工程、土地招拍挂、政府采购等领域监管，政风行风持续好转。严格落实“一岗双责”，党风廉政建设和反腐败工作扎实推进。

各位代表，一年来，我们战胜了诸多困难，经受了各种考验，取得了令人鼓舞的成绩。成绩的取得，归功于上级党委、政府和县委的坚强领导，离不开县人大、县政协的监督支持，得益于县里老领导、老的关心帮助，凝聚着全县广大干部群众的心血与汗水、理解与支持。在此，我代表县政府，向所有参与、支持临朐发展的们、朋友们，表示衷心感谢并致以崇高的敬意！

同时，我们也清醒地看到，发展中还面临不少困难和问题，主要是：支撑经济发展的大项目、好项目还不够多；产业转型升级、新旧动能转换任务艰巨；企业规范发展的水平不够高，科技对经济增长的贡献率不够大；城乡发展不平衡、不协调；开放发展的程度和水平还不高；发展用地、资金、人才等要素制约依然突出；部分政府公务人员主动作为、主动担当的作风还不强，工作效率还不高，等等。对此，我们将采取有力措施，认真加以解决。

## 2018年主要任务目标

2018年是贯彻中共十九大精神的开局之年，是改革开放40周年，是决胜全面建成小康社会、实施“十三五”规划承上启下的关键一年。今年政府工作的总体要求是：全面贯彻中共十九大精神，以习近平新时代中国特色社会主义思想为指导，坚持新发展理念和高质量发展要求，以供给侧结构性改革为主线，以新旧动能转换、推进“四个城市”建设和实施“四大战略”为统领，按照“进位争先、加快崛起，确保各项主要经济指标增幅高于全市平均水平并位居前列”目标要求，以推进“大项目建设突破年”活动为抓手，以开展“作风建设年”活动为保障，着力稳增长、促改革、调结构、惠民生、防风险，推动质量变革、效率变革、动力变革，加快建设富强临朐、文化临朐、生态临朐，持续增进民生福祉。

主要预期目标是：地区生产总值增长7%以上，一般公共预算收入增长10%以上，固定资产投资增长8%左右，社会消费品零售总额增长10%左右，外贸进出口总额增长10%，城镇登记失业率控制在3%以内，城乡居民人均可支配收入分别增长8%、8.5%左右。全面完成年度节能减排降碳约束性指标。

完成上述任务目标，我们有动力，有信心，有决心，更有毅力。中共十九大绘就的宏伟蓝图，鼓舞人心、催人奋进；习近平新时代中国特色社会主义思想，为我们开启新征程、谱写新篇章举旗定向、掌舵领航。国家“一带一路”建设和省、市新旧动能转换、“四个城市”建设等一系列战略的实施，为实现高质量发展提供了重大机遇和政策红利。在加快富强临朐、文化临朐、生态临朐建设进程中，我们咬定发展不放松，攻坚克难提质效，产业结构持续优化，发展动能加快蓄积，发展活力加速释放，县域综合实力大幅提升，“进位争先、加快崛起”正当其时。只要全县上下践行新理念，想在一起、干在一起，砥砺奋进、接续奋斗，就一定能够实现高质量发展！

## 坚定不移推进大项目建设

始终把大项目建设摆在突出位置，持续深化“大项目建设突破年”活动，坚持“大抓项目、抓大项目”，以大项目带动大投入、大作为，促进大突破、大发展。

*大力推进项目建设。*围绕提高大项目开工率、竣工率和达产率，筛选确定县级大项目清单，认真落实“五个一”领导包靠机制和“三个重点”调度推进机制，明确时间节点，分类精准施策，全力推动项目建设提速提效。强力推进抽水蓄能电站、500千伏输变电工程、县文化中心等项目建设，积极推进华建高性能特种铝材、伟盛高端工业铝材、鑫珂海洋生物医用敷料等项目扩能增效，确保北江·鲁中农副产品交易市场、县中医院门诊病房综合楼等项目建成运营。立足镇街产业资源优势，统筹筛选培育一批大项目、好项目，加快差异发展、特色发展，不断增强镇域经济实力。强化精准调度、现场办公、跟进督导、观摩点评，压紧压实责任，集中力量集中突破，以大项目建设的新成效加快县域经济发展。

*持续加强招商引资。*坚持把招商引资作为加快崛起的关键，牢牢抓在手上不放松。依托中欧节能门窗产业园、铝模板产业园载体平台，发挥龙头企业在信息、人脉、品牌等方面的优势，进一步完善招商模式，加快筛选引进大项目、好项目。编制重点招商项目清单，调整充实专业招商队伍，聚焦世界500强、央属省属和知名品牌企业，以京津冀、江浙沪、珠三角等区域为重点，大力开展产业招商、以商招商、精准招商，对接引进一批投资强度大、带动能力强、税收贡献大的优质项目，年内引进投资过亿元项目20个以上，其中过3亿元项目10个以上、过10亿元项目2个以上。

*强化资源要素保障。*坚持问题导向，有效破解瓶颈制约。积极推进工矿废弃地复垦利用，加快实施城乡建设用地增减挂钩项目，多措并举盘活闲置低效用地，优先保障大项目建设。创新投融资方式，探索财政资金、社会资本、信贷资金综合利用机制，加强PPP项目运作，确保重点项目建设资金需求。大力推

行“网上审批”“并联审批”，切实提高项目手续办理效率。深入研究上级产业政策和投资导向，加大项目谋划储备力度，加强对上沟通衔接，力争更多项目进入国家和省、市“盘子”，借势借力加快发展。

## 持之以恒抓好工业经济

坚持 “工业强县”战略不动摇，深入实施“5141”工程，推动工业经济转型升级、提质增效，不断壮大工业整体实力。

推进产业集聚发展。围绕提升有色金属高端加工、机电、新能源新材料等五大优势产业，加快建设特色园区，推动产业规模膨胀、层次提升。全力推进中欧节能门窗产业园和铝模板产业园建设，抓好落户项目建设运营，加快强链补链项目引进，打响铝材区域品牌。按照省定新标准申报设立化工园区，推动产业转型发展、安全发展。以鑫珂海洋生物为依托，着力引进医用敷料、化妆品等产业链项目，规划建设甲壳素产业基地。立足市场、技术、资源优势，积极推进高速轨道设备产业园落地建设。深入实施“突破龙山”战略，抓好二期项目区规划建设，加快铝材深加工、新材料、高档汽车配件等产业集聚发展。持续推动“一区四园”转型升级，打造特色突出、竞相发展的载体平台。

培强做大骨干企业。以骨干财源项目、重点骨干企业和成长型企业为抓手，着力扶优培强，力争年内规模以上工业企业实现主营业务收入、利税均增长10%以上。支持华建铝业、伊利乳业、高速轨道设备材料、山水水泥、蓝帆新材料、雷奥新能源等龙头企业膨胀规模、高效发展，做大纳税过亿级企业群体。以华特磁电、宝龙达、恒彩数码等企业为重点，鼓励企业走“专精特新”发展路子，培育打造一批行业“隐形冠军”。加快改造提升传统产业，引导秦池、万豪、华艺雕塑、红叶地毯等企业聚焦“四新”、促进“四化”、实现“四提”，增创发展新优势。

强化科技人才支撑。深化产学研合作，积极推进铝业研究院等科研机构建设，年内完成产学研合作15项以上。发挥企业创新主体作用，年内申报省、市技改项目10个以上，完成工业技改和新上项目固定资产投资150亿元以上，新认定省、市创新平台10家以上，争创国家铝型材及门窗制品质量监督检验中心，完成国家铝型材产品质量提升示范区创建。发挥人才基金引领作用，着力引进一批高层次领军人才。弘扬“工匠精神”，选树一批“沂山工匠”“首席技师”，实施大学生集聚工程，助推产业转型发展。

提升企业发展水平。大力实施品牌战略，积极争创驰名商标和山东名牌。深入推进省级“两化”融合贯标和“企业上云”试点，鼓励企业加快建设“数字车间”和“智能工厂”。全面完成企业改制任务，加快构建现代企业管理制度。持续推动企业挂牌上市，年内新增挂牌企业5家。加大金融支持实体经济力度，年内新增贷款30亿元以上。深入实施服务企业经理人制度，精准高效服务企业发展。大力弘扬企业家精神，加强新生代企业家队伍建设，创新完善培养激励机制，提高企业经营管理水平。

## 着力提升城市品质

坚持“规划引领、产城融合，建管并举、统筹推进”，不断提升城市品质内涵，努力打造“山水园林宜居城市”。

强力推进棚户区改造。把棚户区改造作为“一号工程”，坚持“大片区规划、大片区搬迁、大片区开发”，集中优势力量，统筹各方面资源，全力打好棚户区改造攻坚战。严格执行棚改政策，依法公正阳光操作，高效推进海岳新区、北苑、弥南等片区8000余户居民搬迁改造。高标准搞好搬迁片区规划设计，高质量抓好安置楼建设，统筹产业布局、教育医疗及公共服务配套，把棚改工程打造成品牌工程和群众满意的民心工程。

不断增强城市承载功能。完成城市总体规划完善报批，高标准编制城市特色风貌专项规划，推进控制性详细规划全覆盖。坚持以人为核心推动城市建设，加快海岳新区和滨河新区规划建设，启动粟山生态文化公园、弥河城市湿地公园建设，推行人性化布局，配套建设邻里中心、休闲娱乐、特色商业等服务设施，打造低密度、有内涵的城市样板新区。结合棚户区改造、产业园区建设和重点项目建设，新改建、续建南环路、沂山路、弥河路等13条道路，有序建设城市慢行系统，规划建设粟山弥河大桥，改善群众出行条件。统筹实施地下综合管廊、海绵城市建设和雨污分流改造，拓展城区供水、供气、供热覆盖范围。完成黄龙沟改造工程，新改建“口袋公园”、街头绿地、绿荫停车场等8处以上，完成绿化美化10万平方米以上。新建便民市场4处。改造老旧小区4处。引进知名房地产企业，大力推广绿色建筑，加快建设高品质楼盘，进一步释放刚性需求和改善性需求，确保房地产业持续健康发展。

*提升城市精细管理服务水平*。积极稳妥推进城市管理体制改革。实施城市管理“5+6”标准化建设，深入开展市容市貌、环境卫生、渣土运输等专项整治，加大城市违法建设治理力度，大力提升园林绿化管护、基础设施养护、市政公用服务和城市净化亮化水平，确保成功创建省级卫生县城。开展交通秩序管理提升行动，加强宣教提示、柔性执法，规范优化各类交通标识标牌，施划停车位2000个以上，着力解决“停车难”和道路拥堵问题。深化“智慧临朐”建设成果拓展应用，积极推进“物联潍坊”试点建设。加强物业企业服务监管，努力实现居民小区物业管理全覆盖，打造样板物业4处以上。加大城市管理宣传力度，营造“朐城是我家、管理靠大家”“同在一座城、共爱一个家”的浓厚氛围，形成共建共享共管的城市管理长效机制。

## 繁荣发展现代服务业

围绕服务业提质发展，加快推动传统业态转型和新兴业态培育，努力实现服务业比重提高、结构优化、水平提升。

*推进旅游业突破发展*。突出规划引领，深入实施“旅游富县”战略，全面落实“旅游+”三年行动计划，以“三山两园一谷”开发建设为重点，加快核心景区服务设施配套，建设县旅游集散中心和大数据中心，确保顺利通过“国家全域旅游示范区”创建验收。抓好揽翠湖净心谷、辛寨凤凰谷、研学旅行基地等重点项目建设，打造九山薰衣草小镇、嵩山露营小镇等旅游特色小镇，提升五井隐士、寺头福泉、九山牛寨等乡村旅游示范村运营水平。加快推进旅游体制机制改革，整合沂山、嵩山、石门坊、老龙湾等旅游资源，引进有实力的投资机构和专业经营团队，切实搞好县文化旅游集团实体化运营。以济南、青岛、潍坊等地为主攻方向，组织举办大型推介活动，加强与各大旅行社的深度合作，吸引更多游客前来观光旅游和休闲体验。高水平举办第五届山东省乡村旅游节、第六届沂山文化节、石门坊红叶节等节会活动，不断提升临朐旅游知名度、美誉度和影响力。

*推进服务业转型发展*。抓好隆达商业广场、兴隆大厦招商运营，建成佳乐家综合商住楼主体，完善城市核心商圈功能。大力发展会展经济，市场化运作窗博会、观赏石博览会等展会活动。大力发展现代金融，探索建设金融孵化器，打造金融产业和资本集聚洼地。加快推进电子商务进农村，抓好县镇村三级公共服务体系建设，新建提升农村电商服务站点200处以上，实现镇级全覆盖、中心村覆盖率70%以上；打通优质农产品上行通道，确保农产品网络交易额增长25%以上。深化拓展电子商务应用领域，培育一批电商领军企业，加快线上线下互联互通，推动实体经济与电子商务融合发展。实施电商人才培养计划，年内培训从业人员3000人次以上。

*推进对外开放发展*。以创建国家级铝型材新型材料外贸转型升级基地为契机，积极引导企业“走出去”。举办“临朐建材周”活动，组织参加俄罗斯、阿曼建材展和香港（山东）周、鲁台会等国内外展会，扩大临朐铝材知名度和国际市场份额。引导华特磁电等企业积极参与“一带一路”项目建设，支持三诺机电等企业设立境外示范园区。全年新增境外投资500万美元以上，完成进出口总额33亿元以上、服务外包离岸执行额500万美元以上。

## 加快建设文化临朐

立足文化资源基础，深入实施“文化兴县”战略，不断激发文化创新创造活力，切实增强临朐文化影响力。

*加强精神文明建设*。持续开展文明单位、文明家庭创建，深入推进乡村文明行动，积极争创省级文明县。实施公民道德建设工程，深入开展临朐好人、道德模范评选，加强善行义举四德榜建设，大力弘扬和践行

社会主义核心价值观，不断提升全社会文明程度。广泛开展“弘扬十九大•迈向新时代”系列文化惠民活动，进一步丰富群众精神文化生活。

大力发展文化事业。加快推进县文化中心建设，完善提升镇街公共图书馆和综合文化站，实现村（社区）综合文化服务中心和省定贫困村文化大院全覆盖。充分发挥新媒体优势，构建全媒体新闻平台，加快传统媒体与新媒体融合发展。加强文物保护利用，加快山旺化石博物馆数字化项目建设，积极申报国家和省级文物保护项目。实施镇村历史文化展示工程，引导支持民间博物馆建设，积极争创省历史文化展示“十百千”示范点。抓好文化遗产保护传承，深入推进非遗进学校、进社区，打造非遗民俗文化项目集聚区。加强与艺术院校合作，积极开展文化艺术人才培训，推出一批文艺精品佳作。启动第三轮《临朐县志》修编。

培强壮大文化产业。高标准编制文化产业发展规划，推动完善现代文化产业体系。加快中华文化雕塑园建设，搞好临朐奇石城二期运营，规划建设红木产业园和奇石加工区，推进奇石、雕塑、红木工艺、临朐手绘年画四大特色文化产业发展，培育一批有竞争力的文化市场主体。积极引进高端文化企业，大力发展新型文化业态，不断增强文化产业实力。加强文化市场管理，促进文化市场规范发展。

## 深入实施乡村振兴战略

按照“产业兴旺、生态宜居、乡风文明、治理有效、生活富裕”的总要求，坚持城乡统筹、三产融合、协同推进，科学制定乡村振兴战略规划，聚力乡村振兴发展。

加快发展现代农业。深入推进农业“三转三化”。完成土地流转2万亩，新增设施农业5000亩、果品2万亩。加快城关、山旺、辛寨等樱桃集中发展区改造提升，高水平办好第二届樱桃节，打响“临朐樱桃”品牌。抓好奶牛养殖场升级工程，创建市级以上标准化示范场5家。落实烤烟种植面积2万亩。加快培育新型农业经营主体，新建家庭农场、现代农业示范园15个以上，争创市级以上示范社10家以上，新认证“三品一标”农产品品牌5个以上，打造一批农产品区域品牌。加快发展农业“新六产”。支持华良种业、金晔食品、盛安食品、康宝蜂业等农业龙头企业发展，实施好国家大白菜良种育繁推一体化项目。深化农旅融合发展，加快建设柳山智慧农业、蒋峪莲花湾等田园综合体，抓好嵩山蜜桃、寺头山楂、九山板栗等特色产业示范区规划建设。强化农产品质量安全监管，争创市级示范镇1个、示范园区3个。加强农业基础设施建设。统筹涉农项目资金使用，搞好1.2万亩土地治理，实施2.4万亩高效节水灌溉项目，完成汶河下游段治理工程，开展大石河综合治理工程前期工作，建成大关水库水厂，完成25座小型水库除险加固。积极推进农村集体产权制度改革、土地承包经营权改革和农业水价综合改革。加强新型职业农民培育。培养造就一支懂农业、爱农村、爱农民的“三农”工作队伍。

加快建设特色城镇。完成柳山、寺头、九山等镇域总体规划，启动五井、辛寨等镇建设规划。依托自然禀赋和发展基础，强化产业支撑，完善载体功能，提升城镇品质，加快辛寨、冶源等重点镇建设，精心打造一批各具特色的小城镇。开工建设农村新型社区11个，完善提升农村社区服务中心11个。扎实做好滨九路改线立项和东红路改线前期工作，完成营龙路北延工程，开工建设白寺路。加快推进农村公路“网化”工程和农村道路“户户通”工程，大力实施“四好农村路”建设，硬化农村道路510公里，着力改善农村通行条件。

加快建设美丽乡村。认真组织实施美丽乡村建设三年行动计划，规划建设美丽乡村60个、生态文明村150个，突出抓好12个美丽乡村示范片区建设。扎实推进“七改”“五化”工程，深入推进农村“厕所革命”，完成农村改厕8000户，全面完成三年改厕任务。持续推进镇村环境卫生综合整治，进一步提高城乡环卫一体化水平。

## 扎实推进生态文明建设

牢固树立“绿水青山就是金山银山”的理念，以创建国家主体功能区示范县为抓手，大力实施“生态立县”战略，让临朐的天更蓝、水更清、山更绿、环境更优美。

坚决打好污染防治攻坚战。强化大气污染防治，有效增加“蓝繁”天数。完成镇街空气质量在线监测点布设，持续推进散煤清洁化治理，切实抓好冬季燃煤污染防控。全面落实建筑施工、道路保洁、渣土运输防尘抑尘措施，严查农作物秸秆焚烧、垃圾焚烧行为。加强水污染综合防治，深入推进入河排污口专项整治，加快涉水企业和污水处理厂升级改造。强化土壤污染管控，加强固体废弃物处置，有效防治农业面源污染。坚决取缔“散乱污”企业。完成第二次污染源普查。实行最严格的生态环境保护制度，从严查处各类环保违法行为，不断提升县域环境质量。

积极推进节能减排。深入实施绿色发展“十大工程”和“工业绿动力”计划，扎实推进生物质发电、餐厨垃圾处置等绿色环保项目建设，进一步提高绿色能源比重和综合利用水平。以建设循环经济示范县为契机，培育完善铝材产业全链条、雷奥新能源、山水水泥、伊利乳业等特色循环经济模式，引领提升循环经济发展水平。严格水资源管理，切实提高全民节水意识，争创国家级节水型城市。开展绿色制造体系示范单位创建，强化重点企业能源审计，确保完成年度刚性任务目标。

加大生态保护力度。全面落实生态主体功能区规划，加大生态系统修复保护力度，进一步放大生态发展优势。持续开展矿产资源综合整治，严厉查处非法开采加工运输行为，积极做好矿山复绿和矿坑治理。加强饮用水水源地保护。深入推进“河长制”，扎实开展“一河一策”综合整治，做好河库划界工作，严控禁养区“八乱”问题反弹，全面完成“清河行动”。实施英山河生态环境综合治理工程。以荒山绿化、绿色廊道建设为重点，新增造林1万亩、森林抚育5000亩。

## 切实保障和改善民生

坚持以人民为中心的发展思想，不断加大民生保障投入，健全完善公共服务体系，持续增强人民群众的获得感和幸福感。

巩固提升脱贫成果。积极开展脱贫“回头看”专项行动，精准做好脱贫核查，严格准入退出动态管理，确保应保尽保、应退尽退。加强扶贫项目资金监管，严格扶贫脱贫考核评价。落实各项惠民扶持政策，加大结对帮扶力度，深化“党支部 + 合作社 + 农户”模式，积极发展规模种养、特色加工、乡村旅游等产业项目，切实巩固脱贫成效，决不让一个贫困户在小康路上掉队。

大力发展社会事业。坚持教育优先发展，深入实施“中小学幼儿园三年行动计划”，积极推进“全面改薄”，着力破解“大班额”，续建、新改建中小学幼儿园37处，争创首批全国义务教育优质均衡发展县。抓好县妇幼保健院运营管理，加快糖尿病医院综合病房楼建设，大力实施农村薄弱卫生室改造提升工程，切实改善群众就医条件。完善县镇村三级医疗服务体系，扎实推进医联体和医养结合项目建设，着力打造“健康临朐”。建成启用县全民健身中心，广泛开展群众性体育活动。加快建设民兵综合训练基地，抓好国防动员准备、民兵调整改革和基层武装建设，深入落实双拥优抚安置政策，确保实现省双拥模范县“六连冠”。扎实做好第四次全国经济普查。

不断提高社会保障水平。深入推进现代预算管理制度改革，全面实施项目绩效管理，加快建立公开透明、标准科学、约束有力的现代财政制度。进一步扩大社会保险覆盖面，健全完善社会保障体系。鼓励社会力量兴办养老机构，积极推进镇街养老院和农村幸福院建设。加快完善社会救助机制，大力发展慈善事业、福利事业和残疾人事业。深入推进“大众创业、万众创新”，抓好创业孵化基地和创业园区建设，新增城镇就业4000人，争创创业型示范城市。

切实加强社会治理。深入开展“七五普法”，完善公共法律服务体系，全面提升社会治理法治化水平。扎实开展安全生产隐患大排查大整治，确保安全生产形势持续平稳。加强金融风险防控，维护优质金融环境。加快社会信用体系建设，建立健全守信激励失信惩戒机制。强化食药监管，切实保障群众“舌尖上的安全”，争创全省食品安全先进县。充分发挥政务服务热线作用，高效办理各类民生诉求。强化应急管理，提高突发事件应急处置水平。加强社会治安综合治理，有效预防和化解各类矛盾纠纷，加快“平安临朐”建设，切实维护社会大局和谐稳定。

## 切实加强政府自身建设

各位代表，人民对美好生活的向往，就是我们的奋斗目标。我们一定牢记使命职责，凝聚各方智慧力量，积极主动履职作为，努力建设人民满意的服务型政府。

自觉提高政治站位。旗帜鲜明讲政治。把学习贯彻落实中共十九大精神作为首要政治任务，树牢“四个意识”，坚持党的领导，抓好县委决策部署的落实，确保政府工作始终沿着正确的方向扎实推进。大兴学习之风，切实增强“八个本领”，加快建设高素质专业化干部队伍，努力适应新时代新要求。

全面推进依法行政。严格按照法定权限和程序行使权力、履行职责，用法治思维和法治方式管理经济社会事务，自觉在法治轨道上推进各项工作。健全科学民主决策机制，完善政府法律顾问制度，强化重大行政决策合法性审查。严格政府性债务管理，有效防范债务风险。深化“放管服”改革，积极推进“互联网 + 政务服务”，切实提高政务服务效能。认真办理人大代表议案、建议和政协提案。自觉接受县人大及其常委会的法律监督和县政协民主监督，重视群众监督、舆论监督和网络监督，全面推行政务公开，让权力始终在阳光下运行。

持续改进工作作风。深入开展“作风建设年”活动，扎实开展“不忘初心、牢记使命”主题教育。把“临朐发展，我的责任”意识内化于心、外化于行，以“把事办成”为根本，强化“马上就办”执行理念，大力弘扬“淌水崖水库精神”和“钉钉子”精神，强力推进重点工作、重点工程、重点项目落地见效。健全完善激励机制和容错纠错机制，加大治懒治庸力度，推动形成崇尚实干、主动作为、敢于担当的浓厚氛围。

加强党风廉政建设。严格落实全面从严治党主体责任，认真履行“一岗双责”，加强县政府党组自身建设和政府系统党的建设，深入推进党风廉政建设和反腐败斗争。认真落实中央八项规定及实施细则精神，持之以恒正风肃纪，让政府公务人员提高境界、守住底线，习惯在受监督和约束的环境中工作生活。强化监督监察，加强工程招投标、土地招拍挂、公共资源交易等重点领域和关键环节监管，严肃查处各类违纪违法行为，保证干部清正、政府清廉、政治清明。

各位代表，新时代、新气象、新作为。让我们更加紧密地团结在以习近平为核心的党中央周围，在县委的坚强领导下，不忘初心、牢记使命，时不我待、只争朝夕，为决胜全面建成小康社会，加快建设富强临朐、文化临朐、生态临朐不懈奋斗！

（县政府办公室）

# 临朐县人民代表大会常务委员会工作报告

## ——2018 年 1 月 17 日在临朐县第十七届人民代表大会第二次会议上

临朐县人大常委会主任　王晋成

## 过去一年的主要工作

2017 年，县人大常委会在县委的正确领导下，以邓小平理论、“三个代表”重要思想、科学发展观、习近平新时代中国特色社会主义思想为指导，紧紧围绕县委“一二五六”思路举措，牢记使命、依法履职，扎实工作、积极作为，为促进全县经济社会健康协调发展做出了积极贡献。

一年来，常委会以“三抓三增”（抓重点增强监督工作实效、抓规范化建设增强履职基础、抓自身建设增强服务能力）和“两比一争”活动（比履职、比贡献、争当优秀人大代表）为总抓手，开拓创新，锐意进取，各项工作都取得了新成绩、新进展、新变化。先后开展调查、执法检查活动12次，组织视察活动7次，听取审议“一府两院”专项工作报告23项，作出决议决定12项，任免国家机关工作人员84人次。我县的规范化建设、“智慧人大”建设、机关自身建设和代表工作、规范性文件备案审查工作、宣传工作等都走在了全市前列。许多做法得到上级人大常委会的肯定和鼓励。省人大常委会组织13家中央住鲁和省级新闻媒体的21名记者采访团到我县进行集中采访报道，推广我县的做法，先后有省内外18个县市区的人大来我县考察学习，树立了临朐良好形象。县人大常委会机关也创建为“省级文明单位”，被省、市人大常委会评为人大信息宣传工作先进单位，机关党支部被县委命名为“过硬支部”。

**一、旗帜鲜明讲政治，坚定不移在党的领导下开展工作**

中共十九大指出，人民代表大会制度是坚持党的领导、人民当家作主、依法治国有机统一的根本政治制度安排。三者的核心是坚持党的领导。常委会把党的领导贯彻于人大工作各方面、全过程，认真学习党的基本理论、基本路线、基本方略，认真学习十九大精神和习近平新时代中国特色社会主义思想，牢固树立“四个意识”，坚定“四个自信”，始终同以习近平为核心的党中央保持高度一致。中共十九大召开后，常委会党组迅速组织传达学习，研究制定学习宣传计划。常委会组成人员分成13个组，分别到各镇、街（园、区）向各级代表宣讲十九大精神，使代表在第一时间及时了解十九大精神及丰富内涵。同时，对照中共十九大对人大工作提出的新要求、新论断，进行了专题研讨，进一步认清使命和担当，为做好新时代的人大工作注入了强大活力。

常委会坚决维护县委的集中统一领导，健全请示报告制度，重要事项和重大活动及时向县委请示汇报，作出重要决议决定，事先报县委同意，确保人大工作在党的领导下顺利进行。坚持紧扣中心、服务大局，统筹谋划人大工作，始终与县委在思想上同心、行动上同步、落实上同力。围绕推进大项目建设、强化公共安全、建设美丽乡村、加强民主法治建设和增进民生福祉等方面，积极履职尽责，推进了县委决策部署落实。常委会领导成员积极参与全县中心工作，认真做好联系镇街、包靠企业等工作，都取得了较好成绩。

**二、增强监督实效，合力促进工作开展**

监督权是人大的重要职权。常委会坚持围绕中心，突出重点，拓展方式，提高质量，推进形成工作落实的合力。

*一是促进经济持续健康发展*。实施“大项目建设突破年”活动，是县委的重大战略决策。常委会从人大的职能定位出发，积极跟进，组织对“突破龙山”战略实施情况、“大项目建设突破年”实施情况进行视察，提出持之以恒抓大项目建设、积极培育新兴骨干产业项目、优化经济发展环境等建议意见，促进了大项目建设进度。跟踪推进县委“文化兴县”、“旅游富县”战略的落实，分别对全县文化产业发展情况、全域旅游发展情况进行视察，强调进一步发挥资源优势、加大产业开发扶持力度、培植壮大行业龙头企业、加快特色产品的开发，培育转型发展新优势。围绕现代农业发展，听取审议全县农业产业化发展情况的报告，建议进一步重视农业产业化发展，组织和引导农民加快土地流转步伐，狠抓农产品标准化生产和品牌创建，推动现代农业提质增效。

*二是推动民生改善*。教育是民生之基，医疗是民生之需。常委会组织对中小学幼儿园重点工作三年行动实施方案落实情况进行专题视察，指出要严格按照实施方案要求，加大力度，确保如期完成任务目标，积极推进“全面改薄”工程、解决城镇中小学大班额问题、优化教师队伍结构，推动教育优质均衡发展。着眼让百姓就医更便捷更实惠，听取审议县政府实行城乡居民医疗保险情况的报告，提出要着力构筑优质和谐的基本医疗保险服务体系，提高医疗服务能力和水平，保障城乡居民身体健康。对全县体育事业发展情况进行调查，提出加快公共体育设施和服务体系建设、抓好群众体育健身活动等建议。对脱贫攻坚工作情况进行视察，建议要进一步巩固脱贫成果，继续结对帮扶，大力发展产业扶贫项目，实现长效脱贫。

*三是推进解决群众关注的热点问题*。生活饮用水、食品卫生与安全是公众关注的焦点。县十七届人大一次会议审议通过了人大代表联名提出的《关于加强饮用水水源地保护的议案》，常委会把议案的督促办理

作为一项重点工作来抓。组织对全县饮用水水源地保护情况进行调查，审议通过了县政府制定的议案办理工作方案，并确定一名常委会副主任牵头、相关专门委员会具体督促办理，年底听取审议了议案办理工作情况的报告，使我县水源地保护工作取得了明显成效。审议通过了新修订的《临朐县畜禽养殖布局规划》，为调整优化畜禽养殖布局，开展畜禽养殖污染综合防治，保护水生态环境，提供了制度保障。对农产品质量安全工作进行调查，建议加大对高毒农药、种子、农资市场的专项整治，建立健全监管体系 ，严厉打击危害农产品质量安全的违法行为，维护群众“舌尖上的安全”。

*四是保障法律法规实施*。法律的生命力在于实施。常委会加大执法检查力度，对安全生产法、道路交通安全法、农产品质量安全法、城乡规划法等法律实施情况进行检查，专题视察防洪法贯彻实施情况，针对法律实施中存在的问题，提出执法工作的建议，促进了法律在全县的贯彻实施。加强对司法工作的监督，听取审议县法院执行工作情况的报告、县检察院侦查监督工作情况的报告，着力维护公平正义。支持司法体制改革，听取关于首批入额法官、入额检察官的备案报告，并进行了备案。维护法制统一，对县政府制定的6件规范性文件进行备案审查，促进依法行政。依法做好信访工作，推动化解了一批涉法信访案件，促进了社会和谐稳定。

**三、改进和完善代表工作，充分发挥代表作用**

常委会坚持把代表工作作为基础性工作，尊重代表的主体地位，调动代表的工作积极性，为代表依法履职搭建舞台，切实提高履职实效。

*一是激发调动代表履职积极性*。把“两比一争”活动作为一项连续性的工作，贯穿于本届人大代表任期内，贯穿于代表工作全过程，专门制定实施意见，进行宣传发动，动员各级人大代表比履职、比贡献、争当优秀人大代表。完善激励约束机制，修订代表履职守则、优秀人大代表评选表彰办法，建立人大代表电子履职档案，强化代表履职责任，激发代表履职热情，在各级人大代表中形成勤履职、做贡献、比担当、当表率的浓厚氛围。

*二是加强对代表的培训与联系*。举办2期县人大代表培训班，常委会和机关有关负责结合工作的经验体会进行授课辅导，使代表对人民代表大会制度和如何当好人大代表有了明确认识，提高了依法履职能力和水平。落实常委会组成人员、“一府两院”领导成员分工联系代表制度，与代表保持经常性地联系，10月份开展了联系代表月活动，对分工联系的代表进行集中走访，征询代表意见建议。在本次人代会前又对代表进行集中走访联系，向代表通报全县经济社会发展情况和常委会工作情况，听取代表意见建议，收到良好效果。

*三是搭建代表履职平台*。结合代表换届后的实际，对各级人大代表混合编组，建立68个代表小组，每个代表小组建设了“六有”标准规范的代表小组活动室，为代表行使职权、执行职务提供便利。创新代表小组建设模式，建立工业、农业、文教卫生三个专业代表小组，方便代表开展活动，提高了代表活动实效。深入开展了集中活动日活动、在社区接待选民活动、跨镇街调研视察活动，拓宽了履职空间。

*四是加强对代表建议的督办*。以解决问题、促进工作、代表满意为目标，对县十七届人大一次会议期间代表提出的110件代表建议进行了跟踪督办。先后开展现场督查13次，书面、电话调度70多次，6月份对办理情况进行了联合督查，对督查中发现的问题，有关部门认真整改。9月份对代表建议办理情况进行了全面调查，10月份听取审议了县政府办理代表建议情况的报告，年底对代表建议办理工作进行了考核。总的看，“一府两院”和各承办单位高度重视代表建议办理工作，主要负责亲自研究、亲自调度，确保了办理质量和效果。代表提出的建议全部给予答复，代表比较满意。

**四、加快“智慧人大”建设，提升信息化工作水平**

网络信息技术的快速普及发展，对人大及其常委会依法行使职权提出了更高更新的要求，也为扩大代表和公民有序政治参与提供了更多更新的载体。常委会顺应时代发展的要求，积极推进“智慧人大”建设，加快网络新技术在人大工作中的应用。

一是充分利用互联网和新兴媒体，拓展人大舆论宣传新阵地。积极推进县人大常委会网站和微信、短信平台建设，推送人大工作信息，传播人大声音。对县人大常委会网站进行升级改造，调整网站栏目设置，扩大信息量，增强可读性、实用性，及时通过微信和代表短信平台发布工作信息，提高了人大工作的公开度、透明度、代表和人民群众的知晓度。依托县人大常委会网站，建立镇街人大网站群，每个镇街人大都有了自己的宣传阵地。

二是建立“互联网＋”代表工作系统，为代表依法履职提供服务保障。开发使用代表建议办理、履职服务和互动交流网络平台，并开发使用手机APP，为更好地服务代表履职、密切代表与人民群众的联系，开辟了新的路径。实现代表建议的提出、审核、分类、交办、承办、答复等各个环节的网上办理，同时实现办理过程的“全程可视”、办理情况的即时评价，提高了代表建议办理效率和质量。为代表参与常委会活动提供网上服务，可以在网上报名参加常委会组织的活动和会议、可以在网上给常委会写信留言，有效扩大了代表对常委会工作的参与和监督。对代表履职情况进行量化打分、网上评价，加强了对代表的激励约束和监督管理。实现了选民与代表、代表与县人大常委会网上互动交流，拓宽了民意反映渠道。

三是积极利用电子信息化技术，促进民主法治发展。改造建设县人大常委会会议室，在全市率先安装电子会议系统，实现会议签到、会议表决和文件材料传输电子化。使用电子系统进行表决，提高了投票、计票的效率和准确性，保证了会议表决的公平、公正和民主。开发使用被任命干部任前法律知识考试电子系统，建立电子考试题库，随机组题、现场考试、当场显示成绩，有效避免了任前法律知识考试走过场的现象，提高了被任命干部学习法律的自觉性，增强了法律意识和执法能力。

**五、加强自身建设，切实提高履职能力和水平**

常委会以深入开展“作风建设年”活动为契机，高标准、严要求，以问题为导向，坚持不懈抓好自身建设，为依法履职提供了有力保障。

一是全面加强党的建设和廉政建设。常委会党组以加强党的建设为统领，充分发挥党组的核心领导作用，建立健全各项规章制度。扎实推进“两学一做”学习教育常态化、制度化，召开4次党组（扩大）会议进行集中学习研讨，按要求召开民主生活会开展批评与自我批评，常委会领导成员认真为基层党员上党课，强化了党性学习教育。机关党支部以建设“过硬支部”为抓手，严格落实“三会一课”制度，积极开展主题党日活动，抓好对党员的日常教育管理和政治业务学习，为开展工作提供了坚强保障。强化党风廉政建设，严守政治纪律和政治规矩，严格落实中央八项规定精神，廉洁从政、依法办事，主动接受人民监督，树立了人大机关的良好形象。

二是深化作风建设。深入开展“作风建设年”活动，认真进行寻标对标提标达标，提出“争做一流机关、争创文明单位”的工作目标要求，提升标准，锤炼作风，推动工作扎实开展。组织开展“爱岗敬业，做好新时期人大工作”征文比赛，增强立足本职岗位做好人大工作的积极性、主动性。加强对人大工作者的学习培训，提高做好人大工作的本领。建立调查视察、执法检查前学习有关法律制度，提高了素质、增强了能力。助力“双城”创建，发出“双城创建，人大代表做表率”倡议书，倡议代表积极参与、主动作为、发挥表率作用，常委会机关扎实做好分工网格内的工作，率先成立志愿服务队，先后开展志愿活动18批次、参加人员300余人次。深入开展“进千村、入万户、察民情、解民忧”活动，积极做好服务企业经理人和结对帮扶贫困户、包村帮扶工作，认真收集反映群众意愿和呼声，努力帮助群众办实事、解难题。

三是加强人大专门委员会建设。设立县人民代表大会内务司法、财政经济、教科文卫、城建环保、农业和农村专门委员会，并设立5个正科级规格的专门委员会工作室，配备专职工作人员，为开展工作打下基础。探索完善专门委员会工作运行机制，建立健全工作职责、议事规则、对口联系等制度，规范调查、视察、执法检查工作流程，各专门委员会紧紧围绕常委会中心任务，开展调查研究、走访联系，提出议案建议，积极发挥职能作用，提高了人大及其常委会履职实效。

*四是指导提高基层人大工作水平*。认真落实常委会组成人员分工联系镇街人大工作制度，加强日常联系和指导，促进镇街人大有效规范履职。年初组织召开镇、街（园、区）人大工作座谈会对工作进行安排部署，年中召开现场交流会对上半年工作进行调度，年底进行全面考核，促进了工作平衡开展。指导镇人大扎实行使重大事项决定权，做到“一镇一议案”，提高了镇人代会实际效果。指导街道人大组织召开住街道人大代表会议，听取街道办事处重点工作汇报、讨论议定街道的发展计划和任务目标，有效促进了街道工作开展。

*五是加强宣传和理论研究*。推进人民代表大会制度知识走进党校课堂，为县委党校学员作专题辅导讲座，增强了领导干部对人民代表大会制度全面深刻的理解。加强对人大工作的宣传，在市级以上新闻媒体发表人大信息宣传稿件 73 篇，撰写的信息稿件《让人民心声变成有温度的现实》获山东人大新闻奖一等奖，有 10 名机关工作人员被省、市人大常委会评为信息宣传工作先进个人。完成市人大工作理论研究会关于“地方人大充分行使重大事项决定权”的研究课题。

各位代表，常委会一年来各项工作所取得的成绩，是县委正确领导的结果，是县政府及各部门、县法院、县检察院积极配合的结果，是各镇、街（园、区）大力支持的结果，是全体代表和常委会组成人员、机关工作人员共同努力的结果。在此，我代表县人大常委会，向大家表示衷心的感谢！

在肯定成绩的同时，我们也清醒地看到，我县的人大工作，与上级的要求相比，同人民群众和人大代表的期盼相比，还存在一些差距：机关党的建设还有不到位的地方，对党员的教育管理、党员作用的发挥还有欠缺；监督工作不够有力，法律赋予的监督手段没有全面充分的行使；重大事项决定权的行使与上级文件要求相比差距较大；代表主体作用发挥不够充分，少数代表职务意识不强，依法履职的热情不高；镇街人大工作还存在职权行使不到位、不规范的现象。对这些问题，我们要在下步工作中采取切实措施加以解决。

## 今年的主要工作任务

各位代表，中共十九大对健全人民当家作主制度体系、发展社会主义民主政治作出战略部署，为做好新时代人大工作提供了遵循、指明了方向。我们一定要把学习贯彻中共十九大精神作为首要政治任务，坚定中国特色社会主义政治发展道路，坚持党的领导、人民当家作主、依法治国有机统一，推进人大工作与时俱进、完善发展。

今年工作的总体思路是：在县委领导下，全面贯彻中共十九大精神，以习近平新时代中国特色社会主义思想为指导，紧紧围绕“一六三七”思路举措，继续以“三抓三增”、“两比一争”活动为总抓手，认真履行宪法和法律赋予的各项职权，展现新气象、实现新作为，努力使人大成为全面担负起宪法法律赋予的各项职责的工作机关，成为同人民群众保持密切联系的代表机关，为促进全县经济社会平稳健康发展作出新的贡献。

**一、坚持服务大局，在推动县委决策落实上有新贡献**。自觉接受县委的集中统一领导，想问题、办事情都站在全局的高度，围绕中心、服务大局。按照“进位争先、加快崛起”总体目标要求，从人大工作的性质和特点出发，依法行使各项职权，发挥好保障和推动作用，全面推进“四个城市”建设和“生态立县、工业强县、文化兴县、旅游富县”战略的实施。健全讨论决定重大事项制度，及时就改革发展稳定中的重大问题作出决议决定，保证县委决策部署的贯彻落实。加强对经济工作的监督，积极推进“大项目建设突破年”活动，推动新旧动能转换，增强经济发展质效。搞好对政府工作部门的评议，促进依法履职、担当作为。

**二、创新方式方法，在监督工作上有新成效**。完善监督方式，建立健全人大代表约见“一府两院”负责人制度、规范性文件备案审查制度和上下联动调查机制。规范常委会议事决策机制，增加会议审议时间，规范分组审议程序，实行重点发言人制度，提高议事决策的质量和水平。强化预算决算审查监督、国有资产监督职能，改进报告审计工作及审计查出突出问题整改机制，确保财政资金合理高效使用。跟踪督办监督意见的整改落实，采取听取审议意见落实情况报告、对审议意见落实情况进行评议等方式，督促把监督事项落到实处，增强监督实效。

**三、强化服务保障，在代表工作上有新作为。**坚持代表主体地位，深入扎实开展“两比一争”活动，组织评选双“十佳”活动，评选表彰“十佳优秀人大代表”、“十佳优秀代表建议”，健全代表履职监督激励机制，激发调动代表履职积极性，充分发挥代表作用。加强对代表小组活动的指导，规范专业代表小组建设，组织开展跨镇街调研视察活动，增强代表活动实效。发挥代表履职服务、互动交流网络平台作用，扩大人大代表对常委会工作的参与，广泛听取民意，提高代表建议办理效率和质量，努力解决人民群众关注的热点难点问题。加大对代表建议的督办力度，强化调度考核，增强办理实效。

**四、落实从严要求，在自身建设上有新风貌。**不断加强常委会和机关党的建设，扎实开展“不忘初心、牢记使命”主题教育，实现“两学一做”学习教育制度化常态化，严格落实“三会一课”制度，提高党组织建设水平，完善机关党员联系服务群众制度，发挥党员先锋模范作用。深化“作风建设年”活动，认真对照“四风”新的表现形式，积极主动开展查摆整改，牢固树立“临朐发展，我的责任”意识，转变作风，身体力行，做敢于负责、敢于担当的表率。大力加强党风廉政建设，严格落实中央和省、市、县委规定要求，严以律己、廉洁从政。健全完善专门委员会工作机制，切实发挥专门委员会作用。加大机关干部学习培训和管理力度，明确各委室工作职责和每名工作人员的岗位责任，爱岗敬业，积极作为，切实提高服务保障水平。

各位代表，新时代要有新形象、新作为。让我们在县委的正确领导下，以攻坚克难、奋发有为的精神状态，凝心聚力、扎实苦干，奋力拼搏、开拓进取，为决胜全面建成小康社会，加快建设富强临朐、文化临朐、生态临朐而努力奋斗！ （县人大办公室）

# 中国人民政治协商会议
# 第十届临朐县委员会常务委员会工作报告

## ——2018年1月15日在县政协十届二次会议上

临朐县政协主席　赵永娟

### 2017年工作回顾

一年来，县政协常委会在中共临朐县委的坚强领导下，牢牢把握团结和民主两大主题，紧紧围绕“进位争先、加快崛起”目标定位和“一二五六”思路举措，聚焦“四个城市”建设和“四大战略”实施，认真履行政治协商、民主监督、参政议政职能，充分发挥协调关系、汇聚力量、建言献策、服务大局作用，实现了十届县政协工作的良好开局。

**一、把握政协性质定位，确保正确政治方向**

强化理论武装，坚定政治自觉。把迎接中共十九大、学习宣传贯彻十九大精神作为贯穿全年的重大政治任务，认真学习、深刻领会习近平新时代中国特色社会主义思想，深入贯彻中共中央和省市县委关于政协工作的决策部署。县政协常委会增加专题学习议程，先后就新旧动能转换、习近平总书记“7·26”重要讲话精神等进行学习研讨。中共十九大召开后，迅速召开主席会议、党组（扩大）会议传达学习，专题召开县政协十届四次常委会议，审议通过《政协临朐县委员会关于学习贯彻中共十九大精神的决议》，组织全体委员深入学习，全面把握，学深悟透，融会贯通，进一步坚定同以习近平为核心的党中央保持高度一致的政治自觉。

坚持县委领导，主动融入中心。县委把政协工作纳入总体布局，注重发挥政协在推进改革发展、社会和谐和民主政治建设中的作用，高度重视政协履职成果，为政协组织和广大委员履职尽责提供了坚强保障。常委会坚持把讲政治放在首位，牢牢把握党的领导这一根本原则，始终围绕贯彻县委决策部署协商议政，始终围绕推进县委中心工作建言献策，始终围绕促进团结和谐凝心聚力，确保政协工作沿着正确的政治方向前进。

加强政治引导，凝聚思想共识。结合新一届政协委员思想工作实际，强化学习培训，提高政治站位，增强履职能力。先后组织239名委员参加“委员履职能力提升培训班”，选派42名政协委员和机关干部赴中山大学、复旦大学进行学习培训，并组织委员活动组围绕学习贯彻中共十九大精神等开展专题研讨交流。为委员赠阅学习资料和政协报刊1200多份。通过多种形式的学习培训，引导广大政协委员切实增强“四个意识”，坚定“四个自信”，进一步夯实了团结奋斗的共同思想政治基础。

**二、围绕全县工作大局，聚焦“四个城市”建设献计出力**

促进动能转换，助力“产业强市”建设。加速新旧动能转换是实施“工业强县”战略、实现提质增效、产业振兴的关键。常委会以此为着力点，围绕培育“四新”“四化”企业、打造现代产业园区、推进“三去一降一补”、改造提升传统产业、加快发展现代农业等，开展调研视察6次，就坚持大项目带动、发挥资源优势、突破瓶颈制约、提升服务水平等提出建议34条，形成的《关于全县工业发展情况的调研报告》，得到县委主要领导充分肯定，并作出专门批示。“突破龙山”是县委、县政府建设现代化产业新城的战略举措。常委会始终高度关注，分别组织政协常委和政协老干部进行专题视察，提出了坚持绿色高端发展路径、优化空间布局、集聚高层次人才、孵化高精尖技术等建议，激励园区干部持续用力、久久为功。围绕“大项目建设突破年”开展、提升企业现代化管理水平、发展农业特色优势产业等，组织开展调研视察活动3次，形成了一批观点鲜明、针对性强的建言成果。县政协领导班子成员，按照县委安排，积极投身“四个城市”建设，扎实做好包靠重点投资大项目、棚户区改造以及联系镇街、服务企业等工作。广大政协委员立足本职，干事创业，在科技创新、工业转型、电子商务、大项目建设、国际技术合作和高端人才引进等方面，发挥了生力军作用。

彰显政协优势，助力“文化名市”建设。充分发挥政协组织人才荟萃、智力密集的优势，围绕“文化兴县”战略实施和“文化名市”建设精准建言，共提出提案21件。开展文化事业发展情况专题调研，组织委员深入基层一线，充分听取意见，围绕县文化中心建设、非遗传承保护、繁荣文艺创作等议政建言，提出了具有前瞻性、可行性的意见建议。引导广大委员自觉践行社会主义核心价值观，积极投身省级文明县创建，带头弘扬新风正气。支持委员兴办文化产业，沂山书院、石门坊写生基地等委员企业年内举办各类书画展31次，40多位文化名人应邀前来进行文化交流，扩大了临朐文化影响力。发挥政协文史资料“存史、资政、团结、育人”作用，精心做好《临朐记忆·工业篇》的史料挖掘、资料征集、编辑出版工作，寻觅发展足迹，再现发展历程，为更好地实施“工业强县”战略和推动产业振兴提供启迪和借鉴；为省政协《记忆山东》、市政协《潍坊志愿军老兵回忆录》提供稿件52篇、16万字；编辑出版的《临朐文史资料选辑·第二十七辑》被省政协评为优秀文史书刊二等奖。创新政协宣传工作，办好政协网站，开通“临朐政协”微信公众号，及时报道县委、县政府重要决策、重大活动，定期推送重点提案、政协知识等，畅通了委员知情明政渠道；创办《临朐政协》专刊，聚焦政协工作传播好声音，展示委员风采传递正能量，拓展了政协宣传阵地；加强对外宣传，先后在《人民政协报》《联合日报》等市以上政协主流媒体发表稿件116篇，通过讲述政协故事，展示我县发展成果，产生了良好社会影响。县政协先后被省、市政协评为宣传工作先进单位。

推动改革创新，助力“活力城市”建设。坚持把改革作为发展进步的必由之路，关注供给侧结构性改革、“放管服”改革、投融资体制改革、农村产权制度改革，广泛调研论证，提出意见建议23条，助推了全面深化改革决策部署的落实落地，使市场活力、创新创业活力、城乡发展活力充分释放。国家级全域旅游示范区创建，是深入推进“旅游富县”战略的重要举措。常委会围绕推进旅游供给品质化、旅游参与全民化、旅游效应最大化开展视察，提出了推进体制改革、强化规划引领、严格行业规范、打造特色精品等建议。创新是引领发展的第一动力。常委会聚焦科技创新，深入调查研究，围绕加快高新技术平台建设、推进科技成果转化、提高产学研合作水平等献计献策。持之以恒关注电子商务这一新兴业态，先后开展全县电子商务、跨境电商产业园建设情况专题视察，围绕园区运营、人才引进、农村电商布局等提出建议，推动了全县电子商务的健康快速发展。

关注城乡发展，助力“品质城市”建设。紧扣推进“城乡发展一体化”和建设“山水园林宜居城市”目标，组织开展专项视察4次，提出提案13件，积极为打造产品优质、生态优良、环境优美、形象优秀、生活优越的城市品质建诤言、献良策。绿水青山就是金山银山，生态良好是品质城市的重要标志。为促进生态临朐建设，组织开展了美丽乡村建设专题调研，由县政协主席带队，赴浙江德清、桐庐等地学习先进经验，围绕进一步抓好环境整治、突出乡土特色、强化产业支撑、健全长效机制等提出建议，形成的《关于我县美丽乡村建设情况的调研报告》，县委、县政府主要领导予以充分肯定。棚户区改造是提升城乡品质的重大机遇。全县棚户区改造“三年行动计划”启动后，及时组织委员进片区、入街户，调研视察，宣传政策，提出了坚持高标准规划、实施大片区开发、加强基础设施配套等18条建议。创建省级文明县和省级卫生县城是县委、县政府提升城市品质、提高城市文明程度的重大举措。常委会迅速行动，及时跟进，第一时间向全体委员发出“助力双城创建、共建美好家园”倡议。广大委员积极响应，主动作为，全力支持，争做倡导者、推动者、示范者，以实际行动助推了双城创建工作的开展。

## 三、坚持以人民为中心，助力保障和改善民生

强化民主监督，促进社会和谐。紧紧围绕群众普遍关心的教育、就业、医疗、养老、住房、环保等问题，扎实开展监督，务实提出建议，促进了民生政策的落实。持续关注“中小学幼儿园三年行动计划”实施，组织开展监督性视察，围绕完善用地手续、拓宽融资渠道、保障师资需求等提出建议，推进了这一惠民行动的深入开展。坚持以群众满意为导向，把改进部门作风作为民主监督的重要内容，实事求是，客观公正，对县人社局、国土资源局、文广新局等6个部门的工作进行民主评议，既保障了政协常委的知情权、监督权，又促进了部门工作开展、作风转变。健全机制，完善程序，先后选派政协委员97人次，参与招投标、听证会以及县政府执法监督等活动，较好发挥了民主监督作用。

畅达社情民意，广泛汇集民智。始终把政协提案、信息作为关注民生的基础性工作来抓，畅通界别渠道，深入了解民情、充分体察民意、广泛集中民智。牢牢把握提案质量、办理质量和服务质量，扎实做好选题协商、立案协商、交办协商、办理协商以及主席会议协商督办重点提案等工作，提案工作质量不断提高。探索运用信息化手段服务提案工作，实现了征集、交办、答复、反馈的全流程网络化运行，工作效率和服务质量显著提升。县政协十届一次会议以来，立案提案142件，实现了提案数量、提案质量“双提升”。“关于用好国家棚户区改造政策加快老城区危房改造的建议”“关于加快高新技术企业培育的建议”“关于做好农村社区幼儿园规划、建设与管理工作的建议”等10件提案，调研深入、分析透彻、建议精准，得到县委、县政府主要领导高度关注，亲自阅批督办，促进了相关问题的有效解决。启用县政协“社情民意信息网络办公系统”，充分利用渠道畅通、高效便捷的特点和优势，促进了政协信息“直通车”作用的发挥。先后围绕国家大政方针、全县改革发展的重大问题以及群众关心关注的热点问题，整理编报反映社情民意信息128条。其中，“‘三品一标’农产品认证存在问题应予重视”“推进医养结合工作开展的建议”等32条信息被全国和省市政协采用。县政协被评为“全市政协系统信息工作先进单位”。

发挥委员作用，办好民生实事。充分发挥政协委员的主体作用和岗位优势、资源优势，积极参与脱贫攻坚。紧扣完善产业扶贫、健全长效机制等建言献策，扎实开展生活帮扶、岗位帮扶、产业帮扶，在打赢脱贫攻坚战、全面完成精准脱贫任务中体现了委员担当。

组织委员进农村、进学校、进企业、进敬老院，开展扶贫济困、捐资助学、尊老助残以及送文化、卫生、法律下乡等社会公益活动23次，累计捐款捐物160多万元，展示了委员情怀。扎实做好县政协机关“第一书记”驻村帮扶工作，组织机关干部认真参与“进千村、入万户、察民情、解民忧”和“服务企业经理人”活动，取得良好效果。

**四、全面加强自身建设，提升履职能力和水平**

加强制度建设，强化机制保障。县委把事关政协全局工作的重要问题，纳入全面深化改革工作计划，制定出台《关于加强和改进人民政协民主监督工作的实施意见》，为做好新形势下的政协民主监督工作提供了制度遵循。常委会立足新一届县政协工作实际，修订完善常委会自身建设、专委会建设、委员履职考核和监督处理机制以及调研、视察、提案、信息、宣传、机关运行等工作制度13项，进一步健全了以政协章程为核心，覆盖会议组织、重点工作、委员管理、自身建设的制度体系，政协履行职能的制度化、规范化、程序化水平不断提升。

加强组织建设，夯实基层基础。健全县政协领导班子成员联系委员活动组制度，探索实行界别活动组召集人常任制，组织开展“五个一”主题活动，增强包容性、扩大团结面，加强与社会各界的联系，界别活力明显增强。认真落实中央和省市县委关于加强委员联络工作的意见，召开专门会议，规范提升镇街政协委员联络室建设，按照“七有”标准，完善工作制度，拓展履职平台，丰富活动形式，推进了政协工作在基层有序开展。

加强机关建设，提升服务能力。巩固市级文明单位创建成果，深入推进“两学一做”学习教育常态化制度化，组织开展“做合格党员、当沂山先锋”活动，机关支部成功创建为“过硬支部”。扎实开展“作风建设年”活动，先后到乳山市政协、青州市政协寻标对标、结对学访，组织开展比学赶超，机关服务能力和工作水平明显提升。县政协信息、文史、宣传、民族宗教、机关建设等方面的经验做法，先后在市政协相关会议上进行典型发言。

加强联谊交流，凝聚工作合力。围绕工业转型升级、农村社区建设以及加强委员联络、推进工作创新等课题，组织委员和机关干部赴上海、广东、浙江等地考察学习，提升了思想境界，增强了履职能力。认真做好外地政协来我县交流、考察接待工作。先后接待浙江嘉兴、河南泌阳、重庆开州及莱芜、淄博、济宁等省内外政协学习考察团队21批次，密切了联系沟通，推介了临朐经验。认真配合上级政协开展品牌文化建设、乡村旅游转型升级、宗教场所规范化管理与使用、两岸共建特色小镇等8项课题的调研视察、专题协商活动，积极展示我县发展成果，客观反映需要上级协调解决的困难和问题，有力推动了化工产业转型升级、区域协调发展等难点问题的解决进程。

各位委员，过去一年成绩的取得，是县委正确领导的结果，是县人大、县政府大力支持的结果，是社会各界鼎力相助、广大委员和机关工作人员共同努力的结果。在此，我代表十届县政协常委会表示衷心的感谢！

在肯定成绩的同时，我们也清醒地认识到，与新形势新任务的要求相比，还存在一些差距和不足。主要是：协商议政的形式还需不断丰富，民主监督的机制还需进一步完善，委员参政议政能力还需不断提升，政协自身建设还需进一步加强等。这些问题，需要我们高度重视，认真研究，切实加以解决。

## 2018年工作意见

今年是贯彻中共十九大精神的开局之年，是决胜全面建成小康社会、实施“十三五”规划承上启下的关键一年。我们要在中共临朐县委的坚强领导下，全面贯彻落实中共十九大精神，以习近平新时代中国特色社会主义思想为指导，把握新要求，担当新使命，谱写新篇章，在新的履职实践中不断开创政协工作新局面。

**一、立足新时代，进一步提高政治站位和政治意识**

要把学习贯彻中共十九大精神作为首要政治任务，着力引导政协委员和各界人士，深刻领会十九大的鲜明主题、精神实质和战略部署，凝聚思想共识，形成行动自觉，进一步增强中国特色社会主义道路自信、理论自信、制度自信、文化自信，始终保持政治定力。

深刻把握习近平新时代中国特色社会主义思想的历史地位、丰富内涵和实践要求，使其真正成为思想统领、行动指南、履职自觉，进一步强化政治意识、大局意识、核心意识、看齐意识，始终在政治立场、政治方向、政治原则、政治道路上同以习近平为核心的党中央保持高度一致。

**二、贯彻新理念，积极助力进位争先、加快崛起**

要按照高质量发展的要求，紧扣县委“一六三七”思路举措，以推进“四个城市”建设和“四大战略”实施为统领，深入协商议政，精准建言献策。围绕工业经济转型升级、乡村振兴战略实施、加速新型城镇化进程以及供给侧结构性改革、新旧动能转换、创新驱动发展、生态文明建设、旅游业发展、产业园区和大项目建设等重点课题，召开专题议政性常委会议、专题协商座谈会，开展界别协商、对口协商，为增强我县经济创新力和竞争力建睿智之言、献务实之策。围绕实施公民道德建设工程、“诚信临朐”建设、健全公共文化服务体系、培强壮大文化产业等问题，把视察调研与协商议政结合起来，努力形成有力度、有分量的参政成果，为推动文化繁荣兴盛献计出力。围绕国家主体功能区规划落实、打好污染防治攻坚战、推进节能减排、加大生态保护力度等重点工作，深入调研论证，提出有价值的对策建议，为建设“生态临朐”贡献智慧和力量。

**三、聚焦新目标，努力助推民生改善与社会和谐稳定**

要准确把握我国社会主要矛盾已经发生转化的重大政治判断，顺应人民群众对美好生活的向往，聚焦巩固脱贫攻坚成效、促进城乡教育均衡发展、建设“健康临朐”、提高就业质量、完善社会保障体系、加强和创新社会治理等问题，通过调研、视察、提案、信息等有效形式，真实反映民意，广泛汇聚民智，主动服务民事，协助党委政府把实事办实、好事办好，保证人民群众在共建共享发展中有更多获得感。充分发挥政协委员主体作用，持续开展扶贫济困、爱心助学、文化进村、卫生下乡、法律服务等主题活动，倾力做好团结、稳定、鼓劲的工作，共同营造团结向上的舆论氛围，汇集起开启新征程、创造新业绩的强大正能量。

**四、落实新部署，扎实推进政协协商民主建设**

要牢牢把握“政协作为社会主义协商民主重要渠道和专门协商机构”的性质定位，按照“把协商民主贯穿政治协商、民主监督、参政议政全过程”的部署要求，增强主动性、体现专业性、富有实效性，切实加强政协协商民主建设。要不断丰富协商内容，拓展各界有序参与政协协商的有效渠道，充分运用现代网络为委员履职提供更加便捷高效载体，构建多层次、全方位协商格局。贯彻落实县委《关于加强和改进人民政协民主监督工作的实施意见》，规范程序机制，使政协民主监督的组织领导、权益保障、知情反馈、沟通协调等各个环节要求更加明确、操作更加规范、运行更加有序。围绕部门作风转变、“八项规定”精神贯彻执行、民生政策落实等，开展具有监督性的履职活动，如实反映情况，坦率提出批评和建设性意见，促进相关工作的加强和改进。

**五、把握新要求，切实提高履职能力现代化水平**

要深刻把握新时代履行政协职能的新特点、新要求，勇于探索实践，锐意开拓进取，努力推进理念创新、制度创新、实践创新。按照懂政协、会协商、善议政和守纪律、讲规矩、重品行的要求，着力加强委员的履职培训和服务管理，提升履职能力、议政水平。加强专委会组织建设和履职能力建设，充分发挥在政协工作中的基础性作用，推动工作更加活跃、有序、深入地开展。以制度建设为突破口，扎实推进镇街政协委员联络室、界别活动组建设，进一步实现委员联系和履职活动的常态化、长效化。持续开展“作风建设年”活动，大力弘扬淌水崖水库精神，积极倡树“临朐发展、我的责任”意识，持续转变作风，提升境界，推动工作落实。坚持党对政协工作的领导，不断加强政协组织党的建设，切实发挥政协党组引领作用，认真履行全面从严治党政治责任和党风廉政建设主体责任，深入开展“不忘初心、牢记使命”主题教育，严格执行中央八项规定要求，坚决纠正“四风”新表现，以党的建设新成效带动提升政协履职新水平。加强县政协机关制度机制、干部队伍、机关文化建设，增强凝聚力、创造力和执行力，提高工作质量、工作效率和服务水平，为政协工作开展、委员履职尽责提供可靠保障。

各位委员，新时代赋予新使命，新征程期待新作为。让我们在中共临朐县委的坚强领导下，不忘初心，牢记使命，继往开来，砥砺前行，为建设富强临朐、文化临朐、生态临朐作出新的更大贡献！

（县政协办公室）

# 2017年临朐县国民经济和社会发展统计公报

临朐县统计局　国家统计局临朐调查队

（2018年4月12日）

2017年，全县上下在县委、县政府的坚强领导下，深入推进供给侧结构性改革，加快新旧动能转换和“四个城市”建设，深入实施“一二五六”思路举措，经济社会呈现平稳健康协调发展态势，各项社会事业取得新的进展和突破。

## 一、综合

经济运行稳中有进。初步核算，全县实现地区生产总值（GDP）280.2亿元，按可比价格计算，同比增长7.0%。其中第一产业增加值37.4亿元，增长3.6%；第二产业增加值110.7亿元，增长6.5%；第三产业增加值132.1亿元，增长8.5%。按常住人口计算，人均生产总值32719元（按年均汇率折算为4844美元），增长6.5%。三次产业比例由13.9:40.6:45.5调整为13.4:39.5:47.1，三产比重提高1.6个百分点。

人口规模不断扩大。全县出生人口15887人，人口出生率为17.4‰，自然增长率为10.3‰，出生人口性别比（女性为100）为102。年末全县户籍总户数为297281户，总人口为919028人，其中：男性473399人，女性445629人。据人口抽样调查，年末全县常住人口856724人。

市场主体稳步增长。全县各类市场主体户数为46290户，增长19.1%，新登记各类市场主体8375户，增长39.3%。年末全县私营企业10730家，比上年增长25.0%，注册资本377.3亿元，增长46.0%，从业人员13.6万人，增长20.1%；个体工商户32847户，增长18.5%，从业人员8.2万人，增长16.4%；农民专业合作社1845家，增长6.5%，出资总额54.8亿元，增长11.3%。

非公有经济稳中有升。全县非公有经济总数达到4.5万户，比上年增长19.4%，从业人员25.9万人，增长15.9%。全县非公有经济上缴税金16.6亿元，占全部税收的比重为68.5%。

## 二、农业

全年完成农林牧渔业总产值76.6亿元，按可比价格计算比上年增长4.0%。

粮食及经济作物生产发展平稳。据抽样调查，全县粮食播种面积54万亩，比上年减少0.24%；粮食总产量19.9万吨，增长4.5%。其中，夏粮20.1万亩，单产363.1公斤，下降0.12%，总产7.3万吨，减少5.8%；秋粮33.9万亩，单产370.6公斤，增长8.3%，总产12.6万吨，增长11.6%。初步统计，全县果园面积15.9万亩，水果产量26.2万吨，增长11.0%。

主要农产品产量如下：

| 品　种 | 2017年 | 比上年 ±% |
|---|---|---|
| 粮食（万吨） | 19.9 | 4.5 |
| 夏粮（万吨） | 7.3 | —5.8 |
| 秋粮（万吨） | 12.6 | 11.6 |
| 烤烟（吨） | 3268.5 | —5.9 |
| 水果（万吨） | 26.2 | 11.0 |
| 油料（吨） | 16339.4 | —6.4 |
| 蔬菜（万吨） | 23.0 | —4.2 |
| 瓜类（万吨） | 12.4 | 1.1 |

林业生态建设稳步推进。围绕“生态立县”战略，以造林绿化、资源保护、林业产业等工作为重点，全县完成造林1.1万亩，森林抚育2.3万亩。建成省级

林业示范社4家，省级林业龙头企业4家，省级经济林标准化示范园1个，市级林业示范社1个。

畜牧业现代化水平提高。开展标准化示范场创建和“三品一标”认证，全县市级以上畜禽养殖标准化示范场达到93家，新增“三品一标”认证企业14家。大力发展畜禽标准化适度规模养殖，全县畜禽养殖规模化程度达到80%，标准化程度达到70%。年末全县奶牛存栏2.5万头，奶类产量 5.4万吨，比上年减少21.9%；禽蛋产量3.3万吨，减少28.0%；肉类产量11.4万吨，增长10.7%；蚕茧产量64.5吨，减少72.9%。

主要畜禽出栏、存栏情况如下：

| 品　种 | 2017年 | 比上年 ±% |
|---|---|---|
| 羊出栏（万只） | 17.5 | —8.5 |
| 生猪出栏（万头） | 61.5 | 0.1 |
| 家禽出栏（万只） | 4680 | 1.7 |
| 羊年末存栏（万只） | 11.0 | —24.8 |
| 生猪年末存栏（万头） | 35.0 | 1.6 |
| 家禽年末存栏（万只） | 747 | —30.6 |

渔业生产运行平稳。做好创建省级食品安全先进县和水产品质量安全工作的督查、抽检、风险监测等，完成抽检62批次。引进新型渔民培训项目，推广实施节水养殖技术，积极推广锦鲤等节水型渔业品种，发展生态健康节水型养鱼。全县水产品产量达8520吨。

农业品牌建设实现新突破。建成市级农产品质量安全示范园3家，创建市级精准扶贫示范园4家、市级生态循环农业示范区4家，市级休闲农业示范园区5家。推进“三品一标”品牌和标准化认证，全县新增农业品牌6个，其中5个绿色食品新认证、1个地理标志认证，认证面积2.7万亩。新增省级标准化生产基地8家，全县省级标准化基地总数达到10家。成功举办了中国（临朐）第一届樱桃节，被中国园艺学会樱桃分会授予“中国大棚樱桃第一县”称号。

农业机械化水平不断提高。全县农业机械总动力达42.5万千瓦，增长5.3%。联合收获机达1175台，增长2.0%。全年共完成机耕面积57.1万亩，机播面积91.4万亩，机收面积91.9万亩，机耕水平、机播水平、机收水平分别达到96.0%、95.0%、95.5%，耕种收综合机械化水平达95.5%。

年末全县耕地面积89.9万亩。全年平均气温14.4℃，总降水量597.4毫米，全年日照时间2687小时。

**三、工业**

工业生产稳步增长。全县273家规模以上企业完成工业总产值402.6亿元，比上年增长4.1%；工业增加值按可比价格计算增长4.3%。产品销售率为98.7%，比上年增长0.7个百分点。

主要工业产品产量如下：

| 品　种 | 2017年 | 比上年 ±% |
|---|---|---|
| 铝材（万吨） | 69.2 | 0.9 |
| 乳制品（万吨） | 42.6 | 25.0 |
| 机制纸（万吨） | 2.2 | 11.8 |
| 水泥（万吨） | 60.8 | —3.5 |
| 饲料（万吨） | 24.1 | —8.9 |
| 服装（万件） | 2414 | 30.3 |
| 饮料酒（千升） | 6390 | 2.0 |
| 罐头（吨） | 5976 | 3.4 |
| 中空玻璃（万平方米） | 12.6 | 3.0 |

经济效益不断改善。全县规模以上企业实现主营业务收入399.7亿元，比上年增长3.4%；实现利润14.7亿元、利税23.6亿元，分别增长14.8%和10.8%。重点龙头企业拉动作用明显，40家重点骨干企业实现主营业务收入、利润、利税分别占规模以上工业企业总额的51.4%、73.7%和68.8%。华建、伊利、高速轨道、山水水泥4家工业企业上缴税金过亿元，比上年增加3家，其中华建上缴税金突破2 亿元。

主导产业培育取得新突破。突出抓好铝型材产业转型升级，华铝高性能特种铝材等项目建成投产，全县铝型材产能达到160万吨，铝型材产业集群入选全省先进制造业转型升级示范项目，先后荣获“中国节能门窗产业基地”“中国铝模板产业基地”“中国铝合金装饰材料产业基地”荣誉称号。

企业竞争力逐步增强。全县拥有中国驰名商标15件、山东省著名商标20件，有效期内山东省名牌达14件。

全县工业用电量15.3亿千瓦时，比上年增长7.3%。

## 四、投资和建筑业

大项目建设取得新突破。深入开展“大项目建设突破年”活动，开工建设大项目89个，完成投资75.6亿元，其中，伊利高端液态奶、高铁轨道大板二期等46个项目建成投产，总投资76 亿元的抽水蓄能电站项目筹建处组建成立，有望2018年底动工建设。新引进过亿元项目29个，其中过3亿元项目12个、过10亿元项目3个，全县重点在谈项目达46个，高铁轨道设备产业园、杭萧钢构等项目签约落户。

房地产市场进入盘整期。全县纳入联网直报的房地产企业达到29家，全年完成房地产开发投资9.7亿元，比上年下降19.7%，其中住宅投资8亿元，下降16.3%。商品房销售面积46.2万平方米，下降4.5%，其中住宅42万平方米，增长4.4%。商品房销售额22.9亿元，增长0.6%，其中住宅20.8亿元，增长11.7%。

建筑业平稳增长。全县资质以上建筑企业发展到39家，完成建筑业总产值25亿元，比上年增长3.9%，其中建筑工程产值22.5亿元，增长4.4%；安装工程产值2.2亿元，增长13%。签订合同额37.7亿元，增长23.7%，其中当年新签订合同额26.2亿元，增长43.4%。

## 五、国内外贸易

消费品市场运行平稳。全年实现社会消费品零售总额173.2亿元，比上年增长9.1%。分地域看，城镇市场118.5亿元、乡村市场54.7亿元，分别增长4.9%和19.4%；分行业看，批发零售业138.5亿元、住宿餐饮业34.7亿元，分别增长7.4%和15.4%。全县限额以上贸易业实现零售额39.1亿元，比上年增长2.1%。按行业看，批发零售业37.9亿元，增长2.1%；住宿餐饮业1.2亿元，增长2.5%；从商品分类情况看，在全部22类商品中有16类呈现不同幅度增长，其中日用品类增长23.1%，汽车类增长12.7%，粮油、食品类增长9.9%，家用电器和音像器材类增长8.5%。

开放活力持续释放。新增对外贸易经营者备案企业67家、进出口实绩企业42家，组织80余家企业参加广交会、越南建材展等重点节会38次，签订外贸合同近20亿元。全年完成进出口总额30.7亿元，比上年增长26.4%。其中，进口3.1亿元，增长14.9%，出口27.6亿元，增长27.9%。实际到账外资3.7亿元，增长17.8%。

## 六、交通、邮电和旅游

交通运输综合能力逐步提高。完成王龙路7.25公里大修工程、冶伦路水库坝顶段2.75公里中修工程。修建农村公路215条，296公里。境内公路通车里程达2656公里。县汽车站共计运送旅客约162万人次，发出班次23.4万个。全社会运输业完成公路货运量1714万吨，货物周转量365600万吨公里；客运量680万人，旅客周转量47755万人公里。年末民用运输车辆拥有量6060辆。

城市公共交通体系建设不断完善。全县拥有城市公交车168辆，公交车客运总量达610万人次；出租车249辆，客运总量达570万人次。公共自行车借车卡总数量达到1.64万张，整体运行平稳。来驾共享自助用车项目投入运营，投放新能源汽车200辆。11条公交线路累计投入新能源汽车168辆。以公交、出租、客运、绿色出行互为补充的道路运输服务网络日臻完善。

邮政通信业务快速增长。全县邮政业务收入3025万元；快递业务214.4万件，同比增长70.3%，其中进口业务130万件，增长70.6%。全县电信企业实现电信业务收入3.9亿元，年末全县固定电话用户8.6万户，比上年减少0.8万户；移动电话用户84.9万户，增加1.7万户；宽带上网用户发展到15.3万户，增加1.5万户。

旅游业发展实现新突破。成功举办了山东省第四届乡村旅游节和第五届中国（临朐）沂山文化节暨东镇沂山祀山大典、第五届中国（临朐）家居门窗博览会第六届中国（临朐）家居门窗博览会暨全铝家居展览会等重大节会活动。我县被评为全国休闲农业和乡村旅游示范县、山东省乡村旅游示范县、好客山东最美风景县，寺头、九山、嵩山被评为山东省最美风情小镇，寨子崮村被评为全国休闲农业与乡村旅游示范点，牛寨村获评中国乡村旅游模范村、中国最美休闲乡村。全县A级景区14家，其中国家AAAAA级1处，

AAAA级1处、AAA级6处、AA级6处，省级工、农业旅游示范点3处，省级旅游强镇4个，省级旅游特色村3个，大汶口文化、齐长城等古文化遗址688处。全年共接待旅游人数621.96万人，比上年增长10.6%，实现旅游消费总额76.73亿元，增长15.7%。

**七、财政和金融**

财政收支保持较快增长。全年完成财政总收入25.5亿元，比上年增长12.8%。其中一般公共预算收入16.3亿元，增长11.8%。一般公共预算支出35.5亿元，增长8.5%。其中教育、社会保障和就业、医疗卫生与计划生育、农林水事务支出等民生支出29.7亿元，增长4.8%，占财政总支出的83.7%。

金融市场持续向好。年末全县金融机构本外币各项存款余额483.4亿元，比上年增长15.4%，比年初增加58.6亿元，其中住户存款余额301.4亿元，增长8.6%，比年初增加23.7亿元，人均储蓄存款35192元，增长8.1%。全县金融机构本外币各项贷款余额263.8亿元，增长13.4%，比年初增加31.2亿元。其中，短期贷款余额147.3亿元，比年初增加7.8亿元；中长期贷款余额113.5亿元，比年初增加26.8亿元。

**八、科技、人才、教育、文化、卫生和体育**

科技、人才工作取得新进展。新认定高新技术企业14家，全县高新技术企业发展到35家。新认定省级（示范）工程技术研究中心1家、市级科技企业孵化器1家、市级工程技术研究中心2家、市级企业重点实验室2家。22家企业分别与山东科技大学等12家高校院所签订合作协议21项。坚持人才强县，设立5亿元的新兴产业基金和全市第一支亿元人才产业投资基金，2人入选国家“万人计划”科技创业领军人才和科技部“创新创业人才”，4人被评为市级以上产业领军人才。组织申报市级以上科技计划项目17项，其中山东省重大专项1项、省级农业园区示范项目1项，获市级科技进步奖6项，其中二等奖3项、三等奖3项。获潍坊市第二届专利奖一等奖1项、三等奖2项。全县专利申请776件，专利授权355件，其中发明专利授权21件。

教育事业成效显著。新建改建中小学校20处、标准化幼儿园9处。建成“无线校园”15处、全自动录播教室10处，更新教学用计算机560台，多媒体教室112口。普通高考再创新高，全县普通文理一本进线1417人，上线率34%，本科共录取2584人，其中有10名学生被清华、北大录取。县职业教育中心学校获得全国技能大赛三等奖3项、省赛一等奖2项，被评为省校企合作一体化办学示范校。实施“千名新教师引进计划”，引进新教师285名，实习支教师范生380名、三支一扶大学生4名。全县在校学生91401人，其中普通中学 33279人，中等职业教育学校3615人，小学58013人。

文化事业快速发展。全县共建成综合性文化服务中心339处，达标率97.13%。全年完成农村公益电影放映3842场，开设合唱等培训课程350余班次。第四届群众文化艺术节统领文化活动开展，先后主办、承办各类文化活动300余场次。做好临朐县第四届“文化艺术政府奖”评选，共评选出11个奖项。周姑戏《淌水崖》、歌曲《歌唱新农村》在央视戏曲频道播出。小戏《担当》荣获“中华颂”第八届全国小戏小品曲艺大展银奖。沂山传说等4个项目列入第五批市级非物质文化遗产代表性项目名录。建成历史文化展室村22个，淌水崖水库纪念馆、牛寨村史馆被确定为山东省首批历史文化展示“十百千”示范点。

卫生计生事业实现新发展。建成县妇幼保健院医疗综合楼，中医院门诊病房楼完成主体建设。农村社区卫生室完成主体建设27处，各镇（街、园、区）均已发放乡医补助。与国内知名医院合作成效明显，连续三年邀请46名临朐籍上海专家返乡义诊。成功引进石学敏院士工作站、国医大师传承工作室落户县中医院。加强医养结合服务项目建设，目前已运营项目1个，在建项目3个。

体育工作成绩突出。在2017年9月份落幕的市全运会中，我县输送的运动员取得了3金3铜的历史最好成绩，在潍坊市各县市区中排名第一。全民健身中心完成主体建设。在册体育协会12个、俱乐部18个，先后举办了沂山徒步大会体育比赛、健身活动120多场次，参与人数达10万人。为全县114个省定贫困村配套器材1194件，全县95%的建制村已经配备体育健身设施。全县体育彩票终端机已发展到88台，全年体彩销售量突破 1 亿元。

**九、人民生活、就业、社会保障和基层组织建设**

城乡居民收入稳步增长。据抽样调查，全县 2017 年人均可支配收入 23440 元，比上年增长 9.2%。其中城镇居民人均可支配收入 31711 元，增长 8.0%，农村居民人均可支配收入 16015 元，增长 8.9%。

就业形势保持稳定。举办人力资源市场招聘会 52 场，累计到场企业 803 家，达成就业意向 1847 人。组织 203 家企业召开精准扶贫招聘会，提供岗位 2636 个，达成就业意向 355 人。全县完成城镇新增就业 6600 人，城镇登记失业率 2.7%。发放创业担保贷款 689 笔 8026.5 万元，带动就业 3445 人。组织开展培训 38 期 1276 人。

社会保障水平不断提高。全县新增参保职工 4219 人，参加城乡居民养老保险 51.5 万人、医疗保险 79.1 万人，征缴各项社会保险费 20.05 亿元，累计拨付各项社会保险 21.83 亿元。强化定点医疗机构管理，为 95 家定点医疗机构申请维护 POS 机。老龄事业加快发展，收缴银龄安康保费 421 万元，为 2415 人发放高龄补贴 192 万元。

社会救助体系进一步完善。城市低保标准提高到每人每年 6120 元，农村低保标准提高到每人每年 4100 元，全年共为 4926 户 8663 人城乡低保对象发放城乡低保金 2275 万元。为全县农村五保供养对象 1381 人发放供养资金 608.7 万元。完善救助制度，为 3682 名医疗救助对象发放救助金 398.8 万元、为 1477 名困难群众发放临时救助金 164.6 万元、为 1505 人发放孤儿（困境儿童）基本生活费、89.79 万元。全年发放慈善救助资金 1360 万元，救助困难群众 7180 余人次。新增养老床位 612 张，建成城市社区日间照料中心 3 处，建成农村幸福院 51 处，覆盖率达到 80%。

脱贫攻坚工作取得新突破。大力实施扶贫资金项目。全县所有省定贫困村都建有合作社，80% 的贫困户加入到合作社产业链条。结合党员干部“包村联户”活动的开展，安排县镇村三级干部 3647 人，成立 1183 个帮扶（关爱）小组，对 2016 年已脱贫户和 2017 年的贫困户继续实行结对帮扶。全县整合实施扶贫项目 44 个，现已全部建成并实现项目收益 168.4 万元，惠及贫困人口 1159 户 2130 人。全县 1280 户、2584 名建档立卡贫困人口，到 9 月 30 日已全部脱贫。继续享受扶贫政策的 6708 户 13748 人。

基层组织建设取得新突破。顺利完成村“两委”换届工作，转化软弱涣散村党组织 54 个，建成“过硬支部”105 个，选树“沂山先锋”20 名，基层组织凝聚力、战斗力进一步提升。

**十、城镇建设、环境保护和安全生产**

城市基础设施建设力度不断加大。续建南环路、营龙路、龙高路等道路 6.7 公里。完成仲临路新线、站前路、龙泉路等节点绿化工程，新增绿化面积 8.4 万平方米，加强城市精细化管理，对城区 57 处裸露土地进行绿化。在城区 10 个路口增设信号灯、9 个路口增设人行横道指示灯，在 10 条道路安装路灯 266 基。新建绿荫停车场 3 处、口袋公园 4 处。加快推进城区道路整修，调整沿石 8975 米，维修人行道 7517 平方米、沥青路面 8148 平方米。

棚户区改造加速推进。启动棚户区改造“三年行动计划”，完成烟冢铺、傅家李召等 11 个片区、5000 户搬迁，腾出建设用地 3156 亩，安置楼开工率达 100%。提前启动 2018 年棚改任务，完成粟山、齐家庙等 1524 户搬迁。

新型城镇化建设取得新进展。新建 13 个农村新型社区，提升 13 个社区服务中心。完成农村危房改造 152 户，其中建档立卡贫困户 15 户。改厕工作扎实推进，在全面完成 2016、2017 年农村无害化卫生厕所改造任务的基础上，2018 年任务已完成 85%，九山镇北牛寨村农村改厕与生活污水一体化处理项目被市政府纳入山区村庄一体化试点。小城镇建设成效显著，九山薰衣草小镇入围第一批省级特色小镇，蒋峪镇入选第四批省级“美丽宜居小镇”。全县常住人口城镇化率达 51.87%，比上年提高 1.52 个百分点。

美丽乡村建设实现新突破。扎实推进美丽乡村建设，新建成美丽乡村 60 个、生态文明村 180 个，九山镇牛寨村入选国家级“宜居村庄”，寺头镇东福泉村、九山镇青杨峪村被命名为第四批省级“美丽宜居村庄”，嵩山北黄谷村申报第五批国家级传统村落。

“两河”保护开发扎实推进。对全县 130 条河流进行全面普查，全面建立覆盖所有河流的县、镇、村三级河长制组织体系，共设县级河长8人、镇级河长118人、村级河长687人。大力开展“清河行动”。实施汶河下游综合治理工程，治理河道长度10公里；完成沂山风景区店子小流域综合治理工程，综合治理水土流失面积14.5平方公里。深化“三八六”环保行动，继续实施河流湿地生态修复工程，完成五井石河治理工程、汶河蒋峪河栽植菖蒲莲藕工程、龙山龙岗河治理工程、寺头镇圣水湖湿地公园工程等4个项目。

“双城同创”工作取得阶段性成果。全面启动省级文明县、省级卫生县城创建工作，全县广大干部群众团结一心、踊跃参与，拆除违法建设7.4 万平方米，一大批多年未能解决的环境卫生问题得到彻底有效解决，城区环境面貌焕然一新，赢得了群众的一致好评。

生态环境明显改善。深入实施主体功能区战略，编制完成国家重点生态功能区产业准入负面清单，全县生产、生活和生态空间布局更加协调。大力实施“生态立县”战略，全力抓好中央和省环保督察问题整改，完成10吨及以下燃煤锅炉“清零”，西城热电、绿能供热、蓝帆新材料等5家企业燃煤锅炉完成超低排放改造，取缔“散乱污”企业187家，立案查处环保违法案件960起。空气质量优良天数达到249天，较上年增加26天。

全县累计发生各类生产安全事故12起，比上年下降42.9%，死亡4人，下降33.3%。

注：1.公报所列地区生产总值及一、二、三产业增加值绝对数按当年价格计算，增长速度按可比价格计算。

2.规模以上工业企业是指年主营业务收入2000万元以上的工业企业；限额以上贸易业企业指年主营业务收入2000万元以上的批发业、500万元以上的零售业和200万元以上的住宿餐饮业企业。

3.本公报所列数据为年度快报数或初步统计数字，最终数据以《2017年临朐统计年鉴》为准。

（县统计局）

## 以生态理念统揽发展全局—“两山”理论在临朐的实践

（大众日报　2017年12月20日　第1版）

一个山区丘陵面积占87.3%的县，如何既在当下实现富民强县，又为未来发展留下良好的资源环境基础？

过去“万担土造一亩田”、为吃饱饭恨不能把山头削平的临朐，今天以新理念重新打量人与山的关系，很好地解决了这个问题。尊重自然、顺应自然、保护自然，实施“生态立县”战略，以生态理念统揽发展全局，在新旧动能转换中注入绿色动能，临朐走出一条绿色突击之路。

绿水青山就是金山银山。今年1至10月份，临朐一般公共预算收入同比增长8.3%，居潍坊市第二位；国地两税总收入同比增长40.5%，均居全市第一位；在纳入统计的33个指标中，有25个高于全市平均水平。全县经济提质增效，呈现稳中向好态势。

### “旧衣洗净”论借势论
### 看临朐怎样治水治山

潍坊市人大常委会副主任、临朐县委书记顾建华，一直忘不了这样一件事。

2012年的一个周末，他让司机开车沿弥河堤坝路前行，他要看看能走多远。车行三四百米，就被垃圾挡停。临朐山多水多，有大小河流130余条。弥河是临朐的“母亲河”，流域占全县面积的80%。河流污染问题不是小问题。

考察归来第二天，顾建华召集有关部门开会：绿水青山是临朐最大优势，今天临朐的发展要恢复、发挥这个优势。很快，县域内两条重要河流弥河、汶河的保护开发，上升为全县转型发展的重要举措。

然而一个严峻问题是：治河需要花钱，2012年临朐公共财政预算收入仅有7.2亿元，而且已被各种“刚需”分净——其实历届县委都意识到弥河污染问题，但都因为财力问题没能施展开手脚。

为此，顾建华提出“旧衣服洗干净穿”理论：没钱买新衣服，就把旧衣服洗干净了穿；现在没钱治河，但可以治理乱排乱倒、乱采乱挖、乱搭乱建等“三乱”现象，恢复河流的自然状态；等财力宽裕了，再进行深度开发。这是临朐治河的“两步走”思路。

然而治理“三乱”也是阻力重重。在河里采沙“一本万利”，很多采沙点盘踞多年，有的业主甚至带有黑社会性质。此时，恰逢潍坊市在全市打响轰轰烈烈的“三八六”环保行动（用三年时间，通过六项保障机制，打好河道生态修复等八大战役）。临朐县委提出，工作要善于借势，借“三八六”环保行动的大势，治理本地河流乱象。自2013年到今年12月初，临朐共处理涉沙案件560起；仅今年以来，就刑事拘留违法采矿采沙18人。“三乱”逐渐被平乱。

河流污染，症状在水里，病根在岸上，工业污水、养殖污水等是症结所在。为此临朐关停污染企业246家，清理沿河养殖场（户）1254个。养殖是沿河群众的致富项目，临朐对此没有一关了之。九山镇位于弥河源头，大山东村村民窦胜坤，原来建了占地十亩的养鹅大棚。大棚对弥河污染不轻，在环保行动中被拆除。正当窦胜坤为以后的生活踌躇之际，包村副镇长帮他引来了无污染的光伏发电项目。

现在临朐治河在向纵深发展。2014年，县委、县政府请来天津园林规划设计院，对“两河”进行深度规划，目标是打造成“生态之河、景观之河、文化之河”。去年围绕构建城乡一体生态系统，县域内130条河流“一河一策”，分别进行深度开发。今年临朐推行河长制，河长协调各部门，统筹河流治理，目前全县共任命903位河长。

今天的临朐正变得更加山清水秀。弥河创建为“国家水利风景区”，汶河建成省级湿地公园。弥河凡是适合建堤坝路的河段都已通路，总长20.8公里。昔日油乎乎、黑乎乎的“母亲河”，变身为全县的旅游生态轴，放眼皆如画，举目即成景，成为带动城乡融合发展的新动脉。一位住在弥河岸边的干部告诉记者，夏天时常见到很多人带着帐篷、叫着外卖在弥河边钓鱼。

### 抓手论、串珠成链论
### 全域旅游正让临朐富起来

“山青青水碧碧，高山流水韵依依”。在治水的基础上，临朐县以美丽乡村建设、国家全域旅游示范区创建为抓手，全力打造旅游业。“旅游富县”在临朐上升到战略层面，乡村旅游更是被定为新旧动能转换的先行产业。

2015年，临朐县在潍坊市第一个出台“美丽乡村三年行动”规划。县财政每年安排1200万元资金，硬化道路，美化村容，恢复生态……全县村庄由此大变样。冶源镇谭家小崔村67岁的村民谭清玉，在济宁儿子家住了一段时间，回来后有感于村里的变化，写长诗投给县报：“大街小巷成直线，硬化路面展眼前”“村里绿化统一搞，树木成荫花成片……”

嵩山生态旅游区北黄谷村，百年石屋，百年古槐，被评为“山东省古村落”。2013年中央美术学院教授王少伦带着学生来写生，牧归的山羊走一路排泄一路，山道上粪便、土堆遍地，王教授一去不复返。通过美丽乡村建设，北黄谷村变得洁净了，今年王教授又带学生来写生。“写生经济”使这里户均年增收5000元。

当前，北黄谷村开发被县里列为旅游“大项目带动战略”的一个项目。大项目带动战略，是临朐推动全域旅游的一个重要抓手。目前相继实施了“突破沂山”、老龙湾综合开发、石门坊改造提升、“突破嵩山”等项目，这些龙头项目经过深度开发，老树开新花，更加具有吸引力。

抓大不忘小，将小景点串珠成链形成整体效应，是临朐全域旅游的特色。目前临朐共有50多个特色乡村旅游点、7个特色旅游镇。九山镇牛寨村，以特色民居、农家乐出名，年接待民宿游客三万人以上，现在正打造中医药养生基地等20个养生养老度假项目。九山薰衣草小镇、冶源康养小镇、辛寨休闲度假小镇……“以前游客来临朐是当天就回去，现在通过完善交通基础设施，将众多景点串起来，游客能待两三天。”临朐县旅游局长李瑜说。

打通三次产业，奔向“新六产”，政府、村民自觉从维护生态的角度进行一产种植，对一产进行三产开发，是临朐全域旅游的大看点。嵩山生态旅游区在全区 16 个村推广蜜桃种植。万亩蜜桃，十公里山谷，春天一片粉红，夏天绿树浓荫，秋天果实累累。春赏花、夏避暑、秋采果，蜜桃种植不仅使每户平均纯收入达到 3 万元，而且每逢周日游客近千人，更让村民增收不少。新合村看到这个优势，由区管委会、村干部、四家贫困户共同入股，举办农家乐，开发当地民间流行的“十六八”餐饮。十六个碟，八个碗，“一鸡二鱼三合菜……”上菜当中有文化。自今年七月营业以来，月均收入上万元，四家贫困户今年底能脱贫。

为美化环境，打造景点，城关街道在寨子崮村空闲山地种了十几亩玫瑰花，花开时游客络绎不绝。经营农家乐的寨子崮村村民高学文，受此启发，发明了新菜品“玫瑰花炒鸡蛋”。玫瑰花是具有理气活血功效的中药材，所用鸡蛋又是生态绿色的山鸡蛋，很多游客慕名而来。现在高学文的农家乐已由三四十个席位，扩展到一百五六十个。

临朐旅游硕果累累。2015 年被评为全国休闲农业与乡村旅游示范县，2016 年成功入选首批创建“国家全域旅游示范区”名单。今年前三季度，全县共接待游客 546 万多人次，实现旅游总收入 67.4 亿元，同比分别增长 15.63% 和 16.89%。旅游业已成为临朐的支柱产业。

### 大项目战略　循环经济论
### 绿色产业成为临朐新动能

一般来说，县域经济在当前阶段要强起来，工业不可不抓。临朐县委对这个问题认识充分，在抓“生态立县”“旅游富县”的同时，临朐实施“工业强县”战略。这里的特色是，以生态要求布局工业项目。

突出大项目带动战略，是临朐发展工业的一个抓手。截至目前，今年全县在建亿元以上项目 138 个。进入 12 月，临朐中欧节能门窗产业园工地仍是车水马龙。这个计划总投资 50 亿元的项目，将建成国内最大的现代化节能门窗生产研发基地。目前 21 家高档铝合金门窗企业正在施工，产品将卖到每平方米三千到三万元间——过去临朐门窗只卖几百元甚至几十元。

这只是临朐铝型材产业打造全链条节能循环模式的一环—向下游中高端延伸。在上游，则是去掉高耗能环节，并回收利用料渣：全县铝型材企业原来以铝锭为原材料，将铝锭熔铸成铝棒，再制作各种型材；现在转为直接买进铝棒，并将生产过程中产生的料渣卖给铝棒企业。全县由此关闭熔铸炉 74 台，年节约原煤 17 万吨。

传统产业不仅降耗，还要减排。近年来，临朐县共建设五个污水处理厂。污水在企业进行一次处理，达标后进污水处理厂进行二次处理。今年，东城工业园一家铝合金企业，排放的污水不达标，被罚款 21.7 万元。通过治理，现在临朐万元 GDP 能耗下降 17.85%，规模以上工业万元增加值能耗下降 23.04%。

目前，临朐共建起铝型材等四条节能循环产业链，涵盖了县域内四大产业。随着产业向纵深发展，四支链条互相辐射，共同迈向中高端。依托石灰石循环利用产业链，临朐引来高铁轨道大板项目。这是一种高技术大板，通过内设装置能够随时监控列车行驶情况。这家企业还利用当地高品质的铝材，开发了国内唯一具有完全自主知识产权的无砟轨道。以此为“媒”，临朐进行上下游招商。高铁相关配套产业，现在已成为该县经济的一个重要增长极。

发展高新技术，是既环保又有较高经济效益的好路子。临朐华特磁电科技，是国内规模最大的磁电设备制造基地，这里设立了国家博士后科研工作站，获得国家专利 146 件。今年以来全县高新技术产值增长 25%。

经过持续用力，今年 1 月—10 月，临朐县工业增加值按可比价格计算增长 5.6%，在潍坊八个县（市）中居第一位。全县累计工业用电量同比增长 10.7%，居全市第三位。

临朐的实践让人思考。发展并不必然破坏环境，“美好生活”和“优美生态”之间不存在难以逾越的沟壑。实施“生态立县”战略，以生态理念统揽发展全局，是临朐对这个时代课题的回答。这个回答给人启示。

（王学文　杨国胜　马世波　刘明志）

# 大事记

## 1月

3日—4日　县委书记、县人大常委会主任顾建华分别到冶源镇、五井镇调研大项目建设、脱贫攻坚、美丽乡村、党的建设等工作。

5日　县委书记、县人大常委会主任顾建华到龙山高新技术产业园调研。

同日　县总工会向全县53名市级以上困难劳模发放劳模“三金”（春节慰问金、生活困难补助金、特殊困难帮扶金），共计158800元。

6日　“意象·临朐”中国油画名家作品展开展启动仪式在石门坊写生培训基地举行。共展出刘秉江、李伦、孙建平、陈和西、王少伦、苏兆伟等19名画家的作品86幅。市委宣传部副部长丁汉邦出席仪式并致辞。

7日　县委书记、县人大常委会主任顾建华到嵩山生态旅游区调研，到马王村走访慰问部分老党员、贫困户。

10日　临朐县2016年度镇（街、园、区）党（工）委书记抓基层党建工作述职会议召开。市委常委、统战部部长张小梅出席会议并讲话，县委书记、县人大常委会主任顾建华主持会议，市委组织部副部长、组员办主任都焕德到会指导。

同日　2016年度人口和计划生育工作调查考核汇报会召开。市人口计生调查考核组到临朐县考核2016年度人口计生责任目标执行情况，县委副书记、县长刘裕斌等县领导出席汇报会。

13日—15日　中国共产党临朐县第十四次代表大会召开。大会主席团常务委员会成员顾建华、刘裕斌、王晋成、赵永娟、田元君、衣利民、郭家荣、郭宝花、冯波、孙启军、于飞奇、李志为、黄芳、桑海强在主席台前排就座。大会由刘裕斌主持，392名代表出席会议。顾建华代表中共临朐县第十三届委员会向大会作题为“同心同德　艰苦奋斗　努力开创富强临朐　文化临朐　生态临朐建设新局面”的报告。大会通过了关于十三届县委工作报告和县纪委工作报告的决议；选举产生中共临朐县第十四届委员会委员、候补委员，纪律检查委员会委员和出席市第十二次代表大会代表。

15日　中国共产党临朐县第十四届委员会第一次全体会议召开。顾建华主持会议，新当选的中共临朐县十四届委员会委员、候补委员参加会议，县纪委委员列席会议。会议通过《县委十四届一次全会选举办法》。会议以无记名投票方式，选举顾建华、刘裕斌、田元君、衣利民、郭家荣、冯波、孙启军、李志为、黄芳、桑海强为中国共产党临朐县第十四届委员会常务委员会委员，顾建华当选为中共临朐县第十四届委员会书记，刘裕斌、田元君当选为副书记。

16日　县委书记、县人大常委会主任顾建华，县委副书记、县长刘裕斌，县委副书记田元君走访慰问驻潍部队官兵。

同日　全县老干部迎新春座谈会召开。县委书记、县人大常委会主任顾建华出席会议并讲话，县委副书记、县长刘裕斌主持会议，县人大常委会党组书记、第一副主任王晋成，县政协主席赵永娟，县委副书记田元君出席会议。座谈会上，顾建华通报2016年全县经济社会发展情况和2017年工作思路。

17日　临朐县2017年春节军地座谈会召开。县委副书记、县长刘裕斌出席座谈会并通报全县经济社会发展情况，驻临部队负责人向临朐县长期以来对部队建设给予的支持和帮助表示感谢。

18日　市委常委、统战部部长张小梅带队到临朐县对全面从严治党主体责任落实情况进行检查，听取临朐县关于2016年度落实全面从严治党主体责任的情况汇报。县委书记、县人大常委会主任顾建华主持汇报会。张小梅一行到敬老院走访慰问，到村走访慰问部分老党员、生活困难党员、贫困户及专家人才。

同日　县委常委班子召开民主生活会，深入学习贯彻中共十八届六中全会精神。市委常委、统战部部长张小梅，市“两学一做”学习教育督导组成员到会指导。县委书记、县人大常委会主任顾建华主持会议。

19日　九山镇武装部干事王甲甲被中央军委国防动员部表彰为“2016年度军事训练先进个人”。

19日—21日　临朐县政协十届一次会议在县广电大厦会议中心召开。

20日—22日　临朐县第十七届人民代表大会第一次会议在县广电大厦会议中心召开。

29日　2017年临朐籍在外高层次人才新春联谊会举行。市委组织部副部长、市干部网络培训管理办公室主任陈延爱出席并讲话，县委副书记、县长刘裕斌致辞，县委副书记田元君主持会议。26名临朐籍在外高层次人才参加联谊会。省政府副秘书长、省第八批援藏干部总领队、日喀则市委副书记、常务副市长冯继康，美国田纳西大学博士后工作站孟宪智，北京大学机关党委副书记衣学磊等部分临朐籍在外高层次人才作交流发言。

## 2月

3日　全县经济工作暨大项目建设突破年动员会议召开。县委书记顾建华出席会议并讲话。会议以中共十八大和习近平总书记系列重要讲话精神为指导，以创新、协调、绿色、开放、共享五大发展理念为引领，坚持“进位争先、加快崛起”目标要求，以实施“大项目建设突破年”为总抓手，以供给侧结构性改革为主线，全力抓好工业经济、新型城镇化、全域旅游、美丽乡村、脱贫攻坚“五项重点”，不断强化产业园区、改革创新、发展环境、依法治县、干部作风、基层党建“六个保障”，加快推进富强临朐、文化临朐、生态临朐建设。

同日　县委副书记田元君到龙山高新技术产业园现场办公，检查指导中国铝型材生产基地龙山铝模板产业园项目工程落户情况。

6日　全县镇（街、园、区）纪（工）委书记座谈会召开。县委常委、县纪委书记冯波出席会议并讲话。

7日　“突破龙山”重点项目推进会召开。县委副书记田元君主持会议并讲话。会议要求开辟大项目绿色通道，主动服务、高效服务、创新服务，着力将龙山打造成百亿级产业聚集区和高新技术示范区。

10日　2017年潍坊市工会“联名企进县区”招聘洽谈会在县人力资源市场举行。县委副书记田元君出席活动并致辞。此次招聘会由潍坊市总工会、市人社局主办，临朐县总工会、县人社局承办。全市60多家企业提供就业岗位5700多个，涉及工种780个。

13日　县委副书记、县长刘裕斌到城关街道调度大项目建设和服务企业经理人工作开展情况。

14日　省委农工办副主任杨炳平，在市委副秘书长、农工办主任、扶贫办主任刘衍信陪同下，到临朐县调研美丽乡村建设工作。

21日　“突破龙山”领导小组会议召开。县领导田元君、衣利民、段庆孔出席会议。会议讨论确定龙山高新技术产业园招商项目入园条件、落户政策及建设标准等。

22日　益都中心医院与临朐糖尿病医院结为“分级诊疗技术协作医院”签约揭牌仪式举行。

28日　第五届中国（临朐）沂山文化节工作领导小组成员会召开。县委副书记田元君出席会议并讲话。会上宣读了《第五届中国(临朐)沂山文化节实施方案》，确定第五届中国（临朐）沂山文化节活动时间为2017年4月16日至10月31日。

## 3月

2日　县政府全体（扩大）会议召开。县委副书记、县长刘裕斌主持会议并讲话。

5日　潍坊市人大常委会副主任、临朐县委书记顾建华，县委副书记、县长刘裕斌调度部分大项目建设进展情况。

6日　全县纪念“三八”国际妇女节107周年大会召开。会后，与会人员参观由县妇联和县老干部书画研究会联合举办的首届纪念“三八”国际妇女节巾帼书画展。

同日　中国铝模板产业基地临朐铝模板产业园奠基暨全县大项目集中开工仪式在龙山高新技术产业园举行。县委副书记、县长刘裕斌出席仪式并讲话。

7日　全县土地整治挖潜暨违规违法用地整改工作会议在蒋峪镇召开。县委副书记、县长刘裕斌出席会议并讲话。会议对护林防火、安全生产、财税金融、社会稳定等工作进行安排部署。

同日　山东银座旅游集团有限公司董事长、党委书记郑良玉一行5人，到临朐县沂山风景区考察投资合作事宜。

8日—12日　县委常委、副县长郭家荣率有关园区、部门、企业负责人赴上海、广东等地开展专题招商对接。

10日　全县砂资源综合整治工作会议召开。县委副书记、县长刘裕斌出席会议并讲话。会上宣读了《临朐县砂资源综合整治方案》，决定从3月10日起至5月10日在全县开展砂资源综合整治工作。

11日　全县脱贫攻坚调度会议召开。潍坊市人大常委会副主任、临朐县委书记顾建华，县委副书记、县长刘裕斌出席会议并讲话。

17日　市委副书记、市长李宽端到临朐县调研。

20日　全县安全生产工作会议在县委大会议室召开。县委副书记、县长刘裕斌出席会议并讲话。会上，县政府与各镇（街、园、区）、各部门（单位）签订2017年安全生产目标责任书。

同日　临朐县党代会代表履职能力培训班在市委党校开班。

21日　潍坊市人民政府新闻办公室在沂山风景区召开第五届中国（临朐）沂山文化节新闻发布会。中央、省、市等近30家新闻媒体单位代表出席发布会。发布会上，确定文化节活动将于4月16日至10月31日在沂山风景区举办，内容主要包括第五届中国（临朐）沂山文化节开幕式暨丁酉年东镇沂山祀山大典、首届沂山文化论坛、“放飞梦想”沂山风筝邀请赛等13项。

21日　潍坊抽水蓄能电站可研工作启动仪式举行。北京设计院副总经理陈永兴，国网新源泰山公司党委书记黄健出席仪式。县委副书记、县长刘裕斌出席仪式并致辞。

22日　县烈士陵园成为首批“潍坊市国防教育基地”揭牌仪式举行。县委副书记田元君出席仪式并为基地揭牌。

同日　潍坊军分区政委郝树东大校、副政委皮先标大校、政治部主任姜波大校一行，到山旺镇解家河村调研帮扶工作。

同日　文化部举行新闻发布会，公布首批艺术品市场案件查处情况，临朐县文化市场综合执法局依法查处的潍坊宸沐文化传播有限公司案例入选全国八大示范案例，是山东省唯一入选案例。中央电视台、人民网、新华网、中国法院网、中国青年报等十几家知名媒体对此进行报道或转载。

23日　全县城市工作会议召开。县委副书记、县长刘裕斌，县委副书记田元君出席会议并讲话。

24日　临朐县在广电大厦会议中心举办学习贯彻潍坊市第十二次党代会精神宣讲报告会。200余名党员干部参加报告会。

24日—27日　临朐县诗人朱际展诗集《朱际展绝句精选》获第四届中国作家新创作论坛暨第12届作家报杯全国优秀文艺作品征评大赛一等奖。

25日　市直第三批驻临朐县“包村联户”和选派“第一书记”工作总结表彰会议举行。市卫计委党委委员、市中医药管理局副局长、市直包村工作组组长张晓乙对市直第三批“包村联户”和选派“第一书记”

作工作总结。

26日　全县农村干部培训班在市委党校开班。潍坊市人大常委会副主任、临朐县委书记顾建华出席开班仪式并作党课辅导。培训班为期3天，邀请淄博市博山区上瓦泉村党支部书记、临沂市兰陵县向城镇郭西村党支部书记、昌乐县红河镇埠南头村党组织书记等对参训学员进行培训。

29日　县委副书记、县长刘裕斌，县委副书记田元君率县政府相关部门（单位）负责人对中欧节能门窗产业园项目、中国铝模板产业基地临朐铝模板产业园建设情况进行现场调度。

同日　全市“第一书记”培训班学员到临朐县考察学习。考察团一行先后到冶源镇白塔村、三阳山村，九山镇牛寨村，沂山风景区东镇村等地进行观摩学习，到淌水崖水库纪念馆进行参观，重温入党誓词。

30日　山东省基层脑血管病防控体系建设暨院长泰山科技论坛在临朐举行。副县长张惠玉出席活动并讲话，全省各大医院的脑血管专家和基层医护人员500余人参加论坛。

同日　县人大常委会主任王晋成带领县人大常委会部分委员和人大代表对全县脱贫攻坚工作情况进行视察。

同日　县委副书记、县长刘裕斌到城关街道调度服务企业经理人工作开展情况。

是月　冶源镇傅家李召社区获评首批“省级创业型社区”。

## 4月

2日　第十四届县委第一轮巡察工作动员部署会议召开。潍坊市人大常委会副主任、临朐县委书记顾建华出席会议并讲话，县委副书记、县长刘裕斌，县委副书记田元君及县委巡察工作领导小组全体成员出席会议。

同日　全县大项目建设暨服务企业经理人工作调度推进会议召开。潍坊市人大常委会副主任、临朐县委书记顾建华出席会议并讲话。县考核办通报全县大项目建设及服务企业经理人工作开展情况，各镇（街、园、区）作了汇报，县国土、经信、环保、金融等部门、单位围绕服务大项目建设和服务企业发展作交流发言。

9日　2017中国（临朐）东城首届桃花汇启动仪式暨中央电视台乡情三部曲新闻发布会在东城街道黄埠店村举行。

12日　刘芸菘、朱家民、徐瑞芳绘画联展“画境墨色”开展仪式在华建文化艺术中心举行，共展出精品书画150余幅。

13日—14日　县委常委、组织部部长、县人才工作领导小组副组长桑海强率部分县人才工作领导小组成员单位和龙山高新技术产业园主要负责人一行10人，赴临沂市兰陵县、郯城县学习考察。

14日　蒋峪镇获山东省“美丽宜居小镇”称号，寺头镇东福泉村、九山镇青杨峪村获“山东省美丽宜居村庄”称号。

15日—16日　德州市陵城区区委书记马常春，区委副书记、区长李希岩一行，到临朐县参观考察，并与临朐县签订全面对接交流框架协议。

16日　第五届中国（临朐）沂山文化节开幕式暨丁酉年东镇沂山祀山大典在沂山风景区东镇庙举行。山东省旅游发展委员会副主任张明池、潍坊市政协原副主席王庆德、副市长马清民出席，潍坊市人大常委会副主任、临朐县委书记顾建华宣布开幕，县委副书记、县长刘裕斌致辞。祀山大典活动分为燔柴乐舞、文化节开幕式、祀典仪式、唐皇祀山情境再现、千人中华旗袍秀五部分。与会领导为“沂山书院”揭牌。

同日　2017年中国（临朐）第一届樱桃节开幕式在兴鲁大樱桃专业合作社交易市场举行。中国园艺学会樱桃分会会长、北京农林科学院林果研究所副所长张开春，山东省农业厅副厅长褚瑞云出席开幕式。

同日　山东省旅游发展委员会副主任张明池一行，到临朐调研旅游工作。

17日　由中国国际工程咨询协会主办的第三届中国国际工程采购联盟供需合作高峰论坛在临朐举办，县委副书记、县长刘裕斌致辞。中国交通建设集团有限公司、华为技术有限公司、中国土木工程集团等150多家工程总包单位、近百家供应商、行业协会、专家学者等近300名代表参加论坛。

18日 第五届中国（临朐）家居门窗博览会在中国国际门窗幕墙博览城开幕。全国政协委员、中国建筑金属结构协会会长郝际平，中国有色金属工业协会副会长、中国有色金属加工工业协会理事长文献军致辞，中国建筑装饰协会副会长张京跃、坦桑尼亚国家住房总局局长那贺米阿、县人大常委会主任王晋成、县政协主席赵永娟出席，县委副书记田元君出席并致辞。开幕式上，中国模板脚手架协会、中国建筑装饰协会、中国有色金属加工工业协会分别授予临朐县“中国铝模板产业基地”“中国铝合金装饰材料产业基地”“中国节能门窗产业基地”称号。

同日 窗博会同期活动“冬天里的春天—王志刚解码时代与未来商机”主题讲座在县广播影视中心举办。

19日 山东省委农村工作领导小组副组长王军民一行，在潍坊市委副书记、市长李宽端陪同下到临朐县调研。

20日 临朐县在佳乐家广场举行侵权盗版及非法出版物集中销毁活动。本次集中销毁的侵权盗版及非法出版物包括图书、报刊、教辅资料、光盘以及电子出版物等共计16000余件。

同日 国务院地名普查办监理工作组组长李一焕一行5人，到临朐开展第二次全国地名普查监理和质量评定工作。

24日 山东省农业厅厅长王金宝一行，到临朐县调研育种产业发展情况。

同日 第十四届县委第九次常委会召开。会议研究临朐县开展“作风建设年”活动相关工作。县委副书记、县长刘裕斌主持会议。

25日 县人大常委会组织部分委员和人大代表对县检察院侦查监督工作情况进行视察。

27日 市政协副主席刘树亮一行，到临朐县就“推进乡村旅游业转型升级发展”开展专题调研。

同日 全县开展“作风建设年”活动动员会议在县广电大厦会议中心召开。潍坊市人大常委会副主任、临朐县委书记顾建华提出“八点要求”，县委副书记、县长刘裕斌出席并讲话。

28日 全县庆“五一”劳动模范命名表彰大会暨工匠精神报告会在县委大会议室召开。县委副书记、县长刘裕斌出席并讲话。会上对40名劳动模范进行表彰，并邀请潍坊工匠精神报告团成员韩龙吉、庄明明、李英杰等6人作宣讲报告。

## 5月

9日 县政府全体（扩大）会议暨廉政工作会议召开。县委副书记、县长刘裕斌出席会议并讲话。

同日 临朐县数字档案馆验收会项目在智慧临朐建设综合指挥中心会议室举行。该项目投资386.7万元，于2014年9月18日启动，2016年8月完成。共加工档案114208卷，扫描档案8232393页，录入目录1184560条，扫描照片2874张；转换录像档案77盘；实现档案安全管理功能为主的局域网络平台、档案利用功能为主的档案利用系统平台、面向因特网的数字档案馆网站。

11日 “文化与百姓同行”—2017年临朐县第四届群众文化艺术节在石门坊红叶广场开幕。中国民间文艺家协会民间戏曲艺术委员会主任傅实，县委副书记、县长刘裕斌出席开幕式并致辞，中央电视台戏曲频道《一鸣惊人》栏目主编、戏曲专家王敏，县人大常委会主任王晋成、县政协主席赵永娟出席，副县长张惠玉主持开幕式。

12日 山东省扶贫办副主任邵国君一行11人，到临朐县视察脱贫攻坚工作。

同日 江西志特新材料股份有限公司、广东中模供应链股份有限公司分别与临朐县签订合作协议，入驻中国铝模板产业基地临朐模板产业园。中国铝模板产业基地临朐模板产业园是临朐县重点打造的国内最大的现代化铝模板产业基地，是集产品展示、技术交流、信息发布、仓储物流等多功能于一体的高新产业园区。

13日 全县推进“两学一做”学习教育常态化制度化工作座谈会举行。潍坊市人大常委会副主任、临朐县委书记顾建华出席并讲话，县委副书记、县长刘裕斌主持会议。

17日 潍坊金融支持临朐重点项目（企业）发展对接会议召开。县委副书记、县长刘裕斌出席并讲话。

22家商业银行与临朐县重点项目（企业）进行对接签约，签约总金额达43亿元。

同日 全市基层党建重点任务推进会议与会人员到临朐县观摩。

同日 潍坊市人大常委会副主任、财经委主任委员范福生带领调查组，到临朐县对安全生产情况进行调查。

同日 山东省档案局副巡视员、办公室主任张志刚一行，在潍坊市档案局局长侯福贵陪同下，到临朐县督导档案馆建设工作。

18日 “山东临朐红色传承展”座谈会召开。潍坊市人大常委会副主任、临朐县委书记、县人武部党委第一书记顾建华出席并讲话。

19日 蓝帆集团董事长李振平一行，到临朐县洽谈对接新材料二期健康医疗产业园项目。

20日 潍坊市委副书记张小梅到临朐县工作联系点指导开展“作风建设年”活动。

同日 由九三学社潍坊市委开展的“九三九山行”医疗帮扶活动启动仪式在九山镇卫生院举行。市政协副主席、九三学社市委主委、市工商联主席李传恒，九三学社市委副主委李莉，县政协主席赵永娟出席仪式，副县长张惠玉致辞。

24日 淮安市淮安区人大常委会主任蒋必海率考察团一行，到临朐县考察人大工作。

同日 潍坊市人大常委会副主任、农业与农村委员会主任委员张新强一行，到临朐县对农产品质量安全情况进行调研。

25日 潍坊市人大常委会副主任、临朐县委书记顾建华到山旺镇调研。顾建华要求，要以“作风建设年”活动为契机，主动作为、主动担当、依法作为，推动全县经济社会健康协调发展。

同日 县委副书记田元君率有关部门负责人，赴上海举行产业转型升级高层次人才合作交流会，上海及周边地区高等院校、科研院所部分临朐籍和与临朐县洽谈合作的高层次专家人才应邀出席会议。

26日 临朐县“国土资源智慧监管云平台关键技术研究”成果通过省国土资源厅评审。

27日 潍坊市政府副市长马清民率调研组一行，到临朐县调研农业、文化和旅游等工作。

同日 潍坊市政协副主席李士来率调研组一行，到临朐县就品牌文化建设情况开展专题调研。调研组对临朐县深入实施“文化兴县”战略，推动形成“结构合理、机制灵活、特色鲜明、活力强劲”文化发展新格局的做法给予充分肯定。

30日 临朐县被中国园艺学会樱桃分会授予“中国大棚樱桃第一县”称号。

31日 潍坊市人大常委会副主任、临朐县委书记顾建华到沂山调研林木病虫防治工作。

## 6月

1日 潍坊市人大常委会副主任、临朐县委书记顾建华到柳山镇调研工业项目建设、农村基层党建及脱贫攻坚工作。

3日 组织收听收看山东省环境保护督察组第一组督察潍坊市情况反馈电视电话会议。会议结束后，县委副书记、县长刘裕斌就临朐县全力抓好山东省环保督察组反馈问题整改和全面做好国家环保督察迎查工作提出要求。

同日 “中国体育彩票”山东省第七届全民健身运动会万人健步（潍坊站）暨第五届中国（临朐）沂山文化节沂山徒步大会在沂山风景区举行。活动由山东省体育局、山东省广播电视台主办，潍坊市体育局、齐鲁频道、临朐县人民政府承办。

5日 潍坊市人大常委会副主任、临朐县委书记顾建华，县委副书记、县长刘裕斌率党政考察团，到青州市考察学习城市建设、重点项目、文化旅游等方面经验做法。

6日 山东省质监局调研组一行，到临朐县对铝型材产业、县检验检测中心工作进行调研。

7日 潍坊市政协副主席刘树亮一行，到临朐县开展“海峡两岸共建特色小镇”界别协商活动。

8日 山东省农村信用社联合社党委书记、理事长王献玲一行，到临朐县调研。

同日 潍坊市政协副主席刘树亮一行，到临朐县调研宗教场所规范化管理与使用情况。

14 日 潍坊市中级人民法院党组书记、院长姜树政一行 3 人，到临朐县调研法院工作。

21 日 全国总工会工资集体协商工作调研督查组一行 3 人，在省、市总工会有关领导陪同下，到临朐县就工资集体协商工作进行调研督查。督查组一行对临朐县在工资集体协商方面的做法及经验给予高度评价，表示要继续完善集体协商机制，推动企业劳动关系的持续和谐稳定，真正实现职企共荣双赢。

24 日 山东亚太中慧集团有限公司董事长张唐之一行，到临朐县考察生态循环农业项目。

27 日 潍坊市委副书记张小梅率市直有关部门负责人一行，到临朐县走访慰问老党员和生活困难党员，到所包靠的软弱涣散村了解集中整治情况，并就农业“新六产”有关项目培育发展情况进行调研。

同日 县政府办公室召开新闻发布会。县水利局、县环保局、县住建局污水管理处有关负责人介绍临朐县全面实行河长制工作情况，并回答记者提问。

27 日—28 日 山东省高级人民法院党组书记、院长白泉民一行，在潍坊市中级人民法院党组书记、院长姜树政陪同下，到临朐县调研法院工作。

28 日 县委常委集中学习研讨会召开。会议集中学习省党代会报告中关于加快新旧动能转换、促进经济转型升级提质增效的相关内容。潍坊市人大常委会副主任、临朐县委书记顾建华主持会议并讲话。

## 7 月

4 日 潍坊市人大常委会副主任、临朐县委书记顾建华率党政考察团一行，赴诸城、坊子、昌乐考察学习现代农业工作。

5 日 动画片《东镇沂山传奇》汇报会召开。潍坊市人大常委会副主任、临朐县委书记顾建华出席会议并讲话。《东镇沂山传奇》是以沂山地区广为流传的民间传说为蓝本，由北京辉煌制作公司参与制作的一部 26 集动画片，将在中央电视台少儿频道面向全国观众播出。

6 日 潍坊市委常委、常务副市长邹庆忠一行，到临朐县对社区建设、工业经济、文化旅游等进行调研。

同日 临朐县全域旅游示范区创建工作现场会召开。潍坊市人大常委会副主任、临朐县委书记顾建华出席并讲话。

7 日 全县创建省级文明县动员大会召开。潍坊市人大常委会副主任、临朐县委书记顾建华出席会议并讲话，潍坊市委宣传部副部长、市文明办主任范明涛出席会议。

8 日 临朐县 2017 年防汛抢险演习在冶源水库举行。潍坊市副市长马清民观摩演习。

9 日 张生太文化工程《中国梦·泱泱中华五千年》艺术研讨会暨纪录电影《大画师》开机仪式在龙韵文化城举行。国画长卷《中国梦·泱泱中华五千年》由临朐籍著名画家张生太独立创作，画高 2.5 米，长约 120 米。绘画从华夏民族的神话传说与历史现实中选取最有代表性的精粹，全面展现中华民族五千年的灿烂文明和炎黄子孙的浩然正气。省内外近百名著名画家、作家、摄影家、艺术家出席活动。

10 日 潍坊市委书记、市人大常委会主任刘曙光，潍坊市委常委、秘书长刘建国一行，到临朐对新项目建设、新旧动能转换进行调研。

11 日 中德磁电与智能选矿技术研发中心揭牌暨一期四台试验设备剪彩仪式在德国亚琛工业大学举办。县委副书记、县长刘裕斌，国际选矿学术委员会委员、亚琛工业大学选矿研究所所长海尔曼·沃特鲁巴教授，亚琛工业大学垃圾分选研究所所长托马斯·普莱茨教授，MinMud 咨询公司 CEO 沃尔夫冈·鲁巴特博士，IMI 总经理默罕默德·萨哈尼等中外方代表出席活动并剪彩。

12 日—13 日 潍坊市人大常委会副主任、临朐县委书记顾建华，县委常委、办公室主任李志为，县委常委、宣传部部长黄芳，县人武部部长姜先福一行，赴北京采访中央军事委员会原副主席迟浩田上将和中国人民解放军原总后勤部副部长谭悦新中将。

16 日—19 日 临朐县委副书记、县长刘裕斌率企业发展促进会一行 20 人，到非洲埃塞俄比亚进行商务考察。刘裕斌见证签署中交产投与临朐东兴实业入园合作协议。

19 日 潍坊市政协副主席李传恒一行，到临朐围绕培育潍坊白酒骨干企业和知名品牌进行专题调研。

20 日　临朐县文艺志愿者协会成立暨第一次会员代表大会召开。县委常委、宣传部部长黄芳出席会议并揭牌。会议选举产生临朐县文艺志愿者协会第一届理事会和主席团。

22 日—24 日　县委副书记田元君率全县领导干部一行，赴河南省兰考县焦裕禄干部学院，举办党性教育专题培训班，主要开展宗旨意识、群众路线和党性教育。

23 日　县人民政府出台文件，对县城城区部分道路进行命名。1. 安泰街：位于安惠街以南，弥河路以北，东西向，东起龙泉路，西至站前街。2. 华兴北街：位于龙泉路以西，站前路以东，南北向，北起张衡路，南至兴隆中路。3. 金水街：位于兴隆中路以南，新华路以北，东西向，东起滨河西路，西至骈邑路。4. 二龙山路：位于东镇路以东，营龙路以西，南北向，北起榆前路，南至北环路。5. 兴隆西路：位于弥河路以南，新华路以北，东西向，东起站前路，西至西外环路。6. 泰茂街：位于兴隆中路以北，弥河路以南，东西向，东起骈邑路，西至文化路。7. 朐山西路：位于黄龙路以北，工业街以南，东西向，东起站前街，西至城关街道凤凰村。8. 西外环路：位于县城城区西部，西环路以西，南北向，北起兴隆西路，南至南二环路。9. 北环路：位于县城城区北部，粟北路以北，石河以南，东西向，东起东环路，西至西环路。10. 赋海街：位于文苑街以南，黄龙路以北，东西向，东起南苑街，西至龙泉路。11. 石韵街：位于兴隆中路以南，新华路以北，东西向，东起龙泉路，西至站前路。12. 石埠街：位于山旺路以南，朐山西路以北，东西向，东起西环路，西至上石埠村前。

25 日　潍坊市人大常委会副主任、临朐县委书记顾建华一行，到潍坊军分区和驻潍部队走访慰问。

同日　临朐县迎“八一”军地座谈会召开。县委副书记、县长刘裕斌出席并讲话。

27 日　在潍坊市“中国梦·党在心中”百姓宣讲比赛中，县城关街道刘德祥、刘金英获曲艺类一等奖，蒋峪镇坨峪村党支部书记高兴春获故事类二等奖，淌水崖水库建设者、九山镇柴家庄村村民申庆全获特别奖。

28 日　全县河长制“清河行动”推进会议召开。潍坊市人大常委会副主任、临朐县委书记顾建华出席并讲话，县委副书记、县长刘裕斌主持会议。

28 日—29 日　潍坊市人大常委会副主任、临朐县委书记顾建华，县委副书记、县长刘裕斌率党政考察团一行，赴乳山、高密市考察学习优势主导产业培育、新旧动能转换、文明城市创建、卫生城市创建等工作。

29 日　潍坊市人大常委会副主任、临朐县委书记顾建华到龙韵文化博览中心观看“高密、青州、临朐三地书法联袂展”。此展共展出书法作品 150 余幅。

31 日　市委常委、组织部部长林红玉率领全市组织工作半年观摩会人员到临朐县观摩。

同日　临朐县青年演员张艳红、李振伟携周姑戏《淌水崖》进入中央电视台戏曲频道《最佳拍档》栏目录制拍摄。

是月　山东宝龙达实业集团董事长曾庆铭获国家“科技创新创业人才”称号。

是月　临朐县争取到位中央棚户区改造工程建设资金 3540 万元，占全市总金额的 22%，列全市县市区第二位。

是月　全县有 42 人被清华大学、北京大学、中国科学院大学、上海交通大学、复旦大学、中国人民大学、中国科技大学等名校录取，15 名学生被中央音乐学院、中央美术学院、北京体育大学等艺体名校录取。

是月　临朐县第一中学刘宝海、龙泉中学王秀臻、第一实验小学马彩清 3 名教师入选为山东省第九批特级教师。

是月　临朐县大学生创业旺佳孵化中心被认定为“2017 年市级大学生创业示范平台”。

## 8 月

1 日　潍坊（临朐）抽水蓄能项目汇报会召开。

4 日　由山东省文化馆（山东省非物质文化遗产保护中心）、潍坊市文化广电新闻出版局、临朐县人民政府主办，潍坊市文化馆（潍坊市非物质文化遗产保护中心）、中共临朐县委宣传部、临朐县文化广电新闻出版局承办的“五彩绘新梦 缤纷现吉祥”临朐手绘年画晋省展在山东省文化馆举行。山东省文化馆馆长、山东省非物质文化遗产保护中心主任王衍良，潍坊市文化馆馆长邱兆锋出席并讲话。展览精选代表性作品 80 幅，一部分为临朐县文化馆馆藏的上世纪 80 年代创作的临朐手绘年画精品；另一部分为最新创作的部分手绘年画代表作品。

9 日　潍坊市人大常委会副主任、临朐县委书记顾建华，县委副书记、县长刘裕斌率党政考察团，到青州考察学习城市管理及农贸市场建设工作。

10 日　潍坊市开展“作风建设年”活动领导小组办公室人员一行，到临朐县调研“作风建设年”活动开展情况。

10 日—11 日　全市旅游工作现场会在临朐召开。潍坊市旅游发展委员会主任、党委书记于慰杰，县委副书记田元君出席会议并讲话。

11 日　全县棚户区改造“三年会战”动员大会召开。潍坊市人大常委会副主任、临朐县委书记顾建华出席并讲话，县委副书记、县长刘裕斌主持会议。

同日　县人大常委会党组（扩大）会议召开。学习研讨习近平总书记在省部级主要领导干部专题研讨班上的重要讲话精神。县人大常委会主任王晋成主持会议。

13 日—14 日　由山东省文物考古研究所和山东临朐山旺古生物化石博物馆共同主办的“北朝唐宋佛教与社会—山东临朐白龙寺遗址考古研讨会”在临朐金成大酒店举行。县政府副县长张惠玉致辞。奥地利维也纳大学、香港理工大学、中国人民大学、中央美术学院、吉林大学边疆考古研究中心·高句丽渤海研究中心、中国社会科学院考古研究所、中国社会科学院世界宗教研究所、山东省博物馆等 30 余家单位参加会议。

15 日　潍坊市政协党组成员李静波一行，到临朐县调研工业发展情况。

16 日　潍坊市政府副市长马清民率领调研组一行，到临朐县调研水源地保护、河长制专项整治、防汛等工作。

同日　莱芜市政协副主席刘安庆一行，在潍坊市政协副主席刘树亮陪同下到临朐县考察。

17 日　全市政法系统“三评三查”工作机制建设暨“两转变两提升”主题活动推进会议在临朐县召开。市委常委、政法委书记、滨海区党工委书记孙起生出席并讲话，潍坊市人大常委会副主任、临朐县委书记顾建华致辞。

同日　潍坊市人大常委会副主任张新强率领调研组一行，到临朐对人才环境情况进行专题调研。

22 日　潍坊市委副书记、市长李宽端一行，到临朐督导解决中央环保督察组转办信访问题。

同日　潍坊市政协主席苏立科一行，到临朐县调研工业经济和委员企业发展情况。

同日　在潍坊市 2017 年大学生创新创业大赛中，临朐县王楠、王中华被授予“潍坊市十大创业之星”称号，各获奖金 3 万元；张祥被授予“潍坊市优秀创业者”称号，获奖金 1 万元；谭菊艳被授予“潍坊市诚信文明创业者”称号。

23 日　全市脱贫攻坚推进会议在临朐县召开。会议议题是学习贯彻习近平总书记在深度贫困地区脱贫攻坚座谈会上的重要讲话和全省脱贫攻坚推进会议精神，研究推进全市脱贫攻坚工作的任务措施，确保顺利实现年内基本完成脱贫攻坚任务的目标，为提前全面建成小康社会奠定坚实基础。市委书记、市人大常委会主任刘曙光出席并讲话，市委副书记、市长李宽端主持会议。潍坊市人大常委会副主任、临朐县委书记顾建华就全县脱贫攻坚工作情况作典型发言。

同日　山东省委常委、组织部部长杨东奇一行，在潍坊市委常委、组织部部长林红玉陪同下，围绕组织工作服务生态文明建设到临朐县调研。

同日　山东省国土资源厅厅长李琥一行，在潍坊市副市长田民利陪同下，到临朐县调研自然保护区保护、国土资源工作。

24 日　山东省政协常委、农工党山东省委副主委王军率领调研组一行 4 人，到临朐县调研养老服务工作。

同日　重庆市开州区政协副主席姚光银一行，在潍坊市政协副主席李传恒陪同下，到临朐县考察农业供给侧结构性改革和乡村旅游工作。

25日　县委全面深化改革领导小组会议召开。潍坊市人大常委会副主任、临朐县委书记顾建华主持会议并讲话。会议审议并原则通过《临朐县群团改革方案》《临朐县总工会改革实施方案》《共青团临朐县委改革实施方案》《临朐县妇联改革实施方案》《临朐县科协系统改革实施方案》等“1+4”改革方案。

同日　县委举行省级卫生县城创建工作辅导报告会，邀请济南市疾病预防控制中心消毒监测与病媒生物防治所所长辛正做专题辅导。

28日　山东省农业厅生态农业处副处长董梅一行，到临朐县九山镇、蒋峪镇调研美丽乡村建设。

同日　全县脱贫攻坚推进会议召开。潍坊市人大常委会副主任、临朐县委书记顾建华出席并讲话，县委副书记、县长刘裕斌主持会议。

30日　县委副书记、县长刘裕斌一行，赴诸城市考察学习创建省级卫生城市工作。

同日　县人大常委会主任王晋成率部分驻临市人大代表一行，到昌乐县调研教育事业发展、农村产权制度改革、全域旅游发展等人大工作。

同日　县人民法院通过淘宝网司法网络拍卖平台，以510372.6元的价格将位于青州市大益华府小区的一套住宅成功拍卖。此举标志着县法院执行财产处置方式进入新阶段。

同日　临朐县国税局办税服务大厅获“全国巾帼文明岗”称号。

是月　山东临朐恺强模具有限公司电器设备主管王带军获“齐鲁首席技师”称号。

## 9月

1日　县委理论学习中心组举行专题辅导报告会，邀请山东省委讲师团团长孔繁轲作意识形态工作专题辅导报告。潍坊市人大常委会副主任、临朐县委书记顾建华主持报告会。

同日　县政协主席会议对县政协十届一次会议重点提案办理情况进行督办视察。

4日—5日　德州潍坊两地调研信息宣传工作座谈会在临朐县召开。

5日　潍坊市新闻办公室在潍坊召开山东省第四届乡村旅游节新闻发布会，临朐县委副书记田元君出席并致辞。经省政府批准，2017年山东省第四届乡村旅游节在临朐县举办，旅游节主题口号是“全域旅游·自由自在·好客山东·乡约临朐”，举办时间为9月至11月。

6日　由人民日报社指导、人民网和国家人文历史杂志社主办、百代旅行承办的“2017中国全域旅游魅力指数排行榜”颁奖典礼在北京人民日报社报告厅举行。临朐县入选“2017中国全域旅游魅力指数排行榜区县级TOP20”，位列第六名。

同日　潍坊市政协副主席赵崇发一行，到临朐就企业执行《中华人民共和国劳动法》、交纳“五险一金”等社会保障情况进行视察。

7日　潍坊市委常委、常务副市长邹庆忠一行，到临朐县调研化工园区和弥河清河行动等工作。

同日　全国基层畜牧（草原）技术推广示范站“养殖书屋”华东、华中片区启动仪式在临朐县举行。

8日　临朐县“齐鲁诗词之乡”和“中华诗词之乡”授牌仪式在揽翠湖大酒店举行。山东省诗词学会常务副会长郝铁柱、潍坊市诗词学会会长郭顺敏出席并讲话，县委常委、办公室主任李志为致辞。

10日—16日　临朐县供给侧改革与园区发展专题研修班在中山大学岭南学院举办。县委副书记、县长刘裕斌带队参训并作动员讲话。

11日　临朐县党外代表人士暨统战干部素质提升培训班在西安交通大学开班。县委常委、统战部部长衣利民出席开班典礼并讲话。部分统战干部、党外代表人士参加培训。

同日　由市商务局和潍城、诸城等开发区主要负责人组成的观摩组一行，到临朐县开展全市省级开发区集中评估现场观摩。

12日　山东省人大常委会办公厅组织《法制日报》《大众日报》《山东广播电视台》《齐鲁晚报》《人民权利报》《山东人大工作杂志社》等中央驻鲁和省直13家新闻媒体记者组成的采访团，到临朐县采访县乡人大建设工作。

同日　水利部农水司副司长王华一行，到临朐县检查全面实行河长制工作。

14日　在潍坊市富华国际会展中心举行的中国潍坊2017传统工艺创意设计博览周启动仪式上。临朐县文化馆获中国·潍坊2017传统工艺创意设计大赛（博览周）组织奖；安玉凤、王成霞的蜡染作品《蓝色印象》获最佳创意奖；聂淑红的《四季福娃》、李志君的《美丽家乡》临朐手绘年画作品、傅绍相的传统青铜工艺作品《文房瑰宝》获优秀创意奖；刘光宝、冯继正、尹杰等13人获“能工巧匠”称号。

15日　电影《编外媳妇李小双》开机暨齐鲁嵩山影视基地揭牌仪式在嵩山生态旅游区举行。国家一级演员巩汉林、山东省新闻出版广电局副局长钟华、电影处处长王金农出席活动，县委副书记田元君为电影开机揭幕、为“齐鲁嵩山影视基地”揭牌，县政府副县长张惠玉致辞。影片由著名导演金雷执导，国家一级演员巩汉林，中国喜剧小品演员、影视演员金珠领衔主演，是一部反映临朐县精准扶贫、乡村旅游与电商发展的喜剧院线电影。

同日　潍坊市人大常委会副主任、临朐县委书记顾建华，县委副书记、县长刘裕斌率领党政考察团，到寿光市考察学习城市建设及棚改开发项目工作。

19日　潍坊市原市长王伯祥到临朐县考察。潍坊市人大常委会副主任、临朐县委书记顾建华陪同活动。

20日　潍坊市政协原主席迟昭厚到临朐县调研。

同日　农工党山东省委、明日之星教育基金会“班班通—同心助学助力教育信息化”公益活动潍坊市启动仪式在临朐龙山高新技术产业园举行。山东省政协常委、农工党山东省委副主委王军，全国政协委员、全国工商联执委、山东省工商联副主席、明日之星教育基金会名誉会长宗立成出席仪式，市委统战部常务副部长王志明主持启动仪式，县委常委、统战部部长衣利民等出席仪式，县政府副县长张惠玉致辞。山东省工商联执委、全国山东商会联盟会副秘书长、明日之星教育基金会会长张明勇向临朐县教育局和龙山小学各捐赠价值85万元、10万元物资。

同日　山东省民政厅副厅长张孟强一行，到临朐县督查退役士兵安置和权益保障及安全生产工作。

20日—21日　山东省人大常委会原副主任马仲才到临朐县调研。

21日　临朐县不动产登记中心通过省档案工作科学化管理示范单位测评。

23日　山东省第四届乡村旅游节筹备工作会议在县委大会议室召开。县委副书记田元君出席并讲话。会议确定9月27日在嵩山生态旅游区龙潭湖公园广场举办旅游节开幕式。

同日　临朐县弥河国家湿地公园总体规划通过省级评审。

26日　“来驾共享·绿色出行”项目启动暨新能源汽车交车仪式在临朐举行。潍坊市政协副主席、九三学社潍坊市委主委李传恒，县政协主席赵永娟出席仪式，县政府副县长王锡利主持并致辞。临朐是“来驾百城共享汽车”项目全国首发站，配有200台江淮新能源车。

27日　“全域旅游·自由自在·好客山东·乡约临朐”山东省第四届乡村旅游节在嵩山生态旅游区开幕。省旅游发展委员会产业促进处处长季将、省旅游行业协会秘书长尚玉轩、市旅游发展委员会副主任李相群，全国政协委员、国家一级演员巩汉林出席仪式，县委副书记田元君出席并致辞。

30日　2017年烈士纪念日公祭仪式举行。县委副书记、县长刘裕斌，县政协主席赵永娟、县委副书记田元君参加仪式。县委常委、副县长郭家荣主持仪式。

## 10月

1日—2日　黑龙江省政协副主席于莎燕一行，到临朐县辛寨镇黑洼村、寺头镇瑞庄村县委旧址等地考察。于莎燕系临朐县委第一任书记于杰之女。

3日　临朐县举行2017年临朐籍在外高层次人才回乡行活动。山东大学材料科学与工程学院院长赵国群教授等30余名在外高层次人才参加活动。县委副书记、县长刘裕斌出席并致辞。

10日　“故乡情·小康梦”庆祝临朐县打赢脱贫攻坚战艺术名家作品展在华建文化艺术中心开展。解放军原总后勤部副部长、中将谭悦新出席仪式并致辞，中国作家协会原副主席、著名作家李存葆，北京军区联勤部原副部长连世秀，潍坊市人大常委会副主任、临朐县委书记顾建华，中国美协理事、北京美协原副主席程振国等出席仪式，县委副书记、县长刘裕斌致辞，县委副书记田元君主持开展仪式。

同日 中国人民解放军总后勤部原副部长谭悦新中将一行，到临朐县考察。

11日 “到人民中去—中国文联、中国杂协‘精品杂技下基层’”慰问演出在石门坊景区红叶广场举行。中国文联党组成员、书记处书记陈建文，中国杂协分党组书记、驻会副主席、秘书长王仁刚，山东省文联党组成员、副主席姬德君，潍坊市人大常委会副主任、临朐县委书记顾建华，县委副书记、县长刘裕斌等观看演出，相声表演艺术家、国家一级演员牛群主持文艺演出。

同日 2017年中国（临朐）石门坊红叶节在石门坊红叶广场开幕。县委副书记田元君出席并致辞。

12日 第六届中国（临朐）家居门窗博览会暨全铝家居展览会开幕。国务院参事、中国工业有色金属协会会长陈全训，中国有色金属加工工业协会理事长范顺科，潍坊市人大常委会副主任、临朐县委书记顾建华出席并致辞，中国有色金属工业协会副会长、山东魏桥创业集团董事长张波，国际铝协秘书长 Ron Knapp，中国有色金属加工工业协会副理事长、山东创新集团董事长崔立新，中国家具协会秘书长张冰冰出席开幕式，县委副书记、县长刘裕斌主持开幕式。

同日 第六届中国（临朐）家居门窗博览会暨全铝家居展览会“同心•同梦•同行”主题晚会举行。县委副书记、县长刘裕斌出席并致辞。

同日 第二届中国定制家居＋智慧生活产业高峰论坛在临朐举办。县委常委、副县长郭家荣出席并致辞。

同日 全县“四个城市”建设推进工作会议召开。会议邀请市总工会副主席、市“四个城市”建设协调推进办公室创建活动组常务副组长于守君就“四个城市”建设作辅导报告。

同日 县委办公室、县委宣传部、县档案馆等部门联合举办“记忆临朐•见证发展”图片展。共展出35块展板，内容包括工业、农业、城市建设、脱贫攻坚等17个方面的417张新老照片，全面展示临朐改革开放以来取得的辉煌成就，展现全县上下拼搏进取、发奋图强的精神风貌。

13日 扩大铝制家具应用高层论坛在临朐中国国际幕墙博览城举办。中国有色金属工业协会会长陈全训、中国有色金属工业协会副会长文献军、中国有色金属加工工业协会理事长范顺科、工业和信息化部原材料工业司处长靖大伟、国家发改委产业司冶金建材处处长孙士疃、国际铝业协会秘书长罗恩•耐普、中国家具协会副会长兼秘书长张冰冰、中国林产工业协会副会长钱小瑜参加论坛，县委副书记、县长刘裕斌参加并致辞。

14日 山东省审计厅审计潍坊市工作组一行，在潍坊市政协副主席赵崇发陪同下，到临朐县开展加强党性修养、增强责任意识等方面的教育。

17日 全县组织开展以“关爱贫困人口，共建品质城市”为主题的“全国扶贫日”宣传活动，营造人人关心扶贫、人人支持扶贫、人人参与扶贫的社会氛围。全县1280户、2584人贫困人口全部达到脱贫条件，基本实现稳定脱贫。

18日 组织收听收看中国共产党第十九次全国代表大会开幕式。潍坊市人大常委会副主任、临朐县委书记顾建华，县委副书记、县长刘裕斌，县政协主席赵永娟，县委副书记田元君，挂职县委副书记张中华等参加收看。全县各界党员干部群众通过电视、广播、网络、微博、微信等多元化媒体，收看大会开幕盛况。

19日—31日 潍坊市委第一巡察组组长董胜俊一行，对临朐推进“四个城市”建设和开展“作风建设年”活动情况开展巡察督导。潍坊市人大常委会副主任、临朐县委书记顾建华汇报工作情况。

20日 潍坊市委副书记张小梅一行，到临朐县调研。

同日 山东省总工会考察组一行，到临朐县就职工疗休养基地建设情况进行考察。

23日 第六届中国（临朐）家居门窗博览会总结会暨产业园发展调度会议召开。县委副书记、县长刘裕斌出席并讲话。本届窗博会总参展企业达1200余家，展览面积59.4万平方米，参观人数6万余人次，现场达成交易420余家。

24日 潍坊市关工委副主任、市人大常委会原主任王卫东一行，到临朐调研关工委工作。

同日　浙江杭萧钢构股份有限公司副总裁王爱民一行，到临朐洽谈绿色装配式钢结构建筑产业化基地落户事宜。

25日　第十四届县委第29次常委会会议召开。潍坊市人大常委会副主任、临朐县委书记顾建华主持会议。会议学习中共十九大报告精神，研究全县前三季度经济运行情况。

28日　临朐县文化中心项目奠基仪式举行。县委副书记、县长刘裕斌出席并致辞，县委副书记田元君主持仪式，县人大常委会主任王晋成、县政协主席赵永娟出席仪式。项目占地600余亩，总建筑面积9.1万平方米，总投资约8亿元，规划建设县文化馆、档案馆、博物馆、图书馆、美术馆、沂山大剧院和两座院线影院。

## 11月

1日　组织收看全省扶贫对象动态调整视频会议。会议结束后，县委副书记田元君对全县扶贫工作做安排部署。

2日　潍坊市政协原主席、市中华文化促进会主席赵兴涛一行，到临朐县调研。

同日　临朐县委、潍坊市国税局共同建立的“泉水”党员教育基地在寺头镇福泉村揭牌。县委副书记、县长刘裕斌出席并致辞。

4日　国家统计局人口就业司专项调查处处长崔红艳一行，到临朐县就正在开展的1%人口抽样调查入户登记工作进行督导检查。

10日　“不忘初心、共建绿色家园”倡议活动暨青岛农业大学、雄安山海经典实践基地授牌及尚庄园林揭牌仪式在沂山风景区举行。副县长王锡利出席并致辞。

11日　潍坊市委书记刘曙光、市长李宽端率领全市重点项目观摩点评与会人员，到临朐观摩点评。

13日　临朐县学习贯彻中共十九大精神宣讲团成立暨宣讲工作动员会召开。县委副书记、县长刘裕斌出席并讲话。

同日　战略支援部队原政委刘福连上将，在省军区办公室副主任高延亭大校、潍坊军分区郝树东大校陪同下，到临朐县考察。

14日　水利部水电水利规划设计总院、国网新源控股有限公司组成的专家考察团，到临朐查勘潍坊抽水蓄能电站项目。

15日—16日　坊子区、高新区、寒亭区、滨海区、昌乐县、昌邑市、高密市、青州市党政考察团，到临朐县观摩“项目建设年”“四个城市建设”及新旧动能转换等方面的做法。

17日　县人大常委会主任王晋成、县政协主席赵永娟分别带队，到寿光、诸城、坊子、青州、高密、寒亭、昌乐、昌邑、潍城等县市区进行观摩学习。

同日　五井镇花园河村被评为“全国文明村镇”。

17日—18日　潍城区、峡山区、诸城市党政考察团，到临朐县观摩。

19日　临朐县举办第一期学习贯彻中共十九大精神专题培训班，邀请中央党校政法部宪法行政法室主任王勇教授、省委党校马克思主义学院执行院长林学启教授分别作专题辅导报告。县委副书记田元君出席主持培训班。

20日　潍坊市“双创”政策落实督查组到临朐督查“大众创业、万众创新”政策落实情况。

20日—22日　临朐县创建的三万亩“全国有机农业（板栗）示范基地”通过农业部复审。

20日—24日　“中华颂·长丰杯”第八届全国小戏小品曲艺大展在安徽省长丰县举办，临朐县选送的现代周姑戏《担当》获银奖。系临朐县省级非遗项目周姑戏首次参加全国性大展。

22日　五井镇茹家庄矿区建筑石料用灰岩采矿权，经潍坊市公共资源交易平台1154轮竞价，最终由山东瑞通物流有限公司以4.444亿元竞得。

同日　山东信泰节能科技股份有限公司挂牌仪式在全国中小企业股份转让系统公司举行。县委副书记、县长刘裕斌出席并致辞。

23日　潍坊市委副书记张小梅一行，到临朐调研有关企业，宣讲中共十九大精神。

同日　全县举办第二期科级干部十九大精神专题

培训班，邀请国家行政学院经济学部博士生导师李江涛教授作题为《贯彻新发展理念，建设现代化经济体系》的辅导报告。县委副书记、县长刘裕斌参加学习并讲话。

24 日　全县党课教育通过县、镇、村三级基层管理服务系统视频会议形式召开，潍坊市人大常委会副主任、临朐县委书记顾建华就学习贯彻中共十九大精神作专题党课辅导。全县相关涉农单位主要负责人、各镇（街、园、区）、村（社区）3.2 万名党员干部参加党课。

同日　潍坊市县第一联合巡察组组长董胜俊代表巡察组向临朐县反馈巡察督导情况。潍坊市人大常委会副主任、临朐县委书记顾建华主持会议并讲话。

26 日　临朐县诗人朱际展诗集《朱际展绝句精选》，获文化部诗歌图书类一等奖。

是月　临朐中学幼儿园、东城双语学校、辛寨初级中学被山东省教育厅、山东省妇女联合会评为“山东省家庭教育示范基地”。

是月　临朐县体育局被国家体育总局授予“全国群众体育先进单位”称号。

## 12 月

1 日　潍坊市人大常委会副主任、临朐县委书记顾建华率考察团，到峡山生态经济开发区考察学习。

同日　全县电子商务进农村综合示范工作动员暨培训会议召开。县委副书记、县长刘裕斌出席并讲话。

2 日　潍坊市人大常委会副主任、临朐县委书记顾建华到九山镇、寺头镇，就学习贯彻中共十九大精神、精准扶贫精准脱贫工作进行实地暗访。

5 日　潍坊市委常委、统战部部长王兆辉一行，到临朐县调研。

6 日　全县村（社区）“两委”换届选举有关情况汇报会召开。潍坊市人大常委会副主任、临朐县委书记顾建华出席并讲话。

7 日　县人大常委会举办“智慧人大”启用仪式暨代表履职平台运用培训会议。县人大常委会主任王晋成出席并讲话。

8 日　临朐县组织县级老干部参观全县经济社会发展情况。

同日　2017 年潍坊市“巾帼电商·居家创业”工程贫困村妇女首期培训班在临朐县开班。临朐、青州两地 100 名省定贫困村贫困妇女接受培训，挂职县委副书记张中华出席并致辞。

9 日　全县村（社区）“两委”换届选举工作动员部署会议召开。潍坊市人大常委会副主任、临朐县委书记顾建华出席并讲话。

12 日　省林业厅督导组一行，到临朐县巡查督导林业工作开展情况。

同日　县委副书记、县长刘裕斌率考察团，到峡山生态经济开发区考察学习金融小镇建设工作。

12 日—13 日　潍坊市县第一联合巡察组组长董胜俊一行，到临朐反馈巡察情况。传达市委书记刘曙光关于巡察工作的讲话精神，通报巡察山旺镇、寺头镇的情况，并就抓好问题整改提出要求。

13 日　县委副书记田元君率党政考察团，到东营市垦利区考察学习现代农业和旅游业发展情况。

14 日　潍坊市人大教科文卫委调查组一行，到临朐调查《潍坊市文物保护条例》贯彻实施情况。

同日　临朐县教育志愿者协会成立暨第一次会员代表大会召开。副县长张惠玉出席并讲话，县政协原副主席、关工委副主任李升东致辞。县教育局原局长张维明当选为第一届教育志愿者协会会长。

16 日　海岳新区规划设计及产业落位研讨会召开，听取青岛北洋规划设计院关于海岳新区控规、城市设计、景观设计、规划设计的情况汇报，并对方案进行研讨。潍坊市人大常委会副主任、临朐县委书记顾建华出席并讲话。

17 日　临朐县在北京组织 5 个流动党员党支部的 352 名党员上党课，临朐县委党校副校长潘好香作题为《学习贯彻中共十九大精神》的辅导。这是临朐县专门针对外出党员组织开展的“两学一做”学习教育上门授课活动。

20 日　潍坊市委组织部副部长、组员办主任都焕德一行，到临朐县督导调研村（社区）“两委”换届选举工作进展情况。

20 日—21 日　临朐县在京举办人才强企·科技

合作恳谈会，并召开在京流动党员座谈会。人才强企·科技合作恳谈会邀请中科院、北京大学、清华大学、北京理工大学等高等院校、科研院所的高层次专家人才参加。潍坊市人大常委会副主任、临朐县委书记顾建华出席并讲话。在京流动党员座谈会上，顾建华听取了相关工作情况汇报，并向在京流动党员党总支现场发放党组织活动经费。

26日　县委、县政府党政联席会议召开。会议对《2018年全县工业工作实施意见》《2018年全县招商工作方案》《2018年全县城市建设工作方案》《2018年全县棚户区改造工作方案》《2018年全县中小学幼儿园建设工作方案》《2018年全县旅游工作方案》《2018年全县乡村振兴和农业农村工作方案》《2018年全县美丽乡村建设工作方案》等13项议题进行研究。潍坊市人大常委会副主任、临朐县委书记顾建华主持会议。

27日　县级党政班子成员向县纪委全委会述责述廉会议召开。潍坊市人大常委会副主任、临朐县委书记顾建华主持并讲话，潍坊市纪委第四纪检监察室主任高崇华到会指导。

同日　全县扶贫领域腐败和作风突出问题专项治理工作调度会召开。县委常委、县纪委书记冯波出席并讲话。

28日　山东宝龙达集团有限公司董事长曾庆铭入选国家“万人计划”科技创业领军人才。

29日　共青团临朐县第二十一次代表大会召开。共青团潍坊市委副书记张宝军到会致贺词。会议选举产生共青团临朐县第二十一届委员会，高帅当选为书记。

是月　临朐县被山东省文化厅公布第五批“山东省民间文化艺术之乡”。

是月　九山镇牛寨村获“全国生态文化村”称号。

是月　山东临朐恺强模具有限公司王带军获山东省人民政府办公厅2017年度“齐鲁首席技师”称号。

是月　九山镇和寺头镇福泉村、九山镇南周家庄村、辛寨镇大峪村、沂山风景区后唐家河村、嵩山生态旅游区崔木村被山东省林业厅评为“山东省森林乡镇、村居”。

（县档案局）

# 全县概况

## 区域环境

【建制沿革】 临朐历史悠久，境内已发现北辛、大汶口、龙山文化遗址64处，文化遗存丰富。史料载，黄帝曾登封沂山，帝尧之子丹朱封于丹水。夏、商分别为季荝氏、逄伯陵封地。西周为骈邑。春秋战国时属齐国，为齐相管仲封地。秦朝分属齐郡和琅琊郡。西汉设有临朐、朱虚、挍三县和缾、临原两个侯国。东汉，有临朐、朱虚二县，皆属青州。三国及魏晋，境内仍设临朐、朱虚二县，初，临朐属徐州东莞郡、朱虚属青州城阳郡，后同属东莞郡。南北朝时期，境内设昌国、朱虚、般阳、西安、安平五县。隋朝将各县统一为临朐县。唐、宋属青州。元朝属益都路。明、清属青州府。民国初，废府设道，临朐县属胶东道。1925年改属淄青道。1928年废道，临朐县为省直辖。1938年改属山东省第八行政督察区所辖。1940年4月，临朐县抗日民主政府成立。1943年9月，共产党领导临朐县政府建立，隶属鲁中行政区第四（沂山）专区。1945年10月，原第三专区撤销，第四专区改为第三专区，临朐亦随之改属第三专区。1948年7月，属鲁中南行政公署第三（沂山）专区。1949年7月改属昌潍专区。1967年3月改属昌潍地区。1981年7月，昌潍地区改名为潍坊地区，临朐县亦改属潍坊地区。1983年10月潍坊地区改称潍坊市，临朐县改属潍坊市辖。

（县史志办）

【位置面积】 临朐县位于山东省中部，潍坊市西南部。东与昌乐县、安丘市毗连，西界淄川区，南与沂水、沂源县接壤，北邻青州市。极点直线距离东西52千米，南北59千米，总面积1834平方千米。县城位于县境北部。

（刘世忠　王光芹）

【地质地貌】 临朐县地处鲁西台背斜东部沂山隆起区，东接郯庐深大断裂带，北连昌乐凹陷，西跨五井断裂，具有隆起、凹陷、深大断裂三个级构造单元和断裂、褶皱等构造形态。境内地形南高北低，山地占总面积的47%，丘陵占33%，平地占20%。共有大小山头2000余座，仅海拔500米以上的山峰，就有84座。出露地层主要有太古界泰山群，元古界震旦系，古生界寒武系、奥陶系、石炭系，中生界侏罗系、白垩系，新生界第三系、第四系。截至2017年底，全县共发现矿产40余种，探明储量19种，已开发利用17种，金属矿产以金、银、铜、铁为主，非金属矿产主要有石灰石、白云岩、花岗石、河砂、煤炭等，主要分布在境内南部山区。

（王立杰　马纯霞）

【土地资源】 截至2017年底，全县总面积为183123.29 公顷，其中耕地面积59945.29公顷，园地17379.86 公顷，林地37862.72公顷，草地20427.01公顷，城镇村及工矿用地17441.77公顷，交通运输用地4511.79公顷，水域及水利设施用地5785.28 公顷，其他用地19769.66公顷。

（王立杰　马纯霞）

【水资源】 截至2017年底，全县共建有大、中、小型水库153座，总库容3.48亿立方米，兴利库容1.87亿立方米。其中大型水库1座，总库容1.69亿立方米，兴利库容0.84亿立方米；小一型水库23座，总库容3900万立方米，兴利库容2300万立方米；小二型水库124座，总库容2800万立方米，兴利库容1300万立方米。塘坝工程443座，总库容1355万立方米，兴利库容842万立方米。大型拦河橡胶坝10处，拦蓄水量可达700万立方米，在冶源水库以下形成6000多亩的水面，连续20公里的湿地生态长廊。

全县多年平均降水量约700毫米，其中汛期（6—9月）占全年的75%，受气候、地形、地貌影响，降水与径流有明显地域差异，总的特点是南多北少，山区多于平原。南部九山、沂山等地多年平均降水量在756.8毫米以上，北部平原多年平均降水量在649.3毫米左右。降水年际变化大， 通过多年降水量的资料分析，丰水年降水量一般为最少降水年的3.1—4.0倍，最大年降水量与最少年降水量极差为958.1，cv值（年降水量变差系数）变化一般在0.26—0.28之间。受降水年际变化显著的影响，水资源量年际有很大差异。降水量的变化呈现出连枯连丰特点，周期一般10年左右。

全县多年平均水资源总量约3.94亿立方米，其中地表水资源量为3.10亿立方米，地下水资源量为2.02亿立方米，两者重复利用量为1.19亿立方米。人均占有水资源量438立方米。多年平均水资源可利用量为3.22亿立方米，其中地表水可利用量为1.837亿立方米，地下水可利用量为1.46亿立方米。 （刘子强）

【动植物资源】 动物资源 临朐县在世界陆地动物区系中属古北界，动物种群以古北界动物为主，也含有东洋界成分。在中国动物地理区划中，属华北区，黄淮亚区的山东丘陵亚区。动物群落属于暖温带森林—森林草原、农田动物群。在山东省陆栖脊椎动物地理小区区划中属于鲁中南丘陵区。根据目前掌握的资料，临朐县记录野生动物（不含淡水浮游动物和鱼类）有9纲，43目，198科，876种（含亚种）。其中：陆栖脊椎动物4纲23目58科227种，陆栖无脊椎动物5纲20目140科649种。

植物资源 临朐县属泛北极植物区的中国—日本森林植物亚区，华北地区中的辽东山东半岛亚地区。在中国植被区划分为：暖温带落叶阔叶林区域—暖温带落叶阔叶林地带—南部落叶栎林亚地带—山地丘陵栽培植被—赤松麻栎林区。由于受历史上地质变动，人为生产活动的影响，县内原始植被类型已分布很少，目前主要是天然次生林和人工林。根据目前掌握的调查资料，临朐县共记录有维管植物137科，509属，929种。其中国家Ⅰ、Ⅱ级保护植物8种，列入《濒危野生动植物种国际贸易公约》植物6种，山东省“稀有濒危植物”30种，分别隶属于蕨类植物门、裸子植物门、被子植物门。 （郎益钦 李 波）

## 县内维管植物各门、科、属、种统计表

表1

| 类 别 | | 科数 | 属数 | 种数 |
|---|---|---|---|---|
| 蕨类植物门 | | 16 | 17 | 28 |
| 裸子植物门 | | 4 | 8 | 12 |
| 被子植物门 | | 117 | 484 | 889 |
| 其中 | 单子叶植物纲 | 18 | 102 | 482 |
| | 双子叶植物纲 | 99 | 382 | 407 |
| 合 计 | | 137 | 509 | 929 |
| 山东省 | | 183 | 896 | 2321 |
| 占山东省比例（%） | | 74.9 | 56.8 | 40.0 |

【河流】 临朐县主要河流分弥河、汶河两大水系。弥河发源于沂山西麓，纵贯全县南北，出境流经青州、寿光、滨海三市（区）入海。县内全长82公里，流域面积1438平方公里，大小支流36条，计长360公里。雨季最大流量4950立方米/秒，枯季最小流量0.2立方米/秒。

汶河发源于沂山东麓，向东流经沂山、蒋峪两镇（区），县境内全长约28.6公里，流域面积375平方公里，大小支流共21条，全长41.5公里，雨季最大流量505立方米/秒，枯季最小流量0.24立方米/秒。

（刘子强）

【气候】 2017年，全县平均气温14.4℃，比历年平均偏高1.6℃；年极端最高气温37.0℃，出现在5月28日，较历年极端最高偏低3.5℃；极端最低气温—10.1℃，出现在1月23日，较历年极端最低偏高13.7℃；终霜日期3月14日，初霜日期11月1日，无霜期223天；本年度最大冻土深度18厘米；年降水量561.8毫米，较历年平均偏少30.2毫米，降水量≥25毫米降水6天；年日照时数2687.0小时，较历年同期偏多241.1小时；年内出现暴雨1天，大风7天，大雾32天，霾40天。年极大风速为22.9米/秒，出现在1月26日，创历史（1971—2016年）最高值。

（孙丽娟　杨恩海）

【自然灾害】 5月10日，受低涡系统影响，15时19分至47分出现雷雨天气并伴有冰雹，冰雹最大直径10毫米，灾情主要发生在寺头镇，部分农田受损成灾。据统计，受灾人口7047人，农作物受灾面积660公顷，成灾面积404公顷，直接经济损失652万元，其中农业损失652万元。（孙丽娟　杨恩海）

## 区划　人口

【行政区划】 2017年，临朐县辖辛寨、柳山、寺头、冶源、山旺、五井、九山、蒋峪8个镇，东城、城关2个街道，350个村（居）委会，其中31个居委会，319个村委会。（刘世忠　王光芹）

【人口】 截至2017年底，全县总户数为297281户，总人口数为919028人，其中男性473399人、女性445629人，性别比106。非农业人口数为405670人，年城镇化率为44.14%，比2016年城镇化率增长0.05%。年平均人口数912325人，总人口比2016年增加13406人。年人口增长率为14.69‰，比2016年人口增长率增长5.28‰。

2017年，迁入人口为3909人，其中省内迁入3193人，省外迁入716人，迁入人口比2016年增加566人。迁出人口为6953人，其中迁往省内5752人，迁往省外1201人，迁出人口数比2016年增加1174人。机械增长人数为—3044人，机械增长率为—3.33‰。

（杨维护　孟祥伟）

## 组织机构

### 中国共产党临朐县委员会

书　记　顾建华
副书记　刘裕斌
　　　　田元君
　　　　张中华（挂职，10月起）
常　委　顾建华
　　　　刘裕斌
　　　　田元君
　　　　张中华（挂职，10月起）
　　　　衣利民
　　　　郭家荣
　　　　郭宝花（女，1月止）
　　　　冯　波
　　　　孙启军
　　　　于飞奇（1月止，12月起）
　　　　李志为（省审计厅挂职，10月起）
　　　　黄　芳（女，1月起）
　　　　桑海强（省委组织部挂职，10月起）
　　　　张贵森（挂职，3月起）

### 临朐县人民代表大会常务委员会

主　任　顾建华（1月止）
　　　　王晋成（1月起）

第一副主任　王晋成（1月止）
副 主 任　衣　萍（女）
　　郭宝花（女，1月起）
　　许孝新（不驻会）
　　张元平（1月止）
　　傅来昌（1月起）
　　段庆孔

### 临朐县人民政府

县　　长　刘裕斌
副 县 长　衣利民（1月止）
　　郭家荣
　　张贵森（挂职，4月起）
　　王永刚
　　黄　芳（女，1月止）
　　李　倪
　　张惠玉（女，1月起）
　　王锡利（1月起）
　　张守兵（1月起）
　　鲁在君（挂职）

### 中国人民政治协商会议临朐县委员会

主　　席　赵永娟（女）
副 主 席　刘学海
　　张惠玉（女，不驻会，1月止）
　　倪若强（不驻会）
　　白雪峰（不驻会）
　　傅来昌（1月止）
　　许佃永
　　于文瑞（1月起，不驻会）
　　傅廷国（1月起，不驻会）

### 县委办公室

主　　任　李志为（省审计厅挂职，10月起）
常务副主任　唐江然（6月止）
　　王明奋（6月起）

### 中共临朐县纪律检查委员会

书　　记　冯　波

### 中共临朐县委组织部

部　　长　桑海强（省委组织部挂职，10月起）
常务副部长　邢岳文

### 宣传部

部　　长　郭宝花（女，1月止）
　　黄　芳（女，1月起）
常务副部长　傅光正

### 政法委

书　　记　孙启军
常务副书记　张佃平

### 县委统战部

部　　长　衣利民（1月起）
常务副部长　赵玉国

### 临朐县人民武装部

部　　长　姜先福
政治委员　于飞奇
党委第一书记　顾建华（兼）
党委书记　于飞奇

### 临朐经济开发区

党工委书记　黄　芳（女，3月止）
　　张守兵（3月起）
管委会主任　白文玉

### 县沂山生态林场

党委书记　谭　甲
管委会主任　王成德

### 县黑山生态林场

党委书记　沈明新
管委会主任　孙传坤

### 县尧山生态林场

党委书记　邓世华
管委会主任　张　伟

## 县政协办公室

主　　任　李富华

## 县委巡察办公室

主　任　朱　宏（女）

## 老干部局

局　　长　张　杰

## 县直机关党工委

书　　记　宋洪福

## 机构编制委员会办公室

主　　任　周世彬

## 党史研究室

主　　任　孟繁胜

党支部书记　时会来

## 档案馆（局）

馆（局）长　李培玉（6月止）

　　　　　　李　萍（女，6月起）

## 信访局

局　　长　徐　伟

## 总工会

主　　席　许佃永

常务副主席　王孔新

党组书记　许佃永

## 团县委

书　　记　高　帅

## 妇女联合会

主　　席　高金贵（女）

党组书记　高金贵（女）

## 科学技术协会

主　　席　倪若强（兼）

党组书记　史太白

## 台湾工作办公室

主　　任　陈晓东

党支部书记　王爱荣（女）

## 工商联

主席（会长）　衣利民（3月止）

　　　　　　　郭家荣（3月起）

常务副主席　许忠良

党组书记　许忠良

## 文学艺术界联合会（社会科学界联合会）

主　　席　李咏梅（女，3月起）

## 扶贫办

主　　任　窦圣健

## 县人大常委会办公室

主　　任　赵　憬

## 县政府办公室

主　　任　王德胜

## 政务服务中心管理办公室

主　　任　车会臣（7月止）

　　　　　刘　海（7月起）

党组书记　车会臣（6月止）

　　　　　刘　海（6月起）

## 金融工作办公室

主　　任　高凌利

党组书记　高凌利

## 县级机关事务管理局

局　　长　马　勇

## 人民防空办公室

主　　任　傅绍学

党支部书记　朱有德（6 月止）

　　　　　傅绍学（6 月起）

## 旅游局

局　　长　李　瑜

党组书记　李　瑜

## 审计局

局　　长　郎咸强

党组书记　郎咸强

## 地震局

局　　长　冯向琳

党组书记　冯向琳

## 国土资源局

局　　长　瞿志敏

党委书记　瞿志敏

## 规划局

局　　长　赵春堂

党组书记　赵春堂

## 科技局

局　　长　李贤军

党组书记　李贤军

## 监察局（与纪委机关合署）

局　　长　陈安和

## 卫生和计划生育局

局　　长　叶东生

党工委书记　叶东生

## 民政局

局　　长　毕义忠

党组书记　毕义忠

## 民族宗教局

局　　长　王来超（4 月止）

　　　　　聂成涛（4 月起）

## 残疾人联合会

理 事 长　陈　强

党组书记　陈　强

## 史志办公室

主　　任　张孝友

## 滨海产业园

主　　任　徐光斌

## 检验检测中心

主　　任　赵兴廷

党组书记　赵兴廷

## 智慧城市建设管理中心

主　　任　朱占花（女）

## 党校

校　　长　顾建华（兼）

常务副校长　王　军

党委书记　王　军

## 文化广电新闻出版局

局　　长　杨维政

党委书记　杨维政

## 文化市场综合执法局

局　　长　王兆剑

## 教育局

局　　长　王学鹏

党工委书记　王学鹏

## 体育局

局　　长　赵立田

## 广播影视中心

主　　任　孙秉明（7 月止）
　　　　　唐江然（7 月起）
党委书记　孙秉明（6 月止）
　　　　　唐江然（6 月起）

## 法院

院　　长　孙绍军
党组书记　孙绍军

## 检察院

检 察 长　季运忠
党组书记　季运忠

## 公安局

局　　长　李　倪（兼）
政　　委　杨维护
党委书记　李　倪

## 武警临朐县中队

中 队 长　贾文宾
指 导 员　王兆君

## 司法局

局　　长　王祖阳
党组书记　王祖阳

## 发展和改革局

局　　长　谭　甲
党委书记　谭　甲

## 物价局

局　　长　李宪国（3 月起）

## 招商局

局　　长　李　平
党组书记　李　平

## 人力资源和社会保障局

局　　长　段　清
党委书记　段　清

## 粮食局

局　　长　史炳忠
党委书记　史炳忠

## 统计局

局　　长　孟凡政
党组书记　孟凡政

## 国家统计局临朐调查队

队　　长　李志东

## 经济和信息化局

局　　长　梅传杰
党工委书记　梅传杰

## 安全生产监督管理局

局　　长　窦　超
党组书记　窦　超

## 中小企业办

主　　任　魏淑娟（女）

## 交通运输局

局　　长　马建平
党工委书记　马建平

## 公路局

局　　长　刘西利（6 月止）
　　　　　曹光辉（6 月起）
党委书记　井西亮（6 月止）
　　　　　曹光辉（6 月起）

## 供电公司

总 经 理　姜国骏
党委书记　刘　军

## 邮政公司

总 经 理　刘　建
党委书记　刘　建

## 联通公司

总 经 理　杨　杰

党委书记　张宝信（3 月止）

　　　　　杨　杰（3 月起）

## 移动公司

总 经 理　肖洪磊

## 电信公司

总 经 理　李建斌（7 月止）

　　　　　侯顺民（7 月起）

## 农工办

主　　任　窦军华

党支部书记　王守友

## 农业局

局　　长　王明成

党委书记　王明成

## 农村经济管理办公室

主　　任　王炳涛

## 畜牧局

局　　长　马立军

党委书记　马立军

## 农机局

局　　长　王孝宝（7 月止）

　　　　　车会臣（7 月起）

党委书记　王孝宝（6 月止）

　　　　　车会臣（6 月起）

## 农业综合开发办公室

主　　任　井明伟

## 林业局

局　　长　周世德

党委书记　周世德

## 水利局

局　　长　赵洪军

党委书记　赵洪军

## 气象局

局　　长　秦　涛

## 烟草专卖局（分公司）

经　　理　孙培和

党委书记　孙培和

## 商务局

局　　长　马庆荣（女）

党委书记　马庆荣（女）

## 财政局

局　　长　谭茂村

党委书记　谭茂村

## 市住房公积金管理中心临朐分中心

主　　任　翟淑法

党组书记　翟淑法

## 市场监督管理局

局　　长　郑　勃

党委书记　郑　勃

## 砂管局

局　　长　李法军

党组书记　李法军

## 国税局

局　　长　王海军

## 地税局

局　　长　刘英鹏

### 供销合作社

主　　任　王金栋

党委书记　王金栋

### 盐业公司（盐务局）

经理（局长）　谭音奎

### 住房和城乡建设局

局　　长　傅士建

党工委书记　傅士建

### 环保局

局　　长　王玉军

党组书记　王玉军

### 弥河风景区管理服务中心

主　　任　郭宝亭（9 月止）

党支部书记　熊建凯（3 月止）

　　　　　　孟宪进（6 月起）

### 中国人民银行临朐县支行

行　　长　邓大海

党组书记　邓大海

### 城关街道

党工委书记　白文玉

办事处主任　马光亮

人大工作室主任　王兆波

### 东城街道

党工委书记　孙传坤

办事处主任　王金来

人大工作室主任　傅廷国（2 月止）

　　　　　　　　范文友（2 月起）

### 五井镇

党委书记　吕学志

镇　　长　董树华

人大主席　吴　艳（女）

### 冶源镇

党委书记　王保利

镇　　长　李　斌

人大主席　王立强

### 寺头镇

党委书记　刘万军

镇　　长　袁海涛

人大主席　王士法

### 九山镇

党委书记　贺志健

镇　　长　王　楷

人大主席　王春喜

### 辛寨镇

党委书记　沈明新

镇　　长　蒋发永

人大主席　王成龙

### 蒋峪镇

党委书记　张忠刚

镇　　长　李　霞（女）

人大主席　李　刚

### 柳山镇

党委书记　窦海燕（女）

镇　　长　刘洪科

人大主席　李福田

### 山旺镇

党委书记　李守成

镇　　长　刘胜山

人大主席　瞿　涛

### 沂山风景区

党工委书记　王成德

管委会主任　刘　阳

龙山高新技术产业园

党工委书记　王　军

管委会主任　李本元

人大工作室主任　李国伟

嵩山生态旅游区

党工委书记　刘建安

管委会主任　夏树英

# 中共临朐县委

## 概 述

2017年，临朐县围绕“进位争先、加快崛起”目标要求，组织实施“一二五六”（一个目标，两个突破，五项重点，六个保障）思路举措，经济社会实现平稳健康协调发展。全县实现地区生产总值280.2亿元，同比增长7%；实现一般公共预算收入16.3亿元，同比增长11.8%；实现社会消费品零售总额157.2亿元，同比增长9.1%；城乡居民人均可支配收入分别达到31711元、16015元，同比分别增长8%和8.9%。

实施新旧动能转换重大工程，现代化经济体系建设步伐加快。一是大项目建设实现新突破。深入开展“大项目建设突破年”活动，开工建设大项目89个，完成投资75.6亿元，高铁轨道大板二期等46个项目建成投产。创新实施“主导产业+龙头企业”招商模式，新引进过亿元项目29个、过3亿元项目12个、过10亿元项目3个，中欧节能门窗产业园和中国铝模板产业园引进落户产业链高端企业26家。二是工业经济优化升级。全县273家规模以上企业实现主营业务收入、利润、利税同比分别增长3.4%、14.8%和10.8%，主营业务收入过亿元企业发展到31家、税收过亿元企业达到4家。加大企业技改力度，完成工业技改及新上项目固定资产投资130亿元，同比增长6.4%，铝型材产业集群入选全省先进制造业转型升级示范项目。三是农业农村工作取得新成效。狠抓农业供给侧结构性改革，新流转土地1.8万亩、新增农民专业合作社和家庭农场229家、新认证“三品一标”农产品品牌6个、新增高效节水灌溉面积3.9万亩，获“中国大棚樱桃第一县”“国家级出口食品农产品质量安全示范区”等称号。四是现代服务业繁荣活跃。隆达商业广场、北江·鲁中农副产品交易市场一期等项目基本建成，新建西坦、滨河等便民市场9处，新设立电子商务镇村服务站65处，被确定为“国家级电子商务进农村综合示范县”。推进金融产业发展，全县金融机构本外币存贷款余额达到438.4亿元、263.8亿元，同比分别增长15.4%和13.4%。

加快城乡融合发展，新型城镇化建设扎实推进。着力提升中心城区，启动棚户区改造“三年行动计划”，完成烟家铺、傅家李召等11个片区5000户搬迁，安置楼开工率达100%。深入开展省级文明县、省级卫生县城“双城同创”工作，新增城区绿化面积29.7万平方米，拆除违法建设7.4万平方米，城市面貌焕然一新。完成小城镇建设投资40亿元，小城镇建成区面积达到50.1平方公里，常住人口城镇化率同比提高2个百分点，九山薰衣草小镇、蒋峪镇分别入选省级特色小镇和“美丽宜居小镇”。大力开展美丽乡村建设，新建成美丽乡村60个、生态文明村180个，九山镇牛寨村入选国家级“宜居村庄”，寺头镇福泉村、九山镇青杨峪村被评为省级“美丽宜居村庄”。

放大竞争优势，发展特色更加鲜明。一是推进生态临朐建设。出台加快推进生态文明建设的实施方案，编制完成国家重点生态功能区产业准入负面清单，关停取缔“小散乱污”企业187家，全面完成10吨及以下燃煤锅炉“清零”工作，空气质量优良天数较2016年增加26天。全面落实“河长制”，扎实开展“清河行动”，完成“八乱”治理1436处，全县130条河流基本实现了“路平、水清、河通、洁净”的治理目标。二是推进文化临朐建设。弘扬社会主义核心价值观，组织开展“临朐好人”评选等活动，全县“星级文明户”达2万余户。统筹发展文化事业和文化产业，县文化中心项目开工建设，历史动漫剧《东镇沂山传奇》拟在央视播出，文化产业年产值达45亿元。三是实施“旅游富县”战略。开展“国家级全域旅游示范区”创建活动，成立县旅游发展委员会和全域旅游服务中心，制定《临朐县全域旅游发展提升规划》，旅游发展格局进一步优化。推进重点景区改造提升，沂山环湖栈道、老龙湾冯惟敏故居、石门坊植物迷宫等项目建成运营，环西南部乡村旅游专线、凤凰谷、圈门山花溪谷等乡村旅游项目顺利推进。成功举办山东省第四届乡村旅游节、第五届沂山文化节等大型节庆活动，被确定为“全国暑期避暑度假类旅游目的地”“全省千万市民游乡村重点县”。

深化改革开放，经济社会发展活力进一步增强。推进全面深化改革工作，突出抓好国家主体功能区试点示范县等18项重点改革任务，集中力量进行突破，带动面上改革整体推进。加大对外开放力度，临朐跨境电商产业园建设完成，非洲肯尼亚和乌干达“海外仓”投入运营，新增自营进出口备案和实绩企业67家，全年完成进出口总额、实际利用外资同比分别增长26.4%和17.8%。实施创新驱动战略，新认定高新技术企业14家，新增市级以上工程技术研究中心、重点实验室等31家，科技进步对经济增长的贡献率达到47%。强化人才支撑，设立5亿元的新兴产业基金和全市第一支亿元人才产业投资基金，2人入选国家“万人计划”科技创业领军人才和科技部“创新创业人才”。

改善民本民生，群众幸福感和满意度不断提升。坚持民生优先，全年完成民生支出29.7亿元，占一般公共预算支出的83.7%。坚持教育优先发展，新建改建中小学校20处、标准化幼儿园9处，10名考生被清华大学、北京大学录取，本科上线率高出全省24个百分点。加大卫生事业投入，县妇幼保健院投入使用，县中医院门诊病房楼主体建成，新建标准化农村社区卫生室26处。抓好社会保险和社会保障，全县新增参保人员4219人，参保登记入库率达到99.9%，城市和农村低保每人每年提高到6120元、4100元。深化平安临朐建设，统筹抓好金融、食品等领域安全工作，圆满完成十九大安保维稳任务，社会大局保持和谐稳定。

深入开展“作风建设年”活动，党的建设呈现新局面。开展“千名干部进千村、入万户、察民情、解民忧”、服务企业经理人等活动，一大批群众反映强烈的问题得到有效化解。夯实基层基础，加强党群服务体系建设，广泛开展“做合格党员、当沂山先锋”“过硬支部”创建活动，新建村联合党群服务站65处，治理整顿软弱涣散村54个，完成350个中心村的审计工作，基层党组织的凝聚力、战斗力不断增强。围绕全县重点工作，开展精准扶贫脱贫、农村“三资”管理等专项正风肃纪活动，查处侵害群众利益的不正之风和腐败问题980起，顺利完成两轮巡察任务，全县党风政风持续好转。（刘　康　李荣基）

## 深化农业供给侧结构性改革<br>着力培育农业农村发展新动能

潍坊市人大常委会副主任　临朐县委书记　顾建华

习近平总书记指出，要把推进农业供给侧结构性改革作为农业农村工作的主线，培育农业农村发展新动能，提高农业综合效益和竞争力。近年来，临朐县坚持以推进一二三产业融合发展为抓手，着力打造新业态、扶持新主体、培育新动能，全力做好农业供给侧结构性改革这篇大文章，走出了一条富有临朐特色的现代农业发展路子。

一、集聚要素资源，强化发展支撑。把农业供给侧结构性改革摆在重要战略位置，积极引导政策、资源、要素向农业转型集聚、向产业融合倾斜，激发了农业发展活力。一是规划先行。充分发挥规划的顶层设计作用，从优化调整农业区域结构、产业结构、产品结构入手，精心编制全县农业供给侧结构性改革总体规划和粮食、果品、畜牧等专项规划，确立了西部休闲观光、东部设施瓜菜、南部绿色生态三大农业发展片区，形成了差异化、精细化、高端化的农业发展结构。二是政策引领。制定出台《关于推进农业供给侧结构性改革的实施意见》等文件规定，配套落实土地、税收、人才等一系列扶持奖补措施，为推进农业供给侧结构性改革明确了方向、提供了支撑。强化财政保障作用，积极争取和有效整合上级涉农资金，集中投向农业科技创新、品牌打造、产业融合等重点领域，撬动更多工商和社会资本投入，真正形成利益共同体。三是改革推动。把农村产权制度改革作为农业供给侧结构性改革的重要环节，成立农村产权交易中心，完成农村集体土地所有权、农村集体建设用地、农村宅基地使用权确权登记颁证等工作，增强了农业发展活力。积极推进农村金融改革，扩大村镇银行、农村互助资金和小额贷款公司试点范围，提升了农村金融供给的广度和深度。四是科技支撑。强化科技创新对农业的驱动作用，以“实际、实用、实效”为原则，加快农业新技术、新品种的研发推广和集成应用，成功获评全国第一批区域性良种繁育基地。大力实施新型农民科技、新型农民创业、农村劳动力转移“三大培训工程”，启动农业科技服务云平台建设，种植业专家服务团、农业科技“110”、农业信息网等信息服务覆盖率达到100%。

二、推进产业融合，培育新兴业态。坚持多产业叠加、多领域联动、多环节增效，加快农业“接二连三”步伐，大力培育新业态、新模式，构建起立体式、复合化的农业供给体系。一是推进产城融合发展。将农业生产与城镇化建设有机结合，按照“产城融合、宜居宜业”要求，引导农村二三产业向县城、重点乡镇及产业园区等集中，打造农业强镇、商贸重镇、旅游名镇、宜居美镇，实现农业产业化与新型城镇化的良性互融，辛寨镇、冶源镇成功入选“全国重点镇”，九山薰衣草小镇获评省级特色小镇。实施美丽乡村建设三年行动计划，建成美丽乡村60个，全县一半以上村达到生态文明村标准，呈现出一村一韵、一村一景的格局。二是推进农旅生态融合发展。探索“旅游+农业”发展模式，着力培育采摘篱园、生态营地、休闲农庄、文化体验、温泉度假等新业态，先后建成休闲农业与乡村旅游点109处，休闲旅游业年收入达到27亿元。突出示范点建设，寨子崮村被评为全国休闲农业与乡村旅游示范点，牛寨村被评为中国最美休闲乡村，我县荣获“全国休闲农业与乡村旅游示范县”。三是推进种养循环融合发展。以“农牧结合、资源循环”为重点，积极推广种养结合循环发展模式，大力发展生态畜牧业，全县生态循环养殖基地总面积达24万亩，被评为山东省生态循环农业示范县。大力推进农业废弃物综合利用，全县秸秆综合利用率达到95%，规模化养殖场全部配套粪污处理设施。四是推进线上线下融合发展。积极运用“互联网+”手段助推农产品上行，加快推进农村电商物流配送和综合服务网络建设，建成临朐电商众创家园、农村淘宝等平台，培育起了买卖惠、萃艺林、村小二等模式先进、知名度高、竞争力强的电子商务品牌，初步形成了产品包装、销售、服务、仓储、物流等完整的农产品电子商务产业链。五是推进工农会展融合发展。采取“政府主导、协会承办、实体支撑、市场运作”模式，借鉴中国国际门窗幕墙博览会等工业会展的成熟做法，广泛举办农业展览会、贸易会、交流会等农产品展示推介活动，为一、二、三产有机融合探索了路径、搭建了平台。近年来，全县先后成功举办了大樱桃节、蜜桃节、槐花节等一系列主题内涵多元、节庆举办常态、产业延伸互动的农业会展活动，带动农产品贸易额增长20%以上。

三、调整供给结构，提升发展质量。以提高农业供给质量为主攻方向，不断扩大高产、优质、高效产品比重，农业综合效益和农民收入明显提升。一是特色化发展。加快推进“一镇一业、一村一品”建设，引导农民因地制宜调整产业结构、发展特色农业，培育形成了奶牛、黄烟、冷水鱼、有机果品等一批特色优势主导产业，增强了农业市场竞争力。目前，全县奶牛存栏量达到3.8万头，存养朗德鹅10万只，冷水鱼面积1867公顷，优质果品面积33.8万亩，黄烟面积2.3万亩，特色优势产品占农产品的比重达到80%。二是品牌化经营。深入实施农业品牌战略，大力推进无公害、绿色、有机农产品质量认证和地理标志认证，全县“三品一标”优质农产品发展到180个，认证面积32万亩，培育形成了临朐大樱桃、嵩山蜜桃、九山苹果、五井黑山羊等特色品牌，进一步提高了临朐农产品知名度和美誉度。三是标准化生产。把农产品质量安全摆在突出位置，健全县、镇、村三级农产品质量安全监管体系，全面推行农业规范化、标准化生产，先后建成市级以上农产品质量安全示范园8处，2个镇被评为“农产品质量安全示范镇”，全县农产品抽检合格率达到100%。四是市场化营销。围绕建设区域性农产品交易中心，以投资12亿元的北江·鲁中农副产品批发交易市场为龙头，加快农产品专业市场建设，建成嵩山鲁中果品冷储物流基地等一批重点项目，建立起了现代化、全天候的农产品流通体系。积极开展“农超对接”，探索推行订单农业，先后与沃尔玛、大润发、银座等省内外知名超市建立了稳定合作，年交易额达20亿元。

四、培育新型主体，增强发展动能。着眼推进农业产业化发展，坚持以培强做大产业主体为抓手，不断提高农业生产规模化、组织化水平，推动产业链条纵向延伸、横向拓展。一是做强投资主体。坚持以工业化的理念发展农业，制定招商引资优惠政策，鼓励优质工商资本进入农业领域，支持工业企业依托资金、技术、理念、管理等优势，下乡办厂、建基地，构建起了“企业＋基地＋农户”产业化发展格局。目前，全县累计引进工商资本30亿元，流转土地21万亩，50多家规模以上工业企业到农村发展，形成了涵盖肉蛋禽、粮油、蔬菜、果品4大系列200多个品种的产业链。依托企业带动，聚集生产要素，高标准建设了月庄大樱桃、新荷奶牛养殖等26处现代农业示范园区，为农业转型升级搭建了良好平台。二是做大经营主体。把培育农业龙头企业作为引领现代农业发展的战略任务，加大用地、用电、投资、信贷等方面的扶持力度，支持各类市场主体兴办农产品和食品加工企业，引导有实力的加工企业争当行业龙头，全县规模以上农业龙头企业发展到105家，其中伊利乳业等省级重点企业7家。围绕提高农业组织化、规模化水平，每年安排500万元专项资金，用于扶持农民合作社发展，目前，全县农民专业合作社发展到1764家，其中国家级农民专业合作社示范社4家、省级示范社4家，全县70%左右的农户参与合作经营。三是做优服务主体。将社区作为农业农村服务的基本单元，大力推行“服务到社区”工作模式，在全县成立72个社区管理服务中心，选择群众信誉高、资金实力强、服务功能广的多元农业服务主体入驻，将农机、供销、邮政、电信、保险、银行等业务搬进社区，构建起全程社会化服务体系。同时，下沉干部力量，在村级实行“两托管一代办”，将与群众生产生活相关的工商登记、医疗报销、法律咨询等9大项36小项服务事项纳入全程代办范围，真正做到“群众动嘴，干部跑腿”，有效打通了联系服务群众“最后一公里”。

（中央政策研究室《学习与研究》2017年第8期刊发）

## 重要会议

**【中共临朐县委十三届十二次全体会议】** 2017年1月11日，中国共产党临朐县第十三届委员会第十二次全体会议在县委大会议室举行。全会听取县委书记、县人大常委会主任顾建华受县委常委会委托作的工作报告，充分肯定去年以来县委常委会的工作。一致认为，在中央和省、市委的坚强领导下，县委常委会认真贯彻落实中共十八大、十八届三中、四中、五中、六中全会和习近平总书记系列重要讲话精神，紧紧围绕“又好又快、进位争先”工作总基调，认真组织实施“一四三五”（一个目标，四大战略，三大体系，五个保障）思路举措，全县经济社会呈现出健康协调发展的态势，各项工作取得新成绩，实现“十三五”良好开局。全会指出，县委常委会深入学习贯彻习近平总书记系列重要讲话精神，切实强化“四个意识”，增强贯彻落实的思想自觉和行动自觉，确保中央和省、市委决策不折不扣落实到位。坚持把推进供给侧结构性改革作为全县经济工作的主线，加大稳增长调结构力度，推动经济转型升级，工业经济提质增效，农村改革发展稳步推进，现代服务业繁荣活跃，全县经济持续向好，质量效益稳步提升。加快城乡一体发展，推进中心城区、特色城镇、美丽乡村建设，“山水园林宜居城市”特色进一步彰显。创新和加强社会治理，全力办好民生实事，强化民生保障，民本民生持续改善。认真履行管党治党责任，全面加强党的建设，为全县经济社会发展提供坚强组织保证。加强常委会自身建设，发挥表率引领作用，保持领导班子良好形象。

【中国共产党临朐县第十四次代表大会】 2017年1月13日—15日，中国共产党临朐县第十四次代表大会召开。顾建华代表中国共产党临朐县第十三届委员会向大会作题为《同心同德 艰苦奋斗 努力开创富强临朐、文化临朐、生态临朐建设新局面》的报告。大会的主要任务是：回顾总结县第十三次党代会以来的工作，科学谋划未来五年的发展蓝图，选举产生中国共产党临朐县第十四届委员会和纪律检查委员会，动员全县各级党组织、广大党员干部和人民群众，同心同德、艰苦奋斗，努力开创富强临朐、文化临朐、生态临朐建设新局面！大会选举出由48名委员、9名候补委员组成的中国共产党临朐县第十四届委员会，选举出中国共产党临朐县第十四届纪律检查委员会委员29名，选举出出席潍坊市第十二次党代会代表42名。

【中共临朐县委十四届一次全体会议】 2017年1月15日，中国共产党临朐县第十四届委员会第一次全体会议召开。顾建华主持会议。新当选的中共临朐县十四届委员会委员、候补委员参加会议。县纪委委员列席会议。会议以无记名投票的方式，选举顾建华、刘裕斌、田元君、衣利民、郭家荣、冯波、孙启军、李志为、黄芳、桑海强为中国共产党临朐县第十四届委员会常务委员会委员，顾建华当选为中共临朐县第十四届委员会书记，刘裕斌、田元君当选为副书记。

【中共临朐县委十四届二次全体会议】 2017年1月22日，中国共产党临朐县第十四届委员会第二次全体会议召开。县委书记顾建华主持会议。会议应到县委委员57名，实到56名，符合规定人数。会议以举手表决方式，确定临朐县推荐出席中共十九大、省第十一次党代会代表候选人初步人选名单。

【全县经济工作暨大项目建设突破年动员会议】 2017年2月3日，全县经济工作暨大项目建设突破年动员会议召开。县委书记顾建华出席会议并讲话，县委副书记、县长刘裕斌主持，县人大常委会主任王晋成、县政协主席赵永娟、县委副书记田元君等县领导出席会议。顾建华在讲话中指出，2016年，全县上下紧紧围绕“又好又快、进位争先”工作总基调，认真组织实施“一四三五”思路举措，经济保持较快增长，质量效益明显提升，发展动能加快转换，城乡发展更加协调，生态环境持续改善，大项目建设、房地产去库存、棚户区改造、美丽乡村建设、精准扶贫、旅游业发展、文化建设、“两河”保护开发、教育事业、党的建设等重点工作实现新突破，全县经济社会呈现出健康协调发展态势，实现“十三五”良好开局。会上，宣读“大项目建设突破年”活动实施意见，对2016年度先进单位和先进个人进行表彰。

【全县创建省级文明县动员大会】 2017年7月7日，全县创建省级文明县动员大会召开。市人大常委会副主任、县委书记顾建华出席会议并讲话，市委宣传部副部长、市文明办主任范明涛到会指导，县委副书记、县长刘裕斌主持会议，县人大常委会主任王晋成，县政协主席赵永娟等县领导出席会议。顾建华在讲话中指出，创建省级文明县是实现“进位争先、加快崛起”的必然要求，是全县人民群众的共同愿望，是提高社会文明程度的迫切需要，也是对各级干部作风的现实检验。全县上下务必要以志在必得的决心和时不我待的精神状态，迅速行动，扎实工作，确保争创成功。顾建华要求，要突出重点，抓住关键，全力打好省级文明县创建攻坚战。各级各部门要持续抓好精神文明建设，大力弘扬社会主义核心价值观，加强思想道德建设，积极弘扬新风正气，开展好群众性文化活动，更好地满足人民群众日益增长的精神文化需求。会上，刘裕斌与镇（街、园、区）、县直部门单位签订《创城工作责任书》。县委常委、宣传部部长黄芳宣读《临朐县创建省级文明县实施方案》。县文明办、城管局、住建局等单位分别作表态发言。

【中共临朐县委十四届三次全体会议】 2017年8月5日，中共临朐县委十四届三次全体会议举行。全会由县委常委会主持，市人大常委会副主任、县委书记顾建华讲话。全会认真贯彻落实省、市、县党代会精神，专题讨论研究“四个城市”建设工作，听取“四个城市”建设五年规划、三年行动计划和年度工作安排有关情况说明，审议并原则通过《“四个城市”建设五年规划和三年行动计划》，审议通过《关于深入学习贯彻中共潍坊市委十二届三次全体会议精神的决议》。

【全县上半年经济运行分析会议】 2017年8月5日，全县上半年经济运行分析会议召开。市人大常委会副主任、县委书记顾建华，县委副书记、县长刘裕斌出席会议并讲话，县人大常委会主任王晋成、县政协主席赵永娟、县委副书记田元君等县领导出席会议。顾建华要求，要始终抓住大项目建设不放松。各级各部门必须坚持以项目为中心的工作导向，抓住新旧动能转换和“四个城市”建设的重大机遇，发挥主观能动性和创造性，做好对上沟通，不断创新办法机制，完善政策措施，配强资源力量，全力做好项目建设、谋划、招引等各项工作，打造一批“大高新强全”优质项目，为经济社会快速发展注入动力。要始终坚持作风建设不放松。广大党员干部要以开展“作风建设年”活动为契机，牢固树立“等不起”的机遇意识、“慢不得”的忧患意识、“坐不住”的责任意识，对重点工作、疑难问题盯上靠上，不回避、不推诿、不敷衍，以转变作风的实际成效凝心聚力、干事创业。

【全县棚户区改造“三年会战”动员大会】 2017年8月11日，全县棚户区改造“三年会战”动员大会召开。市人大常委会副主任、县委书记顾建华出席会议并讲话，县委副书记、县长刘裕斌主持会议，县人大常委会主任王晋成，县政协主席赵永娟，县委副书记田元君等县领导出席会议。顾建华指出，近年来，全县持续推进棚改工作，先后完成20多个片区、1.5万户棚改任务，提升了城市形象，提高了临朐美誉度，改善了居民的生活质量，增强了临朐人民的自豪感和光荣感。当前，中央和省、市都全力推进棚改工作，出台了一系列优惠政策和激励措施，为全县推进棚户区改造提供了非常重要的历史机遇。全县上下要认清形势，统一思想，抢抓棚户区改造的重大战略机遇，积极争取和利用好上级相关政策，拿出背水一战的决心和拼劲，用心用力、迅速行动，提速提效，力争更好更快地完成棚改任务，坚决打赢棚户区改造“三年会战”。会上，坊子区凤凰街道、高新区河北张庄社区分别介绍棚改工作经验做法。县纪委、县委政法委、县委组织部及城关街道、东城街道、兴隆社区、弥南村、县住建局、财政局分别作表态发言。

【中共临朐县委十四届四次全体会议】 2017年11月8日，中国共产党临朐县第十四届委员会第四次全体会议举行。全会由县委常委会主持，市人大常委会副主任、县委书记顾建华讲话。全会认真学习贯彻中共十九大和十九届一中全会精神，传达学习10月27日中共中央政治局会议精神和习近平总书记在中共中央政治局第一次集体学习时的重要讲话精神，学习讨论中共十九大精神和省委十一届二次全会、市委十二届四次全会精神，审议通过《中共临朐县委关于深入学习宣传贯彻中共十九大精神的决议》。

（刘　鑫　刘　真）

## 重大决策

【一个目标】 即进位争先，加快崛起，确保各项主要经济指标增幅高于全市平均水平并位居前列，加快推进富强临朐、文化临朐、生态临朐建设。2017年，实现地区生产总值（GDP）280.2亿元，按可比价格计算，增长7.0%，增幅居全市第4位。其中第一产业增加值37.4亿元，增长3.6%；第二产业增加值110.7亿元，增长6.5%；第三产业增加值132.1亿元，增长8.5%。三次产业比重由13.86∶40.61∶45.53调整为13.4∶39.5∶47.1，三产比重同比提高1.6个百分点。273家规模以上工业企业完成工业总产值402.6亿元，增长4.1%。完成一般公共预算收入16.3亿元，增长11.8%，增幅居全市第1位；实现社会消费品零售总额157.2亿元，增长9.1%，增幅居全市第3位；城乡居民人均可支配收入分别达到31711元、16015元，增长8%和8.9%，增幅居全市第6位和第2位。

【两个突破】 即供给侧结构性改革、大项目建设取得新突破。供给侧结构性改革：狠抓农业供给侧结构性改革，把增加绿色优质农产品供给放在突出位置，着力培育壮大奶牛、黄烟、有机果品、生态观光农业等特色优势产业，着力抓好各类示范园区建设，推动农业向优质高端迈进。新流转土地1.8万亩，新增农民专业合作社180家、农业示范园区和家庭农场49个，新认证“三品一标”农产品品牌6个，“农田水利项目县”等重点水利工程全部通过市级验收。稳妥推进农村集体产权制度改革，完成38个试点村的清产核资和资产量化工作。新设立电子商务镇村服务站65处，被确定为“国家级电子商务进农村综合示范县”。推进金融产业发展，全县金融机构本外币存贷款余额达438.4亿元、263.8亿元，同比分别增长15.4%和13.4%，增幅居全市第1位和第2位。大项目建设：按照“在谈项目抓签约，签约项目抓开工，开工项目抓投产，投产项目抓达效”要求，开展“大项目建设突破年”活动。创新实施“主导产业+龙头企业”招商模式，紧抓京津冀等地产业转移机遇，组织开展专题招商活动，对蓝帆医疗健康产业基地等重点在谈项目，加强点对点对接，力促项目尽快签约落地；对电力金具加工等签约落户项目，统筹搞好建设谋划，保障项目建设顺利推进；对中欧节能门窗产业园一期、抽水蓄能电站、高铁轨道大板二期等骨干财源项目，优先落实要素保障，确保按期建成投产。全年新引进过亿元项目29个，其中过10亿元项目3个，全县重点在谈项目达46个；开工建设大项目89个，完成投资75.6亿元，46个项目建成投产；16个项目入选全市“10·30·100”重点支撑项目库，33个项目列为市“四个城市”建设年度重点项目。

【五项重点】 即工业经济转型升级、加快新型城镇化进程、发展全域旅游、推进美丽乡村建设、打赢脱贫攻坚战。工业经济转型升级：大力实施“5141”工程，围绕构建现代产业体系，推动有色金属高端加工、机电等5大主导产业转型升级，以“141”企业为重点，实施企业提升计划，强化培育扶持，构建大中小企业协调发展、质量效益税收同步增长的企业发展格局。创新实施“服务企业经理人”制度，对规模以上企业，每家派驻1名副科级以上干部担任服务企业经理人，开展“店小二”式精准服务。深入开展降成本“711”专项行动，落实税费等方面优惠政策，持续加大企业技改力度，完成工业技改及新上项目固定资产投资130亿元，同比增长6.4%。全县273家规模以上企业实现主营业务收入、利税、利润同比分别增长3.4%、10.8%和14.8%，主营业务收入过亿元企业31家，实现税收过亿元企业4家，其中华建集团上缴税金突破2亿元。铝型材产业集群入选全省先进制造业转型升级示范项目。加快新型城镇化进程：着力提升中心城区，启动棚户区改造“三年行动计划”，完成烟家铺、傅家李召等11个片区5000户搬迁，安置楼开工率达100%，新开发房地产面积97.6万平方米。全面启动省级卫生县城、省级文明县创建工作，城区环境面貌逐步提升。着力推进特色城镇建设，完成投资40亿元，小城镇建成区面积达50.1平方公里，新转移农村人口1.9万人，常住人口城镇化率同比提高2个百分点，九山薰衣草小镇、蒋峪镇分别入选省级特色小镇和美丽宜居小镇。大力发展全域旅游：开展“国家级全域旅游示范区”创建活动，制发《临朐县全域旅游发展提升规划》，成立县旅游发展委员会和全域旅游服务中心，旅游发展格局进一步优化。推进旅游重点项目建设，环西南部乡村旅游专线基本建成，凤凰谷等23个乡村旅游项目进展顺利。加大旅游宣传营销力度，成功举办山东省第四届乡村旅游节等大型节庆活动，被确定为“全国暑期避暑度假类旅游目的地”“全省千万市民游乡村重点县”。推进美丽乡村建设：认真落实美丽乡村建设三年行动计划，新建成美丽乡村60个、生态文明村180个，九山镇牛寨村入选国家级“宜居村庄”，寺头镇福泉村、九山镇青杨峪村被评为省级“美丽宜居村庄”。加强城乡社区建设，新建农村新型社区13个，改造提升社区服务中心26个，兴隆社区、辛寨社区被评为“四全一特”市级示范社区。打赢脱贫攻坚战：突出抓好产业扶贫，推行“党支部+合作社+贫困户”扶贫模式，实现村集体经济壮大、贫困户脱贫、合作社发展三方共赢。认真落实贫困线与低保线“两线合一”，强化教育、医疗、住房等政策兜底作用，兜底完成脱贫攻坚任务。全面推行建档立卡贫困户精细化管理，规范做好贫困人口脱贫退出工作，确保贫困户真脱贫、脱贫户不返贫。44 个扶贫项目全部建成，全县 1280 户、2584 名建档立卡贫困人口达到脱贫条件，脱贫攻坚任务基本完成。

【六个保障】 即园区转型升级、深化改革创新、优化发展环境、推进依法治县、改进干部作风、加强基层党建。园区转型升级：深化实施《关于推进临朐开发区转型升级创新发展实施意见》，进一步整合临朐经济开发区、东城工业园等“一区四园”平台，深入实施“突破龙山”战略，落实“飞地”政策，平台对经济的支撑能力进一步增强。创新园区建管模式，着力打造中欧节能门窗产业园和中国铝模板产业园，先后落户产业链高端企业 26 家。深化改革创新：在全力抓好 2 项国家级、4 项省级改革试点任务的基础上，筛选确定 18 项重点改革事项，集中力量重点突破，推进全面深化改革向纵深发展。实施创新驱动战略，新认定高新技术企业 14 家，新增市级以上工程技术研究中心、重点实验室等 31 家。强化人才支撑，设立 5 亿元的新兴产业基金和全市第一支 1 亿元人才产业投资基金，引进高端人才 23 人，2 人入选国家“万人计划”科技创业领军人才和科技部“创新创业人才”。优化发展环境：加快推进“放管服”改革，开展行风专项整治，激发各类市场主体活力。新增非公有经济 8508 户，增长 33.2%，注册资金 125.6 亿元，增长 39.4%。实施主体功能区战略，编制完成国家重点生态功能区产业准入负面清单，全面落实“河长制”，抓好山水林田湖保护修复工作，新增造林面积 1.1 万亩、森林抚育 2 万亩。开展新一轮环保综合整治，全面完成 10 吨及以下燃煤锅炉“清零”工作，关停取缔“小散乱污”企业 187 家，空气质量优良天数达 249 天，较 2016 年增加 26 天。加强平安临朐建设，开展系列安民行动，加大信访积案化解和非访治理工作力度，群众安全感和满意度连续七年位居省、市前列。推进依法治县：深入实施《2016—2020 年依法治县规划》，落实政府权力清单和责任清单制度，推进“七五”普法工作。推进安全生产标准化规范化建设，开展“大快严”集中行动和“打非治违”专项行动。开展“守护舌尖安全”等专项整治，积极创建“省级食品安全先进县”。改进干部作风：深入开展“作风建设年”活动，弘扬“四种精神”和“淌水崖水库精神”，推进“两学一做”学习教育，推进淌水崖水库党性教育基地建设，创新开展“过硬支部”创建、合格党员创评活动。常态化抓好“千名干部进千村、入万户、察民情、解民忧”“第一书记”、包村联户等工作。推进纪律监察体制改革，成立县监察委员会，实现对公职人员监察全覆盖。稳妥做好巡察工作，严查侵害群众利益问题，深化党风廉政建设。加强基层党建：推进基层组织建设，完成县中小企业创业产业园等 5 处区域性党组织建设，转化软弱涣散村党组织 54 个，新建村联合党群服务站 41 处。严格换届纪律、程序步骤和标准要求，全县 350 个村（社区）“两委”换届选举工作全部完成。注重选拔年轻干部和基层干部，先后调整干部 214 名，其中提拔重用干部 138 名，新充实镇（街、园、区）领导班子成员 31 名。 （唐行宝　刘晓东）

## 县委办公室工作

【日常服务】 充分发挥行政中枢作用，建立县四大班子办公室联席会议制度，与各镇（街、园、区）、县直部门经常性联系机制，协调各方资源、调动各方力量，形成上下协调、左右联动工作格局。围绕县委领导活动开展，周密做好上传下达、统筹安排，协调县级领导活动 480 余次，处理电话记录、来宾报告单、请假报告单等各类文电 1600 余份。加强公务用车管理，完善落实财务管理制度，保证高质量的后勤管理服务。围绕“发管用的文”，实行“五关四节点”审核办法，严把文件法规关、政策关、实效关，年内审核下发文件 420 余件，全部做到合法合规、高质高效、务实管用，党内规范性文件备案审查合格率达到 100%。实行公文制发前置审批，制定并严格执行文件配额管理制度，从严控制文件规格、数量，2017 年，以县委或县委办公室名义制发的文件数量同比下降 22.6%，其中，以县委名义制发的文件同比下降 33.5%。以抓规范、提效率为主线，扎实抓好公文的日常运转和管理，收发、传阅各类公文 9200 余份，全部做到随到随传、不压不漏。严格密级文电管理，为全县机要人员办理工作证，层层签订保密责任书，实行持证领取、清退涉密文电，密级文电清退率达到 100%。实行办公室“全员写信息”，建立镇（街、园、区）和县直部门信息直报点、特约信息员和考核通报等制度，实行信息人员“以干代训”，完善信息工作体系。围绕“领导想知道的”和“想让领导知道的”，有重点、有目的地编报信息，全年上报信息 2200 余条次，被市级以上采用 285 条次，1 条信息被省委领导批示，信息工作得分居全市第 1 位、全省第 6 位。高效能筹办会议，由注重单一组织会务向会前筹备组织、会中纪律监督、会后督查落实并重延伸拓展。会前，建立通知回执、提醒、通报等制度，认真把关发言材料、会议议题；会中，文字人员、会务人员全程靠会，会议纪律监督员全程监督；会后，及时立项督查，跟踪落实。对县委全委会、全县“作风建设年”活动动员大会等重要会议，会前严格要求，加强会间巡查，全县会风、会纪明显好转。按标准搞好接待，严格执行中央八项规定及有关规章制度，热情周到、精益求精做好接待工作，全年共接待来宾 127 批、3390 余人次，组织大型会议活动 40 余次，参与筹备沂山文化节等重大活动 12 次，组织赴浙江等地参观考察 15 次，省环保督察专项工作组集中办公 45 天、市委第一巡察督导组到临朐巡察督导 41 天，均圆满完成服务任务。创新推出的短信提醒服务，在全市推广。（刘　鑫　张　鑫）

【政策研究】先后组织开展棚户区改造、脱贫攻坚、美丽乡村建设、典型企业先进经验等专题调研 70 余次。其中，10 大骨干财源项目、果品产业发展、赴安吉考察等 20 余篇调研报告被报送县委、县政府主要领导参阅，相关对策和建议被有关部门采纳。《关于全县十大骨干财源项目建设情况的调研报告》《关于蓝帆、华建企业管理的调研报告》《关于县企业发展促进会服务企业发展的调研报告》《赴浙江省安吉县考察学习报告》等 4 篇报告被县委主要领导做出重要批示，相关分析和措施有效促进全县面上工作落实。撰写党代会报告、会议讲话、工作汇报等各类综合性文字材料 320 篇次、130 余万字。编发《临朐通讯》24 期，参阅件 8 期，向上级提报各类文章 20 篇次，被市级以上刊物转发刊载 14 篇。其中，《全力做好农业供给侧结构性改革这篇文章》被中央政策研究室主办的《学习与研究》采用；《创新机制　精准施策　全力开创脱贫攻坚新局面》被山东省委主办的《山东通讯》采用，《关于推进美丽乡村建设情况的报告》获评全省党委政研系统优秀调研成果一等奖；《同心同德　艰苦奋斗　努力开创富强临朐文化临朐生态临朐建设新局面》《进位争先　加快崛起　建设富强临朐文化临朐生态》《强化责任转变作风努力打造高素质干部队伍》《加快农村土地流转　打造特色田园小镇》等 4 篇文章被潍坊市委主办的《潍坊通讯》采用，《临朐县嵩山生态旅游区推进新型农村社区合作社的做法》《用心当好“店小二”助推企业大发展》2 篇稿件被潍坊市委参阅件刊发，《临朐县打造山区乡镇“四个城市”建设嵩山样板》《以作风建设为突破口　寻标定标加快崛起》《进位争先加快崛起建设富强临朐文化临朐生态临朐》《创新理念　精准谋划　以“三招三引”新成效助推“四个城市”建设》等 4 篇稿件被“四个城市”建设工作简报、潍坊日报等市级刊物采纳。（刘　康　李荣基）

【督查工作】2017 年，共完成各类文字材料 150 余篇次，其中编发《督查专报》《督查通报》53 期，办理市县领导批办件 42 件次，牵头落实省市党代会精神贯彻、全面从严治党主体责任、中央八项规定精神、新型城镇化、“四个城市”建设等上级重点事项督查 34 次，承接、办理市委重点督查事项 32 件次，组织开展市县党代会及全县经济工作会精神贯彻落实、推动大项目建设、“作风建设年”督导、“一二五六”重点工作落实、精准扶贫脱贫攻坚、美丽乡村建设、“进千村、入万户、察民情、解民忧”活动、中小学幼儿园建设、城乡环卫一体化整治、河长制“清河行动”、环保重点问题整改、中共十九大维稳等专项督查 140 余次。围绕县委“一二五六”思路举措，筛选出 15 项重点工作，实行每周一调度、每月一督查、两月一通报方式，推动重点工作落实。对县委常委会议、党政联席会议确定的工作事项，及时进行立项督查、紧盯紧靠、跟踪落实。对市县委领导作出的批示、交办的工作，第一时间抓好落实；特别是对县委主要领导的批示及交办的工作，按照“事不过夜、案无积卷”要求，抓好现场督办、跟踪督查。确定120余名督查工作骨干，建立实体化督查网络，定期召开会议，安排督查任务，分类推动工作落实。成立460余人督查工作微信群，依托现代网络科技，随时随地掌握重点工作推进情况。充分利用电子政务平台，实现督办事项通知单、督查通报、领导交办事项通知单全部通过政务平台发送，逐步构建起力量大、反应快、触角广、成效实的大督查工作格局。县委督查室、县政府督查室与有关职能部门成立联合督查组，对精准扶贫脱贫攻坚、美丽乡村建设、“进千村、入万户、察民情、解民忧”活动、中小学幼儿园建设、护林防火、防汛抗旱、日常值班、农村环境卫生整治等阶段性重点工作，实行联合督查，进行现场督查、跟踪督查。对“大项目突破年”活动、作风建设年活动、“突破龙山”、“四个城市”建设等重点工作，专人靠上、现场办公、推动落实。围绕“督查工作要推动工作、促进落实”要求，汲取潍坊市、胶州市、新泰市先进经验，进一步梳理、调整、规范督查工作制度、工作标准、工作规范等，以工作制度化、标准化、规范化、目标化促进工作效能提升。建立重点督查事项台账、领导批示件办理台账、督办通知单落实台账等3个工作台账，实行周例会工作制度，每周汇总工作完成情况，研究下周重点工作任务，确保有台账、有制度、有结果。实行督查工作督办通知单制度，对需督办的工作，第一时间下发督办通知单，详细说明督办内容、督办时间、督办要求等，提升督查实效。对全县主要经济指标、大项目推动落实情况，每月一次以“两办”文件形式进行通报。对重点工作的督查，及时通过《督查通（专）报》，呈报县委领导，下发各级各部门。制作全县经济工作会议总体部署版面8块在县委机关院外展出，制作各镇（街、园、区）主要经济指标示意图悬挂在县委大会议室外墙，每月一次展示各镇（街、园、区）经济指标完成情况，通过横向、纵向对比，提升各镇（街、园、区）发展信心。

（杨维刚）

【机要工作】 2017年，按照“提速提效、进位争先”目标要求，不断创新思路举措，加强业务技能提升，确保密码管理安全可靠，密码通信绝对畅通。建立AB角制度，严格24小时值班备勤，扎实做好日常办报工作，重点确保全国“两会”、“一带一路”国际合作高峰论坛、十九大期间密码通信保障工作。全年共接收办理电报1350份、收发各类传真437份、拍发密码电报7份，均做到及时、准确、安全、保密。严格执行密码管理、机要业务文电和密码电报管理等各项规定，落实专管人员，定期检查核对，及时整理归档2016年、2017年电报，做到登记清楚、手续完备。健全完善机要人员守则、密码电报管理规定等规章制度，确保各项工作有规可依、有据可查。定期组织对普通密码、商用密码工作进行检查督导，对发现的安全隐患及时指导、限期整改。不断优化工作流程，对能标准化、规范化的工作项目，制作模板、制定流程图，参照办理，全面提升工作效能。创新实行“电报会商制度”，对所有来文来电进行认真审阅，并提出合理拟办意见，供领导参考，当好领导的参谋助手。建立“相互找错”工作机制，对经手的每项工作，从严把关每个细节，实现工作“零失误”。强化电报“延伸办理”，对有领导批示意见的电报，加强跟踪督查，确保落实到位。

（李文全）

【保密工作】 2017年，全县共征订《保密工作》136份，《胜利之盾》等保密宣传光盘30余套，《机关单位保密管理实务手册》《保密日常行为手册》等保密工作用书100余套，全年投稿9篇次，其中国家级刊物《保密工作》刊发1篇，省级刊物《山东保密》刊发2篇，稿件采用数量位全市第1位。2017年，组织举办全县保密干部全员培训班1次、进部门开展保密授课6次，邀请市保密局专家在全县办公室工作会议上做专题保密讲座。围绕文件阅读传达、签收保管、清退销毁等环节是否符合保密要求，保密制度是否健全，计算机涉密网和非涉密网是否明确区分使用，互联网门户网站信息发布是否严格落实信息发布保密审查制度，互联网电子邮箱是否存在存储、处理、传输涉密文件资料和内部敏感信息，涉密计算机是否与互联网实现完全物理隔离，非涉密计算机是否违规存储涉密信息等问题，组织技术人员深入镇（街、园、区）、县直有关部门进行保密检查，共组织保密检查6次，检查部门104个、计算机260余台，邮箱36个、移动存储介质50个，对检查中发现的问题立即落实整改措施。做好高考期间保密检查工作，会同县公安局、县教育局对高考试卷保密室实地检查5次。做好潍坊风筝会、鲁台会等重大节会期间保密工作。为严防网络失泄密事件的发生，对全县36家互联网门户网站进行整合，对发挥作用不强的13家网站进行关闭，对其他23家网站按照上级有关要求进行整改，并录入到互联网门户网站监控系统，每天进行网站检查2次，对发现问题第一时间采取处理措施，确保上网信息不涉密、涉密信息不上网，杜绝失泄密事件。按照市委保密办、市保密局《关于开展保密自查自评工作的通知》要求，对照《机关、单位保密自查自评标准》，对全县13处镇（街、园、区）、78个机关事业单位保密工作实施普查，对领导责任制落实情况、保密制度建设情况、保密宣传教育培训情况等16个方面、59项内容进行自查自评，汇总整理，填写《机关、单位保密自查自评标准》表格上报市委保密办，经市委保密办检查验收合格。健全保密技术防护体系，推进机关、单位涉密网络和保密要害部门部位装备配备，对79台涉密计算机全部安装“三合一”防护系统，安装率100%。

（郭　栋）

## 组织工作

【概况】　2017年，县委组织部牢牢把握问题导向、基层导向和创新导向，以扎实推进“两学一做”学习教育常态化制度化为抓手，着力抓基层打基础、破难题求实效、转作风树形象，项目化管理、责任制推进，为全县经济社会科学发展、跨越赶超提供坚强组织保障。省委常委、组织部部长杨东奇，市委书记刘曙光，市委常委、组织部部长林红玉等领导，先后到临朐县调研督导，对探索推行的“党支部＋合作社”抓党建促脱贫攻坚、整镇提升全域统筹发展村集体经济等有关做法给予肯定；先后为全市提供村级规范化治理、党群服务体系建设、发展集体经济、抓党建促脱贫攻坚等会议现场；建立落实的基层党建工作责任制、“全党建”链式信息化体系、创建过硬支部、创评合格党员等亮点工作，在中央和省、市媒体刊发推介。

【党建责任体制建设】　狠抓党建工作责任制，推动各级党委（党组）特别是党组织书记把抓好党建作为最大政绩、最大主业。县委常委会带头抓党建，先后召开县委常委会10余次，研究学习贯彻中共十九大精神、“两学一做”学习教育常态化制度化、发展壮大集体经济、党员教育培训、村“两委”换届选举、城市社区党建等重点工作。县委主要领导带头抓党建，每下基层必问党建、看党建，主动深入镇村了解任务落实情况，定期听取基层党建工作汇报，研究推进工作具体措施。制定《基层党建工作责任制实施办法》，将基层党建工作责任“一落到底”，明确基层党委和党委书记、副书记、组织委员、社区书记、党建指导员、“第一书记”等相关责任人职责，党建履责情况纳入班子考核、干部考察内容，有效解决基层党务干部压力传导层层衰减问题，健全完善基层党建责任体系，形成一级抓一级、层层抓落实。相关做法被《山东组工信息》刊发。

【基层党建工作】　组织实施基层党建重点突破项目，确定12项基层党建重点任务，遴选11项基层党建突破课题，组织13名镇（街、园、区）党（工）委书记、县直机关工委书记认领27个党建重点突破项目，项目化攻坚突破，先后召开会议调度2次、现场观摩3次、印发通报3次，推进项目任务落实。区分县镇村党组织及党组织书记三种类别，分别建立抓基层党建工作问题清单、任务清单、责任清单，明确基层党组织和党组织书记工作职责；县镇党政班子成员落实“一岗双责”，分别建立抓基层党建工作责任清单。

以“基层服务型党组织建设三年行动计划”为抓手，坚持抓规范促提升，抓重点求突破，提升基层党建工作规范化水平。制定严格和规范党的组织生活实施意见，从工作内容、操作流程、时间节点等方面作出明确规定。明规则，对“三会一课”、组织生活会、民主评议党员等制度内容进一步明确，让基层知道“干什么”。定流程，把每项制度操作步骤进行细化，配套相应工作流程图，让基层知道“怎么干”。抓督导，运用“临朐 e 支部”手机 APP，实时在线督查，定期组织人员现场督导，实现检查实时化、全覆盖。开展合格党员创评，将合格党员标准细化分为 4 大类、17 小项，同步制定党员行为“负面清单”；开展“三谈三议三对照”大讨论，改进完善党员积分考评管理办法，建立党员形象展示榜，亮榜展示党员表现；抓实党员集中轮训，突出党性教育一条主线，实行县委组织部、县委党校、镇（街、园、区）带队人员、班主任和党员代表“五位一体”管理体系，落实从严管理党员责任，严格教育培训纪律，抓好结业考试、跟踪问效后续环节，增强教育培训实效性。全年举办培训班 21 期，培训农村党员 1.2 万名。突出抓好流动党员教育管理，成立在京流动党员党总支。着眼提高村级“三务”制度化水平，投入资金 230.7 万元，逐村更换、修缮公开栏，完善硬件配套；制定规范“阳光议事日”推进“三务”公开办法，定议事内容、定决策程序、定公开标准，打造阳光村务；依托“临朐 e 支部”手机 APP，开设“三务”公开专栏，做到手机终端、数字电视、公开栏“三位一体”公开。集中两个月时间，区分农村、机关、“两新”组织不同领域，通过支部自查、党委复核、县里验收，开展基层党建重点任务整顿提升活动，着力解决个别党组织运行不正常、制度执行不到位、硬件配套不完善等薄弱环节。先后集中开展 7 次督导，督促 350 个村、94 个县直部门（单位）、125 个“两新”组织整改问题 1510 余个，基层组织工作规范化水平明显提升。

精心组织村“两委”换届选举。从严开展村级审计，严厉打击村霸村痞，提前开展换届分析研判，严肃换届纪律宣传，整改问题资金 3400 万元，打掉犯罪团伙 13 个，梳理风险问题 51 条，发放宣传材料 23.3 万份，夯实换届基础。突出人选标准条件，从严把握“十不得、十不宜”情形和 60 岁以上候选人数量，保证人选质量、优化班子结构。严查违反换届纪律行为，党纪处分 6 人次、行政拘留 16 人次。村“两委”换届选举圆满完成。按照“抓镇带村、全域统筹，试点先行、整镇提升”的思路，坚持党委统领、支部带领、产业引领，组建发展集体经济攻坚小组，印发《集体经济薄弱村提升工程实施方案》，编制《发展壮大村集体经济材料汇编》，制定县、镇、村三级责任清单，配套落实指导包靠、监督管理、考核激励等措施，激发村级内生动力、增强镇村干部活力、引导党员群众助力，在嵩山生态旅游区、柳山镇实施集体经济整镇提升工程试点。其中，嵩山生态旅游区通过村集体、村干部、村民三方参股，共建“一村一合作社”，柳山镇实行整镇土地流转、集体集中发包经营，集体收入村均达到 5 万元以上。把“过硬支部”创建作为年内县委书记基层党建重点突破项目，制定《分领域推进“过硬支部”建设的实施方案》，确立基层党组织全面进步、全面提升“一个目标”，坚持正向与反向测评、定性与定量评价“两个结合”，开展农村、机关事业单位、“两新”组织“三类创建”，打造政治、业绩、纪律、群众评价“四个过硬”，实行支部自荐、党委推荐、测评评估、社会公示、评审命名“五步认定”的“一二三四五”工作思路，采取“挂图作战”工作法，把 59 项创建指标制作创建达标图，对标作战、销号管理、动态监控，创建结果与考核奖惩挂钩，107 个基层党支部通过第一批验收，相关做法被中组部《组工信息》刊发。

全面推广“一村一社区”模式，增设联合党群服务站，服务半径压缩至 1 公里；优化服务流程，梳理办事频率高的服务事项 11 项，研发党群服务“掌上通”，服务“掌上”申请、干部“线上”审批，实现“群众少跑腿，信息代替腿”；拓宽服务功能，推进公安、市场监管等垂直站所业务进大厅，整合农商行、农资店等社会化服务进社区，实现一站式、全方位服务。山旺镇健全党群服务网络、研发党群服务“掌上通”做法，为全市基层党建重点任务推进会提供现场。

**【“包村联户”工作】** 组建 56 个包村工作组、选派 54 名“第一书记”到村帮扶，累计投入帮扶资金 340 万元、扶贫项目资金 1700 余万元、争取社会资金 560 万元，走访 5700 余人次，帮助 7 个村通电、27 个村通柏油路、11 个村通自来水，新扩建办公场所 31 处，帮助兴建文体设施 35 处，引进致富项目 61 个。做好市直包村工作组和“第一书记”协调服务工作，27 个工作组共投入单位帮扶资金、争取财政资金和社会资金10043.8万元，实现村集体收入270余万元，完成1280户、2584人脱贫和后进村转化任务。

【信息化体系建设】 根据基层党员群众需求开发掌上信息系统“临朐e支部”手机APP，将党员教育、组织生活、“三务”公开、党员民声等搬到手机，实现9类监管业务即时上传，较好地解决了流动党员学习难、组织生活监管难、民生问题反映难等问题。相关做法先后被《大众日报》《新华社内参选编》以及人民网、共产党员网等刊发报道。

【农村党组织整治】 梳理排查54个软弱涣散村，逐一落实县镇领导包靠、选派“第一书记”，因村制定整治方案，建立落实工作月报、评估验收、销号管理等制度，集中解决班子不健全、成员不团结、作风不扎实、工作不担当、制度不落实、活动不正常、作用不明显、群众不满意“八不”问题，开展集中督导2次、评估验收3次。

【社区和“两新”组织党建工作】 针对城市社区建设起步较晚实际，制定实施《临朐县城市社区建设5年计划（2017—2022年度）暨远景目标》，因区制宜、分步建设，量力而行、逐步规范，稳步推进城市社区实体运行。抓实基础保障，县、街财政落实资金500万元，完善场所功能配套；每个社区配备5名专职人员，将劳动保障和就业服务、社会保障等6大类49项服务事项进入社区办理。开展“两新”组织党建大排查，逐一上门实地查看了解，建立党建工作台账，实行优化调整、动态管理。制定《临朐县“两新”组织党建工作整顿提升实施方案》，通过加强党员队伍、强化阵地建设、规范组织生活、丰富活动载体等措施，开展党组织集中整顿活动，逐项抓好整改落实。从县直部门（单位）遴选25名熟悉党务工作的离岗退岗党员干部到“两新”组织担任“第一书记”，配强专职力量靠上抓党建。搞好示范引领，高标准打造提升电商产业园、蓝帆新材料、伊利乳业、外国语学校等10处“两新”组织党建示范点。

【党建经费保障】 按照1000人以上4万元、1000人以下3万元标准，拨付350个村1397万元运转保障经费；严格落实城市社区服务经费，落实2个城市社区为民服务专项经费40万元，保证社区工作正常开展。全面落实农村干部补贴报酬，发放农村干部补贴2050.38万元，为1052名离任主职干部发放补助114.8万元。

（县委组织部）

## 人才工作

【人才政策】 修订完善《临朐县首席技师评选办法》《临朐县“乡村之星”选拔管理办法》，制定出台《临朐县名中医工程实施方案》《临朐县优秀会计人才选拔培养和管理办法》《临朐县和谐使者评选管理办法》《临朐沂山工匠评选管理办法》《临朐文化之星工程实施意见》等人才评选办法。出台《临朐县人才工作站工作办法（试行）》，设立、管理临朐县驻外人才工作站。出台《关于做好镇（街、园、区）科技人才副职选聘工作的实施意见》，13个镇（街、园、区）选聘科技人才副职13名，做到全覆盖。

【国内引才】 开展临朐籍“沂山英才”感召计划，建立2300名人才数据库，组织83家企业精准对接8次，签订合作协议11个。举办新春联谊活动、中秋回乡行活动，与中科院、复旦大学、山东大学等高校院所60余名专家对接洽谈，达成合作意向21个。举办产业转型升级上海高层次人才对接交流会、北京高层次人才洽谈会、非公经济人士复旦行等大型引才活动12次，建立人才工作站2处，引进上海交通大学教授张才喜、省农科院植保所微生物工程研究室主任万鲁长等18名高端人才。组织25家企业参加山东省材料大会暨院士专家潍坊行活动，现场签约10项。组织参加潍坊（北京）重点合作项目集中洽谈签约活动暨招才引智对接洽谈活动，现场签约项目2项，与北京建筑材料科学研究总院刘艳军所长、中央财经大学王茂光教授等达成合作意向3项，引进的潍坊恒彩数码影像材料有限公司汪映寒（四川大学教授）、山东宝龙达实业集团有限公司徐彩虹（中科院研究员）、山东鹤来生物科技有限公司张日俊（中国农业大学教授）、山东华特磁电科技股份有限公司赫尔曼·沃特鲁巴（德国亚琛工业大学教授）4名高层次人才，入选鸢都产业领军人才。

【海外引才】 依托省“齐鲁之约”德国人才合作交流会，引进国际选矿委员会委员、德国亚琛工业大学沃特鲁巴教授，入选泰山产业领军人才，实现零突破。县委、县政府主要领导分别带队赴美国、加拿大、德国招才引智，与蒙纳克传媒公司、惠普公司、亚琛工业大学等世界知名公司高层、高校教授对接，签署人才、技术、项目合作协议7项，引进海外高端人才3人，成功推动山东华特磁电科技股份有限公司与德国亚琛工业大学合作设立中德磁电与智能选矿技术研发中心；潍坊恒彩数码影像材料有限公司全职引进韩国专家黄润植，研发高档汽车隐身车衣（PPF）；山东恒远利废技术股份有限公司与英国环泰有限公司专家泰瑞·格林合作，研发三叶旋转窑制备环保新材料；山东华特磁电科技股份有限公司参加由潍坊市政府主办的“中国（潍坊）—南非经贸恳谈会”，与南非AMG集团签约合作“联合共建选矿技术中心”，并设立“华特磁电南非办事处”。

【本土人才培育】 统筹实施重点人才培养支持计划，组织临朐优秀会计人才、名中医、首席技师、工匠之星、乡村之星、文化之星、和谐使者评选，评选优秀人才103名。举办2017年全县职业技能大赛，涉及15个工种，253人参赛，评选出一等奖16人、二等奖37人、三等奖 57人、“沂山金蓝领”10人，兑现奖金9.75万元。2017年，新增国家“万人计划”专家1人、科技部创新创业人才推进计划人选1人，齐鲁系列人才9人、山东名中医2人，市乡村之星5人、市和谐使者4人、市首席技师4人、市会计领军人才1人，全职引进全日制博士、硕士53人，新取得国家职业资格证书三级（高级工）以上技能人才1050人。

【人才载体平台】 深入实施一企一平台建设，筛选85个平台予以重点扶持打造，培养符合省级平台条件35个、市级平台50个，成功申报省工程技术研究中心、省企业技术中心等省级以上平台3个，市工程实验室、孵化器、一企一技术研发中心等市级以上平台22个。鼓励企业搭建产学研用合作平台，山东信泰节能科技有限公司与南京工业大学、临朐县食用菌协会与山东省农科院农业资源与环境研究所、山东昊尔芙生物科技有限公司与山东中医药大学药学院等签约合作，设立产学研基地。紧跟军民融合发展国家战略，推动临朐县军民融合科技创新创业园建设，被全国工商联科技装备业商会冠名为“军民融合产业先行示范区”。

【人才发展环境】 成立县人才发展服务中心，编制10人，正科级事业单位。成立1亿元人才产业投资基金和5亿元新兴产业基金，配套制定《临朐县人才产业投资基金管理暂行办法》和《临朐县新兴产业基金管理暂行办法》，用于扶持人才创新创业。深化领导干部联系专家人才制度，以服务企业经理人为依托，实施“人才专员”制度，全县200余家规模以上企业全部由机关干部联系包靠，联系专家人才293名，在科技攻关、成果转化、项目推进等方面为企业和人才提供“保姆式”服务。全面梳理2016年度人才奖励项目337个（人），为符合条件的人才兑现奖金235万元。建设人才公寓，落实优秀人才休假考察、健康体检等待遇。 （县委组织部）

## 宣传工作和精神文明建设

【概况】 2017年，全县宣传思想文化战线坚持正确导向，突出重点、统筹兼顾，创新创优、服务发展，打造出一批工作亮点品牌。临朐为新媒体定规立矩强化“党管媒体”主导权的经验做法被《新华社山东要情动态》专题报道，省委书记刘家义作出批示，给予肯定；全省舆情信息工作专题现场会、中国雕塑企业创新高峰论坛在临朐县召开；临朐破解文化发展不平衡不充分矛盾的实践探索、加快文化名市建设的经验做法分别被省委宣传部《决策参考》、市委《潍坊信息》刊载和重点推介；在全市宣传文化系统舆情信息和调研部刊工作会议、全市思想政治和理论工作座谈会、全市学习贯彻中共十九大精神理论骨干培训班暨学习习近平新时代中国特色社会主义思想研讨会上，临朐县作典型交流。县委宣传部被表彰为省“舆情信息工作先进单位”，市“舆情信息工作先进单位”“调研部刊工作先进单位”“基层理论宣讲先进单位”。临朐县被评为第五批“山东省民间文化艺术之乡”。

【理论学习教育】 以理论中心组和学习型党组织建设为重点，大力推行“破解问题学习法”“系统学习法”，巩固完善“理论大课堂”“社区大讲堂”等学习阵地，深入推进“两学一做”学习教育，增强学习实效。县国土资源局“国土资源大讲堂”被评为市十佳大讲堂。组织召开意识形态工作联席会议成员单位座谈会，制定联席会议工作职责，把握工作主动权。把提升意识形态工作能力水平作为理论学习的重要内容，邀请省委讲师团团长孔繁轲就意识形态工作作专题报告。组建学习市第十二次党代会、县第十四次党代会精神宣讲团，开展基层宣讲27场次。加强基层宣讲队伍建设，2人分别被评为市十佳理论宣讲员、十佳百姓宣讲员；在省“中国梦·党在心中”百姓宣讲比赛中，临朐县选送的数来宝《党在我心中》荣获二等奖。加强社科普及教育工作，淌水崖水库纪念馆被命名为“山东省社会科学普及教育基地”，蒋峪镇被确定为“潍坊市第一批社会科学普及示范镇”。组建学习贯彻十九大精神宣讲团，开展集中宣讲60余场次；邀请市委宣讲团成员尚仕国作宣讲报告；在县内媒体开设专题专栏，对十九大精神进行集中宣传报道、解读阐释；组织开展“不忘初心跟党走·共创美好新生活”系列主题文艺活动，启动学习宣传十九大精神文艺节目展演、“十九大精神进基层”文艺巡演、“十九大精神在身边”农村文化墙绘制等工作，以文艺形式推动十九大精神入脑入心。

【精神文明建设】 组织召开创建省级文明县动员大会，深入开展六训建设（即政训、厂训、店训、校训、村训、家训）和市民文明素质提升、未成年人思想道德建设等专项行动，强化核心价值观宣传教育。制作张贴创城海报、市民文明公约2万余份，安装大型公益广告牌290处，建成核心价值观主题公园、主题街道、主题学校；广泛开展公益广告宣传，31幅公益广告被中央和省采用。组织开展“我推荐、我评议身边好人”活动，以“临朐宣传”公众号展示好人善举，采取月度投票评选方式让群众评议身边好人，月度参与人数2万余人次。推选出“临朐好人”100人，2人入选潍坊市第六届道德模范、6户家庭入选潍坊市第一届文明家庭、10人入选潍坊好人、3人入选山东好人，张兴芬家庭入选全国最美家庭。深入开展“厚道鲁商”倡树行动，华建铝业、鹤来生物被确定为全市“厚道鲁商”品牌形象榜上榜企业。结合美丽乡村建设，扎实推进星级文明户创评、善行义举四德榜提升、文明一条街建设、城乡环卫一体化、移风易俗等工作。全年评选出县镇村三级“星级文明户”2万余户，四德榜上榜率85%以上，乡村文明一条街实现全覆盖，文化墙绘制面积5万平方米。实施“百镇千村”建设示范工程，城关街道东朱封社区、辛寨镇大峪村被确定为第五批省级“乡村文明家园”建设示范村（居），五井镇花园河村被评为“全国文明村”。

【舆论引导】 组织县内媒体采取多种形式对县委、县政府中心工作进行全方位、多角度宣传，增强时效性和导向性。《潍坊日报·临朐新闻》出版150期，推出典型集体及个人60个（人），被评为山东省优秀县市报；县电台、电视台开辟新闻专题专栏20余期。对外组织重点宣传战役10余次，在市级以上主流媒体发稿3800多篇，《人民日报》《新华每日电讯》等实现突破。《大众日报》刊发头条稿件《以生态理念统揽发展全局—“两山”理论在临朐的实践》、《新华每日电讯》刊发《“认准一个理”，拼出好日子—临朐牛寨，穷山村踏上富裕路》重点稿件。坚持“党管媒体”原则，组织召开新媒体负责人座谈会、政务微信管理员工作会议，制定《全县新媒体管理制度（试行）》，登记备案微信公众号530余个，规范传播秩序。实施“特色微信公众号”品牌打造工程，以政务微信“临朐宣传”为依托，构建起由75个部门单位、镇（街、园、区）组成的微信矩阵，增强新媒体宣传聚合效应。政务微信“临朐宣传”入驻今日头条、澎湃问政两大客户端。坚持24小时值班制度，做好新闻监督预警和网络舆情监管，及时处置涉临舆情、管控各类政治类有害信息和网上特殊利益群体舆情调控管控，维护全县舆论安全。抓好网上舆论引导，开展网上正面宣传56次，发布引导信息4000余条。完善新闻通稿送审制度，确保县内新闻通稿及时高质刊播。

【"文化名市"建设】 制定"文化名市"建设五年规划、三年行动计划和2017年工作计划，县文化中心项目奠基开工，13处镇（街、园、区）建立县文化馆分馆，10个镇街图书馆建立县图书馆分馆，建成综合性文化服务中心339处、达标率97.13%，114个省定贫困村实现文化脱贫。新成立县京剧协会、县文艺志愿者协会，县级文艺协会达到14个。组织举办中国（临朐）沂山文化节，群众文化艺术节、庆祝临朐打赢脱贫攻坚战艺术名家作品展，中国文联、中国杂协送欢乐下基层走进临朐等大型文化活动150余场次，实施基层文化"四个一"工程，推动一镇一文化品牌建设，群众文化满意度不断提高。深入实施"十百千"文化人才培训工程，发挥"县文化艺术政府奖""临朐文化之星"激励作用，加强人才梯队建设，2人入选"齐鲁文化之星"。在市以上发表、入展、获奖作品400余件，其中雕塑《一带一路》获全国民间艺术最高奖"山花奖"，小戏《担当》获第八届全国小戏小品曲艺大展银奖。《东镇沂山传奇》进入后期制作阶段。创作推出歌曲《我和文明有个约》和临朐版《成都》MV、《少年中国梦》、《祖国强军我有责》、临朐版《红旗飘飘》MV、《沂山谣》等系列微视频、微电影，组织开展临朐民谣原创歌曲征集活动。加大非遗文化保护传承力度，做好镇村历史文化展示工程建设。沂山传说、太祖长拳、土陶制作技艺、海浮山庙会4个项目列入第五批市级非遗项目名录；淌水崖水库纪念馆、牛寨村史馆被确定为山东省首批历史文化展示"十百千"示范点。以"大项目建设突破年"为契机，抓好中华文化雕塑园、奇石市场二期、九山薰衣草旅游小镇等文化项目建设，实施"特色文化产品进景区"工程，产业发展活力不断增强。加强对外交流合作，培育新型文化业态，潍坊本土第一部院线电影《寻人"起"事》、院线电影《编外媳妇》在临朐县开机拍摄。（衣学强）

## 统一战线工作

【概况】 2017年，突出"学习培训年""工作落实年""创新发展年""基层基础年"工作特色，全面推进各领域统战工作创新发展。县委统战部被中央统战部授予"《中国统一战线》宣传工作先进单位"称号，被省委统战部授予"全省统战信息工作先进单位"称号，被潍坊市文明委授予"市级文明单位"称号。在全市统一战线科学发展考核中，取得优秀等次。

【教育培训】 先后组织党外代表人士赴复旦大学、西安交大举办培训主体班3次。将统战、民族宗教知识列入党校主体班次培训课程，为70余名县科级干部进修班学员作专题讲座。开通"临朐统战"微信公众号，编发信息60余条。向县级领导、部门主要负责人、全县统战干部，赠阅《画出最大的同心圆—习近平总书记在中央统战工作会议上重要讲话精神学习讲座》等书籍300余套。

【队伍建设】 调整完善600余人的党外代表人士数据库，征集临朐籍在外知名人士1688人信息。做好县工商联换届工作，对省市县人大代表、政协委员、工商联执委中非公经济人士319名进行综合评价。召开县委党外代表人士情况通报会，征求意见建议29条。

【服务经济社会发展】 做好"泛海助学山东行动"工作，资助贫困生118名、帮扶资金59万元。争取农工党山东省委支持，向县教育局及龙山小学捐赠物资95万元。抓好新生代创业者商会、窗博城商会等各类行业商会建设，成立上海临朐商会。推进招商引资工作，320余名临朐籍在外工商界人士回乡考察期间，达成合作项目11个，总投资28.6亿元。组织187名非公经济人士开展"终身式"帮扶农村老党员活动，捐款捐物20万元。组织97家会员企业与全县84个省定贫困村结成帮扶对子，帮扶资金820万元、提供就业岗位650个。

【统战工作】 制定出台《关于加强全县新的社会阶层人士统战工作的实施意见》，建立504名新阶层人士数据库。打造窗博城商会、外国语学校、新媒体从业人员联谊会等3处统战工作示范点。成立全市首家新媒体从业人员联谊会，开通“临朐新媒体”微信公众号，编辑出版《临朐新媒体》2期，组织开展创城志愿服务和采风活动10余次。

【规范化建设】 制定出台《关于加强基层统战工作规范化建设的实施意见》，召开全县基层统战规范化建设会议，各镇（街、园、区）及县直有关部门打造“一室一长廊+”品牌。调整充实县镇村三级民族宗教工作网络，民族宗教工作联络员达350人。与各宗教团体签订安全责任书，每季度对各宗教活动场所安全情况进行集中检查，将全县51处宗教活动场所、33名教职人员和2个宗教团体基础数据全部录入数据库。

（聂成涛　王丽丽）

## 全面深化改革工作

【健全完善改革推进机制】 强化领导责任，调整充实县委全面深化改革领导小组及九个专项小组组成人员，制定年度改革工作要点、改革工作台账和重点改革事项。召开领导小组会议5次，研究审议深化科技体制改革等改革方案11个，县级层面出台改革方案和实施意见53个。完善推进制度，推行“改革办+”工作机制，制定完善《提请改革领导小组会议审议的改革方案报审办法》《县委全面深化改革领导小组改革工作推进制度》等制度，建立三会联审制度，加大改革工作推进力度。加强督察调度，先后对供给侧结构性改革、全域旅游、农村产权制度改革等改革事项开展督察调度34次；配合上级督察组完成国有林场改革、公共法律服务体系建设、现代公共文化服务体系建设等专项督察10次。注重经验提炼，深入挖掘、推介各领域改革典型案例和经验做法，《新华社山东要情》刊发的《临朐为新媒体定规立矩强化“党管媒体”主导权》，得到省委书记刘家义批示，在全省进行宣传推广。柳山镇土地流转做法得到市委、市政府充分肯定。加大媒体宣传，在临朐电视台《新闻频道》开设“深化改革惠民生”专栏，播放民生领域改革成果7期，其中教育、创业就业、水价改革经验做法被潍坊电视台《新闻晚高峰》报道。

【统筹推进各领域年度改革任务】 经济体制改革领域，严格落实“五个一批”政策去产能，制定《临朐县2017年降低实体经济企业成本实施方案》。制定铝合金型材产业集群团体标准，成功申报国家级质量提升示范区。全县5个项目列入省“两化”深度融合重点规划项目，2家企业列为省“两化”融合贯标试点企业。申报高新技术企业17家，2家企业获得小微企业升高新技术企业省级财政补助，1人入选国家科技部人才推进计划“科技创新创业人才”。调整县级行政权力事项284项，编制303项公共服务指南。公布首批“零跑腿”“最多跑一次”事项204项，涉企证照事项实现“三十一证合一”。实施棚户区改造三年行动计划，签订搬迁补偿协议4876户。引进过亿元项目29个。现代农业综合改革领域，实施高效特色农业提升行动，获“中国大棚樱桃第一县”称号。全县土地流转新增2.06万亩，完成农村土地确权登记数据汇交并通过省级验收。新发展农民合作社143家、家庭农场63家，扶持新型经营主体20家。建成村级电商服务社80处。全县13家合作社参与信用业务互助试点。创建省级美丽乡村示范村4个、市级2个。全县1280户、2584名建档立卡贫困户全部脱贫。民主法制改革领域，出台《临朐县法治政府建设实施纲要（2016—2020年）》《临朐县2017年法治政府建设重点工作计划》《关于建立政府法律顾问制度的实施意见》，制定县人大常委会组成人员及“一府两院”领导人员分工联系人大代表的意见。推进“一网一微一平台”建设，建立“互联网+”代表工作系统。出台《关于加强和改进人民政协民主监督工作的实施意见》。落实城乡社区治理三年行动计划，做好村委会换届选举工作。研究制定群团改革“1+4”方案，稳步推进改革任务落实。文化体制改革领域，开展文艺演出200余场次；打造各具特色的文化活动品牌12项；挖掘整理非遗项目30余项；成立文艺表演团队50余个。在全县13处镇（街、园、区）建设文化馆分馆。建成大唐红丝砚博物馆和临朐宸恩玉石博物馆。开展微信公众账号备案登记工作，完善突发公共事件新闻发布制度，搭建“新闻媒体—新闻中心—镇（街、园、区）、单位”信息沟通平台。司法和社会治理体制改革领域，深入推进家事、金融专业审判改革，县法院被省高级人民法院列入家事改革试点法院。深入推进综合行政执法体制改革，全县350名警务助理和法律顾问全部配备到位。信访事项代理工作全面铺开，失信被执行人信用监督、警示、惩戒机制初步建立。县、镇、村三级综治中心建设顺利。成功创建首批国家食品安全示范城市。社会事业体制改革领域，积极破解中小学“大班额”，新增依法自主办学试点学校8处。深化中小学教师队伍县管校聘改革，推进国家职教试验区建设，县职业教育中心学校争创为省第二批中职示范校建设单位。完善“鸢都创业证”制度，新建县级创业孵化载体4家，发放“双创补贴”13.5万元。深化全民参保登记工作，总入库人员89.03万人。开展医保支付方式改革，住院医疗费用、门诊特殊慢性病医疗费用纳入医疗费用总量控制。深入推进国家养老服务业综合改革试点，完成县社会福利服务中心公建民营。生态文明体制改革领域，全面深化“三八六”环保行动，大力实施“十大工程”。建成来驾共享自助用车项目。完成县、镇、村三级河长制组织体系建设。组建县文化旅游有限公司，重点打造沂山风景区、嵩山生态旅游区、冶源镇等6个全域旅游示范镇。突出抓好“三山两园一谷”开发建设，规划建设环西南部乡村旅游专线。完成沂山、嵩山、九山、丹崮四处国有林场改革。党的建设制度改革领域，严格履行干部选拔任用工作程序，研发“领导干部实绩综合评价系统”。基层党建重点突破项目获省委组织部肯定并推广。创建“过硬支部”114个。开发“临朐e支部”掌上党建平台，建成县、镇、村三级基层管理服务可视系统。成立北京、上海、广州人才工作站，新增科技部创新人才推进计划人选1人，泰山产业领军人才1人，柔性引进高层次人才70人。成立人才发展服务中心，设立规模1亿元人才产业发展基金。纪律检查体制改革领域，严格落实“一案双查”制度，科学运用监督执纪“四种形态”，深化三个“1+1”纪律审查工作机制。建立健全巡察工作领导体制和工作机制，组建巡察工作组长库、人才库，选优配齐巡察工作力量，完成3轮巡察工作。巩固和持续深化“三转”成果，对全县13处镇（街、园、区）纪（工）委“四种形态”案件质量进行交叉检查。

【国家和省改革试点工作规范高效】 全县承担国家主体功能区试点示范县建设和国家智慧城市建设2项国家级试点，农业水价综合改革、农民专业合作社信用互助业务、省级旅游综合改革和深化现代预算管理制度改革4项省级试点。其中，国家智慧城市建设，已启动城区无线城市暨主要道路路灯智能化改造项目，智慧园区云服务平台项目扎实推进，搭建起高安全性的内网并通过专家验收。深化现代预算管理制度改革，在全市率先建立分类分级明确的预决算公开统一平台，依法全面公开县乡两级政府预算，实现县镇两级财政预决算公开全覆盖，获“山东省现代预算管理改革试点工作先进县”和“全国财政管理工作先进县”称号。农业水价综合改革，实施农业水价综合改革面积6.86万亩，建立起合理反映农业供水成本、有利于节水和农田水利工程良性运行的农业水价形成机制。

（张　学）

## 巡察工作

【概况】 根据中央和省、市委要求，县委出台《关于建立县委巡察制度的实施意见》，建立县委巡察制度和巡察工作体制机制，成立县委巡察工作领导小组，设立县委巡察工作领导小组办公室（以下简称县委巡察办），组建县委巡察组5个。全年共完成2轮17个党组织的常规巡察和1轮55个党组织的巡察督导。巡察期间受理来信来电来访145次，进行个别谈话1429人次，查阅各类资料17080件，发现重点问题570个，问题线索190个。给予党纪处分17人，移送司法机关4人，运用“第一种形态”处理125人次。

【组织机构建设】 成立由县委常委、纪委书记任组长，县委常委、组织部部长任副组长，县纪委、县委组织部有关负责人和县委巡察办主任为成员的县委巡察工作领导小组，组织实施全县巡察工作；县委巡察办为县委工作部门，设在县纪委，设主任1名、副主任1名、工作人员2名；组建5个巡察组，各设组长1名、副组长1名、工作人员2名；从纪检监察、组织、政法、财政、审计、编制、人社等相关部门和各镇（街、园、区）选调部分干部，组建由26人组成的组长库和82人组成的人才库。

【机制体制建设】　建立县委常委会议定期研究巡察工作、县委书记专题会议和县委巡察工作领导小组会议听取巡察情况汇报的领导机制。2017年，县委常委会议专题研究巡察工作6次，县委书记专题会议听取巡察情况综合汇报3次，县委巡察工作领导小组听取巡察工作情况汇报6次，制定规范巡察工作的机制制度文件11件。建立巡察机构与有关部门（单位）工作协作机制，下发《关于建立县委巡察工作协作配合机制的意见》，县纪检监察、组织、政法、信访、审计等有关部门（单位）积极支持和配合巡察工作，每轮巡察入驻前，及时为巡察工作开展提供信息、人员、专业和技术支持。建立巡察发现问题线索分类处置机制。对党员干部涉嫌违纪的问题线索和作风方面的突出问题，移交纪检监察机关；对执行民主集中制、干部选拔任用以及领导干部个人有关事项报告方面存在的问题，移交组织部门；其他问题移交相关部门和被巡察党组织进行处理。

【巡察开展情况】　年内分别对各镇（街、园、区）和县经济和信息化局、招商局、市场监督管理局、住房和城乡建设局等17个党组织进行常规巡察（其中，对寺头镇、山旺镇的巡察为市县联合巡察），对55个党组织推进落实市、县党代会精神和县委“一二五六”思路举措情况进行巡察督导。十四届县委第一轮巡察动员部署会议，市人大常委会副主任、县委书记顾建华作动员讲话，全县各级党组织书记、县纪委派驻纪检组书记、县委巡察机构全体人员参加会议。其他轮次的动员会议，县委巡察工作领导小组成员出席，领导小组组长作动员讲话；领导小组成员出席每轮的巡察入驻动员会议和巡察情况反馈会议，对支持配合巡察组开展工作、严格落实整改责任抓好问题整改等方面提出明确要求，确保巡察工作的顺利开展。举办全县巡察干部能力提升培训班，组织巡察干部到市委党校参加全市巡察干部培训和外出参观学习等，培植巡察干部的政治素养、业务能力、保密意识，提高巡察干部的实战能力。县委巡察组以习近平总书记系列重要讲话精神为镜子，以“四个意识”为标杆，以党章党规党纪为尺子，灵活运用听取汇报、个别谈话、受理信访、明察暗访、问卷调查、专项调研、实地查看等方式，着力发现党的领导弱化、党的建设缺失、全面从严治党不力等方面的问题，党的观念淡漠、组织涣散、纪律松弛，管党治党宽松软等突出问题。对涉及项目招投标、行业扶贫项目等存在较大廉政风险的重点领域和关键岗位，采取“下沉一级”方式，开展延伸巡察或深入了解，着力发现和推动查处群众身边的不正之风和腐败问题。对明显违反规定并且能够及时得到解决的问题，向被巡察党组织提出处理建议，督促其边巡边改，全年共向被巡察党组织提出边巡边改问题41个，全部完成整改。巡察中发现的主要问题，原汁原味地向被巡察党组织进行反馈，并对整改落实情况进行督查调度。全年共向被巡察党组织反馈问题286个，提出整改建议79条，督促建立、完善制度41项。移交县纪委的问题线索，立案处理23起，给予党纪处分21人。针对巡察中发现的共性和倾向性问题，向县委提交专题报告1份，为县委决策部署提供参考。

（王　波）

## 机构编制工作

【荣誉】　2017年，县编办被省编办评为“2017年《机构与行政》宣传工作先进单位”，获“潍坊市机构编制系统第五届岗位练兵活动单位三等奖”。

【行政审批制度改革】　先后3次对县级行政权力清单进行调整，共调整行政权力事项409项，其中取消124项、承接69项、新增130项、整合24项、调整62项。组织13处镇（街、园、区）对镇、社区行使的公共服务事项进行全面梳理，编制公开镇村公共服务清单，全县89个社区共梳理7100项公共服务事项，对申请提供的公共服务事项，逐项编制服务指南。组织县公安、财政、公路、交通等4个试点部门，对需要当事人提供证明、盖章类材料的事项进行梳理，共清理规范证明盖章类材料17项、办事环节21个。组织开展清理规范行政审批中介服务收费项目阶段性“回头看”，对省级要求清理规范的12项中介服务收费项目逐项进行清理规范。开展县级行政审批中介服务试点，经对21个县直部门、单位梳理上报的140项中介服务事项进行认真汇总、比对，保留县级行政审批中介服务事项87项，并按时上报。联合县职能办、县政务服务办完成县镇村三级公共服务事项录入工作。编制公开第一批“零跑腿”和“只跑一次”事项目录。其中“零跑腿”事项目录纳入教育、民政、地税等10个县直部门（单位）政务服务事项21项，“只跑一次”事项目录纳入发改、经信、人社等35个县直部门（单位）政务服务事项183项。

【行政执法体制改革】 会同县人社、财政等部门，拟订调研摸底提纲，对改革涉及单位的执法现状进行调研摸底。建立综合行政执法体制改革工作部门联席会议制度，设立组织编制人事工作组、财务资产文档工作组。10月25日，县委、县政府出台《关于推进综合行政执法体制改革的实施意见》，组建临朐县综合行政执法局，将17个领域的全部或部分行政处罚权纳入综合执法范围。对未纳入综合执法范围且设有执法队伍的，将其相关执法职责进行整合，实行部门领域内一支队伍执法；对未单设执法队伍的，将执法职责集中到一个内设机构或所属机构行使。改革后，全县执法队伍数量由原来的14支减为8支。

【事业单位改革】 部署推进2017年度分类推进事业单位改革重点任务，配合县财政局推动从事生产经营活动事业单位改革，对县经济开发投资公司、县经委职工保健站等8家从事生产经营活动的事业单位，实行扎口管理，人员只出不进。推进公益三类事业单位改革，撤销县房产交易中心，取消县殡葬管理所副科级行政级别，对公立医院备案制人员招聘计划进行备案，共备案195名，实际招聘81名。

【机构编制管理】 先后到县中小企业办、县地震局等单位调研，了解人员结构状况，分析造成满（超）编缺人原因。对因人员结构老化、干部政策调整等原因，造成满编缺人、影响工作开展的部分事业单位，调剂核定17名临时周转编制，满足补充工作人员的需要。为县纪委机关、县殡葬管理所核定政府购买服务岗位23名。全年共调整92个部门单位机构编制事项，其中，新设立事业单位6个、撤销13个，对11个单位机构规格进行调整，为县委宣传部、县政府办等部门所属部分事业单位核增编制85名。会同县人社局、财政局等部门对“四部门共享平台”机构和人员信息数据进行对比，及时解决存在问题。为县竞技体育学校、县特殊教育中心学校、县疾病预防控制中心重新核定编制210名。全年共召开编委会议4次，审议机构编制议题44项。为县委办、县委统战部等13个单位竞争上岗核定中层领导职数。批准教育、卫生、安置大学生村官等事业单位用编进人计划345名，行政及参公事业单位用编进人计划100名，实际招考公务员及参公人员100人、事业编制人员305人。

【事业单位监督管理】 对参与2016年度考核的357家事业单位，确定A级单位56个、B级单位272个、C级单位1个、不定等次28个。制定印发《2017年度县直事业单位绩效考核实施方案》《提报业务工作目标的通知》，组织召开2017年事业单位绩效考核工作部署会议。对应公开的278个事业单位进行年度报告公示，公示率达100%。落实事业单位法人日常设立、变更、注销登记工作。为县城市经济调查队、辛寨镇中心幼儿园等15家单位办理设立登记，为县财政监督处、县老年大学等145家单位办理变更登记，为县物价局、县房产交易中心等5家单位办理注销登记。精心梳理327个事业单位2000多个证书登载事项，在审查比对的基础上，列出“规范清单”，逐一进行规范。全县共评出“五星级信用单位”172个、“四星级信用单位”136个、“三星级信用单位”1个、否星级单位6个，因其他原因暂不参评的单位1个，评出“诚实守信明星单位”18个。将评定结果纳入全县社会信用体系建设“红黑名单”管理。对教育、卫生等8个部门所属事业单位，组织开展业务范围清单化管理试点，印发试点单位业务清单。在县人民医院、县中医院组织召开首届理事会成立大会，按规定公布（聘任）理事长、院长、副院长，设置执行理事和外部理事，成立监事会。按照2%的比例，抽取县委群众工作委员会办公室、县档案馆等17家事业单位，开展“双随机、一公开”抽查工作，其中14家单位对检查出的问题全部进行整改。

【机构编制监督检查】 对县政府办、县公安局、县商务局等5个部门机构编制进行评估，针对评估中发现的问题，认真梳理，建立台账，提出整改意见，督促抓好整改落实。会同县审计部门组成审计小组，集中对40个县直部门（单位）、镇（街、园、区）党政主要负责人进行离任、任中机构编制管理和执行情况审计。根据中央和省、市编办有关通知精神，认真梳理机构编制存在的问题，细化整改措施，建立整改台账。对县委第一轮巡察发现的擅自设立中层机构等有关问题，经组织调查、核实，对擅自设立的中层机构予以撤销。抽取24个部门单位，采取逐一上门服务方式开展督查调研，共梳理撤并单位、科室更名、编制调整等问题9个，逐个研究论证，提出解决措施。

（吕学伦　林春生）

## 县直机关党建工作

【基层组织建设】 落实《全县基层服务型党组织建设三年行动计划》，在所属党组织扎实开展基层党建重点督查任务整顿提升活动，对工作力量配备、党建工作计划、活动场所建设、党员教育管理、“两学一做”学习教育、党务政务公开等内容进行督查规范。制定印发《机关事业单位党建工作百分制考核标准》《非公经济组织、社会组织党建工作百分制考核标准》，从党组织班子建设、党员教育管理等方面，对基层党组织和党员队伍建设进行细化量化。县级干部调整后，及时调整充实党组织领导班子，指导1个机关党委、6个党总支、9个党支部及时补选支部班子成员，充实党组织班子，理顺工作关系，基层党组织和班子健全率达到100%。成立专项筹备工作领导小组，召开党代表换届选举工作动员会，制定选举工作方案、工作流程、注意事项及相应表格等，下发到各党组织，选举产生县党代表54名。5月，分三批召开“过硬支部”建设推进会。6月，按照“四个过硬”标准，通过党支部书记述职、民主测评、查阅有关资料等方式，对23个自荐“过硬支部”进行复核。9月，协助县委组织部对推荐的“过硬支部”进行验收。

【党员教育培训】 4月，在县委党校举办党员集中培训班，分4期对所属党组织1000余名科级以下党员进行轮训。引导机关党员做“讲政治、有信念，讲规矩、有纪律，讲道德、有品行，讲奉献、有作为”合格党员。5月10日—11日，在县委党校举办县直机关党务干部培训班，县直各党（工）委副书记和1名党务工作人员共106人参加培训。在集中学习阶段，系统学习中共十八届六中全会、市县党代会精神和机关党建工作基本规范。现场教学阶段，赴即墨市、高密市学习机关党建先进经验和做法。7月12日，在县委党校举办县直入党积极分子培训班，所属党组织和指导党委的125名入党积极分子参加培训。按照“两推一公示”和“六全程”制度要求，严格落实“谁发展、谁负责”责任追究办法，做好入党积极分子推荐、发展对象确定、政审、预备党员接收、转正等工作。派专人列席有关党支部党员大会，确保新发展党员质量，全年共发展党员18名。

【主题实践活动】 组织党员干部开展“春节基层见闻”征文比赛，共评选出优秀作品50篇。4月23日，机关工委与潍坊日报社临朐分社启动“做合格党员、当沂山先锋”主题读书征文活动，指定“两学一做”学习教育相关书目、国际共运史、中共党史、马克思主义哲学、政治经济学、先辈先烈事迹等书目为读书范围，活动共收到征文56篇，评选出一等奖1篇、二等奖2篇、三等奖3篇。在县直机关党组织和广大党员中开展选树学习“两学一做走在前，为民服务做表率”典型活动，在县广播电视台开设专题宣传，县委办党总支、县旅游局党支部在县电视台“榜样”栏目进行宣传推广。在《潍坊日报·临朐新闻》开辟“机关党建走在前，为民服务做表率”专栏。宣传各级党组织贯彻落实中央和省、市、县党建工作和业务工作先进经验，共出专栏23期。举办以“机关党建走在前，为民服务做表率”为主题的“庆祝建党96周年县直机关党建工作纪实展”，从所属51个机关事业党组织、17个指导党委中，选取38个党组织在县委机关大门北侧进行宣传。以“作风建设年”活动为契机，在县文化公园、龙韵文化艺术城、县广播影视中心演播大厅，牵头举办临朐县“颂歌献给党，喜迎十九大”主题文艺晚会3场，举办党群系统“中国梦·党在心中”百姓宣讲比赛，推荐选手在全县比赛中获第1名。

【荣誉】 2017年，县直机关工委被省直机关工委授予“机关党建宣传报道工作先进单位”称号，被市委、市政府授予“先进基层党组织”“文明单位”等称号。

（聂芳坤　蔺园园）

## 档案工作

【概况】 2017年，县档案馆（局）有库房面积600平方米，库房内安装密集架200立方米，配空调、除湿机、吸尘器各5台，臭氧杀菌机3台、灭火器24台、温湿度自记仪3台及烟雾报警器等设备。截至2017年底，馆藏档案181个全宗，119494卷（件），排架长度1391米，资料13218册；存录音录像带1137盘、照片3189张。被省档案局评为“全省档案宣传工作先进集体”“全省档案工作科学化管理先进单位”。

【档案安全】 修订完善《档案安全保管和保密工作责任制》《消防安全管理制度》等档案安全管理制度，完善档案保管、档案利用、政府公开信息查阅等工作程序，双人进库房制度形成长效机制。投资5万余元，增购24台灭火器、2台空调，新购档案库房烟雾报警系统，检修线路、维修楼顶，三楼库房安装防爆灯。

【档案资源建设】 全年共接收9个拆迁指挥部文书档案112卷，业务档案4901卷，书画艺术档案171幅。征集重大活动、重大事件和非物质文化遗产档案照片15张、电子照片922GB、视频958GB、光盘1张。征集家谱、村志、部门志等史料92册。联合县委办公室、县政府办公室出台《关于收集临朐县棚户区改造声像档案及妥善保管有关档案资料和实物的通知》，县棚户区改造办公室成立宣传档案组，抽调专人负责棚改前声像档案资料征集工作。同县广播影视中心、县报社建立联系人制度，对重大活动、重要领导资料建立数据库，定期开展上门征集活动。

【数字化建设】 全年接收县直单位、镇（街、园、区）等现行公开文件90份，完成数字档案异地备份工作，在泰安容灾备份中心备份馆藏178个全宗、总容量4TB的电子数据。全年共接待利用者628人次，提供档案资料5335余卷（件），出具档案证明722份。

【规范化建设】 利用3个月时间，采取会议培训、人员包靠、现场帮教等方式，将120个县直部门、企事业单位和13处镇（街、园、区）2016年度文件25930件整理归档。对不动产登记中心、县供电公司2个省级示范单位和7个省级合格单位进行测评验收。会同县扶贫办出台《临朐县精准扶贫档案管理实施细则》，将13处镇（街、园、区）2016年以前精准扶贫档案整理归档。对社会保险、低保、精准扶贫、学生成长、退休职工、下岗失业职工档案托管等民生档案进行完善。组织县直机关、企业、学校等系统的8个单位举办档案法律知识和档案业务培训。梳理完成行政审批中介服务工作，完成政务服务中心综合岗位值班任务。制订出台《临朐县档案馆行政执法公示实施办法》《临朐县档案馆行政执法全过程记录实施办法》《临朐县档案馆重大行政执法决定法制审核实施细则》《临朐县档案馆行政执法三项制度工作汇编》等基础性文件。

【文化建设】 《临朐县大事记》档案编研形成长效

机制，县委办公室、县政府办公室下发《临朐县大事记》条目编写报送工作通知，修订完善大事记收集、报送和发放范围，全年编辑《临朐县大事记》12 期、468 条、6.8 万余字，并在县政府网站及时发布。在县级以上报刊、杂志、新闻媒体、网站等发表报道182篇。在“国际档案日”宣传周（6月9日—6月16日）期间，制定宣传活动计划，征订、张贴“档案—我们共同的记忆”宣传挂图，组织200余名基层文档人员和群众参观县档案馆（局），感受档案文化。全县有 8 人申报初中高级档案专业技术职称，其中 2 人取得副研究馆员资格，3 人取得馆员资格，1 人取得助理馆员资格。

【档案业务拓展】 在中共十九大召开前期，举办“记忆临朐·见证发展”图片展板 35 块、417 张新老照片，涵盖工业、农业、商业、交通、旅游、文化、教育、城市建设、脱贫攻坚等 17 项。联合县委组织部、县广播影视中心等单位开展“红色记忆口述档案”征集，完成采访 4 人，在临朐电视台、临朐 e 支部、智慧临朐微信公众号等媒体和网络平台播放 2 期，并在县党性教育基地、青少年爱国主义教育基地等场所点播播放。按采访对象制作电子档案，上挂馆藏系统，形成特色馆藏。

【新档案馆建设】 争取省档案局、省财政厅无偿资金 500 万，在县文化中心新建档案馆，10 月 28 日建设项目开工奠基，总建筑面积 9043.51 平方米，内部功能布局、房间配置等符合国家、省档案馆建设标准要求。（井　波　郭中慧）

## 信访工作

【信访事项办理】 实行初信、初访首办责任制和“三见面”制度，在每起信访事项到期前 15 日和前 5 日分别进行提醒督办，严防信访事项办理超期现象发生。2017 年，共受理信访事项 3172 件次，信访部门、责任单位及时受理率和按期办结率均为 100%。探索推行网上信访代理和“凡不听证”制度，提升一次性结服率和群众满意率。全年共对 390 起作出否定性答复、对群众可能不满意案件实施公开听证，听证率达 93.75%；有 684 件信访事项纳入群众满意度评价范围，对信访部门和责任单位满意率均达 96% 以上。

【网上信访】 推进“阳光信访”建设，深化信访信息系统的应用，引导群众多上网、少走访。全年共受理网上信访事项 1515 件次，占信访总量的 48%。

【集体访处置】 把集体上访作为日常接待上访、处理上访首要工作任务，准确把握集体上访人员心理特点，会同责任单位认真做好处置工作。全年共稳妥处置集体上访 147 起、2369 人次。

【矛盾排查】 做好信访隐患和矛盾纠纷排查化解工作。立足“早发现、早处置、早稳控”，健全完善排查化解机制，采取条块结合、定期与不定期结合、常规排查与重点时期排查相结合等方式，不间断对信访隐患和矛盾纠纷进行排查。全年共组织集中排查 4 次，发现并处置不稳定因素 445 起、932 人次。

【积案化解】 确定2017年为“信访积案攻坚化解年”，制定出台《关于开展信访积案集中攻坚化解活动的实施方案》《“千名干部下基层”化解信访积案和矛盾纠纷暨整治软弱涣散村活动的实施方案》，筛选确定 58 件积案，落实县级领导包靠措施，全力攻坚化解。县委、县政府主要领导带头包靠最疑难案件，建立每月调度制度，定期对积案化解进展情况进行调度督办，先后召开调度督办会 6 次。截至 9 月底，市、县两级交办积案全部化解处结。2017 年，共有 48 起沉积两年以上案件实现彻底化解，比 2016 年多化解 24 起，全县进京访总量下降 60% 以上。

【信访法治化】 严格执行诉访分离制度，对涉法涉诉信访事项引导群众通过法定途径反映解决，全年共向各政法机关转送涉法涉诉信访事项 160 件次。把法制宣传教育作为信访接待特别是集体访接待必备程序，加大对《信访条例》《关于进一步规范信访事项受理办理程序引导来访人依法逐级走访的办法》等信访法规、文件宣传力度，引导群众理性表达诉求。协助公安机关加大非正常上访治理力度，强化群众“非正常上访不是访”意识。全年对非正常上访人员实施训诫30人次、行政拘留8人次。

【信访值班】 组织各镇（街、园、区）、县直有关部门做好驻京日常值班和重点时期值班工作。2017年，非正常上访登记12人次，比2016年下降20%。党的十九次全国代表大会安保维稳期间，全县未出现被上级关注的信访问题，实现进京访零发生目标。县信访局被市委、市政府授予“潍坊市中共十九大安保维稳工作先进集体（记集体三等功）”称号。

（冯长国　王玉太）

## 党史工作

【概况】 2017年，在《潍坊日报·临朐新闻》连载文章“七一前夕话党史”，编撰上报《“执政山东·书记口述史料”系列丛书—中共潍坊市临朐县委员会》，编撰《临朐县县级领导干部名录（征求意见稿）》，启动《临朐县改革开放实录（选题）》征编工作，编印《临朐县改革开放选题辑录》2000余册，做好《中共潍坊年鉴》（2017卷）供稿工作。对县委诞生地旧址进行规范改造提升，被命名为“潍坊市爱国主义教育基地和党史教育基地”。

【改革开放选题辑录】 出版《临朐县改革开放选题辑录》，该书以改革开放以来临朐历史发展为主线，反映县委、县政府贯彻执行党的路线方针政策，反映

★《临朐县改革开放选题辑录》《临朐县县级领导干部名录》

（供稿：尹继秀　田艳丽）

各部门在推进改革开放过程中一系列富有特色的重要举措和成就，从不同侧面为党委和政府决策提供参考。

【编纂史料】 按照省委部署，收录社会主义建设时期县委书记有关讲话资料、图片等；编纂《执政山东·书记口述史料》系列丛书及《临朐县县级领导干部名录（征求意见稿）》。

（尹继秀　田艳丽）

## 对台工作

【对台经贸】 宋香园二期项目增加投资4000万元人民币，完成流转土地2600亩；薰衣草育苗100万株，新栽植薰衣草1200亩；悬崖餐厅主体工程建成并投入使用；铺设木栈道700平方米，自行车护栏600米，完成步云台观景平台建设；建成台湾商品、小吃一条街，景区道路、南大门、停车场、薰衣草加工体验销售区完成规划设计，举办第一届宋香园生态世界摄影大赛启动暨山东旅游摄影协会创作基地揭牌仪式。位于柳山镇魏家村的潍坊幸福村农业创意园占地1500亩，打造集吃、住、行、游、购、娱为一体的大型休闲农业，一期投资1.1亿元，年内完成投资2900万元。位于冶源镇的台美食品有限公司的果品深加工项目，总投资400万美元，年内到位资金200万美元，项目建成投产。台商曹淑官出资建设的纳米氢燃斯气设备制造项目，总投资200万美元，生产设备已到位。

【对台交往交流】 2017年，为12人办理赴台手续，加深临台经济、文化合作。6月20日，“台北书法·临朐石刻拓片联展”在县博物馆展出，此次联展共展出台北市书法家协会艺术家书法精品52幅，临朐历代石刻拓片精品30件。及时将涉台稳定的指示精神传达和贯彻落实到位，不定期开展监督检查。2017年未发生涉台突发事件。

【对台宣传和涉台教育】 开展全社会涉台宣传教育。全年举办培训班、座谈会、讲座等7期，推进涉台知识进机关、进学校、进社区。其中，在东城双语学校举办涉台知识讲座2次，参与师生300余人。邀请省

台办宣传处、鲁网等领导专家及新闻媒体到临朐采风，宣传临朐对台工作。在华夏经纬网、中国台湾网等国家级媒体发表稿件 5 篇，市级以上新闻媒体发表稿件 10 篇。

【筹备参加鲁台会】 筹备参加第 23 届鲁台经贸洽谈会，共邀请客商 40 人，分 4 批次到临朐考察，其中参会客商 30 人。根据潍坊市筹委会安排，临朐县共承担接待 4 个到临台商团组。共签约项目 2 个，签约台资额 2975 万美元，洽谈项目 1 个。台湾特色农业创意园项目，总投资 1775 万美元，项目开工建设；台美食品加工项目，总投资 1200 万美元，主要从事果品、蔬菜制品深加工；台湾休闲农庄生态园项目，一期占地 450 亩，意向投资达成。

【荣誉】 2017 年，县委台办被市委台办授予“潍坊市台办系统先进单位”称号。 （王爱荣　刘明花）

## 党校工作

【干部培训】 把党的理论教育和党性教育放在首位，主体班次党的理论教育和党性教育课时达到总课时的 70% 以上，其他班次设置专门“党性教育单元”。充实师资库，聘请国家及省市县多层次的专家教授、领导授课，领导干部授课占总课时的 20% 以上。2017 年，举办全县科级干部进修班 4 期、培训科级干部 307 人。举办全县青年干部培训班 2 期、培训青年干部 76 人。举办中共十九大精神专题培训班 18 期、培训党员干部 8800 人。在潍坊市委党校举办农村干部、农村党组织书记和“两代表一委员”培训班 3 期、培训学员 1368 人。被评为“市级先进党校”。

【科研调研】 组织教师对中共十八届六中全会及中共十九大精神专题研究，申报省委党校专项课题 12 项。组织教师撰写《深入学习贯彻“四种精神”争做转型发展的排头兵》，在《潍坊日报·临朐新闻》上刊发。与有关部门单位横向联合，结合全县重点工作深入开展调研。全年完成省市立项调研课题 11 项，在各类报

★ 2017 年 9 月 19 日，县委常委、组织部部长桑海强为 2017 年第一期全县青年干部培训班学员授课
（供稿：张广远　徐文强）

刊和党政通讯信息上发表调研文章、论文和信息等 50 余篇，其中获市党校系统优秀社科成果奖二等奖 1 项、三等奖 3 项，获市社科联优秀社科成果奖三等奖 1 项。

【理论宣讲】 组织党校教师开展“两学一做”学习教育、中共十八届六中全会精神和中共十九大精神宣讲 132 场次，受众达 2 万余人次。

【基层党员大培训】 出台《临朐县党员进县级以上党校培训三年计划》《2017 年度全县党员进县委党校培训计划》。创新基层党员全覆盖培训，对农村（社区）党组织书记和农村（社区）其他“两委”党员干部、农村（社区）一般党员、机关事业单位党员、企业和“两新”组织党员、科级党员领导干部等进行分类培训。探索流动党员培训机制，举办在京流动党员培训班。全年举办基层党员进县级以上党校培训班 46 期、培训党员 16551 人。 （张广远　徐文强）

## 老干部工作

【落实政治待遇】 落实离退休干部阅读文件、理论学习、参加重大活动、重要会议通报情况、组织参观考察、走访慰问等制度规定。春节前夕，组织各单位对离退休干部开展走访慰问活动。县级领导对部分老干部和县级离退休干部进行重点走访。2 月 5 日，组织全县老干部春节座谈会，向老干部通报全县经济社会发展情况，征求他们对全县工作的意见建议。6 月

26日，组织县级离退休干部视察全县重点工作推进情况，到聊城孔繁森纪念馆等学习考察。从县人大、县政协离退休的副县级以上老干部应邀出席县“两会”。

【生活待遇】　完善离休干部“三个机制”，及时解决事关老干部切身利益的问题。7月，与市委老干部局对5名异地安置的离休干部进行走访慰问。联合县财政局、卫计局等六部门出台《关于进一步规范离退休干部开展活动的通知》，对老干部开展活动、福利发放、工作经费、政治生活等方面作出明确规定。为全县960多名离休干部和副科级以上退休干部发放查体卡，组织45名县级老干部进行健康查体，老干部查体制度形成长效机制。

【管理服务】　建立干部职工全员联系离退休干部制度，县老干局工作人员每月上门走访老干部1次，了解老干部生活情况和实际困难，帮他们排忧解难。推行老干部服务联系卡制度，全年解答咨询26件次。重视和妥善处理老干部诉求，建立涵盖全县离退休干部的诉求台账，定期开展诉求排查，对老干部反映的问题，建立台账、动态管理，处结率达到100%，老干部满意率100%。

【思想政治建设】　以党支部日常学习为主，以集中培训、理论研讨、座谈交流为辅，突出习近平新时代中国特色社会主义思想、中共十九大精神和省市县党代会精神的学习，强化老干部“四个意识”。利用内部刊物、微信群等实现学习多元化。结合老干部群体特点，印制明白纸、宣传册等资料对政策理论进行解读，确保老干部吃透吃准文件精神。创办老干部《阳光学报》，全年印发8期、2.4万份。制定离退休干部党员《“十要十不要”行为规范》，从理想信念、学习教育、遵规守矩、家风家教等10个方面树立标杆、划出红线，全县离退休干部党员无违纪违法问题发生。中共十九大召开后，第一时间组织老干部跟进学习，在县委党校和县老干部党校举办十九大精神培训班，对离退休干部党支部书记、社团负责人和党支部委员、党员代表、老年大学学员等不同老干部群体分别进行培训。

【离退休干部党建工作】　完善离退休干部党建工作机制。明确离退休干部党工委工作职责，设立专职副书记，落实专兼职人员，实现实体化运行。在全市率先启动离退休干部党组织经费保障机制，全年发放工作经费和补贴23.7万元。开展“过硬离退休干部党支部”“阳光班级”“阳光老干部”评选活动，规范党支部学习活动；按照“一切工作到支部”要求，扩大党建覆盖，在钓鱼协会、门球协会新建党支部。搞好网上党建工作创新，县委老干部局被市委老干部局确定为全市离退休干部党建研究中心分中心。联合县委组织部出台意见，开展在离退休干部中发展党员工作，确定入党积极分子12名。创新采用“双述双评”模式，开展离退休干部党建述职，在全市离退休干部党工委书记履职述职中，获第三名。

【文化养老】　发挥县老年大学、老干部活动中心作为老有所学、老有所教、老有所乐主阵地作用，强化阵地建设和管理。投资3万余元购置多媒体教学设备1套，改善书画、摄影专业上课环境；开设音乐素养、形体课，新增学员120人；实行系主任负责制，落实《班级日志》制度，督促各班做好日常记录，辅助教学作用得到发挥；组织开展“喜迎十九大，畅想新生活”系列活动。

【社团建设】　县老干部门球协会、钓鱼协会分别组建党支部，选出思想素质好、工作能力强、服务热情高、专业素养过硬的支部班子，老干部文体活动更加规范有序。依托县老干部活动中心，成立临朐映山红老干部志愿服务指导中心，全县老干部志愿服务队伍达到58支、会员640余名。12月28日，举行指导中心成立仪式，为13支老干部志愿服务队伍集中授旗。

【活动开展】　围绕庆“五一”“七一”“十一”等重要时间节点和庆祝中共十九大召开等主题，组织老干部门开展球比赛、钓鱼比赛、书画展、歌舞会演等活动10余期。县老干部书画研究会举办“党在我心中—庆祝中共十九大书画展”，展出会员书画作品326幅。县老年大学艺术团举办“颂歌献给党·喜迎十九大”

文艺演出，组织老干部参加全市庆祝建党96周年离退休干部汇报演出、临朐县2018年春节联欢晚会等大型演出活动2期。

【发挥正能量】 围绕县委“大项目建设突破年”活动，在全县老干部中开展“我为突破龙山献一策”“我眼中的大项目建设”大讨论，为全县经济社会发展献计出力。在全县离退休干部中开展“畅谈十八大以来变化、展望十九大胜利召开”“夸夸我家这五年”“展老干部风采、促正能量发挥”主题活动，深化“纵比知足、横比知福”大讨论，推进正能量活动向镇（街、园、区）及社区延伸。组织老干部志愿者开展“迎春送福送春联”活动，为群众书写春联和“福”字600余幅。

【关心下一代工作】 县关工委联合县新华书店投资80万元，为全县10处镇街捐建35个留守儿童关爱室。县“五老”关爱宣讲团成员到全县16处中小学作“爱我家乡，是我责任”主题辅导报告，2万余名学生接受教育。举办第七届“情系临朐·爱心助学”百亮眼镜捐赠活动，为柳山镇辛山小学生捐赠价值10万元的眼镜；开展“快乐六一 助力成长”关爱行动，为沂山风景区中心幼儿园、蒋峪镇刘家营小学赠送价值1万元节日礼物。 （张永信 张玉政）

## 农工办工作

【概况】 2017年，县委农工办以深入推进农业供给侧结构性改革为主线，积极转方式、调结构，加快构建现代农业发展体系；着力推进美丽乡村建设，不断提升农民生活品质，促进城乡统筹发展，全县“三农”工作取得新成就。“美丽乡村标准化提升工程”被市直机关工委评为“2017年度县（市、区）直机关优质服务项目”。

【“三农”工作】 着力加快农业发展方式转变，年内全县特色优势产业规模进一步壮大，农业经营主体数量迅猛增长，现代农业示范基地、休闲旅游基地建设初见成效，“三品一标”农产品品牌影响力不断扩大。美丽乡村建设工作取得新进展，全县新建A级美丽乡村60个（其中精品村28个）、B级美丽乡村200个（省定《建设标准》），50%以上村庄达到B级及以上建设标准。产业结构持续优化，全县小麦播种面积降幅5.2%，临朐县被中国园艺学会樱桃分会授予“中国大棚樱桃第一县”称号。农业生产服务能力大幅提升，全年完成造林1.1万亩，建成覆盖全县所有河流的县、镇、村三级河长制组织体系，农业水价综合改革试点扎实有效推进。投资1.35亿元实施2017年农田水利县建设项目等重点工程，全部通过市级验收。农村集体产权制度改革等重点领域改革日益深化，建立起覆盖全县农村的农村产权流转交易平台。

【综合督查】 年内累计下发各类文件、会议通知等3000余件（次）。牵头抓好农口系统业务考核、普法宣传、精神文明建设等工作。会同县纪委开展2017年度支农惠农政策落实情况专项督查。争取省级美丽乡村奖补资金、“两河”开发保护扶贫专项资金580万元。对县委、县政府确定的重点工作及单位中心工作进行分解立项，明确工作要求，落实专门人员包靠，加强工作调度督查，年内开展美丽乡村建设工作集中督查4次，协调报纸、电台、电视台等进行农业农村工作宣传7次。 （王守友 陈 勇）

## 扶贫开发工作

【概况】 2017年，深入实施“党支+合作社+农户（贫困户）”扶贫模式，精准施策、精准发力，发展产业、促进就业，巩固脱贫成效，确保脱贫户不返贫，实现脱贫致富奔小康，全县1280户、2584人贫困人口全部实现脱贫退出。

【信息管理】 对2014年以来建档立卡贫困户信息进行核查和动态调整，核定全县继续享受扶贫政策的6697户、13675人。严格按照“一坚持两基本一全部”原则，入户采集信息，户户留有影像资料，户户本人签名，确保真实有效。协调公安、住建、财政、农机、银行、工商等部门，动态调整数据信息逐一比对，确保数据精准。

【产业扶贫】 立足特色产业规模优势，实施扶贫资金项目，建立完善利益联结机制。继续实施“党支部+合作社+贫困户”扶贫模式，把贫困户聚在产业链上，实现增收脱贫。建成2016年度扶贫开发项目141个。其中，101个光伏项目整合为86处光伏电站，创新采用BOT模式实施，2017年上半年全部建成并网发电。2017年，共投入产业扶贫资金2910万元，整合实施扶贫项目44个，年内全部建成并实现项目收益168.44万元，惠及贫困人口1159户、2130人。

★ 冶源镇白塔村白莲藕种植扶贫基地

（供稿：辛　伟　赵　军）

【政策保障】 围绕贫困户“两不愁三保障”目标，对建档立卡贫困户在低保、教育、医疗、住房等方面进行救助。推进农村低保线和贫困线“两线合一”，全县享受低保人员中贫困人口6607人，占80.8%。教育保障实现动态管理，资助贫困家庭学生2091人，发放资助金149.14万元，减免费用20.47万元；实施“雨露计划”，帮扶救助257人，帮扶资金77.1万元。为全县7584户建档立卡贫困户发放“居民健康卡”，在全县21处定点医疗机构设立惠民门诊、惠民病床和一站式服务窗口，全年共报销贫困人口基本医疗保险34206人次、2016.25万元。为危房贫困户新建住房109户、修缮住房116户。

【结对帮扶】 组织县、镇、村三级干部3647人，成立1183个帮扶（关爱）小组，对2016年已脱贫户和2017年贫困户继续实行结对帮扶。按照“一户一策、分类施策”原则，加大帮扶力度，落实有效措施，一包到底，确保脱贫户不返贫，贫困户全部脱贫。各级干部人均进村入户走访3次以上，帮助解决实际困难问题2000余件。市、县两级共派“第一书记”74人、包村工作组9个，到省定贫困村抓党建促脱贫。

【金融扶贫】 修订金融扶贫信贷申报审批流程，操作快捷，方便群众。研发“富民阳光贷”和“富民统筹贷”业务，制定具体操作办法和风险防控机制。2017年，全县共审批发放扶贫贷款65笔，放款金额5156万元，惠及贫困人口1795人。

★ 2017年8月28日，全县脱贫攻坚推进会议召开

（供稿：辛　伟　赵　军）

【行业扶贫】 全县15个行业扶贫指挥部及行业扶贫部门，立足部门职能，发挥各自优势，在大扶贫领域积极争取资源资金，助力脱贫攻坚。2017年，共整合行业扶贫部门资金7304.4万元，6289户、10761人受益。

【社会扶贫】 开展“百企帮百村”活动，优先安排贫困人口到爱心企业就业，带动980名贫困人口脱贫；部分劳动密集型企业在贫困村设立“扶贫车间”31处，274名贫困人口实现就近就业脱贫。金阳光、鸢都义工、好社惠、向日葵、妈妈团等义工组织积极开展爱心公益活动，为贫困户送温暖、献爱心。

【扶贫宣传】 在《潍坊日报·临朐新闻》、临朐广播电视台、电台等新闻媒体，开设“脱贫攻坚在行动”专栏，推广好典型、好经验、好做法。2017年，在国家级新闻媒体发表稿件64篇、省级市级发表147篇，在省市党委政府信息刊物发表稿件13篇。

（辛 伟 赵 军）

## “双城同创”工作

【省级文明县创建】 2017年，临朐县围绕创建省级文明县，以社会主义核心价值体系建设为根本，着力提升公民文明素质和城乡文明程度，为建设富强临朐、文化临朐、生态临朐提供强大的思想保证和精神动力。

坚持建制度、强保障，营造全员参与氛围。把文明县创建工作纳入全县经济社会发展规划、年度工作重点和部门工作绩效考核，建立齐抓共管长效机制。健全组织领导机制。成立以县委书记为组长的创建省级文明县工作领导小组，下设创建办公室等“一办六组”，分层次组建创建机构，明确创建指标，落实创建任务，形成“一把手”负总责、主管领导亲自抓、创建部门具体抓、各职能部门协同抓的良好局面。健全责任落实机制。印发《临朐县创建省级文明县实施意见》《测评体系责任分工》，与各部门签订责任书，对创建任务实行量化考核奖惩，由县委督查室和县政府督查室牵头明察暗访，设立曝光台，强力督办，严格兑现奖惩。强化宣传造氛围。充分利用网站、报纸、广播电视、微信公众号等新闻媒体，宣传创建工作重要意义、主要任务、工作措施和进展情况，提高广大群众对创建工作的知晓率和参与率。在城区主要街道、园林绿地设置大型公益广告135块，印制并发放创建省级文明县《倡议书》《市民公约》等宣传资料5万余份，在公交车、出租车张贴宣传标语360余条，建筑围挡处处设置公益广告；在立体果皮箱、路名牌设置创城标语口号340余幅；在公交站亭安装公益广告牌155个，电视台、报纸、LED字幕刊播宣传标语3980条次，创作推出创城歌曲《我和文明有个约》。

坚持抓基础、提素质，广泛开展精神文明建设活动。积极构建社会主义核心价值体系。开展社会主义核心价值观教育实践活动，组织举办三届中国（临朐）沂山文化节、全县群众文化艺术节等大型文化活动50余场次，开展送文艺演出下乡等各类文化惠民活动200余场次。强化“我们的节日”主题宣传活动，创作拍摄临朐版《成都》MV、《少年中国梦》、《祖国强军我有责》、临朐版《红旗飘飘》MV、《我有一个好爸爸》、《沂山谣》等系列微视频、微电影，每篇浏览量达上百万次，让群众在潜移默化中受到教育，坚定四个自信。深入推进公民思想道德建设。高度重视培育树立先进典型，组织开展道德模范、最美人物、身边好人媒体宣传、公益广告展映等活动。评选“临朐好人”，月度“临朐好人”评选微信点击投票量达2万余人次。共推出山东省道德模范1人、山东省道德模范提名奖1人，潍坊市道德模范7人，中国好人6名，山东好人12名，潍坊好人34名。深入开展志愿服务活动，积极构建“互联网+”志愿服务模式，全县网络注册组织达到30个，申报志愿服务项目90余个。临朐县“绿丝带”志愿服务中心被评为“潍坊市优秀志愿服务组织”，王骁宙被评为“山东省优秀志愿者”。大力开展群众性精神文明创建活动。进一步规范文明单位创建活动，完善考核测评体系，开展文明单位风采巡礼活动，发挥先进示范作用。全县共创建国家级文明村镇1个、省级文明单位（村镇、社区）43个、市级文明单位（村镇、社区）64个、县级文明单位60个、县级文明村260个，占全县村庄的75.4%。广泛开展“文明在我心礼仪伴我行”“讲文明树新风”等多种形式主题活动，深入开展“文明出行”专项行动，开展交通秩序综合整治，规划停车车位，规范车辆停放，教育引导广大群众自觉养成文明的行为习惯。切实加强未成年人思想道德建设。制定出台未成年人思想道德建设实施意见，构建学校、社会、家庭“三位一体”的教育网络，扎实开展净化社会文化环境专项整治活动，切实加强校园周边环境、网吧和文化市场监管整治。广泛开展“做一个有道德的人”系列主题德育实践活动。

坚持抓创新、建载体，推进乡村文明行动。组织开展“星级文明户”创评。创评内容包括诚实守信、勤劳致富、遵纪守法、新风正气、计划生育、环境卫生、科技文化、孝老爱亲、邻里团结、热心公益等“十星”，采取一户一档案、半年一初评、年底一总评方式，实行县、镇、村三级表彰机制。共评选出县级文明户401户、镇村文明户6万余户。组织开展“文明新风沐千村”活动。包括建设乡村文明一条街、绘制农村墙景画、推进城乡环卫一体化、繁荣农村文化等10项内容，全面巩固乡村文明建设成果。全县文化广场覆盖率80%以上，村村建有乡村文明一条街，文化墙绘制面积5万平方米。组织实施以“做文明有礼临朐人”为主题，以“三大阵地、六项活动、三支队伍”为主要内容的“一三六三”乡风文明培育工程，全面提升乡风文明水平。利用村级文化广场开放式、人气旺的特点，广泛开展社会主义核心价值观宣传、村居文化建设宣传、群众身边道德典型宣传，使文化广场成为展示典型风采、弘扬社会正能量、引领新风正气的重要平台。进一步做好“新农村（社区）新生活”培训工作。全年举办各类培训150余场次，培训妇女骨干1000余人，培训妇女近2万人次。（衣学强）

【省级卫生县城创建】 2017年7月，县委、县政府动员全县上下，改进作风、提升境界，启动省级卫生县城创建工作。在12月份的省级暗访验收中，临朐县以802.9分的成绩顺利通过验收。

建立“五项机制”，凝聚创卫合力。建立组织领导机制。成立由县长任组长，分管副县长任副组长，各职能部门及街道主要负责人任成员的工作领导小组，组建创卫办，先后抽调80余人次集中办公，与原工作岗位全部脱钩。建立网格包靠机制。将创建区域划分为12个网格责任区，每个网格责任区由1名县级领导包靠，1个县直部门牵头，6个县直部门协助，各网格分别抽调人员成立专门办公室，全面负责网格辖区创建工作。县级包靠领导每天现场调度创卫工作。建立专业推进机制。落实专业归口管理制度，成立爱国卫生组织管理、健康教育和健康促进、市容环境等8个专业工作组，落实主要职能部门牵头，协作部门参与，分头负责专业领域创卫工作。建立财力投入机制。把创卫经费纳入民生项目财政保障范围，落实财政优先保障措施，对创卫投入实施县镇两级承担，职责分工明确的由相关街道和县财政负责，不明确的投入全部由县财政解决，确保资金充足、及时到位。建立监督问效机制。实施调度督导制度，每周召开一次现场调度会议，县委、县政府主要领导现场检查指导并研究解决重点难点问题，统筹推进创卫工作。成立由县委副书记任组长，县纪委、县委组织部、县检察院组成的效能督查组，对创卫工作实施督查考核和问效问责。

实施“四大工程”，狠抓基础建设，提升城市服务功能。实施环卫设施提升工程。配备冲洗车4辆、洗扫车13辆，对城区道路增加湿扫、洒水和冲洗次数；增加侧装式垃圾清运车4辆、垃圾压缩车12辆、翻斗密闭垃圾车9辆、装载机4辆，生活垃圾经垃圾压缩车压缩后，直接运至县第二生活垃圾无害化处理场进行处理，有效避免经垃圾中转站环节可能造成的二次污染。规范管理公厕31处及车站等单位公厕、对外开放沿街单位厕所82个。在城区拆除地沉式垃圾箱205处、地上垃圾池256处，设置更新密闭垃圾桶7056个、果皮箱600个。建成环卫作业道板房4处。实施交通路网规范工程。以完善交通标识、治乱、治堵为重点，对城区骈邑路、龙泉路、朐山路、文化路、民主路、兴隆路、站前路等20余条道路的路面、人行道、路沿石、出入口和大桥等进行养护维修和绿化带整修。新增设安装交通标志标牌540块，新划道路标线1.8万平方米、停车位3万个，在交通拥堵路段安装启用27处违法停车自动抓拍设备。城区新建道路采用高光效LED绿色照明设施，配备安装路灯1.5万盏，亮灯率98%以上。实施农贸市场建设工程。实行集中改造、分类提升。先后在工业街、西坦、夏西路、郎家洼等处建设便民市场和疏导点9个，彻底解决城区主次干道摊点占道经营、影响交通等突出问题。对张家亭子农贸市场、卢家庄子综合批发市场进行升级改造、规范管理，合理设置功能分区，完善相关配套设施。实施绿色生态建设工程。加强生态文明建设，集中开展大气污染综合整治，实施散煤清洁化治理，空气质量四项指标明显改善。大力开展城市绿化建设，采取规划建绿、见缝插绿、科学护绿等措施，先后建成文化公园、滨河公园、同心湿地公园、体育公园、赋海口袋绿地等15

个公园及街头绿地，绿地建设10余万平方米。对新建道路的绿化按照海绵城市设计建设，基本达到一街一特色、一路一景观效果。城区园林绿地面积达1449公顷，绿化覆盖率41.4%，人均公共绿地面积20.4平方米。

开展“八项整治”，突破重点问题，完善行业管理机制。集中整治市容环境。以治理脏乱差为重点，机关和企事业单位干部职工带头每周开展一次大扫除活动，突出对破产企业家属院、老旧居民小区等清理卫生死角，清除积存垃圾；拆除违法建设1260处，拆除违规楼面广告牌4000余块，清理落地广告牌3000余块，取缔店外经营3万余处次；查处车辆带泥上路、泄露遗撒、私拉乱倒等违法案件225起。全面推行“门前五包”责任制，开展垃圾箱退街进院行动，实现生活垃圾日产日清。集中整治交通秩序。结合施划车位工作，严厉整治违停车辆，集中开展10次专项治理，处罚2万余起，清理僵尸车177辆；收缴私自占用停车位物品1129件。集中整治“八小”行业。明确行业监管责任，采取提升一批、规范一批、取缔一批的办法，改善硬件设施，规范经营行为，提高服务质量，落实监督信息公示和量化分级管理，促进行业达标。规范整治餐饮店、食品店、小作坊，小旅馆、小理发店、小浴池、小歌舞厅、网吧，量化分级管理率达到100%。集中整治窗口单位。针对汽车站等窗口单位，从日常卫生、管理服务抓起，做到候车室、公厕、停车场等场所卫生整洁。针对城区医院，在确保卫生整洁的同时，全面优化接诊导诊等服务，提高质量和效率，营造窗口良好形象。集中整治河道水体。加强城区河道水体管理，全面落实“河长制”，重点围绕弥河及周边河道、沟渠，扎实开展“清河行动”，集中清淤清理，安排专人维护，保持水体环境清洁卫生。集中整治“城中村”。针对城中村，以城关、东城2处街道为主体，重点落实“五堆六乱”清理、路面硬化、立面清理、拔菜还绿、违建拆除等工作，卫生状况彻底改善。集中整治建筑工地。建立扬尘治理巡查制度，对建筑工地实施动态监管。城区所有建筑工地全部落实工地围挡、道路硬化、车辆冲洗设备、病媒生物防制等相关措施。集中整治小广告。对市容街景、临街污染店面、户外广告进行清理美化，取缔马路市场12个，集中清除乱贴乱画、乱扯乱挂等“牛皮癣”11万处；针对非法乱贴小广告行为，成立由公安、城管、卫计等部门组成的联合整治小组，采取责令限期清除、强制停机等措施，联合执法，严厉打击。

健全“四个体系”，提升服务水平，确保群众健康安全。健全健康教育体系。依托县疾控中心在县中小学生综合实践学校设立青少年健康教育基地——艾滋病防制科普馆，年培训1万余人次。健全街道和社区工作网络，实施健康教育进社区、进医院、进学校活动，广泛开展全民健康生活方式行动，赠送限油壶、限盐勺等健康生活礼包；广场、车站、医院的电子屏，电视台等媒体不间断播放健康教育知识，公共场所设立健康教育栏并定期更新；积极开展学校、医院、厂矿、商场、超市等公共场所无烟创建活动。健全传染病防治体系。成功创建全国艾滋病综合防治示范区、省级慢性病防控示范县。全县18处预防接种门诊全部达到省级示范化标准，儿童预防接种建证率达到100%；“八苗”全程、及时接种率为94.67%，达到90.50%指标要求，安全接种率达到100%。医院传染病报告管理、肠道门诊和发热门诊建设管理、医院感染管理、医疗废弃物管理工作到位，医疗垃圾实行医院暂存、专业机构集中回收处置。开展胃癌早诊早治项目，免费为群众实施胃镜检查，做到早期发现、早期干预治疗。突发公共卫生事件应急管理规范，无偿献血达到标准要求。健全病媒生物防制体系。成立专门消杀队伍，配备雾炮车、高压喷雾器等器材。在城区布设粘鼠板6000块，安装灭鼠毒饵站1.7万个；开展“四害”消杀活动，春秋两季集中灭鼠，夏秋两季集中消杀蚊蝇蟑螂，覆盖所有部门、单位、村居和公共场所。健全食品和饮用水执法管理体系。坚持把好许可关、监督关、规范关，统一制度、统一标志标识、统一消毒登记台账，分类建立档案，落实量化分级管理和监督信息公示；城区1家集中供水单位管理规范，监督监测资料齐全。（李正喜　蔡勇胜）

# 临朐县人民代表大会

## 综　述

【概况】　2017年，县人大常委会围绕县委“一二五六”思路举措，增强监督实效，合力促进工作开展；改进和完善代表工作，充分发挥代表作用；加快“智慧人大”建设，提升信息化工作水平；加强自身建设，切实提高履职能力和水平。2017年，被省人大常委会评为《人民权利报》宣传工作先进单位、《山东人大工作》宣传工作先进单位、《山东省人民代表大会常务委员会公报》宣传工作先进单位，被市人大常委会评为人大信息工作先进单位、人大宣传工作先进单位，常委会机关被评为“省级文明单位”。信息稿件《让人民心声变成有温度的现实》获山东人大新闻奖一等奖。

★ 2017年5月5日，县人大常委会对全县文化产业发展情况进行视察

（供稿：付廷伟）

【监督工作】　2017年，围绕推动经济社会发展，组织对“突破龙山”战略实施情况、“大项目建设突破年”实施情况、全县文化产业发展情况、全域旅游发展情况进行视察，听取审议全县农业产业化发展情况的报告；围绕推动民生改善，组织对中小学幼儿园重点工作三年行动实施方案落实情况、脱贫攻坚工作情况进行视察，对全县体育事业发展情况进行调查，听取审议县政府实行城乡居民医疗保险情况的报告；围绕推进解决群众关注的热点问题，组织对全县饮用水水源地保护情况、农产品质量安全工作进行调查，审议通过新修订的《临朐县畜禽养殖布局规划》；围绕保障法律法规实施，加大执法检查力度，对安全生产法、道路交通安全法、农产品质量安全法、城乡规划法等法律实施情况进行检查，专题视察防洪法贯彻实施情况，听取审议县法院执行工作情况的报告、县检察院侦查监督工作情况的报告。

【代表工作】　把“两比一争”活动作为一项连续性工作，贯穿于本届人大代表任期内，专门制定实施意见，进行宣传发动，动员各级人大代表比履职、比贡献、争当优秀人大代表。修订代表履职守则、优秀人大代表评选表彰办法，建立人大代表电子履职档案，强化代表履职责任，激发代表履职热情。全年举办2期县人大代表培训班，常委会和机关有关负责结合工作的经验体会进行授课辅导，提高依法履职能力和水平。落实常委会组成人员、“一府两院”领导成员分工联系代表制度，与代表保持经常性地联系，10月开展联系代表月活动。结合代表换届实际，对各级人大代表混合编组，建立68个代表小组，创新代表小组建设模式，建立工业、农业、文教卫生三个专业代表小组，方便代表开展活动，提高代表活动实效。深入开展集中活动日活动、在社区接待选民活动、跨镇街调研视察活动，拓宽履职空间。对县十七届人大一次会议期间代表提出的110件代表建议进行跟踪督办，先后开展现场督查13次，书面、电话调度70余次，6月对办理情况进行联合督查，对督查中发现的问题，督促有关部门认真整改；9月对代表建议办理情况进行全面调查，10月听取审议县政府办理代表建议情况报告，12月对代表建议办理工作进行考核。

**【“智慧人大”建设】** 推进县人大常委会网站和微信、短信平台建设，建立镇、街（园、区）人大网站群，提高人大工作公开度、透明度及代表和人民群众的知晓度。开发使用代表建议办理、履职服务和互动交流网络平台，开发使用手机APP，为更好地服务代表履职、密切代表与人民群众的联系，开辟新路径。开发使用被任命干部任前法律知识考试电子系统，提高被任命干部学习法律自觉性，增强法律意识和执法能力。

## 重要会议

**【县十七届人大一次会议】** 2017年1月20日，临朐县第十七届人民代表大会第一次会议在县广电大厦会议中心召开，282名人大代表出席会议。县长刘裕斌作《政府工作报告》，县人大常委会党组书记、第一副主任王晋成作《临朐县人民代表大会常务委员会工作报告》，县人民法院院长孙绍军作《临朐县人民法院工作报告》，县人民检察院检察长季运忠作《临朐县人民检察院工作报告》。投票选举王晋成为临朐县第十七届人民代表大会常务委员会主任，衣萍、郭宝花、许孝新、傅来昌、段庆孔为临朐县第十七届人民代表大会常务委员会副主任，马连芝等29人为临朐县第十七届人民代表大会常务委员会委员；投票选举刘裕斌为临朐县人民政府县长，郭家荣、李倪、张惠玉、王锡利、张守兵为临朐县人民政府副县长；投票选举孙绍军为临朐县人民法院院长；投票选举季运忠为临朐县人民检察院检察长；投票选举马广艳等52人为出席潍坊市第十七届人民代表大会代表。会议还通过关于政府工作报告的决议、关于临朐县2016年国民经济和社会发展计划执行情况与2017年国民经济和社会发展计划的决议、关于临朐县2016年财政预算执行情况和2017年财政预算的决议、关于县人大常委会工作报告的决议、关于县人民法院工作报告的决议、关于县人民检察院工作报告的决议、关于加强饮用水水源地保护议案的决议；通过县人大各专门委员会组成人员人选名单。县十七届人大一次会议期间共收到代表建议111件，其中，道路交通方面23件，城市建设及管理方面14件，卫生方面11件，农业与农村方面9件，工业企业发展方面9件，旅游方面8件，教育方面8件，环保及生态建设方面7件，水利方面5件，文化方面3件，其他方面14件。

**【县十六届人大常委会第三十七次会议】** 2017年1月17日，县十六届人大常委会举行第三十七次会议。会议审议通过县人大常委会代表资格审查委员会关于县十七届人民代表大会代表资格的审查报告；审议通过县人大常委会关于召开县十七届人一次会议的决定；听取审议县人大常委会主任会议关于县十七届人大一次会议筹备工作情况的报告；议定县人大常委会在县十七届人大一次会议上的工作报告、议程草案和日程草案、主席团和秘书长、主席团常务主席、大会副秘书长、议案审查委员会、计划预算审查委员会及各代表团召集人等建议名单；审议决定县十七届人大一次会议列席人员范围。会议表决通过关于批准临朐县2016年县级财政预算调整方案的决定和临朐县人民代表大会常务委员会人事任免办法。

【县十七届人大常委会第一次会议】2017年2月9日，县十七届人大常委会举行第一次会议。会议以电子表决的方式通过人事任免事项，县人大常委会主任王晋成向被任命人员颁发任命书，组织被任命人员进行宪法宣誓。会议还审议通过临朐县第十七届人民代表大会常务委员会代表资格审查委员会组成人员名单和常委会议事规则、常委会组成人员出席常委会会议守则。

【县十七届人大常委会第二次会议】 2017年4月21日，县十七届人大常委会举行第二次会议。会议表决通过人事任免事项，听取县法院关于首批法官遴选事项的报告和县检察院关于首批检察官遴选事项的报告，听取审议县政府关于全县安全生产工作情况的报告、县法院关于执行工作情况的报告，审议通过《县人民代表大会代表履职守则》和县人大常委会关于批准将“临朐县2017年棚户区改造项目”政府购买服务资金纳入财政预算的决议。

【县十七届人大常委会第三次会议】 2017年6月30日，县十七届人大常委会举行第三次会议。会议听取审议县人大常委会关于全县贯彻实施城乡规划法的执法检查报告，县政府关于加强饮用水水源地保护议案的办理工作方案和全县农业产业化发展情况的报告，表决通过人事任免事项、临朐县畜禽养殖布局规划和县人大常委会关于加强饮用水水源地保护议案的办理工作方案的决议。

【县十七届人大常委会第四次会议】 2017年8月16日，县十七届人大常委会举行第四次会议。会议听取审议县人大常委会关于贯彻实施道路交通安全法情况的执法检查报告，县政府关于临朐县2017年上半年国民经济和社会发展计划执行情况、关于临朐县2016年财政决算和2017年上半年县级财政预算执行情况、关于临朐县2016年县级财政预算执行和其他财政收支审计情况的报告，审查批准临朐县2016年县级财政决算。

【县十七届人大常委会第五次会议】 2017年9月28日，县十七届人大常委会举行第五次会议。会议根据县人大常委会主任会议的提请，表决通过人事免职和任职事项，县人大常委会主任王晋成向被任命的人员颁发任命书，并组织被任命人员进行宪法宣誓。

【县十七届人大常委会第六次会议】 2017年10月24日，县十七届人大常委会举行第六次会议。会议听取审议县人大常委会关于全县贯彻实施农产品质量安全法情况的执法检查报告，县政府关于县十七届人大一次会议代表所提建议、批评和意见办理情况的报告、关于全县城乡居民医疗保险工作情况的报告。

【县十七届人大常委会第七次会议】 2017年12月21日，县十七届人大常委会举行第七次会议。会议听取审议县政府《关于加强饮用水水源地保护的议案》办理情况的报告和关于全县体育事业发展情况的报告，补选2名潍坊市第十七届人大代表，审议通过临朐县第十七届人民代表大会常务委员会代表资格审查委员会组成人员名单、《临朐县人民代表大会及其常务委员会宪法宣誓仪式组织细则》和《临朐县人大常委会关于改进向县人大常委会报告审计工作及审计查出突出问题整改机制的意见》。 （付廷伟）

# 临朐县人民政府

## 概　述

2017年，临朐县紧紧围绕“进位争先、加快崛起”和“一群两区”目标定位，以新旧动能转换重大工程和“四个城市”建设为抓手，认真组织实施“一二五六”思路举措，全县经济社会呈现平稳健康协调发展态势，各项事业取得新进展、新突破。

综合实力显著提升。全县实现地区生产总值280.2亿元，比上年增长7%；一般公共预算收入16.3亿元，增长11.8%；社会消费品零售总额173.2亿元，增长9.1%；外贸进出口总额30.7亿元，增长26.4%；金融机构本外币存款余额483.4亿元、贷款余额263.8亿元，分别增长15.4%、13.4%；城乡居民人均可支配收入分别达到31711元、16015元，分别增长8%、8.9%。被授予“中国节能门窗产业基地”“中国铝模板产业基地”和“中国大棚樱桃第一县”等称号。

工业经济提质发展。全县273家规模以上企业完成工业总产值402.6亿元，比上年增长4.1%；实现主营业务收入399.7亿元，增长3.4%；实现利润14.7亿元、利税23.6亿元，分别增长14.8%和10.8%。重点龙头企业拉动作用明显，40家重点骨干企业实现主营业务收入、利润、利税分别占规模以上工业企业总额的51.4%、73.7%和68.8%。华建、伊利、高速轨道、山水水泥4家工业企业上缴税金过亿元，比上年增加3家，其中华建上缴税金突破2亿元。临朐县铝型材产业集群入选全省先进制造业转型升级示范项目。

大项目建设取得新突破。深入开展“大项目建设突破年”活动，开工建设大项目89个，完成投资75.6亿元。其中，伊利高端液态奶、高铁轨道大板二期等46个项目建成投产；总投资76亿元的抽水蓄能电站项目筹建处组建成立。新引进过亿元项目29个，其中过3亿元项目12个、过10亿元项目3个，全县重点在谈项目达46个，高铁轨道设备产业园、杭萧钢构等项目签约落户。

农业产业结构进一步优化。全县果品面积发展到15.9万亩，实现粮食总产19.9万吨，比上年增长4.5%。新增农民专业合作社180家、农业示范园区和家庭农场49个，市级以上畜禽养殖标准化示范场达到93家。全县新增“三品一标”农产品品牌6个，其中5个绿色食品新认证、1个地理标志认证，认证面积2.7万亩。新增省级标准化生产基地8家，省级标准化基地总数达到10家。获评“国家级出口食品农产品质量安全示范区”等称号。

商贸服务业繁荣发展。全年实现社会消费品零售总额173.2亿元，比上年增长9.1%。分地域看，城镇市场118.5亿元、乡村市场54.7亿元，分别增长4.9%和19.4%；分行业看，批发零售业138.5亿元、住宿餐饮业34.7亿元，分别增长7.4%和15.4%。全县限额以上贸易业实现零售额39.1亿元，增长2.1%。按行业看，批发零售业37.9亿元，增长2.1%；住宿餐饮业1.2亿元，增长2.5%；从商品分类情况看，在全部22类商品中有16类呈现不同幅度增长，其中日用品类增长23.1%，汽车类增长12.7%，粮油、食品类增长9.9%，家用电器和音像器材类增长8.5%。

旅游业蓬勃发展。成功举办第四届山东省乡村旅游节和中国（临朐）沂山文化节暨东镇沂山祀山大典、中国（临朐）国际门窗幕墙博览会等重大节会活动。临朐县被评为全国休闲农业和乡村旅游示范县、山东省乡村旅游示范县、好客山东最美风景县，寺头、九山、嵩山被评为山东省最美风情小镇，寨子崮村被评为全国休闲农业与乡村旅游示范点，牛寨村被评为中国乡村旅游模范村、中国最美休闲乡村。2017年，全县共有国家AAAAA级景区1处、AAAA级1处、AAA级6处、AA级6处，全年接待游客621.96万人，比上年增长10.6%，实现旅游消费总额76.73亿元，增长15.7%。

生态环境明显改善。大力实施“生态立县”战略，全力抓好中央和省环保督察问题整改，完成10吨及以下燃煤锅炉“清零”，西城热电、绿能供热、蓝帆新材料等5家企业燃煤锅炉完成超低排放改造，取缔“散乱污”企业187家，立案查处环保违法案件960起。空气质量优良天数达到249天，较上年增加26天。着力加强森林防火体系建设，护林防火能力进一步提高。实施饮用水水源地保护行动。全面实行“河长制”，强力推进畜牧禁养区关闭搬迁，扎实开展“清河行动”，“八乱”治理取得阶段性成效。

脱贫攻坚扎实有效。全县所有省定贫困村都建有合作社，80%的贫困户纳入合作社产业链条。深入开展党员干部“进千村、入万户、察民情、解民忧”活动，安排县、镇、村三级干部3647人，成立1183个帮扶（关爱）小组，对2016年已脱贫户和2017年的贫困户继续实行结对帮扶。全县整合实施扶贫项目44个，现已全部建成并实现项目收益168.4万元，惠及贫困人口1159户2130人。44个扶贫项目全部建成，1280户、2584名贫困人口在现行标准下全部实现脱贫。

民生福祉不断增进。不断加大民生投入，民生支出占公共财政支出的比重达到83.7%。持续加快教育事业发展，新改建龙泉中学等中小学幼儿园29处，以公办普惠为主体的学前教育办园体制基本形成，10名学生被清华大学、北京大学录取。县妇幼保健院投入使用，县中医院门诊病房综合楼建成主体。建成村（社区）综合文化服务中心、文体广场339处，县全民健身中心主体完工。养老服务机构“公建民营”“医养结合”试点工作扎实推进，县社会福利服务中心投入运营。临朐县被命名为第五批“山东省民间文化艺术之乡”。

开放活力持续释放。新增对外贸易经营者备案企业67家、进出口实绩企业42家，组织80余家企业参加广交会、越南建材展等重点节会38次，签订外贸合同近20亿元。全年完成进出口总额30.7亿元，比上年增长26.4%。其中，进口3.1亿元，增长14.9%，出口27.6亿元，增长27.9%。实际到账外资3.7亿元，增长17.8%。

（张延明　王　琨）

## 深化“放管服”改革　助推县域转型发展

中共临朐县委副书记、县政府县长　刘裕斌

近年来，临朐县将“放管服”改革摆到各项改革的重要位置，以职能转变为核心，以作风建设为抓手，大力简政放权，加强过程监管，优化公共服务，加快形成边界清晰、分工合理、权责一致、运转高效、依法保障的政府职能体系，全力推动经济社会实现更高质量新发展。先后获得“中国铝型材产业基地”“全国休闲农业与乡村旅游示范县”“国家园林县城”“国家重点生态功能区”“国家智慧城市试点县”“文化强省建设先进县”等荣誉称号。

一、加大减权放权力度，努力打造一流营商环境

（一）规范行政权力运行。编制完成政府部门权力清单、责任清单、审批目录清单和中介收费项目清单，进一步理清权力边界和职责，及时通过网站和新闻媒体向社会公布，主动接受社会监督，实现权力在阳光下运行。建立清单动态调整管理机制，根据法律法规、规章及政府规范性文件等调整情况，落实专人负责目录动态调整，累计调整事项566项。大力清理压减权力事项，分批削减行政权力事项164项，其中取消县级行政权力62项，取消县级初审环节90个，调整政府内部权力8项，整合4项，取消全部非行政许可事项。政府权力的“减法”换取市场活力的“乘法”，

2016年，全县地区生产总值增长9.4%，固定资产投资313亿元同比增长17.2%，是2011年的1.6倍和2.2倍；一般公共预算收入同比增长22.8%，是2011年的2.8倍，在全省前移19个位次。

（二）推进商事制度改革。大力推进“先照后证”改革，分批次将154项前置审批项目改为后置，切实提高了市场准入效率。严格落实“双告知”制度，对需有关部门批准方可开展经营活动的事项，第一时间提醒市场主体到相应审批部门办理手续，推送各类市场主体数据4.1万条，实现全县31个审批部门的基础信息共享。全面推行“五证合一、一照一码”和个体工商户“两证合一”工作，简化了办事流程，降低了企业成本，累计发放新版营业执照10291户。实施简易注销登记改革，为39户企业在网上发布了拟申请简易注销登记公告。推行商事制度改革以来，县内企业户数已达10278户，新增企业6363户，比存量企业增长62.53%，注册资本258.47亿元，同比增长150.24%。

（三）开辟审批绿色通道。一是优化项目受理流程。实行预登记制度，把好审批入口关，建立“一口受理、内部运行、限期办结、实时监测”机制，避免了超期办理现象的发生。二是创新审批服务机制。制定出台《临朐县建设工程项目“模块化”审批实施办法》，每个模块确定一个主办单位，总审批时限压缩到32个工作日，有效解决了审批流程复杂、互为前置、周期过长等制约问题。今年以来，共为35个重点建设工程项目实施模块化审批，累计节省审批时间104个工作日，审批效率提高60%以上。三是实现重点项目全程代办。建立了60余人的县、镇两级代办员队伍，对重点投资项目全程无偿代办服务，累计节省审批时间129个工作日。

二、强化事中事后监管，着力营造规范有序的市场环境

（一）建立“双随机一公开”机制规范事中事后监管。编制公开了38个部门（单位）的随机抽查事项清单，确定了抽查事项库、抽查对象库和检查人员库，合理确定各领域“双随机”抽查的比例和频次，既保证必要的抽查覆盖面和工作力度，又防止检查过多和执法扰民。积极督促各部门履职尽责，全面开展抽查工作，严格规范市场主体的生产经营行为，累计开展随机抽查788次，抽查对象2461个，立案查处数量为93件，对查处结果及时予以公开，营造了公平、有序、诚信的市场竞争环境。

（二）用好责任清单助推“生态立县”战略实施。为保护弥河流域生态环境，在潍坊市率先制定生态保护开发方面的首张责任清单。清单按照“谁主管、谁开发、谁管理”和“条块结合、以块为主，分级负责、属地管理”的原则，严格落实县、镇、村三级监管责任，建立“横到边、纵到底”的监管网络，形成齐抓共管的网格化监管工作合力。清单的建立，明确了县直部门和镇街的责任，落实了责任追究机制，切实做到“法定职责必须为”，为弥河可持续发展建立了长效保障机制。目前，弥河综合治理深入推进，修建滨水绿道24.5公里，形成城区蓄水面3800亩。

（三）突出重点领域建立联合监管体系。组织县环保、住建、公安等相关部门，全力打好消灭污水直排、自备井整治、河道生态修复等“八大战役”。深入开展环境综合整治，淘汰注销黄标车5324辆，关闭非农用自备井161眼，完成禁燃区内20吨以下燃煤锅炉拆除任务，取缔关停高耗能、环境污染物企业14家，主要污染物PM2.5、PM10、二氧化碳、氮氧化物同比分别改善21.2%、8.8%、29.3%、20.4%，全年蓝天白云天数全年达到200天以上，明显优于周边其他市县。组织县公安、国土、砂管等部门，对县内非法开采、加工、收购、销售、运输矿产资源等行为进行集中整治，关停超期超范围经营砂场9处；拆除非法洗砂点33处；立案侦查4起，采取行动强制措施8人；清理非法石灰石开采点31处，拆除非法加工点21处。

（四）充分发挥信用体系奖惩作用。一是建立信用约束机制。坚持宽进严管、放管结合，以企业信用监管为核心，扎实推进企业信息公示、信息归集工作，初步建立了企业信用约束机制，综合利用市场主体经营异常名录和黑名单制度，对市场主体失信行为进行公示、惩戒。二是完善信息公开制度。依托“智慧临朐”平台和全国企业信用信息公示系统，对监管过程和结果进行公示公开。今年以来，开展较大规模专项整治

行动22次，立案查处一般程序案件249起，并及时向社会公开案件处罚信息，社会反响强烈。三是发挥信用约束作用。对守信主体予以支持和激励，对失信主体在经营、投融资、出入境、工程招投标、政府采购、从业任职资格、资质审核、银行信用等方面依法予以限制或禁止，对严重违法失信主体实行市场禁入制度，将287家违法经营企业列入经营异常“黑名单”，加强部门信息共享，构建“一处失信、处处受制”的失信惩戒机制。

三、优化公共服务流程，倾力创造高效便捷的政务环境

（一）线上线下服务平台融合发展。按照实体服务大厅与互联网服务“线上线下相融合”的政务服务模式，实现政务服务不断向基层延伸，打通服务群众“最后一公里”问题。一方面，按照“两集中、两到位”改革要求，完善实体大厅功能，35个具有行政审批职能的部门，264项审批事项和主要公共服务事项，全部进驻县政务服务中心及分中心办理，方便了群众办事。设立政府信息公开查阅场所、行政复议窗口、投诉受理窗口，公布投诉监督电话，建立了完善的投诉处理机制，确保服务高效透明。另一方面，搭建网上公共服务平台，对网上审批系统进行升级改造，进一步健全了网上预审、在线签批、并联审批等机制，网上政务大厅面向公众和法人提供了涵盖行政审批在内的400余项政务服务，实现了信息共享，做到“让信息多跑腿、让群众少跑路”。

（二）大力简化优化公共服务流程。一是编制公开县镇公共服务清单。涉及县级公共服务清单693项、镇级公共服务清单1586项，通过网站媒体向社会公布。对依申请提供的公共服务事项，逐项编制服务指南，明确办理条件、办理地址、咨询电话等要素，更好地为“大众创业、万众创新”提供公共服务。二是清理各类证明盖章类材料。对相关部门在行使职权中要求公民、法人和其他组织开具的各类证明材料进行清理规范，努力做到让证明的公章“少旅行”，让办事的群众“少作难”，办理流程进一步优化，方便了基层群众办事创业。三是创新编制潍坊市首张农村社区为民服务清单。紧扣农村社区实体化建设主题，编制完成了农村社区即时办理、代为办理和指导办理“三个为民清单”，创建了群众“点菜”、社区照单“做菜”、干部“端菜”的新模式，切实提高了为民服务水平。“三个清单”公布实施以来，全县1700余名镇村干部先后为群众跑腿2.8万余次，群众对“三个清单”落实情况满意度达96.8%。

（三）创新创优服务发展模式。一是健全领导包靠机制。实行县级领导包靠和牵头单位具体负任制，强化资源要素配置，“一切围绕项目转，一切围绕项目干”，全力破解土地、资金、环境容量等瓶颈制约，今年重点抓好79个大项目，总投资296亿元，全县上下形成了大抓项目、抓大项目的热潮。二是创新实施服务企业经理人制度。组织各级党员干部精准对接企业，通过提供全过程、保姆式服务，帮助企业排忧解难、降本增效、转型升级，成功探索出了一条新形势下联系服务企业、发展实体经济的新路子。目前，共收集企业反映问题264条，协调解决221件，帮助企业扫除了发展障碍。三是积极推广区域化评估评审。立足全县重点产业发展，深入实施区域化评估评审工作，先后为中欧节能门窗产业园、龙山铝模板产业园等重点园区提供优质高效服务。其中中欧节能门窗产业园已完成区域化能评、环评，节省资金280万元，累计节省时间210个工作日，极大地加快了项目的落地进程。目前，该工业园已引进国内知名的铝型材企业19家，在谈及意向入驻企业48家。

（《机构与行政》2017年第7期刊发）

## 重要会议

【县政府第一次常务会议】 2017年3月6日，县长刘裕斌在县政府常务会议室主持召开第十七届县政府第一次常务会议。1. 研究临朐县县级政府和社会资本合作项目实施意见。2. 研究仲临路绿化带背景树完善及节点绿地建设工程实施方案、东镇路（黄山路—方山路）等路段建设工程实施方案。3. 传达全市开放发展工作推进会议精神及临朐县贯彻落实意见。4. 研究2017中国临朐旅游首届国际半程马拉松比赛筹备方案。

【县政府第二次常务会议】 2017年3月22日，县长刘裕斌在县政府常务会议室主持召开第十七届县政府第二次常务会议。1. 听取全市迎接省级环保督察工作会议精神汇报。2. 听取关于原缸套厂家属院棚户区改造项目房屋征收有关情况的汇报。3. 传达全市民政工作推进会议精神及临朐县贯彻落实意见。

【县政府第三次常务会议】 2017年4月5日，县长刘裕斌在县政府常务会议室主持召开第十七届县政府第三次常务会议。1. 研究无偿资金争取工作。2. 研究税收保障有关工作。3. 研究现代预算管理制度改革有关工作。4. 研究关于成立临朐县土地开发整理有限公司的请示。5. 听取全市商务工作会议精神和临朐县贯彻落实意见汇报。

【县政府第四次常务会议】 2017年4月27日，县长刘裕斌在县政府常务会议室主持召开第十七届县政府第四次常务会议。1. 听取临朐县劳动模范推荐评选工作情况汇报。2. 研究《关于进一步加强城市基础设施配套费征收使用管理的意见》。3. 研究《关于拨付2016年度各定点医疗机构医疗费用超支部分资金的请示》的建议。4. 研究关于推进“一村一警务助理”工作报告。5. 研究《关于进一步加强水资源和污水处理费征收工作的实施意见》。6. 研究《关于实施完善县乡公路安全生命防护工程的通知》。7. 研究《临朐县王龙路改建、伦冶路冶源水库大坝段中修工程实施方案》。8. 听取建筑物料运输秩序整治工作情况汇报。9. 听取关于全县砂资源综合整治工作情况汇报。10. 听取石灰石等矿产资源集中整治情况汇报。11. 研究来驾共享汽车临朐项目建设实施方案。12. 研究临朐县品质城市五年发展规划、三年行动计划和2017年工作任务。

【县政府第五次常务会议】 2017年5月10日，县长刘裕斌在县政府常务会议室主持召开第十七届县政府第五次常务会议。1. 研究关于进一步加强水资源费和污水处理费征收工作的实施意见。2. 研究临朐县营龙路北延工程建设方案。3. 听取全市人力资源和社会保障工作会议精神汇报。

【县政府第六次常务会议】 2017年5月15日，县长刘裕斌在县政府常务会议室主持召开第十七届县政府第六次常务会议。1. 研究志特建筑铝模板项目合同书及补充协议。2. 研究关于筹建临朐中学紫光实验学校有关事宜。

【县政府第七次常务会议】 2017年5月23日，县长刘裕斌在县政府常务会议室主持召开第十七届县政府第七次常务会议。1. 研究北京金诺迪迈门窗加工项目和北京美晨阳光节能门窗加工项目投资协议。2. 研究临朐县全面实行河长制实施方案。3. 研究关于落户年产100万吨高效导热新材料项目的请示。4. 研究关于实施原老面粉厂家属楼房屋征收补偿方案、太平村部分户搬迁补偿方案的请示。5. 研究临朐县城乡环卫一体化工作考核办法。6. 研究关于深入推进大气污染防治的实施意见和临朐县大气污染治理问责办法。7. 研究临朐县重点环保问题排查整治工作方案。8. 汇报全市消防安全暨安全生产工作调度会议精神和临朐县消防安全工作存在的短板。9. 传达张小梅到临朐调研活动精神。

【县政府第八次常务会议】 2017年6月9日，县长刘裕斌在县政府常务会议室主持召开第十七届县政府第八次常务会议。1. 研究关于原缸套厂棚改项目有关问题的意见。2. 研究关于进一步加强饮用水水源地保护管理的实施意见。3. 研究关于加快推进生态文明建设的实施方案。4. 研究《临朐县社会信用体系建设工作方案》《关于建立失信联合惩戒制度加快推进社会信用建设的意见》。5. 研究全县安全生产百日攻坚治理和执法大检查行动实施方案。6. 研究临朐县建立村级网格化综合监管体系工作实施意见。

【县政府第九次常务会议】 2017年7月4日，县长刘裕斌在县政府常务会议室主持召开第十七届县政府第九次常务会议。1. 研究百事达铝模板、众泰建筑、国立铝门窗等项目投资合同书。2. 听取全县退役士兵安置和权益保障政策落实情况汇报，研究关于做好退役士兵专项公益性岗位安置工作的通知。3. 研究关于进一步加强医疗保险基金使用监督管理的通知。4. 听取临朐县员额法官、检察官工资制度改革情况汇报。5. 研究2017年全县农村地区散煤清洁化治理行动方案。6. 听取《临朐县国家重点生态功能区产业准入负面清单》《临朐县国家重点生态功能区产业准入负面清单编制说明》汇报。7. 研究关于8%用水附加停征后调整水价构成的意见 8. 研究临朐县生态环境损害责任追究暂行办法。9. 研究《临朐县“十三五”消防事业发展规划》。10. 研究临朐县农业水价综合改革工作方案。11. 研究临朐县迎接省级卫生县城评审工作方案。

【县政府第十次常务会议】 2017年7月25日，县长刘裕斌在县政府常务会议室主持召开第十七届县政府第十次常务会议。研究全县棚户区改造工作调研情况及今后三年任务安排。

【县政府第十一次常务会议】 2017年9月8日，县长刘裕斌在县政府常务会议室主持召开第十七届县政府第十一次常务会议。1. 调度省级卫生县城创建工作。2. 汇报全省化工产业安全生产转型升级寿光现场会议精神及临朐县下步打算。3. 汇报全市金融风险防控工作调度会议精神及临朐县贯彻落实意见。4. 研究临朐县新兴产业基金管理暂行办法和临朐县人才产业投资基金管理暂行办法。5. 研究临朐县首席技师选拔管理办法和临朐县沂山金领评选管理办法。6. 研究关于对县城规划区内道路绿化用地代征费缴纳问题的意见。7. 听取弥河市级河长工作推进会议精神汇报。8. 研究龙泉路交南环路口南侧黄龙沟桥扩宽改造工程实施方案。9. 研究临朐县县直部门（单位）行政审批中介服务收费项目清单。10. 各副县长分别汇报春节前重点工作情况。

【县政府第十二次常务会议】 2017年9月25日，县长刘裕斌在县政府常务会议室主持召开第十七届县政府第十二次常务会议。研究黄山路南片区地块开发权拍卖有关事宜。

【县政府第十三次常务会议】 2017年10月18日，县长刘裕斌在县政府常务会议室主持召开第十七届县政府第十三次常务会议。1. 研究《关于推进综合行政执法体制改革的实施意见》。2. 研究《关于对县巨龙房地产开发公司申请对原办公院进行拆迁开发建设的意见》。3. 研究《关于加快推进医养结合工作的实施意见》。4. 研究东城医院并入县医院有关事宜。5. 研究《关于建立临朐县0—3岁婴幼儿养育指导服务中心的实施意见》。6. 听取全县农村无害化厕所改造工作进展情况汇报。

【县政府第十四次常务会议】 2017年10月24日，县长刘裕斌在县政府常务会议室主持召开第十七届县政府第十四次常务会议。1. 研究全县前三季度经济运行情况及下步措施。2. 研究关于大关水厂供水工程建设有关问题的请示。

【县政府第十五次常务会议】 2017年11月24日，县长刘裕斌在县政府常务会议室主持召开第十七届县政府第十五次常务会议。1. 研究临朐县人民政府与昌乐县人民政府调水框架协议书。2. 汇报近期创卫工作情况及下步攻坚重点。

【县政府第十六次常务会议】 2017年12月27日，县长刘裕斌在县政府常务会议室主持召开第十七届县政府第十六次常务会议。1. 研究2018年《政府工作报告（初稿）》。2. 研究全县冬季安全生产大检查工作方案，传达近期安全生产现场会等重要会议精神及临朐县贯彻落实意见。3. 研究营龙路北延建设工程实施方案。

（张龙震）

## 县政府办公室工作

【日常服务】 组织起草政府工作报告、县政府全体（扩大）会议、全县经济工作调度会议、四个城市建设、河长制等综合性材料550余篇、220余万字；认真把好政治关、政策关、文字关，审核把关各类材料600余篇。牵头制定《临朐县产业强市建设五年规划和三年行动计划》《临朐县品质城市建设五年规划和三年行动计划》。紧扣“工业强县”战略部署，制定出台《新旧动能转换重大工程实施方案》，安排1名副主任挂靠大项目办，专职负责大项目调度推进。科学制定棚改三年行动计划和实施意见，及时协调棚改项目规划、建设、融资等各项手续，有效推动棚改工作进程。严格按照中央八项规定和省、市、县要求，严控接待标准，勤俭节约办事，共接待各类检查组、考察团77批次302人次、各级来宾230余人次，组织各类会议活动140余场次。办理县政府及办公室各类发文800件、4万余份，收发上下级来文、机要信件15.4万余份，誊印文稿3万余份，提供档案查阅服务1800余次。对镇街、部门来电来函和群众来访及时答复处理，热情周到接待，尽力排忧解难，提升政府和办公室的形象。县政府办公室被评为“市级文明单位”。

【政务督查】 紧扣全县工作重心，发挥政务督办职能，抓好重点工作的督导督查。对《政府工作报告》25项重点工作任务进行细化分解，明确责任部门和进度要求，实行“周调度”“月通报”制度，深入项目现场、工程一线开展专题调度10次，协助县领导组织召开调度会议6次。围绕中央环保督查、违法用地整改、四类风险排查、河长制、“两费”征收、禁养区关闭搬迁等重点工作及领导批办、交办事项和群众反映强烈的热点难点问题，组织开展现场督查62次，编写各类汇报、通报122件。围绕城市建设、民生改善、社会事业等重点热点问题，牵头办理人大代表建议108件、政协提案132件，全部如期办结，代表、委员满意率达98%以上。

【应急管理】 严格落实24小时值班带班制度和应急点名制度，在全国两会、省第十一次党代会、中共十九大及法定节假日期间，实行“日报告”“零报告”制度，及时发布天气预警，应急响应工作及时到位。成立县应急管理专家组，对25个县级专项应急预案、95个部门应急预案进行集中编修，先后组织地震应急救援桌面推演、森林火灾扑救演练、危险化学品运输车辆泄漏应急等各类演练10次，强化应急救援装备和物资储备调度，及时更新，随时调用，确保各类突发事件应急需求。

【信息调研】 聚焦县域全局，开展“大调研、大信息”活动，落实省、市新旧动能转换、“四个城市”建设、四新四化、健康产业、“一群两区”重大战略部署，围绕事关全县发展全局、群众普遍关心、制约加快发展的突出问题，精心确定调研课题，广泛开展调查研究，为领导科学决策提供依据。《临朐县积极培育“新六产”加快推进农业供给侧改革》《深化“放管服”改革助推经济社会转型发展》等26篇调研文章在省、市以上媒体发表，为推广经验、加强交流发挥积极作用。上报各类信息1365篇，被《市政府每日动态》《潍坊政务信息》采用151篇，被市政府《情况交流》采用8篇。其中，《大力实施“旅游富县”战略加快推进乡村旅游转型发展》被省政府办公厅采用，《小区配套幼儿园建设管理使用办法》获市政府领导批示。编发《临朐政务信息》26期、《临朐政务信息·专报》4期。

【政务服务热线】 立足“把政务服务热线打造成让临朐群众信赖的热线”目标，以解决民生问题为重点，完善工作制度，强化工作措施，各类诉求事项完成率、一次办结率、综合满意率较2016年均有明显提升。全年共受理12345转办诉求事项21251件，按期办结率100%、综合满意率85.17%、一次办结率83.19%。

【政务公开】 健全公开审查“321”机制，抓好重大决策全过程公开，举办13场新闻发布会，受理政府信息公开申请109件，答复率100%；大力实施政务公开“日反馈”“零通报”制度，积极争创“基层政务公开标准化、规范化试点县”。

【外事侨务】 审查上报外国人来华手续17批28人次，办理因公出国培训手续11批22人次，为75名困难归侨发放生活补助金11.03万元，审核上报APEC商务旅行卡5批16人次，对接市侨联为蒋峪慧敏爱心小学捐赠价值6万元图书。

（张延明　王亓安　张龙震　王　琨　尹鑫鑫　王　珊）

## 政府职能转变

【概况】　制定《临朐县2017年度推进政府职能转变科学发展考核指标》《关于深化放管服改革进一步优化政务环境的意见》等办法，理顺工作关系，明确工作责任，各项工作有序开展。按照“工作项目化、项目目标化、目标责任化、责任奖惩化”要求，制定《临朐县推进政府职能转变工作任务分工》，细化量化任务，责任到岗到人，督促各领域各部门知责明责、履职尽责，调动全体人员工作积极性，形成良好工作氛围。

【公共服务】　加强规范化管理，进一步简化优化公共服务流程，制定下发《关于对相关证照年检以及与证照核发、年检等挂钩的政府指定培训进行清理的通知》，共清理年检事项17项。根据上级要求，制定保留的年检事项清单目录，保留25项年检事项以及31项政府指定培训事项，并下发《临朐县县级年检事项目录和政府指定培训目录》，在县政府门户网站进行公布。

【监管深化】　强化事中事后监管，依托“三库一网一平台”，将抽查结果及时公布，支撑跨部门、跨行业、跨地区开展守信联合激励和失信联合惩戒工作，构建“一处失信，处处受限”互联互通监管网络。截至2017年底，累计随机抽查1453次，抽查对象8231个，立案查处400余件。通过公开查处结果，营造公平、有序、诚信的经济社会发展环境。

【政务服务】　规范县级服务大厅和镇级便民服务中心管理服务机构职责，加快政务服务大厅功能升级，推进政务服务大厅标准化建设。推动依申请提供的公共服务事项进驻办理，探索将分设的办事窗口整合为综合窗口，变“多头受理”为“一口受理”。打造“互联网+政务服务”平台，面向公众和法人提供400余项政务服务，全年为群众办理事项6000余件。参照市《“一窗受理”行政审批制度方案》及其他地区做法，结合临朐实际，制定出台《临朐县“一窗受理”集中行政审批服务改革实施方案》。制定出台《临朐县2017年降低实体经济企业成本实施方案》，认真做好降成本“711专项行动”调度工作，按时按质完成上级各项任务，全年共为企业降低成本9.1亿元。提炼总结在能源综合利用方面降成本典型，形成“临朐县坚持四个强化、聚力循环经济促进企业降成本”典型报告，典型材料被市里全文转发。

（陈　敬）

## 电子政务

【政府门户网站】　2017年上半年，组织23个部门的政府网站打包进行信息安全等级保护测评，节省年度测评费用85.1万元。9月，根据《国务院办公厅关于印发政府网站发展指引的通知》（国办发〔2017〕47号）要求，完成僵尸网站清理整合工作，共关停网站22个。

【协同统一办公平台】　按照分批次集中培训、加强督导考核等方式推进无纸化办公应用。2017年，全县进驻协同统一办公平台单位共计148个，个人用户3816个，累计收发文件3.5万余份，平均每天正常在线用户达1000余个。

【电子政务网络整合延伸】　按照《临朐县网上政务服务向镇（街、园、区）和社区延伸工作实施方案》相关要求，基于县电子政务网络开展向社区延伸工作，本着安全、稳定、统一的建设标准，制定政务网络延伸的技术方案和实施计划。2017年10月，实现89个社区的政务网络连通工作，构建起出口带宽达1G、到桌面接入带宽50M的省、市、县、镇、社区五级互联互通电子政务网络。

【政务信息资源整合共享】　2017年9月，在全县开展政务信息资源目录梳理编制工作，共规范编制政务信息资源目录1060个，信息项数12370个，实现与市级政务信息资源共享交换平台对接。利用潍坊市政务信息资源共享交换平台开展部门间数据共享，全年梳理共享目录1050条，完成内部共享交换业务量20余万条，向社会开放数据2608条。（付欣秀）

## 行政审批

【概况】 2017年，共办理各类许可服务事项13000余件，按期办结率100%。完成招标采购类项目324次，交易额16.46亿元，同比增长136%，节支率5.1%；挂牌出让类项目8次，交易额10.03亿元，溢价率34.2%。

【优化审批流程】 先后对31个市、县重点投资建设项目实行模块化审批，节省42个工作日，审批效率提高60%。对7个重点投资项目进行无偿代办，对4个重大项目开辟审批绿色通道。

【提供贴心服务】 编制发布《临朐县建设工程项目审批流程图》，为企业办理审批手续提供明晰易操作的服务指引。在中心大厅建立“二维码”扫码墙，实现免费“Wi—Fi”全覆盖，群众可以通过手机扫描二维码快捷查询相关事项办理流程，通过手机实现业务网上申报。与中国邮政速递公司签订“政务服务邮寄送达”战略合作协议，实现“线上线下申报，结果快递送达”目标。

★方便、贴心的“码”上服务（供稿：张林 付廷利）

【提升群众满意度和获得感】 对所有通过“山东省政务服务网”办理的13000余件业务，采取委托第三方机构电话回访的方式进行全覆盖回访。对回访结果进行整理统计，将统计报告发至窗口单位并在网上公开。对回访不满意和基本满意的样本，会同业务窗口上门走访，征求意见建议，制定措施抓好整改；对整改落实情况采取发短信、信函等方式进行再回访，做到群众满意“百分百”。在2017年度全省群众满意度电话测评中，临朐县政务环境群众满意度居全市第二位。

【持续推进“互联网＋政务服务”】 对全县13处镇（街、园、区）和89处农村（城市）社区的公共服务事项进行全面梳理，筛选出与农村群众生产生活密切相关的农业生产、社会保障、民政救济、卫生计生、户籍管理六大领域82项镇级和55项社区事项，录入市“行政权力事项动态管理系统”，搭建起镇街和社区两级公共服务事项库。组织编制《全县镇（街、园、区）和社区服务事项目录清单和服务指南》，通过网站公开向社会发布，方便办事群众查询。

委托浪潮集团，为各镇（街、园、区）和社区全部建成网上政务服务大厅，为基层群众和企业提供网上申报、办事查询、结果公示、业务咨询、监督投诉和服务指南查询下载等多项服务，实现网上政务大厅与实体便民服务中心的无缝隙连接，部分事项实现办事“零跑腿”或“最多跑一次”。

在实体便民服务大厅，严格落实服务承诺、首问负责、一次性告知和限时办结等制度，每件业务的办事环节责任到人。在网上服务大厅，实施办事服务“红黄牌制度”，通过电子监察系统，对业务受理、审批、办结、发证等各个环节实施全程监督和追责，办事超期和违规审批等现象得到有效遏制。2017年，镇街和社区两级政务服务平台共受理群众网上申报业务3000余件。

【深化公共资源配置改革】 取消大部分纸质交易文件，通过电子交易平台公开发布信息1100

★ 便民服务大厅　　（供稿：张　林　付廷利）

余条，为投标企业节省标书购买、印刷等费用 80 余万元。严格界定保证金收取范围，除法律法规明确规定外，严禁以任何名义向投标企业收取其他保证金，收取比例严格控制在最高 2% 以内。拓宽保证金缴纳渠道，推行供应商以银行保函等方式缴纳保证金试点。对所有进入中心交易的项目不收取任何进场费用。先后合并、缩减交易流程 8 项，减少需提交资料 16 份，交易办理时限压缩 10% 以上。

改变传统人到现场为主的招投标模式，全面推行网络化、电子化办公。中心交易报名、收退保证金等环节全部实现网上操作，交易信息全市联网共享，交易业务信息化管理率达到 100%。全年共为代理机构、投标单位节约差旅食宿等费用 150 余万元，实现“企业少跑腿、不跑腿，信息多跑路、全跑路”目标。

先后投资 20 余万元，将取消现场报名后闲置的公共资源交易受理区改造为评标室及专家等候室，并对音视频监控设备进行改造，达到 1080P 的录制标准。新增 LED 显示屏，购置电脑、打印机、投影仪、办公家具，配套饮水机等服务设施，进行网络升级。升级改造后拥有 2 个开标室、3 个评标室、1 个专家等候室和 1 个监控室，初步实现交易场所规范化、标准化。

（张　林　付廷利）

## 史志工作

【志书编纂与出版】　《临朐县教育志》。2017 年 4 月，《临朐县教育志》编纂工作正式启动，协调方志出版社潍坊工作站全程进行业务指导、培训。截至 12 月底，完成资料搜集整理 30%。各镇（街、园、区）教育志及县直学校校志同步启动。

《临朐县金石志》。2017 年，启动编纂《临朐县金石志》，对境内的铭文、碑刻等进行搜集整理，已做拓片 300 余张。

《中华五镇志》。2017 年，发起《中华五镇志》编纂工程。与霍山、会稽山、吴山、医巫闾山四大镇山所在地史志部门或风景区管委会进行沟通对接，达成临朐县史志办牵头共同编修《中华五镇志》的共识。

《粟山村志》。2017 年 12 月，《粟山村志》由方志出版社出版发行，主编刘远顺。全志共 57 万字，上限为事物发端，下限为 2014 年，设村情要览、大事记、建置环境、人口、村务管理、新村建设、产业发展、公共服务、风土民情、人物、附录等 11 部分，以翔实的资料，全面系统地记述粟山村的历史文化、经济社会发展变化。

【年鉴编纂与出版】　2017 年 7 月，启动《临朐年鉴（2017）》编纂工作。邀请市史志办专家对全体参与组稿人员进行业务培训。注重稿件质量，实行分工修改、交叉修改等多种方式，提高编纂水平。

【方志馆建设】　2017 年，临朐县方志馆建设纳入临朐县文化中心总体规划，完成所用土地拆迁等工作。

【开发利用】　发挥“临朐史志”微信公众号作用，突出历史文化特色和史志动态，扩大史志工作影响力。全年推送文章 30 余篇。

录制口述历史节目。2017 年，联合县电视台录制乡村记忆及红色记忆专题片 3 期。

服务美丽乡村和旅游工作。2017 年，指导傅家李召村史馆、隐士村史馆建设，参与寨子崮等乡村旅游工作。

开展史志进基层活动。2017年，为村（社区）、部门、学校、企业等赠送《临朐县志（1840—1987）》《临朐县志（1988—2000）》《临朐村镇志略》《冶源镇志》《粟山村志》等各类志书200余套。（李海玲）

## 人事工作

【人才队伍建设】实施博士、硕士集聚工程，鼓励支持各行业特别是企业大力引进博士、硕士研究生，全职引进博士研究生4人、硕士研究生45人。实施专业技术人才提升工程，创新专业技术人员继续教育方式，首次采取网上学习、在线考试的形式，培训13794人。加大人才评选力度，配合县委组织部等部门制定《临朐县优秀会计人才选拔培养和管理办法》《临朐县名中医工程实施方案》等文件，评选表彰临朐县优秀会计人才15名，临朐名中医10名。实施海内外柔性引智工程，先后利用外国专家智力12人次。根据市、县政府安排，牵头开展全县人才供需调查，共调查单位708家。加大人才工作宣传力度，《临朐县三大工程力促人才强县战略实施》等稿件被市委、县委采用，营造尊重人才、鼓励创造的良好氛围。

【职称评聘】制定专业技术职务评聘实施方案，指导用人单位组织待聘人员和符合申报条件人员进行竞争推荐。全年共核定竞聘岗位614个，推荐871人参加职称评审，办理按期定职106人。完善事业单位岗位设置，对机构、职责、人员等发生变化的安全救援指挥中心、学前教育研究中心等9家事业单位进行岗位设置，对机关、事业单位工勤人员按照岗位设置进行聘任，实现与岗位设置的有机衔接。

【机关事业单位人事管理】公务员录用及登记。2017年，全县计划考试录用公务员76人，实际录用76人。11月，对64名公务员进行登记。

事业单位公开招聘。按照省、市统一安排，组织事业单位公开招聘，招聘各类人员108人（其中综合类59人，卫生类49人）。协助县卫计局做好公立医院工作人员公开招聘工作，共招聘81人；协助县委组织部做好县直部门（单位）公开遴选工作及从在岗选聘大学生村官中考核招聘事业人员工作，共选聘29人；协助财政局做好优秀会计人才选拔工作及委派会计招聘工作，共选拔4人。

人员调配。2017年，共调配干部职工316人（其中干部303人、聘干5人、工人8人）。

档案管理。接收新考录公务员、事业单位工作人员、军转干部等人员档案306卷，并将有关信息录入数据库，补充完善档案索引。做好干部人事档案管理日常工作，转递档案568卷。

【工资福利】完成调整基本工资标准与增加离休人员离休费工作。2017年，共为1968名机关单位、314名参照管理单位和13561名事业单位在职人员调整基本工资标准，为109名离休人员增加离休费，按照规定全部兑现待遇，自2017年1月起执行。

推进全县机关事业单位按年度考核正常增加工资工作。2017年，共为332名机关工作人员晋升级别，217名工作人员晋升档次，为13130名事业工作人员增加薪级工资。

完成员额法官、检察官工资制度改革。7月中旬，为全县符合条件的42名员额法官、29名员额检察官完成基本工资套改工作。8月初为员额法官、检察官和司法辅助人员核定2017年度绩效考核奖金总量，并下达总量通知。

做好到龄人员退休手续办理工作。2017年，共为520名达到退休年龄人员办理退休手续。为281名任教满三十年的退休教师、81名独生子女户退休人员发放一次性退休补贴。

【军转安置】2017年，军转干部安置工作以公开、公平、公正为原则，采取考试与考核相结合的方法，共接收军队转业干部7人，其中自主择业4人、计划安置3人。

【退役士兵接收安置】2017年，全县共接收退伍义务兵133人，复员士官188人。为2016年秋冬季退役的自主就业退役士兵330人发放自主就业一次性经济补助金972.5万元。符合政府安排工作条件的退役士兵，采取文化考试与档案考核相结合的安置方式，根据考试考核成绩由退役士兵自主选择单位。全年共安置符合政府安排工作条件的退役士兵7人，其中安置到事业单位3人，中央、省属企业单位4人，发放待安置期间最低生活保障金2.1万元。

【退役士兵安置和权益保障政策落实】 按照上级统一部署要求，通过查阅原始档案资料，实地到公安、人社等部门调阅信息等方式，完成1978年以来符合政府安排工作条件的3400余名退役士兵信息采集、数据核实上报工作。做好退役士兵安置和权益保障政策落实工作，7月20日，按期完成“清零”任务。共落实公益性岗位1347人，为30户退役士兵家庭落实保障性住房，为符合条件的30名退役士兵家庭按程序落实低保或临时救助，审核通过符合条件的6名退役士兵报名参加高等职业教育考试手续，为符合“市2条政策”的1166名退役士兵落实待安置期间生活补助金和自谋职业金609.5万元，对符合政府安排工作条件的退役士兵社保信息逐人进行核查、分类，按政策落实补缴，保障退役士兵相关权益。

【军休干部休养服务】 按照国家有关政策规定，落实军休干部政治待遇和生活待遇，维护军休干部合法权益。2017年度接收2名病退士官。在落实医保政策上，按照上级文件规定，经县政府批准，自4月份起，离休干部及其家属遗属、二等乙级以上革命伤残军人享受临朐县机关离休干部同等医疗待遇，医疗费按照规定实报实销；退休干部比照机关退休公务员参加基本医疗保险、大额医疗保险，享受同职级退休公务员的医疗待遇。实行军队退休干部医疗补助制度。

【优抚】 烈士、牺牲、病故抚恤。2017年，全县享受烈士遗属、因公牺牲军人遗属、病故抚恤待遇的家属132人，按国务院、中央军委发布的《军人抚恤优待条例》和民政部、财政部规定的抚恤标准进行抚恤。全年共发放“三属”抚恤金240.9万元。

残疾抚恤。2017年，全县共有伤残人员651人，其中残疾军人639人，伤残国家机关工作人员7人，伤残人民警察4人，伤残民兵民工1人。全年共发放残疾抚恤金1262.9万元。

定期定量补助。2017年，全县共有领取定期生活补助金的在乡复员军人295人，带病回乡退伍军人1673人，参战退役人员520人，参加核试验退役人员145人，部分烈士子女191人，60周岁以上农村籍退役士兵5157人，全部实行定期定量补助。全年共发放补助款2711.5万元。

义务兵优待。2017年，全县539户享受义务兵家庭优待金，共发放优待金835万元。

（何　琼　刘世忠　王光芹）

## 智慧临朐建设

【概况】 2017年，县智慧城市建设管理中心坚持“实用、管用、好用”的方针，继续开展基础信息、智慧政务、智慧民生、智慧产业四大体系建设。3月，综合信息处理中心工程被评为省计算机成果应用二等奖。9月，被确定为省级首批政务信息资源目录编制试点。

【基础信息】 2017年，通过扩容及内网组建工作，完成智慧园区云服务平台项目，云中心机房存储能力达到220T，内存达2496G，建成高安全性、高扩展性业务内网。10月，完成89个社区的电子政务外网延伸工作，实现省、市、县、镇、社区五级互联互通，全县140个部门（单位）、13处镇（街、园、区）、89个社区共享一条互联网出口线路，为政务服务向基层延伸奠定坚实基础。

【公共信用信息平台】 将企业、社会组织、个人等数据信息进行聚合，构建面向社会公众、企业、金融部门、信用服务机构和政府机关多层次、多形式信用信息应用的系统性支撑平台。2017年，平台累计信用数据65万余条，向公众推送双公示信息8000条、联合惩戒信息4000条，促进了财政、国税、地税、市监等部门的信用信息共享，进一步优化提升营商新环境。

【信息化建设服务】 根据食安临朐、智慧旅游建设等工作需求，整合食堂餐饮、景区安防、政府机关等共计450多路视频监控，推进视频系统资源整合、统一平台、统一管理、统一应用。（付欣秀）

## 后勤服务工作

【物业服务】 通过公开招标方式，实现县委、县政府、纪委、政法委、组织部、宣传部、创业大厦等机关办公区物业管理、安全保卫、环境卫生管理整体外包，全面实现物业管理社会化、市场化。理顺机关办公区与住宅区水、电管网，成立业主代表委员会，逐步推进县委住宅区、县政府住宅区物业管理社会化、市场化。结合机关事务管理工作实际，明确物业公司在物业管理、安全保卫、环境卫生、会议服务等方面的服务标准，建立健全监管考核制度体系，定期监督考核，确保物业管理外包后的服务质量。

【基建房产】 对县委办公楼、县委大会议室、组织部办公楼楼顶及两机关家属区11栋家属楼楼顶进行防水大修，共计10886平方米。将县政府住宅区1号楼北侧绿地、6号楼与7号楼中间绿地改造为绿地停车位，整修面积约2500平方米，新增89个停车位，规范车辆停放，改善家属区居住环境。对县委家属区路面进行统一整修，重新铺装水泥砖850平方米，水泥浇筑地面650平方米，方便住户出行。在县委、县政府、创业大厦等办公区设立共享汽车站点。

【安全保卫】 建立健全联动机制，与信访局、公安局及胜洁物业及相关责任单位处置上访事件20人以上36起1028人次，20人以下29起319人次，10人以下212起487人次，保障机关正常工作秩序。加强消防管理，更换充粉消防器材灭火器150余个。严格落实反恐怖和安全隐患排查，保障中共十九大期间安全稳定。认真做好机关户籍管理，办理户口变动手续30人次，查询户籍人口50人次。加强机关进出人员管理，办理县级机关公务人员出入证1000余张。

【环境卫生管理】 强化绿化苗木管理，及时施肥、除草、修剪、防治病虫，定期更新花草树木，做到植物生长良好无死树、修剪造型整齐无枯枝。按照星级管理标准，健全卫生保洁制度，狠抓环境清洁和卫生管理，营造优美、舒心的工作环境。

【食堂管理、三费收缴和会务保障】 抓好机关食堂管理，为县直多家单位提供午餐就餐服务。做好收费工作，全年代收机关办公区和住宅区水、电、暖等费用60余万元。做好县委大会议室、县委常委会议室的会议服务保障工作，全年共服务大型会议400余次。

【公共机构节能】 在全市范围内率先完成2015年、2016年能耗信息补录及2017年各季度能耗信息上报工作，上报率达100%。完善公共机构名录库建设，将141家公共机构纳入能耗统计系统。6月，组织开展公共机构节能宣传周活动，围绕“节能有我，绿色共享”宣传主题，在全县公共机构中开展“节约能源资源，促进生态文明建设”活动，引导和带动全社会营造节能减排的良好氛围。

【创业大厦物业监管】 加强对创业大厦中央空调、电梯、消防设备、监控设施的检修、维修、保养等工作的监管，整体更换创业大厦消防水箱及阀门，保养维护中央空调机组，消防灭火器充粉220支，安装消防应急灯60支，确保各项设施正常安全运行。对创业大厦楼外广场地面统一进行整修，与有关部门积极协调，对观光电梯项目进行招标、施工。

【公车改革】 做好集中管理车辆的管理调度工作，先后集中保障全省脱贫攻坚会、窗博会等大型活动40余次，安全出车1600余次，安全行车总里程60余万公里，做到服务到位，保障有力。建立健全公务用车管理各项制度规范，严格实行保险、维修、加油“三定点”制度，确保规范用车。对定点汽车租赁服务项目进行重新招标，做好车辆租赁服务日常监管工作。按照省、市、县文件要求，落实公务用车标识喷涂工作。

（魏长起　陈　欣）

# 政协临朐县委员会

## 综　述

【概况】　2017年，新一届县政协委员会围绕县委、县政府的中心工作履行职能，树立“团结和谐、民主协商、活跃活泼、奋进有为”新形象，各项工作有序、有效推进。在市以上新闻媒体发表稿件116篇，其中《高点站位协商 精准建言推动 临朐政协助推“旅游富县”战略实施彰显作为》在《联合日报》头版头条刊发。

【理论学习】　坚持把强化理论武装、提高政治站位放在首要位置，坚持党组会议、主席会议、常委会议专题学习制度，全面学习贯彻中共十八大、十八届历次全会和中共十九大精神，深入学习贯彻习近平新时代中国特色社会主义思想、中共中央和省市县委关于人民政协工作的决策部署。中共十九大召开后，通过学习研讨交流，迅速兴起学习宣传贯彻热潮，全面把握，突出重点，学深悟透，融会贯通。举办政协委员履职能力提升培训班，就新形势下统一战线工作、人民政协发展历程、市县党代会精神以及政协工作知识进行集中培训，增强委员履职意识。选派40多名政协委员和机关干部赴中山大学、复旦大学等名校学习培训，提高政治素养和业务素质。赠阅《政协委员手册》和“一报两刊”，为委员了解时事政治、加强理论学习搭建载体、创造条件，夯实履职尽责的工作基础。

【建言献策】　围绕县委、县政府确定的“一二五六”思路举措，选择党政重视、社会关注的课题，改进调研、视察方式，先后就检察院侦查监督工作、美丽乡村建设、农业标准化生产、“中小学幼儿园三年行动计划”实施情况、书画产业发展等重点工作，组织开展协商议政活动，积极建言献策。形成的调研报告，立足临朐县实际，本着可行性和可操作性原则，提出具有针对性、前瞻性的意见建议。围绕美丽乡村建设，召开专题议政协商会议，从抓好环境整治、打牢建设基础，注重乡土味道、凸显建设特色，整合资源、提升建设水平，立足产业支撑、健全完善长效机制等方面提出建议。就“中小学幼儿园三年行动计划”实施情况，在组织视察的基础上，召开专题协商座谈会，提出有针对性的意见建议。配合市政协有关专委会，对品牌文化建设、宗教场所规范化管理与使用、两岸共建特色小镇等课题开展联动调研、视察。

【政协提案】　政协第十届一次全委会议期间，广大政协委员紧紧围绕县委、县政府决策部署和人民群众普遍关心的热点难点问题深入调查研究，积极建言献策，全年共提交提案157件，立案142件，确定10件重点提案。

【履职为民】　践行“人民政协为人民”理念，努力为民建言，助力民生改善，推进社会各项事业发展。改进考察、评议、反馈等各个环节工作，做到考察深入、评议科学、反馈及时、建议可行，提高民主评议工作效果。组织政协常委从依法行政、部门作风、务实创新、执法为民、提案办理情况等5个方面对县人社局、国土资源局、文化广电新闻出版局等6个部门工作进行民主评议，评议结果报送县委、县政府，并及时向被评议部门反馈，推动相关部门工作开展、作风转变。先后选派政协委员97人次，全程参与招投标、听证会等监督活动。召开全县政协系统信息工作会议，举办反映社情民意信息工作专题培训，健全社情民意信息工作网络，增强信息工作的针对性。全年整理上报信息128条，内容涉及城市建设管理、服务业发展、公共设施配套、公共事业发展、机关效能建设、节约型机关建设等方面，被市以上政协采用32条，被市政协评为“信息工作先进单位”。

【文史资料征辑】 充分发挥文史工作“存史、资政、团结、育人”作用，广辟征集渠道，扩大征集线索，丰富征集内容，精心做好《临朐记忆·工业篇》等文史资料的征集、整理工作；高质量完成市政协《潍坊志愿军官兵回忆录》，省政协《记忆山东》系列《记忆沂蒙》和《记忆齐长城》相关文史资料的征集报送任务，共提供稿件52篇、16万字。编辑出版临朐《文史资料选辑》第二十七辑，被省政协评为优秀文史书刊二等奖。

【社会公益事业】 引导政协委员做好助力脱贫攻坚各项工作，发挥政协委员岗位优势、人脉优势，扎实开展生活帮扶、岗位帮扶、产业帮扶，在如期完成脱贫任务中体现政协担当，展示政协委员力量。先后组织开展以“脱贫攻坚送爱心，政协委员送医诊”“委员进校园，爱心献儿童”“九九重阳节，浓浓敬老情”为主题的扶贫济困、捐资助学、尊老助残、“三下乡”等社会公益活动，累计捐款160余万元。

## 重要会议

【县政协第十届一次全委会议】 2017年1月18日至21日，县政协第十届一次全委会议召开。出席会议的县政协委员269人，缺席10人。驻临省政协委员、市政协委员列席会议。会议听取县委书记顾建华代表中共临朐县委作的讲话；听取并审议县政协主席赵永娟作的九届县政协常委会工作报告和副主席刘学海作的提案工作报告；列席县人大十七届一次会议，听取并协商讨论县政府工作报告和其他有关报告。会议选举赵永娟为十届县政协主席，刘学海、倪若强、白雪峰、许佃永、于文瑞、傅廷国为副主席，选举产生52名常委。审议通过大会决议。

【县政协第十届一次常委会议】 2017年3月2日，县政协第十届一次常委会议召开。会议传达省政协十一届五次会议、市政协十三届一次会议精神；审议通过《政协临朐县委员会常务委员会关于加强自身建设的意见》；审议通过《政协临朐县委员会常务委员会工作规则》；审议通过《政协临朐县委员会委员履职工作规则》；审议通过《政协临朐县委员会委员履职考核暂行办法》；审议通过《政协临朐县委员会2017年工作要点》；审议通过有关人事事项。

【政协第十届二次常委会议】 2017年7月5日，政协第十届二次常委会议召开。会议传达省第十一次党代会精神、市政协十三届二次常委会议精神；听取县人社局、国土资源局、文广新局工作情况汇报，并进行民主评议；审议通过《关于全县美丽乡村建设情况的调研报告》；审议通过《关于全县农业标准化生产情况的调研报告》；审议通过《政协临朐县委员会常务委员会关于授权主席会议对违纪违法政协委员及时作出处理的决定》；审议通过有关人事事项。

【政协第十届三次常委会议】 2017年10月11日，政协第十届三次常委会议召开。会议听取县政府关于2017年以来提案办理情况和全县经济社会发展情况的通报；传达全市政协工作座谈会精神；传达市政协十三届三次常委会议精神（书面）；审议通过《关于临朐县工业发展情况的调研报告》；听取县政协有关专门委员会工作情况汇报。

【政协第十届四次常委会议】 2017年11月16日，政协第十届四次常委会议召开。会议传达学习中国共产党第十九次全国代表大会精神、市政协十三届四次常委会议精神和中共临朐县委十四届四次全体会议精神；审议通过《政协临朐县委员会关于学习贯彻中共十九大精神的决议》。 （李富华 王 刚）

## 高点站位协商 精准建言推动
## 临朐政协助推“旅游富县”战略实施彰显作为

（《联合日报》2017年5月3日 第1版）

“紧紧围绕‘旅游富县’战略实施，组织开展全域旅游发展情况专题视察，围绕国家全域旅游示范区创建，就深化旅游综合改革、加快重点项目建设、强化宣传营销等建言献策……”近日印发的临朐县政协2017年工作要点，又一次吹响了助力旅游业发展的“集结号”。

临朐历史悠久，风光秀美，文化底蕴深厚，旅游资源丰富，有大汶口、齐长城等古文化遗址688处，有十六位帝王登封过的国家AAAAA级景区东镇沂山、七十二大名泉之一的老龙湾、有小华山之称的嵩山、堪与香山红叶媲美的石门红叶……如何将资源优势转化为产业优势、经济优势，打造临朐旅游的“金字招牌”和富民强县的支柱产业？这既是县委、县政府研究探索的问题，也是县政协履职建言的重点。近年来，临朐县政协始终坚持高点站位、持续发力，紧扣助力旅游业转型升级、提质增效出实招、谋良策，先后报送调研报告6篇，提交提案31件，进行大会发言3次，在推动全县旅游业健康快速发展中贡献了政协智慧、体现了政协担当。

### 深入调研，助力打造旅游发展高地

长期以来景区“小弱散”、有群山无高峰是制约临朐旅游发展的瓶颈之一。县政协紧紧抓住这个“牛鼻子”，充分发挥人才荟萃、智力密集的优势，组织开展专题调研2次，并在县政协九届二次会议上进行大会发言，提出了理顺景区管理体制、提升核心景区竞争力、加大宣传推介力度等建议，报送的建言成果得到县委主要领导高度重视。

县委、县政府在深入调研论证的基础上，探索改革景区管理体制，成立沂山风景区、嵩山生态旅游区、老龙湾风景区三个管委会，将周边相关范围划归景区统一管理，一体开发，扩大景区规模、增强发展后劲；累计投资57亿元，以“三山两园一谷”为重点，先后组织实施了突破沂山、老龙湾综合开发、石门坊改造提升、山旺国家地质公园改造提升、嵩山大开发等重点项目，景区档次和竞争力显著提升；充分利用对接服务、媒体推介、节会宣传等扩大营销的同时，推出歌曲《沂山谣》，制作历史动漫剧《赵匡胤沂山伐韩通》，编制《沂山志》，全方位、多层次加大沂山宣传力度，扩大了景区知名度。据不完全统计，全县接待游客、旅游总收入年均增长分别达到21.3%和13.9%。

### 广泛协商，促进乡村旅游蓬勃兴起

“发挥人才优势、界别优势，深入调研论证，积极反映民意，为打造‘乡约临朐’特色乡村旅游品牌提供科学依据。”县政协敏锐把握乡村旅游发展的时代脉搏，明确任务定位，迅速跟进行动，以调研视察为主体，以委员提案、反映社情民意信息为支撑，组织开展了有关部门、政协委员、广大群众广泛参与的大协商活动，围绕搞好规划、突出特色、完善基础设施、加大支持力度、规范管理服务等方面提出了40多条有价值的意见建议。

县委、县政府采纳落实政协建议，制定出台了加快乡村旅游发展的意见，编制了乡村旅游发展总体规划和16个子规划，构建起“一轴双核四带五大组团”的旅游格局；县财政每年安排专项资金700万元，重点支持乡村旅游发展；先后开发建设了揽翠湖温泉度假村、宋香园生态世界以及隐士、福泉、北黄谷、上寺院、牛寨、寨子崮、蒋峪大集等乡村旅游项目；采取“公司＋合作社＋农户”“公司＋农户”“合作社＋农户”等模式，拓展和提升“农家乐”发展水平；以省级乡村旅游培训基地为依托开展2期专题培训，组织18人赴台学习先进经验，为乡村旅游提供了人才支撑。截至目前，全县拥有国家级特色景观旅游名镇1个、省旅游强镇4个、国家级古村落等乡村旅游专业村10个、星级农家乐30多家，先后被评为全国休闲农业和乡村旅游示范县、山东省乡村旅游示范县。

## 精准建言，推动构建全域旅游格局

2016年2月临朐县被国家旅游局确定为全域旅游示范区创建单位，引起政协委员的广泛关注。刘福亮委员在深入调研、广泛论证的基础上，提交了“关于打造临朐‘旅游+’模式”的提案，提出了“将旅游业发展与生态、文化等优势产业融合，拓宽旅游发展空间，延伸产业链条，打造‘全景式’旅游版图”的建议。提案交办后得到县委、县政府及有关部门的高度重视，在制定出台的《关于深入实施“旅游+”三年行动计划推进全域旅游创新发展的意见》中充分吸收采纳。

“旅游+”三年行动计划实施半年来，有效推动了旅游业与各类产业的深度融合，初步形成了全域旅游、全景临朐的发展格局。农业方面，大力发展农业观光、农事体验、乡野拓展、乡村度假等多种乡村休闲业态，建成休闲农业与乡村旅游示范点109处、乡村休闲旅游农庄8处；工业方面，组织游客通过零距离体验，了解制作工艺，展示规模化生产基地，开展工业旅游、产品团购等活动，已建成省级工业旅游示范点3个；文化方面，发挥“书画之乡”“小戏之乡”“奇石之乡”的优势，以奇石、雕塑、红木工艺、临朐手绘年画四大特色文化产业为重点，打造形成高端文化旅游聚集区6个。据了解，今年该县将进一步组织实施“旅游+健康养老”和“旅游+美丽乡村建设”行动，重点打造4个养生养老休闲度假基地、6个全域旅游示范镇和30个示范点，深入推进全域旅游创建工作开展。

（李富华　林绍海）

# 中共临朐县纪律检查委员会

## 综　述

【概况】　2017年，全县各级纪检监察组织围绕推动全面从严治党向基层延伸，聚焦监督执纪问责，忠诚履行党章赋予的职责，党风廉政建设和反腐败工作取得新进展、新成效。县纪委被授予“2017年度市级文明单位”“全市党风廉政新闻宣传工作先进单位”“全市纪检监察网络舆情和评论工作先进集体”。

【压实责任】　建立党风廉政日常考核台账，定期加强对各镇（街、园、区）和县直部门（单位）的调度、考核。2017年初，由13名县领导带队对各镇（街、园、区）和13个县直部门（单位）主体责任落实情况进行重点检查，对发现的问题督促抓好整改。责任清单明确责任。协助县委分类制定《2017年度党风廉政建设责任书》，以责任清单的形式将“两个责任”工作任务细化，督促各级层层签订责任书，形成上下贯通、层层负责的责任落实链条。完善机制传导责任。合理设置各项任务分值和加减分因素，发挥好考核指挥棒作用。下发《关于突出重点切实做好2017年纪律审查工作的通知》，突出考核导向，传导履责压力。“一案双查”问责追究。认真落实《中国共产党问责条例》，对未能正确履行党风廉政建设责任的领导干部，严格按照责任追究规定作出严肃处理。

【执纪审查】　2017年，全县各级纪检监察组织立查党员干部违规违纪问题465起，给予党政纪处分475人，把握运用监督执纪“四种形态”处理3357人，第一至第四种形态分别为2873人、389人、44人、51人。开展“三无一优”创建，提高纪检信访处置工作水平。深化农村财务社会化审计，全面推行纪检监察信访双向承诺，持续在全县纪检监察系统组织开展以无越级集体访、无重复访、无应诺未诺访、评选信访优质案件为主要内容的“三无一优”创评活动，解决查而不服、查而不结等难题，夯实工作基础，减少负面信访存量。创新工作方式，推动执纪审查向纵深发展。深化三个“1+1”纪律审查工作机制，即1名执纪办案能手帮带1名业务相对生疏的干部、1名县纪委常委联系1个派驻纪检组、1名班子成员联系1个镇街纪（工）委，构建起横向到边、纵向到底、上下联动的执纪审查新格局。发挥反腐败协调小组的作用，加强横向、纵向联系配合，注重从公安、检察、工商、国土、物价等行政执法部门搜集案件线索，全年梳理排查问题线索331条。

【纠正“四风”】　调整智慧监督平台手机端、电脑端用户，充实完善监督平台中党员监督、公职人员监督、公车监督和履职监督等四个数据库信息，利用廉政临朐智慧监督平台，对党员干部公车私用、公款吃喝等违反作风建设规定的行为进行适时监督、现场取证，提高监督科技化水平，增强监督实效。平台共提供信息查询、比对18.3万余次，受理现场监督取证资料2700余份，通过远程调度指挥调查“四风”等问题举报16件。开展常态监督。结合“作风建设年”活动，制定《驰而不息纠治“四风”工作方案》，建立县级明察暗访人才库，突出节假日等重要时间节点，依托廉政临朐智慧监督平台，组织开展常态化明察暗访和交叉暗访42次，检查单位1800余个次，查处违反中央八项规定精神问题44起，处理责任人66人，持续释放越往后执纪越严的强烈信号。结合“双城”创建、环保督察等县委、县政府重点工作，抽调专人成立督察组，采取现场监察、明察暗访、查阅资料等方式，开展专项督查113次，对41名履责不力的领导干部实施问责。严肃查处侵害群众利益的不正之风和腐败问题。围绕精准扶贫脱贫、农村“三资”管理、涉农优惠政策落实、土地违法违规征用和农村食品药品安全等领域，开展专项正风肃纪，严肃查处侵占挪用、克扣抢占等侵害群众利益问题135起，给予党政纪处分113人。

【教育监督】 开展党性党风党纪宣讲活动36场次，组织全县200余名正科级党员领导干部参加德廉知识学习集中测试，在县内新闻媒体刊发“纪律在身边”学习专栏66期，编印4000余册印有作风建设制度规定等内容的《廉政与勤政》笔记本并组织创作廉政年画挂历，把纪律教育送到党员干部身边。组织开展廉政书画笔会、廉政采风、反腐倡廉成果摄影展为主要内容的“清风颂清廉、喜迎十九大”廉洁文化系列活动，向全县干部群众传递“廉政好声音”。紧盯春节、五一、中秋等时间节点，通过下发文件通知、编发微信重申纪律要求等方式，提醒党员干部持续紧绷“作风弦”。组织开展巡察监督。突出政治巡察定位，制定《县委巡察工作实施办法（试行）》等制度规定，建立巡察工作组长库、人才库，从巡察人才库中抽调25人组建巡察干部队伍，成立5个巡察组，完成2轮对17个党组织的常规巡察和1轮对55个党组织的巡察督导，巡察期间受理来信来电来访145次，进行个别谈话1429人次，查阅各类资料17080件，发现重点问题570个，问题线索190个，给予党纪处分17人，移送司法机关4人，巡察工作的反腐利剑和震慑、遏制、治本作用得到初步显现。

【纪检队伍建设】 结合“作风建设年”活动，在全县纪检监察系统开展以“争创一流政治机关，争创一流工作业绩”为目标，以“精细管理、精准站位、精确履职”为主要内容的“精准创优”工程。加强干部教育培训管理。加大培训教育力度，先后举办监察干部综合能力提升培训班2期、培训97人；组织开展“干部夜校”暨“业务大讲堂”学习39次，提升纪检监察干部的素质和能力。加强对“三转”落实情况的监督检查。巩固和深化“三转”成果，分别对2名“三转”落实不到位、4名履职不力的镇街纪（工）委书记进行警示谈话和约谈。加强内部监督。建立重点工作督查制度，加强对工作的全程监督。研究制定《全县纪检监察干部外出报批制度》《个人事项报告制度》和《关于在委局机关和派驻机构开展家访活动的通知》，组织“扬清廉家风、建廉洁家庭”家庭助廉活动，加强对纪检监察干部日常从政行为和“八小时”以外生活行为的监督，实现全员、全时、全程监督。

## 重要会议

【县纪委第十四届二次全体会议】 2017年2月21日，县纪委第十四届二次全体会议召开。县委、县人大、县政府、县政协领导班子成员，县法院院长，县检察院检察长出席会议。各镇（街、园、区）党（工）委书记、纪（工）委书记，县直各部门（单位）主要负责人、纪检组长（纪委书记）或分管负责人，副科级以上事业单位主要负责人，有关企业党委书记，县纪委委员，县纪委监察局机关、派驻机构副科级以上干部，县委巡察办副科级以上干部；部分县党代会代表和村（社区）党组织书记、纪检委员参加会议。会议主要任务：深入学习习近平总书记重要讲话、十八届中央纪委七次全会、省纪委十届八次全会、市纪委十一届十次全会、市十二次党代会和县十四次党代会精神，总结回顾2016年全县党风廉政建设和反腐败工作，安排部署2017年工作任务。全会强调：各级纪检监察组织要敢于创新、勇于担当，深入开展“精准创优”工程，不断提高思想政治工作水平和业务能力；持续深化“三转”，推进纪检监察机关内部体制改革；严格落实监督执纪工作规则，完善配套制度，把监督执纪的权力关进制度笼子；强化自我监督、自我净化，严防“灯下黑”，努力打造一支让党放心、人民信赖的纪检监察干部队伍，在全县树起严格自律的标杆。

【县纪委第十四届三次全体会议】 2017 年 11 月 11 日，县纪委第十四届三次全体会议召开。十四届县纪委委员出席会议，县委各巡察组组长，县纪委监察局机关、派驻机构副科级以上干部，未担任县纪委委员的镇（街、园、区）纪（工）委书记列席会议。会议的主要任务：学习贯彻中共十九大和十九届一中全会精神，传达学习省纪委十一届二次全会、市纪委十二届二次全会、县委十四届四次全会精神，对全县纪检监察系统学习宣传贯彻中共十九大精神作出全面安排部署。

【县级党政班子成员向县纪委全委会述责述廉会】 2017 年 2 月 27 日，县级党政班子成员向县纪委全委会述责述廉会召开。市纪委第四纪检监察室主任高崇华出席会议，县委书记顾建华主持会议并讲话。参加述责述廉的县级党政班子成员、县纪委委员出席会议。县级党政班子成员从遵守党的纪律情况、履行管党治党情况、廉洁从政等方面向县纪委全委会作述责述廉报告。县纪委委员对述廉对象进行现场询问和民主评议。会议强调，各县级党政班子成员要以这次会议为契机，严格落实管党治党责任，把纪律和规矩挺在前面，强化正风肃纪，认真落实党风廉政建设“一岗双责”的要求，促进两个责任落实到位；提高政治站位，始终坚持与党中央保持高度一致；提高责任意识，积极抓好分管范围内党风廉政建设，持续传导履责压力，推进主体责任落地生根；促进班子建设，通过自我剖析、查摆问题，不断增强班子的凝聚力、向心力和战斗力，推动我县各项事业向前发展。纪检监察机关要不断完善、改进述责述廉的方法和措施，切实发挥好述责述廉工作在强化党风监督、规范权力运行等方面的重要作用，推动述责述廉工作规范化常态化。

（窦振海　李永超）

# 社会团体

## 临朐县总工会

【概况】 2017年，临朐县工会工作以创先争优、走在前列为目标定位，坚持围绕中心促发展、突出主业抓维权、贴近职工搞服务的工作宗旨，各项工作取得新成效。县总工会被全国总工会授予“全国职工安全卫生消防应急知识普及优秀组织单位”称号，被市总工会授予“工会工作先进单位”称号。

【创新创优】 实施“提素质提技能、促创新促发展”工程。开展“沂山工匠”选树活动，全县8个行业、3万余名职工参与开展职工技术比武；大力弘扬劳模精神，召开全县庆“五一”暨劳动模范命名表彰大会，对40名县劳动模范、20个“工人先锋号”、10名“沂山工匠”进行表彰；组织劳模、工匠事迹报告团在县内作巡回报告6场。

★2017年4月28日，全县庆“五一”劳动模范命名表彰大会暨工匠精神报告会召开
（供稿：王承学　李兴华）

【主动维权】 宣传贯彻《山东省企业工资集体协商条例》，2017年建会企业工资集体协商建制率动态保持在96%。在6月21日全国总工会集体协商专项调研检查中，县总工会创新做法得到上级充分肯定。厂务公开、民主管理工作扎实推进，建立工会的国有和集体及控股企事业单位职代会制度、厂务公开制度建制率100%，非公企业建制率动态保持在95%以上，全县有100家企业建立规范有效的企业工会与行政沟通协商机制。全年共举办安全生产培训班89场次，组织各类应急演练426场次，排查整改各类安全隐患3628处。

【普惠服务】 2017年，全县工会系统筹集送温暖资金34万元，慰问困难职工320户。举办“就业援助月暨联名企上山下乡”活动，提供就业岗位2113个。开展金秋助学活动，共筹集资金3.1万元，资助15名困难职工子女上大学。在镇(街、园、区)设立职工服务站13家、规模以上企业“职工之家”164个。新创立“临朐工会家园”微信公众号职工服务平台，打造方便快捷的网上服务中心。持续做好会员服务卡办理及惠利职工项目，累计发放工会会员服务卡1.6万余张。为612人（次）给付互助金44万元，发放互助互济金11.8万元。

【组织建设】 贯彻落实省、市、县委关于推进群团改革的决策部署，研究出台《临朐县总工会改革实施方案》。开展“百日建会集中行动”，新建基层工会22家，发展会员8800人。

（王承学　李兴华）

## 共青团临朐县委

【政治学习】 开展“喜迎十九大”系列宣讲活动。围绕习近平总书记重要讲话精神宣讲157场，受教育团员青年达1.2万人；开展“红领巾心向党”“不忘初心跟党走”“我向习爷爷说句心里话”等主题团队日活动129次，6万余名师生参加；以“践行新思想 拥抱新时代”为主题组织生活会，400余个团支部、近3万名团员参与；各级团干部深入基层团支部和“青年之家”开展面对面宣讲交流137次；在“青春临朐”微信、微博开设“学习十九大”专栏，推送学习宣传贯彻中共十九大精神生动事例231篇次，点击量达7.5万人次。

★ 2017年5月3日，临朐县召开纪念中国共产主义青年团成立95周年暨激扬青春风采 助力临朐发展 投身“四个城市”建设青年企业家座谈会

（供稿：刘海龙　陈明阳）

【服务中心工作】 开展“到项目一线·看临朐发展”“激扬青春风采·助力临朐发展”等系列青年企业家观摩和交流活动；组织召开青年企业家座谈会和政企、银企对接会4次，收集共性问题30余件；深化“青年安全生产示范岗”创建活动，山东华建铝业集团有限公司被团省委、省安监局授予“青年安全生产示范岗”称号；探索政府购买社会服务扶贫模式，争取团省委扶贫资金6万元，实施“金晖助老”青春扶贫志愿者行动；以“希望工程”品牌为统领，开展爱心食堂、爱心图书、希望乐园捐建和公益助学活动，500余名建档立卡贫困学生受益；开展“双城同创·青春同行”和“文明交通安全出行”志愿服务行动，组织73个单位5200余名青年志愿者参与创城实践。

★ 2017年5月20日，临朐县第二届青少年机器人大赛暨“2017中国城际机器人挑战赛”临朐县选拔赛在外国语学校举办

（供稿：刘海龙　陈明阳）

【青年创业就业】 实施农村青年致富带头人和青年电商人才培育工程，联合建立大学生创业孵化基地、全福元全民创业基地、县大学生创业“村小二”电商山旺孵化基地等5处有型阵地；开展“青年创业创新示范基地”争创行动，创建相亮山楂合作社、杨家河果木煎饼、蒋峪利康食用菌等12处特色青年创业创新示范基地；争取“鲁青基准贷”项目资金960万元，发放青年创业贴息资金14.77万元；举办“扬帆起航”毕业生招聘洽谈会、用工洽谈会20场，提供就业岗位800余个，420名青年找到理想工作岗位。

【特殊青少年关爱行动】 围绕留守儿童帮扶，开展“留守儿童牵手关爱行动”、第三季“献爱微公益·点亮微心愿”“冬阳送暖·关爱成长”心愿直通车等活动，帮助300余名留守儿童完成微心愿；开展“圆梦校园”行动，筹集价值30万元爱心物资，帮助113名贫困学子圆梦校园；围绕青少年维权，组织12355法制大讲堂、禁毒防艾宣传、“彩虹伞”安全自护教育等系列活动50场次，服务青少年2.5万人次；协助处理涉青案件11起，帮助63名重点青少年成功转化。

【共青团改革】 在全市率先出台《临朐县共青团改革实施方案》，创新实施枢纽型团组织工作机制、团干部向服务对象报到、“1+100”团干部直接联系青年、团机关开放日等制度，配备挂职副书记2名，兼职副书记1名。 （刘海龙　陈明阳）

## 临朐县妇女联合会

【概况】 2017年，制定出台《临朐县妇联改革实施方案》，完成村（社区）妇代会改建妇联工作，共选出村(社区)妇联主席345名(均为村“两委”班子成员)、副主席505人，兼职副主席255人，执委2734人。县妇联被授予“全省巾帼建功先进集体”“潍坊市妇女儿童工作先进单位”等称号。

【农村妇女工作】 实施“巾帼电商居家创业”工程，培训电商带头人1500余名；争取市妇联项目，对全县200名村级妇联主席（妇女主任）、35名致富带头人、82名贫困村妇女免费进行电商创业培训；举办第二期新型女农民培训班，培训新型职业女农民100名。全县新建巾帼家政机构3家，累计安置1000余人就业，为1万个家庭提供服务。

【妇女创业就业】 承办山东省巾帼乡村旅游扶贫公益行临朐站暨潍坊市巾帼乡村旅游扶贫公益行启动仪式，推介嵩山生态旅游区龙潭湖公园、五井镇隐士度假村等乡村旅游大项目，推广嵩山生态旅游区北黄谷村“妇联组织＋社会组织＋乡村旅游”扶贫模式，引导帮助妇女在发展乡村旅游中实现居家创业就业、脱贫增收；创建巾帼扶贫车间18处，帮助115名贫困妇女脱贫，带动680余名农村妇女创业增收；筹资21万元，在省定贫困村寺头镇黄山村、于家庄、宫家庄，九山镇花龙潭村、牛寨村，龙山产业园十字路村建巾帼爱心扶贫超市6处，惠及建档在册贫困户262户；争取省巾帼创业贷款、小额担保财政贴息贷款800余万元，扶持289名妇女创业发展；举办妇女就业专场招聘会，提供就业岗位256个。全县创出省级巾帼脱贫示范基地2处、市级2处、省级大姐工坊11处、大姐农家乐5处。

【家庭文明建设】 高标准打造26个“美丽庭院”创建示范村。组织“弘扬好家风·共筑中国梦”少儿讲故事演讲比赛、“喜迎十九大巾帼竞芳华”书画展、“家庭最美瞬间”摄影展、“孝行天下书香临朐”主题颂读比赛等活动，弘扬传承家庭美德，涵养良好家风，在全县形成寻找、学习、争创“最美家庭”新风尚。开展“创文明城市，做文明女性”主题实践活动、“双城”同创姐妹同行巾帼志愿活动，发动21支巾帼志愿服务队、280余名巾帼志愿者轮流上街进行交通文明劝导、捡拾垃圾、清理小广告、劝导路边摊点等志愿服务活动。

【农村妇女查体】 为全县10918名妇女承保，争取中国妇女发展基金会“贫困母亲两癌救助”项目和山东省妇联“她基金”项目资金18万元，救助18名贫困患病母亲，农村妇女“两癌”检查达9000余人，并纳入对各镇（街、园、区）科学发展观考核，该经验做法被省、市妇联推广。

【妇女儿童维权】 为妇女儿童建立健全办实事长效机制，推进实事项目落实，将妇女儿童办实事纳入对各镇（街、园、区）科学发展观考核。争取县财政资金9万元，新建4处功能完善、特色突出的妇女儿童家园。 （陈玉梅　李　华）

# 临朐县科学技术协会

【基层科普行动成果】 8月，山旺镇农技协会被评为“中国农村专业技术协会科普奖”先进单位； 11月，宝龙达集团公司有机硅展览展示中心等6处场馆被授予“潍坊市科普教育基地”称号；山旺镇甜瓜协会等6家单位被评为国家、市“基层科普行动计划先进单位”。

【科普宣传】 2017年，争取省科协新型数字科普终端50台，建成九山镇牛寨村等乡村e站10处、临朐中学等校园e站5处、城关街道朱封社区等社区e站5处。3月，泰山科技论坛第68期在临朐县召开；8月，承办第17期鸢都科技论坛。

【反邪教工作】 2017年，城关街道朱封社区、山旺镇凰山村、龙山产业园吴家辛兴社区被市反邪教协会评为“科学·关爱·和谐示范社区”，龙泉中学、柳山镇柳山初中、冶源镇冶源小学、寺头镇李季小学被评为“科学·关爱·和谐示范学校”。

【助力产业创新发展】 2017年，临朐县被列入省科协助力地方创新驱动发展工程示范区；省蜂业协会组织专家到临朐开展中华蜂保护区创建和蜂机具推广现场会；争取省科协支持全县果品升级；10月，邀请省林科院专家到临朐就特色产业发展进行技术指导；组织华建铝业、恒彩数码等23家企业参加山东省材料大会（2017）暨“院士专家潍坊行”活动，达成合作意向15项，现场签约10项。

【科技扶贫行动】 2017年，孙好欣等8名农业专家被推荐为“山东省科协精准扶贫专家服务行动”第二批项目专家，由省科协提供经费支持，对全县21个省定贫困村实施精准持续扶贫服务；5月，编印精准扶贫专家服务行动工作汇编。联系帮扶五井镇上五井西村并派员担任包村工作组组长；11月，县科协作为山东省唯一代表在中国农技协组织建设培训班上介绍农技协参与精准扶贫经验。

【青少年科技教育】 推进实施中国科协—联合国儿童基金会农村校外青少年教育项目（2016—2020周期）计划。 2017年4月，在山东省第32届青少年科技创新大赛中，临朐县选送的27件参赛作品，17件作品获一等奖，8件作品被推荐参加全国大赛；5月，“2017年山东省青少年科普报告百校行”走进辛寨初中等6所中小学校。在山东省第17届青少年机器人大赛中，临朐县选派5支代表队参赛，其中临朐中学和临朐中学附属初中综合技能代表队、临朐一中FLL工程挑战赛代表队均获全省冠军，并作为潍坊市唯一的县（市、区）参加7月份举行的第17届中国青少年机器人竞赛；9月、11月组织青少年分别到山东省科技馆、潍坊（上海）新世纪学校开展科普体验营活动；11月，县科协、县教育局联合主办的“临朐县首届科技节暨创新教育成果展示会”在城关初级中学举行。

【科协系统改革】 按照《潍坊市科协系统改革实施方案》《临朐县群团改革方案》，在充分征求相关部门意见建议的基础上，提交《临朐县科协系统改革实施方案（征求意见稿）》，经临朐县全面深化改革领导小组审核、临朐县委常委会审定后，9月7日，以中共临朐县委办公室名义予以印发。县科协按实施方案要求及时推进各项改革措施落实。

【荣誉】 2017年，“临朐县2017年全国科普日活动—精准扶贫专家团集中帮扶行动”被中国科协评为全国科普日优秀活动；临朐县被中国科协—联合国儿童基金会列入“2016—2020周期青少年非正规教育项目县级管理单位”，被省科协确立为“创新驱动助力工程县级示范区”。

（史太白　刘升臣）

# 临朐县工商业联合会

【概况】 2017年，临朐县工商业联合会会员近1900名，其中企业会员1500余名。4月22日，县工商联第十二次代表大会召开，选举产生由187名执委组成的新一届临朐县工商联（民间商会）领导班子；县工商联指导全县13个镇（街、园、区）商会完成换届工作，产生新一届镇（街、园、区）商会领导班子；临朐县企业发展促进会以团体会员身份加入县工商联，成为直属商会；成立东营临朐商会、上海临朐商会2个异地商会。县工商联被全国工商联授予“全国‘五好’县级工商联”称号，被全国工商联科技装备业商会授予“军民融合产业先行示范区”，被山东省工商联授予“全省‘五好’县级工商联”称号。山东宝龙达集团董事长曾庆铭、山东华特磁电科技股份有限公司总经理王兆连当选全国工商联科技装备业商会副会长。

【思想政治工作】 组织工商联会员企业传达学习中共十八届六中全会、十九大和习近平总书记系列重要讲话精神及《中共山东省委 山东省人民政府关于支持非公有制经济健康发展的十条意见》《中共中央 国务院关于营造企业家健康成长环境弘扬优秀企业家精神更好发挥企业家作用的意见》；在全县非公有制经济人士中开展以“诚信守法、厚道朐商”为主题的理想信念教育活动，向全县会员企业印发《增强守法诚信意识做厚道朐商倡议书》1200余份。2017年，全县工商联会员共捐款捐物200余万元。

【参政议政】 全年组织开展专题调研活动4次，形成调研文章10篇；组织工商联界别政协委员召开座谈会3次，撰写政协提案19件。

【招商服务】 借助异地临朐商会的人脉资源，会同县招商局、商务局等部门，在北京、上海、青岛、东营等地举办临朐专场推介会；邀请有投资意向的临朐籍在外工商界人士320余人回乡实地考察，达成合作项目11个。

【人才服务】 会同县委组织部、统战部举办“全县企业家素质提升暨转型发展培训班”，培训人员60余人，组织会员企业参加市、县经济主管部门组织的各类培训活动14次，培训900余人次。

【融资服务】 协调山东临朐农村商业银行股份有限公司、潍坊银行临朐支行等金融机构，为全县120余家会员企业办理授信业务，总额达24.8亿元，帮助企业节省融资成本2310万元。 （陈洪普 韩 雪）

## 临朐县残疾人联合会

【概况】 2017年，县残联工作以“残疾人奔康工程”为总抓手，做好残疾人精准康复、教育就业、扶贫保障、宣传文化、组联维权等工作，落实惠残保障政策，让残疾人有更多的获得感和幸福感。县残联连续八年获“市级文明单位”称号。

【组织建设】 组织召开县残联第七次代表大会，选举产生县残联新一届领导机构；对镇（街、园、区）残疾人专职干事进行轮训；开展残疾人基本服务状况和需求动态数据更新培训，完成1.5万名残疾人动态数据更新；组织举办精准康复服务培训3期，培训镇（街、园、区）及有关康复机构骨干90人次。

【服务工作】 规范残疾人证办理程序，全年办理残疾人证900余个，其中上门服务120余次；筹集资金38万元，为88户建档立卡残疾人和重度肢体残疾人家庭进行无障碍设施改造；为32名残疾人发放机动车燃油补贴。

★ 2017年12月14日，全县残联换届和贫困残疾人实用技术暨青壮年扫盲行动培训班举办 （供稿：周立俭 王仁松）

【康复救助】　实施抢救性康复救助120余例，其中康复中心救助残疾儿童60余人；免费适配轮椅300余辆，拐杖、手杖440余副，助行器208件，坐便椅、坐便器346件，智能防褥疮床垫106件；为7名残疾儿童申请实施人工耳蜗手术；为300余名贫困白内障患者申请免费实施复明手术；为盲人发放收音机138台；为49名精神病患者发放服药补贴2.52万元。全年共投入资金45.5万元，为3196名有康复需求的残疾人发放辅助器具2630余件，功能康复达566人。

【教育就业】　为全县426名残疾学生和贫困残疾人子女发放助学补贴资金40.765万元；为全县457名建档立卡的贫困残疾人制定帮扶措施；推行“农业合作社+残疾人贫困户”脱贫模式，将200余名残疾人贫困户就近就便纳入专业合作社；配合做好市直“第一书记助残致富奔小康”项目，为220名贫困残疾人户发放扶持资金44万元；落实残疾人两项补贴政策，为8500余名困难残疾人和重度残疾人发放生活补贴、护理补贴800余万元；举办5期种植养殖、电子商务等实用技术培训，培训残疾人及农民工305人；为15处残疾人托养院发放“阳光家园”计划项目资金35.4万元。

【宣传文体】　对扶残助残先进人物和4名自强典型、2名自主创业标兵进行宣传；在《潍坊日报·临朐新闻》开设2期《残疾人事业发展·全国助残日》专版，在县电视台进行助残日公益宣传；围绕“全国助残日”主题，开展访贫问苦、轮椅捐送、图片展示等扶残助残活动，到县特教学校、儿童康复中心、就业扶贫基地开展走访慰问，送去大米、食用油、书包等物品；为100余名有需求的残疾人赠送轮椅；举办“弘扬自强·传递关爱”图版展示。组织20余名残疾人特殊人才进行绘画、体育等培训，组织10名残疾人运动员参加全市第10届残疾人运动会，取得6金9银好成绩，获“体育道德风尚奖”。向省、市级残联刊物和市、县级媒体报送信息稿件50余篇。

（周立俭　王仁松）

# 临朐县文学艺术界联合会（社会科学界联合会）

【概况】　2017年6月，县机构编制委员会将县文学艺术界联合会、县社会科学界联合会由归口县委宣传部管理调整为群众团体机关，独立核算，为正科级规格，合署办公，核定事业编制8名，配备县文联主席兼县社科联主席1名、县文联副主席1名、县社科联副主席1名，县委宣传部进行业务指导。9月，县委设立县文联和社科联党组。县文联被评为“全市文联系统2017年度先进集体”。

【文艺基层组织建设】　年内成立县京剧协会、县文艺志愿者协会、辛寨镇文联、冶源镇文联、五井镇文联和县政法系统文联，对县音乐家协会、县戏剧舞蹈家协会进行换届，全县县级文艺协会(组织)达到14个。利用召开座谈会、举办辅导报告等形式，建立县文艺协会（组织）微信群，进行及时交流沟通。组织举办全县文学艺术界学习贯彻中共十九大精神辅导报告会，全县文艺界200余名代表参加报告会。

【人才培养及精品创作】　举办文学讲习班、书法培训班、摄影大讲堂、山东文学社基层作者改稿会、省书协王羲之书法院省展研讨班等60余场次，参训人员7200余人次。2017年，全县在市以上发表、入展、获奖作品400余件，其中，傅绍相的雕塑《一带一路》

★ 2017年11月23日，临朐县学习中共十九大精神宣讲团文学艺术界报告会举行　（供稿：张克奇　祝洪霞）

★ 2017年10月10日，“故乡情·小康梦”庆祝临朐打赢脱贫攻坚战艺术作品展开展
（供稿：张克奇　胡丽芳）

获全国民间艺术最高奖—山花奖；张克奇的长篇纪实文学《市井》入选“2017年度山东省作家定点深入生活项目”。在第四届“风筝都文化奖”评选中，全县有6人获奖。在第四届“县文化艺术政府奖”评选中，2人被授予“突出贡献奖”，10件艺术作品和3件文学作品获奖。

【文化交流活动】　坚持“请进来、走出去”指导思想，举办“故乡情·小康梦”庆祝临朐打赢脱贫攻坚战艺术作品展、中国文联和中国杂协送欢乐下基层走进临朐、第25届全国摄影艺术作品展走进临朐、中国柿乡摄影大赛、上海海棠花艺术团走进临朐慰问演出、“山水临朐杯”山东省书法作品展、“魅力山水，相约临朐”潍坊摄影展、“巾帼竞芳华”临朐女书画家晋市展、2017临朐县文学艺术界新春年会、张生太大型文化工程《泱泱中华五千年》暨电影《大画师》拍摄、“不忘初心跟党走·共创美好新生活”等活动20余场次，组织举办县内各类展览交流活动100余场次。

【文艺志愿活动】　依托县文艺志愿者协会，整合各类文化资源，争取社会各界支持，年内组织开展各类文艺志愿活动30余次，到“第一书记”村和偏远山区举办文艺演出30余场次，为村里老党员、贫困户捐助物资10余万元，“文化扶贫—文艺志愿者走进‘第一书记’村”成为有影响文艺志愿品牌，得到省、市文联肯定。20名县民间文艺家协会成员向冯惟敏纪念馆捐赠冯惟敏铜像和民间艺术品。

【“文艺+”宣教模式】　创新“文艺+”宣教模式，将先进文化宣教与理论宣教、社会主义核心价值观培育、理想信念教育等结合起来，提升先进文化渗透力感染力影响力。与县委宣传部创作推出临朐版《成都》MV、《少年中国梦》《祖国强军我有责》、临朐版《红旗飘飘》MV、《我有一个好爸爸》《沂山谣》、歌曲《我和文明有个约》等系列微视频、微电影。其中，《少年中国梦》被人民网、新华网、凤凰网等重要平台转发，浏览量达90余万次；临朐版《红旗飘飘》MV，仅2天时间在新华社客户端点击量就突破50万次。年内，举办临朐民谣原创歌曲大赛活动。

【社会科学工作】　组织全县社科骨干力量先后开展10多个课题研究，为县委、县政府科学决策提供参考。会同县科技局、科协，组织有关学会、协会及相关单位，开展科普进机关、进学校、进社区及科普专题讲座、科技培训、卫生咨询、健康检查、义诊等活动20余场次。坚持“三贴近”原则，年内到基层社区、企业、学校等举办各类研讨会、座谈会等30余场次。在第25届全市社科成果奖评选中，《淌水崖水库精神的丰富内涵和时代价值》《东镇文化》《黄帝肇封与沂山封祀考略》《冶源名镇志》4件作品获三等奖。淌水崖水库纪念馆被确定为“山东省社会科学普及教育基地”，城关街道东朱封社区被评为“山东省社会科学普及示范村（社区）”。　（张克奇　祝洪霞）

# 军　事

## 人武部工作

【概况】 2017年，构建基干民兵“县建连、镇（街、园、区）建排、行业建分队”组织，开展征兵宣传进校园活动，会同县委宣传部举办以“牢记革命历史、传承红色基因、弘扬光荣传统、续写军民新篇”为主题的“山东临朐红色传承展”，开展“强军路上斗志昂”“祖国强军我有责”系列活动，按要求完善地方人员《绩效考核办法》，坚持基层党（工）委书记党管武装考核、述职、评议三项制度，率先开展“尊崇荣誉、关爱功臣”活动。

【军民融合】 开展“党管武装好书记和关心支持国防后备力量建设好镇长（主任）”评选活动，连续10年组织基层党（工）委书记进行党管武装工作述职，广泛宣传先进典型事迹，树立鲜明导向，推动党管武装制度落实；把武装工作纳入镇（街、园、区）科学发展综合考评体系，制定奖惩措施，推进全县武装工作规范化、制度化建设；定期开展军属走访慰问活动，协调解决有关问题，维护军人军属合法权益。

【战备训练】 严格落实党委管训议训制度，定期研究解决训练中遇到的难题和矛盾，确保中心居中、方向明确。全年组织现役干部和专武干部参加军分区多类别、多专业、多课目集训考核，均取得较好成绩。建立健全民兵组织，分期分批组织民兵应急分队和镇（街、园、区）民兵应急排，开展维稳处突、防暴防恐和应急抢险为主要内容的强化训练演练，遂行任务能力逐步提升。

【兵役宣传及征兵工作】 会同县广播影视中心制作《祖国强军我有责》微视频，印刷《征兵宣传手册》5000份，刻录《参军吧兄弟》光盘100份；利用《潍坊日报·临朐新闻》、县电视台等媒体，对2016年度临朐籍112名立功受奖优秀军人事迹进行宣传，该做法被《中国国防报》《解放军报》客户端予以报道；设立“临朐武装”“临朐征兵”微信公众号；与县政府联合下发《关于进一步加强征兵宣传的通知》，在县城新华路设站宣传；组织开展征兵宣传进校园活动，接受政策咨询5000余人次，全县兵役登记率

★ 2017年3月23日，潍坊市第一批“潍坊市国防教育基地”揭牌仪式在县烈士陵园举行　（摄影：王宗利）

★ 2017 年 5 月 18 日，潍坊军分区副政委徐延田（左四），潍坊市人大常委会副主任、县委书记、县人武部党委第一书记顾建华（左三）等领导参观“山东临朐红色传承展”（摄影：郭太军）

逐年提高。兵役征集期间，组织签订廉洁征兵承诺书和保证卡，聘请 5 名县级监督员、47 名镇村监督员实行全程监督，完成兵员征集任务。

【思想政治建设】 开展“真学真信真做”专题调研和“强军路上斗志昂”“祖国强军我有责”系列活动。以“老崖崮 12 位女民兵”“神枪俩姐妹”“沂蒙百名老兵助力临朐精准扶贫”为典型进行广泛宣传，以“全国民兵工作先进个人”获得者、县民兵训练基地教练员李瑞华和军事训练先进个人获得者、九山镇武装干事王甲甲为典型，组织事迹报告会、上党课，以身边典型为标杆，在全县民兵预备役系统中形成浓厚的比、学、赶、超氛围。（王宗功　王宗利）

## 双拥工作

【走访慰问】 制定走访方案，在“建军节”、春节等重大节日期间，县领导走访慰问潍坊军分区、驻潍部队、县人武部、武警临朐县中队、武警临朐县消防大队等驻军单位，增进军政军民团结。

【关爱功臣】 结合全县“进千村入万户察民情解民忧”活动，开展“关爱功臣”活动，将优抚对象列入重点走访慰问对象。县级领导重点走访慰问老复员军人、伤残军人、烈军属等优抚对象 39 户，发放慰问金 3.9 万元。对年内 4 名部队服役期间荣立个人二等功、85 名荣立个人三等功和在苏丹、西非马里等维和的 13 名现役军人家庭进行走访慰问。各镇（街、园、区）和县直有关部门利用走访慰问、座谈和军民联欢等形式，搞好军地共建活动。

【驻训点慰问】 6 月中旬，驻潍某部到冶源镇进行为期半月驻训拉练期间，县领导到驻训点查看部队训练场地和官兵宿舍进行慰问，拉练部队向县慰问团介绍训练基本情况，组织官兵观看由县人武部、县委宣传部联合举办的主题为“牢记革命历史、传承红色基因、弘扬光荣传统、续写军民篇章”的“山东临朐红色传承展”展板。

【涉军维稳工作】 根据省委办公厅、省政府办公厅《关于做好全省退役士兵安置和权益保障工作的意见》和市委、市政府《关于做好全市退役士兵安置和权益保障工作的实施方案》规定，自 5 月始，对全县 1978—2017 年符合安排工作条件的退役士兵进行摸底统计，确认身份 2753 人。7 月 18 日，对第一批 607 名退役士兵进行专项公益性岗位志愿填报，7 月 19 日，分别在县人社局、县民政局网站，县技工学校宣传栏进行公示，均安置就业。年内，县人武部共接待法律咨询 27 次，协调解决军人军属涉法问题 6 起。

【拥政爱民】 驻临部队自觉服从服务于地方经济建设，主动开展拥政爱民活动，全力参加省级文明城市、卫生城市“双城同创”活动。6 月下旬，县人武部组织辖区内有河流、水库防汛任务的单位，落实“河长制”工作制度，开展针对性训练，并对全县 3804 名基干民兵统一“临朐民兵”臂章、领章、胸标等标识，民兵队伍正规化建设逐步提升；结合纪念中国共产党建党 96 周年、中国人民解放军建军 90 周年和红军长征胜利81周年，会同县委宣传部、广播影视中心赴京采访曾在临朐战斗工作过的迟浩田、谭悦新等将军，牵头制作“祖国强军我有责”微视频，完成网络推送，累计点击量达到50万人次；在县内重大活动中，承担安全保卫工作。参加县内自然灾害、重大交通事故援救和善后处理工作。年内共接火警600余起，出动警力7000余人次，车辆1300余次，挽回经济损失3500余万元；组织开展“慈心一日捐”、义务献血及扶贫帮困活动。县人武部、武警临朐县消防大队、武警临朐县中队到学校、机关、企业组织开展国防教育、军事训练、军营体验等活动，为驻地群众和学生宣讲国防教育和双拥政策法规。（刘世忠　王光芹）

## 中国人民武装警察部队临朐县中队

【党的建设】 2017年初，支部“一班人”利用支部党员大会、军人大会等形式，听取官兵意见和建议，结合学习三级党委扩大会议精神，充分论证、悉心研究，制订出台《中队年度按纲建队计划》，确定“铸队魂、凝兵心、理思路、明职责、强素质、严制度、抓落实、保稳定、齐心协力争创先进中队”总体目标。组织开展“学党章党规、学系列讲话、做合格党员”学习教育活动，要求党员“手抄党章百天、日学党规一条”。组织党员开展交流谈心会、思想汇报会、正风肃纪教育清理整治月等活动，弘扬正气，铸造警魂。年内，中队推荐3名技术兵、3名战士参加预提指挥士官培训，2名战士选改士官。

【学习教育】 组织官兵学习全国“两会”、中共十八届六中全会、十九大和习近平主席建军治军重要思想，购买相关报刊书籍，搞好思想调查、备课施教、班排讨论等环节，做到一人不漏，确保时间、人员、内容和效果落实。活动中，采取干部进班讨论、划分党员责任区、设立党员示范岗等方式，教育引导党员时刻铭记党员身份，强化向党看齐、维护权威的政治自觉，积极为党工作。高度关注网上信息、手机微信等新媒体给官兵思想带来的影响，及时搜集整理官兵思想反映及动态，开展多种形式的谈心交心活动。

【文化建设】 每季度购买不少于900元的图书和10种以上杂志，丰富官兵精神生活，中队藏书达1500余册；购置台球桌、乒乓球拍、扑克、足球等文体器材；发挥网络学习室、游艺室、体育活动室的娱乐功能，组织开展“警营好声音”“开门大吉”“我为中队献一计”等文化活动，提升官兵文化素质，活跃警营生活。

【中心任务】 2017年，注重抓经常、打基础、强素质、上质量，持续开展“三哨”活动和“学规范、查隐患、找问题、补漏洞”执勤安全教育整顿活动。坚持每天讲评执勤情况、每周分析执勤形势、每月进行“三优”评比，开展执勤哨法课题研究，修订完善反恐防袭“点对点”方案；在重大节日及重要时期，中队值班干部严格落实“四全”要求，督促检查哨兵履职尽责，装备到人，并开展针对性训练，随时做好“上一线、打头阵”准备。完成担负的固定目标、临时武装押解等勤务；定期组织官兵收看“人生警戒线”等警示教育片，先后12次邀请看守所干部为官兵上法制课。

（王兆君　杨永国）

## 人民防空

【人防工程】 2017年，审批防空地下室7处，防空地下室竣工验收2处，开发利用人防工程1处。按照“谁使用，谁维护”的原则，加强人防工程维护管理，落实防火、防汛、防盗、消防等安全措施，确保人防工程完好率在95%以上。

【疏散体系建设】 完善县城主城区内疏散组织机构、疏散标志标识牌的规划建设。2017年，完成5处公园、5处酒店、3处人防工程、9处学校的疏散场所设定及标牌设立；修订完成《临朐县防空袭方案》；5月10日，赴寿光市羊口镇参加“全市地震应急救援演练”活动；12月7日，在石门坊风景区参加“全市人防机动指挥车演练”，县人防办应急指挥能力进一步提升。

【人防宣传教育】 以“5•12”全国防灾减灾日和“6•15”潍坊市防空防灾警报试鸣日为契机，在县城主街新华路设立宣传站，悬挂宣传横幅5幅，摆放《人防知识》展板8块，发放《临朐县市民防空防灾应急手册》《人防知识读本》《市民防空防灾应急疏散指南》及明白纸7000余份。投资3.2万元，为临朐县中小学生综合实践学校购买模拟战场武器弹药、通信器材等教学设施设备，全县初一新生参加人防知识培训达8000余人。录制《人防教育专题片》，在临朐电视台《临朐新闻频道》《临朐先锋频道》《临朐生活频道》及微信公众号播出。在省、市、县报纸、刊物及网站发表信息17篇。 （魏长清　郑志明）

# 法　治

## 政法委与综合治理

【社会治理工作】　护航大项目建设。常态化推进金融治理，着力在调解、审判、执行、治理等环节进行综合性改革，构建调解多元化、审判专业化、执行团队化、治理系统化的“四化”金融治理工作新格局；公布失信人员607人，拘传232人次，实际执结涉金融案件534件，执行金额2.44亿元。开展“排查安全隐患防范四类风险”专项行动，共排查暴力恐怖事件隐患207个、群体性事件隐患205个、个人极端事件隐患28个、安全事故69个。推进县、镇、村三级综治中心建设。制定下发《关于推进全县综治中心标准化建设的实施意见》，建成县综治中心1处，镇街综治中心13处，村级综治中心175处。

平安网格化建设。将全县划分为若干等级单元网格，发挥各级网格内网格员人熟、地熟优势，研发手机APP，有效掌控网格内重点人员，及时预警突发矛盾、治安隐患、安全生产、特殊利益群体等方面涉稳信息，落实纠纷调处、法律援助、治安宣传等工作，实现社区管理的科学化、精细化。截至2017年底，全县共有一级网格79个，二级网格350个，三级网格966，网格长79名，专职网格员350名，兼职网格员972名。

打霸治痞专项行动。制定《关于全县政法系统开展集中整治“村霸”问题专项行动的意见》，全年协调全县政法各部门走访调查重点村庄、工地150余处，悬挂各类宣传条幅3000余幅，摸排各类有价值线索30余条，打掉各类犯罪团伙7个，抓获成员80余名，破获各类刑事案件150余起。

【维护稳定工作】　建立“四级”调度、连环督导等工作机制，打赢全国“两会”“一带一路”峰会及省十一次党代会、中共十九大安保维稳“三场战役”。

非访处置工作。对进京非访人员，一律先处理违法行为，再解决合理诉求，按照“一次训诫、两次拘留”

★ 2017年7月31日，潍坊市委常委、政法委书记、滨海区党工委书记孙起生（右一）到临朐县调研金融稳定工作　（供稿：武忠兴　白海强）

要求，及时落实训诫、拘留等措施。全年进京非访总量、登记总量同比分别下降 86.9%、66.7%。

重点案件化解攻坚。按照“越是复杂疑难问题，越是要用法治思维和法治方式探寻解决之道”要求，运用终结、听证等措施，协调推进化解，处结一批陈年老案。

社会稳定风险评估。制定《2017 年度重大决策社会稳定风险评估综合考核责任指标考核工作方案》，全年备案评估事项 56 项，审核评估 56 项。

“暴恐活动严打年”活动。建立 100 人常备“反暴恐”力量，配备器械设备，加强实战演练，完善“一分钟处置”和“常态化巡防、专业化处警”等机制，以重点目标部位和人员密集场所为重点，强化对党政机关、水电油气、广播电视、金融单位、学校、医院等重点部位和商场车站等人员密集场所的安全防范工作。

【防范和处理邪教工作】 加强社会面宣传教育。全县共建反邪教警示教育墙 350 个、橱窗 350 个，固定宣传标语 1120 幅，建成“反邪教主题公园”，设反邪教及健康养生等科学知识专栏 120 块；组织干部、群众、学生等到反邪教警示教育基地学习 6 万余人次。结合《平安临朐》电视专栏，拍摄 8 期反邪教专题栏目；组织文化活动培训 550 余场次，创作“扬正气促和谐”类节目 30 余个，其中专业反邪教题材节目 8 个，参与活动群众 10 余万人次。

加大依法打击力度。加强对情报信息的预测预警和分析研判，及时获取预谋聚集的深层次、内幕性、行动性情报信息，结合群众举报和侦查得到的线索，多次开展专项行动。

做好邪教人员的教育转化工作。区分重点人员和一般人员，建立工作台账，有计划地开展工作。对 2017 年教育训诫的邪教人员全部进行教育转化。9 月 15 日，全市“反邪教：党员做先锋”主题教育活动启动仪式在临朐县反邪教健康主题公园举行。

【政法队伍建设】 开展“好书共享・全警悦读”和“政法大讲堂”活动，从政治素养、专业知识、道德品行、身心健康等多方面提升干警知识储备，300 余名政法干警参加学习；成立全市首家县级政法系统文学艺术联合会，下设书画、摄影、写作、文体、朗读 5 个协会，发展会员 120 名；开展“转变理念、转变作风，提升标准、提升能力”活动，建立“三评三查”和“下访基层・化解矛盾”常态化工作机制，走访群众 400 余户，解决实际问题 500 余件；拍摄微电影《作风建设为临朐政法注入新动能》。

【荣誉】 2017 年，临朐县被市委、市政府表彰为“中共十九大安保维稳工作先进县”；县委政法委先后被省委、省政府评为“全省社会治安综合治理先进集体”“全省中共十九大安保维稳工作先进集体”，被省委政法委确定为“全省政法调研信息工作直接联系点”；县委防邪办被评为“全省防范和处理邪教工作先进单位”；县国安办被省国安厅评定为“一级国安办”。（武忠兴　白海强）

★ 8 月 17 日，全市政法系统“三评三查”工作机制建设暨“两转变两提升”主题活动推进会在临朐县召开
（供稿：武忠兴　白海强）

# 法治政府建设

【规范性文件管理】 严格执行规范性文件“三统一”制度。2017年，共制定规范性文件7件，审查各类政策性文件80余件，备案率、规范率、及时率均达100%。对现行规范性文件和2015年清理后继续有效的2011年1月1日以前的规范性文件进行清理，清理结果向社会公布。

【复议应诉工作】 以行政复议规范化建设为抓手，严格把好行政复议审理程序关、事实证据关、适用法律关、文书制作关“四关”，充分发挥行政复议解决行政争议主渠道作用。2017年，县政府共收到复议申请41件，受理37件，不予受理4件，结案率为100%，综合纠错率20%；办理行政应诉案件15起。

【行政权力运行】 全面推行行政执法公示、执法全过程记录、重大执法决定法制审核“三项制度”，让执法权力在阳光下运行。强化执法人员培训，多次组织开展“送法进机关”活动。聘请专家举办法制讲座3期，全县700余名执法人员参加培训。加大监督力度，建立首届行政执法监督员队伍，发挥社会监督作用。集中开展复议知识宣传，印发宣传材料1200余份，现场解答群众咨询100余人次。在《潍坊法治》登载调研文章3篇，上报依法行政信息400余篇。积极开展行政执法案卷评查工作，共抽查行政执法案卷120余卷，下发行政执法监督意见书30余份。

【重大行政决策合法性审查制度】 严格落实重大行政决策“五步走”法定程序，未经政府法制机构合法性审查或经审查不合法的，不得提交会议讨论。抓好《临朐县政府合同审查管理办法》落实，全年审查政府合同20件。

【行政机关负责人出庭应诉制度】 制定出台《临朐县行政应诉办法》，进一步明确行政机关负责人出庭应诉的范围，加大考核力度，将行政机关负责人出庭应诉、“三告知”等纳入法治政府建设考核范围。

【参谋助手作用】 在征地搬迁、棚户区改造、重点项目建设、重大决策制定等中心工作中，提前介入，进行调研论证，及时提出合理化建议，为政府决策、处理矛盾、解决难题提供法律依据。日常工作中，县政府明确法制办主任列席政府常务会议、县长办公会议，就重大事项的合法性问题提出意见，重大涉法问题由法制办牵头协调办理，充分发挥政府法制机构的高级参谋、得力助手与合格顾问作用。2017年，共处理领导批示件180余件，提出各类意见和建议300余次。

【法治政府建设示范单位创建活动】 首批申报县国税局、烟草专卖局、东城街办、山旺镇政府参加法治政府建设示范单位创建活动，充分发挥示范单位在法治政府建设中的引领带动作用，以点带面，统筹安排，推动全县法治政府建设水平再上新台阶。

（杨佃锁　宿万巡）

# 公　安

【概况】 2017年，筹备召开全国国保专项工作等5个现场会；在全市县级公安机关综合考核中，总成绩位居8个县市区第1名，被评为“全市公安机关综合考核优秀等次公安局”；被潍坊市委、市政府记集体

★ 临朐县公安局获全市县级公安机关综合考核第一名

（供稿：杨维护　孟祥伟）

★ 2017年10月11日，潍坊市人大常委会副主任、县委书记顾建华（中）到县公安局调度十九大安保工作（供稿：杨维护　孟祥伟）

二等功；继续保持“省级文明单位”称号。经侦大队被省国家税务局、地税局、省公安厅评为“全省打击涉税违法犯罪工作先进单位”，治安大队被省公安厅评为“全省缉枪治爆专项行动成绩突出集体”，城关派出所李家庄警务室被省公安厅评为“全省公安机关基层基础建设三年攻坚成绩突出集体”。1人被评为全国优秀人民警察，2人被记一等功。

【维护政治稳定】　妥善处置到省、市、县群体（集访）事件100余起，防范进京集访事件发生；确保沂山祀山大典、半程马拉松等50余场次大型活动安全；开展“敲门行动”，破获案件33起，抓获邪教人员91名；综合施策，上级业务部门交办的信访积案全部办结或息访，在全市信访积案化解工作会上作典型发言；抓早抓小，保障全县村“两委”换届选举顺利进行；加强互联网安全监管，及时并妥善处置本地维稳信息1100余条。

【社会治安管理】　开展“破案会战”“三年禁毒人民战争”等打击整治行动，落实“常态化巡防、专业化处警”机制。审核、裁决行政案件566起，行政拘留731人；刑事拘留959人，执行逮捕275人，移送起诉972人，比2016年分别增长79.92%、11.34%、67.30%。破获7起非法采矿案、8起命案、1起16年前命案积案，抓获历年逃犯124名。侦破“5·10”特大制售病死猪肉案。发起、侦破省督案件6起、部督案件6起、全国集群战役5起，挽回经济损失1.1亿元。

【公共领域安全管理】　物流寄递行业安全监管。全年共检查发现安全隐患610余处，下发整改通知书179份。

涉爆单位整治。检查涉爆单位20家次，排查各类重点场所、部位67处，发现并整改安全隐患26起，管控涉爆涉枪重点人员28人。

缉枪治爆专项行动。收缴气枪33支，子弹1397发，自制炸药10公斤，炮弹6枚，手榴弹3枚，雷管24枚，管制刀具147把，弩7支，液氯15吨；为80名民警新办理持枪证件。

涉危化品企业“反‘三违’除隐患”专项行动。完善剧毒化学品、放射源、易制爆危险化学品使用单位的管理档案，对全县5家剧毒化学品、4家放射源使用单位，2家易制爆经营使用单位进行安全检查26次，排查整治企业存在的安全隐患17处。

散装汽油管理。对全县83家加油站零散汽油销售进行监管，安装零散汽油销售系统52家。

“三电”设施安全大检查。与县供电公司研究成立临朐县电力设施保护和反窃电工作联合办公室，消除危及重要“三电”设施安全运行的治安隐患。

【基层基础建设】　高标准建成城郊派出所，搬迁南关派出所；建设法制“一厅一中心”、反恐联动及巡防勤务指挥中心、17处派出所勤务指挥室；建成县局立体车库，升级改造派出所办案区（刑事科学技术室通过资质认定）；争取财政资金2000余万元，建成禁毒教育基地，购置2辆高喷消防车和消防个人防护装备器材；投资700余万元改建城际热点采集系统和WIFI管控系统，升级高清视频会议系统，购置2架警用无人机；规划视频监控“四期工程”，推进视频监控“村村通”；开通“掌上户籍室”，在全市率先建立港澳证批量签注室，推动“一村一警务助理”“平安指数”和流动人口居住证制度纳入党政工程，“一村一警务助理”APP获全省公安基层技术“优秀创新成果奖”。

【业务工作成绩】 在潍坊市公安机关千分制综合考评中，县公安局总分位居全市第一；参与全市考核的15个警种单位，在同序列中有9个取得前三名（政治处、交警大队、国保大队、网安大队、消防大队5个单位列全市第一，法制大队位列第二，指挥中心、监管大队、食药环侦大队3个单位列第三）；“扫黑除恶”和打击电信诈骗工作位居全市第二，全省情报信息追逃比武全市第一，现场勘验全省第二、全市第一；加分全市第一。其中基层基础建设三年攻坚，全面深化公安改革，实战型指挥中心建设，打击电信诈骗、情报等综合考核保持全市前列，宣传、调研、审计工作全部得满分。

【公安消防】 2017年，县公安消防大队共接警出动781次，其中火警705次，抢险救援76次，出动车辆1132台次，出动警力6085人次，抢救遇险群众85人，保护财产价值1000余万元。县公安消防大队被评为“全市公安消防部队先进大队”，贾汝强、刘炳强、王庆洋获全市公安消防部队优秀士兵。

完善消防安全责任制。4月7日，全县消防工作会议召开，共有200余人参会。会上，县政府与各镇（街道、产业园、风景区）和相关部门单位分别签订《2017年度消防工作目标责任书》，明确工作责任，将消防安全管理、消防基础设施建设纳入政府工作考评机制。

消防基层基础设施建设。县财政投资800万元，新购置32米高喷消防车、60米高喷消防车、25吨水罐消防车各1辆，投资150余万元购置部分个人防护装备器材。东城街道办事处投资100万元购置泡沫车1辆，城关街道办事处开工建设消防站1处。全年应建市政消火栓102具，实建128具。

消防安全专项治理．深化消防管理“安全标准化、监管流程化、基础信息化、岗位责任化”建设，开展冬春火灾、商（市）场、易燃易爆专项整治，夏季消防、公共娱乐场所大检查，高层建筑、电气火灾、消防安全“四项重点”专项治理，“一高一低一大一化工”整治等活动，累计检查各类场所5383家，督促整改火灾隐患或违法行为16430处，下发责令改正通知书4238份、行政处罚决定书107份、临时查封决定书84份，责令“三停”43家。组织各镇街、各行业系统相关负责人召开全县消防工作调度会议，分行业系统对单位消防安全责任人、管理人进行集中约谈培训，并组织重点单位消防安全管理人进行岗位资格考试。

队伍管理。定期组织执勤中队体、技能考核，建立体、技能数据分析制度。推进实战化练兵工作，对全县185家消防安全重点单位进行实地演练。

消防安全宣传．开展消防宣传“站门口、立路旁、上大屏、进广场”规范化建设活动，举办乡镇企业消防安全责任人、管理人培训班14期，各类行业系统消防安全管理人培训班4期，共培训社会单位245个，单位管理人1545名、消防控制室值班人员85名、警务助理220名、网格员644名、高层建筑消防安全管理人60名。在“临朐消防大队”微信公众号、消防安全重点微信群每天发送消防安全提示信息。协调辖区各大商场、宾馆、酒店、医院等人员密集场所，利用单位户外LED屏每天循环播放消防提示字幕，全年累计播放12.5万条次。 （杨维护　孟祥伟　张晶晶）

# 检　察

【服务保障民生】 制定出台《关于充分履行检察职能全力服务临朐县“四个城市”建设五年规划和三年行动计划的意见》，着力服务“四个城市”建设；依法办理非法吸收公众存款和金融诈骗等严重破坏社会市场经济秩序犯罪案件34件270人，其中包括社会影响较大的“五行币”“善心汇”传销犯罪案件2件22人；推进“清河行动”等生态文明建设部署，依法批捕2件3人，起诉4件11人；做好“精准扶贫”中的“精准监督”工作，先后立查涉嫌职务犯罪案件嫌疑人7人；保障百姓“舌尖上的安全”，严厉打击收购、出售和加工病死猪犯罪行为，以生产、销售不符合安全标准的食品罪监督立案2人，批捕14人，起诉22人，全部实刑判决；坚持依法办案与司法救助相结合，对7名刑事犯罪被害人或其近亲属发放救助金8.4万元；协调资金79.8万元，帮助“帮扶村”进行旱厕改造、卫生室扩建、农业生产路修筑等。

★ 2017 年 3 月 29 日，县检察院召开“六型”基层检察院建设年活动动员会（供稿：郭泰靖）

【维护社会和谐稳定】 2017 年，共批捕 162 件 197 人，起诉 437 件 576 人；对“村霸”和宗族恶势力进行整治，起诉 5 件 10 人；参加乡村治理工作，为村（社区）“两委”换届选举工作营造风清气正环境；强化社区矫正监督工作，监督纠正违法情形 10 件；完善多元化纠纷解决机制，落实宽严相济刑事政策，对 73 名真诚悔罪的轻微刑事犯罪嫌疑人作出不捕不诉决定；建成网上网下相结合、诉求办理“一站式”检察服务大厅，做细做实检察环节维稳工作，实现全年涉检赴省进京“零上访”，连续保持“省级文明接待室”称号。

【查办和预防职务犯罪】 查办社会危害严重、发生在群众身边的职务犯罪案件，全年共立查 14 件 19 人，提起公诉 10 件 15 人；发挥预防职务犯罪警示教育基地作用，对县直及镇（街、园、区）干部职工廉政教育培训 1200 余人次；发挥行贿犯罪档案查询的社会信用作用，查询行贿犯罪档案 3141 件次；促进社会诚信体系建设，在招投标环节中，建议取消 3 家失信企业的投标资格。

【诉讼监督】 落实提前介入引导侦查取证、非法证据排除等制度，监督立案 9 人，追捕追诉漏犯 29 人，刑事抗诉案件 3 件，监督纠正违法行为 15 件；监督监管场所执法，书面纠正违法行为 10 件。审查羁押必要性，提出变更强制措施或释放建议 43 件；强化对刑罚交付执行监督，清理纠正判处实刑未交付执行罪犯 2 人；抓好民事行政诉讼违法行为监督工作，突出加强对食品药品、生态环境、国有资产保护等领域行政执法的监督，办理民事行政检察监督案件 53 件；保障国家和社会公共利益，办理环保领域行政公益诉讼案件 1 件。

【基础建设】 加强“两微一网”建设，做好“互联网 + 检察”工作，积极传播检察“好声音”和法治“正能量”，共发布检察工作信息、法律常识和民生问题答复 1289 条。

【改革创新】 完善检察权运行机制和检察监督体系，按照“谁办案谁负责、谁决定谁负责”原则，检察官在授权范围内独立办案，对案件质量终身负责；落实涉法涉诉信访工作机制改革，律师参与化解和代理涉法涉诉信访案件，4 家律师事务所进驻检察机关“律师服务室”，参与化解信访案件 5 件；配合监察体制改革，做好转隶部门机构编制、人员装备、线索分流处理等转隶工作；创新培育检察品牌，“服务扶贫攻坚的临朐检察模式”做法在《检察日报》刊发，并被评选为 2017 年全市检察机关“十大创新亮点”。开展规范司法行为专项整治“回头看”活动，组织案件评查 42 件，排查整改司法不规范问题 5 项；6 名干警入选省、市检察机关各类业务人才库，8 篇论文在全国、省、市检察机关相关业务论文评选中获奖。县检察院继续保持“省级文明单位”“全国检察机关派驻监管场所”“二级规范化检察室”等称号。（郭泰靖）

## 法　院

【概况】 2017 年，共受理案件 8916 件，结案 8955 件，比 2016 年分别增长 15.75% 和 7.01%。县法院获全省基层法院集体二等功，社会综合治理单项工作被省高

★ 2017 年 4 月 19 日，潍坊首个基层法院金融消费纠纷诉调对接中心在临朐法院金融审判庭成立 （供稿：刘春雷）

院授予“先进集体”称号。

【审判执行】 刑事案件。全年共受理各类刑事案件446件620人，审结442件590人。审结生产、销售不符合安全标准的食品犯罪案件5件，对买卖、屠宰、销售死猪或濒死猪的高某等依法判处24年有期徒刑并处罚金；审结故意伤害、寻衅滋事、盗窃等犯罪案件164件，判处罪犯226人；审结腐败、渎职犯罪15件，判处罪犯20人。

民事案件。全年共受理各类民事案件3179件，审结3381件。审结劳动争议、追索劳动报酬纠纷案件171件，追回劳动报酬550余万元；审结家事纠纷案件834件，发出首个“人身安全保护令”；审结生命权、健康权、交通事故等纠纷案件1330件，判决赔偿受害人经济损失1.05亿元。

商事案件。全年共受理各类商事案件1715件，审结1717件，标的额8.1亿元。加大对涉及重点项目建设案件的审理力度，审结涉及主导产业和龙头企业案件49件；完善市场主体退出机制，先行先试启动执行转破产程序，创新引入“竞争方式指定破产管理人流程”，受理临朐县饮食服务公司等破产案件；推进金融专业化审判改革，落实金融案件“立、审、执”一体化，审结涉金融纠纷案件955件。

行政案件。全年共受理各类行政诉讼案件50件，审结51件；行政非诉执行案件285件，审结285件。受理全县首起涉环境污染行政公益诉讼案件，依法对23起环保行政处罚非诉执行案件裁定强制执行；全面落实行政机关负责人出庭应诉制度，行政机关负责人出庭应诉率由14%提高到98%。

执行案件。集中力量开展执行攻坚，在全省率先开展执行“百日会战”活动，强化内外执行合力，加大强制执行措施。全年共受理执行案件3241件，执结3079件，同比分别增长41.7%和34.6%，实际执结率同比增长163.6%。

【司法改革】 将2017年确定为“管理创新年”，优化庭室架构，创新专业化审判改革。1月份，原城关法庭改建为家事审判庭，专门审理全县涉婚姻、家庭纠纷案件；原辛寨法庭改建为金融审判庭，专门审理全县金融消费纠纷案件。

落实多元化矛盾纠纷解决机制，成立县公安、民政、妇联等单位参与的家事调解委员会，在家事审判庭设立专门家事调解办公室，对家事纠纷案件实行“能调则调，能调全调”调解制度，最大限度化解社会矛盾。

★ 2017 年 6 月 27 日，山东省高级人民法院院长白泉民（右二）到县人民法院调研 （供稿：刘春雷）

4 月，在金融审判庭成立潍坊市首家基层法院金融消费纠纷诉调对接中心。

【审判管理】 建立“总分总”审判管理模式，推动社会多元主体参与矛盾纠纷化解，案件简易程序适用率达到 91.5%，审理周期同比减少 25 天。

规范审判权运行，实行繁案精审、难案定审机制，完善裁判文书签发机制，落实“让审理者裁判、由裁判者负责”。制定各审判主体权力清单，发挥院（庭）长对程序事项的审核批准、对审判工作的综合指导、对裁判标准的督促统一、对审判质效的全程监管等作用，服判息诉率和发回改判率等质量指标连续五年位居全市法院前列。

实施行政权与审判权分离机制。入额的班子成员分管审判执行业务部门，并带头承办大案、要案、难案，减少非审判事务。全年 4 名入额班子成员审理结案 228 件，18 名中层业务负责人结案 4292 件，完成全院结案数的 51%。未入额的班子成员统管行政综合管理部门，实现与审判权的分离。

【信息化建设】 配备 6 套法院执行单兵系统，投资 350 万元新建执行指挥中心，投资 240 万元开展库藏档案数字化工作，提升诉讼数字化应用能力。建立“点对总”诉讼失信信息查询平台，扩大诉讼诚信信息的应用范围，在“两代表一委员”遴选中，为党委、人大、政协提供诚信信息 3000 余份，为剔除 12 名失信人员入选资格提供证据支持。 （刘春雷）

## 司法行政

【公共法律服务体系建设】 落实省、市、县《关于加快推进公共法律服务体系建设的实施意见》，推进县公共法律服务中心和镇（街）公共法律服务中心上档升级。建成 1 处占地 1500 平方米的公共法律服务中心和 82 处农村（社区）司法行政工作室。

【公证处改革】 根据中央和省、市、县文件精神，临朐县公证处经县编办批复由行政单位改制为“山东省临朐县公证处”，属于公益三类事业单位。开展“绿色继承”“温情医嘱”“家事服务”特色公证业务，推广“互联网 + 公证”服务模式，拓宽公证业务领域。全年共办理公证事项 1742 件。

【人民调解工作】 结合农村换届工作，规范村居人民调解室。完善律师（基层法律服务工作者）参与法院案件调解制度，组织律师参与检察院化解和代理涉法涉诉信访案件工作。各级调解组织共排查调处各类纠纷 2510 件，调处成功 2485 件。“林红调解工作室”主任林红被司法部授予“全国模范人民调解员”。

【“一村（社区）一法律顾问”工作】 7 月，县委办公室、县政府办公室联合下发《关于推进“一村（社区）一法律顾问”工作的实施意见》。11 月 6 日，召开全县“一村（社区）一法律顾问”工作推进会议，出台《临朐县“一村（社区）一法律顾问”工作实施方案》和《“一村（社区）一法律顾问”考核办法》等相关规章制度。12 月，完成全县“一村（社区）一法律顾问”选聘工作，全县 350 个村（社区）与 110 名律师（基层法律服务工作者）签订法律顾问合同，实现农村法律顾问全覆盖。

【普法宣传工作】 创新普法宣传机制和工作模式，推进“法律六进”活动深入开展。3 月—5 月，开展以“落实‘七五’普法规划，服务农村经济发展”为主题的“法律下乡百日行”活动，共解答法律咨询 4000 余人次，赠送法律书籍和法治挂图 5000 本（幅），发放宣传材料 8

★ 2017 年 5 月 12 日，县司法局在柳山镇柳山大集开展“落实‘七五’普法规划，服务农村经济发展”为主题的“法律下乡百日行”活动 （供稿：刘　扬　宋海明）

★ 2017 年 11 月 6 日，召开全县"一村（社区）一法律顾问"工作推进会议

（供稿：刘 扬 宋海明）

万份。完善法治进校园机制，规范"法治校长"建设，调整聘任"法治校长"106 人，定期开展法治教育课程。全年共组织开展法治宣传活动 100 余次，发放宣传材料 20 万份，新增全省民主法治示范村 1 处、全市法治文化建设示范基地 4 处、全市法治宣传教育示范基地 4 处。

【特殊人群管理工作】 制定《关于开展社区矫正安置帮教安全隐患专项整治活动的实施方案》，联合县检察院对全县社区矫正、安置帮教安全稳定工作进行检查督导。全年联合督导 5 次，共接收社区服刑人员 2682 人，其中 2153 人解除矫正，在矫社区服刑人员 529 人；安置帮教人员 1507 人，刑满释放人员帮教率达 90% 以上。

【法律服务】 全县 51 名律师与 135 家企业建立服务联系点，全年代理企业诉讼纠纷案件 146 起，帮助企业避免和挽回经济损失 9200 余万元。由 16 名党员律师组成的"党员律师顾问团"参与全县退役士兵安置和权益保障工作，为 78 名退役士兵提供法律咨询。全年共办理司法鉴定事项 310 件，法律援助案件 470 件，办理诉讼与非诉讼法律事务 2120 件。

【荣誉】 2017 年，县公共法律服务中心被评为"山东省公共法律服务示范中心"，临朐县"新闻女生"人民调解委员会被评为"全省优秀人民调解委员会"，1 人被评为"全省优秀人民调解员"，1 人被授予"山东省优秀公证员"。

（刘 扬 宋海明）

## 道路交通管理

【机动车和驾驶人管理】 2017 年，机动车新车注册登记 9256 辆，年审汽车 85867 辆，补证换证 19032 人，驾驶人审验 6126 人，教育驾驶证记满 12 分驾驶人 1532 人。截至 2017 年底，全县社会机动车保有量 204748 辆，其中汽车 182330 辆，轿车 111044 辆。机动车驾驶人达到 303480 人，其中汽车驾驶人 276559 人。

【交通安全社会化宣传】 继续开展"五进"（进农村、进社区、进学校、进单位、进家庭）交通安全宣传活动，与县电视台联办"交警与你同行"专题栏目，每周播出 2 期交通安全知识，全年共播出 130 期。建立"临朐交警"微信、微博公众号，每天更新宣传内容。开展"守护平安幸福童年"活动，对全体在校中小学生进行交通安全教育。结合创建省级卫生城市活动，进行规范停车秩序、机动车礼让斑马线等文明交通宣传，印发相关宣传材料 18 万份；首次使用 LED 流动宣传车停驻公园、广场播放音视频宣传。

【交通秩序整治】 4 月 7 日、11 月 23 日、12 月 11 日，县政府 3 次召开道路交通"平安行·你我他"行动专题会，对全县道路交通安全执法、安全隐患排查治理、基层交通管理网络建设、冬季交通安全管理等工作进行部署、调度和推进。全年开展交通安全执法集中行动 71 次，共查纠各类违法行为 64 万起，行政拘留 350 人。其中现场查处"三超一疲劳"（超员、超载、超速、疲劳驾驶）及无牌、假牌、套牌、无证驾驶等严重交通违法行为 19 万余起，酒后驾驶 3500 余起，非现场查处违法停车、闯红灯等违法行为 44 万起。

★ 2017 年 9 月 12 日，山东省交通厅检查组到临朐县检查农村公路安全生命防护工程建设情况 （供稿：王金鹏　王佩忠）

【道路安全隐患排查治理】　突出重点道路精细化治理，提升“公路安全生命防护工程”质量。联合交通、公路、教育等部门，排查治理县道西（昌乐县西寺后村）辛（九山镇辛庄子）路等道路安全隐患 534 处，封堵省道公路安全隔离护栏不合理开口 40 余处。结合创建省级卫生城市活动，对城区交叉路口交通信号灯、道路交通标线进行全面排查，调整信号配时，规范交通标线，划定临时停车位 20000 个。

【道路交通事故处理】　全年道路交通事故接处警 9031 起，实际死亡 127 人，受伤 226 人，直接经济损失 396.1 万元。发生交通肇事逃逸案件 248 起，破获 212 起，破案率 85.5%；其中重大交通肇事逃逸案件 36 起，破获 33 起，破获率 91.7%。

【荣誉】　2017 年，临朐县被潍坊市道路交通安全综合治理委员会评为“2017 年度‘平安行・你我他’行动先进县”，县交警大队在全市公安交警系统综合评比中取得第 1 名，被市公安局记集体二等功 1 次。

（王金鹏　王佩忠）

# 经济监督管理

## 宏观经济管理

【编制规划】 根据省发改委及国家环评中心的评审意见进行三次修改，编制完成《临朐县国家重点生态功能区产业准入负面清单》《临朐县国家重点生态功能区产业准入负面清单编制说明》。制定《临朐县产业强市建设五年规划和三年行动计划》《临朐县品质城市建设五年规划和三年行动计划》《现代服务业人才队伍建设五年规划和三年行动计划》《临朐县关于加快推进生态文明建设的实施方案》《临朐县新旧动能转换重大工程实施方案》《临朐县创新农村基础设施投融资体制机制实施意见》。

【经济和社会发展情况调研】 配合县人大对全县国民经济和社会发展上半年执行情况进行调研，实地查看临朐县护理院、高铁轨道大板、中欧节能门窗产业园、营龙路北出口建设工程建设运营情况，向县十七届人大常委会第四次会议汇报《关于临朐县2017年上半年国民经济和社会发展计划执行情况报告》并通过会议审议；向县第十七届人民代表大会第二次会议汇报《临朐县2017年国民经济和社会发展计划执行情况与2018年国民经济和社会发展计划草案的报告》并通过会议审议。

★ 县发改局实地调研大项目建设　（供稿：王清大　窦玉珅　魏国振）

【固定资产投资项目管理】 全年共审批核准备案项目276个，总投资额达135.8亿元。为全县"大项目建设突破年"中确定的68个项目办理立项审批手续。确定上报过亿元项目95个、市重点项目5个、构建现代产业体系项目42个。分类建立项目推进台账和工作方案，全年组织召开项目建设调度会议4次，开展集中现场调研6次。

【资金及人才争取】 全年争取中央和省资金11603万元，其中4500万元用于东城皇山、城关魏家庄等7个片区保障性安居工程配套基础设施项目。人才、平台争取获得突破，山东龙德复合材料科技股份有限公司汽车滤纸等3家企业工程实验室被认定为市级工程实验室，全县省、市级工程实验室达到17家；宝龙达实业集团有限公司徐彩虹成功入选2017年鸢都产业领军人才。

【产业强市和品质城市建设】 分别设立县产业强市、品质城市建设专项委员会办公室，建立完善工作推进机制，推动落实县产业强市重点工作任务台账28项、品质城市五年规划重点任务台账67项、品质城市建设三年行动计划重点项目台账55项。中欧节能门窗产业园、柳山智慧农业田园综合体等5个产业强市建设项目，县人民医院（东院区）、城关街道魏家庄片区棚户区改造等2个品质城市建设项目列为市“10•30•100”支撑项目；沂山特色旅游小镇等16个项目列入市产业强市建设规划。

【新旧动能转换重大工程】 设立县新旧动能转换重大工程战略规划领导小组推进办公室，立足县域优势，着力建设有竞争力的高端产业集群、休闲养生和文化旅游产业创新发展试验区。编制《临朐县新旧动能转换重大工程实施方案》，明确20项对接市级新旧动能转换重大工程、12项市级调研课题、43项首批重大平台和重点项目。高速轨道设备产业园、宋香园现代农业旅游等7个项目列入省新旧动能转换项目库，临朐铝型材、揽翠湖温泉度假区、九山薰衣草小镇列入省规划重要事项，伊利液态奶加工、全铝家居加工、龙潭湖露营公园等24个项目列入市新旧动能转换项目库。

【全面深化改革】 制定经济体制改革领域2017年改革工作要点、重点改革事项、重点改革事项实施方案、经济体制改革领域督查方案、改革任务台账，按季度对经济体制改革领域重点改革事项进行调度汇总形成报告，开展专项督查4次。持续完善公务用车制度改革，完成全县党政机关公务用车统一标识喷涂。

【社会信用体系建设】 推动政务诚信、商务诚信、社会诚信、司法公信建设向纵深发展，制定各类信用体系建设相关文件10余份，编制印发《临朐县社会信用体系建设文件汇编》。搭建“一网三库一平台”，

★2017年12月22日，临朐县召开社会信用体系建设工作培训会议

（供稿：王清大 窦玉珅 魏国振）

实现与市级公共信用信息平台的互联共享。完成全县政府机构失信问题治理工作，全年累计公示行政许可、行政处罚“双公示”社会信用信息2.5万条，发布信用“红黑名单”4期。开展全县社会信用体系建设专题培训及“诚信倡议”宣传活动。

（王清大 窦玉珅 魏国振）

## 能源保障

【基础设施建设】 2017年，服务境内榆横—潍坊交流特高压工程、青州换流站—潍坊站交流特高压工程顺利送电，锡盟—泰州直流特高压工程临朐段全线贯通，潍坊—临朐500千伏变电站“四通一平”完成，临朐站500千伏输电线路工程及220千伏配套送出工程完成铁塔基础浇筑；投资1.23亿元建设改造中低压电网，完成新一轮农网改造升级两年攻坚战任务；实施省定贫困村电网改造升级、机井通电工程，建设改造配变382台、配网线路641千米。

【常规能源】 水力发电。由国网新源控股有限公司投资开发的总投资76亿元的潍坊抽水蓄能电站项目稳步推进，可研地质勘探工作进展顺利，涉及枢纽布置格局比选的上库区域钻探、地下厂房长探洞勘探工作结束，工程建设必要性、枢纽布置格局比选、施工总布置规划、正常蓄水位选择专题报告完成审核。

燃气利用。全县共有管道燃气经营企业2家，共敷设中压及以上天然气管线200公里，覆盖城关街道、东城街道和龙山产业园；辛寨镇、冶源镇实现镇区集中供气；五井镇、蒋峪镇、寺头镇实现局部点供气，居民用户达6万户、工商业用户达400户。全县共有CNG加气母站1座、CNG标准站3座、CNG子站2座、LNG加气站1座、液化气站12处及港华燃气焦炉煤气3万立方米储气柜1座，天然气年供气总量超过8000万立方米。龙山产业园接收站接入城镇燃气管网，港华燃气LNG储配站一期工程投入使用，全县形成四路（三门站、一储配站）、双气源（中石油、中石化）、储气站并存格局。

热能利用。热电。县内有临朐县西城热电有限公司和临朐县东城热电有限公司2家热电公司，2016—2017年冬季采暖期供热总面积达586.7万平方米，集中供热普及率78.26%，装机规模2.4万千瓦。余热发电。利用余热发电企业有2家。其中，山东联科新材料有限公司热电联产，全年所回收二次能源折标准煤5万吨，外供电力2003万千瓦时；临朐山水水泥有限公司余热发电4152.1万千瓦时，全部回用于企业生产。垃圾焚烧发电。全年处理生活垃圾21.3万吨，年发电量6500万千瓦时，年供电量5130万千瓦时，年收入3925万元。

【新能源产业】 风力发电。全县风电投资开发企业有中广核、国华、国电、天融新能源4家。截至2017年底，共核准风力发电项目9个，核准规模41.775万千瓦。其中，5个风电项目已并网发电，并网规模23.38万千瓦，完成上网电量42027.5万千瓦时，收益22754.6万元。

光伏发电。2017年，备案地面集中式光伏电站项目9个、175兆瓦。其中并网电站4个，并网规模60兆瓦，完成上网电量7436.7万千瓦时，销售收入5936.7万元；备案分布式光伏发电项目141.2兆瓦，并网规模78.6兆瓦，其中2017年新增备案71.2兆瓦，并网发电60.9兆瓦；光伏扶贫项目135个，并网规模12.8兆瓦。

生物质能。确定发展沼气为农村能源建设重点。县、镇（街、园、区）、村对沼气建设户在资金方面给予优惠扶持，鼓励农村沼气建设。

【节能工程和循环经济建设】 严把新上项目源头关口，发展非化石能源和节能环保产业，改造燃煤锅炉，推进能源结构调整，完成2017年度煤炭消费减量任务。推动工业、建筑等重点领域和重点耗能企业节能，加快重点节能工程建设和节能技术产业化推广，超额完成节能降耗任务目标。全县“企业内循环、产业间循环、园区中循环、社会大循环”多维循环体系渐趋佳境，顺利通过潍坊市循环经济示范县验收。

（杨洪法　赵传生）

## 国有资产管理

【国有企业国有资产管理】 制定《关于理顺县级国有企业国有资产监督管理体制的意见》。完成政府投融资平台转型改制工作，组建临朐县城市建设投资集团有限公司、临朐县金融控股集团公司，均为国有独资企业。

【行政事业单位国有资产管理】 选择辛寨、九山开展乡镇国有资产管理规范化试点工作。工作流程：制定资产清查工作方案；聘请中介服务机构开展清查业务培训，完成自查；中介机构对自查情况逐一核准，完成资产清查报表汇总。11月，组织各镇街财政所对试点镇国有资产管理工作进行观摩。

债务资产清查工作。按照省、市要求，全面摸清债务资产家底，实现动态监管。2017年6月30日清查基准日止，对全县39家单位债务及形成的资产进行清查。清查总投资额81.13亿元，债务53.4亿元，形成资产82.27亿元。

国有资产处置工作。严格程序审批，所有资产处置均须报批，不动产处置必须报经县政府批准；凡经批准处置的资产必须经中介机构评估；资产处置公开透明，土地、房产、公务用车等大宗资产处置必须拍卖；资产处置收入及时足额上缴处置收入专户，实行收支两条线管理。严格按程序做好国有企业的改制及资产拍卖工作。全年累计审批资产处置手续40余批，实现国有资产处置收入200余万元。

资产管理信息系统维护工作。要求各行政事业单位按时做好资产情况动态月报、季报工作，将资产增减变化情况及时录入系统；对新成立及撤并单位做好资产管理信息系统的新建、调整工作；11月下旬开始，对资产管理信息系统运用情况进行调度指导检查，使单位资产账务和系统管理相统一。

【产权登记年检和报表工作】 制定科学合理的工作方案，运用资产管理信息网络平台，完成全县114户行政事业单位资产存量及增减变化情况核准登记年检，完成2016年度全县行政事业单位、企业资产报表汇总上报工作和国有企业国有资产统计工作。被市国资委评为“2016—2017年度财务报表编制工作优秀单位”。

【公务用车管理】 按照县公务用车制度改革领导小组办公室职责分工，对公务用车处置、更新、购买进行管理。做好划拨、回购公务用车手续审批工作。

（高　慧）

# 国土资源管理

【概况】 2017年，全县调增建设用地1400公顷，年内报批土地260.7公顷，供应土地219.2公顷，办理各类不动产登记业务6.8万余件。继续保持省级文明单位称号，先后获得全市地质与矿产资源管理先进单位、全市地籍与不动产登记管理先进单位、全市国土资源工作政务信息先进单位、全市国土资源工作新闻宣传先进单位、全市国土资源工作优秀单位。

【土地利用】 全年供应土地121宗219.2公顷（其中划拨23宗31.9公顷，出让土地89宗176.7公顷，集体建设用地审批9宗10.6公顷），成交价款18.19亿元。储备土地58.1公顷。盘活存量建设用地44.4公顷，低效用地二次开发90.3公顷。

【耕地保护】 落实耕地保护目标责任制，县、镇、村三级层层签订耕地保护目标责任书。2017年初耕地面积59913.05公顷，2017年末59945.29公顷，增加耕地32.24公顷。划定永久基本农田50765公顷，设置永久基本农田保护牌23块、界桩480个，签订保护责任书1694份，耕地占用补充114公顷。连续17年实现耕地总量动态平衡。

【执法监察】 完善县、镇、村三级执法监察监管网络，强化镇（街）政府（办事处）在国土资源管理工作中的主体责任，推行网格化监管和动态巡查机制，形成上下齐抓共管的土地执法工作新格局。全年开展专项行动20余次，拆除复耕违法用地65宗192亩，完善手续12宗187亩，申请法院强制执行106起。

【地籍管理】 完成2017年度变更与遥感监测图斑1324个，面积724公顷；整改图斑12个，面积171.4公顷。

【土地整治与复垦】 新申报实施土地开发整理项目2个，完成土地综合整治项目2个，新增耕地2218亩；2014年、2015年高标准基本农田建设项目通过验收；组织实施增减挂钩和工矿废弃地复垦利用项目7个，结余用地指标1058亩。

【土地规划】 编制《临朐县土地整治规划（2016—

★ 2017年8月23日，山东省国土资源厅厅长李琥（左六）到临朐县调研大项目建设用地情况　（摄影：吕廷蛟）

2020年）》，完成土地利用总体规划调整完善工作，调增建设用地1400公顷，土地利用总体规划数据库通过省国土资源厅验收。

【地质矿产勘查】 2017年，全县实施地勘项目4个，登记面积15.48平方千米。

【地质环境保护】 编制《临朐县2017年地质灾害防治方案》，对全县21处隐患点进行重点防控；组织实施地质灾害隐患治理项目5个，九山麻坞崩塌地质灾害防治项目于9月份通过省、市野外验收；加强山旺自然保护区环境保护，对区内村庄进行整村搬迁，对企业进行收回，保护区实现封闭式管理；山旺化石地层剖面保护棚等3个项目的环境影响评价报告通过省环保厅审查。

【矿产资源整治与开发】 组织开展矿产资源专项整治活动2次，拆除非法加工点50处，关闭非法采矿点53处，拘留17人；通过潍坊市公共资源交易平台出让采矿权2宗，收取采矿权出让收益6.288亿元；推进矿产资源整合，全县矿山企业由2015年底的16家减少到8家。

【测绘管理】 强化测绘行业市场化监管，规范测绘市场秩序，测量标志完好率达100%；完成1∶500大比例尺地图更新和地名地址数据库动态更新工作，“数字临朐地理信息公共平台”在全省技术评估中获五颗星。

【宣传教育】 利用“4•22”世界地球日、“6•25”全国土地日、“8•29”测绘法宣传日、“12•4”国家宪法日和基层阳光议事日时间，设立宣传站60余个；继续开展法治宣传进学校、进企业、进社区活动。

（王立杰　马纯霞）

## 不动产管理

【服务窗口标准化建设】 设置大宗业务窗口、70岁以上及行动不便人群、军人专用窗口，在大厅设置填单台、宣传栏、自助叫号机及群众休息等候区等设施，方便群众办理业务。

【管理机制与业务工作】 制定《工作岗位职责》《工作绩效管理办法》《工作过错责任追究制度》《不动产权利证书管理制度》《业务内部会审制度》《AB岗工作制度》等工作制度。全年共办理各项业务6.8万余件，其中不动产登记类业务3.2万件，发放不动产权证书10146本，不动产登记记录证明13282份；为地税、扶贫办、组织部、法院等部门出具规范查档结果3.6万余份。

【特色服务】 对老、弱、病、残、孕等特殊服务对象，实行预约或上门服务，全年为特殊人群上门办理登记业务50余起；开通电话（短信）提示服务，及时向当事人预留的手机号码拨打电话或发送短信；实行紧急事项延时服务，实施“提前上岗，延迟离岗”措施，确保尽快为服务对象办理不动产权登记手续。

【数据整合】 与住建、林业等部门协调沟通，推进

★2017年10月31日，潍坊市不动产存量数据整合现场会在临朐县召开

（摄影：吕廷蛟）

不动产登记存量数据整合工作，为不动产登记信息系统运行提供数据支撑，同时为不动产交易登记提供历史信息。全年完成104467个权利的数据整合，2200卷林权数据的分析。完成90%集体建设用地使用权、集体土地所有权、宅基地图形及属性入库工作，2012年以前房屋所有权档案实现查询功能。取得包括实施方案、技术方案、数据分析报告、质检记录、问题确认单、会议记录及阶段成果数据等阶段性成果。

【基础档案管理】 与市国土资源局对接，制定《国土资源档案分类方案》《国土资源文件材料归档范围和保管期限规定》，明确不动产登记归档材料、格式要求。全年共整理档案129983卷，其中业务档案129947卷、文件类档案26卷、科技档案3卷、电子档案2盘。

【优化业务流程】 按照“便民、利民、高效”原则，对15类不动产登记业务流程优化。根据业务类型，办结时间由原来的15个工作日缩短为即时办理、1个工作日和3个工作日，无特殊情况最长不超过7个工作日。其中，查封登记、异议登记、抵押注销登记等3项业务即时办结，出具不动产登记记录证明业务1个工作日办结，抵押登记办理时限压缩为3个工作日，一般登记业务压缩为7个工作日。

【荣誉】 2017年，县不动产登记中心被省国土资源厅确定为“全省数据整合试点单位”“山东省档案工作科学化管理示范单位”。 （王立杰　马纯霞）

## 砂资源管理

【打击私采滥挖行为】 充实执法力量，采取调换防区、联合行动、交叉执法、随机查处等方法，主动出击检查，遏制非法采砂现象发生。全年共查扣挖掘机78台、装载机12台、运砂车13辆。

【清理非法洗砂点】 3月10日至5月10日，集中开展矿产资源综合整治活动，共拆除非法洗砂点33处。11月，联合县国土资源、公安、供电、环保、安监等部门，进行集中综合整治，拆除新上、重上非法洗砂点32处。

【合理设置采（洗）砂项目】 制定《批复项目涉及采（洗）砂加工施工管理规范》，对有条件设置采（洗）砂项目的镇街，严格把关办理程序。沂山风景区大关水库增容、永硕农业换砂覆土、五井镇大河流域取砂换土、山东高速轨道设备材料有限公司水洗砂加工点等采（洗）砂项目通过审批。 （夏廷涛　谭全华）

## 安全生产监督管理

【责任体系建设】 2017年初，县政府与各镇（街、园、区）、行业监管部门签订安全生产目标责任书。各级各部门各单位细化分解任务目标，层层签订责任书3700余份。制定《关于建立安全生产监督管理责任追究机制的通知》《关于对生产安全事故企业相关责任人严厉追责的通告》，严格责任落实。实现“政府监管网格化、安全生产岗位管理实名化、监管信息共享化”新格局，全县870家生产经营单位纳入网格化实名制台账；按照“定区域、定职责、定人员、定任务、定考核”要求，配备专职网格员259名，兼职网格员226名，协管员234名。县安监局被省政府安委会评为2017年度“全省安全生产先进单位”。

【执法检查】 开展“大排查快整治严执法”和“大检查”行动。成立22个行业工作组，采取“日常查、专项挖、重点找、专家点”等形式，全面彻底排查安全隐患。开展“专家查隐患”活动。采取政府购买服务的方式，聘请安全生产专家对全县危险化学品生产企业、涉氨制冷企业和粉尘涉爆企业进行安全“会诊”。对市、县安全生产会议确定事项分解立项督查，制定《关于对2017年市、县安全生产工作会议确定事项分解立项督查的通知》，分解工作任务5个方面86小项，督促各镇（街、园、区）、各部门单位结合实际，全面抓好整改落实。成立13个督查组，对各镇（街、园、区）和重点行业、重点领域、重要部位安全生产工作进行专项督查。

【重点领域整治】 危化品整治。对加油站、涉氨制冷企业开展专项检查，对危险化学品开展“反三违”“综合治理”“大快严”整治，开展省、市异地执法检查和“化工产业安全生产转型升级”行动。

非煤矿山整治。以地下矿山为重点，推进“三项监管”和“五项执法”活动；聘请专家对全县地下矿山、水泥厂进行会诊检查，发现问题，责令限期整改；结合转型升级“四评级”活动，加强源头管理，对规模小、装备技术相对落后的小型露天采石场，按有关程序依法注销关闭。

烟花爆竹整治。开展烟花爆竹“百日安全”专项整治行动，督促批发企业和常年销售业户落实安全措施，达不到“二星”管理标准，坚决不予办理经营许可证。

职业健康领域整治。建立安全生产与职业健康一体化综合监管执法，对企业劳动场所职业危害检测、接害人员职业健康查体、职业健康管理档案、现场管理等内容进行重点检查。

【安全基础建设】 制定《临朐县安全生产标准化创建工作实施方案》《临朐县小微企业安全生产标准化评审规范》，推进各行业企业标准化达标工作，将安全生产达标作为企业申请县政府过桥还贷资金、担保和评先树优的前置条件。组织全县重点化工企业、部分工贸企业举办“安全风险分级管控和隐患排查治理”建设现场观摩会两次，推进安全生产风险管控和隐患排查治理两个体系建设。组织各级各部门及时修订完善应急预案，督促行业领域内企业扎实开展应急演练活动。全年共编制修订各类应急预案530余件，开展演练活动220余次，参与人数1.5万余人。

【安全培训】 全年共培训安全管理人员2065人、特种作业人员452人。组织危化品重点企业、加油站主要负责人及安全管理人员和烟花爆竹批发企业及常年销售点主要负责人280余人，采取闭卷考试形式进行安全管理知识考试。

【安全生产宣传】 开展“安全生产月”“安全生产宣传周”活动，通过演讲比赛、悬挂横幅、张贴标语、发放宣传资料等形式宣传安全知识，共设咨询服务台30余处，展出警示图片620余幅，发放宣传材料2万余份。开设“安全聚焦”专栏，提高企业和职工的安全生产意识。通过安全生产预警平台、报刊、电台、电视台等渠道，发布全县安全生产工作动态和典型经验，对违法行为进行曝光。 （王　宇）

## 市场监督管理

【商事制度改革】 3月1日，在全县实施企业简易注销登记改革，216家企业发布简易注销公告，完成注销134家。9月1日，在企业“五证合一”基础上，新整合县公安、交通、商务等11个部门26项涉企证照事项实行“三十一证合一”，办理加载统一社会信用代码新版营业执照的市场主体12213户，换照率达90.49%。2017年，全县新增各类市场主体8345户，同比增长39%。实现“个转企”262户，企业股份制改造6户。发挥“双告知”牵头作用，依托县政务服务平台，将46388户市场主体信息推送31个审批主管部门。完善市场主体信息公示机制，全县 8797家企

★2017年3月15日，临朐县举办“打开舌尖上的问号”—2017食安临朐“3·15”特别节目大型文艺会演
（供稿：吕学聪　张世宸）

★ 2017年6月6日，世界认可日系列活动——铝合金建筑型材节能知识讲座在临朐县举办　（供稿：吕学聪　张世宸）

业、27345家个体工商户、1633家农民专业合作社公示2016年度年报，年报率分别达94.45%、99.22%、98.43%，均高于全市平均水平。加强市场主体信用监管，将未报送2016年度报告的522户企业、25户农民专业合作社和194户个体工商户列入经营异常名录，及时推送银行、税务、国土等相关部门，落实失信联合惩戒机制。

【服务发展】　深入实施商标品牌和质量强县战略，临朐县沂山生态旅游开发有限公司、临朐揽翠湖温泉度假村有限公司、山东临朐聚丰村镇银行股份有限公司3家单位获山东省服务名牌，临朐县桑皮纸制作技艺传习所申报的“临朐桑皮宣纸”获中国地理标志证明商标。实施产品质量提升示范工程，成功申报国家级铝型材产品质量提升示范区，全省铝合金建筑型材节能认证知识宣贯会、全市推进产品质量提升示范工程现场会议先后在临朐县召开。实施标准提升工程，全县5家企业主导参与制修订国家、行业标准13项，5家企业成功创建AAA级标准化良好行为企业，4家企业采用国际标准组织生产。加强计量技术支撑能力建设，新建精密露点仪标准装置、工作用廉金属热电偶检定装置、二等铂电阻温度计标准装置3项计量标准，计量建标总量达到41项。2017年，新培育市级“守重”企业17家，办理股权出质登记、商标专用权质押和动产抵押登记88件，助企融资20.3亿元。全力推进个体私营企业党建全覆盖，组建成立个体私营企业党委，探索推行“协会+支部”党建新模式，分类组建“小个专”党组织216个，管理党员3404名，覆盖率达到89.76%。

【消费维权】　结合“3·15”国际消费者权益日，围绕“网络诚信　消费无忧”年主题，举办“打开舌尖上的问号”—2017食安临朐“3·15”特别节目大型文艺会演，组织到全县各镇街巡回演出。开展寻找年度“最美消费维权志愿者”和“投诉和解联络标兵单位”评选活动，1人获评年度“潍坊最美消费维权志愿者”，2人获提名奖，临朐百货大楼获评“市消协投诉和解联络标兵单位”，揽翠湖温泉度假村创建为全市“放心消费示范店”。开展2017红盾质量维权行动，办理商标侵权案件13起，召开经营者约谈会4次，发布消费警示6次。完善消费投诉纠纷受理处置机制，修订完善《政务服务热线及“12331”投诉举报系统受理事项办理办法》，集中规范做好政务服务热线受理、分流、查处和反馈工作，大力推进“诉转案”实施，提高消费纠纷解决效率。2017年，共受理政务服务热线消费者申诉举报1099件，调处消费纠纷386起，办理“诉转案”案件36件，为消费者挽回经济损失220万元。

【安全监管】　开展“红盾护农”专项行动，抽检化肥50批次，合格率96%。加强流通领域成品油质量监管，抽检成品油样品65个，合格率97%。针对重点领域、重点行业竞争问题，开展“促竞争、树品牌、保民生”执法行动，立案查处不正当竞争案件55起。开展“特供”“专供”违法广告、互联网金融广告等专项整治，规范广告经营主体行为，立案查处广告违法案件3起。加强对电子商务平台线上线下一体化监管，重点打击侵权假冒、刷单炒信、虚假宣传等违法行为，查办涉网案件2起。结合“大快严”“百日攻坚”“化工产业转型升级”三大集中整治行动，开展涉氨制冷企业压力容器、压力管道以及起重机械、电梯、大型游乐设施、化工产业特种设备等专项整治，将“超期未检”作为监察重中之重，强化特种设备普查登记，与510

家企业签订安全生产主体责任书，检查特种设备2560台，排除安全隐患310处，立案查处违法违规案件10起。加快推进“煤改气”工程实施，全县795台10吨及以下燃煤锅炉全部“清零”到位，安装燃气锅炉236台。加强工业产品质量监管，围绕电子电器、铝合金型材、密封胶、汽车配件、装修装饰材料、危险化学品、消防产品等开展打假治违专项整治，立案查处违法案件34起。加强获得资质认定检验检测机构的监督检查，定期对全县8家认证实验室和6家机动车检测机构监督巡查，规范检验监测行为。

【省食品安全先进县创建工作】 全县142家食品生产企业实现赋码追溯全覆盖并落实分级分类监管。以食品供货商为抓手，在流通环节全面推行“一本通”，落实食品农产品来源渠道。在餐饮服务环节推进“明厨亮灶”，完成“透明厨房”“视频厨房”310家，38家快检室以及学校食堂、大型餐饮酒店后厨实现“阳光厨房”电视直播、“透明快检”网络直播。施行品牌引领工程，新创“食安山东”食品生产加工、餐饮服务示范单位3家。结合全县“一村一警务助理”工作，实行食药安全监管“警务助理一人兼”，分两期对350名村级警务助理进行食药安全专题业务培训，完善农村基层食品安全监管网格。依托市场监管综合执法大队成立40人应急常备分队，负责全县食药安全突发事件应急处置，与县人武部完成装备配置和队伍集训。突出县域食品药品安全风险导向，部署开展“三小”规范提升、学校食堂及周边小餐饮、肉及肉制品、农村集体聚餐以及高风险药品、中药材、中药饮片、医疗器械等较大规模专项整治32次，落实食安、农安、公安“三安联动”机制，强化行刑衔接、检打结合，发挥稽查执法“拳头”“利剑”主力军作用，先后查处食品药品安全违法案件240起。贯彻落实山东省“三小”管理条例，制定《食品摊点备案管理办法》，集中备案登记食品小作坊、小餐饮、食品摊点589户，办理健康证明2126人，发放“三小”经营业户信息公示牌、食品安全卫生管理制度及量化分级管理公示牌6800份，新办营业执照2520户、食品经营许可证1549户，有效解决“三小”单位无证无照经营、卫生环境不佳、露天占道经营等突出问题。

（吕学聪　张世宸）

★ 2017年6月28日，全市推进产品质量提升示范工程现场会议在临朐县召开

（供稿：吕学聪　张世宸）

## 价格管理

【规范调整价格】 根据省物价局通知要求，对非居民用天然气基准销售价格进行调整；会同县水利局出台《关于规范农业用水价格的指导意见》，促进农业节水和农田水利工程良性运行；推进医疗服务价格改革；合理调整3条城乡公交车线路运价。

【核定收费标准】 落实《山东省司法鉴定收费管理办法》等收费政策15项。对5处高中公寓收费标准进行重新核定，公示后全部执行到位。制定《临朐县政府定价或政府指导价经营服务性收费目录清单（2017版）》和《2017年临朐县县级政府定价的涉企经营服务性收费目录清单》。完善物业小区收费公示制度和备案制度，全县达到备案要求的65家普通住宅小区全部实行备案管理。及时汇总收费单位情况及收支状况报告。

【价格监测】 严格执行价格监测报告制度，定期上报九个大类118种商品价格监测数据，及时对市场价格分析预测。开展生猪市场，秋粮播种面积、产量、预期价格，粮、油、肉、蛋市场等专项调查，分析基本情况，提出对策建议。

【价格执法检查】 采取提醒告诫和重点检查、日常巡查相结合等形式，加强市场价格行为监管。配合市物价局对县供电公司和农村商业银行收费行为以及县国土局、检验检测中心、住建局、环保局等单位涉企收费情况进行专项检查；与县住建局组成联合检查组，对华铝房地产开发公司等 9 家房地产企业和 1 家中介机构商品房销售行为进行专项检查；依法查处市物价局移交的两条汽车检测线串通涨价案件。及时受理、查处 12358 价格热线和 12345 市长热线转办的价格投诉举报案件，解答群众价格咨询。全年共查处价格投诉案件 95 起，其中 12358 价格热线投诉举报 11 起，12345 政务热线转办 84 起，解答群众价格咨询 9 次，结案率 100%。

【价格公共服务】 成本调查工作。对龙泉水务公司自来水成本，鸿运公交公司 101、102、103 公交车运行费用进行测算；开展农户存售粮、种植意向、农资购买专项调查，完成小麦、烤烟、蚕茧、散养生猪成本调查和常规调查。

价格认定工作。全年共办理刑事、行政价格鉴定 217 起，鉴定标的额 415.8 万元；办理二手房交易涉税价格认定 230 起，认定金额 18179.1 万元；调解价格争议 1 起。 （申铜祥　王宝伟）

## 审计监督

【概况】 2017 年，共完成审计项目 72 个，发现各类违规违纪及管理不规范资金 4.12 亿元，查补税金近 3000 万元，下达审计决定书和移送处理书 13 个。1 个项目被评为“全市优秀审计项目”，县审计局被授予“省级文明单位”称号。

【政策措施落实审计】 加大对各单位贯彻落实国家重大政策措施和县委县政府重大决策部署、执行进度和实际效果的审计，完成精准扶贫、盘活财政存量资金等政策措施落实情况审计。

★ 2017 年 4 月 11 日，审计人员在地税税收征管质量审计中现场了解税收政策执行规范所得税减免情况 （供稿：李　国）

【财政预算执行审计】 重点关注财政收支的真实合法效益、营改增政策效果、地方政府性债务管理和重点专项资金绩效等情况，对县财政、安监等 7 个部门进行预算执行审计。针对公车改革后账务处理问题，以《审计要情》形式呈报县政府，县政府主要领导作出重要批示。

【地税税收征管审计】 对地税局及 12 家房地产企业、化工企业、高新技术企业进行税收征管质量及企业延伸审计；参加全县税收保障检查，对 6 家房地产企业进行解剖式审查，查补税金近 3000 万元。

【政府投资审计】 完成弥河综合治理等 235 项工程结算审计，审计投资额 21.71 亿元，审减工程造价节约财政资金 2.33 亿元，审减率 10.8%。

【经济责任审计】 制定出台《临朐县领导干部离任经济责任事项交接暂行办法》，探索实施 6 个部门单位主要负责人的离任交接。以权力运行和责任落实为核心，完成县委组织部委托的 12 名镇、街党政负责人和 20 名县直部门单位负责人的审计。

【自然资源资产离任审计】 对冶源、蒋峪、九山 3 个镇进行领导干部自然资源资产离任审计。针对审计发现问题，提出审计建议，以审计要情形式呈报县委，

★2017年12月5日，审计人员在乡镇自然资源资产离任审计中现场查看水资源管理情况（供稿：李　国）

县委主要领导作出重要批示。在全省自然资源资产离任审计工作会议上，县审计局作典型发言。

【民本民生审计】　与县扶贫办、财政局组成联合检查组，对行业扶贫资金管理、项目建设运行情况进行集中检查。县委办公室印发《关于开展全县扶贫领域腐败和作风突出问题专项治理的工作方案》，县纪委建立开展全县扶贫领域腐败和作风突出问题专项治理工作联席会议制度，定期召开专题会议，通报情况，沟通信息，移交线索。（李　国）

## 统计工作

【常规统计】　完成工业、农业、投资、综合、核算、服务业、能源、建筑、房地产、社会、劳资、科技、文化产业和贸易等各专业的2016年报和2017年月度、季度、半年报表工作。完成名录库月度维护以及月度、年度审批工作；全年新增单位3418家，变更单位信息3109家，注销单位233家，新增规模以上企业57家。

【“统计+”创新工程】　从基层基础创新、服务创新、监督方式创新三个方面，精选建设复合型人才队伍、创建新型协作关系、建立统计数据服务平台、完善月度经济运行分析预警制度、加强数据解读等9个创新项目，制定《临朐县统计局“统计+”创新工程实施方案》，按照“思维创新化、创新项目化、项目目标化、目标责任化、责任奖惩化”的“五化”管理办法组织实施。加大信息化建设投入力度，推动大数据、云计算、互联网及物联网等现代信息技术在统计工作中的应用，对13处镇（街、园、区）开通统计专线。推进统计数据服务平台建设，开发相关数据，打造统计“数库”。“统计+”创新工程的典型稿件被《中国信息报》采用，被国家统计局、省统计局网站刊载，市统计局以正式文件转发。

【专项调查】　完成2017年全国1‰和全省1%人口抽样调查任务。推进规模以下企业调查、工业生产者出厂与购进价格调查、“四众”企业调查、道路交通能源消费调查和旅游统计等。

【统计信息服务】　创刊《统计快报》《统计内参》，增加经济形势分析频率，建立月度经济运行分析预警制度。每月对全县主要经济指标的总量、增幅、全市位次以及对标单位情况进行对比，及时发现存在问题，提出意见建议。全年共撰写统计信息、分析310多篇，其中被《潍坊日报·临朐新闻》采用58篇，被《山东统计》采用2篇。

【普法宣传】　制定下发《临朐县统计法治宣传教育第七个五年规划》，对2016—2020年统计法治宣传工作进行全面部署。会同国家统计局临朐调查队在县城新华路设立宣传站，开展“中国统计开放日”宣传活动，向群众发放《中华人民共和国统计法实施条例》《企业统计信用管理办法》《统计从业人员统计信用档案管理办法（试行）》《统计月报》等宣传材料。

【执法检查】　制定《临朐县2017年统计行政执法检查工作方案》，成立检查组，对抽取的企业进行重点检查。对检查中发现的统计基层基础建设等问题责令相关企业进行整改。

【荣誉】　2017年，县统计局被省人力资源和社会保障厅、省统计局、省公务员局授予“全省统计系统先进集体”，被省统计局表彰为“全省统计宣传工作先进单位”“全省第三次农业普查工作先进单位”和“全省1%人口抽样调查工作先进单位”；被市统计局评为“全市统计工作优秀单位”；在市局21项业务评比中，有16项被评为优秀单位。（程淑慧）

## 国家统计局临朐调查队

【概况】 2017年，共撰写调研信息30余篇，对辅助调查员进行业务、法律法规培训20余次，送达《统计法律事务告知书》300余份，装订调查资料60余册。

【住户调查轮换】 通过规范记账、审核评估、带问题培训、入点访户、电子记账、制度执行等环节，完成住户调查样本轮换工作。全年共进行月报培训8次、季报和年报培训4次、入点辅导4次；先后完成350个中心村的抽样框更新和摸底工作，对15个村级单位现场落实并拆分成67个调查小区，摸底调查1650户，其中150户调查户顺利开户并进行试记账。

【调查设备升级】 抽样调查和遥感测量样本点合并，统一到整合后的三个200米×200米网格样框，面积调查方式由传统方法转变为遥感测量；配备无人机、工作站等高科技调查设备。

【畜禽监测调查】 全县共32个畜禽调查点（其中大型养殖户12个、中小型养殖户10个村、散养户10个村），按照总队《关于规范畜禽监测调查数据采集方式的通知》要求，规范畜禽监测调查模式，要求畜禽大型、中小型、散养户直接调查和直接上报，在数据采集上实现“三个直报”。

【企业调查】 2017年，全县企业调查抽中单位53家，其中规模以下服务业调查单位7家、批发零售贸易与住宿餐饮业调查单位23家、新设立小微企业和个体经营户跟踪调查单位7家、小微建筑业调查单位10家、制造业采购经理调查单位6家。对其中22家单位开展固定资产投资调查。针对小微企业和个体户调查配合程度差的问题，与工商、统计部门协调沟通，加大培训力度，严格按照《统计法》和国家调查制度开展工作，确保调查数据质量。（陈冉东）

## 检验检测工作

【实验室建设】 根据《检验检测机构资质认定管理办法》等文件要求，对已作废的部分食品标准进行标准变更申报，申请变更的85个产品37个参数通过考核。开展CNAS资质认证申请，通过铝合金建筑型材、建筑密封胶等15类产品的CNAS实验室认可。

【业务培训】 全年共开展业务培训10次，培训人员300余人；固定业务培训24次；组织外出培训6次、17人。制定《2017年度检测技能比武活动实施方案》，开展检测技能比武4次。

【食品安全抽检】 全年共抽检食品、保健食品、农产品、畜产品、水产品等2034批次，合格产品2022批次，不合格产品12批次。送样品进行实验室间比对2次。

【监督抽查】 3月，完成省质监局委托的2017年铝合金建筑型材质量监督抽查任务，共抽取山东省9个地级市的38批次产品，合格产品34批次，不合格产品4批次。4月，完成市质监局委托的2017年铝合金建筑型材、非建筑用铝合金装饰型材和建筑用密封胶3种产品的市级监督抽查任务，共抽取78家企业的190批次产品，合格产品179批次，不合格产品11批次。

【国家铝合金型材及门窗制品质量监督检验中心创建工作】 确定铝合金建筑型材等86个产品方法、596个参数，形成《国家中心可行性分析报告》等6项材料。8月，《国家铝合金型材及门窗制品质量监督检验中心筹建任务书》等申报材料，经县、市政府同意，市、省质检局推荐，上报至国家质检总局。（颜　佳）

# 农 业

## 综 述

【农业生产】 2017年，全县小麦播种面积20万亩，实现夏粮总产7.6万吨；瓜菜种植面积12万亩，总产50余万吨；中药材种植面积达到4万亩。全县完成流转土地2.06万亩，新增瓜菜大棚6000亩、大棚果6000亩，引进果品新品种5个，新增优质林果面积4万亩，新开展“三品一标”品牌认证6件，落实黄烟种植面积2.3万亩，新建成500亩以上的现代农业示范园区7处，建成镇级电商服务站6处、村级电商服务点120处。大樱桃产业快速发展，成为全国面积最大的大棚樱桃种植基地，年产值超过20亿元，被中国园艺学会樱桃分会授予“中国大棚樱桃第一县”称号，新建大樱桃等果品批发交易市场2处。县级以上农业龙头企业累计105家，其中省级7家、市级39家、县级59家；全县新增家庭农场63家，其中新创建省级示范农场2家，新增养殖大户5户。大力推进标准化规模养殖，加大畜牧结构调整，全县畜禽养殖的规模化程度达到80%，标准化程度达到70%，全县规模养殖场粪污处理设施配建率达到92%以上。

【农业“三转三化”考核】 “三转三化”，即粮食作物向经济作物转、经济作物向林果产业转、露天种植向设施种植转，大力发展规模化、组织化、品牌化生产。制定《2017年全县农业“三转三化”工作考核办法》，考核共计100分，分6大项、15小项，结果纳入对13个镇（街、园、区）科学发展综合考核，对工作成绩突出、综合排名靠前的给予表彰奖励，并在项目安排、资金扶持、评先树优等方面予以优先考虑。

【“三农”服务】 投资1.35亿元，实施2017年农田水利项目县建设项目、大关水库灌区节水改造、大关水厂供水工程、河道治理、大关水库增容、水土保持、移民后期扶持等重点水利工程，全部通过市级验收。2017年，全县共发放农机购置补贴和报废更新补贴700万元。开展农民专业合作社信用互助业务，审批发放“富民农户贷”“富民生产贷”“富民阳光贷”等贷款112笔、3424.6万元。发放耕地地力保护补贴资金2500余万元，完成2017年小麦承保面积19.02万亩，投保率94.9%。先后派出农业技术人员240余人次，发布农业信息630条，发放科技宣传资料2.2万份，完成大白菜种产地检疫7000余亩。依托农民大讲堂等活动载体组织培训80多期，培训1万余人次。新规划创新路和金丰农资2个为农服务中心建设项目，开展测土配方800余次，销售各类农资350万元。实施国家级粮改饲项目，年青贮全株饲料玉米达到10万吨，增加种植业收入1000余万元。组织承担2016年“粮改饲”项目的23家奶牛养殖场结对帮扶13个村、284户建档立卡贫困户，实现6个贫困村、126户贫困户脱贫致富。

【农村环境保护】 大力开展造林绿化工作，2017年全县完成造林1.1万亩，其中经济林8000亩；完成森林抚育2万亩。加强湿地公园、森林公园和森林村居建设，聘请国家规划设计院专家完成湿地公园的规划设计，沂山国家森林公园规划设计通过省林业厅评审，《临朐凤凰谷省级森林公园总体规划》上报审批，组织寺头镇福泉村等5个村参加“山东省森林村居”评选。全力推进河长制工作，建成覆盖全县所有河流的县、镇、村三级河长制组织体系，设县级河长8人、镇级河长118人、村级河长687人。制定出台《临朐县全面实行河长制实施方案》，加强河流问题排查，建立工作台账。推进“三八六”环保行动，重点加强面源污染综合治理，构建形成绿色发展工作体系。

【农村电商】 以电子商务进农村综合示范县创建为抓手，按照农村电商规模、设点标准要求，加快推进镇村两级电商布局。成立县农产品电子商务协会，设立5处镇级电商服务站、60余处村（社区）级电商服务点，带动市场经营主体开设农产品网店近2000家、实体网批店100多家，其中全县1700余家合作社开展农副产品电商业户达到300余家，103家农业龙头企业开展电商业务企业达54家，培育山河食品、康宝蜂业、金晔食品等一批标志性农产品电商龙头企业，培植月庄大樱桃、寺头相亮山楂、九山仟果、沂蒙山胖子、五井隐士柿饼等20余个网络热销品牌。2017年，临朐县被商务部确定为山东省首批国家电子商务进农村综合示范县，获批扶持资金2000万元。

【农业安全生产】 农产品质量安全以争创“省级农产品质量安全县”为依托，抓好农产品标准化生产，强化产品质量安全监管，先后出动执法人员1000余人次，立案查处违法案件14起。抽检草莓、韭菜等农产品样品1100批次，速测样品8000批次，合格率100%。针对畜牧生产重点领域、重点品种、重点区域，对“瘦肉精”、病死动物等畜产品质量开展安全整治行动，配合公安机关查获“病死猪”1000余头、15万余公斤，查处各类畜牧兽医违法案件15起。突出抓好禽流感、口蹄疫等春季重大动物疫病防控，全县畜禽免疫率和抗体检测合格率均达到100%，确保全县无疫情发生。认真贯彻落实省、市、县森林防火会议精神，狠抓各项工作落实，配齐配全防火装备，全县8个重点镇、4处国有林场分别建立25人、50人的专业队伍，共配备高压串联水泵80台、风力灭火机355台、防火运兵车14辆、水罐车19辆、摩托车83辆。举办各级森林防火培训演练36次，参训队员5000余人次。加强日本松干蚧、美国白蛾等林业有害生物防控和动植物保护工作，投入资金500余万元，防治日本松干蚧、悬铃木方翅网蝽等5.4万亩。开展安全隐患大检查行动，对37个存在危险隐患的企业等进行安全大检查，排除安全隐患。做好防汛抗旱工作，落实以行政首长负责制为核心的各项防汛责任制，加强工程日常管理和检查，修订完善各类防汛预案。开展全方面、拉网式的防汛安全大检查，加强防汛信息化、专业化建设。

【农村重点领域改革】 扎实开展农村集体产权制度改革。8月下旬始，按照“先行试点、分类推进、逐步推开”工作思路，选取村级班子强、改革意愿大、基础条件好的38个村开展试点。首批开展清产核资，核定经营性资产15670.9万元，非经营性资产5044.1万元，资源性资产29820亩。32个村完成成员资格认定，6个村完成资产量化。实施农村产权流转交易，与齐鲁农村产权交易中心加强对接，完善县级分中心和镇（街、园、区）办事处平台，建立健全覆盖县、镇、村三级的流转平台，全年办结土地流转成交面积554亩，办理土地抵押登记8笔，土地抵押面积3140亩，贷款金额1040万元。以“农业水价综合改革试点县”为契机，开展农业水价综合改革工作。编制完成《临朐县农业水价综合改革方案》，建立起价格形成机制，形成灌溉水价协商定价流程。（王守友　陈　勇）

## “临朐大樱桃”老品牌“新亮剑”

（农民日报　2017年5月19日）

“27年前，大樱桃进入临朐，在这里生根展叶、开花结果，发展到全国最大的设施樱桃栽培基地，目前已成为临朐农民广泛受益的特色产业。”近日，在山东省临朐县举办的首届樱桃节上，中国园艺学会樱桃分会会长张开春告诉记者。

种植总面积达10万亩，其中大棚樱桃4万亩；2016年，大棚樱桃亩均收入约6万元，露地樱桃亩均收入约2万元，产业产值超过20亿元。该县农业局局长王明成介绍："临朐大樱桃种植历史悠久，是远近闻名的'老牌子'。以前，咱发展产业的关键是精耕品种技术和打开市场销路，旨在保障农民的樱桃种植收入。这几年，大樱桃在其他地方发展很快，营销手段更是五花八门，咱这老品牌也不能再默默耕耘了。举办第一届樱桃节，就是临朐大樱桃'新亮剑行动'的第一步。"

**老品牌固守"老传统"**

记者采访发现，作为发展近30年的老品牌，临朐大樱桃具有传统优势产业共同的特点：产业基础雄厚、市场体系健全、富民效应明显。

"说到大樱桃的生产技术水平，咱临朐当仁不让。"县农业局研究员王卫说。据他介绍，临朐大樱桃生产水平高体现在三个方面：一是选用适合当地气候和土壤的"考特"砧木，该砧木根系发达，吸收能力强，抗逆性能好，嫁接栽植后园相整齐，樱桃果个均匀、着色好、产量高；二是根据南、北方市场需求，不断引进新品种，改良老品种，目前是颜色鲜艳、个头硕大、肉硬脆甜的美早、布鲁克斯、红灯、含香等品种"顶梁当家"；三是先后推广了起垄种植、矮化或半矮化树体、KGB树形和超细纺锤形树形、花枝高接、蜜蜂授粉、火龙洞、微灌滴灌、电子驱鸟、疏花疏果等先进技术。

得益于先进的生产技术，临朐大樱桃具有上市早、个大、色艳、味鲜等特点，去年在山东烟台召开的2016年中国樱桃年会及大樱桃产业发展研讨会上，临朐选送的布鲁克斯大樱桃获全国优质大樱桃品评一等奖。

好果子不愁卖，每年3月下旬至6月上旬，来自东北、北京、杭州、广州、深圳等地的客商都会云集临朐，销售高峰时，日交易量在800吨以上。据王卫介绍，临朐建有大樱桃大型交易市场2处，小型市场4处，交易面积2万多平方米，是临朐及安丘、青州、沂水、淄博、章丘等周边县市的大樱桃交易集散地。

**老品牌遭遇"瓶颈期"**

"近几年，随着其他地方大樱桃产业的快速发展，临朐大樱桃产业进入了瓶颈期。"王卫坦言，"临朐大樱桃在潍坊算有点名气，拿在全省、全国，却远不如烟台樱桃和大连樱桃名字响亮。临朐认证的大樱桃品牌山旺、月华等，仅仅局限于几个合作社，没有打响'临朐大樱桃'区域公用品牌。樱桃种植散户、小户居多，种植管理、产品销售和对外宣传各自为战，品种、用肥、用药、采摘、销售难以统一标准，少数樱桃质量不尽人意，很大程度上影响了临朐樱桃的知名度。"

记者深入采访发现，由于缺乏品牌意识，临朐果农在种植过程中或多或少存在一些"坏习惯"。

为追求高产过量施用化肥。"在城关、山旺等大樱桃种植老区，由于多年来施用化肥过量，导致土壤酸化严重，果园土壤pH值已降到4.5，这样的土壤能结出好果子？"县果树站农艺师王玉宝说。

再就是为求高价提早采摘。来自浙江宁波的客商于本勇说："临朐市场上大樱桃品种多、货量大，但是个别果农和收购商存在提早采摘的情况，很多樱桃在七成熟的时候就摘了。"

"大棚樱桃号称'春果第一枝'，越早上市价格越高。类似过量施肥追求产量和急于采摘上市获益的做法，果农短期保证了收益，但对全县樱桃品牌造成了负面影响，不利于樱桃产业的长远发展。"王卫说。

**老品牌"再出发"**

进入4月中旬以后，临朐樱冠园大樱桃专业合作社理事长张成刚就格外忙碌，"今年樱桃节举办后，无论是前来观光采摘的游客，还是通过网上预售等方式走冷鲜物流的订单，都比以前大幅增多。4月20日前，咱的优质大樱桃卖到60元一斤，还供不应求。今年，我这个占地六亩的三连体拱棚，估摸着能纯挣五六十万。"

同时，作为合作社的理事长，张成刚也开始引导社员树立品牌意识，注册"樱冠园"商标，推广美早、布鲁克斯、福星、黑珍珠、萨米脱等新品种，制定标准化生产技术规程，开拓采摘销售、电商销售、订单销售等新渠道。

在中国（临朐）第一届樱桃节举办期间，樱桃技术论坛、樱桃评比大赛、经销商座谈会等系列活动交替进行；由浙江北江集团投资建设的占地300多亩的北江•鲁中农副产品交易市场正在加快建设，将打造成为以大樱桃为主的北方最大果品集散地；顺丰优选、淘宝预售、京东生鲜、微信营销等新型销售方式你方唱罢我登场……临朐大樱桃这一“老品牌”，正在以崭新的方式宣告“王者归来”。

“这就是临朐大樱桃的‘新亮剑行动’。”王明成说，“下一步，要在提高樱桃种植的组织化、标准化程度基础上，重点抓好‘三品一标’品牌认证和‘临朐大樱桃’区域公用品牌打造，积极参加中国农交会等展会，利用各类渠道全方位、多层次、高密度地宣传临朐大樱桃，扩大咱这‘老品牌’的知名度和影响力。”

（刘明志　吕兵兵）

## 农业综合开发

【概况】 2017年，共实施农业综合开发项目36个，总投资9089.64万元，其中市以上财政资金7632万元，治理土地4.88万亩。连续三年在潍坊市农业综合开发绩效考评中名列第一。

【土地治理项目】 2017年，总投资4803万元（其中市以上财政资金4761万元），实施土地治理项目11个，治理土地3.7万亩。其中，2016年项目总投资2960万元（财政资金2939万元，自筹资金21万元），完成土地治理项目7个，治理开发土地2.3万亩，包括高标准农田建设项目2个，小流域治理项目5个，2017年6月通过市级验收；2017年项目总投资1843万元（其中财政资金1822万元），开工建设土地治理项目4个，治理开发土地面积1.4万亩，包括高标准农田建设项目2个，小流域治理项目2个。

实施精准扶贫，2016年项目投入扶贫开发资金2127万元，整村推进九山镇夏庄、聚粮村6400亩，沂山风景区管委会毕家砚峪、大关村2400亩，嵩山生态旅游区西井村2600亩、黄谷村2400亩和辛寨镇中白沙村3000亩小流域治理项目。2017年项目，用于扶贫攻坚资金1037万元，涉及沂山风景区大关村、祝家村和寺头镇福泉村3个省定贫困村，实施小流域治理0.8万亩。

【产业化发展项目】 实施产业化发展项目8个，总投资1586万元，其中市以上财政资金712万元。

完成2016年产业化发展项目4个，项目总投资740万元，其中财政资金292万元，自筹资金448万元，9月通过市开发办项目抽查验收和绩效评价。博康蜂业有限公司180吨蜂王浆深加工扩建项目总投资371万元，其中财政资金137万。建设实验室1座，建筑面积1244平方米；购置仪器设备13台套。项目建成后，预计年新增销售收入2381.89万元，新增利税总额123.2万元，新增就业人数15人，间接带动从事加工及养殖200人就业。茂林养蜂专业合作社6300群蜜蜂养殖扩建项目总投资108万元，其中财政资金42万元。购置蜂王900只、蜂箱900个，购置液相色谱仪1台套，购置蜂蜜收购桶200个。隆泰肉羊养殖专业合作社2000头肉羊养殖基地扩建项目总投资101万元，其中财政资金43万元。新建羊舍2座，新建水池1座，硬化道路600米。合作社预计年销售羊肉5.4万公斤，

★九山镇万亩板栗基地　（供稿：冯　娟）

★辛寨镇中白沙村小流域治理项目　　（供稿：冯　娟）

年增加 2.7 万公斤，销售收入可达 270 万元。自然之源果蔬专业合作社 6000 吨优质蜜桃基地扩建项目（增量），总投资 160 万元，其中财政资金 70 万元。新打配套深井 2 眼，新建蓄水池 3 座，铺设 PE 管道 3620 米，复修道路 7.5 千米，购置农业机械及杀虫灯 50 台套。

2017 年，实施产业化经营 2 万亩林果产业集群项目 1 个，涉及 4 个子项目，总投资 846 万元，其中市以上财政资金 420 万元。分别为盛世果蔬专业合作社 2000 吨果蔬冷链物流、玉川果蔬种植专业合作社 100 万公斤果品种植基地扩建、乐丰家庭农场 175 万公斤果品种植基地扩建、开元果蔬专业合作社 20 万公斤大樱桃种植基地扩建。

【山区农业综合开发项目】 实施山区开发项目 10 个，总投资 627.64 万元，其中财政资金 310 万元。完成 2016 年度山区开发项目 5 个，总投资 325.34 元，其中财政资金 160 万元，6 月份通过市级验收。项目包括金钜食用菌专业合作社食用菌示范园建设、志强果蔬种植专业合作社果品生产基地水利设施及配套建设工程、富田家庭农场水利设施及配套工程、盛临蔬菜种植专业合作社绿色优质蔬菜种植基地建设和冶源镇白塔中心村三阳山村水利配套及道路建设工程。

实施 2017 年山区开发项目 5 个，总投资 302.3 万元，其中财政资金 150 万元。项目包括鼎福居家庭农场果品生产基地水利设施及配套建设工程、全德家庭农场种植基地水利设施及配套建设工程、鲁农家庭农场水利设施及配套工程、禾木家庭农场果品生产基地水利设施及配套工程、孟家果蔬专业合作社苗木生产基地水利设施及配套工程。　（冯　娟）

## 种植业

【概况】 2017 年，全县小麦面积减少到 20.04 万亩，玉米面积减少到 25 万亩，果品面积发展到 36 万亩，较 2016 年增加 5 万亩。1 月，临朐县获评“第一批全国区域性良种繁育基地县”。临朐县大白菜种市场份额占到全国的 60% 以上，成为全国最有影响力的大白菜制种集散地。4 月，成功举办中国（临朐）第一届樱桃节。5 月，临朐县被中国园艺学会樱桃分会授予“中国大棚樱桃第一县”称号，樱桃产业年产值超过 22 亿元。小麦单产 380 公斤 / 亩，较 2016 年增产 17 公斤 / 亩，夏粮总产 7.6 万吨；玉米单产 372 公斤 / 亩，秋粮总产 9.3 万吨；瓜菜种植面积 12 万亩，总产 50 余万吨；中药材种植面积达到 4 万亩，食用菌发展到 19 万平方米。

【农业科技服务】 2017 年，全县小麦种植面积为 20.04 万亩，发放耕地地力保护补贴资金 2500 余万元。小麦承保面积 19.02 万亩，投保率 94.9%；玉米承保面积 17.5 万亩。完成小麦灾情赔付 51.3 万元、玉米灾情赔付 52.4 万元。

★ 2017 年 4 月 16 日，中国（临朐）第一届樱桃节开幕式暨新闻发布会举行
（供稿：高秀林）

## 2017年临朐县政策性农业保险（小麦）基本情况统计表

表2

| 序号 | 单位 | 出险村数（个） | 赔付亩数（亩） | 受益户次（户） | 已决赔款（元） |
|---|---|---|---|---|---|
| 1 | 沂山 | 3 | 7.90 | 12 | 1425.01 |
| 2 | 城关 | 3 | 54.81 | 132 | 8322.84 |
| 3 | 东城 | 24 | 1749.89 | 1690 | 185997.35 |
| 4 | 冶源 | 26 | 843.67 | 1131 | 86614.28 |
| 5 | 九山 | 1 | 5.50 | 10 | 666.20 |
| 6 | 柳山 | 9 | 218.90 | 155 | 35748.62 |
| 7 | 龙山 | 2 | 22.70 | 8 | 4486.12 |
| 8 | 山旺 | 3 | 16.80 | 9 | 2457.01 |
| 9 | 寺头 | 13 | 440.10 | 254 | 33472.69 |
| 10 | 五井 | 13 | 633.13 | 538 | 54308.83 |
| 11 | 辛寨 | 35 | 1053.43 | 1582 | 76571.69 |
| 12 | 蒋峪 | 15 | 168.85 | 299 | 23365.12 |
| 合计 | | 147 | 5215.68 | 5820 | 513435.76 |

## 2017年临朐县政策性农业保险（玉米）基本情况统计表

表3

| 序号 | 单位 | 出险村数（个） | 赔付亩数（亩） | 受益户次（户） | 已决赔款（元） |
|---|---|---|---|---|---|
| 1 | 沂山 | 1 | 3.90 | 12 | 2593.06 |
| 2 | 城关 | 2 | 15.30 | 21 | 2886.38 |
| 3 | 东城 | 3 | 19.20 | 15 | 3541.47 |
| 4 | 冶源 | 5 | 222.28 | 189 | 40999.75 |
| 5 | 九山 | 1 | 18.50 | 16 | 5024.60 |
| 6 | 柳山 | 7 | 256.70 | 65 | 41238.90 |
| 7 | 山旺 | 4 | 48.20 | 12 | 11950.34 |
| 8 | 寺头 | 15 | 678.75 | 390 | 142300.35 |
| 9 | 五井 | 7 | 434.74 | 256 | 39561.34 |
| 10 | 辛寨 | 15 | 1199.94 | 1228 | 205801.40 |
| 11 | 蒋峪 | 13 | 154.02 | 167 | 27935.02 |
| 合计 | | 73 | 3051.53 | 2371 | 523832.61 |

引进甜樱桃、桃、葡萄新品种5个。先后派出技术人员240余人次，发布农业信息630条、病虫情报8期，录制新闻10余期，发放科技宣传资料2.2万份，大白菜种产地检疫7000余亩。组织果树、农技专家20多名深入田间地头，因地制宜分类指导，推广种子包衣、配方施肥、绿色防控等实用技术。5月中旬，投入资金21万元，对辛寨镇2500亩、蒋峪镇300亩、冶源镇200亩、东城街道2000亩小麦集中进行条锈病统防统治服务。

【农产品质量安全监管】 以种子、农药、肥料等农业投入品为检查重点，开展打假等专项行动6次，出动执法人员近千人次，检查农资门店1000余家次，农药备案3933种，责令整改62家次，立案查处农资违法案件18起。完成省、市、县农业主管部门抽检草莓、韭菜、西瓜等瓜菜样品1100批次，速测样品1万余批次，合格率100%。

【农业园区建设】 实施2017年生态农业示范园区脱贫攻坚项目4家（山东沂峰丹参茶制品有限公司、寺头镇杨庄村、临朐县隐士乡村旅游专业合作社、临朐为民果蔬种植专业合作社），实施2017年临朐县生态休闲农业示范园区建设项目5家（冶源镇红光村、山东宋香园现代农业有限公司、临朐盛临蔬菜种植专业合作社、临朐县开元果蔬专业合作社、临朐富田家庭农场），创建市级“精准扶贫示范园”4家（临朐县牛寨乡村旅游合作社、临朐县锦绣果蔬专业合作社、临朐县乐丰家庭农场、临朐永富果蔬种植专业合作社）。临朐县相亮山楂专业合作社被省农业厅评为“山东省生态循环农业示范基地”，嵩山生态旅游区获评市级“农产品质量安全示范镇”，临朐县元宝金秋红蜜桃专业合作社、临朐县乐丰家庭农场、临朐县鑫泉果蔬专业合作社3家单位获评市级“农产品质量安全示范园”，临朐县杨家岭家庭农场获评市级“水果标准园”。

【农产品品牌建设】 全年新增农产品品牌6个，其中绿色食品认证5个（临朐县利得果蔬专业合作社大樱桃、临朐县鑫泉果蔬专业合作社蜜桃、临朐县明豪农产品种植专业合作社核桃、临朐县小乔家庭农场蜜桃、临朐县王老五家庭农场蜜桃），地理标志认证1个（临朐县辛寨镇丹参协会丹参，认证面积2.7万亩）；新增省级标准化生产基地8家（临朐县乐丰家庭农场、临朐县元宝金秋红蜜桃专业合作社、临朐县鑫泉果蔬专业合作社、临朐金龙果蔬专业合作社、临朐县信通专业合作社、临朐天宝大樱桃专业合作社、临朐县盛临果蔬专业合作社、临朐县自然之源蜜桃专业合作社），全县省级标准化基地总数达到10家。临朐县元宝金秋红蜜桃专业合作社培育的金秋红蜜桃，于2006年育成，2007年通过山东省农业厅品种审定，具有品质优、耐储存、丰产稳产等特性，种植面积发展到5万亩。九山镇、寺头镇选送的苹果获潍坊市苹果评优大赛二等奖1个、三等奖5个、优胜奖7个；临朐县选送的板栗获山东省旅游商品大赛铜牌。9月，组织潍坊盛安食品有限公司参加中国（北京）国际农产品交易会。

【行业协会】 成立临朐县蔬菜种子协会，指导全县16家蔬菜种子繁育企业；成立临朐县农、科、教、产、学、研一体化农技推广联盟；发动近3年来培育的800名新型职业农民筹建成立新型职业农民创业协会。 （高秀林）

## 林　业

【概况】 2017年，全县有林地面积达98.5万亩，活立木蓄积196.4万立方米，林木覆盖率45.8%。国家湿地公园1处，省级湿地公园3处，市级湿地公园2处；国家森林公园1处，省级森林公园2处，市级森林公园2处。

【造林绿化】 3月12日，县政府下发《关于印发临朐县2017年国土绿化实施意见的通知》，对全年造林绿化工作进行分解落实。全年完成造林1.1万亩，抚育2.3万亩，育苗1.5万亩，四旁植树120万株。九山镇被评为“山东省森林乡镇”，寺头镇福泉村、九山镇南周家庄村、辛寨镇大峪村、沂山风景区后唐家河村、嵩山生态旅游区崔木村被评为“山东省森林村居”；寺头镇被评为“潍坊市森林镇”，城关街道寨子崮村、五井镇花园河村、寺头镇铁寨村、寺头镇宫家庄村、山旺镇解家河村、冶源镇琴口村被评为“潍坊市森林村”；九山镇牛寨村被中国生态文化协会评为“全国生态文化村”。

### 2017年度全县林业生产情况统计表

表4

| 单位 | 本年造林面积（亩） | 用材林（亩） | 经济林（亩） | 防护林（亩） | 育苗面积（亩） | 其中本年新育（亩） | 成林抚育面积（亩） | 四旁植树（万株） | 立木蓄积量（立方米） |
|---|---|---|---|---|---|---|---|---|---|
| 合 计 | 11000 | 165 | 4375 | 6460 | 15360 | 600 | 23000 | 120 | 1964173 |
| 城关街道 | 2280 | — | — | 2280 | 200 | 5 | 1000 | 9 | 49336 |
| 东城街道 | 150 | 150 | — | — | 200 | 5 | — | 8 | 49510 |

续表 4

| 单位 | 本年造林面积（亩） | 用材林（亩） | 经济林（亩） | 防护林（亩） | 育苗面积（亩） | 其中本年新育（亩） | 成林抚育面积（亩） | 四旁植树（万株） | 立木蓄积量（立方米） |
|---|---|---|---|---|---|---|---|---|---|
| 五井镇 | 280 | — | — | 280 | 660 | 10 | — | 8 | 72653 |
| 冶源镇 | 380 | — | 380 | — | 350 | 10 | 600 | 9 | 90778 |
| 寺头镇 | 1500 | — | 200 | 1300 | 950 | 30 | 1357 | 12 | 231396 |
| 九山镇 | 430 | 15 | 415 | — | 250 | 10 | 6088 | 13 | 317845 |
| 辛寨镇 | 700 | — | 700 | — | 550 | 10 | 6970 | 15 | 216390 |
| 蒋峪镇 | 450 | — | 450 | — | 510 | 10 | 1600 | 9 | 138633 |
| 柳山镇 | 1700 | — | 1700 | — | 150 | 10 | 400 | 8 | 47011 |
| 山旺镇 | 230 | — | 230 | — | 200 | 10 | — | 8 | 62689 |
| 沂山风景区 | 200 | — | 200 | — | 150 | 10 | 1985 | 8 | 103136 |
| 龙山高新技术产业园 | 100 | — | 100 | — | 10910 | 470 | — | 5 | 20771 |
| 嵩山生态旅游区 | 2600 | — | — | 2600 | 280 | 10 | — | 8 | 90230 |
| 林场 | — | — | — | — | — | — | 3000 | — | 473795 |

【森林防火】 多次召开全县安全生产暨森林防火工作调度会和专题会，组织森林防火业务培训。组织 3 次“森林防火宣传周”活动，张贴防火戒严令 1 万份，发放公开信 10 万份，设立固定防火宣传牌 380 块，粉刷防火墙体标语 760 幅，悬挂防火标语 620 幅。4 月 11 日，在朐山公园举行森林防火集中宣传演练活动，全县 12 支森林消防队伍 180 人参加演练。

消防队伍建设。县森林消防大队新招录队员 30 名，队员总数达到 80 名。全县 8 个重点镇、4 处国有林场分别建立 25 人、50 人专业森林消防队伍，全县各级专业队员达到 480 名。举办集中培训演练 30 余次，村级培训演练 18 次，参训队员 3000 余人次。8 月 18 日至 9 月 20 日，对县森林消防大队队员进行集中培训。县森林消防大队被省森林防火指挥部授予“山东省森林消防突击队潍坊大队”旗帜。

★ 2017 年 4 月 21 日，山东省林业厅党组书记、副厅长崔建海（右三）到临朐县督导森林防火和国有林场改革工作

（供稿：郎益钦　李　波）

基础设施建设。争取中央投资 1302 万元，实施“潍南山区森林火灾高危区综合治理项目”，建设防火道路 277 公里，开通防火隔离带 160 公里，新建蓄水池 55 座、塘坝 25 个，配套输水管网 117.4 公里。投入资金 983 万元，配备高压串联水泵 80 台、大型高压水泵 7 台、风力灭火机 355 台、油锯 300 台、防火运兵车 20 辆、水罐车 19 辆、摩托车 83 辆。筹措资金 2000 余万元，建成沂山景区引水上山一期、二期工程，新建提水站 5 座、蓄水坝 4 处、蓄水池 5 座，铺设管道 11 公里，安装消防栓 39 个。

【有害生物防控】 依托基层测报点，重点抓好国家级中心测报点的测报工作，加强有害生物监测、预警和防治，强化检疫执法，控制突发性林业有害生物扩散蔓延。做好以美国白蛾、松材线虫病等为重点的监测、防控工作。投入资金 550.8 万元，普查松材线虫病 12.72 万亩，防治日本松干蚧 2.2 万亩，防治作业面积 4.09 万亩。实现无公害防治率 100%，测报准确率 99.65%，种苗产地检疫率 100%。

【林业产业】 形成西部柿子、南部板栗、弥河上游葡萄、西南部山楂、北部大樱桃等经济林标准化种植基地，总面积发展到38万余亩。截至2017年底，全县共创建林业合作社省级示范社17家、龙头企业16家，市级示范社15家、龙头企业13家。“青杨峪”品牌板栗（九山青杨峪板栗专业合作社）和“九杰寨”品牌核桃（嵩山九杰果蔬专业合作社）获“齐鲁放心果品”称号；九杰果蔬专业合作社获“省级经济林标准示范园”称号。秦池蓝莓酒和山里红食品厂山楂制品获第十四届中国林产品交易会金奖。邀请省果树研究所、山东农业大学等单位知名林业专家举办培训班6期，培训林农2000余人次。发放“食用林产品生产记录档案”130余本。完成225批次干果（核桃、板栗、山楂、柿子）的监督检测和风险监测抽检工作。10月21日，中国园艺学会柿分会召开会议，确定由临朐县承办“第九届全国柿生产和科研进展研讨会”。研讨会为全国柿产业顶级年会，属山东省首次举办。

## 2017年市级以上林业合作社、龙头企业、示范园名单

表5

| 称号 | 授称号部门 | 单位（企业）名称 |
|---|---|---|
| 潍坊市林业专业合作社市级示范社 | 市林业局 | 临朐县美枫苗木专业合作社 |
| 潍坊市林业龙头企业 | 市林业局 | 山东富华园林工程有限公司 |
| | 市林业局 | 山东王老五生态农业发展有限公司 |
| | 市林业局 | 临朐瑞霖生态农业开发有限公司 |
| | 市林业局 | 临朐秦池蓝莓酒庄有限公司 |
| 省林业专业合作社省级示范社 | 省林业厅 | 临朐县美枫苗木专业合作社 |
| | 省林业厅 | 临朐县润鑫果蔬专业合作社 |
| | 省林业厅 | 临朐县相亮山楂专业合作社 |
| | 省林业厅 | 临朐县振华果品专业合作社 |
| 山东省林业龙头企业 | 省林业厅 | 山东富华园林工程有限公司 |
| | 省林业厅 | 山东王老五生态农业发展有限公司 |
| | 省林业厅 | 临朐瑞霖生态农业开发有限公司 |
| | 省林业厅 | 临朐秦池蓝莓酒庄有限公司 |
| 齐鲁放心果品 | 省林业厅 | 临朐县九山镇青杨峪板栗专业合作社 |
| | 省林业厅 | 临朐县九杰果蔬专业合作社 |

【湿地和森林公园】 5月19日，《沂山国家森林公园总体规划》通过专家评审；7月19日，《临朐县凤凰谷省级森林公园总体规划》得到省林业厅批复；11月24日，市林业局下发《关于同意建立寒亭浞河等五处市级湿地公园的通知》，同意建立临朐圣水湖市级湿地公园；12月27日，经国家林业局批准，同意建立山东临朐弥河国家湿地公园（试点）。截至2017年底，全县河流绿化率达到90%以上，生态护岸林成活率达到85%以上。

## 2017年临朐县湿地公园名录

表6 单位：公顷

| 名　称 | 湿地公园面积 | 湿地面积 | 四至范围 |
|---|---|---|---|
| 山东临朐弥河国家湿地公园（试点） | 1832.76 | 1725.5 | 北至临朐与青州行政交界处，南至曾家寨村北侧，东至张龙河与丹河交汇处，西至顺河西路二号支流桥 |
| 临朐东镇湖省级湿地公园 | 403.7 | 169.2 | 南起南祝家店子，北至生态停车场，西起上寺院护林防火检查站，东抵227省道 |
| 临朐弥河源省级湿地公园 | 444.7 | 178.9 | 东到博石村漫水桥，西至西岸头村，南起淌水崖水库，北至大山东村东 |
| 临朐莲湖省级湿地公园 | 234.4 | 131.7 | 北至山头子大桥，东至昌乐县界，西至代家庄桥，南至小关桥 |

续表 6

| 名　称 | 湿地公园面积 | 湿地面积 | 四至范围 |
|---|---|---|---|
| 临朐丹阳湖市级湿地公园 | 61.2 | 61.2 | 北至丹河北路，南至丹河南路，东至规划 14 号路，西至西环路 |
| 临朐圣水湖市级湿地公园 | 321.5 | 149.2 | 北至杨庄水库，南至王瑞村，西至石河水库，东至冶源镇淄界村 |

## 2017 年临朐县森林公园名录

表 7　　单位：公顷

| 名　称 | 森林公园面积 | 四至范围 |
|---|---|---|
| 沂山国家森林公园 | 6466.67 | 东至沂山风景区板峪村，西至九山镇小摩岭村，南至沂水县沂山林场，北至蒋峪镇郎房村 |
| 嵩山省级森林公园 | 1989.35 | 东至冶源镇二郎庙村，西至沂源县界，南至寺头镇雕窝村，北至青州市界 |
| 临朐凤凰谷省级森林公园 | 3714 | 东至柞家庄子村，南至蒋峪镇界，西至鸣凤峪村，北至黑山头村 |
| 石门坊市级森林公园 | 1600 | 东至城关街道凤凰村，西至城关街道付家峪村，南至城关街道谭马村，北至青州市界 |
| 黑松林市级森林公园 | 1200 | 东至淌水崖水库，西至沂源县界，南至九山镇西苇场，北至九山镇宋王庄 |

【国有林场】 12 月 19 日，县机构编制委员会下发《关于调整县国有嵩山林场机构设置等事项的通知》，将国有嵩山林场由嵩山生态旅游区管委会所属事业单位调整为县政府直属事业单位，规格由副科级调整为副县级。

沂山林场　2017 年，在金山顶瞭望哨以东，前、后乳房子区域造林 2895 亩，以黑松、麻栎为主。在沂山林场九、十二、十三林班实施国家储备林改培项目 4000 亩，改善林木生长状态，提升林分质量。投入 900 万元，通过“截、引、提”等“引水上山”方式，修建大关水库至玉皇顶的五级引水上山工程（含大关水库、东镇庙、上寺院水坝、圣水湖、玉皇顶 5 座提水站，输水管道 11 公里）；利用天然雨水和周边水源，在回头林区、桃园林区、三崮林区等重点防火区域建设 5 处蓄水池、4 座蓄水坝和 11 个消防栓。投资 50 万元，在回头林区修建蓄水坝 1 座，埋设电缆 4000 米及配套电力设施；修建滚水桥 3 座。

成立森林防火指挥部，从旅游部门调回 13 名林场工作人员，组建沂山林场防火办公室，层层签订护林防火责任书和护林防护责任书。从林区周边村招聘 50 名森林消防员，通过与沂山消防中队共同进行森林防火知识和安全扑救技能培训、演练，提高防火队员的基本业务素质。招聘 32 名公益林护林员，配备定位手机，进行日常防火巡查。投资 70 万元对老旧线路隐患进行整改处理。全年出动防火宣传车、森林巡逻车 600 台次，发放宣传单页 8800 张，张贴悬挂标语 200 余幅，张贴防火公告 50 张，设置防火墙 8 块，新设智能语音提示报警器 16 个，修建 60 处烧纸池。

做好日本松干蚧防治工作。成立防治工作领导小组，对施工人员进行培训。3 月 10 日—4 月 10 日，进行干基打孔注药防治。4 月 11 日—5 月 10 日，根据松干蚧显露情况适时进行人工高压喷药防治；利用台式高压喷雾器实施对树干及树枝底部喷雾防治。

嵩山林场　2017 年，新修防火通道 25 公里。先后投资 140 余万元， 整修嵩山寺林区内观光道路 7 公里，设计并全部安装景点标识牌；对 220 多步上山松动石阶进行除险加固，在悬崖峭壁处安装防护围栏 180 米。投资 6 万余元，在林区交通要道安装森林防火预警语音卡口 10 处，购买防火专用摩托车 6 辆，埋设固定防火标语牌 36 块，粉刷和悬挂宣传标语 120 余块（幅）。新建大型防火蓄水池 10 座，塘坝 1 处，总蓄水 6500 立方米。出动宣传车（摩托车）2300 台次，查处非法野外用火案 6 起，处理违法人员 6 人。完成森林抚育 1000 亩，特种林改培 800 亩，社会指导造林 6818 亩。

九山林场　完成 1000 亩森林抚育和 2025 亩国家

储备林改培项目；组成50人的森林防火队伍，新建2处大型防火宣传墙，改造瞭望台和南牛寨林区监控系统，维修14处视频卡口，新配备防火运兵车1辆，在双雀山林区修建防火道路1.4公里；完成1000余亩日本松干蚧病虫害的防治任务；改造、修缮房屋60余间，硬化路面3300多平方米，打深水机井1眼；购置空调8台。

丹凿林场　新购置防火运兵车1辆，更改视频监控信号传输系统；在南照林区新建大型宣传墙1处，新制作防火宣传条幅20幅，大型防火宣传标语20幅，张贴防火戒严令1000余张；完成森林抚育1000亩；在桃花林区对侧柏红蜘蛛进行两次喷药防治；投入2万元，对桃花林区的办公室进行维修改造。

【行政执法】　构建"严格执法、严厉打击"行政执法体系，全年共办理林木采伐许可证2120份，采伐蓄积44974立方米，办理林业种子生产经营许可证7份。调查样地117个，完成第九次森林资源清查工作。下发森林防火隐患整改通知书180份，整改隐患360余处。查处涉林案件88起，其中滥伐林木案42起，毁坏森林、林木案件2起，违法使用林地案件5起，非法运输木材2起，违法经营加工木材5起，违反森林防火法规31起，其他林业行政案件1起。行政处罚91人和1个单位，收缴罚款23.91万元。对古树、名树进行调查摸底，登记造册。查处非法出售野生动物案件1起，处理违法人员1人。

【行业扶贫】　2017年，全县经济林产业扶贫7300亩，帮扶带动1800多户贫困群众增收。根据《临朐县公益林护林员管理实施办法》，选聘4名建档立卡贫困群众担任公益林护林员，每人每年增收8000元。

（郎益钦　李　波）

## 畜牧业

【概况】　2017年，全县畜禽养殖规模化程度达到80%，标准化程度达到70%。全县市级以上畜禽养殖标准化示范场93家。拥有奶牛标准化养殖场37家，生猪规模化养殖场76家，无公害认证企业38家，兽药生产企业6家，饲料生产企业25家，畜产品屠宰企业37家，其中生猪屠宰加工企业1家，乳制品加工企业3家，蜂产品加工企业8家。

【畜牧生产】　2017年，全县存养牛3.8万头，其中奶牛2.9万头；生猪32.86万头；羊16.65万只，家禽757万只。肉、蛋、奶产量分别达到16.73万吨、2万吨、10.36万吨，全县畜牧业总收入达到46.05亿元。

【畜牧科技推广】　形成运行有效、服务到位、支撑有力、群众满意的基层畜牧兽医技术推广服务体系。维护"全国畜牧技术推广示范站"创建成果，高标准配套建设"养殖书屋"，获"全国最美养殖书屋"称号，举办全国基层畜牧（草原）技术推广示范站"养殖书屋"华东、华中片区启动活动。培植畜禽良种繁育体系。发展20余家具有一定数量和规模的种畜禽场，形成以奶牛、肉羊、肉鸭、蛋鸡、蜜蜂为主体的繁育体系。组织实施畜禽良种补贴项目。全县生猪改良率达到95%以上，奶牛、肉牛改良率达到100%。

【动物疫病防控】　制定《临朐县基层动物防疫安全协管员聘用实施方案》，构建专业化、知识化、年轻化防疫安全协管员队伍。组织实施口蹄疫、高致病性禽流感、小反刍兽疫等重大动物疫病防疫免疫，全县畜禽免疫率和抗体检测合格率均达到100%。实施H7N9流感剔除计划，全县未发现H7N9禽流感疑似病例。组建临朐县动物流行病学调查专家组，开展普通疫病特别是人畜共患流行病监测。

【畜牧业监管】　加强对畜禽屠宰企业、畜牧投入品生产经营企业、规模养殖场和种畜禽场日常监管。对所有兽药产品实行二维码追溯，对县内兽药、饲料生产企业实行ABC分类管理。规范行政审批，全年办理各类行政许可证件187件，办结率为100%。开展畜产品和畜牧投入品抽检工作，抽检合格率维持在99%以上。开展动物卫生监督执法，配合公安系统摧毁一个特大销售"病死猪"犯罪团伙，查处各类畜牧兽医违法案件18起。加强动物卫生监督检查站管理，把好无疫区重要关口。规范动物检疫行为，严格检疫操作规程，从严管理电子出证及检疫证照。

【畜牧业面源污染治理】 制定出台《临朐县畜禽养殖布局规划》和《关于加强养殖业规范管理的意见》，绘制全县畜禽养殖布局规划图。建立禁养区内养殖场（户）台账明细，与县环保局联合制定《全县畜禽养殖禁养区养殖场（小区）养殖专业户关闭搬迁工作实施方案》，完成畜禽养殖禁养区养殖场（户）关闭或搬迁任务。加强非禁养区畜禽养殖废弃物综合利用指导和服务，制定印发《畜禽规模化养殖场粪污处理指导方案》和《畜禽粪污治理专项行动实施方案》，引导畜禽养殖场以“12321”为主要内容，进行标准化改造，指导养殖场配建粪污处理设施；全县规模养殖场粪污处理设施配建率达到92%以上。

【畜牧业金融保险服务】 召开银企对话会，建立政银保贷款平台，全年为21家奶牛场办理“政银保”信贷业务，实现贷款2515万元。实施奶牛、生猪政策性保险业务，全县奶牛、生猪参保总数分别达到8099头和73806头。

【产业扶贫】 依托“粮改饲”示范县试点项目，推行“党支部＋合作社＋贫困户”的奶牛托管产业扶贫模式，实现奶牛产业发展与产业扶贫开发有机结合。

【病死畜禽无害化处理】 在龙山高新技术产业园建成覆盖饲养、屠宰、经营、运输等各环节的病死畜禽无害化处理场所1处，采用“专人收集、专车运输、及时收集、及时处理”运行模式，实现县域内病死畜禽统一集中无害化处理。建立无害化处理与保险联动机制，实现养殖户、保险公司、生态环境等多方共赢。

【“粮改饲”项目】 实施国家级“粮改饲”示范县试点项目，项目总投资2851万元，其中中央财政配套资金665万元，年可实现10万吨全株玉米青贮饲料有效供给。

【奶牛标准化规模养殖场建设项目】 争取并组织实施奶牛标准化规模养殖场建设项目，全县4家奶牛场获得上级批复。项目总投资536万元，其中中央财政配套资金370万元。

【中华蜜蜂保护区】 开展蜜蜂产业特色农产品优势区创建，推动沂山中华蜜蜂保护区建设，获得省级批复。全县中华蜜蜂存养达到1000群以上。保护区范围：东至东镇湖（大关水库），西至小摩岭村与上龙湾之间山体林缘线，南至沂水县前沂山林场北边界，北至省道S224向东至南石砬村道路交叉口及南石砬村、任家屋子村、陶家屋子村建成区外缘，总面积约65平方公里。

（李艳伟）

## 水利水产

【农田水利建设】 完成2017年农田水利项目县建设项目，投资2424万元，高效节水灌溉面积2.2万亩，效益范围包括九山镇、寺头镇、柳山镇、嵩山生态旅游区、东城街道。实施大关水库农业综合开发重点中型灌区节水配套改造项目，总投资1452万元，铺设输水管道5千米，新建泵站1座，配套水泵7台套、变压器3台套。

【河流管理】 建立覆盖全县所有河流的县、镇、村三级“河长制”组织体系，共设县级河长8人、镇级河长118人、村级河长687人；出台县、镇两级“河长制”实施方案及相关配套制度和考核办法。开展河流问题排查行动，对每条河流（全县130条河流）建立“四个清单”；统一委托三家设计单位对流域面积

★ 汶河下游综合治理项目施工现场　　（供稿：刘子强）

50平方公里以上的19条河流编制“一河一策”整治方案和河湖岸线利用规划。开展“清河行动”并通过市级验收和考核。

【河道治理】 实施汶河下游综合治理工程，总投资2080万元，治理河道10公里，修建顺河道路7.8公里，两岸护砌11.2公里，新建穿堤建筑物15座。

【水土流失综合治理】 完成沂山风景区店子小流域综合治理工程，总投资726万元，治理水土流失面积14.5平方公里。

【水利行业扶贫】 实施2017年大中型水库贫困移民扶持项目。利用上级水利移民精准扶贫专项资金100万元，对冶源镇红新村、北杨善村42个贫困移民户实施精准扶贫光伏项目。

水利项目建设助力脱贫。2017年农田水利项目县建设项目，投资1091.4万元，用于扶持7个省定重点贫困村（寺头镇王庄村，柳山镇英山河村、冯家沟村，嵩山生态旅游区朱家坡村、九杰村、垛庄村、黄谷村）。争取移民后期扶持资金1115万元，用于48个移民村实施扶持项目，其中180万元用于8个贫困村。投资66万元，实施龙山产业园十字路村、薛家庙村两个省定贫困村的村级供水管网巩固提升工程，受益830户、2840人。

【防汛抗旱】 落实以行政首长负责制为核心的各项防汛责任制，加强工程日常管理和检查，修订完善各类防汛预案。在冶源水库进行全县防汛抢险演习1次。开展全方面、拉网式的防汛安全大检查，严格落实24小时值班制度。加强防汛信息化、专业化建设。整合资源，提高雨水情监测水平。对通讯及视频会商系统维护保养，建立专业化与社会化相结合的防汛抗旱服务队。优化水源调度方案，实施部分抗旱应急水源工程。

【渔业水产】 创建省级食品安全先进县，进行水产品质量安全工作的督查、抽检、风险监测等，抽检62批次。做好新型渔民培训项目，发展生态健康节水型养鱼。

【农业水价综合改革】 成立改革领导小组，制定实施方案，出台《临朐县农业水价综合改革农业用水精准补贴实施细则》《临朐县农业水权交易管理实施办法（试行）》《关于规范农业用水价格的指导意见》等文件。全年完成改革面积6.86万亩。

【水行政管理】 执行最严格的水资源管理制度，实行计划用水和节约用水，全县用水总量控制在上级下达的目标范围内。严格水资源论证制度和取水许可制度，所有取水许可必须进行水资源论证。加强水资源管理基础工作，执行计量征费、票款分离制度，建立水资源费征收台账。2017年征收水资源费855万元。制定《临朐县入河排污口综合整治实施方案》，对县境内130条河流所有入河排污口进行排查，共排查出排污口99处，按照“一口一策”要求，对排查出的入河排污口建立措施清单、整改时限清单及责任清单。完成174家化工企业转型升级节水评级初评工作，通过省抽查验收。加强水政执法巡查，全年累计出动执法人员120人次，巡查河道620公里，现场制止违法行为20起。对经举报、巡查发现的13起水事违法行为进行调查处理。

【冶源水库】 全年总蓄水量达到6910万立方米，捕鱼总量31.15万公斤，向县城、东城街道、龙山产业园以及寿光等地供水3500万立方米。

防汛工作。汛前制定各类防汛措施和应急预案，7月8日进行防汛演练。完成水库大坝监测资料整编分析和启闭电力设备的检修养护，调试并运行水库水情雨情自动测报、洪水预报调度、水库实时安全调度等系统。维修保养备用发电机组。投资84万元进行枢纽工程维修改造。投资86万元，对一级保护区内的3.2千米主副坝进行防护网围护，并架设监控设施。

渔业生产工作。抓好库面秩序管理，严厉打击非法捕捞、电鱼、毒鱼等违法活动。实行专管与群管相结合，加强24小时全天候监控和巡查。推进渔业生产标准化管理，实行无公害健康养殖模式。放足放好鲢鳙鱼等大规格鱼种，消除水库水质的富营养化。

春灌和灌区设施管护。4月初利用小农水工程，连续放水20天，春灌农田1万余亩。加强灌区设施管护，全年共组织集中清障20余公里，对各类非法侵占、种植等破坏灌区设施的违法违规行为进行彻底清理取缔。

【嵩山水库】 水库工程日常管理。完善各项工程管理制度，掌握水情、雨情、工情；全年水位观测225次，降雨量观测81次，发送水情电文186次。工程巡视检查和安全监测。及时分析观测资料，掌握工程运行状态。全年共巡视检查工程318次，测压管观测38次；多方筹措资金，整修大坝后坡局部沉陷地况，维修养护溢洪闸启闭机、钢丝绳、闸板等。

【丹河水库】 与39个会员村签订管护协议，完善水利工程管护机制，解决农业水利工程产权不清、权责不明、管理主体缺位问题；确立管理体制较为齐全、运行良好，水费收支公开透明，有自主管理发展能力、群众积极参与的灌区农民用水示范组织，解决用水户协会的组织机构不完善、运行机制不健全等共性问题。节水增粮效益明显。灌溉用水量与传统灌溉管理模式相比较，每亩节水270立方米，粮食作物增产15%以上，灌区灌溉周期缩短5—10天，灌区农民水费负担下降30%以上，灌溉收入9.8万元。

【沂山水库】 争取中央财政补助维修养护资金33万元，对沂山水库工程进行养护维修；向县清源供水有限公司提供原水148万立方米；为下游居民提供优质生产生活用水。

【大关水库】 水库增容工程建设。批复总投资3850万元，主要用于抬田工程、安全防护工程、生产桥工程及安全防护工程等，将现状蓄水位240.5米提高至兴利水位243米，兴利库容达到1184.4万立方米，增加406万立方米。该工程于6月20日开工建设，预计2018年7月中旬完成全部建设任务。

灌区节水配套改造工程建设。批复总投资1452.7万元，铺设输水管道5千米、新建泵站1座、配套水泵7台套、配套变压器3台套等。灌区恢复灌溉面积0.77万亩，改善灌溉面积3.57万亩，改善了灌区的自然、生态和社会环境。该工程于9月1日开工建设，预计2018年7月上旬完成全部建设任务。

工程管理。组织工程技术人员定期对工程进行安全检查、监测，适时整理分析观测到的资料和数据，12月通过省级水利工程管理单位复核验收。

【淌水崖水库】 对工程建筑物、设施设备进行维修养护，落实各项度汛措施，发挥水库防洪、供水、灌溉效益。7月7日、8月3日溢洪闸两次泄洪；全年向淌水崖水厂提供原水40.60万立方米；灌溉农田、果园2600余亩。 （刘子强）

# 农业机械

【概况】 2017年，全县农机总动力达到42.5万千瓦（不包括农用运输车辆）；大中型拖拉机2608台，小型拖拉机9197台，联合收获机1175台，农机配套机械1.33万余台（套）。全县主要粮食作物农业机械化率达到95%。

【农机购置补贴】 2017年，全县农机购置补贴资金700万元，服务全县13个镇（街、园、区）的农民和农业生产经营组织；全年补贴机具3611台，其中拖拉机56台、收获机械23台、耕整地机械3434台，受益农民3319户。

【土地深松补贴】 2017年，全县农机深松补贴作业任务2万亩，由4家中标农机合作社实施农机深松作业，作业数据全部由装有检测仪的深松机械实时上传到县农机局作业数据管理系统。全年共计补贴农民资金70万元。

【农机报废及更新补贴】 2017年为临朐县实施农机报废更新补贴项目第二年。全年共报废农机85台（拖拉机38台，联合收获机47台），更新农机具85台（套），报废更新共计补贴资金318万元，受益农户74户。

【农机行政审批】 实行“一站式办公、一条龙服务、一次性办结”管理服务运行模式，做好农业机械驾驶证核发、续展、增驾，农业机械证书牌照的核发、变更，农业机械维修合格证书的核发、续展等审批事项工作。全年办理农机牌证280多副（本），集中下乡为农民办理农机年检、挂牌服务15次。

【农机检修和技术培训服务】 全年检修农机具2000多台（套）。在冶源镇石河店村组织开展保护性耕作技术现场会和农机合作社带头人培训班，完成农机技术培训 500 余人次，发放各类农机技术宣传材料 8000 余份。通过农机技术和惠农补贴政策宣传、应用示范等措施，推广应用小型机械 2200 余台、高效植保机械 30 余台、中药材机械 3 台、花生联合收获机 2 台。

【农机合作社】 开展“农机合作社示范社创建”和“农机合作社建设年”提升活动。全年举办农机合作社理事长培训班 2 期，协助新建农机合作社 4 家。市级“优秀合作社” 6 家、“十佳合作社”1 家。

★ 2017 年 8 月 14 日，全县农村集体产权制度改革试点工作动员会议召开

（供稿：张子举 傅廷波）

【农机利用和跨区作业】 “三夏”“三秋”农业生产中，全县累计投入小麦联合收获机 1700 机次，收获面积 15.9 万亩，机收率达 98%；秸秆还田面积 15.7 万亩。累计投入播种机 3300 机次，播种玉米 17.9 万亩。成立 5 个跨区作业服务队，配备 1 辆跨区作业技术服务车，免费发放跨区作业证 45 份，完成跨区作业 5 万余亩，跨区作业收入 450 余万元。

【组织参加中国农机博览会】 3 月 13 日，组织农机生产企业、农机经销商代表、农机手等 200 余人参加第十一届中国（山东）农业机械博览会。在临朐县农机展览区对农机耕（整）地机械、动力机械、田园管理机、收获机械等 10 余种农业机械进行展览。

【“三秋”农机化生产暨农机深松整地现场会】 9 月 19 日，临朐县“三秋”农机化生产暨农机深松整地现场会在冶源镇石河店村召开，200 余人参加会议，12 台大型农业机械针对玉米机收、秸秆还田、土地深松、免耕播种等农机技术进行现场演示。 （李 亮）

## 农村经济管理

【农村集体产权制度改革】 8 月开始，推行农村集体产权制度改革试点，区分经济富裕村、经济薄弱村和省定贫困村等不同类型。截至 2017 年底，39 个试点村基本完成清产核资、成员资格认定、资产量化和股权设置。

【农村土地承包】 根据产业规划、种植习惯、土地状况等实际，扩大土地流转规模。2017 年，全县土地流转面积 27.08 万亩，其中土地规模经营 100 亩以上的 122 处，42167 亩，土地规模经营比重达 87.63%。依法开展土地承包纠纷调解、仲裁。全年受理土地纠纷仲裁案件 13 起，调解 3 起，裁决 10 起。完善农村土地承包经营权确权登记颁证后续工作，对尚未开展确权颁证的镇（街、园、区），实行“一村一策”分类指导。

【新型农业经营主体】 抓重点、抓典型、抓示范，推进农民合作社、家庭农场等新型农业经营主体规范化建设。全县注册农民合作社 1778 家，新发展 143 家，成功申报市级示范社 7 家，完成国家级示范社检测 5 家，省级检测 10 家；注册家庭农场 249 家，新建成 63 家，新争创市级示范家庭农场 4 家。为 4 家国家级示范社争取无偿资金 80 万元。发挥优秀合作社带头作用，继续实施“党支部 + 合作社 + 农户”扶贫模式，带动更多适龄人员就业，以产业引领脱贫；引导贫困户通过土地流转、入社打工等形式融入新型农业经营主体，推动经营主体在实现自身发展的同时带动贫困户脱贫致富。

【农村集体“三资”管理】 坚持横向到边、纵向到底，农村集体“三资”管理做到全、深、透，不留死角，不存盲区；抽调骨干力量配合县委组织部开展村级集体经济审计，审计完成350个中心村，形成审计意见350份，发现并纠正问题693项；规范财务公开和民主理财监督，推行“四化”（内容全面化、方式多样化、程序制度化、监督考核常态化）机制，促进村级财务规范公开。

【农村产权交易】 依托齐鲁农村产权交易中心，完善临朐分中心和各镇（街、园、区）办事处建设，开展农村产权流转交易。全年办理成交信息11条，涉及面积669.23亩，金额327.26万元，办理农村土地经营权证22本，面积10153.64亩，比2016年增加8826.04亩，增长665%；办理农村产权抵押登记66笔，抵押融资1791.5万元。

【农民负担监督管理】 落实上级减负惠农强农政策，严格补贴资金发放程序，监督惠农资金及时足额发放。做好农民负担监测和农民负担监督卡填发，抓好涉及农民负担事项的报批工作，确保农民负担不反弹。全年未发生因加重农民负担而引发的群体性事件和重大信访案件。 （张子举　傅廷波）

# 工　业

## 综　述

【工业经济平稳运行】 推进工业领域供给侧结构性改革，制定《2017年工业工作实施意见》《关于建立服务企业经理人制度精准服务企业的实施意见》等文件。县工业强县领导小组办公室定期组织召开工业经济运行调度分析会议，准确把握规模以上企业特别是重点企业运行动态，强化苗头性和倾向性问题分析研判，有针对性采取有效措施，引导企业组织好生产经营，防范和化解经营风险。2017年，全县273家规模以上企业累计完成工业总产值402.6亿元，实现主营业务收入399.7亿元、利润14.7亿元、利税23.6亿元，同比分别增长4.1%、3.4%、14.8%和10.8%。全县累计工业用电量15.3亿千瓦时，同比增长7.3%。15家企业税收过千万元，4家企业税收过亿元，其中，山东华建铝业集团有限公司税收首次突破2亿元。

【项目建设加速推进】 开展“大项目建设突破年”活动，对确定的28个重点工业项目，落实县经济和信息化局班子成员分工包靠责任制，分别建立问题、进度、责任、台账清单，加快建设进度。伊利液态奶二期、华建高性能特种铝材、高铁轨道大板、戴科优铝材装备等9个重点工业项目建成投产或试生产；1个项目列入省重大项目库，16个项目列入市“产业强市”建设重要支撑项目；26个产业链高端项目签约落户中欧节能门窗产业园和铝模板产业园。

【产业结构不断优化】 华建铝业、华特磁电、伟盛铝业、广华铝材、宝龙达胶业等重点骨干企业，发挥自身辐射带动作用，加快产业动能转换和转型发展，引领建设富有竞争力的产业集群。华建铝业、伟盛铝业分别新上7500吨、6000吨大吨位挤压机，提高大型断面型材生产能力，推动产品向汽车轻量化、地铁轨道、船舶运输、IT产品等高端铝材转型，工业用材生产比例达到20%以上；广华铝材、新裕东铝业等企业成功研发出超强耐候的纳米喷涂型材、4D氟碳立体木纹型材、4D古木立体木纹型材、PU木纹型材等10多个喷涂木纹铝材系列，实现向工艺用材、装饰用材转型。华建铝业带动发展的中欧节能门窗产业园、铝模板产业园等项目，吸引行业高端项目落户建设，推动产业链条向深加工、高附加值延伸，提升全县铝材产业层级。2017年，临朐县新获“中国铝模板产业基地”“中国铝合金装饰材料产业基地”和“中国节能门窗产业基地”称号。华特磁电聚焦核心业务和产品，加强先进技术、高端人才和关键设备吸收引进，提升综合集成水平，带动发展为“国家火炬计划磁电装备特色装备产业基地”。宝龙达胶业专注军用、民用、工业用有机硅密封胶研发，在航空航天器材用耐辐照有机硅密封胶、极寒地区、航空航天用高耐低温有机硅密封胶等核心技术方面取得突破。2017年，临朐县获“中国有机硅密封胶产业基地”称号。

【创新发展深入实施】 以“四新”“四化”为引领，推动新旧动能转换重大工程深入实施。深化产学研对接合作，全县40家重点骨干企业全部与中科院、山东大学、中南大学等高校院所建立全方位合作关系，建成省级企业技术中心5家、市级16家，市级工业设计中心5家，突破解决一批关键技术和基础工艺难题，促进高端铝材、装备制造、新材料、节能环保等重点领域提升发展。积极推进工业技改、创新项目及人才建设，103个工业技改及新上项目完成投入187.8亿元，29个创新项目列入省创新项目计划；华特磁电的赫尔曼·沃特·鲁巴博士被确定为泰山产业领军人才，恒彩数码的汪映寒教授、华特磁电的赫尔曼·沃特·鲁巴博士被确定为鸢都产业领军人才。积极组织企业参加“省长杯”“市长杯”工业设计大赛，华特磁电的立环高梯度磁选机工业设计作品获一等奖，三田机械的XJ系列油电双驱修井机工业设计作品获三等奖。米兰之窗的铝包木节能门窗及幕墙数字化制造试点示范项目列入潍坊市智能制造示范项目。

【两化融合快速发展】 推进“两化”（信息化、工业化）融合发展，促进企业管理、研发设计、生产流通等各环节全面信息化。27家重点企业参加省“两化”融合评估；华建铝业、华特磁电等13家重点企业申报列入市“两化”融合重点培育企业；华建铝业的智能铝合金模块物联网管理平台、大型铝型材企业上下游供应链协同大数据平台项目申报省两化融合导向计划项目；华特磁电、鑫珂海洋生物等6家企业申报市“互联网+”先进制造业导向计划项目；40多家重点企业参加6月、10月举办的2017年度企业首席信息官培训班；华建铝业、华特磁电等5家企业信息化负责人参加由市经信委组织的四川大学“两化”融合专题培训班；组织企业参加山东“企业上云”启动大会、潍坊市“企业上云”启动大会，华建铝业与浪潮集团现场签约；完成嵩山生态旅游区信息化扶贫示范镇试点建设验收工作；蓝帆新材料被评为2017年省“两化”融合贯标试点企业、两化融合优秀企业；华特磁电创评为省“优秀电子信息企业”。

【节能降本成效显著】 实施“711”专项行动，降低企业税费及电力、物流、用工、土地等成本9.13亿元。80个项目完成节能审查和用能登记，超额完成煤炭压减任务，通过市级循环经济示范县验收和年度市级节能考核；对华建铝业、建美铝业等7家企业固定资产项目能评执行情况开展节能监察；对信泰节能科技、山水二期、邑清垃圾发电3个项目进行节能验收；海润织造50吨太阳能集热项目列入省太阳能集热财政补贴，7个项目获市重大节能成果奖励资金506万元；8家企业完成燃煤锅炉电能替代，替代原煤5000吨；10.6万吨清洁煤、1.2万台清洁环保炉具实施推广；8家企业实行冬季错峰生产；19家重点企业实现用电直接交易，节省成本1000万元。华特磁电电磁搅拌器列入省2017年节能环保产业新技术、装备推广目录。

【服务能力不断提升】 落实服务企业经理人制度，全县服务企业经理人共征集问题4大类185个，办结116个。推进规模企业规范化改制，134家完成改制任务，签约改制企业73家。为19家企业提出申请过桥资金和融资担保意见建议，帮助企业解决融资难题。协助解决企业资产证照遗留问题，348项建设用地使用权、建筑物所有权等问题得到妥善解决。按照“只跑一次”要求，梳理优化审批程序，精减办事环节，办理能评、技术改造备案等审批事项107件。组织企业参加各类培训活动40批、1100人次。对13个行业调研摸底提出发展建议；176家化工企业完成第一轮评级评价；3家僵尸企业完成市场出清。

（张　斌　赵亚南　田　伟）

## 中小企业

【概况】 2017年，全县中小企业工作围绕工业强县、大项目建设和“突破龙山”战略，扎实推进重点中小企业培育、产业集群转型升级、招商引资、产业强市、“两城同创”等工作，推进全县中小企业转型升级和提质增效。截至2017年底，全县民营经济个数达到4.38万户，从业人数达到25.4万人，同比分别增长16.3%、4.7%，分居全市第4位、第5位。

【中小企业精准服务】 组织实施“精准服务、政策服务、培训服务、项目服务、人才服务、金融服务、信息服务”七大服务，搭建“创业载体平台、创新平台、公共服务平台”三大平台，强化中小企业发展培育，突出抓好对10家重点成长型企业服务。2017年，10家重点成长型企业主营业务收入5.88亿元，利税5900万元，上缴税金1372万元，同比分别增长44.6%、28.8%和25.6%，其中，纳税过百万元企业6家。

★2017年3月7日，全县“专精特新”暨重点成长型企业银企对接会议召开
（供稿：张顺花 张召善）

开展“中小企业服务年”活动，帮助企业解决发展中遇到的实际问题和难题。举办中小企业巡回大讲堂和信息化巡展，打造一站式中小企业信息化服务平台；举办全县“专精特新”暨重点成长型企业融资对接专项活动，为140多家重点企业与12家金融机构之间架起“绿色通道”；全年共组织发展新经济、巡回大讲堂、企业家素质提升、信息化巡展、人才队伍建设、专业人才技能、扶持政策等培训20余期，参加企业400余家，参训人员1000余人次。

【中小企业重点培育工作】 强化创业载体平台建设，培育重点中小微企业孵化载体。重点围绕东城、城关、辛寨、冶源、山旺等镇街重点产业特色，对全县6处创业创新示范基地进行信息、技术、管理等方面的专题辅导和建设指导，孵化小微企业近300家，其中九山镇电商孵化基地成为全县第7家市级中小企业双创示范基地。

强化创新平台建设，培育一批科技创新型中小企业。深入开展 “一企一技术”活动，引导企业加大研发投入，充实研发队伍，华特磁电、飞度胶业2家企业被认定为省级“一企一技术”研发中心（创新企业），山东三田机械等3家企业被认定为市级“一企一技术”研发中心（创新企业）。建立“隐形冠军”企业培育数据库，鼓励引导企业在产品质量、技术工艺、产业链条的空白点和薄弱环节上寻求突破，创造更多适合自身发展的专有技术，中坤石油被认定为省级行业“隐形冠军”；支持企业走“专精特新”发展之路，2017年新培育申报省级“专精特新”企业2家，市级“专精特新”企业4家，鑫珂海洋生物被评为“山东省先进中小企业”。

【产业集群转型升级】 2017年，建立产业集群定向培育升级机制，通过加强规划引导、加大技改投入、跟踪调度发展指标、落实精准服务等措施，引导传统产业转型升级，打造区域经济发展新优势。省级铝材产业集群成功申报为全省先进制造业产业集群转型升级示范项目，为潍坊市唯一一个500亿级产业集群重点示范项目。对市级磁电、汽配等产业集群，采取培育龙头企业、加快技术创新、强化品牌建设等措施集中突破，努力争取上档升级，积极争创省级产业集群。其中，磁电产业集群被认定为省级产业集群，成为临朐县第二个省级产业集群；城关街道依托工艺雕塑产业被认定为省级特色产业镇，成为临朐县第二个省级特色产业镇。

多渠道宣传推介，提升产业集群品牌影响力。华建铝业、华特磁电、米兰之窗3家企业成为全省创新发展典型，被省中小企业局录入《打造新动能 引领新常态——山东中小企业引领经济新常态实录》一书；鲁网、齐鲁晚报等媒体分别以《一季度全省中小企业加速转向新动能》《临朐之“铝”打造门窗硅谷》为题，报道临朐县铝材产业集群转型升级方面的经验做法，被大众网、山东网、财经网等30余家新闻媒体转载。

【公共服务体系建设】 实现县级中小企业服务平台与省、市窗口服务平台精准对接，整合省市级平台资源服务全县中小企业。加强对全国中小企业生产经营运行监测平台数据直报工作的指导。2017年，全县28家企业直报率达到100%。鼓励支持企业发展促进会加强与各部门、企业建立纵向联系，搭建与企业零距离对接服务平台。依托促进会，先后组织企业家素质提升、智能制造、企业发展研讨会等专题培训10多期。大企业与小企业之间建立"1+1"帮扶机制，加强互助协作，抱团发展，全县32家企业之间确立帮扶关系。对接"一带一路"，通过海脉国际等公司，到国外企业参观考察并进行交流与合作，开拓国际市场。

（张顺花　张召善）

## 电　力

【概况】 2017年，全县完成售电量19.02亿千瓦时，主营业务收入14.1亿元，实现利润372.25万元。县供电公司获省供电公司综合标杆单位、管理标杆单位和市供电公司先进单位、先进基层党委、业绩标杆单位等多项称号。"善小"服务品牌获评全市"最佳志愿服务组织"。谭焱获评"潍坊市劳动模范"，李怀成、张义同获评"中国好人"。

【安全生产】 深入开展"三查三强化"专项行动，常态化开展配网缺陷隐患排查整治，突出抓好班前会、"一板四卡"、安全技术交底等重点环节，施工现场安全管控水平明显提升。2017年，公司电网故障同比下降41%，全年配网八级事件数量及百公里事故率全市最低。强化专职护线队伍管控，聘请环卫工、交警等担任兼职护线队员，营造良好护线氛围。开发应用智能巡视管控系统，实现过境线路巡视轨迹实时管控。应用线路防护新举措，公司连续6年实现220千伏及以上过境线路"零跳闸"。联合县教育局开展"电力安全进校园"活动，举办电力安全有奖征文、专题漫画竞赛，实现全县中小学校电力安全宣传全覆盖。

【电网建设】 开展配电网诊断分析，逐项目现场审查，精准编制2018年项目储备。率先完成4项特高压工程、110公里线路、169基杆塔属地协调工作，榆横—潍坊交流工程、锡盟—泰州直流工程杆塔组立全部完成，临朐500千伏输变电工程进展顺利，110千伏营子站主变增容工程、110千伏临朐站整体改造工程分别提前1个月送电，有效缓解电网迎峰度夏供电压力。完成2016年专项一批网改和2017年第一、二批井井通（中心村）建设任务，新建改造中低压线路852千米、配变476台，全县户均容量提升至2.15千伏安。

【服务发展】 全面应用业扩全流程实时管控平台，精简业扩手续、提高办电效率，全年新上高压客户工程429户，新增容量176.2兆伏安，更换智能电表45526只、表箱5116个。服务清洁能源发展，光伏发电并网623户、容量60236千瓦。全面开展"进村（企）入户、主动服务"光明行活动，发放《致广大电力客户的公开信》55万余份，完成用户档案信息现场核查、客户产权电力设施隐患检查36万余户。组织营销类投诉预控措施普调考，推行营业厅"照、查、监、巡"管理法，全年受理工单大幅下降。提升"互联网+"供电服务水平，绑定微信、电e宝、掌上电力43万户，3座快充站建成投运。（张如山　夏　凯　李　哲）

## 临朐经济开发区

【精准招商】 坚持大招商助推大发展、大项目引领大转型，围绕主导产业，着力开展专题招商活动。2017年，引进中欧节能门窗产业园、北江农副产品批发交易市场、伊利新增液态奶生产线项目、圣鸿门业、鑫珂海洋生物医用敷料项目等过2亿元项目17个。总投资3.8亿元的伊利二期4条利乐冠生产线全部投产。总投资3.8亿元的客乐思装饰板材项目，建成一期2.6万平方米车间。总投资15亿元的北江·鲁中农副产品批发交易市场项目开工建设。

【产业园区建设】 以转变经济发展方式、促进产业转型升级为主线，培强做大铝型材特色主导产业，致力于建成千亿级产业聚集区。投资50亿元的中欧节能门窗产业园项目，占地3600亩，分为ABCDEF六区，完成北京京港亚建材有限公司等16家入驻企业公司注册手续，为立项、环评、能评、安评办理手续。总投资50亿元的铝模板产业园项目，分为ABCD四个板块，总建筑面积150万平方米，着力打造集科技研发、生产加工、仓储物流于一体的铝模板产业汇集区，完成项目区孟家庄村搬迁，一期落户的百事达、志特、若森、众泰等6个项目开工建设，投资规模均超过5亿元。皇山片区搬迁调出土地400余亩，落户投资10亿元的华建扩能项目，完成钢结构主体建设。

【公共服务平台建设】 2017年，建成全民创业园、临朐县大学生创业孵化基地、中小企业科技孵化器等各类公共服务示范平台8家，其中临朐县大学生创业孵化基地获“2017年市级大学生创业示范平台”称号。先后建成华特冶金矿山磁电装备工程技术研究中心，被确立为国家级工程技术研究中心；华特磁电与低温超导磁体应用产业技术创新战略联盟，为国家级产业技术创新战略联盟；华特磁电和恒彩数码2个博士后科研工作站；华特山东省磁电与低温超导磁体应用产业技术创新综合院士工作站。建成国家文化产业示范基地、国家旅游商品研发中心联合研发基地等4个国家级企业技术中心；科力华和宝龙达2个省级以上工程技术研究中心；中德磁电与智能选矿技术研发中心为跨国公司研究中心。

【三招三引】 坚持招院引所、招才引智与招商引资“三招三引”同步推进、同步落实，完善资金扶持、配套服务、用地保障和生活服务保障。7月，管委会组织相关企业赴德国、南非、埃塞俄比亚等国家进行商务考察，以华特磁电在亚琛工业大学的中德磁电与智能选矿技术研发中心为平台，加大德国机械行业高科技人才引进力度，带动其他企业加大科研投入。宝龙达胶业有限公司董事长曾庆铭入选国家科技部创新创业人才，华特磁电引进的德国亚琛工业大学教授赫尔曼·沃特·鲁巴入选泰山产业领军人才。（王载丽）

## 滨海工业园

【项目建设】 2017年，工业园共落户项目6个、投产4个，完成固定资产投资 11523万元，在全市科学发展考核中位列第4位。正瀚环保设备项目被认定为国家高新技术企业，属国家和省环保协会会员单位，获国家专利28项。2017年，生产袋式除尘器骨架300余万条，除尘、脱硫（硝）设备180台套，完成主营业务收入6000万元，被省科技厅评为“创新竞技行动计划优秀企业”。华滨重工装备项目1号、2号车间及研发楼基础建成，9月份正式投产。名扬铝业项目被认定为国家规模以上企业。德雅新型材料项目2万平方米车间建成主体框架。山东远瑞导热新材料项目、潍坊国泰新能源光伏发电项目落户滨海工业园。

【园区配套】 成立“飞地工业园”物业管理公司，市场化运作和管理，保证基础设施维护和使用。建设排水系统2条、1500米，保证园区汛期行洪需要。新开通天然气管道1000米，保证项目建设、生产需要，园区载体功能增强。

【政策措施】 修订完善《园区落户项目考核办法》，把引进落户项目和项目建设进度情况继续纳入镇(街、园、区）科学发展考核和县直部门绩效考核。与企业零距离对接，开展“保姆式服务”，正瀚环保、华滨重工和名扬铝业三个项目，已办理土地使用证；德雅新型材料项目办理土地招拍挂手续。先后帮助入园企业联系融资贷款5000余万元，协调施工机械120台次、施工队伍15个，利用滨海电台、电视台，免费为企业进行宣传，招收工人180余人，安排宿舍30余间，确保项目正常建设和运营。（孙 健）

## 中小企业创业园

【项目建设】 2017年，争取土地指标215.7亩，为项目建设快速推进和新引进项目顺利落户提供重要支撑；完成总投资3.2亿元的贝能迪工业铝材艺术栅栏和昊达新型防火保温材料项目建设，分别于8月和11月投产，实现当年建设当年投产目标；7个项目列入县级大项目库，其中昊达新型防火保温材料列为市级重点项目。

【招商引资】　新落户昊达新型防火保温材料、贝能迪工业铝型材艺术栅栏、泽宇重工等项目5个，其中投资过亿元项目4个，过5000万元项目1个，总投资8.6亿元。

【园区建设】　完成市级科技企业孵化器验收，进行省级科技孵化器备案；完成潍坊蓝色智谷·临朐中心多媒体教室配套建设；3月，举行中科院资源优势与科技成果临朐推介会，授权发明专利1个，申请31个；5月，成立临朐县大学生创业山旺电商孵化基地，并申报市级大学生创业示范平台。

【安全生产】　与园区21家企业全部签订安全生产目标责任书，实行网格化管理；17家企业通过安全生产三级标准化创建；聘请市、县安全专家，每季度开展一次“专家查隐患”活动，全年累计检查企业50家次，查找安全隐患170余处，全部督促整改到位；开展安全生产宣传教育培训，全年共培训安全生产管理人员166人，张贴宣传标语30余幅，印发宣传材料1000余份；狠抓企业“一企一册”档案管理，结合安全生产风险分级管控与隐患排查治理“两个体系”建设工作，园区内21家企业全部填报风险点名册，进一步夯实安全生产基础工作。　（高明学）

## 铝型材产业

【概况】　2017年，全县共有铝型材生产企业67家，关联配套企业260余家，市场专业经营业户500余家。铝型材年产能达160万吨，占全省产能的1/3；实现年产值320亿元，占全县工业总产值的50%以上。

【产业发展】　4月，在北京举办的2017年中国氟硅产业高峰论坛暨中国氟硅行业风云榜颁奖典礼上，临朐县获“中国有机硅密封胶产业基地”称号。4月18日—20日，县铝型材行业协会组织会员企业参加第五届中国（临朐）国际门窗幕墙博览会；同期举办全国首届铝型材家居门窗幕墙涂装技术交流会和第四届中国绿色建材与装配式被动房技术交流大会等会议。5月，组织粉末涂料委员会单位参加临朐县粉末涂装技术培训会。10月12日—14日，组织协会会员企业参加第六届中国（临朐）家居门窗博览会；同期召开中国定制家居+智慧生活产业高峰论坛会、中欧节能门窗产业发展联盟成立大会等会议。12月15日，组织举办《中空玻璃密封胶》团体标准审查会议。　（张　斌）

# 交通 邮政 通信

## 交 通

【公路建设】 2017年，共完成155个村、200公里的建设任务，实现投资8061万元。累计完成建设农村公路215条、296公里，实现投资11929万元。完成王龙路7.25公里大修工程和冶伦路水库坝顶段2.75公里中修工程，实现投资773万元。完成扶贫道路建设项目45个、91公里，实现投资3600万元。

【农村公路安全生命防护工程建设】 聘请专业设计公司对所有乡道进行专业排查设计，排查出临水临崖、急弯陡坡等各类隐患2700余处。总投资1280万元，完成隐患整改里程310公里，安装波形梁护栏36918米，设立各类交通标志、示警桩、防撞墙、减速标线等，顺利通过省、市验收。

★ 2017年9月8日，全县文明出行志愿服务活动启动仪式举行

（供稿：窦学华 张 琨）

【企业安全检查】 开展“大排查、快整治、严执法”活动。按照“管行业必须管安全、管业务必须管安全、管生产经营必须管安全”和“党政同责、一岗双责、失职追责”原则，突出全面排查隐患、加快整治隐患、严格执法、社会监督四项重点，联合县交警大队重点从道路客运、危险品运输、旅游包车、公路安保、动态监控等方面进行检查，共发现一般性安全生产问题近30个，重点安全生产隐患10条，并全部整改完毕。建立安全生产分级风险防控体系，进行风险源辨识、登记、评估和预防，加强风险源点排查，按要求建立“一企一册”风险源台账，评选树立本系统标杆企业。开展风险意识和风险防控宣传教育，对风险点进行公示，提高全民思想认识。以“安全生产分级管控”“安全生产月”“安全生产主体责任落实”“平安行、你我他行动”活动为契机，深入推进企业和行业安全管理共同前进。

【交通监查】 全年纠正违章车辆744台次，其中运政管理违章车辆315台次、超限超载违章车辆424台次、危化品违章运输车辆5台次，卸货24776吨，无公路三乱现象发生。 （窦学华 张 琨）

## 公 路

【概况】 2017年，全县有蒋峪、九山、龙山、冶源、五井5个公路站，国、省道干线公路管养里程221.997公里。办理人大代表建议、政协委员提案6份，市长公开电话57件。先后有2人被评为“临朐好人”，1人被评为“潍坊好人”。县公路局获市级文明单位、市级廉政文化示范点和潍坊市理论宣教基地称号。

【公路建设】 2017年，全县共有4项大、中修工程开工建设，总投资1.9亿元，项目总里程60.7公里，建设里程和投资规模均超历史同期。完成大沂路蒋峪至付兴村段中修工程、东红路南亭子至陈家上庄中修工程，仲临路五井至临朐沂源界大修工程、潍九路临朐三里庄至寺头段中修工程达到通车条件。

【项目推进】 2017年，滨九线临朐绕城段改建工程项目立项工作进展顺利，《工程可行性研究报告》《项目建议书》通过省厅行业审查；东红路改线项目稳步推进，项目概算投资7.4亿元，委托市交规院对项目进行工程可行性研究评估；推进克黄线（东红路）临朐辛寨至临朐沂水界段28.6公里二级升一级改建项目，项目概算投资4.3亿元，被市公路局作为旅游公路示范工程项目进行上报，前期工作启动。

【公路养护管理】 加大预防性、常态化养护力度，完成路面挖补15.9平方千米、抹油2.8平方千米，处理车辙54.3千米，完成灌缝22万米。县财政投资500万元，对新仲临路17千米两侧路段进行绿化。严格落实桥梁“四个一”等管理制度，确保境内100座桥梁运营安全；联合县交警队全面开展道路安全隐患大排查，完成不规范中央护栏开口封堵54处，维修护栏2000余米，增设护栏地锚、桥梁连接段1658米。

【公路路政管理】 实施依法治路，围绕侵占、损坏公路案件，加强宣传、部门协作、规范执法，完成公路巡查15.5万公里，依法查处路政案件66件，办理行政许可60件，事案查处率、路赔回收率均达到100%；清理固定、流动非公路标志1380余块，清理摊点1009个、堆积物279处；加强联合执法，不定期开展“回头看”活动，防止公路集市贸易行为反弹。

【ETC应用推广】 加大ETC业务宣传力度，提升服务效能，完成OBU（车载单元）安装445台，出售鲁通卡529张，收取高速公路通行费700余万元。

（刘延宝　刘祥芳）

## 公共交通

【客运市场】 2017年，全县拥有客运班车296辆，运营线路86条，日发班次710个；出租车企业4家，出租车249辆；货运企业49家，营运货车5386台；三类以上汽车维修企业320家（其中，一类1家、二类26家、三类293家）；综合一级汽车驾驶员培训学校3所。

【城市公交】 2017年，县城开通公交线路11条，纯电动公交车168辆，年营运总里程600万公里以上，营运车辆全部更换为节能环保的纯电动公交车，新能源车辆覆盖率100%。

【公共自行车】 2017年，城区共有公共自行车站点104处、沿弥河绿道设置公共自行车站点15处，共3130个锁车桩、公共自行车2600辆，办理借车卡1.64万张，总借车128万人次。

【共享汽车】 2017年9月26日，来驾共享自助用车项目投入运营，建设完成9处充电站，投放江淮新能源iEV6E汽车200辆，注册会员11123人，认证用户5382人，累计订单量128346单。

★ 公共自行车站点　（供稿：窦学华　张　琨）

★ 2017 年 9 月 26 日，来驾共享自助用车项目投入运营

（供稿：窦学华　张　琨）

【青临铁路】　全年货运量 322.3 万吨，实现运输收入 1301.7 万元。（窦学华　张　琨）

# 邮　政

【业务发展】 2017 年，业务收入累计完成 6480 万元，上缴税金 152 万元。全县 22 处邮政金融网点，存款总量 28.26 亿元。

农村电商。建成集仓储、物流、配送于一体的邮政农村电商服务平台，九山苹果、嵩山蜜桃以及山旺樱桃、小米等 20 多种农产品发往全国各地。

包裹快递。共有邮政包裹快递业务受理网点 26 处，揽投专用车 60 余辆。2017 年，包裹业务出口量 46.8 万件，进口量 126 万件。

报刊发行。2017 年，临朐邮政报刊流转额 720 万元，其中党报党刊流转额 200 万元。县城个人报刊订户 0.75 万户；县城全部实现投送到户、到信报箱。

商函广告。全年完成视频媒体广告业务 40 万元，新媒体广告业务 2 万元。

集邮。发行《魅力九山邮票形象册》500 册。

电子商务。2017 年，邮政网点代理移动收费完成 132992 笔，代收电费 404213 笔，代开国地税发票 8211 笔，代缴交通罚款 80334 笔。

【基础管理】　2017 年，临朐邮政打造精细化管理模式，加大软硬件建设，强化普遍服务意识，打造邮政品牌，提高企业核心竞争力，被潍坊市邮政公司评为“安全生产先进单位”和“通信服务质量先进单位”。

（张荣堂　王　雪）

# 移　动

【概况】　2017 年，完成业务收入 2.7 亿元，年缴税金 121 万元。被市移动公司评为“2017 年度优秀经营单位”，公司党支部被市移动公司党委评为“2017 年度先进党支部”“2017 年度六好党支部”。

【网络建设】　按照“总体规划、适度超前，抢抓进度、优化调整”工作思路，针对临朐多丘陵多山地地理特点，因地制宜采取宏站、室分站、微站、皮站建设相结合。全年完成新建基站 240 余处、物联网 18 处，建设光缆 360 余公里，新建 FTTH（光纤到户）热点 691 处，新增端口 43880 个。完成东镇庙会、沂山祀山大典、嵩山乡村旅游节等重大活动通信保障任务。

【经营发展】　实施“大连接”战略，坚持产品与服务创新驱动，推出智慧城市、移动云、专线、物联网、互联网 +、云 MAS、云视讯、手机对讲、IMS 固话等集团业务，以及不限流量卡、手机看家、亲情网、万能副卡、宽带等个人和家庭业务。

健全城乡服务网络，在城区设立新华路、山旺路、民主路和朐山 4 处营业厅，在乡镇设立 11 处自办营业厅、1400 余处代理商、加盟店、合作厅、村级服务点。加强人员培训管理、改善服务短板，落实八项服务承诺，固化服务规范，在服务窗口实行服务态度“零投诉”工作目标，在营业厅开展“差异化惊喜化营销服务”。

（李守波　褚永利）

# 联　通

【概况】　2017 年，累计完成主营业务收入 9858 万元，其中移网收入 5566.3 万元，同比增幅 7%，列全市第二位；宽带业务收入 3145 万元，固话业务收入 981.37 万元。

【网络建设】 2017年，临朐县联通公司率先完成“光网临朐”建设，实现全县行政村光网全覆盖，累计建设FTTH端口77644个，单户宽带接入达200M。截至2017年底，在网基站910个，其中2G基站80个、3G基站437个、4G基站393个。

【经营发展】 在经营发展中，向用户提供“内容+应用+接入+服务”一揽子通信服务。公司拥有“IDC信息化应用”“ICT系统集成”“智慧沃家庭”“全国不限流量套餐”及4G套餐手机卡、信息化互联网+业务、全网通手机等固移网信息化业务品牌，并大力拓展新型互联网+信息化应用服务领域，服务范围从传统的语音通信、电路出租等基础通信拓展至互联网、信息化、服务外包、广告传媒、系统集成等新型领域，成为能够提供基础通信、增值通信、延伸通信服务在内的全业务运营商。 （李 洪 尹兆文）

## 电 信

【概况】 2017年，累计完成主营业务收入2533万，同比增长12.5%。

【网络建设】 加大对网络建设投入，累计投资660万用于网络基础设施建设，大力建设并优化4G网络和光宽网络，临朐出口带宽达到100G，FTTH端口达到52500个，全县光纤用户带宽100M起步，端口结构不断优化。4G/3G移动网络基本实现临朐境内全覆盖，服务范围扩展到通信、电路、信息服务等领域。

【经营发展】 组织协调当地优质资源，利用自身大数据、云计算、物联网等现代信息技术及基础通信网络的优势，积极参与到各行业服务民生的信息化建设中。积极响应国家“提速降费”战略要求，加快基础网络建设，有效降低网络资费，对低速率宽带用户开展免费提速，对用户咨询开展一站式服务，提升服务效率。提升应急指挥调度管理效率、促进实现公共服务均等化、提供安全效率、智慧化便民养老服务，达到政府服务对民情事务处理及时化、信息展示直观化、信息全面化、沟通便捷化、参与多元化、服务亲情化等目标及要求。 （张 燕）

## 广电网络

【概况】 截至2017年底，山东广电网络有限公司临朐分公司共有17处镇（街、园、区）营业部，3处营业厅，全县电视和宽带用户达到134767户，拥有杆路总里程达1294.21公里，936个建制村全部实现有线数字电视“村村通”。全年共发展高清双向用户26635户，宽带用户10061户，业务总收入达到4834万元，实现利润550万元。

【信息平台建设】 落实市委组织部、县委组织部关于“2017年底前，党务、村务网络数字电视公开（即党建信息平台）要覆盖到每个村，年内开通户数占农村家庭总户数的20%以上”要求，投资362万元，全面完成党建信息平台推广入户工作，“两学一做”“阳光议事”“四诺履职”“三务公开”以及党员学习、视频课件、村务政务公开、财务收入、财务预算、集体资产承包等全部通过该平台实现。

【治安防控工程建设】 2017年，共投资1400万元，在全县936个建制村建成并投入使用监控摄像头4300处，总平台10处，并结合全省政法系统“雪亮工程”，建设整合社会监控探头1300处。监控点位（摄像头）总体在线率保持在95%以上。

【智慧社区建设】 截至2017年底，共为全县49处社区建立智慧社区。主要服务板块包括走进社区、文化临朐、魅力临朐、智慧党建、智慧教育、智慧医疗等，使居民通过电视就能及时了解社区各方面的工作及最新动态，实现由“看电视”到“用电视”的转变。

【“有线惠民，精准扶贫”活动】 与县扶贫办、县慈善总会协调，于2017年1月在全市率先开展有线电视扶贫户安装工作。截至2017年底，采取“公司让利、政府补贴”形式，共为全县4372户贫困户安装有线电视，为无电视机的贫困户购买19英寸彩电150台。

（宫有民　王贝贝）

## 无线电管理

2017年6月27日，市无线电管理办公室到临朐检查县广播影视中心设台情况，县经信局配合检查组到沂山检查广播电视台站设置运行情况。10月13日，县规委会审议《临朐县移动通信基站设施专项规划（2016—2030年）》，原则同意该规划方案。11月8日，县经信局向县政府报送《关于批复〈临朐县移动通信基站设施专项规划（2016—2030年）〉的请示》，12月4日，县政府原则同意该规划方案，要求相关部门、单位密切协作配合，强化保障支持，共同推进移动通信基础设施建设，有效提升信息化发展水平。

（曾　涛　赵亚南）

# 建设 环保

## 城镇化发展

【概况】 2017年，全县完成11个片区、5000户棚户区改造，印发29个片区16622户的冻结通知；新建道路9.63公里，新增绿化面积近30万平方米，建成区绿化覆盖率达40.42%，县城建成区面积达36平方公里，实现转移人口1.898万人，常住人口城镇化率达51.87%，同比增长1.52%；实现房地产开发面积185万平方米，完成建筑业总收入33.4亿元，纳税3.08亿元。

【城乡规划体系】 修编《临朐县城市总体规划》和《县域重点地段控制性详细规划》，编制《城市地下综合管廊建设规划》等专项规划；完善《临朐县城市总体规划》和《县城重点地段控制性详细规划及城市设计》，编制完成《城镇化发展规划》《县域农村新型社区布局规划》《南部山区发展规划和临朐弥河保护开发总体概念规划》，《农业转移人口市民化发展规划》通过专家评审。各镇编制完成总体规划及基础设施、产业发展、农村新型社区布局和生态景观等专项规划。新编制村庄建设规划占村庄总数的50%以上，编制美丽乡村规划和省级传统村落保护规划，探索临朐县农村传统特色，突出乡土风情，打造特色优势。

【主导产业培育】 推进产业转型升级，培育优势主导产业。根据《临朐县现代产业体系发展规划》，确定有色金属加工、机电、新能源新材料、汽车配件、工艺雕塑、现代农业、现代服务业七大优势主导产业，各镇（街、园、区）根据实际确定1—2个特色产业，社区村庄积极发展农产品加工业、服务业和劳动密集型产业。发展现代农业，建成1个现代畜禽养殖示范基地。推进产业转型升级，培育优势主导产业。完成高铁轨道大板、伊利液态奶生产等9个支撑现代产业体系培育发展的重点项目，完成投资54.96亿元。

开展佛山南海、京津冀、江浙沪等专题招商活动，加快引进关联度高的高端铝材加工、幕墙板材深加工、文化旅游开发、物流配送、展会经济等上下游产业及优质企业的研发中心、销售中心、结算中心，拉长产业链条。全年引进北江·鲁中农副产品批发交易市场、中国（临朐）铝模板产业园等6个主导产业项目。

将乡村旅游综合体作为乡村旅游发展的重点工作，推进宋香园乡村旅游综合体项目建设，初步形成九山牛寨、城关寨子崮、嵩山北黄谷等乡村旅游示范区。新建各类创业平台7处，入驻创业实体588家，带动3800人实现就业。建成4家县级创业孵化基地（园区），临朐县大学生创业旺佳孵化中心被认定为市级大学生创业示范平台。申报高新技术企业15家，推动企业与高校院所建立务实合作关系，促成9个技术项目在临朐转移转化。挖掘产业优势，大力发展五井石灰石、九山林果、寺头红香椿、柳山酱菜、嵩山蜜桃、龙山苗木等一批特色产业，以产业聚集带动人口聚集，实现就地就近城镇化。

【基础设施建设】 新建、续建东镇路、南环路等道路，优化城区交通环境。完善市政公用设施配套建设，抓好城市供水、供气、供热设施建设，推广太阳能光热建筑一体化应用34万平方米。完成老旧小区改造2831户，棚户区改造5000户，完成投资17亿元。以创建省级卫生城市、文明县城为契机，开展物业小区环境综合整治。深化“四社联动”机制，在兴隆、滨河、辛寨等6个城乡社区开展“四社联动”试点工作。落实“一五五”三年行动方案，按照“一厅一校十室”标准，建设提升26个社区服务中心。创建“四全一特”社区，推荐上报兴隆社区、辛寨社区为市级示范社区，滨河社区、九山社区为县级示范社区，吕匣社区、大峪社区等8个社区为镇街级示范社区。

【特色镇村保护开发】 九山薰衣草小镇入围第一批省级特色小镇，蒋峪镇入选第四批省级“美丽宜居小镇”，九山镇牛寨村入选国家级“宜居村庄”，寺头镇东福泉村、九山镇青杨峪村被命名为第四批省级“美丽宜居村庄”。重点培育九山薰衣草特色小镇，制定创建实施方案，完善概念性规划，编制控制性详细规划。积极培育嵩山露营小镇、城关红叶小镇等特色小镇，力争“十三五”期间创建一批有影响的特色小镇。

【环境治理】 开展新一轮环境治理“十大工程”，推进城乡环卫一体化工作，巩固“三八六”环保行动成果，改善城乡环境质量。在2017年上半年全省城乡环卫一体化群众满意度调查中，位居全市第一、全省前列。加强村镇污水治理，已建成入住农村新型社区全部建有污水处理设施或污水处理管网，完成工程总投资1.39亿元。加强南部山区生态保护，完成1.1万亩造林。开展农村人居环境整治，建设美丽乡村，以“三清、四改、四通、五化”为主要内容，完成村庄整治80个。完成农村危房改造20户，其中建档立卡贫困户15户。推进农村无害化卫生厕所改造，在完成2017年农村无害化卫生厕所改造15908户基础上，提前完成2018年改厕任务8824户。

（刘瑞祥　曹金宝　付卓然）

## 城市规划

【规划编制】 临朐县城市总体规划修编。依据省住建厅要求，规划期限由2030年统一调整至2035年。做好与省住建厅对接工作，具体研究调整事宜；联系设计单位，对人口、用地规模进行补充调整，完善多规合一要求。

县城重要地块控制性详细规划和城市设计。按照“品质城市”建设和棚户区改造项目要求，及时调整控规编制范围至900公顷，做到2017—2018年棚改范围全覆盖。委托青岛北洋设计研究院对海岳新区（550公顷）进行控规、城市设计及沿河地段绿化景观详细规划。

专项规划编制。完成城乡电网规划报批；指导完成人口市民化规划、体育设施布局规划评审工作；12月14日，组织海绵城市专项规划、综合管廊规划专家评审；加快推进历史文化遗存与保护规划、城市社区布局规划和县域乡村建设规划编制工作。

修建性详细规划编制。组织审查报批上书房、恒信首府、丰泽苑、泰和佳苑、恒信绿城百合花园、嵩山小学等26个项目修建性详细规划。

镇村规划编制。完成山旺镇总体规划报批；对柳山镇、寺头镇、九山镇总体规划修编方案进行汇报。指导镇街组织农村社区、美丽乡村、村庄建设编制规划。

【规划管理】 积极对应大项目和财源建设、突破龙山战略、城乡道路、棚户区改造、中小学幼儿园等基础设施和民生工程建设。完成山旺镇总体规划修编和部分调整。落实规划批后跟踪管理制度，对建设项目在放验线、验槽、验基础、主体施工完毕及外部装饰五个阶段，进行全程跟踪监督检查，发现问题及时处理。

【规划审批】 坚持依法、严格、公开、公平、公正原则，简化审批流程，改进审批环节，落实限时办结、一次性告知、首问负责等工作制度。制定实施建设项目规划设计方案比对和规划联审制度。坚持实施“阳光规划”，各项规划审批前，通过县政府信息网、建设项目现场等做好规划公开公示，注重听取民情民意，把听取群众意见建议作为规划编制审批必不可少的工作环节。截至2017年底，核发建设项目选址意见书11件，为建设项目出具规划条件113件；核发建设工程竣工规划核实合格证58件，总建筑面积90.56万平方米；核发建设用地规划许可证137件，总用地面积124万平方米；核发建设工程规划许可证146件，建筑面积115.31万平方米，管线43.78千米。

（白雪峰　谭凤群）

## 城市建设

【城市道路工程】　2017年，全县改造建设祥和路（粟山路—粟北路）、秦池酒厂东侧区间路，续建南环路、营龙路、龙高路5条道路，建设道路长度9.63公里，埋设排水管道2850米。提升改造祥和路、秦池酒厂东侧区间路，改建道路1100米，新增雨、污水管道各1100米。完成南环路（东泰路—东镇路）、营龙路（榆北路—龙安路）、龙高路（龙阳路—蟠龙山路）续建工程。其中南环路320米，埋设排水管道1200米，铺设完成沥青面层，完成投资1050万元；营龙路全长5800米，东半幅宽10—14米，铺设沥青面层8.4万平方米。龙高路四标施工路段长2400米，北半幅主车道宽14米，铺设沥青面层；龙高路（龙山产业园前段）长560米，南半幅主车道宽14米、南侧慢车道宽6米，铺筑沥青面层4.5万平方米、形成人行道2200平方米。

【城市绿化工程】　完成仲临路新线节点、站前路节点绿化工程和仲临路新线（骈邑路—营龙路）两侧绿化建设工程，新增绿地面积17.1万平方米。其中仲临路新线节点绿化工程完成投资550万元，绿化面积7.2万平方米；站前路节点绿化工程完成投资275万元，绿化面积0.9万平方米；仲临路新线两侧绿化建设工程完成投资620万元，绿化面积9万平方米。

【城市亮化和信号灯工程】　张家庄区间路、三里庄区间路、赋海街、文化南路、滨河西路、兴隆路西段、向阳路、平川路、赵家河街、袁家庄街、陡沟中街、益民街安装路灯266基，仲临路新线（骈邑路—营龙路）安装路灯110基，完成投资460万元。县城增设信号灯、人行横道指示灯25处。安设粟山路交站前路路口、粟北路交西环路路口等15处路口信号灯，安设弥河路交文化路口、弥河路交文化路口等10处人行横道指示灯，完成投资430万元。

【绿荫停车场和公厕建设工程】　完成龙泉路交粟山路口停车场工程，投资90万元，绿地面积3000平方米，形成停车位75个。统筹协调开发商建成三友玫瑰园停车场、新华路东莱茵名都停车场。新建南环路交蟠龙路口西北角、张家亭子便民市场对面等10处公厕，完成投资200万元，推进沿街82个单位公厕开放。新建惠中园小区、龙泉路交兴隆路西南角、赋海街交城南街东北角等4处口袋公园。（王立永　刘　茜）

## 城市管理

【市容市貌】　采取拉网式整治方式，全面清理影响市容市貌的突出问题，管理流动商贩8000余人次，取缔店外经营4000余处，清理落地广告牌2000余块、乱扯乱挂700余处，有效治理兴隆路、民主路、朐山路等路段店外摆放落地广告牌等“老大难”问题。堵疏结合，在城区建设改造便民疏导点和早市夜市9处，先后取缔文化路、弥河路、站前路、秦池路、朐阳路、粟东路、沂山路西段等马路市场。对各类违规楼面广告牌、乱贴乱画等进行集中清理，共拆除违规楼面广告牌1500余块，清理橱窗、墙面等乱贴乱画2万余条。在符合设置要求的路沿石以上区域，施划机动车停车位3400个、非机动车位438个。依法取缔露天烧烤、骑墙烧烤等现象，全年共清理店外摆放炉具86台，查扣、封存违规经营炉具29台，城区实现烧烤炉具进店经营。

【城区环境卫生】　狠抓环卫精细化作业，增加环卫保洁频次，实施“三洒二扫”制度，每天二次机械湿式清扫、三次洒水降尘，定期高压冲洗道路路面，环卫工人全天候巡回捡拾清扫。改造提升环卫收集设施，取缔城区205个地下垃圾箱，更新垃圾桶6000个，增设果皮箱600个，增加压缩式垃圾运输车5辆。落实定岗定人、制度上墙、巡查管理、除臭灭蝇、设施维护等措施，12处管属公厕实现规范管理。

【违法建设治理】 推进城市违法建设治理，全县108个党政机关事业单位及干部职工主动申报违法建设1.9万平方米。组织全面排查摸底，城区共排查违法建设166处，违法建设面积16.6万平方米。集中力量突破违法建设问题比较突出的重点区域，先后拆除工业街、站前路、城墙街、民主路、文化路、郎家洼、惠中园小区、茂德小区等重点区域违法建设。2017年，共处置城市违法建设面积11.9万平方米，总体处置进度71.6%，拆除城市违法建设面积7.4万平方米，应拆尽拆进度100%。

【建筑垃圾管理】 清理整顿城区渣土清运公司，要求渣土运输公司对车辆进行升级换代，老旧报废车辆一律退出渣土运输市场，提升市场准入条件，全年共注册登记渣土运输公司5个，配备新型渣土运输车50辆。与交警、交通等部门开展联合执法，加大对泄露遗撒、带泥上路、私拉乱倒等违规行为查处力度，全年共立案查处违规运输渣土车辆38台。

【城乡环卫一体化】 修订完善《临朐县城乡环卫一体化工作考核办法》，围绕垃圾收集、日常保洁等关键环节，加大对镇街、保洁公司考核力度，全年共下发督查通报12期。坚持农村环境卫生定期整治制度，采取销号验收方式，完成农村“三大堆”集中清理工作。临朐县生活垃圾焚烧发电项目有序运行，全年焚烧处理生活垃圾21万吨，并网发电6200万千瓦。

（夏廷涛　谭金华）

## 住宅与房地产业

【概况】 深化房地产供给侧结构性改革，实现房地产开发面积185万平方米，其中新开工面积71.7万平方米，竣工面积26万平方米，完成房地产开发投资16亿元。

【房产监管】 严格实行商品房预售许可、预售合同网签备案、预售资金监管、存量房网签备案制度。2017年，新建商品房累计网签9180套、67.68万平方米，其中住宅网签4228套、53.63万平方米。新建商品房预售101件，批准预售8621套、62.95万平方米。商品房预售资金监管系统累计监管资金约30亿元。商品房网签备案信息通过二维码实现实时查询。全县备案房地产经纪机构39家，在册房地产经纪机构从业人员500人；2017年6月1日起，实行备案的经纪机构网上自行签约，全年完成存量房交易合同备案1803件，交易资金约10亿元。收取购房契税补贴材料4050件，补贴金额2025万元，农业转移人口补贴2430件，补贴金额1215万元。排查全县疑似危旧房屋31.5万平方米，鉴定危险房屋5490平方米。与不动产登记中心实现存量房信息共享，达到数据隔天同步。

【房地产开发】 强化开发项目竣工综合验收备案，完成备案7宗，建筑面积20万平方米。完成房地产开发面积185万平方米，其中新开工面积71.7万平方米，完成房地产开发投资16亿元。简化审批程序，提高审批效能。严格按照权力清单和行政审批事项管理流程规定进行行政审批，实现网上审批房地产开发经营权证，办理26件、76.9万平方米。对全县在建、在售房地产开发项目进行专项检查，检查开发企业38家，开发项目40个，建筑面积200余万平方米，对检查中存在的问题，责令限期整改。引进富春江·丰泽苑、绿城水郡、如意家园、上书房、壹号学府、恒信首府、恒信绿城7个重点项目，对上争取无偿资金1.4亿元。组织召开地块推介会，成功引进潍坊恒信建设集团有限公司参与开发建设。积极推进存量土地开发经营，黄山南片区503亩土地完成熟化拍卖9.98亿元，创近年土地经营新高。

【物业管理】 推进物业标准化、精细化建设，提升物业服务整体水平。开展“推进精细化服务，推动物业服务水平上档升级”活动，整顿和规范物业服务市场秩序，推进物业服务精细化。开展物业服务行业文明创建活动，山东川华物业管理有限公司被评为“山东省物业服务行业文明创建标兵企业”，水岸弘庭小区被评为“山东省物业服务行业文明创建示范项目”，刘国明被评为“山东省物业服务行业文明创建先进个人”，高海霞被评为“山东省物业服务行业文明服务明星”。全县3家物业企业、5个文明和谐小区、7位物业服务标兵和6位文明诚信好市民受到潍坊市表彰。

开展环境综合整治行动，全面整治89个住宅小区，设立宣传栏500多处，着力打造环境优美文明和谐小区。抓好老旧小区改造，争取省级资金289万元，对龙泉中西区、西扩区、南扩区和东郡小区4个小区进行综合整治改造提升。开展物业企业服务行为执法检查，检查物业企业20余家，下达限期整改通知书15份，行政处罚1起。审核物业服务用房规划方案8个，验收物业管理用房2个，落实物业招投标项目8个；退还物业用房保证金54.7万余元，归集住宅专项维修资金3800万元，申请使用住宅专项维修资金86.82万元，收取物业质量保修金377万元，退还物业质量保修金719万元；解决民生诉求和处理投诉573起，组织开展全县物业从业人员知识培训200余人。

（刘国明　魏甜甜　徐　林　张婷茹）

## 村镇建设

【概况】　2017年，全县小城镇基础设施和公共服务设施建设完成投资40亿元，新建改造农村公路290公里。投资1.15亿元，优化农村公路网络，逐步消灭“断头路”。以“三清、四改、四通、五化”为主要内容，深入推进村庄整治提升，农村新建住房2000户，完成村庄整治80个。各镇（街、园、区）建有污水处理厂或设施13个，建成规模5.3万吨/日，配套建设管网85.21公里，完成投资1.31亿元；全县农村新型社区污水处理设施累计建设28个，建成规模0.34万吨/日，铺设管网82公里，完成投资0.68亿元。完成农村人居环境调查，录入318个行政村。

【农村危房改造】　与财政、民政等相关部门联合制定下发《临朐县2017年农村危房改造工作实施方案》，完成省、市下达的农村危房改造任务20户，其中建档立卡贫困户15户，开工率100%，验收合格率100%。严格执行“个人申请、集体评议、乡镇审核、县级审批、签订协议、组织实施、竣工验收”流程。农村危房改造档案信息录入及时、准确、齐全；纸质档案实行一户一档，批准一户、建档一户，要件齐全，与实际情况相符。

【农村无害化卫生厕所改造】　制定下发《临朐县农村无害化卫生厕所改造工作实施方案》，在完成2017年农村无害化卫生厕所改造15908户基础上，提前完成2018年改厕任务8824户。九山镇北牛寨村农村厕所和生活污水一体化处理试点项目作为潍坊市经典案例，获“山东省人居环境范例奖”。

（刘瑞祥　付卓然）

## 社区建设

【农村新型社区建设】　2017年，县委、县政府把社区建设作为全县重点工作之一，对农村新型社区建设进行全面安排部署，形成空间布局合理、功能分工有序、资源配置优化、公共服务均等、环境优美舒适的城乡统筹发展新局面。重点建设13个农村新型社区，抓好社区内道路、供热等基础设施建设和教育、医疗等公共服务设施建设，同步发展社区特色产业，规划建设特色园区，吸纳社区人口就地就近就业。各镇（街、园、区）通过社区人口集中居住，增强吸纳能力，推动集中居住的社区居民纳入城镇化管理，提高全县城镇化水平。依托自身优势和发展条件，宜工则工、宜商则商、宜游则游，培育特色经济，加快建设产业园区，逐步实现居住在社区、就业在园区和就地就近城镇化。着力提升社区品质，加强建筑节能新材料、新技术应用，建造卧龙社区红叶家园等一批绿色宜居住房。

【示范社区建设】按照“挖掘特色，打造示范”的思路，积极创建“四全一特”社区，推荐上报兴隆社区、辛寨社区为市级示范社区，滨河社区、九山社区为县级示范社区，吕匣社区、大峪社区等 8 个社区为镇街级示范社区，制定具体建设计划和实施方案，抓住重点、打造亮点。

【社区服务中心建设】 根据省委办公厅、省政府办公厅《关于深入推进农村社区建设的实施意见》，“社区服务中心按照每千人 200 平方米，总面积不少于 500 平方米的标准建设”要求，积极推进“农村社区服务中心建设三年行动计划”，全县 64 个农村新型社区中，社区服务中心建设面积达标的 61 个。按照《临朐县农村社区服务中心建设“一五五”三年行动方案》要求，按“一厅一校十室”标准进行设置，完成建设提升 26 个农村新型社区服务中心。

（刘瑞祥　付卓然　刘世忠　王光芹）

## 美丽乡村建设

【组织领导】 2017 年，县委、县政府继续将美丽乡村建设作为全县六项重点工作之一，列入对各镇（街、园、区）科学发展综合考核。县委常委会、党政联席会定期召开会议专题研究美丽乡村建设工作。年内召开全县农村工作会议两次，安排部署任务，调度工作进度。制定下发《2017 年全县美丽乡村标准化建设工作要点及考核办法》等文件，对美丽乡村标准化建设做出具体部署。县委、县政府主要领导多次深入各镇（街、园、区）进行专题调研，指导全县美丽乡村建设开展。各镇（街、园、区）将美丽乡村建设纳入重要议事日程，作为“一把手”工程来抓，在全县构建形成了一级抓一级、层层抓落实的工作格局。年内全县新建 A 级美丽乡村 60 个（其中精品村 28 个）、B 级美丽乡村 200 个（省定“建设标准”）。完成 4 个省级美丽乡村、3 个市级美丽乡村示范村创建任务。

【规划建设】 坚持“串点成线、点线结合、连片打造、一村一品、全面提升”原则，区分山区和平原特点，结合实际进行规划设计，分类培植历史文化、旅游观光、产业发展、城郊休闲等不同类型美丽乡村，形成点上有特色、线上有示范、面上成规模的建设格局。各村结合自身资源禀赋、经济基础、文化特色和各自发展定位，分类编制美丽乡村建设规划，保持村庄的自然特色和人文景观。抓好单体项目的具体安排和规划设计，做到不规划不设计、不设计不施工。强化产业支撑，注重因村制宜，针对平原和山区村不同特点，扶持发展苗木花卉、观光旅游、特色“农家乐”等富民产业，鼓励具备条件村庄建设生态农业园区，培育一批旅游特色村、示范户。科学合理建设，坚持“先地下后地上、先硬化后绿化、先平面后立面”原则，把控好“七改”顺序，即首先改厕、改水，再硬化道路，依次开展绿化、亮化、美化，避免重复建设、相互影响等问题发生。

【典型示范引领】 坚持以点带面、连线成片，充分发挥先进典型的示范引领作用，推动全县工作开展。各镇突出“精品村”建设，政策、资金、措施等方面予以倾斜，实行重点打造，涌现出冶源镇吕家楼、嵩山生态旅游区朱家坡村、北黄谷村，辛寨镇下河村，山旺镇周家庄，东城街道杨家庄、西朱村，寺头镇铁寨村等一批质量过硬、特色鲜明、亮点突出的美丽乡村。东城街道朱位村、寺头镇福泉村、龙山产业园张家辛兴村、嵩山生态旅游区沟河村 4 个省级美丽乡村，冶源镇红新村、柳山镇庙山村、寺头镇河口村 3 个市级美丽乡村持续加大投入，不断改造提升，成功通过省、市第三方考核组的考核验收工作。

【资金投入】 县财政安排 1200 万元专项资金，通过以奖代补的方式，调动镇村的工作积极性。大力争取上级政策扶持，整合农业综合开发、土地整理、小农水等涉农项目资金，优先保障美丽乡村建设。通过“一事一议”，鼓励支持群众投资投劳，发动社会各界捐款捐物，鼓励引导社会资本、工商资本参与，构建起多元化的投入格局。2017 年，全县累计投入各类资金近 4 亿元用于美丽乡村建设。

【督查考核】 健全督查考核机制，将美丽乡村建设纳入科学发展综合考核，实行一月一统计、一季一督查、半年一观摩、年终总评验收办法，按照建设情况进行奖惩，调动全县上下工作积极性。完善长效建管机制，通过政府购买服务、财政补助等多种有效形式，建立健全社区服务、道路养护、卫生保洁、垃圾处理等管理机制，确保美丽乡村建设工作常抓不懈。

（王守友　陈　勇）

## 建筑业

【概况】　2017 年，全县 69 家建筑业企业完成总收入 33.4 亿元，建筑业总产值 33.2 亿元，建筑业增加值 7.8 亿元，纳税 1.2 亿元，同比分别增长 1.7%、1.4%、1.0% 和 14.5%。县建筑工程有限公司施工的大成·清华园住宅小区 10 号住宅楼和县兴隆建安有限公司施工的大成·清华园住宅小区 3 号、4 号住宅楼 3 项工程获得“鸢都杯”奖；县建筑工程有限公司施工的东沂佳苑 4 号住宅楼、县兴隆建安有限公司施工的大成·清华园 3 号住宅楼 2 项工程获得“泰山杯”奖；1 人获评“鸢都建工名匠”。

【行业服务】　强化商混企业扬尘治理，全县 11 家企业通过市建工处验收，达标率 100%。做好养老保障金收缴，完成 24 家企业《管理手册》审查工作，收缴劳保金 3233 万元，向企业拨付 2235 万元。调整建筑企业结构，鼓励企业上档升级，建筑业资质升级企业 3 家，增项专业承包资质 7 家，新办施工总承包资质 1 家。完成 18 家企业资质年度动态核查。完成发包备案工程 83 个，建筑面积 56.5 万平方米，工程造价 9.19 亿元，审查施工合同 46 份。把建设领域农民工工资支付情况纳入建筑市场管理，统一布置、统一检查，及时发现了解和掌握欠薪情况，督促企业及时解决。全年受理投诉 14 起，涉案金额 583.35 万元，涉案人员 251 人，办理市长公开电话 90 起。

【市场监管】　开展“全县建筑市场规范管理提升年”活动，建立分工负责制度，加强沟通联系，形成监管合力。对纳入市场管理工程项目实行“一书一簿”管理，执行“双随机，一公开”和“四不两直”制度，扎实开展季度检查，下发季度检查通报 3 期。开展建筑市场专项检查，实行“分片式网格化”管理，采取日常巡查与重点检查相结合方式，下发整改通知单 113 份，查处不履行法定建设程序违法案件 22 起、违法分包案件 1 起，罚款 396.4 万余元。做好建筑市场监管与诚信信息一体化平台材料审核工作和各企业信用考核，将农民工恶意上访、违法分包等行为纳入信用考核，录入诚信信息库。全年审查合同 123 件，办理施工许可证 54 项、165 个单体工程。

【新技术新材料推广应用】　县建筑工程有限公司报送的《提高填充墙构造柱施工质量》、县兴隆建安有限公司报送的《确保梁柱交接处不同强度等级混凝土施工质量》和县七贤建筑工程有限公司报送的《运用“QC”方法提高外墙花岗岩干挂质量》被评为全市优秀成果。县政府办公室下发《关于进一步加强预拌砂浆生产使用管理的通知》，组织召开全县预拌砂浆推广应用现场会，要求自 2017 年 3 月 1 日起，县城规划区内所有建筑工程项目施工现场使用预拌砂浆，7 月 1 日起，镇规划区内所有建筑工程项目施工现场使用预拌砂浆。龙泉中学综合楼、陡沟小学、朐阳学校、大成新文华苑、中医院门诊病房楼、凤凰新城二期、后楼沿街楼等工程先后使用预拌砂浆。

【专业技能提升】　按照《关于举办 2017 年全县技能大赛的通知》要求，组织全县 12 家建筑施工企业 36 名技术工人参加砌筑工、抹灰工比赛。33 家建筑业企业 351 人参加现场专业人员继续教育换证考核专业基础知识培训。268 人报名参加二级建造师执业资格考试，43 人通过考试。（王世刚　刘　伟）

## 建设科技与建筑节能

【概况】　2017 年，全县开工一、二星级绿色建筑项目 36 个，建筑面积 58.42 万平方米。其中二星级绿色建筑项目 2 个，建筑面积 23.6 万平方米。

【建筑节能管理】　落实国务院《民用建筑节能条例》《山东省民用建筑节能条例》，执行新建居住建筑节能75%、公共建筑节能65%设计标准。全年开工节能工程77.73万平方米，竣工节能工程80.93万平方米，建筑节能标准执行率达到100%。

【可再生能源建筑应用】 完成可再生能源建筑应用示范县项目验收评估，完成可再生能源建筑应用示范项目9个，总示范建筑面积125.48万平方米，折合示范建筑面积65.30万平方米。其中太阳能光热一体化建筑应用面积92.32万平方米、地源热泵建筑应用面积4.91万平方米、太阳能与地源热泵结合系统建筑应用面积24.22万平方米、太阳能供暖建筑应用面积4.03万平方米。抓好太阳能光热建筑一体化工作，要求县城规划区内新建、改建、扩建12层以下住宅建筑和集中供应热水公共建筑，全部应用太阳能光热系统，并与建筑进行一体化设计与施工，全年建成太阳能光热一体化建筑65万平方米。

【建筑节能示范项目】 2017年，向省住房和城乡建设厅申报省级装配式建筑产业基地1个，争取奖励资金100万元；申报二星级绿色建筑评价标识示范项目2个，建筑面积15.11万平方米，争取奖励资金80万元。

【绿色装配式建筑】 抓好新型墙材生产和应用管理，鼓励新型墙材建筑节能技术产品生产企业重点发展节能高效、防火安全、生态环保新型建材结构体系。推进装配式建筑相关产业发展，开展装配式建筑工程试点，申报装配式建筑示范工程。潍坊泰来钢结构工程有限公司设计施工的薄壁轻钢结构被动式房屋通过德国被动式房屋研究所认证，为全县首例通过认证项目。

（王世刚　连瑞义）

## 环境保护

【概况】 2017年，深化"三八六"环保行动，实施"十大工程"，全县主要污染物总量减排指标完成市政府年度目标任务，建成区大气环境质量优于国家大气环境质量二级标准，水环境质量持续改善，弥河小河圈断面水质稳定达标，区域环境噪声平均值、交通干线噪声平均值均达到规定环境质量标准。

【污染减排】 2017年，全县完成化学需氧量、氨氮、二氧化硫、氮氧化物减排量分别为378.2吨、17.4吨、193.6吨、254.3吨，消减率分别为2.1%、1.3%、3.1%、4.1%，完成市政府下达减排任务。

【空气环境质量】 组织实施工业点源深度治理、高污染机动车综合管控、城建环卫精细管理、清洁能源替代改造、露天烧烤治理、秸秆禁烧等污染专项治理。完成231台10吨/小时及以下小型燃煤锅炉"清零"任务和蓝帆新材料、玉龙造纸、东城热电3家企业10吨/小时以上燃煤锅炉超低排放改造。完成雷奥新能源焦炉外脱硫脱硝工程。全县11家有机化工企业全部完成首轮LDAR（泄漏检测与修复）治理。全县建成区内13家加油站完成三次油气回收改造。严格落实重污染天气应急减排制度，全年共启动重污染天气应急响应12次，及时落实应急措施，最大限度降低空气污染。2017年，城区环境空气质量PM2.5、PM10、$SO_2$、$NO_X$浓度分别为62微克/立方米、113微克/立方米、25.5微克/立方米、33.7微克/立方米，同比改善3.4%、15.1%、14.6%、3.5%。空气优良天数为249天，同比增加26天。

【水环境质量】 加强饮用水水源地保护，关停冶源水库水源地一级保护区内伟成假日酒店1处，关停拆除二级保护区内饭店、养鱼户、养殖户、砂场等30余家，关闭搬迁禁养区内养殖场户449家。执行《临朐县水污染防治工作方案》，开展河流断面、重点流域环境综合整治，依法查处涉水排放企业11家，完成五井石河、龙岗河生态治理和汶河蒋峪段水生净化植物栽植、寺头镇圣水湖湿地公园建设，河道水质明显改善，弥河小河圈断面稳定达标。

【环境管理】 严把建设项目环境准入关，城市建成区禁止新建钢铁、建材、焦化、有色、石化、化工等行业中高污染项目。对符合环保要求建设项目做好服务工作，全年共审批建设项目169个，完成备案审批

645个，验收项目165个。申请省级农村环境综合整治资金997万元，申请河道及水环境治理资金3038万元，对山旺镇、柳山镇、沂山风景区的26个村，汶河、石河河道以及农村饮用水水源地进行整治。加强危险废物规范化管理，严格按照《危险废物规范化管理体系》，落实各项管理制度及污染防治设施，涉危废企业规范化管理达标率达到100%。加强核与辐射安全监管，严控各类安全风险，确保核与辐射安全。全年未发生较大突发环境事件和核与辐射安全事件。

【环境监察】 建立县、镇、村三级环境监管网格体系，加大执法监察力度，打击环境违法行为。全年开展现场环境监察2151次，检查排污单位407家，依法立案查处环境违法案件960件，罚款1949万元。联合公安机关查处涉环境污染项目11个，依法移交涉刑事案件1件，行政拘留2人，刑事拘留2人。移交法院强制执行环境违法企业36家，关停取缔“小散乱污”企业184家。2017年，全县征收排污费1521.84万元，办理人民来信来访944件，处结率100%。办理人大代表建议、政协委员提案3件，处结率100%。

【环境监测】 做好城区大气环境质量监测、地表水环境质量监测、饮用水监测、日常监督监测工作。全年完成国控污染源、省控污染源监督监测28次，取得有效监测数据817个。完成日常监督监测数据4510个。

【环保宣传】 以“6•5”世界环境日为契机，加强环保宣传教育。发放宣传资料3000余份，订阅《中国环境报》等报刊杂志200余份。组织开展绿色社区、绿色学校创建活动，形成人人关心环保、人人支持环保良好氛围。

【环保督察】 3月24日至4月10日，省环保督察组对潍坊市进行环保督察期间，全县共收到信访案件59件，全部按时按质整改完毕。8月10日至9月11日，中央第三环保督察组对山东省进行环保督察期间，全县共收到信访转办案件97件，全部按时办结，其中属实82件，不属实15件。立案处罚33家，罚款132万元，约谈5人，问责16人。在第二次全国污染源普查中，成立临朐县第二次污染源普查领导小组，负责组织协调县域范围内的第二次污染源普查工作。

（魏福先　窦荣鹏）

# 商贸流通

## 商业贸易

【商业基础设施建设】 调整佳乐家综合商住楼规划手续并开工建设，隆达商业广场在全国范围内组织招商，进一步完善以中央商务区为核心的城市商业中心基础设施；建成运营城关大樱桃综合服务中心、嵩山果品冷储基地等11个交易市场和冷库；在县城新规划区建设10处便民市场（城南街农贸市场、太平农贸市场、弥河路便民市场、粟山社区便民市场、西坦便民市场、东郡便民市场、凤凰新城便民市场、夏西路农贸市场、赵家庄农贸市场和曾家洼社区便民市场）；开工建设“北江·鲁中农副产品交易市场”一期工程；推动汽车4S店集中发展区8个在建项目建设进度，建成运营吉利、东风雪铁龙汽车4S店和信合综合汽车超市（一店）；规划临朐广潍汽车园二手车交易中心项目，

★“北江·鲁中农副产品交易市场”一期工程建设现场

（供稿：宗全力　赵立鹏　胡名扬）

新设“临朐安车二手车交易市场”（全县注册二手车市场发展到4家）。推进以银座华兴、万家悦超市为重点的农村现代商品流通体系建设，加快农村站点布局，全县共建镇级、社区农资直营店70家，村级加盟店390家。

【会展及社会消费】 成功举办第五届、第六届中国（临朐）国际门窗幕墙博览会、第十届中国（临朐）观赏石展销博览会和第二十一届中国（临朐）石门坊红叶文化节，达成商务交易额逾23亿元。落实国家及省、市各类促消费政策，多渠道拉动社会消费。全县累计实现社会消费品零售总额173.1亿元，比2016年增长9.1%，其中限额以上贸易单位分别实现销售额和零售额40.4亿元和29.1亿元，比2016年增长0.3%和2.1%。按行业分布，批发零售业实现销售额38.5亿元，同比略有增长；限额以上住宿餐饮业实现销售额1.8亿元，比2016年增长1.9%。按商品分类，在全部22类商品中有14类与2016年相比呈现不同幅度增长，其中日用品类增长23.4%，中西药品增长8.5%，粮油食品类增长8.4%。银座华兴实现销售3.8亿元，继续位列全县重点零售企业之首；全福元实现销售2.2亿元，比2016年增长11.3%；佳乐家购物中心实现销售1.5亿元，比2016年增长15.4%。

【全国农商互联名企】 2017年9月22日—25日，全国农商互联大会在潍坊召开，全县12处镇（街、园、

区）162家农产品企业参加会议。其中山东博康蜂业有限公司（潍坊市农商互联十大骨干出口企业）、山东广华肉类食品有限公司（潍坊市农商互联十大冷链物流企业）、临朐供销电子商务有限公司（潍坊市农商互联十大电商龙头企业）、临朐绿康源丹参专业合作社、临朐县颐康粮食种植合作社（潍坊市农商互联特色农产品企业）、临朐第一春食品有限公司、山东春冠食品有限公司、山东康宝蜂业有限公司、山东尊润食品有限公司、潍坊盛安食品有限公司（潍坊市农商互联龙头生产企业）等10家企业被评为“名企名品”企业；临朐广华食品有限公司、山东求真食品有限公司、山东尊润食品有限公司、山东沂农农业开发有限公司、潍坊第一春食品有限公司、山东博康蜂业有限公司、临朐金太阳食品有限公司、山东康宝蜂业有限公司、潍坊盛安食品有限公司、山东春冠食品有限公司、临朐金良硒源食品有限公司等11家企业列入农商互联电商码赋码企业，入驻潍坊市农商互联电商码赋码中心。

【电子商务】 临朐县被国家商务部市场体系建设司确定为“国家电子商务进农村综合示范县”。临朐电商众创家园入驻电商经营主体104家，被认定为市级科技企业孵化器、潍坊市巾帼电商创业产业园。康宝蜂业、浩宇农业分别获得“山东优秀互联网品牌”“山东电子商务双创之星”称号。九山、寺头等镇整合盘活资源，搭建电商孵化基地、电商创业创新支撑平台，吸引电商创业者入驻，促进农业“小生产”与电商“大市场”有效对接；寺头镇吕匣村被授予“中国淘宝村”称号。华建铝业、永安胶业等传统企业积极对接行业电商平台，拓展网络销售渠道。县内平台“骈邑商城”“爱邑家”上线试运营，初步实现便民服务、政务、物流配送互联互通。利用邮政、供销、华兴等农村渠道资源，布局建设一批村级服务点，将物流快递业务下沉到村；依托淘宝、京东、智e购、农商1号等电商平台，为村民提供代买代卖服务；搭建京东临朐特色馆，“萃艺林”工艺礼品商城客户流量不断集聚。依托电商众创家园、技工学校等培训机构，对党政领导干部、企业（或合作社）职工、大学生创业人员、贫困人员等不同群体，实施分层次培训；全年组织举办各类电商培训班16期，培训人员2800余人次。

【服务与安全】 依托16家商务部样本监测企业（19个监测种类）和“临朐商务预报平台”，加强对猪肉、粮、油、蛋、菜等生活必需品供应储备，科学指导生活必需品市场有序运行；报送市场监测信息82篇，商务部采用率达36%。落实“管行业必须管安全”安全生产管理规定，商贸企业和专业市场均未发生重大安全责任事故。 （宗全力　赵立鹏　胡名扬）

## 对外经贸

【外贸工作】 全县完成进出口总额30.72亿元，首次突破30亿元大关，比2016年增长26.4%，增幅位列全市8个县（市）第2位。其中进出口额过1000万美元骨干外贸企业8家，占全县外贸进出口总量的56%。出口275815万元，比2016年增长27.9%；进口31344万元，比2016年增长14.9%。山东蓝帆新材料有限公司全年完成出口额80584万元，占全县出口总额的30%。

全年共组织80多家企业参加广交会、中日韩产业博览会等展会76次。发挥阿里巴巴一达通、全球贸易通等跨境电商平台作用，推进广贸天下跨境电商平台服务点落户。临朐东兴实业等12家企业参加埃塞俄比亚建材展，加快临朐东兴实业肯尼亚工业园建设步伐。全年新增67家对外贸易经营者备案登记企业，备案总数达到316家，其中有进出口实绩企业176家；出口产品发展到10个大类、32个品种，远销世界100多个国家和地区。支持恒彩数码、祺月童车等文化产品出口，全年完成离岸外包850万美元，在岸外包1200万元。

【外资工作】 开展“外企减负年”活动，推动落实国家、省、市降低实体经济企业成本政策措施；以新批企业抓落实、在建企业促投产、重点企业找信息、贴近企业讲政策、深入企业送服务“五位一体”为主要内容，深入外企一线走访调研，了解诉求，解决实际问题，宣讲国家、省、市利好政策；完善外企“服务大使”制度，建立安商服务长效机制；组织参与境内外各类投资促进活动，境外组织赴德国、南非、埃塞俄比亚等国家开展经贸招商，境内组织参加鲁台会、风筝会、中日韩产业博览会等节会。全县实现实际到账外资 3.7 亿元，比 2016 年增长 17.8%；新设外资项目 1 个，投资总额 1000 万元；达成投资意向项目 1 个，计划总投资 5000 万元。

【外经工作】 通过组织参加“走出去”政策宣讲会、召开座谈会等方式，推介国家鼓励境外投资的优惠政策。鑫珂海洋生物在美国设立的金珂生物医疗科技股份有限公司，实现境外实际投资近 1200 万美元。7 月，赴德国、南非、埃塞俄比亚开展经贸洽谈活动。期间，签订项目合作协议 3 个，达成外贸合同额 820 万欧元；华特磁电在德国设立中德磁电与智能选矿技术研发中心（为临朐县在国外设立的首家高新技术研发中心）；临朐东兴实业有限公司与中交产业投资控股有限公司签订战略合作框架协议，入驻埃塞俄比亚建材家居工业园。临朐东兴实业在乌干达和肯尼亚的“海外仓”等境外投资项目，有效带动临朐县建材企业出口贸易。

【创建“国家级出口食品农产品质量安全示范区”】 2017 年 3 月，县政府调整原省级出口农产品质量安全示范区领导小组，县商务局牵头指导基地、药店按照国家级出口食品、农产品质量安全示范区要求操作经营。8 月中旬，国家质检总局派出验收小组对临朐县创建工作进行现场验收。9 月，国家质量监督检验检疫总局发布公告（〔2017〕74 号），临朐县成功创建为“国家级出口食品农产品质量安全示范区”。2017 年，全县实现农产品出口额 12789 万元，比 2016 年增长 7.6%。 （韩秀芹　王金莲）

## 招商工作

【概况】 2017 年，全县新签约落户过亿元项目 29 个，其中过 3 亿元项目 12 个，过 5 亿元项目 6 个，过 10 亿元项目 2 个。

【招商工作机制】 制定印发《2017 年招商工作要点》和《2017 年度“三招三引”工作考核办法》，明确年度招商工作的目标任务、工作重点和激励政策。制定出台《关于进一步完善招商工作体制机制的意见》和《临朐县招商发展激励政策》，进一步完善理顺工作体制机制，有力支撑保障招商工作顺利开展。

【项目策划储备】 结合全县产业优势、区位资源，策划包装 85 个投资规模大、发展前景好、产出回报高特色项目。根据“突破龙山”战略部署，建立专门招商项目库，策划编制新型节能铝合金模板生产等 15 个项目。

【精准招商对接】 围绕重点区域、意向客商开展专题对接 16 次，其中赴浙江、北京、上海、广东、江西等地开展 10 次专题招商对接，促成北京金诺迪迈门窗、山西国立幕墙、上海客乐思装饰板材、江西志特铝模板等重点项目签约落地。组织参加深圳香港山东周、潍坊风筝会、鲁台会等大型活动，先后签约项目 10 个。

★ 中国铝模板产业园鸟瞰图 （供稿：刘　峰　李晓飞）

【“特色园区＋招商主体”模式】 紧抓北京非首都功能疏解机遇，立足铝型材主导产业，依托中欧节能门窗产业园和中国铝模板产业园，以延链聚群为主攻方向，创新“特色园区＋招商主体”模块化、组合化招商，提高招引质量，扩大优质增量，打响区域品牌，有力助推高端优质铝业换挡提速。2017 年，两个园区共引进落户金诺迪迈、美晨阳光、志特铝模板等产业链高端企业 26 家。“特色园区＋招商主体”模式作为工作创新在全市推广。

【项目督查考核】 对重点在谈、签约、在建项目，坚持“月统计季通报”制度，督促相关责任单位推动项目签约落户建设进度。做好每季度和年度对各镇（街、园、区）和相关部门招商任务完成度考核认定工作；积极配合县委办公室、县政府办公室，认真组织筹备好全市大项目建设观摩交流，包括项目策划、路线编排、环境卫生整治等工作。

【项目落户和服务】 坚持部门联合会商制度，对拟引进落户项目，严格从产业政策、园区规划、税收贡献、投资强度、节能环保等方面进行审核把关，凡联合会商通不过项目，一律不予上报审批。在落实“服务企业经理人制度”基础上，确定县招商局领导干部分别包靠中欧节能门窗产业园、铝模板产业园、昊达岩棉建材等重点招商引资项目，负责帮助企业协调解决项目推进中遇到的困难和问题，促进项目早投产、早达效。

（刘　峰　李晓飞）

## 供销合作经济

【社会化服务】 2017年，县供销社完成商品购进总额1.6亿元，销售总额1.7亿元。城关街道和山旺镇各建1处为农服务中心，总投资630万元，占地面积35亩；临朐县金丰农资和广润农化开展土壤检测、智能配肥、土地托管等为农服务项目，土壤检测160次，智能配肥230吨，土地托管面积4.6万亩；利用临朐县金丰农资公司和供销电子商务公司专家人才优势，依托为农服务中心开展培训，全年培训5000余人次，其中对贫困户开展“一对一”培训600余人次。

【农村电子商务】 2017年，建成县级物流仓储中心1处、镇级运营中心4处、村级电商服务社80处。“供销惠”电商平台全年网上销售额达到2300万元。

【实体性合作经济组织】 发挥临朐县农民合作社联合社职能，依托供销社基层组织，开展党建带社建、村社共建，构建基层社、村“两委”、农民合作社“三位一体”工作机制，推进社社合作、社农结合，促进形成农民群众有利益、农村基层党组织有发展、村集体经济有积累、供销合作社有收益的四赢局面。截至2017年底，全县供销社系统领办专业合作社达45处，社村共建村达36处，组建镇级农民合作社联合社11处。

【农村现代流通】 生产资料经营。以临朐县金丰农业生产资料有限公司为龙头，以基层供销社为依托，充分利用原有经营人才和网络资源，按照标准化、规模化要求，在乡镇和村建立农资连锁店、直营店，形成县、乡、村三级农资连锁配送服务网络。2017年，金丰农资连锁店、直营店数量达到320处，年销售化肥4.2万吨。

农产品经营。以新组建的供销社农产品经营公司为龙头，上与省、市供销社农产品公司联合，下对各专业合作社进行资源整合，统一销售渠道、统一品牌经营，将合作社生产的优质农产品销售出去，年农产品销售达到2200万元。

烟花爆竹经营。临朐县烟花爆竹经贸有限公司为县供销社社有企业，是全县烟花爆竹经营主体，在城关街道朱堡村拥有占地23亩高标准仓储设施，配有专门送货车辆8部，年销售额达到3000万元。

（马玉彬　刘元学）

## 粮食流通

【储备粮管理】 落实《临朐县地方储备粮管理办法》《临朐县地方储备粮轮换管理办法》及各项储粮管理制度，实施精细化管理。利用粮情电子检测、绿色储粮、“三低”等储粮技术，做好粮情检测分析，优化熏蒸通风方案，保证储粮安全、品质不减。层层签订压实保粮责任，定期开展清仓查库，严把粮食出、入库关。投资141万元，由浪潮软件集团对地储粮库进行智能化升级建设，实现从收购、日常管理到出库全过程数字化覆盖。

【粮食调控】 贯彻落实国家粮食收购政策，协调农发行发放贷款416万元，完成收购地方储备粮食2970吨，商品粮19吨；坚持储备粮轮换阳光工程，公开竞买竞卖，轮出小麦 2970 吨；推进应急体系建设，投资 160 万元，建设成品粮应急配送中心 1 处，高标准改造仓库 22 间，仓容 2140 吨，硬化地面 5000 平方米，新上配送车辆 5 辆，健全应急网络 46 处。

【粮食流通管理】 开展世界粮食日、食品安全宣传周等主题宣传活动，在城区、涉粮企业、农村集市等设立咨询台，宣传粮食流通政策、科学储粮、爱粮节粮等知识，发放各类宣传材料 4000 余份，现场解答群众问题 200 余条。严格执法监督检查，对全县 24 家涉粮企业原始台账、库存等进行摸底调查，检查地方储粮 8444 吨（均达到市级验收标准）。组织夏、秋粮收购督查，对粮食收购秩序、收购政策执行情况、计量器具检验等进行专项检查，出动执法人员 120 人次，检查企业 24 家，发出责令整改通知书 3 份。开展粮食收购资格核查，共核查 24 户，其中新审批 3 户，延续、变更 3 户，注销 5 户，其余 13 户正常运行。

【粮食企业经营管理】 推进粮食主食产业化。投资 210 万元，为临朐县康鑫面粉厂新上面条杆式空气压缩机等先进设备 8 台（套），购置车辆 2 辆，改造烘干房 1000 平方米。协助该厂新增品种 11 个，年产增加 5000 吨。加大资产维修、维护力度，投资 1.5 万元，对辛寨粮管所 8 间、300 平方米沿街楼进行防水维修。确保资产增值保值，签订合同 80 余份，实现承租收入 126.6 万元。加强“放心粮油店”培育和监管，新发展 2 家；对全县 21 家放心粮油店进行业务、规范化知识培训 2 次。推进农户科学储粮专项建设。通过进村入户宣传、摆摊设点等渠道，为农民提供储粮技术服务和市场信息 30 余条；与黑龙江省牡丹江市穆棱市粮食局达成两地玉米、大米等粮食贸易合作协议，提高企业经营管理能力。 （张传增　丛冠青）

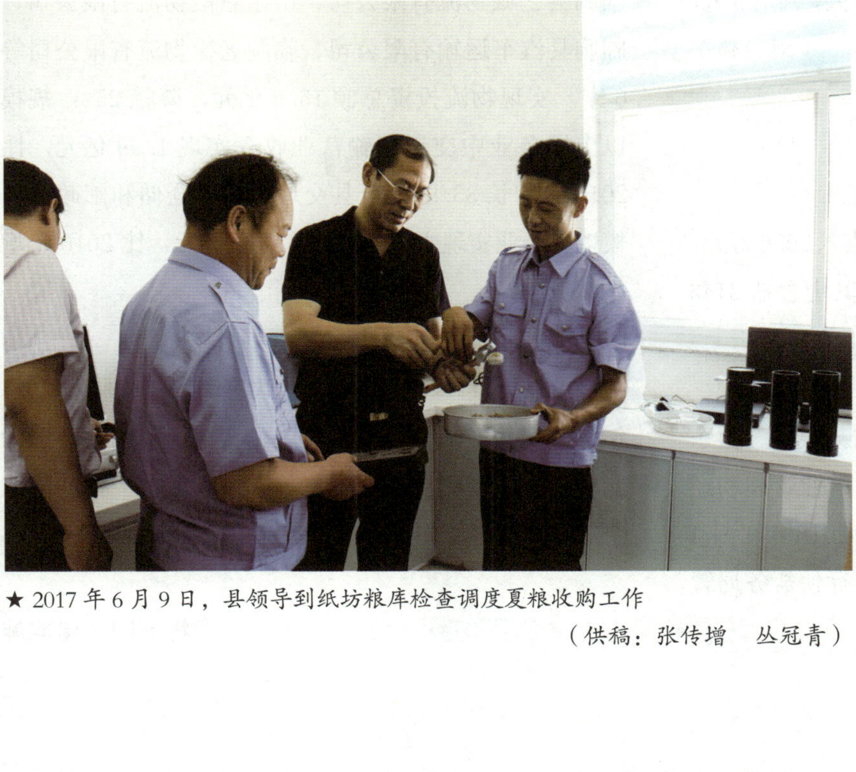

★ 2017 年 6 月 9 日，县领导到纸坊粮库检查调度夏粮收购工作

（供稿：张传增　丛冠青）

## 烟　草

【概况】 2017 年，全县种植烟叶 22870 亩，收购烟叶 262 万公斤，销售卷烟 2.42 万箱。实现“两烟”税金 4068.93 万元，上缴 4031.59 万元。临朐县烟草专卖局（分公司）被评为“山东省银龄之家”、潍坊市“2017 年度思想政治工作先进单位”。

【烟叶生产经营】 2017 年，全县共有 10 个植烟镇、157 个植烟村、883 个植烟户，共植烟 22870 亩，户均 25.9 亩。落实漂浮育苗、控氮增密、烟田滴灌、井窖式移栽等精益生产技术，发展烟田滴灌 9267.8 亩、水肥一体化 4120 亩、井窖式移栽 1.42 万亩。实施以“1+N”专业化烘烤和采烤一体化为重点的烘烤模式（其中专业化烘烤 18149 亩，采烤一体化 3689 亩）。全年共收购烟叶 262 万公斤，收购均价 21.17 元 / 公斤，烟农户均收入 6.28 万元，实现烟叶税金 1219 万元。做好烟区基础设施和生态村建设，投资 64.7 万元，建设农机存放设施 2 处，购置烟草农业机械 12 台（套）；投资 50.8 万元，建设九山镇马家沟村河道防护加固工程、育苗棚、村办公室等烟叶生产生态村项目。

【卷烟销售】 挖掘客户经营能力和市场消费能力，找准市场潜力增长点，建设婚庆、旅游、季节性市场开发平台，开展精准营销与市场开发。全年

★ 九山镇马家沟村烟叶生产生态村已完工的河道防护加固工程

（供稿：刘　伟）

共销售卷烟2.42万箱，实现单箱值2.22万元，同比增长2.25%；全年鲁产烟销量15487箱，同比增长16.76%，位列全市第1位。开展零售客户自律互助小组建设试点，优化卷烟市场状态，提升客户盈利水平。

【专卖管理】 与公安、交通、工商等部门联合开展"齐鲁之盾"烟草市场专项整治活动，对辖区建筑工地、边界市场、集贸市场、零售户等重点环节区域加强重点管控，对物流快递、互联网领域开展集中整治，严厉打击涉烟违法行为；优化专卖管理体制，加大法制宣传与法制服务力度，实现卷烟市场管理和服务再升级。全年查获涉烟违法案件189起，涉案卷烟121万支，案值150万元；拘留涉烟违法犯罪分子9人，判刑3人。

（刘　伟）

## 盐　业

【概况】 2017年，全县实现盐业销售收入1096万元，利润35.3万元。销售各类盐8006吨，其中食盐3143吨（小包装食盐1423吨），其他用盐4863吨。

【管理体制改革】 2017年4月，临朐县根据《山东省盐业体制改革实施方案》要求，实行盐业管理和经营分离，过渡期至2017年12月31日。2018年1月1日起政企正式分离，临朐盐业公司不再行使盐务局管理职能。

【食盐专营和其他用盐供应】 食盐专营工作。克服外省（市）部分食盐生产厂家进入临朐食盐市场困境，开展食盐送销服务，圆满完成市局分配销售任务，确保全县居民合格碘盐食用率。其他用盐供应。成立大包盐送销队，专门对县内工业盐用户开展送销服务和市场检查监督，在小工业盐市场竞争激烈、价格下降情况下，销售实现较大幅度增长。

【盐政执法】 强化盐政执法工作，全年共查处各类盐业违法案件223起，查没私盐12.6吨，净化全县盐业市场，遏制私盐冲销。

【居民食盐安全】 加强食盐安全工作组织领导，强化盐业市场的日常检查和管理；严格落实食盐安全供应各项规章制度，确保食盐安全供应工作稳步开展；做好食盐零售网点管理，把好食盐零售关，实现全县食盐食用安全零事故；加大对国家和省盐改方案实施后的食盐经营管理政策宣传，提高群众自觉遵守盐业法律法规意识。

（谭音奎　徐延效）

## 现代物流

【概况】 2017年，全县纳税50万元以上物流企业有临朐县长途汽车有限公司、山东顺能物流有限公司、临朐县艺诚物流有限公司、山东慧昌物流有限公司、临朐县汽车运输有限公司、临朐老徐物流有限公司等6家，实现物流投资总额16.6亿元，降幅25%；规模以上服务业中交通运输营业收入实现1.99亿元，比2016年增长33.9%；全县交通运输、仓储和邮政等规模以上企业实现主营业务收入2.7亿元，比2016年增长28.2%。

【降低物流成本】 县委、县政府印发《临朐县2017年降低实体经济企业成本实施方案》《临朐县新旧动能转换重大工程实施方案》等一系列文件，推动降低企业物流成本工作。全年节省财务成本3000万元。

【物流园区和重点项目建设】 鸿运物流园区建成施

救中心、检测线和办公楼，并进行配套设施建设；临朐传化公路港项目招商工作进一步推进，双方初步达成合作协议。

【物流标准化工作】 以标准化托盘循环共用为切入点，依托交通物流园等物流园区，推广使用1米×1.2米标准托盘及循环公用周转箱，开展现代物流标准化试点工作，培育现代物流标准化服务和管理品牌。临朐广华冷链物流项目推荐纳入全市冷链物流发展资金扶持范围，获得上级扶持资金60万元，主要进行企业冷链物流标准化规范、标准化设施设备配备、管理制度规范及人才培训、信息监控平台建设等四个方面建设，并与省、市冷链物流信息平台进行对接。

【业务培训】 组织骨干物流企业人员参加全省第二期冷链物流高级人才培训班、全省物流企业信息化管理策略培训和2017年全国物流园区年会培训等。

【物流协会】 推动临朐县汽车运输有限公司等骨干物流企业加入全市物流协会，借助企业协会优势，发挥好协会在行业统计、沟通协调、人才培养和行业自律等方面的作用，引导和规范行业发展。（胡名扬）

# 旅　游

## 综　述

【概况】　2017年，以国家级全域旅游示范区创建为主线，按照“全景、全业、全民、全域”总体要求，深入实施“旅游富县”战略，做好“旅游+”大文章，促进全县旅游业健康快速发展。全年接待游客621.96万人次，旅游消费总额76.73亿元。

【全域旅游】　成立全域旅游服务中心，强化旅游发展的综合协调职能；启动环西南部乡村旅游专线等重点项目建设，多路段已修建完成；积极打造冶源18度温情小镇、嵩山露营小镇、九山薰衣草小镇等全域旅游示范镇；聘请国内知名规划设计院编制《临朐县全域旅游发展提升规划》，统筹全域布局，指导全域旅游创建，11月3日在全县范围内对规划初稿征求意见。8月份，全市旅游工作现场会在临朐召开，全面推广临朐全域旅游经验做法。

【旅游项目】　2017年，新建、在建旅游大项目23个。成立专门工作组扶持宋香园扩大规模，加快发展；建成淹子岭高山房车露营基地、龙潭湖露营公园，发展酒店式帐篷、营地房车、户外拓展中心、水上高尔夫等新项目；新建揽翠湖温泉度假村马术俱乐部；石门坊植物迷宫投入运营；蒋峪大集与中国食品谷签订入驻协议；凤凰谷旅游综合开发、中华文化艺术雕塑园、寺头圈门山花溪谷等项目进展顺利。

【“旅游+”产业融合】　大力实施“旅游+”三年行动计划，积极推进旅游与相关产业融合发展。在农业上，寺头宋香园生态世界把薰衣草种植与旅游紧密结合，打造世界单体面积最大的薰衣草园，成为全省乡村旅游典范；柳山镇鑫柳现代农业公园，建设集特色农产品采摘、农业科技博览园、农业科普教育园等为一体的现代农业主题旅游公园。举办中国（临朐）第一届大樱桃节、中国（寺头）红香椿文化旅游节、东城桃花汇、鲁中蜜桃文化旅游汇、临朐葡萄文化旅游节等节会活动。在工业上，伊利乳业、窗博城创建工业旅游示范点，大力发展工业旅游。在文化上，沂山文化节将镇山文化与旅游紧密融合，成为沂山旅游的一张靓丽名片；中华文化艺术雕塑园的开发建设，为临朐旅游发展注入雕塑文化元素。在养生养老、度假旅游方面，揽月岛旅游度假区、龙潭湖露营度假公园投入运营，湖光假日公馆项目、滨湖养生苑项目等一批度假旅游项目投入开发建设，成为打造鲁中休闲度假、养生养老基地的重要支撑。

【宣传营销】　传统媒体深度宣传。中央电视台第七套节目先后3次播出临朐旅游专题节目。潍坊电视台《春风起鸢都—生态篇》栏目播出6期临朐旅游专题。新华网、中国旅游网、大众网等对临朐旅游进行多角度宣传报道。新媒体倾力营销。积极引进VR、大V直播、手机直播等宣传方式，开通“全域旅游看临朐”微信公众平台，加大新闻头条宣传推广力度，先后编发信息600余条，被省、市旅发委转发100余条。“名导带你游山东—大V直播十大品牌”走进临朐活动，关注量达300万人次。节会活动提升人气。举办“我看临朐全域旅游有奖征文”、红香椿文化旅游节、桃花汇、沂山文化节、石门坊红叶节、山东省第四届乡村旅游节等活动，吸引8000万人次关注临朐旅游。

【旅游新业态】 依托良好的生态旅游资源，改变乡村旅游是“低端旅游”观念，相继推出沂山人家、采摘农园、科普驿站、乡村营地等10余种旅游新业态。宋香园生态世界建设台湾民宿客栈，打造首家精品“中国睡谷”；沂山脚下的安修佳苑民宿，以“禅文化”为主题，打造精品文化主题民宿。嵩山生态旅游区围绕打造“露营小镇·齐鲁嵩山”旅游品牌，建设露营公园、房车基地、帐篷酒店、水上高尔夫、水上高脚木屋、卡丁车赛道等新业态，让游客享受不一样的露营体验。

【旅游环境优化】 做好旅游市场综合整治工作，重点检查旅游包车、导游执业资质、旅游市场购物环境以及证照资质等。做好文明旅游宣传工作和旅游投诉处理工作；认真做好旅行社申报、旅行社分社及营业网点备案工作。2017年，新设立旅行社1家，营业网点备案5家。截至2017年底，全县共有旅行社9家，已备案登记的分社2家，营业网点20家。做好旅游安全各项工作，签订旅游安全责任承诺书，做好旅游行业安全生产月和安全生产隐患大排查大整治；组织开展“五一”“十一”节前旅游安全检查工作。

（韩 莉 王 鹏）

## 把县域当景点来打造——山东临朐探路全域旅游培育“旅游富县”新动能

（新华社·山东要情动态 2017年7月24日）

借着首批创建“国家全域旅游示范区”的东风，临朐按照“打生态牌、唱文化戏、念山水经、走特色路”的总要求，以“全域联合、全业联动、全民联欢”为主线，以全域化视角谋篇“旅游富县”战略和“旅游+”三年行动计划，全面推进旅游转型升级，打造全域旅游、全景临朐。

### 规划旅游供给侧改革“路线图”

镇山、名泉、红叶、奇石，183个乡村旅游资源点和688处古文化遗址让这方山水全域是景区、处处是景点……视资源为资本，临朐县把旅游产业作为支柱产业来培植，把整个县域作为一个大景区统筹谋划，优化县域旅游空间布局，聚力建设省内著名、国内知名的旅游度假目的地。

从沂山、嵩山大开发到“三山两园一谷”综合提升，景区规划完成了单项到全域的跳跃；季节游转四季游、观光游向深度游，旅游产品实现单一到整合的蝶变……“全域旅游”理念的提出，倒逼临朐旅游资源大整合、旅游项目快推进，加快旅游大县向旅游强县的崛起。

发展全域旅游，离不开目标定位和规划引领。“旅游业也需要问计供给侧，来一场‘自我革命’，既要找准自身目标，搞好规划，又要多措并举，树立全域游一盘棋思想。”临朐县旅游局局长李瑜如是说。持续开发提升“三山两园一谷”，扎实推进沂山索道等重点旅游项目实施，加快蒋峪大集、宋香园生态旅游世界、凤凰谷、官护山风景区等新景区的开发建设，推动石门坊、老龙湾景区、嵩山景区创建国家更高级别旅游景区，进一步提升全域旅游发展档次和水平，增强旅游综合实力。

旅游革命，规划先行。按照全域化理念、全要素参与、全产业融合的发展要求，临朐把全域旅游发展纳入了经济社会总体规划，编制完成《临朐县全域旅游发展规划》《临朐县旅游产业发展总体规划》等全县旅游发展规划和《嵩山生态旅游区旅游总体规划》《九山镇总体规划暨牛寨乡村旅游规划》等10余部专项规划，构筑起“一轴双核四带五大组团”空间发展格局，亮出“捆绑开发、提升级别、优化组合、统一包装”组合拳，整合景区景点、乡村旅游、生态景观、文化民俗、农家乐等资源，打造生态良好、环境优美的全域游大景区，形成一体化发展格局。

有了路线图，旅游供给侧改革才更有着力点。围绕塑造乡村旅游核心品牌，临朐升级旅游产品，打出“四大主题”牌，以山水生态为主题的休闲体验游、以地质奇观为主题的科普教育游、以特色饮食为主题的“舌尖”品味游、以传统村落为主题的民俗寻迹游，23个旅游大项目、32场旅游大活动打响“好客山东乡约临朐”品牌。

同时，临朐还建立全域旅游服务中心，推进“1+3”旅游综合管理和执法体系建设，建立由单一行业管理向产业促进、资源统筹、发展协调和服务监管转变的旅游行业管理体制。设立“全域旅游看临朐”微信公众平台，整合各方资源创建微信公众号，打造旅游营销模式升级版。突出特色节会宣传，通过举办山东省乡村旅游节、沂山文化节等特色节会活动，集中宣传推介临朐旅游品牌。目前，已举办中国（寺头）红香椿文化旅游节、齐鲁嵩山杏花节等大型旅游节会30余场次，促进了全域旅游向纵深发展。

**“美丽经济”让临朐变身“绿富美”**

村村有特色、处处是风景，是临朐发展全域旅游优势所在，更是主旨所在。“乡村旅游典范”牛寨，“鲁中水乡、北国江南”冶源……55个村达到美丽乡村标准，三分之一的镇成为省级绿化模范镇，点上有特色、线上有示范、面上成规模的全域旅游版图在提质、扩面、全覆盖上马力全开。

外有景观映衬、内有产业支撑，临朐全域旅游内外兼修打造“绿富美”。把美丽乡村建设纳入旅游发展体系，将其与小城镇、农林水利、传统古村落等规划相统一，构建“点上有特色、线上有示范、面上成规模”的美丽乡村旅游大格局，目前51个美丽乡村完成规划编制并组织实施。

五井镇隐士村是全省乡村旅游特色村，近年来隐士村依托独特的山区生态资源优势和独具地方风格的民俗文化办起了特色民俗游，鼓起了村民钱袋子。“我们发展起的以‘采摘体验、休闲观光’为主题的乡村旅游产业，让村民享受到了旅游＋新生活方式带来的福利。”五井镇隐士村主任郭中昌说。

以“三化四好五美”为目标，临朐美丽乡村与传统古村落、农林水利等一并规划，既面面俱到，又一村一景，大力实施乡村旅游点道路硬化美化和“改厕改厨”工程，抓好旅游景区、度假区、休闲街区、乡村旅游点等旅游节点的环境整治工作。加快交通网络建设，高标准建设连接石门坊、寨子崮、八岐山、嵩山、福泉村、牛寨村等西部景点的旅游专线，完善旅游交通标识，实现县内干线公路至主要旅游区、重点旅游城镇、旅游乡村交通连接全覆盖。

深挖“美丽经济”，临朐将全域旅游与景区建设、生态农业、有机林果等业态结合，形成北部花卉苗木、中部林果瓜菜、南部黄烟的板块产业，成观光农业“新宠”的山旺大樱桃、杨善西瓜等17个地标农产品年可为农户增收2亿元，森林旅游、苗木花卉等5大林业产业集群年产值7.6亿元，辅以生态产业支撑体系，“绿水青山”与“金山银山”成功画上了等号。

坚持“一镇一品、一村一特、一户一点”特色，实施“旅游＋特色小镇”计划，打造产城人文四位一体、宜居宜游宜商的特色旅游镇村。县全域旅游服务中心主任刘景海介绍，全县2A级以上景区发展到14处，创建省旅游强镇4个、省级旅游特色村6个、工农业旅游示范点5处，拥有乡村旅游发展点23处、农家乐300多家，全县景区档次和竞争力显著提升，实现接待游客及旅游消费总额年均增长8.8%和15.72%。

**“旅游＋”促三产深度融合**

把生态种养与农事观光、户外拓展融为一体，嵩山蜜桃采摘园等16处休闲农庄引领农业观光游、农事体验游；由政府投资到社会融资，与鲁商集团签订战略合作框架协议，全域旅游再装新引擎……全要素融合、全产业发展，临朐探索“旅游＋”三产深度融合、跨界发展模式，烹制出全域旅游“满汉全席”。

“1+1＞2”，在“旅游＋”加法驱动下，临朐旅游跨界融合释放“乘数效应”。

——“旅游＋农业”加速传统农业向观光农业转型，依托大樱桃、红香椿等17个地理标志农产品，让旅游与农业“联姻”，充分发挥特色农业优势，大力发展农业观光、农事体验、乡野拓展、乡村慢生活体验等多种乡村休闲业态，打造寺头宋香园生态世界、嵩山蜜桃等一批休闲农业旅游示范园区、示范点，促进旅游与农业深度融合发展。

——“旅游＋工业”促进品牌工业与旅游“结亲”，

以伊利乳业、华建、华艺雕塑等重点企业为龙头，着力抓好产品创意设计和品牌塑造，拓展工业旅游、产品团购等项目，促进工业旅游上档升级。充分发挥华建门窗幕墙博览城等工业旅游示范点作用，促进工业品牌与旅游业融合，推动工业旅游快速发展。伊利乳业被评为省级工业旅游示范点，华艺雕塑获评国家文化产业示范基地和国家级旅游商品研发中心。

——“旅游＋文化”为旅游植入文化“因子”，发挥“书画之乡”“小戏之乡”“奇石之乡”“书法之乡”优势，以奇石、雕塑、红木工艺、手绘年画四大特色文化产业为重点，推动文化与旅游融合发展，大力开展高端文化旅游，打造特色文化旅游新业态。通过将神话传说与沂山文化、沂山旅游结合创作的历史动漫剧《东镇沂山传奇》，年内将在央视开播。

★ 沂山滑道　（供稿：韩　莉　王　鹏）

围绕“发展大旅游、培育大市场、建设大产业”的思路，临朐以“旅游＋”三年行动计划为引领，深入实施旅游＋改革创新、旅游＋产业创新、旅游＋装满后备箱等八大行动，让农业、工业、文化等“美味菜肴”聚成旅游“满汉全席”。此外，让旅游与养老服务业互动，重点打造沂山、辛寨松泉湖、嵩山揽月岛养生度假基地，积极发展养生养老休闲度假产品。还发挥“旅游＋”在快捷交通、全域营销、智慧临朐等方面作用，让各旅游点从以门票收入为景区的经济支柱转到了各类产业深度融合，深耕全域旅游打造经济新增长点。

“‘旅游＋’推动了全域统筹推进旅游资源开发、旅游要素建设、旅游服务品质的整合提升，带动了临朐旅游产业转型升级，旅游业逐步成为富民强县的支柱产业和推动经济社会和谐发展的幸福产业。”县旅游局局长李瑜信心满怀。

（叶　鹏　马世波　刘明志　王　建）

## 景区建设

【沂山景区】　2017年，投资3亿元的滨湖养生苑项目主体开工建设；投资7200万元的沂山客运索道项目的可研报告、项目申请、详细规划以及景观恢复规划通过评审；投资3850万元的大关水库增容工程完成投资额的60%；投资2000万元、15公里长的环湖慢道投入使用；突出宣传营销，全力拓展市场提人气。投入1000万元，在做好传统媒体形象广告投放的同时，积极拓宽微信、微博、今日头条、大众点评等新媒体宣传渠道，拓宽景区覆盖面；派出10人营销团队，在巩固潍坊、临沂、淄博、东营等周边市场基础上，主攻青岛市场，打通天津等省外区域市场；做大做强沂山文化节、沂山民俗庙会、槐花节、采摘节等特色节会活动，不定期策划推出一系列丰富多彩的旅游主题活动，通过立体式营销推介吸引游客。

【老龙湾景区】　2017年，做好三月三海浮山庙会、红叶观光月、乡村旅游节工作；推出多家景区联票，使用潍坊云支付平台，同步手机钱包、微信支付等功能，为游客提供多渠道的快捷支付通道。专项研究出台微信发布办法，全年发送景区活动、美图美文300余篇，将景区的优惠活动等信息及时发布，加强与游客互动，解答游客疑问。

积极争取资金，开展项目建设。海浮山公益林项目，争取森林部门支持，对海浮山森林资源进行间伐和森林抚育。古建筑专项修缮项目，先后争取上级资金47万元和360万元，完成江南亭保护性修缮工作，编制完成崔芬墓建设保护性展厅项目方案。冯惟敏纪念馆项目，对冯惟敏纪念馆前院进行装饰，通过光电、书籍、书画、壁画等形式，全面展示冯惟敏生平、冯惟敏与老龙湾、冯惟敏散曲研究成果等，打造成老龙湾的新景点、新靓点和文化中心。

【石门坊景区】 2017年，继续完善石门坊景区基础设施配套，落实景区内除险、红叶树间伐、游客步行道栽植防护林等。将红叶广场看台200米塑料护栏更换为不锈钢材质护栏。圆满完成临朐第十届相亲大会和中国·山东（临朐）石门坊红叶文化节。投资200万元，对16000平方米广场进行地面硬化。寨子崮防护林工程，投资40万元，栽植黑松和黄栌700亩。投资120万元，平整土地320亩，进行薰衣草栽植。投资60万元，完成寨子崮旅游专线10公里道路修复。新建农家乐7处。景区内新建厕所5处。

【嵩山生态旅游区】 2017年，投资1.2亿元的揽月岛旅游度假区、1亿元的龙潭湖露营公园、1亿元的嵩阳书院、2500万元的鲁中果品冷储交易市场等项目加快推进；投资1亿元的净心谷高端旅游度假项目、5000万元的周家山顶高端民宿等旅游项目进展顺利。抓好全域旅游示范乡镇创建，实施“嵩山人家”农家乐提升工程，打造北黄谷、淹子岭等乡村旅游村，大力发展乡村旅游和农家乐，发展农家乐49家，住宿床位达到600张。大力发展户外露营新业态，打造“露营小镇·齐鲁嵩山”旅游品牌。加强对外宣传推介，先后举办齐鲁嵩山·2017国际露营季“杏花节”“桃花节”及山东第四届乡村旅游节系列活动，由全国政协委员、国家一级演员巩汉林主演的电影《编外媳妇李小双》在主要拍摄地嵩山开机并完成拍摄任务。2017年，游客突破20万人次。

【揽翠湖温泉度假村】 2017年，参照裸心谷的建筑模式扩建揽翠湖三期项目。丰富揽翠湖旅游产品，打造鲁中地区独具特色的温泉养生度假综合体。扩建室外泳池，建成占地2万平方米的高端英式马术俱乐部项目，加入射箭、儿童乐园等客户体验区，完成第一批青少年马术学员教学。

★ 揽翠湖马术俱乐部 （供稿：韩 莉 王 鹏）

利用揽翠湖马术俱乐部空置草坪举办萌宠动物节，单日到场游客达万余人。儿童戏雪园项目于12月8日正式投入使用。占地5000亩、一期投资1.5亿元的净心谷旅游度假项目开工建设。

【辛寨凤凰谷森林公园】 2017年，围绕“旅游度假、运动康养”主题，新建、改造三条旅游专线。完成森林公园东大门至张家庄子村旅游专线拓宽任务，新建桥涵两座，连接松泉湖、峪林方两个度假村，拓宽后道路宽7米。完成原一期道路硬化，连接唐泉湖垂钓中心、原乡峪度假村和天成阁山庄。完成唐泉湖至裴家河村旅游专线拓宽硬化。

续建度假村项目6个。祺月山庄建成运营；松泉湖度假村建成接待中心和多功能厅及4栋度假别墅，10月1日正式营业；原乡峪度假村完成规划设计和进村道路建设；凤凰谷度假村完成公园绿化，建成5栋木屋及三层接待中心大楼，对接待中心和木屋进行装修，环水库烧烤体验区基本建成；峪林方度假村，完成规划设计，建成接待中心和标准化客房5间、复式客房5间；唐泉湖度假区，唐泉湖垂钓中心、天成阁山庄建成运营。举办“山东凤凰谷第一届槐花节”及户外竞走、唐泉湖垂钓、山地自行车骑行等活动。创建“山东凤凰谷”微信公众订阅号。

【九山薰衣草特色小镇】 2017年3月，聘请青岛即

★ 宋香园薰衣草基地　　　　（供稿：韩　莉　王　鹏）

墨玫瑰特色小镇专业设计团队对九山薰衣草特色小镇进行总体规划设计，邀请同济大学、武汉大学知名教授及中科院专家参与景点细部设计论证，规划设计全面完成；南大门服务区设计方案初步确定；中国九山生态·文化博览园完成规划和选址。

依托宋香园景区，完成宋香园生态世界项目区2600亩土地流转和地面附属物清理，协调白沙小学旧址作为薰衣草仓储、晾晒和公司办公地点；完成薰衣草育苗2000万株，新植1000亩；完成种植基地土地整理2000亩、木栈道铺设900平方米、自行车护栏1200米、步行景观道2000米；完成南大门及停车场130亩土地平整；投资800余万元，建成悬崖生态景观餐厅1400平方米，6月6日正式营业。6月10日举办2017首届宋香园生态世界摄影大赛，省内外500多名摄影爱好者参与活动。完成南大门至悬崖生态景观餐厅4.5公里景区道路路基铺设。年内接待游客5.6万人次。　　（韩　莉　王　鹏）

## 弥河开发

【景区管理】　加强绿化苗木养管。新补植黄杨、扶芳藤等3.5万株，栽植草坪2.1　万平方米；实施厕所专项改造。对11处公厕设施设备及时维修维护，新增公厕指示牌17处，更换厕内灯具20个、便器17套、内隔断46平方米，按照公厕卫生管理标准，落实专人管理。及时维修维护公园基础设施。对滨河公园、文化公园14处栏杆进行维修，打配套机井3眼，更换广场破损大理石板400平方米，更换河岸水泥方砖350平方米，维修台阶17处，铺设鹅卵石路面50平方米。强化公园卫生保洁和湖面卫生清理。落实84人的保洁队，实行全日保洁；按照创建省级卫生城市标准要求，配合县疾控中心，投资11万元，将滨河公园西广场打造成健康主题公园（广场）；按照创建省级文明城市要求，投资14.6万元，制作安装主题公园景标和宣传牌340余块，把滨河公园、湿地公园等建成为社会主义核心价值观主题公园（主题广场）。

【弥河环境保护】　实行河长制，落实河道巡查制度，联合县环保部门加大执法力度，严查不达标污水非法排入弥河。结合创卫工作，抓好河道治理，取缔沿河两岸非法养殖场，联合县综合执法局对河道内违法捕鱼、网鱼、电鱼行为进行集中清理取缔。

【国家级湿地公园创建工作】　成立创建工作领导小组，制定创建方案，落实人员分工，到青州学习争创经验，主动与林业部门进行衔接沟通。2017年，弥河风景区被国家林业局评为“国家级湿地公园（试点）”。

（王建军　卢　恺）

## 会　展

【中国（临朐）沂山文化节】　2017年4月16日，第五届中国（临朐）沂山文化节开幕式暨丁酉年东镇沂山祀山大典在沂山风景区东镇庙举行。整个祀山大典分为五部分：一是燔柴乐舞；二是沂山文化节开幕式；三是祀典仪式；四是情境再现—唐皇祀山；五是千人中华旗袍秀。第五届中国（临朐）沂山文化节到10月31日结束，主要包括第五届中国（临朐）沂山文化节开幕式暨丁酉年东镇沂山祀山大典、大型文艺表演、首届沂山文化论坛、“放飞梦想”沂山风筝邀请赛、沂山徒步大会、东镇庙祈福庙会、沂山美食节暨第二届“美丽厨娘”大赛、浙江卫视大型音乐真人秀节目“中国新歌声”全国海选走进沂山、“拍沂山、画沂山、写沂山”“槐花飘香 舞动沂山”全县广场舞大赛、“我陪父母游沂山”“父母带我游沂山”手机拍客大赛、全县文化产品进景区（沂山）等13项活动。文化节期间，沂山风景区游客人数、旅游收入分别增长17%、11.3%。（张　强　刘明银）

【中国（临朐）国际门窗幕墙博览会】 第五届中国（临朐）家居门窗博览会于2017年4月18日—20日举办。本届窗博会1100余家企业参展，展览面积59万平方米（含江北建材城展区）。中国国际门窗幕墙博览城展区汇集412家品牌企业参与，展览面积2.4万平方米。博览会现场达成交易展商185家，收到客户交易意向的展商331家，上海、北京、广东、江苏、山东、浙江等全国各地20余个省市6.5万人次参展。同期举办冬天里的春天—王志纲解码时代与未来商机专题讲座、筑梦绿色 · 共享未来—中国房地产业与门窗行业发展交流峰会暨无铬行动启动会、第四届中国绿色建材与装配式被动房技术交流大会、第三届中国国际工程采购联盟供需合作高峰论坛、中国模板脚手架协会第二届铝模板产业发展联盟会议、全国首届铝型材家居门窗幕墙涂装技术交流会、阿拉善SEE新会员交流会暨山东项目中心筹备会、华建文化艺术中心书画展等多元主题活动。

第六届中国（临朐）家居门窗博览会暨全铝家居展览会于2017年10月12日—14日举办。本届窗博会1200余家企业参展，展览面积达59.4万平米（含江北建材城展区）。中国国际门窗幕墙博览城展区汇集了423家品牌企业参与，展览面积2.4万平方米，其中家居门窗产品占比48%，全铝家居展品占比21%，门窗配套类产品（设备、五金、胶、胶条、玻璃、材料等）占比12%。来自上海、北京、天津、重庆、广东、江苏、山东、浙江等全国各地20余个省市自治区的5.8万人次参展。同期举办第二届中国定制家居+智慧生活产业高峰论坛、扩大铝制家具应用高层论坛、中欧节能门窗产业发展联盟成立大会暨门窗设备采购对接会、“故乡情 · 小康梦”华建文化艺术中心精品书画艺术展等主题活动。（马　军）

【山东省乡村旅游节】 2017年9月27日上午，山东省第四届乡村旅游节在嵩山生态旅游区龙潭湖露营公园广场开幕。内容包括：山东省第四届乡村旅游节开幕式暨八喜网“向乡村进发”临朐行启动仪式、潍坊交运临朐旅游直通车启动仪式；电影《编外媳妇李小双》开机仪式、齐鲁嵩山第三届蜜桃文化旅游节；2017好客山东（临朐）乡村旅游商品大集；网红看山东三产融合临朐行；山东电视台《武行风云》国际拳王争霸赛；中国（临朐）锦鲤大赛暨（老龙湾）泼水节；中国（临朐）柿界大汇；鲁中（淹子岭）老人大会；中国（临朐）奇石博览会暨中国名砚展销会；工业旅游临朐行暨第五届中国（临朐）秋季门窗家居博览会；中国文学艺术界联合会“送欢乐、下基层”慰问演出走进山东临朐活动；“浪漫揽翠湖 · 情定红叶谷”青年婚纱温泉秀及红叶仙子大赛；中国（临朐）微电影创作汇暨美丽中国乡愁三部曲作品征集大赛；“齐鲁嵩山杯”第二届临朐全羊美食节；鲁中地区舞林交流汇、临朐旅游形象大使选拔赛、临朐100个最佳摄影点系列活动等16大项活动。乡村旅游节期间，全县共接待游客91.6万人次，同比增长17.56%；旅游商品展销实现销售收入1000余万元。

（韩　莉　王　鹏）

【中国（临朐）观赏石展销博览会】 2017年9月23日—10月23日，中国（临朐）第十届观赏石展销博览会在临朐奇石文化城举行。展出产品有安徽灵璧石、山东临朐奇石、广西奇石、福建寿山石、辽宁岫玉、浙江青田玉、云南黄龙玉、江苏东海水晶、缅甸翡翠玉、河南独山玉、陕西蓝田玉、阿富汗玉、伊朗白玉、马达加斯加玛瑙、巴西玛瑙、根雕、古玩工艺品、红木家具、紫砂茶具、精品陶瓷收藏品、文房四宝、字画等。博览会期间还推出红丝砚精品展，出自临朐县100多方红丝砚精品参展。博览会汇聚湖北、安徽、江苏、广西、福建、辽宁等10余个省的200多家展户，销售额达3000余万元。（王立杰　马纯霞）

# 财税 金融

## 财 政

【财政收支】 2017年，全县公共财政收入16.34亿元，同比增长11.8%；公共财政支出35.54亿元，同比增长8.5%。其中，税收收入14.21亿元，同比增长13.5%。县本级一般公共预算收入64096万元，可比增长3.5%；县本级一般公共预算支出279050万元，完成预算的101.1%，可比增长15.4%。其中教育支出93500万元，同比增长3.2%；医疗卫生支出20100万元，同比下降42.3%；社会保障和就业支出38700万元，同比增长19.9%；农林水支出37300万元，同比增长2.7%；公共安全支出18285万元，同比增长33.9%；一般公共服务支出17909万元，同比增长12.4%；城乡社区支出13913万元，同比增长97.4%；交通运输支出9100万元，同比增长2.7%；国土海洋气象支出7546万元，同比增长47.4%；文化体育与传媒支出4093万元，同比增长30.4%；节能环保支出3355万元，同比增长10.4%；商业服务业支出2420万元；科学技术支出1598万元；住房保障、物资粮油储备、国防、资源勘探及其他支出2283万元。

【税收保障和组织收入】 成立全县税收保障工作领导小组，建立健全县级涉税涉费信息分析平台，加强大数据分析，指导开展重点领域税收保障活动。完善组织收入联席会议制度，建立镇街财力与调度款拨付相协调的控制机制，加强税收征管部门工作绩效考核，形成组织收入合力。加强非税收入管理，修订《加强城市基础设施配套费征收使用管理意见》等办法，完善定期调度分析和通报制度，加强财政票据使用管理，“以票控费、以票促收”。全年完成非税收入4.4亿元，占年初任务的163.7 %。

【财源建设】 围绕“大项目建设突破年”和“突破龙山”战略，出台“大项目建设15条措施”，整合财政政策、资金、服务各项资源，支持大项目建设和实体经济发展。完善过桥还贷基金运作程序，创新“错峰办理”资金模式，做大金财担保公司，扩大担保规模。2017年，共为企业办理过桥和担保业务210笔，资金总量22亿

★ 中欧节能门窗产业园 （供稿：张 微）

元。制定《人才产业投资基金管理办法》和《新兴产业基金管理办法》，设立专项基金，重点支持“5141”工程和大项目建设。采取股权投资和资产重组等模式，推动产业园项目建设。加大“财银企”对接力度，运营“财税政策微信公众号”，为企业提供优质服务。全县上缴税金过千万元企业30户，比2016年增加2户；上缴税金11.36亿元，比2016年增长38.9%。上缴税金过亿元企业首次突破5家，华建铝业集团成为全县首家上缴税金过2亿元企业。

【保障民生】 按照“保工资、保民生、保运转、控一般”的原则，科学合理调度资金，优化支出结构，集中财力保障各项民生政策落实和民生事业发展。2017年，全县民生支出29.74亿元，占公共财政支出比重达到83.7%。

提高民生补助标准。城乡居民基本医疗保险财政补助标准，由每人每年420元提高到450元；农村低保标准由每人每年3800元，提高到每人每年4100元；农村五保集中和分散供养标准分别由每人每年6100元和4200元提高到6200元和4500元。提高优抚对象补助标准，落实退役士兵安置和权益保障政策。落实法官、检察官员额工资制度和绩效考核奖，实施一村一警务助理补助制度。建立离退休干部党组织工作经费保障制度。落实村干部报酬制度，为2027名村干部发放补贴2048万元。

精准扶贫。建立扶贫项目库，储备种植、养殖、旅游、光伏等项目85个；争取扶贫资金5905万元，集中用于乡村旅游、第一书记扶贫开发、光伏发电、嵩山旅游路等44个项目；建立涉农资金统筹整合机制，整合涉农资金9552万元，实施21个扶贫项目。

村级经费保障。建立村级经费保障稳定增长机制，安排村级组织运转经费4431万元。实施美丽乡村和生态临朐建设，安排美丽乡村建设补助1503万元、农村无害化卫生改厕等项目资金1480万元。争取村集体经济发展资金450万元；争取棚改财政补助资金9436万元，支持全县12个片区棚改项目，完成改造5000户；争取中小学大班额财政补助资金1051万元，用于朐阳学校、陡沟小学等项目；争取上级补助8700万元，地方配套7200万元，用于创建卫生城市、环保督查和农村燃煤改造。

【资产运营】 推进政府投融资平台公司转型改制，组建成立城市建设投资集团和金融控股集团，健全法人治理结构，实行实体化公司运作，搭建起支持城市建设、实体经济发展的新型高效平台，保障重点民生建设项目资金需求。注册成立“临朐县东镇土地开发整理有限公司”，创新土地运营模式，有效突破制约发展的土地“瓶颈”，全年完成挖潜整治土地指标1075亩。制定《临朐县县级政府和社会资本合作项目实施意见》，建立县级PPP项目储备库，储备项目8个，投资总额50.3亿元。沂山实业公司发行债券10亿元，实现公司债券发行新突破。

【财政管理改革】 设立“财政预决算”统一公开平台，实现县、镇两级财政预决算公开全覆盖。从编制2018年部门预算起，县直部门单位的所有项目支出预算全部实行绩效目标管理，绩效目标逐步向社会公开。建立工资统发部门单位录入、财政部门业务科室复审、

★2017年4月7日，全县现代预算管理暨税收保障工作会议召开

（供稿：张　徽）

国库终审发放“三审”机制。研究印发镇（街、园、区）财政集中支付资金管理、动态监控、公务卡改革等配套文件，全面实施镇、街国库集中支付制度改革。加强“智慧财务”软件系统建设，推动部门单位财务数据与财政共享共用。

【荣誉】 2017年，临朐县获“全国财政管理先进县”“全省县级现代预算管理制度改革试点工作先进县”称号。县财政局获“省级文明单位”“全省法治财政建设示范点建设单位”“全省财政信息工作优秀单位”“全省财政宣传工作优秀单位”“全市财政信息工作优秀单位”“全市财政宣传工作优秀单位”“全市适龄儿童免费牙齿窝沟封闭防龋项目工作先进集体”“全市‘扫黄打非’工作先进单位”等称号。

（张　微）

## 国家税务

【组织收入】 2017年，完成组织收入154752万元，同比增收44589万元，增长40.5%。营改增四大行业实现收入31413万元，同比增收19640万元。剔除四大行业实现收入123339万元，同比增收24949万元，增长25.4%，增长幅度位居全市前列。

【税收征管】 对纳税服务、征收管理、税务稽查等五个方面内容进行全面合作，对涉及的51个合作事项围绕基本目标，加强创新事项建设，做到分工明晰、责任明确，确保合作规范落实到位、推行有力。寺头分局和地税寺头所开展的国地税合作项目，被市国税局以“推进国地税基层征管服务一体化稳步提升工作效能”为题进行推广。采取强制执行、发布欠税公告、以票控欠、银行扣款清缴税款、帮助欠税企业回收应收账款等措施控制和清理欠税，全年共清欠1280万元。加强“三证合一”“两证整合”户籍管理，12月31日前全部换发“一照一码”营业执照。强化实名办税制度，完善非正常户管理工作，加强基础管理的措施，防范征管风险，堵塞征管漏洞。

【纳税服务】 开展企业大走访活动，共走访150余户企业，收集企业感受、评价、期许和意见建议357条。举办纳税人辅导培训班。全年共举办纳税辅导培训4期，1850人参训。设置离厅自助办税服务亭。在中央商务区、窗博城、辛寨税务分局等设置的5处自助办税服务亭建成并投入使用，共设自助设备18台，业务范围涵盖发票领用、发票代开、发票认证等。2017年，共发售发票9520份，发票认证1056份，专用发票代开507份。

【荣誉】 2017年，县国税局被市国税局评为“全市国税系统人才强税先进单位”“全市国税系统基层固税先进单位”“全市国税系统改革兴税先进单位”“全市国税系统2017年度工作绩效考评优秀单位”称号，先后获得“潍坊市青年志愿服务先进集体”“潍坊市学雷锋活动示范点”“全国巾帼文明岗”称号。

（王春雷　巩晓涵）

## 地方税务

【概况】 2017年，全县各项地税收入95561万元，剔除2016年1—5月营改增涉及的营业税基数，增收16775万元，可比增长21.29%；地税部门公共预算收入82127万元，占全县一般公共预算收入的50.27%。通过省级“文明单位”“青年文明号”复审。

【税收征管】 开展“征管基础建设年”活动，完善征管基础数据信息，加强与国土、财政、招商等部门信息传递，强化大项目管理质效。创新探索国地税联合征管模式，在寺头镇开展联合征管试点，加强催报催缴、进户执法、税务稽查、税收宣传等方面深度合作，一次性办理双方业务，工作效能明显提升。该模式在潍坊市地税系统2017年优秀创新工作项目评选中获三等奖，新华社《国内动态清样》刊发并向全国发通稿，《大众日报》《潍坊日报》《山东地税》等媒体6次刊登国地税合作做法经验。

【监督防控】 进一步健全内外监督体系，有效防范执法风险；明确执法责任，修改评议考核办法，完善绩效管理考核中税收执法监督内容，强化对执法人员

★ 办税服务厅开设“半小时课堂”提升纳税服务工作效能 （供稿：唐晓青）

和执法行为动态监控考核。利用廉政风险防控平台和征纳税收风险防控管理系统，采取人机结合方式，加强对税务人员执法行为风险预警。

【纳税服务】 依托“便民办税春风行动”和“聚力税收民生关切，全面集成优化服务”活动，推进国地税联合办税，优化完善一站式服务大厅建设，有效实现国地税阵地联合、人员整合、信息聚合。推行首问负责、延时服务、预约服务等制度，落实固定资产加速折旧、小微企业税收扶持等减免税政策，营造更好营商环境。服务纳税人做法被《大众日报》专题刊发3次，山东电视台综艺频道《地税时空》栏目拍摄以“落实税收优惠，撑起企业发展晴空”为题专题片。

（唐晓青）

## 金融工作综述

【信贷投放】 2017年，通过“省融资服务网络平台”“市金企通”“县金融服务中心”等融资平台，累计采集和发布融资信息400条，实现银企“点对点”对接合作。全年成功组织银企、银农对接活动8次，县内外32家金融机构与县内200余家企业和种植养殖大户参与对接，实现银企双方在市、县、镇层面“三级对接”。

支持大项目建设和重点骨干企业。2017年，全县各银行为纳入全县重点投资大项目名单企业新增银行授信12.99亿元，发放贷款7.65亿元；为县内“141”企业项目发放贷款32.65亿元，较年初增加3.37亿元，增幅11.51%。

积极吸引外地资金。2017年，县外8家金融机构为全县企业发放贷款15.43亿元，较年初增加7.18亿元，增幅87.03%；吸收存款7.86亿元，较年初增加0.36亿元，增长4.8%。

【企业改制挂牌】 2017年，组织召开改制挂牌培训会5次，完成76家企业改制工作，全县改制企业总数达到196家，改制完成率81.3%。新增挂牌企业6家，其中，信泰节能登陆“新三板”，博创重工、华艺雕塑、九洲印务、康纳馨生物科技、昌泰高分子材料等5家企业在齐鲁股权交易中心挂牌，全县挂牌企业总数达到29家。临朐沂山实业有限公司发行10亿元企业债券，恒昌化工、万达渔业、祥龙新材料等企业申请省直投基金910万元，中坤石油、云豪卫品等企业续做股权质押融资3000万元。截至2017年底，全县通过资本市场累计获得直接融资28亿元，节约融资成本4000余万元。

★ 2017年11月8日，临朐县10家企业集中挂牌仪式暨临朐县企业规范化公司制改制培训会议举行 （供稿：窦雪莲 张 静）

【金融扶贫】 成立金融扶贫工作领导小组，出台《金融扶贫工作实施方案》，建立金融系统扶贫联络员工作机制和月报制度，加强协调调度，总结形成《金融扶贫成为脱贫攻坚硬支撑》典型材料在新华网等媒体发布。组织银行对全县建档立卡的1280户贫困户、2584人进行逐一识别，筛选出符合扶贫信贷条件的贫困主体。县农商行、村镇银行、潍坊银行在全面实施“富民生产贷”“富民农户贷”基础上，推出“幸福阳光”光伏贷、“富民统筹贷”“新农贷”业务，年内发放扶贫贷款5700余万元，带动贫困人口1300余人脱贫。引导金融机构完善农村金融服务基础建设，到农村偏远、贫困地区增设网点。截至2017年底，银行业金融机构营业网点达到109处、保险服务网点达到400余处。政策性农业保险参保品种达到5个，年内承保玉米17.5万亩、小麦19万亩、生猪7.2万头、奶牛8099头、林业9.9万亩。

【新型地方金融机构建设】 2017年，全县共有各类新型地方金融机构19家。其中小额贷款公司、融资性担保公司、民间融资机构各3家；新增开展信用互助业务的农民专业合作社2家，总数达到10家。截至2017年底，3家小贷公司累计发放贷款4.4亿元，余额5.5亿元；3家融资性担保公司在保责任余额7.65亿元，融资性放大倍数1.63；2家民资公司累计投资2045万元，投资余额1.11亿元。10家开展信用互助业务试点农民专业合作社累计开展互助业务61笔210.2万元，申请外援贷款360万元。完成新型地方金融机构年审和分类评级工作，联合力元会计师事务所对小贷公司2016年经营情况进行现场检查1次，季度检查4次，下达整改通知书40余份。配合省、市事务所现场检查5次。指导小贷、担保、民间融资机构完成平台基本信息及业务信息录入工作。

【金融人才队伍建设】 在《潍坊日报·临朐新闻》设立“临朐金融”板块，开通“临朐金融”微信公众号，定期刊登和推送金融知识，提升群众的金融素养；印发《机关工作人员金融知识手册》500余本。积极推荐和培养金融人才。2017年，获“齐鲁金融之星”“齐鲁金融青年人物”称号高端金融人才各1人，获“省级金融高端人才”称号4人。加强对地方金融从业人员专业技能培训，累计举办各类金融知识和专业技能培训120余次。

【金融生态环境建设】 完善金融风险监测预警机制。贯彻落实“属地管理”和“谁主管、谁负责”责任，建立风险防控工作台账，实行监测预警周报、月报、季报“零风险”报送制度。组织开展各类金融风险排查活动。先后联合公安、市场监管、商务、人行和银监办等部门进行现场检查20余次，及时向相关镇（街、园、区）和部门发放“风险提示函”20余份。积极开展防范打击非法集资宣传教育活动。通过发放宣传单、讲解宣传展板、接受现场咨询等多种形式宣传“打非”知识，提高群众防范非法集资风险能力。年内办理过桥还贷基金业务92笔、11.98亿元。加强源头防控，实行经营性资产转移过户审查制度，2017年共办理审查业务41笔，有效阻止转移隐匿资产行为发生。配合县人民法院设立金融审判庭，年内受理案件903件，审结840余件，审结案值2.5亿元。会同法院、银行业金融机构联合开展“执行百日会战”专项行动，结案94件，拘留拘传“老赖”216人次，公开曝光“老赖”280人，

★2017年6月7日，临朐县开展打击非法集资宣传活动 （供稿：窦雪莲 张 静）

追回不良贷款3200余万元，达成还款协议1800余万元。

（窦雪莲　张　静）

## 银行业

【概述】　2017年，全县共有银行业金融机构10家，年内全县新增银行营业网点4处，总数达到109处；新增自助服务和便民点15个，总数达到865个；新布放ATM、VTM等自助机具62台，总数达到329台，基本实现农村金融服务设施全覆盖。截至2017年底，全县各项存贷款余额达到438.39亿元和263.81亿元，较年初分别增加58.58亿元和31.16亿元，增幅为15.42%和13.4%，位列全市第1位和第2位；全县余额存贷比为60.18%，较年初下降1.07个百分点；不良贷款余额3.9亿元，较年初减少0.18亿元，不良贷款率1.48%，较年初下降0.27个百分点，不良贷款处置效率108.68%。　（窦雪莲　张　静）

【中国人民银行临朐县支行】　做好国库业务，全年受理缴款书业务23.87万笔、金额379357.31万元；更正业务208笔、金额79977.79万元；支出业务6512笔、金额773459.02万元；预算收入退付业务1109笔、金额14858.52万元。国债发行期间，先后8次对42个金融机构承销网点国债发行工作进行了巡查。做好账户管理和支票影像系统日常工作。全年办理开户业务2432笔，其中基本存款账户2414笔、专用存款账户12笔、临时存款账户6笔；办理销户425笔，其中基本存款账户383笔、专用存款账户31笔、临时存款账户11笔；变更账户信息1126笔。受理全国支票影像提出业务271笔，金额1677.38万元；提入业务23笔，金额556.75万元。

加强小微企业及农村信用体系建设，做好小微企业和农户信息采集工作，采集更新农户信息并导入山东省农村（小微企业）征信数据库20035户。

做好反假货币实物操作技能测试工作，4月10日—14日，完成对辖内97名反假货币理论考试合格人员的实务操作技能测试工作。举办金融系统人民币收付和反假币业务劳动竞赛。5月18日，联合县总工会举办2017年“潍坊银行杯”临朐县金融系统人民币收付和反假币业务劳动竞赛。

先后组织开展春节元宵节期间金融知识宣传，打击非法集资宣传，反假货币、安全用卡、征信业务微信有奖问答竞赛活动，“3·15”金融消费知识户外宣传活动；深入企业、学校开展“6·14信用记录关爱日”征信宣传工作、9·11反假币宣传进校园、9·13反假币支付宣传赶农村大集、9·19沂山大关村支付结算宣传等。组织金融机构集中开展“普及金融知识，守住‘钱袋子’”“金融知识惠万村”“金融知识普及月·助力扶贫攻坚”等金融知识普及活动。

打造“一个平台、一份协议、双线推进、三方共赢”的银企融资对接服务新模式，优化全县实体经济融资服务环境。“山东省融资服务网络平台”系统成功应用，先后与县发改局、经信局、中小企业办、住建局、商务局、财政局6家单位签订《企业融资需求信息合作协议》，建立日常合作机制。截至2017年底，平台共发布企业融资需求信息163条，融资需求总额39.6亿元。对接成功73次、对接金额5.5亿元。成功举办3次银企对接会，实现银企双方在市、县、镇层面的“三级对接”，先后组织召开临朐县“专精特新”暨重点成长型企业银企对接会、2017年城关街道银企联姻会、潍坊金融支持临朐县重点项目（企业）发展对接会，现场签署合作协议47项、44.5亿元，累计到位银行贷款19.5亿元。

推动金融精准扶贫工作升级。坚持精准支持与整体带动并重，金融政策与扶贫政策协调，形成“部门协作、金融引导、精准施策”的金融扶贫工作新格局。截至2017年底，涉农金融机构向全县114个省级贫困村贷款余额5.2亿元，累计发放3.8亿元。全县涉农金融机构发放“富民贷”系列贷款余额5031.6万元，其中“富民生产贷”1965万元、“富民统筹贷”2930万元、“富民农户贷”121.5万元、“富民阳光贷”15.1万元，累计帮扶建档立卡贫困户1033户，帮扶贫困人口2600多人实现脱贫。

建立协商通报会议制度。制定实施《临朐县金融机构信用不良信息共享和协商通报制度》，搭建信用不良信息共享共商平台，实现辖区金融风险事项早预警、早预防、早出手、早打击。全年共通报涉险贷款信息16条、金额4.9亿元，涉及担保圈企业10家、银行8家。

探索实施行长走访镇（街）长工作机制。实施向金融风险聚集的镇（街）发放《商请采取有效措施维护金融合法权益的函》，搭建政银沟通对话共治平台，形成打击少数恶意逃废银行债务行为的合力。年内先后向辖内金融风险聚集区镇（街）发放商请函2次，人民银行带领辖内10家银行分别走访约谈金融风险聚集区镇（街）的主要负责人2次，涉及企业7家，金额1.39亿元。

建立金融纠纷诉调对接机制。与县人民法院签订诉调对接协议，联合建立金融消费纠纷诉调对接中心，搭建金融司法深化协作平台。年初，与县法院金融法庭联合设立全省首家县域金融消费纠纷诉调对接中心，实现金融与司法之间有效衔接，为金融司法深化协作奠定了基础。年内共接收金融机构报送的重大事项报告13件。组织开展反洗钱业务知识竞赛，实现“借考试促学习”和“以竞赛促管理”预期效果。推进农村金融消费维权联络点建设，着力打造农村金融消保新平台，在全县350个主要行政村建立联络点，实现主要行政村全覆盖。（白晓民）

【山东临朐农村商业银行股份有限公司】 2017年，全行各项存款余额172.08亿元，占全县金融机构存款总额的39.42%；各项贷款余额92.8亿元，占全县金融机构贷款总额的35.09%。实现各项收入9.2亿元，比2016年增长6692万元；实现经营利润3.96亿元，比2016年增长2448万元。缴纳税金1.04亿元，位居全县金融机构首位。获“征文优秀组织奖”（中国电子银行网）、“诚信3·15优秀金融品牌”（《大众日报》社）、“全省农商银行金融扶贫工作先进单位、代理保险业务贡献奖、代理保险业务同比增速奖”（省联社）、“全市农商银行系统突出贡献单位、经营目标考核先进单位、质量管理评级先进单位”（市联社）等称号；陈天滨被评为“齐鲁金融之星”，刘际中被评为“全省农商银行优秀共产党员”。

★2017年6月8日，山东省联社党委书记、理事长王献玲（左二）到临朐农商银行调研 （供稿：郭诚 徐金铭）

创新推出“富民统筹贷”，累计发放扶贫贷款5821万元，惠及贫困人口2878人，贷款规模和帮扶人数均处于全市银行业首位；推出“V贷”线上办贷模式，建立“红马甲为民服务队”，助力普惠金融发展；与供销社联合打造50处“五位一体”社区金融服务点，探索金融服务进农村新路子。支持实体经济的典型做法被国家、省、市、县各级媒体及上级管理部门报道300余次。

（郭诚 徐金铭）

【中国工商银行股份有限公司临朐支行】 2017年，各项贷款较年初增加4.59亿元，受还原年末地方财政发债提前归还项目贷款2.60亿元因素影响，实际增长7.19亿元。累计发放重点项目贷款4.2亿元，支持全县路网改造、管网建设等基础设施重点项目建设。拓宽融资渠道，扩大票据池质押贷款业务，全年累计发放票据池融资2.75亿元。累计办理个人住房贷款24032万元，贷款余额较年初增加12799万元。

对经营中暂时出现周转困难的企业认真分析，不搞“一刀切”式抽贷、断贷，积极研究制定风险化解方案，全年共通过展期、续贷等方式帮助10余户企业缓释风险2.5亿元，打包处置不良贷款800万元。

积极推动“互联网+”战略实施，扩大融e行、融e联、融e购等互联网金融平台应用，创新推出e支付、线上POS、通用缴费平台等支付方式，满足客户网上购物、缴税费等需求。

高标准智能化重新装修营业室，新建龙泉分理处一个营业网点，新增自助机具16台，推广智能设备应用，业务办理更加便捷。（刘小申）

【中国农业银行临朐县支行】 截至2017年底，本外币各项存款余额达到58.2亿元，时点、日均当年分别增加5.41亿元和7.95亿元。其中，个人存款时点、日均分别增长3.2亿元、3.88亿元，对公存款时点、日均分别增长2.21亿元、4亿元。各项贷款余额达到18.7亿元，其中，法人贷款余额达到7.9亿元，累计为重点企业签发承兑汇票3.5亿元。中间业务收入1826万元，国际业务结算实现7776万美元。

推行自律监管机制，落实贷前调查、贷时审查、贷后检查制度，严格责任追究，夯实稳健经营基础。增配ATM、超级柜台等机具，全部网点配备大堂经理、分设高、低柜服务区、自助服务区。截至2017年底，支行在职员工166人，内设6个部（公司业务部、个人金融部、财会运营部、风险管理部、综合管理部、个贷经营分中心）、综合营业网点11个（营业部1个、二级支行1个、分理处9个）、离行式自助银行3处。

坚持"面向三农，服务城乡、回报社会"目标，深化金融改革管理创新，持续提高金融服务层次。2017年，被山东省农行授予第六届"精神文明建设工作先进单位"称号，被潍坊市农行授予"2017年度重大营销项目奖（机构类重点账户营销项目）" "2017年度综合绩效考核先进单位" "2017年度'四好'领导班子"等称号。（付佩武　张志峰）

【中国银行股份有限公司临朐支行】　2017年，全行实现营业收入8703万元，比2016年增加1037万元，增幅14%；拨备前利润7236万元，比2016年增加934万元，增幅14.8%；税后利润3054万元，比2016年增加1696万元，增幅80.12%。加强内控工作，严格推进"日常+专项"监督检查、"警示+问责"威慑处罚、"合规+稳定"内部管理和"4+"管理措施，全年保持"零案件、零事故"。被评为市级"文明单位"。（王　林　岳崇军）

【中国建设银行股份有限公司临朐支行】　2017年，全行一般性存款时点新增和日均新增分别达到4.7亿元和7.5亿元；对公、个人两项存款时点新增和日均新增均居四行第二位。紧抓以政府购买服务为主的大项目营销，为环保、旅游、河道治理等项目授信金额超过12亿元，发放金额超过11亿元。推进农村公路改造提升、棚户区改造、智慧城市等项目。人民币非贴贷款累计投放13.68亿元（未包括3亿元理财产品），新增4.86亿元；小企业贷款余额达7.7亿元；个贷累计投放3.4亿元，新增2.56亿元。经营效益实现拨备前利润1.3亿元，同比增长0.3亿元；中间业务实现收入0.4546亿元，新增1603万元，同比增长154.46%。全行对公全量客户达到2167户，单位结算账户和基本结算户分别比年初新增359户和332户。全行个人全量客户15.8万余户，有资产客户4.2万余户，分别比年初新增1.4万余户和4200余户。

调整优化网点资源，迁址离行式自助银行1处；智慧柜员机迁移率达到95.01%，有效提升前台业务处理的智能化程度。坚守政策底线，把牢风险关口，做好各种形式的风险排查、预警和提示，强化信贷审批、资产分类、贷后监测、逾期和欠息等方面的管理，资产质量保持基本稳定。全年通过回收、核销、政策化解等方式处置不良贷款11668万元，不良额2597万元，不良率0.84%。（丁瑞利）

【中国农业发展银行临朐县支行】　2017年，累计投放贷款8.98亿元，各项贷款余额18.70亿元，比年初增加4.15亿元。各项存款余额15.60亿元，日均存款12.31亿元，分别比年初增加6.87亿元和2.44亿元。全年实现利润5739万元，完成利润计划的150.79%，各项指标再创新高。临朐县支行被总行评为"信贷全流程标准化管理示范行"，被省分行党委评为"2017年度十大特色党支部" "2017年度金牌行"，被市分行评为"先进单位"。（张立法）

【潍坊银行临朐支行】　2017年，全行各项存款余额达37亿元，比2016年增加15.7亿元（含发债资金9.88亿元）；各项贷款余额达27亿元，比2016年增加2.7亿元。表外敞口4.34亿元。国际业务结算量实现2400万美元。先后创评为"潍坊银行'四星级'文明服务网点" "山东省普惠金融文明网点"。

重点支持民生项目，发放潍坊银行第一笔"富民生产贷"精准扶贫贷款，全年新增消费类贷款165户，金额5924万元；助推小微企业发展，优化信贷结构，新增办理小微企业授信20户，金额2.84亿元；发展普惠金融，推动助农业务，截至2017年底，共设立助农服务点 17 家，在城关街道、东城街道、五井镇、冶源镇、辛寨镇等重点乡镇设立自助设备 18 台。

（张晓晨）

【中国邮政储蓄银行临朐县支行】 中国邮政储蓄银行定位于服务社区、服务中小企业、服务“三农”，打造包括网上银行、手机银行、自助银行、电话银行、微信银行等在内的全方位电子银行体系，形成电子渠道与实体网络互联互通，线下实体银行与线上虚拟银行齐头并进的金融服务格局。依托和发挥邮政储蓄的网络优势，以零售业务和中间业务为主，为广大城乡居民群众提供金融业务。截至 2017 年底，全行存款结余 8.13 亿元，信贷结余 10.18 亿元。

（马长梅 程纪富）

【临朐聚丰村镇银行】 2017 年，全行实现资产总额 155854.68 万元，较年初增加 29543.86 万元；各项存款余额 128555.77 万元，较年初增加 27187.16 万元；各项贷款余额 95215.59 万元，较年初增加 17313.39 万元。主动与县中小企业促进会成员企业对接，出台政策给予优惠利率，扶持优势产业企业发展，全年累计发放小微企业贷款 474 笔，共计 98856 万元。全力支持“三农”经济发展，全年累计发放农户贷款 1535 笔，共计 55810.15 万元；发放扶贫专项贷款 6 笔，共计 810 万元；带动建档立卡贫困户 150 余人。获“全国百强村镇银行”“山东省服务名牌”称号，行长彭栋被评为“齐鲁金融青年人物”。 （闫学磊）

★ 2017 年 8 月 15 日，临朐聚丰村镇银行工作人员到蒋峪镇考察牡丹园贷款项目 （供稿：闫学磊）

## 保险业

【概述】 2017 年，全县保险机构发展到 60 家，纳入潍坊市保险行业协会统计的 27 家保险机构实现保费收入 9.35 亿元，较 2016 年同期增长 14.54%。其中，产险实现保费收入 2.81 亿元，同比增长 7.39%；寿险实现保费收入 6.54 亿元，同比增长 17.9%。27 家保险机构累计支付各项赔款及满期支付 3.05 亿元，同比下降 4.59%。其中，产险赔付 1.4 亿元，同比增长 7.05%，赔付率为 50.03%；寿险赔付 6974 万元，同比增长 1%，赔付率为 10.66%，满期支付 9513 万元，同比下降 20.56%。2017 年初，县财政局、金融办、人民银行、银监办四部门联合出台《关于加强“政银保”贷款保证保险工作的通知》，支持县内保险机构、银行开展小额贷款保证保险业务。截至 2017 年底，累计承保贷款 21 笔 2515 万元，开创政府、银行、保险三方联袂支持实体经济发展新模式。

（窦雪莲 张 静）

【中国人民财产保险股份有限公司临朐支公司】 截至 2017 年底，公司从业人员 70 人。主要经营机动车、企业财产、家庭财产、货物运输等各类财产保险、短期健康险和人身意外险、养殖险及责任险业务。2017 年，公司实现保费收入 9318 万元，缴纳税金 1439 万元。承保车辆 38741 辆，支付车险赔款 5100 余万元。实现社保大额医疗保险保费收入 890 万元，年度赔款 900 余万元。独家承办全县建档立卡贫困户扶贫特惠一揽子保险，为 7443 户贫困户提供保险保障。积极开办治安保险，承保 5.6 万户，承担社会风险 110 余亿元。积极开展中央政策性育肥猪保险，为全县 398 户养殖户投保生猪保险，年内累计支付赔款 150 余万元。获得 “2017 年度潍坊市治安保险工作先进单位”称号。

（聂汝法 马泽军）

【中华联合财产保险股份有限公司临朐支公司】 截至 2017 年底，公司在编职工 13 人，其中中共党员 2 人，本科学历 3 人，大专学历 10 人。公司主要经营企业财产保险、机动车辆保险、工程险、责任险、信用保证保险、家庭财产保险、货运运输保险、船舶险、农业保险和意外伤害保险等。2017年，在稳固车险和企业财产保险基础上，先后承办临朐县政策性林业保险、奶牛保险、城镇职工大病补充保险及政策性奶牛贷款保证保险，实现各种保费收入1500万元，缴纳各项税金198万元。（王建新　张莉莉）

【中国平安财产保险股份有限公司临朐支公司】　截至2017年底，公司共有员工19人。主要经营企业财产损失保险、家庭财产损失保险、短期健康保险、意外伤害保险、建筑工程保险、安装工程保险、货物运输保险、机动车辆保险、船舶保险、能源保险、法定责任保险、一般责任保险、保证保险、信用保险、种植保险、养殖保险，代理国内外保险机构检验、理赔、追偿及其委托的有关事宜。2017年，公司实现保费收入4100万元，市场份额15.2%，上缴税金616万元，赔款金额1674万。（马德茂　孟　燕）

【中国人寿保险股份有限公司临朐县支公司】　截至2017年底，公司共有干部职工58人，其中中共党员12人。2017年，公司实现保费收入2.88亿元，市场份额44%，上缴各类税金312.8万元。开展银龄安康、独生子女家庭、学生平安、公安干警、女性安康等惠民业务，开拓企业年金、小额信贷、员工福利计划等保险业务，创建小额保险综合服务区，承担社会风险保额229.4亿元，服务15万人。全年支付各类赔付13514件，合计支付赔款2493万元。其中各类医疗、意外险赔付5233件，支付理赔金1037万元；农合大病保险补偿8281件，支付理赔金1456万元。（刘丰刚　王琳琳）

【中国人寿财产保险股份有限公司潍坊市临朐支公司】截至2017年底，公司共有员工22人，其中中共党员2人。主要经营机动车、企业财产、家庭财产、货物运输等各类财产保险、信用保险和保证保险、短期健康保险和意外伤害保险业务。2017年，公司实现保费收入2701万元，上缴各项税收630余万元。自2015年承保农业保险以来，共受理出险报案300余笔，支付农户赔款400余万元。（陈永刚　林延萍）

【中国太平洋人寿保险股份有限公司临朐支公司】截至2017年底，公司从业人员达到400余人。其中中共党员5人。公司开办保险险种150余个，覆盖人寿保险、年金保险、健康保险、意外伤害保险等多个领域。2017年，公司实现保费收入8800余万元，同比增长10%，理赔近820万元。被潍坊市保险行业协会评为“保险业诚信经营示范单位”。（王淑娟　宗　磊）

【中国太平洋财产保险股份有限公司临朐支公司】截至2017年底，公司共有正式员工16人，其中中共党员3人，专兼职营销员25人。主要经营机车险、企财险、人身意外险、家庭财产险、信用险、货运险、学生平安险、个人住房抵押贷款保险、农业险、健康险等。2017年，公司实现保费收入2000余万元，缴纳各类税金300万元，提供近78亿元风险保障。（张　军　傅廷和）

【阳光财产保险股份有限公司临朐营销服务部】　截至2017年底，公司共有在编人员11人，主要经营企业财产保险、机动车保险、家庭财产保险、工程保险、货物运输保险、团体及个人意健险等业务。2017年，实现年化保费收入1500万元，同比增长15%，缴纳各项税金100余万元。（黄　涛　马明月）

【太平财产保险有限公司潍坊市临朐支公司】　截至2017年底，公司在编职工24人，其中中共党员3人。2017年，公司突破原有单一的车险发展模式，大力发展新推出的诉讼财产保全责任保险以及意外险、企业财产险等效益型险种。其中，公司开展的首单农险业务—政策林业险，实现保费收入122万余元。2017年，累计实现保费收入819万元。（井光涛　王　颖）

【泰山财产保险股份有限公司潍坊市临朐支公司】截至2017年底，公司共有在编人员10人，兼职人员60人。主要经营财产损失保险、责任保险、信用保险和保证保险、短期健康保险和意外伤害保险、农业保险，以及上述业务的再保险业务。2017年，共实现保费收入304万元，其中车险216万元，公众责任保险6万元，安全生产责任保险18万元，医疗机构责任保险5万元，食品安全生产责任保险2万元，企业财产保险9万元，意外伤害保险44万元（含农商行业务）。赔款支出287万元，其中企业财产险赔款支出1万元，机动车辆保险赔款支出205万元，公众责任保险赔款支出1万元，安全生产责任保险赔款支出67万元，意外险赔款支出12万元。（杨淑凤）

【天安财产保险股份有限公司临朐支公司】 截至2017年底，公司共有在编人员5人。2017年，公司实现保费收入566.8万元，赔款128.6万元，满期赔付率76%。（曾晓峰　郭文波）

【长安责任保险股份有限公司临朐支公司】 截至2017年底，公司共有在编员工10人，其中中共党员2人。公司经营范围除一般性财产保险、信用保险、保证保险等险种外，主要以责任保险为主，通过创新与开发高技术含量的责任保险产品，不断拓展责任保险覆盖领域，发挥责任保险社会保障功能。5月份，创新推出节假日期间理赔双倍费附加险。2017年，公司实现保费收入1252万元。（刘世光　白玉芳）

## 证券业

【概述】 2017年，中泰证券、西部证券两家营业部开户数达到15956户，较2016年同期增加1574户，增幅10.94%；客户资产达10.73亿元，较2016年同期增加2.35亿元，增幅28.05%；交易额217.38亿元，较2016年同期增加7.14亿元，增幅3.4%；佣金收入855万元，较2016年同期减少236万元，降幅21.63%。（窦雪莲　张　静）

【西部证券股份有限公司临朐民主路证券营业部】 截至2017年底，营业部共有员工11名，其中中共党员1人，总经理1名，综合业务岗2名，客户经理5名，证券经纪人3名。证券营业部经营范围包括证券经纪，证券投资咨询，与证券交易、证券投资活动有关的财务顾问，融资融券，证券投资基金代销，代销金融产品，证券承销与保荐及证券资产管理。

2017年，营业部为全县39家规模以上企业提供规范化改制服务，召开“汇聚西部·共享成长”“金融助力实体经济专题研讨会”“金融与企业见面会”等企业培训会。截至2017年底，营业部客户总数为3660户，客户总资产2.4亿元，缴纳各项税金92万元，销售理财产品数额较2016年翻倍增长。（史君婷　程媛媛）

【中泰证券股份有限公司临朐朐山路证券营业部】 截至2017年底，营业部共有从业人员19人，其中中共党员2人。

2017年，营业部承揽的信泰节能项目实现新三板挂牌，信泰节能成为落地临朐的第四个新三板挂牌企业。11月，营业部与县财政局签约发行临朐第一单城投债，金额10亿元。积极参与临朐县规模以上企业规范股改工作，完成企业规范化改制5单。截至2017年底，临朐营业部累计客户开户达12296户，客户托管资产达8.31亿元，实现累计A股交易额111.85亿元，累计佣金收入608万元，实现纳税43.2万元。获得2017年度潍坊分公司“优秀团队奖”。（宋　振　孙基华）

## 典当业

截至2017年底，全县共有典当行3家，主营业务包括动产质押典当、财产权利质押典当、房地产抵押典当、限额内“绝当”物品的变卖和鉴定评估及咨询服务等，累计发放当金13196万元。其中，山东三义典当有限公司累计发放当金10414万元，典当余额2735万元；临朐昌泰典当有限公司累计发放当金1045万元，典当余额1100万元；潍坊荣诚典当有限公司累计发放当金1737万元，典当余额1969万元。（胡名扬）

# 科学技术

## 科技工作

【概况】 2017年，临朐县深入实施科技创新驱动发展战略，着力推动产业转型升级、供给侧结构性改革和新旧动能转换，先后与12家高校院所签订产学研项目合作协议21项，立项省级科技计划项目2项。新发展、认定高新技术企业14家，省级（示范）工程技术研究中心1家，市级工程技术研究中心2家，市级企业重点实验室2家，市级科技企业孵化器1家。全年专利申请776件，专利授权355件，1项专利获市第二届专利一等奖，6项科技成果获市级科技进步奖。

【科技计划项目】 2017年，共立项市级以上科技计划项目13项。其中，山东宝龙达实业集团有限公司“由氯硅烷高沸物制备烷氧基硅树脂并联产高性能硅酮密封胶”获绿色化工重大科技创新工程省重大专项1项，省农业园区升级示范项目1项，市科技计划项目11项。争取研发经费600余万元。年内组织完成4项科技计划项目和1项科技企业孵化器提升计划项目验收。

【高新技术企业】 2017年，实施“小升高”计划，新认定高新技术企业14家，完成省科技型中小微企业入库14家，全县高新技术企业达到35家。其中，2家企业列入小微企业升高新技术企业省级财政补助，4家科技型中小企业完成省2017年第一批入库，11家企业参加中小微企业创新竞技行动计划省赛。

★ 2017年7月19日，山东省农科院与临朐顺宝食用菌科技有限公司草腐性食用菌病虫害绿色防控示范基地揭牌仪式举行

（供稿：李贤军 刘益军）

### 2017年临朐认定高新技术企业名单

表8

| 序号 | 企业名称 | 批准时间 |
|---|---|---|
| 1 | 山东蓝帆新材料有限公司 | 2017年12月28日 |
| 2 | 山东联科新材料股份有限公司 | 2017年12月28日 |
| 3 | 山东宝泰隔热材料有限公司 | 2017年12月28日 |
| 4 | 山东伟盛铝业有限公司 | 2017年12月28日 |
| 5 | 山东三义实业股份有限公司 | 2017年12月28日 |
| 6 | 山东米兰之窗系统门窗幕墙有限公司 | 2017年12月28日 |
| 7 | 潍坊三九冷暖设备科技有限公司 | 2017年12月28日 |
| 8 | 山东三润给水设备科技有限公司 | 2017年12月28日 |
| 9 | 山东华特磁电科技股份有限公司 | 2017年12月28日 |
| 10 | 山东高速轨道设备材料有限公司 | 2017年12月28日 |
| 11 | 山东高辉机电科技有限公司 | 2017年12月28日 |
| 12 | 山东祺龙电子有限公司 | 2017年12月28日 |
| 13 | 潍坊力德电器有限公司 | 2017年12月28日 |
| 14 | 山东九昌重工科技有限公司 | 2017年12月28日 |

【科技成果】 2017年，全县共有6项成果获市级科技进步奖，其中二等奖3项，三等奖3项。宝龙达实业曾庆铭入选国家科技部人才推进计划“科技创新创业人才”和国家“万人计划”领军人才；华特磁电与德国亚琛工业大学沃特鲁巴教授入选泰山产业领军人才战略新兴产业项目；2家企业申报的“泰山产业领军人才战略新兴产业项目”进入省级评审答辩；鹤来生物与中国农业大学张日俊教授入选鸢都产业领军人才。

## 2017年临朐县获潍坊市科学技术进步奖成果汇总表

表9

| 获奖等级 | 序号 | 成果名称 | 完成单位 | 完成人员 |
|---|---|---|---|---|
| 二等奖 | 1 | 穿山甲的代用品豕甲的炮制方法研究 | 临朐县中医院 | 刘冠军 刘汝安 胡文举 王丽云 尹继旺 |
| | 2 | 呼出气一氧化氮与外周血嗜酸性粒细胞在儿童哮喘中的相关性研究 | 临朐县人民医院 | 吴绍霞 沈广礼 王 红 李燕燕 曾昭霞 |
| | 3 | MSM人群艾滋病防治工作网络干预效果评价 | 临朐县疾病预防控制中心 | 张桐亮 孔 伟 孙淑艳 刘冬梅 李 霞 |
| 三等奖 | 1 | 混凝土叠合箱网梁楼盖工艺应用研究 | 临朐县建筑工程管理处、临朐县兴隆建安有限公司、临朐县职业教育中心学校 | 刘庆胜 王文华 白星琴 张国良 胡道军 |
| | 2 | 牵牛润肠丸合辩证冲服饮配合贴穴治疗便秘的临床研究 | 临朐县中医院 | 刘兴忠 董兴霞 公旭娟 井学娟 |
| | 3 | COX—2抑制剂美洛昔康联合顺铂治疗卵巢癌的疗效研究 | 临朐县人民医院 | 张香兰 吕军荣 张美芬 |

【产学研合作】 2017年，全县先后组织举办信泰科技—南京化工大学“纳米孔超级绝热保温气凝胶材料项目”产学研合作签约仪式、宝龙达实业—山东大学化工学院专题合作研讨会、中科院资源优势与科技成果临朐推介会等大型专题对接活动，与山东科技大学、青岛科技大学等12家高校院所进行产学研对接，签订产学研项目合作协议21项。新引进山东农业大学潍坊市动物功能性联合研究所、杭州师范大学宝龙达先进有机硅材料研究所、省农科院顺宝食用菌病虫害绿色防控示范基地。

【研发平台】 2017年，全县共新认定宝龙达省级（示范）工程技术研究中心1家、市级科技企业孵化器1家（临朐创新创业孵化器），备案骈邑众创家园和临朐县新型职业农民众创空间2家为市级众创空间，认定市级工程技术研究中心2家、市级企业重点实验室2家。

## 2017年临朐工程技术研究中心、重点实验室

表10

| 序号 | 创新平台名称 | 级别 | 批准时间 |
|---|---|---|---|
| 1 | 山东省高性能功能有机硅密封胶工程技术研究中心（依托单位：山东宝龙达实业集团有限公司） | 省科技 | 鲁科〔2017〕15号 |
| 2 | 临朐创新创业孵化器（运营单位：临朐县创新创业与电子商务服务中心） | 市科技 | 潍科〔2017〕15号 |
| 3 | 骈邑众创家园（运营管理主体：临朐县创新创业与电子商务服务中心） | 市科技 | 潍科〔2017〕10号 |
| 4 | 临朐县新型职业农民众创空间（运营管理主体：临朐县新型职业农民创业协会） | 市科技 | 潍科〔2017〕10号 |
| 5 | 潍坊市草腐菌集约化栽培技术工程技术研究中心（依托单位：临朐顺宝食用菌科技有限公司） | 市科技 | 潍科〔2017〕10号 |
| 6 | 潍坊市新型PVC防护手套工程技术研究中心（依托单位：山东蓝帆新材料有限公司） | 市科技 | 潍科〔2017〕10号 |
| 7 | 潍坊市工业自动计量与节能设备重点实验室（依托单位：山东三恩电子有限公司） | 市科技 | 潍科〔2017〕11号 |
| 8 | 潍坊市生物多糖重点实验室（依托单位：山东康纳馨生物科技有限公司） | 市科技 | 潍科〔2017〕11号 |

（李贤军　刘益军）

# 知识产权

2017年，全县积极实施知识产权带动战略，加强知识产权宣传、培训，引导全社会发明创造的积极性，增强企业核心竞争力，全年专利申请776件，专利授权355件，获潍坊市第二届专利奖一等奖1项、三等奖2项。组织知识产权和科研创新平台建设培训班2次，培训人员160余人。争取省市专利补助资金35万余元，配合市知识产权局查处2起专利侵权行为。组织山东博雅展览有限公司申报国家知识产权保护规范化市场培育单位，申报山东华特磁电科技股份有限公司的浆料磁选机知识产权分析评议项目1项。

### 临朐县获2017年潍坊市专利奖获奖项目名单

表11

| 获奖等级 | 专利名称 | 专利权人 | 发明人 | 备注 |
|---|---|---|---|---|
| 一等奖 | 一种直流电磁搅拌器 | 山东华特磁电科技股份有限公司 | 刘　梅　贾洪利　刘风亮　陈　雷　孙永宝　吴海双　刘　岩 | 潍坊市人民政府第二届专利奖 |
| 三等奖 | 一种多功能卡瓦闸板 | 山东三田临朐石油机械有限公司 | 张宏磊　赵俊中　王国恩　王　磊　陈仁涛 | |
| | 一种陶粒成型成套设备 | 山东恒远利废技术发展有限公司 | 马连涛　胡利明　李晓霖　冯　波 | |

（李贤军　刘益军）

# 防震减灾

【概况】 2017年，临朐县以创建“山东省防震减灾基层基础工作强化县”为目标，扎实推进防震减灾工作体系建设，全县防震减灾综合能力和整体实力全面提升。县地震局被评为“全市防震减灾工作先进单位”。

【地震监测预报】 建成由冶源鞍鞑山测震台、临朐综合地震台、沂山遥感测震台（备用）和嵩山水氡观测站、冶源老龙湾水温观测站等5处宏观观测点组成的地震观测网络；坚持“月巡查”制度，对地震监测设施和地震监测环境进行管理与维护；成立“震情会商领导小组”，制定“震情会商制度”和“震情跟踪工作方案”，实行“周一会商制”，全年共上报会商结果52期；参加市地震局远程视频3次，实现观测数据和信息共享，提高对震情发展趋势研判准确度；做好3起地震前兆异常的处置与上报工作。

【震害防御】 争创“山东省防震减灾基层基础工作强化县”，制定印发《临朐县创建省防震减灾基层基础工作强化县实施方案》，各项创建工作有序推进；举办全县防震减灾助理员培训班，重点对《山东省建设工程抗震设防条例》进行培训；做好行政审批大厅窗口服务工作，全年共办理建设工程抗震设防审核项目6个，回复咨询11次；抓好“农居地震安全示范工程”创建工作，在寺头镇、嵩山生态旅游区新建农村民居设立“农居地震安全示范工程”示范点；开展“示范学校、示范社区、示范企业、宣教基地”创建，东城街道滨河社区获“国家地震安全示范社区”称号，临朐一小、城关初级中学、冶源镇冶北小学获“山东省地震科普示范学校”称号，临朐县中小学生综合实践学校获“山东省防震减灾科普宣教基地”称号。

【地震应急救援】 重新修订《临朐县地震应急预案》，指导各镇（街、园、区）、县直各部门、企业、商场、学校完成《地震应急预案》修编工作；召开临朐县地震应急救援桌面推演暨全县防震减灾工作会议，参加在寿光市羊口港举行的全市地震应急救援综合演练，

★ 2017年5月8日，临朐县召开地震应急救援桌面推演暨全县防震减灾工作会议　（供稿：沈汝建　刘　宝）

在城关街道初级中学举办地震应急疏散演练观摩会，提高应地震急救援水平。

★ 2017 年 9 月 15 日，临朐县防震减灾知识培训暨省级地震科普示范学校授牌仪式举行 （供稿：沈汝建　刘　宝）

【防震减灾宣传】 开展防震减灾知识“进机关、进学校、进企业、进社区、进家庭、进农村”宣传活动；做好“5•12”防震减灾日、“7•28”唐山大地震纪念日、“安全生产月”等重要时间节点宣教活动；结合校园地震安全工作实际，印发《关于进一步加强校园地震安全工作的通知》，上好新生开学地震安全第一课；在城关初中举办临朐县防震减灾知识培训暨省级地震科普示范学校授牌仪式；组织开展以“防震减灾，人人有责”为主题的诗词歌谣征集活动，在《东镇诗词》陆续刊登，调动社会公众参与防震减灾科普宣传积极性，扩大宣传效果。

（沈汝建　刘　宝）

## 气象测报

根据气测函〔2016〕71 号文件要求，临朐国家一般气象站新站自 2016 年 12 月 31 日 20 时（北京时）起正式启用。新气象站建于临朐县东城街道青山路和盘龙路交叉口西北角，位于原址的 SSE 方向 2800 米处，纬度为 36° 28′ N，经度为 118° 34′ E，观测场海拔高度为 149.5 米，气压传感器海拔高度为 150.5 米，风向风速传感器距地高度为 10.5 米。新气象站以自动观测为主，人工观测为辅，同时设有平行观测项目。自动观测项目：风向、风速、气压、气温、相对湿度、地面和浅层地温、水汽压和露点温度、自记降水量（包括定时）、能见度、视程障碍天气现象。人工观测项目：日照、雨量、冻土。平行观测：降水现象仪。

（孙丽娟　杨恩海）

# 教　育

## 综　述

【概况】　2017年，全县共有登记幼儿园113处，专职幼儿教师1735人，在园幼儿17184人。中小学校104所，在职教职工7011人，在校生91292人，其中，小学77所（含教学点6处），在校生58013人；初中21所（含九年一贯制4处、体校1处），在校生20795人；高中6所（含十二年一贯制1处），在校生12484人。中等职业教育学校2处，其中，县教育局主管职业学校1所，在校生3042人；县人社局主管技工学校1所。民办教育培训机构共有3类42所，其中，九年一贯制民办学校2所，民办普通高中1所，民办教育培训机构27所，民办幼儿园12所。2处镇街创建为市普及学前教育工作先进镇街，11所幼儿园创建为省级示范幼儿园。公办为主、公益普惠的学前教育办园体制基本形成并在全市推广，市人大、市政府法制办到临朐进行专题调研。继续推进县域教育均衡发展，全国县域教育优质均衡发展研讨会在临朐召开。

【学校建设】　继续实施“中小学幼儿园三年行动”计划，县委、县政府将中小学幼儿园建设列入全县重点工作项目，成立县属学校建设指挥部，完成投资2.3亿元。龙泉中学综合教学楼、双语学校初中部教学楼及小学部餐厅、朱封小学、龙岗初中等11处中小学竣工，8处学校在建；幼儿园建设完成投资5450万元，华府兰庭幼儿园、五井镇第二中心园、嵩山幼儿园等6处幼儿园竣工，3所幼儿园在建。利用上级优惠政策，破解学校建设中的资金和土地难题，争取上级各类专项资金5516.42万元，政策性融资贷款放款4.27亿元，审报教育用地指标387亩。

【队伍建设】　实施新一轮“千名新教师引进计划”，引进新教师285名（在编教师185名、聘任制教师100名），引进实习支教师范生380人次。加强师资培训，遴选市县学科工作坊主持人141名，组织全县

★ 2017年12月14日，临朐县教育志愿者协会成立暨第一次会员代表大会召开　　（供稿：张瑞平　张兴栋　郎需彬）

6935名教师参加网络课程学习和创课活动，对全县468名薄弱学科教师进行为期一年的专项技能培训，组织87名中小学校长及教育干部到浙江大学开展专题培训，成立“学前教育名师工作室”14个，成立城区、河东、河西三个县级教师工作室片区联盟和东城双语

学校名师培养课题部，组建冶源、城关、沂山三个镇域工作室联盟。组织27名“名优师”到30所学校开展精准送教50节次，2000多名教师受益。全县11名教师被评为省特级教师、省优秀班主任等，92名教师被评为市立德树人标兵、市最美乡村教师，14名幼儿教师获得全国“和谐杯说指南说教材”大赛特等奖、一等奖，县教育局获优秀组织奖和团体金牌奖。

【教育改革】 推进县管校聘改革，全县竞聘镇街特级教师岗位12个，城乡间、学校间岗位竞聘、支教交流382人。落实学校用人自主权，聘任30名校级副职干部，组织15所县属学校自主竞聘中层干部79名。推进依法自主办学，在原有28处试点学校基础上，新增试点学校8处，并成立东城自主办学试验区，探索区域推进试点工作新路径。对接普通高中综合改革，编制高中学生发展指导课程资源包整体框架，提高普通高中学生综合素质。

【教研教改】 创新基层教研模式，进行“订单式”服务和针对性视导，将目标导引课堂作为系统工程，修订和完善课程细目、有效课堂基本素养，培养教师授课目标和标准意识；推进小学、初中、高中三段联动语文素养提升工程，开展单元模块教学系统培训，推介袁丽的儿童戏剧教学、孙传红的“悦读·趣写”教学法，全面提高语文素养。加快信息技术与教育教学的融合，上传资源46300件，开设网络直播课堂1540节，31项市级教育信息技术课题结题，2个课题通过中央电教馆鉴定并结题，15件课件、微课、优质课在2017年全省教育信息化交流展示活动中获奖，县教育局被评为“山东省教育信息化示范单位”。2017年高考，全县普通文理一本进线1417人，上线率34%，本科进线3032人，录取2584人，其中有10名同学被清华、北大录取，有32名学生被中国科学院大学、上海交通大学、复旦大学、中国人民大学、中国科技大学等名校录取，15名学生被中央音乐学院、中央美术学院、北京体育大学等艺体名校录取。职业学校争创为省中职示范校建设单位、全省校企合作一体化办学示范校。

【学生德育】 推进德育课程一体化建设，组建9个学科育人研究共同体，评选县美德少年100名、市美德少年6名；2名学生分获省“国学达人”挑战赛小学组、高中组一等奖。举办“淌水崖水库精神”宣讲报告会，开展“党史国史教育”“中国梦·我的梦”爱国主义读书等活动，规范和完善学生成长档案。县政府印发《关于做好0—3岁婴幼儿养育工作的实施意见》，建立试点婴幼儿养育服务中心15个，构建起涵盖0—18岁的家庭教育指导体系。

【艺体素养】 开展音、体、美、话、字“五个一”抽测。出台《临朐县学校体育训练基地管理办法》，设立17处学校体育训练基地。开展全县中小学生越野长跑、足球、篮球等系列赛事，承办全县第二期校园足球训练营、第一届中小学生跳绳比赛活动。临朐校园足球联队应邀到韩国参加中日韩青少年足球邀请赛。3所学校被评为全国青少年校园足球特色学校。4块器乐节目参加山东省中小学生艺术节。顺利通过省三类城市语言文字示范县复评。在十三届全运会中，由教育系统培养和输送的运动员勇夺3金3铜。持续加强创新教育，33人次获得全国电脑制作、机器人等竞赛一等奖，临朐县被评为全国 “七巧科技”大赛优秀组织奖。

【学生资助】 将义务教育家庭经济困难寄宿生生活补助比例调整为30%，全年共发放各类助学金、生活补助金等1802.98万元，资助学生18360人次。为2758名大学生办理、发放生源地助学贷款2158万元。走访慰问特困教师65人次，发放救助金10.51万元。为52名退养民办教师落实生活补助新标准，补发生活补助金136万元。

【城乡义务教育均衡发展】 实行“镇域教育一体化发展”带动战略，探索建立区域内合理的人、财、物流动机制，建立16个镇街教育一体化发展联盟和12个城乡学校“1+1”帮扶联盟。实施精准服务学校联系人制度，县教育局110名机关工作人员与104处农村学校结对帮扶，帮扶学校、学生款物34万余元。加快

★ 2017年4月27—28日，高质量下的幸福教育联盟暨县域教育优质均衡发展临朐经验研讨会在临朐中学召开　　（供稿：张瑞平 张兴栋 郎需彬）

农村学校发展，《山东教育报》以《把小规模学校拉上一体发展的快车道》为题在头版头条刊发临朐教育均衡发展经验。在国家教育行政学院第34期全国县市教育局长培训班上，临朐县以“坚持教育优先发展的临朐实践”为题推介教育发展经验。

【教育协调发展】　2017年，县教师进修学校招收电大、奥鹏学员246人，举办国学素养提升培训66期、3941人次。县中小学生综合实践学校培训初一学生21期、7157人。落实特殊教育提升计划，组成“送教服务队”，到重度残疾儿童少年家中开展送教上门服务30余次，建成35处留守儿童关爱室。县体育学校向市级训练单位输送优秀运动员28人。在省中小学生体育联赛中，临朐县获得田径比赛女子团体第一名、男子团体第三名。加强民办教育监管，制定《关于对民办中小学开展信誉等级评价的通知》《关于提升民办教育培训机构办学水平的意见》，清理整治无证培训机构118家。加快推进社区教育，初步形成县、镇、社区三级办学网络。

## 重点学校

【临朐县第一中学】　学校围绕“继承、创新、超越”发展原则，发扬“担当进取、敢为人先”的一中人精神，2017年高考，一本上线431人，二本上线682人；艺术类考生150人，过线118人。其中，有13人达到清华、北大预录取线，6人被清华大学、北京大学录取。河北、重庆、湖北、山西等地84处省内外教育考察团体到校参观学习。2名同学获第二届中华之星国学大赛全国一等奖。在第十七届中国青少年机器人竞赛中，学校代表队夺得工程挑战赛全国二等奖。在全国中学生作文大赛总决赛中，1名同学获全国一等奖，3名同学获全国二等奖。在第十二届全国中小学生创新作文大赛全国总决赛中，1名同学获得全国特等奖，2名同学获全国三等奖。在山东省中小学生田径联赛中，1名同学获400米、800米第一名，1名同学获跳远、三级跳远第三名。在山东省田径冠军赛上，1名同学获400米第二名，成绩达到国家一级水平。

【临朐县实验中学】　2017年，学校成立天籁之音民乐团，承办潍坊市中小学心理健康教育特色学校现场会，并被评为潍坊市心理健康教育特色学校。被市教科院确定为市普通高中名校联盟理事学校；被中南大学、中国科技大学确立为优秀生源基地；被确定为全国幸福教育联盟基地学校。2017年高考，临朐县文科状元聂耀华位列全省第12名，被北京大学录取，聂耀华、刘利坤、高琪3人进入全县前10名；理科董俊杰、聂聪、马鑫洋3人进入全县理科前10名，其中董俊杰被清华大学录取，理科超过自主招生最低控制线315人。自主招生控制线（不含音体美）进线430人，本科（含音体美）进线813人。

【临朐中学】　2017年，学校建成后招收的第一届毕业生高考本科进线607人，进线率达78.6%。学校承办全国高质量下的幸福教育暨县域教育优质均衡发展的临朐经验研讨会和“中国好公益”平台品牌项目“爷爷奶奶一堂课”全国培训交流会，并为《中国新歌声》海选提供现场。首次承办高考等全国性考试，与清华紫光教育机构、北京大学、清华大学、复旦大学等高校联合进行名家进校园、办讲座活动。开设游学课程，选派吴治东同学参加2017年三乐游学教育基金赴美国东海岸名校游学活动。与美中教育机构联合，打造成“TIP全封闭英语教学示范学校及中西部英语教师培训基地”。举办山东电视台《武行风云》“中国·美国·泰国国际拳王争霸赛”等国际性交流活动。选举产生临朐中学第一届党委会，参与全县“少年中国梦·红旗飘飘”微视频录制。在全国数学奥赛中，2人获全国二等奖，34人获省一、二等奖。在全国物理奥赛中，9人获全国二、三等奖。在全国化学奥赛中，1人获全国三等奖。在全国英语口语大赛中，10人获全国一等奖。在全国生物奥赛中，5人获全国二、三等奖，16人获省表彰，学校获“生物奥赛金牌学校”称号。学校高中队连续三年获得山东省冠军、全国银奖，初中代表队获省第一名，代表山东省参加全国比赛，获全国三等奖，2名学生在第17届全国中小学电脑制作比赛中获一、二等奖。2名教师获潍坊市青年创新技能大赛二、三等奖，2名教师获实验教学说课大赛二、三等奖。

【临朐县职业教育中心学校】 2017年，学校顺利通过国家示范校验收，并以全省第二名成绩被确定为山东省示范性中等职业学校立项建设单位，获得1000万元专项建设资金。计算机专业团队被省教育厅评为“山东省教学团队”，副校长王彦昌和教师张娟分别被确定为齐鲁名校长、齐鲁名师建设工程人选。会计专业争创为市特色品牌专业。组建潍坊市电子信息职业教育集团，成功举办省计算机专业联盟成立大会，以全省第一名的成绩获山东省校企一体化合作示范校。与山东科技职业学院等4所高职院校签订《三二连读联合办学协议》，搭建成长平台。承办全县中小学春季田径运动会暨校园艺术节开幕式大型艺术展演，开展校园吉尼斯、经典诗歌诵读、《习主席寄语》诵读、主题征文比赛、校园文体艺术节、社团展演及技能节等活动，为每一名学生建立成长档案。在《中国教育报》《大众日报》等媒体全年发表各类稿件90余篇，原山东教育社总编、中国教育报记者陶继新等到校调研。承办省教育厅组织的东西部合作实现甘肃省职业教育办学模式创新校长研讨会、全市职业教育规范管理工作会议，山东工业技师学院、济南市历城职业中专、山东省民族中专等省内多所学校来校学习考察。春季高考中取得潍坊市第2名，在市技能大赛中，获一等奖15项，二等奖24项，学校获“潍坊市职业院校技能大赛十强学校”“技能大赛特殊贡献奖”。

（张瑞平　张兴栋　郎需彬）

# 文化 体育

## 公共文化服务体系建设

【概况】 2017年，临朐县被命名为“山东省民间文化艺术之乡”。“走偏远山区·送文化下乡”文化志愿惠民演出先后被文化部和省文化厅表彰为“2017年基层文化志愿服务活动典型案例”，县文广新局被市文广新局评为“全市文化建设综合评价先进单位”。

【县文化中心建设】 县文化中心项目是全县“四个城市”建设的重点支撑项目之一，采用政府和社会资本合作模式（PPP）建设，县文广新局为县政府授权的县文化中心PPP项目实施机构。项目位于临朐县龙泉路以东、沂山路以北、弥河以西、黄龙路两侧区域。项目规划总用地面积407351平方米，估算总投资81573万元。分两期进行建设。其中一期建设用地面积308085平方米，主要建设博物馆、美术馆、图书馆、档案馆、附房、公厕，总建筑面积62901.91平方米。配套建设室外景观绿化、停车位、广场及景观河道提升工程等。2017年2月，完成文化馆、博物馆、图书馆、美术馆、档案馆建筑施工图和园林景观施工图设计、图审及规划许可工作。10月28日，举行项目建设奠基开工仪式。12月19日，与烟建集团有限公司签订PPP项目合同。

【基层综合性文化服务中心建设】 县政府办公室印发《2017年度全县村（社区）综合性文化服务中心（文化大院）达标建设工作实施意见》，对全县基层综合性文化服务中心建设的主要任务、实施步骤、保障措施、建设标准等进行安排部署，推进全县基层公共文化服务的标准化、均等化建设。2017年，全县有2个街道、8个镇建成镇街综合文化站10处，全部达到国家二级以上标准，8个镇建成的图书馆达到市二级以上标准。全县镇街文化站（镇图书馆）举办各类文化活动400余场次，举办各类展览120余次，举办各类培训260余场次，丰富基层群众精神文化生活。全年投入各级文化建设资金500余万元，采购图书10万余册、电脑380台、棋牌桌椅464套、书橱411个、阅览桌椅136套、制度标牌128套，推进村（社区）综合性文化服务中心达标提升建设。

【活动开展及队伍建设】 2017年，在全县各镇（街、园、区）组织实施“打造一个特色文化品牌、推出一个以上重点非遗项目、创建一支群众文化艺术表演团体、编排一台剧目演出”活动，实现“一村一年一场戏”为主要内容的“四个一”活动，被列入年度全县部门重点改革项目。各镇（街、园、区）根据当地文化资源优势，创建石门坊红叶文化节、沂山文化节、“活力绽放·魅力冶源”“幸福五井”才艺大赛、“出彩蒋峪”群众文化艺术节、淌水崖建设兵团文化惠民等13个特色镇街文化品牌。挖掘整理九山镇手工箅子、临朐根雕技艺、蓝印花布印染技艺、紫金石砚制作技艺、临朐银饰、临朐锔艺等24项非遗项目。依托“一村一年一场戏”活动和总分馆制建设，整合当地文化资源，组建艺佳吕剧团、玉芝舞蹈队、陈家剧团、出彩蒋峪艺术团、后疃社区文艺表演队、清泉村腰鼓队、尧山村秧歌队等多支艺术表演团体。截至2017年底，各镇（街、园、区）、村（社区）共建立200余支舞蹈表演团体。组织选拔镇（街、园、区）、村（社区）优秀文艺团队，编排的优秀剧目在全县各镇（街、园、区）巡回演出200余场次，观众20余万人。

【图书馆、文化馆建设】 2017年，在10处镇街建立县文化馆分馆，在8个镇图书馆建立县图书馆分馆，在滨河社区、朱封社区等10个社区建立县图书馆和县文化馆基层服务点，实现资源共享互通，打通文化服务“最后一公里”。县图书馆做好分馆与服务点图书编目加工、数据库建设、图书防盗系统安装等工作，逐步完善总分馆服务网络，实现图书资源统一编目、统一调配、通借通还等“一卡通”服务。县文化馆在各分馆、服务点开展数字化教学，现场教学和网络教学互补，方便群众，惠及百姓。

【文化人才培训工程】 2017年，县“十百千”文化人才培训工程继续向基层延伸，在全县13个镇（街、园、区）、300多个中心村举办舞蹈、音乐、戏曲、文学、器乐等各类培训班100余期次，培训基层文艺骨干和文艺人才7000余人。

【文化志愿服务】 2017年，县文广新局制定《关于推进临朐县文化志愿服务工作的意见》和《临朐县志愿服务管理办法》，成立文化志愿服务中心，中心注册文化志愿者518人。县文化馆具体负责文化志愿服务各项工作，围绕全县公共文化服务体系建设创新开展文化志愿惠民文化活动。开展培训、演出等志愿服务活动128场，“走偏远山区·送文化下乡”志愿服务品牌被确定为文化部典型案例。

【传统文化提升】 2017年，县文广新局印发《临朐县“一人一艺”全民优秀传统文化艺术传承普及工程实施意见》，对优秀传统文化传承普及的总体目标、主要任务、保障措施、工作要求等重要内容进行安排部署，推动全民优秀传统文化艺术普及、全民阅读活动普及、全民优秀传统体育健身项目普及，加快全县公共文化服务体系建设标准化、均等化建设。通过组织开展非遗进校园、进社区，举办临朐县第四届群众文化艺术节、“一村一年一场戏”演出活动、“十百千”文化人才培训工程、“文明之夏”文化广场演出活动、读书朗诵大赛、民间收藏免费鉴宝等一系列活动，推动全县艺术普及。

【教育基地建设】 2017年，全县建成各级历史文化展示点34个，初步形成涵盖县、镇、村三级历史文化展示体系。其中，淌水崖水库纪念馆列入全省首批县及县以下历史文化展示“十百千”示范点，确定为山东社会科学普及教育基地、山东省科技教育基地、潍坊市委党校现场教学基地、潍坊市青少年教育基地、潍坊市理论宣教基地、临朐县党性教育基地。牛寨村史馆被评为全省首批县及县以下历史文化展示“十百千”示范点。

【优秀传统培训】 2017年，县文广新局开展优秀传统文化进校园、进社区等各类展演培训活动。与县教育局联合开展“非遗进校园”和“优秀传统文化进校园”系列活动，推动校园非遗宣传推介活动。以临朐中学和临朐县外国语学校为试点单位，将传统文化宣讲和非遗项目技能培训作为学校课程。在五井镇、辛寨镇、冶源镇等部分社区建立非遗培训示范点，将临朐手绘年画、剪纸、周姑戏等非遗项目列入辅导培训内容。组织开展“书香画韵”临朐县群众书画展、“故乡情·小康梦”庆祝临朐脱贫艺术展、“文物走进百姓生活”专家鉴宝暨文物鉴赏讲座活动等展览展示活动30场次。

（王吉臣　李云香）

## 新闻出版

【行政审批】 2017年，建立完善潍坊市政务服务通用审批平台。窗口实行审批服务“一次性告知书”，实行行政审批“一事一评”，装置电子服务评价器，开辟“绿色通道”，压缩办事时限，由原先承诺时限10个工作日缩短为5个工作日。全年共受理各类文化经营项目12件，办结率达到100%。每件承诺平均天数为18.23天，每件办理平均天数1.15天，每件提前办理平均17.07天，提前办结率为100%。其中，出版物零售企业5家，审查上报新办印刷企业7家，变更7家。

【年检年审】 通过一般审查和重点审查相结合方式，对97家印刷企业、41家打字复印企业和87家出版物零售企业的经营场所、生产设备、安全消防设施、安全通道、环境卫生、经营状况、管理制度等进行摸底。2017年，全县新闻出版类产业年产值83975.59万元，利税4390.64万元，从业人员3950人，使用面积342599平方米，注册资金35039万元。其中，总产值5000万以上规模企业3家，产值26862万元，创利税378.4万元。 （王吉臣 李云香）

## 文化市场管理

【概况】 2017年，共组织集中行动32次，出动执法人员1900余人次、执法车468台次，检查经营场所895家次，下发文化经营业户《倡议书》500余份，下达《责令改正通知书》97份，分发宣传页3000余册，依法取缔关停无证经营场所、流动摊点19家，查缴非法出版物和卫星锅9500余件，销毁侵权盗版及非法出版物（包括图书、报刊、教辅资料、光盘以及电子出版物等）16000余件，立案、办结案件108起，结案率100%，实现零复议、零投诉、零诉讼。2017年，县文化市场综合执法局被表彰为“全省文化市场执法办案先进单位”“全市扫黄打非工作先进集体”“全市忠诚卫士行动标兵单位”。1起案件入选全国8大示范案例，1起案件获评全省文化市场重大案件，1起案件被确定为省扫黄打非重大备案案件。3人获市级以上表彰，1人被表彰为全市十大忠诚卫士。案卷评查获市一等奖。

【文化市场监管】 坚持专项治理与综合治理、集中行动与日常监管、依法管理与教育引导、网下清查与网上净化相结合，规范网络文化、演出娱乐、出版印刷、广播电视等文化市场经营秩序，合理调配执法人员，落实分级管理，加大执法频率和力度，对重点部位、区域、行业实施重点监控，对违规接纳未成年人或者出现其他违规行为的网吧、演出娱乐场所依法从重从严处罚。坚持联合、交叉执法和八小时外、消费高峰时间段错时巡查，对12345和12318投诉、举报的经营单位，实行重点巡查、有案必查、精准执法。9月26日，全市文化综合执法改革暨“忠诚卫士”行动推进经验交流会在临朐县召开，临朐县作经验介绍。

【打击侵权盗版工作】 联合县综治办、公安局、市场监管局、文广新局、网络公司六部门印发《关于进一步推进“2017—忠诚卫士”净屏专项行动的通知》，开展IPTV、OTT（网络电视）及私自安装使用卫星地面接收设施和“黑广播”治理专项行动。对涉及IPTV、OTT业务的某网络公司进行约谈，并禁止其在取得牌照前发展新客户。依法对宾馆饭店、个人非法安装和使用卫星地面接收设施行为展开清查。全年没收卫星地面接收设施106套，动员群众自行拆除320余套。开展“侵权假冒”和“剑网”专项整治行动，打击各类侵权盗版行为，共检查印刷复制行业90余家次，警告17家，于“4•26”世界知识产权日，在佳乐家广场举行全县侵权盗版及非法出版物集中销毁活动，共销毁侵权盗版及非法出版物16000余件

【“扫黄打非”工作】 分析研判县“扫黄打非”各项工作，坚持打管结合，制定下发《临朐县2017年“扫黄打非”工作行动方案》，针对新形势下文化发展新常态，树立“底线”意识和危机意识，开展2017年“清源”“净网”“秋风”“固边”“护苗”5个系列专项行动，查堵收缴各类政治性非法出版物、音像制品及网络信息传播活动，确保意识形态和政治文化安全。

【行政执法】 依法查处的艺术品案例入选全国八大示范案例，是山东省唯一入选案例。2017年3月22日，

文化部召开新闻发布会给予肯定，中央电视台、人民网、新华网、中国法院网、中国青年报等十几家知名媒体进行报道、转载。依法查处市内首起擅自在文物保护单位保护范围内建设施工案件。（朱树民　竖传军）

## 图　书

【概况】　2017年，临朐县图书馆馆藏图书17.4446万册，电子图书6.1187万册。藏书体系结构合理，目录设置齐全，业务档案管理规范。在2017年全国第六次公共图书馆评估定级中，被文化和旅游部评定为国家“二级图书馆”。

【免费开放服务】　2017年，县图书馆有对外服务窗口8个，借书、阅览、资料查询、地方文献、电子阅览和公共空间设施全部向读者免费开放，全年接待读者6万余人次，书刊借阅11万余册次。开展送图书馆下乡12次，举办读者讲座、报告会11次，为社会大众提供定题跟踪服务、参考咨询等信息服务。加强文化信息资源共享工程支中心建设与服务工作，县支中心建成标准化公共电子阅览室，全县所有镇（街、园、区）、村（社区）全部建成规范化共享工程服务站点，初步形成县、镇、村三级文化信息资源共享。

【全民阅读】　2017年，县图书馆组织举办“潍坊市第三届读书朗诵大赛暨省第十二届读书朗诵大赛选拔赛”临朐选拔赛，开展以“悦读，在路上”为主题的图书馆服务宣传周活动和“让心灵徜徉书海，让书香溢满临朐”为主题的“全民读书月”活动。县图书馆被市文化广电新闻出版局评为“潍坊市全民阅读推广基地”，李艳萍被市文化广电新闻出版局评为“潍坊市全民阅读推广人”。

【尼山书院建设】　2017年，县图书馆开展经典阅览、读书朗诵大赛、经典诵读、道德展示和启蒙教育等活动。指导全县8处镇图书馆“尼山书院”及村（社区）建立的“乡村儒学”开展国学普及与教育、儒学教育进社区、进农村活动。县教师进修学校“尼山书院”面向全县师生开展“尼山书院国学名家进校园”和“尼山书院书法培训进校园”等活动。

【总分馆制建设】　2017年，做好图书馆总分馆制建设，建成以县图书馆为总馆、8处镇图书馆为分馆、10处社区村为服务点的总分馆服务体系。选择条件较好的10处社区、村建成服务点，实现总馆、分馆、服务点通借通还“一卡通”借阅服务。（李艳萍）

## 文　博

【概况】　2017年，全县共有博物馆3家。其中国有博物馆1家，为山东临朐山旺古生物化石博物馆，非国有博物馆2家，为临朐大唐红丝砚博物馆和临朐宸恩玉石博物馆。山东临朐山旺古生物化石博物馆常设展览6个，主办、承办或举办临时展览、教育活动16次，全年参观人数30.12万人次。临朐大唐红丝砚博物馆常设展览3个，全年参观人数11万人次。临朐宸恩玉石博物馆常设展览4个，全年参观人数1.2万人次。

【博物馆事业】　2017年2月，《山东临朐山旺古生物化石博物馆陈列展览提升工程形式设计方案》通过专家评审，获山东省文物局批复。该方案将博物馆现有民俗文物、山旺化石、石佛造像三大展览设计提升为“妙相生华—临朐佛教造像陈列”“洪荒印记—山旺古生物化石陈列”“弥源沂风—临朐民俗文物陈列”三大主题。4月11日，山东临朐山旺古生物化石博物馆化石、陶器、瓷器、石器、石刻、书法绘画、碑帖拓片7项文物修复资质获山东省文物局批复。7月19日，城郊派出所向山东临朐山旺古生物化石博物馆移交东周陶器25件。10月30日，山东临朐山旺古生物化石博物馆征集社会流散文物，共征集战国玺印29方，其中征集的圆形玺印和带钩印玺填补馆藏空白。12月21日，龙山治安管理办公室移交东周至魏晋时期陶器4件。

【文物保护】　2017年3月—11月，先后完成朱虚故城、齐长城椁根腿段、崔芬墓、S223滨九线临朐绕城段选址工程沿线考古调查勘探工作，编制完成柳山侯氏祠堂本体保护维修方案。10月—12月，完成老龙湾江南亭、太平崮建筑群两处古建本体保护维修工程。

【文博社会交流】 2017年，承办省文物局组织的“全国十大考古新发现”图片展巡展。开展“看画展，访民俗，博物馆里写春联”和“博物馆里绣荷包”端午节传统文化教育活动。举办“澡雪精神”—白氏五人书画联展、“汉石遗韵”—山东汉代石刻拓片展、“台北书法·临朐石刻”拓片展等10余次展览活动。8月13日—14日，山东省文物考古研究所和山东临朐山旺古生物化石博物馆共同主办“北朝唐宋佛教与社会—山东临朐白龙寺遗址考古研讨会”，国内外30余所大学、研究单位60余名专家学者出席会议，共举办学术研讨会5场，29位学者做主题发言，提交学术论文31篇。10月6日，临朐县文化广电新闻出版社、山东临朐山旺古生物化石博物馆、北京宏阅博观文物鉴定中心和临朐县收藏家协会共同举办“临朐县民间收藏免费鉴宝活动”，邀请郑樵、韩守信、李延瑞、王永玉4位文物鉴定专家到场进行现场鉴定，为潍坊、高密、青州以及临朐的近百名民间藏宝爱好者鉴定藏品800余件。

（马学民　李民刚）

## 群众文化

【概况】 2017年，组织节庆文化活动100余场，开展文化惠民演出130余场，开展舞蹈、合唱、二胡、手绘年画等各类培训250余期，组织举办书画展览活动30余次，新创小戏、小品、相声、舞蹈等作品50余件，打造群众文化艺术节、文明之夏广场文化活动、“十百千”文化人才培训工程、临朐县3·15特别节目、“四个一”模式、元宵节街头民间艺术表演、“幸福五井”农民文化艺术节等13个文化品牌。县文化馆获“2017年潍坊市‘滨海弘润金茂府杯’广场舞大赛优秀组织奖”“中国·潍坊2017传统工艺创意设计大赛（博览周）组织奖”等称号。

【节庆文化活动】 5月11日，临朐县第四届群众文化艺术节在石门坊风景区广场开幕，共分4大版块，22项活动，持续6个多月，惠及群众20万人次。11月10日，在艺术节闭幕式上，谭建国、张俊庆获“文化贡献奖”，歌曲《你是领路人》（王克义、马西挺）、国画《瑞雪纳祥》（郭光军）、手绘年画《年丰民乐》（郑成双）、临朐手绘年画《联产承包喜上眉梢》（李志君）、书法《篆书对联》（王元豹）、大型现代周姑戏《淌水崖》（尹文良、魏兴成）、铜雕《一带一路》（傅绍相）7件作品获“艺术作品奖”，诗歌《黄花地》（吕新枝）、散文《市井》（张克奇）、童话《稻草人麦吉》（胡明宝）3件作品获“文学创作奖”。举办县文学艺术界2017新春年会、“初心绽放”县春节联欢晚会、元宵节街头民间艺术表演系列活动、“打开舌尖上的问号”食安临朐“3·15”特别节目、“喜迎十九大·颂歌献给党”临朐县庆祝建党96周年文艺演出等活动20余场次。与各旅游景区协作，举办第四届中国（临朐）沂山文化节、庆祝建党95周年暨2016齐鲁嵩山首届桃花节、临朐首届民俗文化艺术节、临朐县书法家协会嵩山分会揭牌文艺演出等活动，推动文化和旅游的融合发展。参加潍坊市“滨海鸿润金茂府杯”广场舞邀请赛、第二届潍坊市民文化节集中展演活动月启动仪式大巡游、农发行潍坊市分行“我和我的祖国”文艺演唱会、2017“中国·潍坊”传统工艺创意设计博览周等活动。

【文化惠民演出】 元旦春节期间，组织“庄户剧团”到山旺镇、五井镇、辛寨镇、冶源镇等地开展文化扶贫惠民演出，“温情暖冬·文化下乡行”入选潍坊市2017年元旦春节文化惠民活动十大品牌。组织开展“走偏远山区·送文化下乡”走进贫困村和走进“第一书记”村文化惠民文艺演出130余场，惠及群众50余万人。该活动被文化部推选为2017年基层文化志愿服务活动典型案例，被山东省文化厅评选为2017—2018年度山东省文化志愿服务典型。

【辅导培训活动】 实施“十百千”文化人才培训工程，开展合唱、舞蹈、二胡、古筝、临朐手绘年画、西洋画等各类培训250余期，培训文化人才7000余人次。选派工作人员参加省市组织的戏剧、书画、非遗、戏剧创作、数字化建设等项目培训30余人次。依托文化馆总分馆制建设试点，以县文化馆为总馆，10处镇街设立分馆，滨河社区、东朱封社区、谭马社区等10个社区设立服务点，深入基层定期定点开展辅导培训，开创基层辅导培训新模式。开展“一人一艺”全民艺术普及工程，制定实施方案，推行“四个一”活动，对13个镇（街、园、区）文化活动进行辅导培训，打造出“幸福五井人”“出彩蒋峪人”等品牌文化活动，挖掘整理非遗项目16项，创建文艺队伍300余支，参加各类培训5000余次，培训人员20余万人。在临朐东城双语小学、临朐县城关中学附属小学、临朐中学附属小学、临朐中学附属中学等4个学校成立蓓蕾艺术工作站，开展传统故事演讲、文艺鉴赏、艺术普及等活动。

【创作展演活动】 实施文艺精品工程和戏曲振兴工程。小戏《担当》获“中华颂”第八届全国小戏小品曲艺大展银奖；歌曲《梦中的临朐》《歌唱新农村》获2017潍坊市群星奖优秀作品奖；小品《盼》《门》《暖风吹进寒山峪》获2017潍坊市群星奖最佳作品奖；舞蹈《浏阳河》《溜溜的康定溜溜的情》《歌唱新农村》在“好太太杯”第二届潍坊市网络视频广场舞大赛中分获分赛区冠军、亚军和优秀奖；舞蹈《沂山谣》《欢天喜地》分别获2017潍坊市群星奖最佳作品奖和优秀作品奖；合唱《走向复兴》获“情系家园”社区合唱大展演十佳奖。

【书画展览交流】 组织举办“五彩绘新梦 缤纷现吉祥”临朐手绘年画晋省展、冶源镇书画摄影展、“澡雪精神”白氏草堂五人书画联展、“喜迎十九大·畅想新生活”全县退休老干部书画摄影展等各类展览30余次，惠及群众20余万人。组织参加中国文联、文基会、中国民协、中国美术馆共同主办的“中国精神 中国梦”全国农民画创作展，中国民协、江西省文联主办的“美丽中国”全国农民画展，中国美协举办的“2017年全国中国画作品展—当代中国画的创作生态与时代走向”，中共山东省委宣传部、山东省文联主办的第四届山东农民书画艺术作品展，山东美协主办的第二十一届山东美术新人新作展，中共山东省委宣传部、山东省文联、山东美协主办的大美齐鲁山东青年美术作品晋京展等百余次。其中，郑成双年画作品《福喜盈门》入展“中国精神·中国梦”全国农民画创作展，李志君、史素芳、张春燕、安玉凤等人作品入选“美丽中国”全国农民画展，郭光军国画作品《瑞雪纳祥》入选“2017年全国中国画作品展—当代中国画的创作生态与时代走向”，聂淑红年画作品《和谐家园》、安玉凤年画作品《金秋世界》、李春年画作品《致富曲》、郑成双年画作品《春风得意》获第四届山东农民书画艺术作品展优秀奖，谢利强国画作品《山深春来迟》、李春年画作品《阳光里的歌》入选第二十一届山东美术新人新作展，姜会信国画作品《借居东山悟本源》入选大美齐鲁山东青年美术作品晋京展。（张亚平）

## 非　遗

【概况】 2017年，全县共有国家级非遗项目1项，省级非遗项目7项，市级非遗项目23项。省级代表性传承人1名，市级代表性传承人17名。市级非物质文化遗产传承示范基地1处，市级非物质文化遗产传习所7处，县级非物质文化遗产项目传习所20处。

【非遗活动】 2017年6月，组织举办“文化和自然遗产日”系列宣传推介活动。同月，“非遗进校园”活动示范点挂牌落户临朐中学。7月，县青年演员张艳红、李振伟携周姑戏《淌水崖》参加央视戏曲频道《最佳拍档》栏目录制拍摄。8月，“五彩绘新梦·缤纷现吉祥”临朐手绘年画晋省展在省文化馆举行，临朐县80幅手绘年画精品参展。9月，组织参加“中国·潍坊2017传统工艺创意设计大赛暨传统工艺创意设计博览周”活动，县文化馆获“中国·潍坊2017传统工艺创意设计大赛（博览周）组织奖”；安玉凤、王成霞的蜡染作品《蓝色印象》获最佳创意奖；聂淑红的临朐手绘年画《四季福娃》、李志君的临朐手绘年画《美丽家乡》、傅绍相的传统青铜工艺作品《文房瑰宝》获优秀创意奖；刘光宝、冯继正、尹杰等非遗传承人获“能工巧匠”称号。

【非遗保护】 2017年6月，临朐红丝砚制作技艺综合性传习中心入选潍坊市非物质文化遗产保护优秀传习场所，邱纯伟入选潍坊市非物质文化遗产保护工作先进个人，“匠人匠心·传承百年”传统工艺培训助力梯层人才队伍建设入选潍坊市非物质文化遗产亮点工作，临朐石雕传承人傅绍相和临朐手绘年画传承人李春秀入选2016年度潍坊市非物质文化遗产模范代表性传承人。8月，沂山传说、太祖长拳、土陶制作技艺（黑陶瓦盆制作技艺）、庙会（海浮山庙会）4个项目列入第五批市级非物质文化遗产代表性项目名录。12月，挖掘整理石佛堂的传说、田村集等16个非遗项目和8个非遗传习场所分别申报第七批县级非遗项目和县非物质文化遗产传习所。

【非遗培训】 6月，举办临朐手绘年画培训班，40名学员参加培训。组织参加文化部“中国非物质文化遗产传承人群培训班”—木版年画培训班、潍坊年画艺术创作人才培训班、非遗保护工作专题培训等。

## 2017年临朐县非物质文化遗产代表性项目名录

表12

| 序号 | 项目名称 | 项目类别 | 保护单位 | 批次 | 级别 |
|---|---|---|---|---|---|
| 1 | 东镇沂山祭仪 | 民 俗 | 沂山风景区管理委员会 | 第四批 | 国家级 |
| 2 | 周姑戏 | 传统戏剧 | 临朐县文化馆 | 第二批 | 省级 |
| 3 | 临朐手绘年画 | 传统美术 | 临朐县文化馆 | 第四批 | 省级 |
| 4 | 临朐全羊制作工艺 | 传统技艺 | 潍坊市旭光全羊餐饮服务有限公司 | 第四批 | 省级 |
| 5 | 桑皮纸制作技艺 | 传统技艺 | 临朐县文化馆 | 第二批 | 省级 |
| 6 | 临朐红丝砚制作技艺 | 传统技艺 | 临朐县文化馆 | 第三批 | 省级 |
| 7 | 洼子跑麒麟 | 传统舞蹈 | 临朐县文化馆 | 第四批 | 省级 |
| 8 | 庄农日用杂字 | 民间文学 | 临朐县文化馆 | 第一批 | 市级 |
| 9 | 蚕丝韵言 | 民间文学 | 临朐县文化馆 | 第三批 | 市级 |
| 10 | 冯惟敏的传说 | 民间文学 | 老龙湾风景区管理委员会 | 第四批 | 市级 |
| 11 | 老龙湾的传说 | 民间文学 | 老龙湾风景区管理委员会 | 第四批 | 市级 |
| 12 | 临朐民歌 | 传统音乐 | 临朐县文化馆 | 第四批 | 市级 |
| 13 | 张兴马灯 | 传统舞蹈 | 临朐县文化馆 | 第四批 | 市级 |
| 14 | 临朐石雕 | 传统美术 | 山东华艺雕塑艺术有限公司 | 第四批 | 市级 |
| 15 | 太乙拳 | 传统体育、游艺与杂技 | 临朐县志成武校 | 第四批 | 市级 |
| 16 | 临朐红木雕刻制作技艺 | 传统技艺 | 临朐县文化馆 | 第四批 | 市级 |
| 17 | 临朐白酒传统酿造技艺 | 传统技艺 | 山东秦池酒业有限公司 | 第四批 | 市级 |
| 18 | 悬泉寺庙会 | 民俗 | 临朐县文化馆 | 第四批 | 市级 |
| 19 | 渔鼓书 | 曲艺 | 临朐县文化馆 | 第四批 | 市级 |
| 20 | 沂山传说 | 民间文学 | 临朐县文化馆 | 第五批 | 市级 |
| 21 | 黑陶瓦盆制作技艺 | 传统技艺 | 临朐县文化馆 | 第五批 | 市级 |
| 22 | 太祖长拳 | 传统体育、游艺与杂技 | 临朐县武术协会 | 第五批 | 市级 |
| 23 | 海浮山庙会 | 民俗 | 临朐县文化馆 | 第五批 | 市级 |

（夏立庆 张亚平）

## 广播影视

【概况】临朐县广播影视中心设临朐人民广播电台、临朐电视台、微波站和新媒体科。其中，电台设2个频率，分别是102.3兆赫临朐人民广播电台、100.6兆赫临朐人民广播电台交通音乐频率；临朐电视台设新闻综合频道、经济生活频道、先锋频道。2017年，县广播影视中心被评为“全省电视宣传先进集体”。

【舆论宣传】对内宣传。重点服务全县经济建设和社会发展大局，开设《项目一线》《脱贫攻坚在行动》《作风建设进行时》《重点工作在推进》《榜样》《进村入户解民忧》《双城同创》《四个城市建设》《全面从严治党在路上》《花开临朐·美丽乡村》《喜迎十九大·共筑中国梦》等新闻专题和专栏20余个，对全县中心工作、阶段性重要工作进行集中报道。年内共完成新闻内宣稿件3000余条，专题类新闻50期。

对外宣传。重点做好上级政策和全县经济社会发展结合文章，积极推介临朐县发展成果和创新举措，围绕“四个城市”建设、党的建设、教育卫生、脱贫攻坚、生态文明、美丽乡村等特色工作，积极对标发稿。2017年，在山东电视台发稿5条，潍坊电视台发稿917条，齐鲁网发稿827条。

【新媒体】推广应用风向标手机客户端和掌上临朐手机客户端，改版临朐传媒网，发挥临朐广播电视台和直播临朐两大微信平台优势，提升认知度与美誉度。2017年9月，山东省市县媒体微信传播力统计结果显示，“临朐广播电视台”微信公众号跻身全省广电媒体微信公众号传播力指数前五名，手机客户端、微信公众平台拥有活跃粉丝5万人。筹措资金40余万元，配套采编直播设备、服务器等硬件设施，在全省县级电视台中率先实现各类活动的微信现场直播，共直播临朐春晚、窗博会、群众文化艺术节、半程马拉松等重大活动140余场次，累计浏览量900余万人次。

【频道改革】将原先4个频道20余档栏目，精简为3个频道10档自办栏目。进一步打造《临朐新闻》《一线》《周末报道》《新闻女生》《惠生活》《临朐记忆》《沂山先锋》等一批品牌栏目。（刘富家　陈子江）

## 报　纸

【概况】临朐报社编辑出版县委机关报《潍坊日报·临朐新闻》，设有“临朐新闻微信公众号”，为县内唯一权威平面主流媒体，发挥舆论主阵地作用，弘扬正能量，服务全县经济社会发展。《潍坊日报·临朐新闻》为每周三个期刊，周一、周三、周五各出版一期，2017年完成出版报纸150期。6月，被省县市报协会评为“山东省优秀县市报”。

【新闻宣传】创新宣传形式。时政报道迅速及时，围绕县内大事、要事，作好重点宣传，为全县经济社会发展营造浓厚舆论氛围。对大项目建设年活动、棚户区改造、脱贫攻坚、作风建设、美丽乡村建设等县内重点工作，开辟专题专栏，利用通讯、消息、言论、摄影故事会、文学采风、新闻图表图示、新闻大赛、知识答卷等开展宣传，全年组织集中宣传活动20余次，发表本报社论和系列评论员文章10余组40余篇。先后举办“农商行杯”贯彻落实全县经济工作会、“龙山产业园杯”贯彻落实市县党代会精神、“龙山创业杯”学习十九大精神知识答卷活动。开设“贯彻落实十九大精神新时代新作为新气象”“十九大精神宣讲在行动”“来自大项目建设一线的报道”“临朐发展我的责任·作风建设进行时”“脱贫攻坚在行动”“进千村入万户察民情解民忧”“一把手谈作风”“一把手谈经济”“大爱民政”“安全聚焦”“我看县域旅游”“大樱桃节征文”和“临朐发展我的责任·典型在身边”专栏13个，推出典型集体和个人60余个。2017年底开辟专题，对13个镇（街、园、区）经济社会发展情况进行集中展示。

【品牌建设】贴近民生，开设现场新闻、记者亲历、记者调查和新视角，充实记者走基层、2016我的梦、我的2017、糖尿病杯老照片征集、我与临朐报社征文等栏目内容。拓展活动，分别与县旅游局举办“我看县域旅游征文”，与县农业局举办“大樱桃节征文”，与县委文明办举办临朐“月度好人”评选，与档案馆举办城市老照片征集活动，与县直机关工委联合开展“做合格党员、当沂山先锋”主题读书征文，与县关工委、团县委、县教育局联合举办“听党话，跟党走，共筑中国梦”征文比赛活动。

【新媒体建设】 加强新媒体培育打造力度。6月，“临朐新闻微信公众号”推出《新闻直播间》《配乐朗诵》栏目，将重大时政新闻、综合要闻、文学作品等配音朗诵，实现“文字+图片+声音”效果，增加画面视频、赏文、读图和听广播，打造临朐新闻俱乐部和全县朗读者家园。微信用户达2万余人，单条阅读量突破5000人次，微信共享汽车入驻临朐，单条点击量突破5万人次。11月，派出3名记者参加上海新媒体培训班。

（李 燕 郭宝江）

## 体 育

【概况】 2017年，全县共举办体育比赛、健身活动120余场次，参与人数达10万余人。8月，县体育局被国家体育总局授予“全国群众体育先进单位”称号。

【体育设施】 2017年9月，临朐县全民健身中心项目开工建设。项目占地10亩，基建总投资1061万元，建筑面积4000平方米，主要建设篮球场、乒乓球场、体能训练用房、体质监测用房等。实施农民体育健身工程，配套建设农村体育场地设施。投资20万元的冶源镇龙湾社区健身工程和投资30万元的嵩山生态旅游区笼式足球项目投入使用。做好全县贫困村（社区）体育健身器材的摸底调查工作，争取省市体彩公益金支持，为114个省定贫困村安装健身器材1194件，为70个非贫困建制村配套健身路径，省定贫困村体育健身器材覆盖率达到100%。

【竞技体育】 组队参加市少年锦标赛中的越野长跑、拳击、跆拳道、皮划艇、自行车、乒乓球、篮球、排球、足球、网球、田径、手球12个比赛项目。参加8大联赛中的足球、篮球、乒乓球、排球、羽毛球、武术、田径7个比赛项目。在市少年锦标赛中长跑、竞走、手球、皮划艇等赛事上均获团体第一名，篮球、乒乓球、排球、田径、网球等获前三名。在2017年全运会上，临朐县输送的运动员取得3金3铜的历史最好成绩，在潍坊市各县市区中排名第一。承办2017年潍坊市越野长跑竞走锦标赛，来自潍坊8个县市区的280名运动员参加比赛。

【群众体育】 2017年，全县在册体育协会12个、俱乐部18个，开展体育活动80余场次。开展群众性体育活动，先后举办2017年县体育系统趣味运动会、先锋杯羽毛球比赛、县庆“三八”妇女干部职工徒步登沂山比赛、中国临朐旅游首届国际半程马拉松比赛、省第七届全民健身运动会万人健步（潍坊站）沂山徒步大会、“乒协杯”乒乓球联赛、“哈里斯杯”羽毛球邀请赛、迎“七一”青州·临朐企业家乒乓球联谊赛、庆“七一”全县职工篮球比赛、迎“七一”临朐县乒乓球团体赛、县第七届全民健身运动会暨临朐足协超级联赛、县“民生银行杯”第三届羽毛球俱乐部联赛、县第七届全民健身运动会暨首届10公里场地长跑比赛、“健桥杯”临朐县跆拳道锦标赛、喜迎十九大“农行杯”（临朐·青州）企业家乒乓球暨气排球联谊赛、临朐九山“黑松林杯”乡村游马拉松赛、“三义杯”第四届乒乓球球王争霸赛、庆十九大老年人门球赛等活动。

【体育彩票】 2017年，县体育彩票终端机发展到88台，体彩销售量首次突破1亿元。加强网点培训，对新建专营店重点进行点对点培训工作。县体育局被省体育局评为“2017年度山东省体育彩票工作突出贡献单位”。

（王兆生 李 琛）

# 医疗卫生

## 综　述

【概况】　2017年，县人民医院、县中医院、胸山医院及县疾控中心、县皮防站等5处县直医疗卫生单位业务总收入7.34亿元，比2016年增长10.35%。其中，县人民医院实现业务收入4.89亿元，比2016年增长7.01%；县中医院实现业务收入1.56亿元，比2016年增长10.74%。17处镇街卫生院（含冶源中心卫生院）及分院业务总收入3.16亿元，比2016年增长14.25%。

【深化医改】　7月，完成县人民医院和县中医院理事会、监事会组建等改革，深入推进公立医院法人治理结构改革。“基层首诊、双向转诊”分级诊疗体系逐步完善；组建家庭医生签约团队19支，全县2955名患病贫困人口全部完成签约，共补助医疗费用1570万元，减免19万元。提升医疗服务水平，全面实施医疗质量精细化管理年活动和提升医疗服务能力集中行动，加强特色专科和医联体建设。2017年，邀请8名临朐籍上海专家返乡义诊，开展对口帮扶指导。新建农村社区卫生室27处，完工率100%。享受补助政策的乡村医生2166人，发放补助资金1219.54万元。

【基础建设】　完成县妇幼保健院医疗综合楼建设，总投资1.3亿元、建筑面积3.8万平方米、床位400余张。县中医院门诊病房综合楼建设，总投资3.3亿元、建筑面积7.76万平方米、床位700张，主体已封顶，进行内部施工装修。县糖尿病医院综合楼项目总投资1.2亿元、建筑面积2.79万平方米、床位416张，各项手续办理完毕。山旺中心卫生院医疗综合楼投资2275万元、建筑面积8711平方米、床位99张，主体建设全部完成。

【公共卫生】　开展基本公共卫生服务质量提升年活动。1月，在县政府门口北侧以展板形式展示全县基本公共卫生服务项目实施情况；7月，实施基本公共卫生服务项目宣传月活动，发放宣传海报880份、易拉宝238幅。加强项目督导落实，全县累计建立健康档案68.96万份，其中新建档案3.77万份，专业化复核升级健康档案9.39万份，免费为65岁及以上老年人健康查体6.88万人，管理高血压患者6.13万人、糖尿病患者1.92万人。在全县范围内制定推出统一服务项目、服务标准和收费标准的高血压、糖尿病、孕产妇等疾病（人群）个性服务包，鼓励各基层医疗卫生机构根据各自实际拓展不同类型的个性化签约服务内容。从县、镇、村三个层面，宣传家庭医生签约服务。县广播电视台在《一线》栏目黄金时段连续播放家庭医生签约公益广告；城关街道社区卫生服务中心邀请锣鼓队参与家庭医生签约宣传活动，相关新闻信息入选省卫计委科教宣传平台。全县共建成包括乡村医生在内的家庭医生团队107个，完成个性化服务包2.0版家庭医生签约4.68万人。

【中医中药】 2017年，县中医院糖尿病专科被评为“全国农村卫生重点中医特色专科”，9处卫生院被评为“中医特色镇街卫生院”。加快“三堂一室”建设，县中医院高标准设置“名医堂”“中医养生堂”“名老中医工作室”，创新设立的“国医启蒙馆”在全市推广。县人民医院和蒋峪、卧龙等17处卫生院全部建成“国医堂”并投入使用，其中县人民医院和蒋峪、卧龙等10处医疗机构通过市级考核。全年共引进中医药高学历人才25人，培养“西学中”骨干124人。有全国基层名中医药专家1名，全国农村基层优秀中医1名，全国优秀中医临床人才1名，山东省名中医药专家2名，山东省高层次优秀中医临床人才2名，山东省基层名中医3名，山东省中医药五级师承指导老师23名，继承人46名。镇街卫生院中医药业务量达到30%以上。8月，举办全县学习贯彻《中华人民共和国中医药法》总结表彰大会，对首届10名“临朐县名中医”、14个知识竞赛获奖单位进行表彰。引进中国工程院院士、“国医大师”石学敏落户临朐县，实现高端医疗服务人才引进重大突破。实施中医药“四级帮扶”活动，县中医院与17处基层卫生院签订帮扶协议，带动提升基层中医药服务能力。全县卫生院、80%社区卫生服务站、70%村卫生室均能提供中医药服务。“以县中医院为龙头，乡镇卫生院为枢纽，村卫生室为基础”的中医医疗、预防、保健、康复三级服务网络体系进一步健全完善。

【医养结合】 适应群众健康需求，全力打造健康医疗产业，组织相关人员赴青岛、浙江等地学习考察先进经验，委托省宏观经济研究院制定全县健康产业发展规划。2017年，全县共有3处医养结合型服务机构投入使用。临朐县护理院，位于县社会福利院中心院内，建筑面积11000平方米，床位99张，由临朐县中医院与潍坊市华都颐年园老年服务中心合作建设，主要用于失能老人的日常照护和康复保健，2017年5月投入使用。临朐景福养老护理院，位于临朐县辛寨镇卧龙社区，占地面积28亩，规划床位300张，由辛寨镇政府与山东祺月童车有限公司共同出资合作建设，投资总额1.63亿元，2017年9月投入使用。九山中心卫生院老年公寓，位于九山镇政府驻地，由九山中心卫生院与九山镇政府合建，总建筑面积1.87万平方米，床位620张，集养老、护理、康复、医疗、休闲于一体，2017年11月投入使用。

【卫生监督】 2017年，新办理医疗机构许可项目51件，完成中心村卫生室校验许可365处，一般村卫生室延续许可480处，个体诊所校验、延续68处；办理执业医师注册、变更注册194人，执业护士延续注册、变更注册32人；新办理公共场所卫生许可项目28件；生活饮用水卫生许可证复核6家；放射诊疗许可4家、校验28家；发放公共场所卫生管理人员证166个。

在全县范围内开展卫生计生综合监督规范年活动，重点对公共场所卫生、医院依法执业、传染病防治和非法行医进行监督检查和治理整顿。4月，分别与17处镇街卫生院签订《医疗市场监管责任书》，对辖区内的非法行医行为进行清理和打击，立案查处非法行医案件16起。对全县4处县直公立医院、4处民营医院、17处基层卫生院、68处个体诊所、365处村卫生室进行依法执业监督检查，下达监督意见书237份。开展非法实行取环及输卵（精）管吻合等手术、非法提供人类辅助生殖技术服务、违法违规办理出生医学证明等专项整治行动。对全县832家“五小”公共场所进行集中整治，督促“五小”场所办理卫生许可证和从业人员健康证明，配备相应的消毒设施设备。5月，制定印发《临朐县医疗卫生机构传染病防治分类监督综合评价工作实施方案》。6月，举行全面开展医疗卫生机构传染病防治分类监督综合评价工作启动仪式，对全县79处医疗机构的分管领导和科室负责人进行传染病防治专题培训。8月，对全县28处医疗机构、1处疾控机构、22处临床实验室、30处学校、21处消毒产品生产企业以及6处集中式供水单位进行监督检查，对存在的问题及时提出整改意见并督促落实整改。10月，对村级卫生室、个体诊所进行消毒效果监测，共抽检样品850余份。监督监测1处市政水厂、5处农村规模化供水单位、15处小型联村和67处单村供水工程，抽检水样131份，对存在问题的供水单位依法下达监督意见书和责令改正通知书。开展全县生活饮用水供水单位底数调查和卫生安全专项监督检查，摸清全县生活饮用水集中式供水单位底数。召开全县学校卫生工作会议，对全县21处县直学校、34所镇街中心学校的卫生状况进行监督检查，针对各学校在传染病防控、饮用水卫生管理、教学生活环境及医疗卫生管理等方面存在的问题下达卫生监督意见书55份，并责令限期改正。4处县直医疗卫生单位、17处基层卫生院、4处民营医院、68处诊所与潍坊医疗废物集中处置中心续签集中处置合同，对辖区内458处医疗机构医疗废物分类、收集、运输、集中处置等制度措施落实情况进行监督检查，下发卫生监督意见书420份。

全年对非法行医类、公共场所类、传染病防治类、计划生育类违法行为实施行政处罚49起，其中医疗类22起、公共场所类22起、传染病防治类4起、计划生育类1起，行政处罚违法行为查处率和按时办结率均达到100%。

【妇幼保健】 2017年，全县各级助产机构共分娩1.51万名新生儿，孕产妇死亡率6.63/10万，婴儿死亡率和5岁以下儿童死亡率分别为1.59‰和2.85‰。免费婚检率、免费叶酸服用率和免费孕前优生健康检查率均达到90%以上，免费唐筛率达到85%以上，免费新筛率和听筛率达到99%以上，出生缺陷发生率降至2.8‰。共为6513名农村孕产妇发放住院分娩补助，为3539名待孕妇女免费发放叶酸1.93万瓶，全县孕产妇母婴阻断检测率达到100%；孕产妇和儿童健康管理率均达到89%；共为2.06万名农村妇女进行免费“两癌”筛查，对确诊患病人群进行有效治疗。

【疾病防控】 以手足口病、霍乱、H7N9禽流感、艾滋病、流行性出血热、埃博拉出血热等传染病防治为重点，落实综合性防治措施，加强疾病监测、疫情报告和处理等工作。狠抓免疫规划疫苗查漏补种，提高“八苗”全程、及时接种率。开展宣传教育、行为干预、高危人群检测和免费抗病毒治疗，努力实现艾滋病防治“早期发现疫情、及时随访管理、减少传播概率”目标。开展减盐防控高血压、工作场所干预、死因监测、心脑血管监测、死因漏报调查等工作，推动全县慢病工作全面开展。

【红十字会】 新建固定采血点（兴隆路全福元商场前）1处，全年街头无偿献血7021人次，献血量258.7万毫升。2人到县红十字会进行器官捐献登记。11月，市红十字会捐赠临朐莲花清瘟胶囊4000盒，及时发放到贫困群众手中。上报9例14岁以下患有先天性心脏病和白血病的儿童，争取中国红十字基金会的救助，每例获3万—5万元救助。

★ 2017年7月22日，山东籍上海医疗卫生专家到临朐县举行大型义诊暨对口交流活动　　（供稿：李正喜　蔡勇胜）

## 县属医院

【概况】 2017年，全县共有县级综合医院2处（临朐县人民医院、临朐县海浮山医院）、中医医院1处（临朐县中医院）。主要承担县级区域内居民的常见病、多发病诊疗，急危重症抢救与疑难病转诊，培训和指导基层医疗卫生机构人员，相应公共卫生服务职能以及突发事件紧急医疗救援等工作。

【临朐县人民医院】 承担全县区域内医疗、教学、科研、预防保健、急诊急救、指导基层和社区卫生服务等功能任务。

加强对外交流，与北京大学中国医院研究管理中心合作开展区域医疗中心学科建设行动计划，实施质量提升战略，对筛选出的10个重点科室进行系统全面的学科提升行动，成立内、外、妇、儿、重症和护理6个学科教研室。普外科系统分别调整为胃肠外科和肝胆外科、两腺外科，胸痛中心成为国家基层胸痛中心建设单位；呼吸内一科成为中日友好医院呼吸专科医联体单位；PICC置管与维护门诊成为山东省创新驱动助力工程服务站；儿一科成为山东省立医院儿科联盟单位；不

★ 2017 年 7 月 19 日，“山东省肿瘤医院肿瘤规范化诊疗基地”签约揭牌仪式在临朐县人民医院举行　　（供稿：李正喜　蔡勇胜）

孕不育门诊成为潍坊市人民医院不孕不育临朐工作站。成功举办山东籍上海医疗卫生专家大型义诊暨对口交流和学术讲座、全国基层医师呼吸疾病防治培训班（临朐站）。成为山东省肿瘤医院肿瘤规范化诊疗基地；区域医疗中心学科建设行动计划（2017—2020）项目启动暨“教科研实践基地”成功签约揭牌。

【临朐县中医院】　承担全县区域内中医诊疗、康复保健，中医药教学科研，急诊急救等功能任务。加强特色专科建设，糖尿病科成为全国农村医疗机构中医特色优势重点专科，肛肠科成为山东省中医药服务能力提升工程项目第四批中医药重点专科，骨伤、脑病、心血管病、针灸科成为潍坊市卫计委第五批中医药重点专科。针灸科成为山东省“十三五”中医药重点专科建设单位，老年病科成为潍坊市第六批重点中医专科建设单位；针灸推拿科、康复科、治未病科组建山东省中医药预防保健服务中心。院长谭波被国家中医药管理局评为全国基层名老中医药专家传承工作室建设项目专家。截至 2017 年底，有全国基层名老中医药专家 1 人，全国优秀中医临床人才 1 人，山东省名中医药专家 2 人，山东省首批中医药文化科普巡讲专家 1 人，山东省中医健康养生大讲堂授课专家 1 人，潍坊名医 3 人，潍坊市名中医 5 人，潍坊市基层名中医 12 人。

【临朐县海浮山医院】　由原潍坊市冶源干部疗养院和冶源中心卫生院合并组建而成。主要承担县境南部和中西部地区的医疗、预防保健、急诊急救及冶源镇的公共卫生服务职能。与北京同仁医院、地坛医院、宣武医院及解放军 302 医院、火箭军总医院合作，定期委派专家坐诊带教。与潍坊市第二人民医院合作成立呼吸专科医联体；成为潍坊市中医院医联体协作医院。全年累计外派进修学习 11 人次、参加学术会和专项培训 100 余人次。共收治门急诊病人 18.7 万人次，同比增长 3.3%；出院病人 12695 人次，同比增长 4.1%；施行手术 2457 例，同比增长 2.6%；全年业务收入 6064 万元，同比增长 9.2%。

## 基层卫生院

截至 2017 年底，全县共有镇街卫生院（分院）17 处，社区卫生服务中心 2 处、社区卫生服务站 7 处，中心村卫生室 368 处、一般村卫生室 397 处，诊所（含事业单位卫生室）61 处。

### 2017 年社区卫生服务中心及卫生院一览表

表 13

| 机构名称 | 地　址 | 设置床位数 |
|---|---|---|
| 城关街道社区卫生服务中心（城关街道卫生院，含纸坊分院） | 城关街道纸坊村 | 70 |
| 东城街道社区卫生服务中心（东城街道卫生院） | 东城街道东五路 25 号 | 71 |
| 冶源中心卫生院（海浮山医院） | 冶源镇政府驻地 | 300 |
| 辛寨中心卫生院 | 辛寨镇政府驻地 | 300 |
| 九山中心卫生院 | 九山镇政府驻地 | 60 |
| 五井中心卫生院 | 五井镇政府驻地 57 号 | 60 |
| 蒋峪中心卫生院 | 蒋峪镇沂山路 35 号 | 80 |
| 山旺中心卫生院 | 山旺镇政府驻地 69 号 | 36 |
| 柳山中心卫生院 | 柳山镇政府驻地 65 号 | 36 |
| 寺头镇卫生院 | 寺头镇政府驻地 | 60 |
| 寺头镇卫生院石家河分院 | 寺头镇石家河村 | 30 |
| 蒋峪中心卫生院大关分院 | 沂山风景区管委会北草山亭村 | 30 |
| 山旺中心卫生院龙东分院 | 龙山产业园龙东村 55 号 | 36 |
| 冶源中心卫生院杨善分院 | 冶源镇杨善集村西付小路中段 | 51 |
| 东城街道卫生院七贤分院 | 东城街道初家庄村 | 40 |
| 辛寨中心卫生院卧龙分院 | 辛寨镇谢家营村南 | 45 |
| 合　　计 | — | 1005 |

（李正喜　蔡勇胜）

# 社会民生

## 人口和计划生育

【概况】 2017年，全县共出生15887人，女性初婚2176人，人口出生率17.4‰，自然增长率10.3‰，出生人口性别比102，完成各项人口控制指标。

【妇幼健康服务】 实施出生缺陷干预工程，加强计生惠民政策和优生优育知识宣传普及。全年共开展免费孕前优生健康检查12079例、免费唐氏综合征筛查12353例、免费婚前医学检查9214例、免费发放叶酸3539例。全县优生检查覆盖率大幅度提升，孕前优生健康检查项目目标人群覆盖率为100%，产前筛查率为85%，新生儿四种遗传代谢性疾病筛查覆盖率、听力筛查率均达到99%以上。利用民政新婚、公安落户、教育入托以及孕产期保健、出生医学证明、住院实名登记、免疫规划等信息，加强人口信息核查比对。2017年，共核对户籍信息33921例、住院分娩信息16216例。加强性别比综合治理，全年查处 “两非”案件4起。

【育龄妇女管理】 全面深化两孩政策落实，落实生育第一、二个子女免费登记和再生育审批制度，简化程序，方便群众。2017年，共审批232对夫妇生育三孩。完善育龄妇女信息，分类建立管理台账，落实有针对性的服务管理措施。加强出生人口动态监测和分析预警，对有生育二孩愿望夫妇搞好调查摸底，及时提供免费孕前优生服务。

【计划生育宣传】 全年在县级及以上媒体刊发计生稿件800余篇，联合县电视台、报社开设《健康临朐》《人口与计生》等专题栏（节）目，定期播发卫生计生工作动态。抓住春节、世界人口日、会员活动日等重大宣传契机，搞好人口计生集中宣传活动。5月29日，举办“优生健康和谐幸福”协会会员日摄影展。7月11日，开展以“关心女性健康关爱妇幼健康”为主题的世界人口日街头宣传活动。12月，举办世界艾滋病日专题文艺晚会。建立完善微博、微信等宣传载体，全年发布计生信息1300余条。

【保障体系建设】 坚持“老人老办法，新人新办法”原则，落实计划生育家庭各项奖励扶助政策。2017年，共为42214个独生子女家庭兑现独生子女父母奖励费292.2万元，为2965名奖励扶助、特别扶助对象发放扶助金348万元。落实企业退休职工独生子女父母一次性加发30%的养老补助政策，保障计生家庭合法利益。发挥计划生育协会作用，深化“计生助福行动”。做好生育关怀帮扶工作，积极救助独生子女伤病残、“失独”以及生活困难的计生家庭，妥善解决他们生活照料、养老保障、大病治疗和精神慰藉等问题。为21个失独家庭发放抚慰金15.5万元，240户计划生育困难家庭每户发放救助金300元，34名独生子女贫困大学生每人发放救助金2000元，为15.6万名育龄群众进行免

费健康查体。 （李正喜　蔡勇胜）

## 民　政

【救灾】　2017年，全县共发生2次自然灾害，1次为风暴，1次为洪涝。受灾人口15139人，农作物受灾面积15968.7亩，成灾面积8411.7亩，绝收面积413.55亩，倒损房屋20户53间，直接经济损失1779.65万元。2017年初，根据潍坊市财政局、潍坊市民政局《关于下达自然灾害生活救助资金预算指标的通知》文件要求，将上级下达的28.7万元冬春救助资金，通过社会化发放方式发到708户1964名需救助群众手中。

【防灾减灾】　开展“5.12防灾减灾日”系列活动。积极创建“山东省综合减灾示范社区”，五井镇傅家庄社区和城关街道谭马社区被评为“山东省综合减灾示范社区”。根据潍坊市民政局、潍坊市财政局《关于印发＜潍坊市民生综合保险实施方案（试行）＞的通知》要求，全面推进民生综合保险工作，通过政府购买服务，政府出资为全县居民统一购买民生综合保险，保险自2017年7月1日起生效，期限为1年。2017年，共对94起民生保险赔付93.1万元。

【特困人员供养】　自2017年12月1日起，全县农村集中供养标准由原来的每人每年6100元提高到6200元，分散供养标准仍为每人每年4500元；城市集中供养标准提高到每人每月1800元，分散供养标准提高到每人每月765元。新增特困人员照料护理补贴，补贴标准分三个档次，不能自理的每人每月360元、半自理的每人每月250元、能自理的每人每月150元。

截至2017年底，全县共有城市特困人员3名，全部为分散供养对象，累计发放城市特困人员供养资金2.7万元；农村特困人员1381人，其中集中供养318人、分散供养1063人，累计发放农村特困人员供养资金680.71万元。

【养老服务体系建设】　2017年，县社会福利服务中心建成并开展公建民营试点，通过公开招标程序，确定潍坊华都颐年园老年服务中心与临朐县中医院合作组建医养结合体。多方筹措资金，继续对各镇街敬老院进行改造提升，改善入住老人生活居住条件，提高老人生活质量。支持有条件的镇街和社会力量兴办老年公寓、养老院。临朐景福养老护理院项目中的养老部分—临朐颐和养老中心建成投入使用；九山镇老年福利服务中心和寺头镇老年福利服务中心投入使用；阳光爱德老年健康城中的老年医疗保健楼和办公楼主体完成，老年护理医疗保健楼等项目正在积极推进；城关街道李家庄老年公寓开工建设。组织开展养老院服务质量建设专项行动，联合公安、卫计、市场监管、老龄等部门对全县养老院进行养老院服务质量大检查，将发现的问题及时告知机构负责人，并对养老院整改工作进行指导。“创新推动医养结合改革”被评为2017年度全县十大改革案例之一。

【城乡居民最低生活保障】　自2017年12月1日起，城市低保标准由每人每月500元提高到510元，人均补助标准由每人每月331元提高到335元；农村低保标准由每人每年3700元提高到4100元，人均补助标准由每人每月211元提高到225元。截至2017年底，全县共有城市低保对象254户446人，农村低保对象4672户8217人；累计发放城市低保金199.73万元，农村低保金2075.58万元。

【城乡医疗救助和临时救助】　截至2017年底，全县共救助城乡低保、特困供养人员及建档立卡贫困人员等医疗救助对象3682人次，救助资金398.76万元，其中3262人次城乡低保对象、特困供养人员、孤儿及建档立卡贫困人员享受“一站式”直接医疗救助服务，救助资金268.3万元。

全年为1477名临时救助对象发放临时救助金164.58万元。

【高龄津贴】　2017年，高龄津贴发放对象为：具有临朐户籍、年龄在100周岁以上的老年人以及80至99周岁享受城乡最低生活保障待遇的贫困老年人。高龄津贴实行按年龄段分档发放，其中80至89周岁、90至99周岁的老年人每人每月分别发100元、200元。截至2017年底，全县共有80至89周岁低保高龄老人438人，90至99周岁低保高龄老人52人。全年共发放低保高龄津贴66.05万元。

【村民委员会换届选举】 指导县第十二届村民委员会换届选举工作。注重做好前期工作，提前组织对换届工作进行调研，为全县村委会换届选举工作制定工作方案和工作规程。选举前和选举期间，对镇（街、园、区）选举工作骨干人员进行两次集中培训。对选举过程进行指导，从严把控每一道程序、每一个环节和每一项工作标准，全县350个中心村全部在规定时间内完成选举，未发生因违反程序而导致选举无效案件。

【殡葬改革】 贯彻落实县委办公室、县政府办公室《关于加快推动殡葬改革的实施意见》，开展规范殡葬服务整治行动。投入95万元，完成县殡仪馆395米进场路新修硬化、5500平方米停车场建设。积极参与全市殡葬用品阳光订购会，严格执行物价部门核发的收费项目和标准。全面落实基本殡葬服务费用减免政策，年内共为6215个丧户减免丧葬费用435万元。

【移风易俗】 印发《临朐县移风易俗树新风活动实施方案》《临朐县移风易俗工作考核细则》等文件，制定《临朐县红白喜事办理指导标准》《红白理事会章程》及相关操作细则，制作移风易俗宣传版面985块、宣传标语1560条、宣传画2320幅。对全县13个镇（街、园、区）红白理事会成员进行培训，共培训3852人。2017年，临朐县被评为“全省移风易俗工作先进县”。

【婚姻登记】 按照财政部、国家发展改革委《关于清理规范一批行政事业性收费有关政策的通知》要求，自2017年4月1日开始，停征婚姻登记工本费。全年共办理结婚登记5342对，离婚登记1567对，补领婚姻登记证2635对，婚姻登记合格率100%。7月31日，婚姻登记处办公场所搬迁至县城沂山路3677号。

【区划地名管理】 4月，全县第二次全国地名普查工作被国务院地名普查办列入全国地名普查监理和质量评定工作重点县，顺利通过国务院地名普查办监理和评定。7月底，县政府下发《关于对县城城区部分道路命名的通知》，对城区的朐山西路、西外环路、兴隆西路、泰茂街等12条道路进行命名。

【儿童福利】 开展农村留守儿童“合力监护相伴成长”关爱保护专项行动，留守儿童数量由最初的161人递减到104人，全部签订委托监护责任确认书。2017年，全县共有困境儿童25人、孤儿（事实无人抚养儿童）102人。全年累计发放困境儿童基本生活费297人次、22433元，孤儿基本生活费1208人次、87.552万元。

【福利慈善事业】 全面落实生活长期不能自理经济困难老年人的护理补贴、困难残疾人生活补贴和重度残疾人护理补贴政策。2017年，全县共有符合生活长期不能自理经济困难条件的老年人48人，护理补贴标准为每人每月60元，共发放护理补贴3.804万元。将重度听力、言语和多重残疾人纳入重度残疾人护理补贴发放范围，落实伤残人民警察享受社会残疾人待遇的有关政策。2017年，全县共有2113名困难残疾人享受到生活补贴，6523名重度残疾人享受到护理补贴，共发放补贴792.156万元（其中发放困难残疾人生活补贴201.928万元、重度残疾人护理补贴590.228万元）。

【社会组织管理】 2017年，新成立社会组织26家，全县社会组织总数达280家。推动社会组织培育中心提档升级，加强功能建设，指导5家入驻社会组织创新发展。全面加强社会组织党建工作，党组织覆盖率达100%。

【福利企业资格认定】 落实《山东省民政厅转发〈民政部关于做好取消福利企业资格认定事项有关工作的通知〉的通知》要求，对之前根据《山东省民政厅关于贯彻落实民政部〈福利企业资格认定办法〉的实施意见》颁发的福利企业证书即行收回并废止。

【慈善捐助】 2017年，共募集善款1595万元，募捐数额达到2016年全县GDP的0.06%。发放救助资金1360万元，救助困难群众7180人。“慈心一日捐”活动共接收捐款244.88万元，较2016年增长32%，捐赠额和增长幅度均创历史新高。

【流浪乞讨人员救助】 开展日常街面巡查和四部门联合巡查，严格落实“六必须、六不得”工作要求，充分发挥“三级联动救助管理网络体系”作用，对51名生活无着落的流浪乞讨人员及时有效救助。其中，省内返乡救助32人，跨省返乡救助5人，医疗救助11人，纳入城市特困人员供养3人。建立流浪乞讨人员身份快速查询机制、寻亲服务机制和滞留人员在站寻亲长效机制，利用人脸识别技术在公安人口信息库中比对寻亲，为2名长期滞站人员查找到亲属。

【收养登记】 按照《中华人民共和国收养法》等相关政策规定开展收养登记，全年共办理收养登记53例。

（刘世忠　王光芹）

## 劳动就业

【概况】 2017年，全县城镇新增就业6836人，城镇失业人员再就业3191人，就业困难人员就业503人，开发公益性岗位361个，城镇登记失业率控制在2.7%。开展就业创业培训5597人，发放创业担保贷款689笔8026.5万元，举办人力资源市场招聘会52场，失业保险征缴2439万元，发放鸢都创业证2829个。

【公共就业创业】 就业援助工作。完善就业援助制度，推进各类用人单位按比例安排残疾人就业，扶持残疾人自主创业和灵活就业17人，实现城镇零就业家庭“动态清零”。鼓励企业吸纳“4050”就业困难人员91人、就业困难高校毕业生30人，特困生就业率达到100%。

人力资源市场招聘工作。组织召开“春风行动”等主题招聘会、精准扶贫就业专场等招聘活动52场。召开民营企业招聘周专场系列招聘洽谈会，累计到场招聘企业805家，提供就业岗位9866个，达成就业意向1848人。

失业保险金稳定就业工作。为67家符合稳岗补贴条件的企业发放稳岗补贴9274人次、168.92万元。累计发放失业保险金19692人次、1994.49万元。为失业人员缴纳医疗保险19691人次、539.09万元。

创业载体建设工作。建成各类创业孵化平台4处。其中，临朐县大学生创业旺佳孵化中心被评为“市级大学生创业示范平台”，临朐县山旺大学生电商产业园、临朐县大学生创业寺头农产品产业园、临朐县大学生创业九山电商孵化基地被认定为“市级大学生农村创业特色示范平台”。

创业型街道（乡镇）、社区创建工作。开展创业型街道（乡镇）、社区创建活动。五井镇被评为“市级创业型示范镇街”，五井镇上五井社区、辛寨镇卧龙社区被评为“市级创业型示范社区”，九山薰衣草小镇获得“市级特色创业小镇”认定，东城街道入选“省级创业型街道”创建名单。

创建“四型就业社区”工作。开展省级“四型就业（充分就业、创业创新、智慧就业、标准服务）社区”创建活动。东城街道吴家庙社区、九山镇九山社区、嵩山生态旅游区朱家坡社区被省人社厅认定为省级“四型就业社区”。

【人力资源职业培训】 开展“培训大篷车下乡”活动，以家政服务员（育婴员、保育员）、中式面点师专业为主，共开展月嫂培训班、面点培训班39期，培训学员1491人。开展“送培训到企业”活动38期，培训学员1632人。

【就业精准扶贫】 开展“岗位援助”。组织企业“赶大集”招聘活动，实现就业精准到村。在蒋峪镇、冶源镇等11个镇街举办精准扶贫专场招聘会11场，203家企业参加，提供岗位2636个，达成就业意向355人。

开展“技能援助”。发挥定点培训机构的辐射作用，全面发挥培训资源效能，最大限度地将培训与市场需求结合起来，和企业用工需求结合起来，推广“订单式培训”。全年共培训各类人员5597人，其中技能培训 4782 人，创业培训 815 人。

打造乡村“扶贫车间”。加强“扶贫车间”建设，就近精准到家。设立九山新旭电子等“就业扶贫车间”和扶贫加工点 17 个，吸纳建档立卡贫困人员 81 人就业。其中，九山新旭电子、嵩山朱家坡等 5 家“就业扶贫车间”被评为省级就业扶贫示范基地。2017 年，九山新旭电子“扶贫车间”上缴税金 178 万元，实现劳动就业 300 余人，被评为国家级扶贫示范基地。

【大学生创新创业大赛暨第二届全民创业大赛】 7 月 5 日，2017 年临朐县大学生创新创业大赛暨第二届全民创业大赛落下帷幕，本次创业大赛有 11 位大学生组、8 位全民组选手进入决赛，涉及艺术设计、电子商务、机械制造、乡村旅游等领域。临朐山河食品有限公司的大学生创业者王中华获大学生组第一名，山东万达渔业股份有限公司创始人陈传明获全民组第一名。组织参加市级创新创业大赛，其中临朐县大学生创业者王楠、王中华被授予“潍坊市大学生十大创业之星”称号，张祥被授予“潍坊市优秀大学生创业者”称号，临朐县人民政府被授予“潍坊市大学生创新创业工作先进集体”称号。 （高　磊）

## 社会保障体系建设

【社会保险公共服务“三化”建设】 根据《临朐县社会保险公共服务“三化（标准化、信息化、一体化）”建设实施方案》和工作配档表，成立领导小组，设立专业工作组。开通微信公众号“临朐社保”，实现社保查询、社保卡余额查询、社保卡办卡进度查询、办事指南、咨询服务等各项实时查询功能及居民养老缴费服务。全年举办业务培训班 3 期，培训 709 人次。截至 2017 年底，完成社保大厅改造工作，设置接待室（信访室）、VIP 室、咨询台、材料领取台、自助终端区、休息等待区、金融服务区等功能区，前台柜台窗口设置为综合柜员窗口，将后台各业务科室全部搬迁至社保服务大厅，做到与前台业务紧密衔接。“三化”建设完成，综合柜员制正式启动实施，实现“数据多跑路、群众少跑腿”目标。新系统上线之后业务办结量居全市第一位。

【扩面征缴】 2017 年，新增企业参保职工 4219 人。企业养老保险、城镇职工医疗保险、工伤保险、生育保险参保人数分别达到 63886 人、101005 人、71897 人、42076 人；征缴各项社会保险费 15.11 亿元；完成居民养老保险扩面征缴，共有 31.6 万人续缴保费，续保率达 97.2%。

【社保待遇】 2017 年，共拨付各项社会保险待遇款 17.29 亿元，拨付率 100%。连续 13 年为企业离退休人员调整待遇，人均养老金达 2123 元；职工医疗保险报销待遇不断提高，全年审核住院费用 12257 人次，门诊慢性病 64009 人次，报销住院医疗费用 8876 万元，门诊慢性病医费用 2936 万元；搞好职工长期护理保险试点，80 人享受长期护理保险待遇；推进“同舟计划”实施，共立户 105 家建筑企业，涉及 3403 人，基本实现先参保、后开工要求；城乡居民社会养老保险养老金提高到每人每月 100 元，落实重度残疾人保费代缴和提前五年领取养老金待遇政策，为 2650 名重度残疾人代缴保费，为 185 名符合提前待遇领取条件的重度残疾人办理提前待遇领取手续。

【机关事业单位养老保险制度改革】 积极稳妥推进机关事业单位养老保险制度改革。1 月，调整、核定缴费基数，共调整 263 个单位、15720 人，缴费基数 9128 万元，人均缴费基数 5807 元。7 月，调整 2016 年底前退休的机关事业单位退休人员工资，补充发放金额 1198.46 万元，人均月增资 213 元。9 月，对机关事业单位编制外人员进行养老保险改革，做好机关事业保险与企业养老保险转接工作，共调整 88 个单位、1728 名编制外人员。12 月，对 2017 年 10 月 1 日以后办理退休手续人员，按照山东省机关事业单位养老保险制度改革过渡期内退休人员新老办法计发养老保险待遇要求，核算退休待遇。

【全民参保登记】 完善全民参保登记信息库，加大宣传、强化培训、入户摸排，严把信息比对和录入关口，健全全民参保登记数据库的动态监管机制，有效入库率达 100%。总结出“五不漏、五结合”的临朐经验，成为全市全民参保登记工作标杆。

【资格认证】 2017 年，认证企业退休人员及遗属 2.44 万人，异地协助认证 680 人，追缴 36 人重复领取企业养老保险金 9.7 万元；认证城乡居民养老保险待遇领取人员 16.12 万人，追缴死亡冒领及重复领取居民基础养老金 22.3 万元，堵塞社保基金流失漏洞。

【定点医药机构协议管理】 2017 年，新增医保定点门诊 38 家，定点零售药店 21 家，全部签订定点医药机构医保服务协议。为 95 家新增定点医疗机构申请 POS 机以及 PSAM 卡。

【其他经办事项】 2017 年，共为 468 人办理养老保险转移，为 373 人办理医疗保险转移；接收 266 名退役军人养老保险金；为 2295 家企业办理缴费工资申报及调差补退工作；完成 10 家企业专项培训和 2100 人次的集中培训。1 月，城关街道谭马社区被潍坊市社保中心评为 AA 级社区。 （张琳琳）

## 老龄工作

【老龄优待】 为全县 2278 名 90—99 岁高龄老年人发放高龄补贴 164 万元；为 38 位百岁老人发放长寿津贴 27 万元。开展老年节和春节走访百岁老人活动，县领导集中走访百岁老人 2 次。全年免费办理山东省老年优待证 8000 余份。

【老龄保障】 推进银龄安康工程，基本实现银龄安康保险全覆盖。标准化基层老年协会建设稳步推进。

【老年活动】 组织老年人参加银龄传媒大学学习，截至 2017 年底，共有学员 2 万余人；组织参加潍坊市老年人文艺大赛、山东省老年书画大赛等；开展老年门球赛、老干部钓鱼比赛、老年书画展及京剧下乡等文体活动 30 余次。

【老龄宣传】 开展省市敬老文明号创建活动和十大孝星评选活动。开展人口老龄化国情、老龄政策法规为主要内容的宣传和孝德模范村创建等活动。（王学新）

## 住房公积金管理

【公积金宣传】 拍摄公积金政策宣传片在县电视台、电台、网络等新闻媒体滚动播出，印制发放《公积金宣传手册》2000 份。利用《潍坊日报·临朐新闻》和《中小企业会刊》宣传平台，宣传公积金政策。对纳税过百万元企业开展重点宣传。以“缴存公积金圆您住房梦”宣传月为契机开展宣传活动，发放宣传材料 5000 份，受理群众咨询 700 余次。

【公积金归集】 制定出台《2017 年归集扩面工作实施方案》，成立 3 个归集扩面工作小组，实施“全员搞归集”制度，变被动服务为主动服务、上门服务和预约服务，为全县纳税百强企业及部分效益较好的规模以上企业上门服务，发放宣传手册，讲解公积金政策。

【公积金提取及收缴】 加大对提取、补缴、转移业务的审查力度，对不符合规定条件的，一律不予办理相关业务。开通住房公积金异地转移业务，解决职工两地来回奔波问题。定期做好缴存单位职工信息完善和个人账户清理合并工作，建立登记欠缴单位台账，采取电话催缴、上门催缴和下发催缴通知书等形式及时催缴。开展网厅业务推广工作，举办网厅业务培训班 3 期，60 余家单位业务实现网上办理。

【公积金贷款】 落实各项贷款优惠政策，开展公积金贷款对冲业务，执行贷款轮候制度，加强与开发商和受委托银行沟通，扩大期房借款合作范围。2017 年，与新文化苑、栖霞苑二期、万福园二期、东沂润富苑等楼盘开发企业签订期房合作协议，合作企业 18 家、小区 25 个。 （翟淑法 宋 军）

## 居民生活

【概况】 2017年，临朐县全体居民人均可支配收入23440元，比2016年增长9.2%；人均消费支出15058元，比2016年增长10.0%。

【城镇居民生活】 2017年，临朐县城镇居民人均可支配收入31711元，比2016年增长8%。收入构成四大项（工资性收入、财产性收入、家庭经营性收入、转移性收入）中，工资性收入仍是临朐城镇居民的主要收入来源，转移性收入成为城镇居民收入重要补充。2017年，临朐城镇居民人均工资性收入为16386元，占可支配收入的51.7%；人均经营净收入为2119元，占可支配收入的6.7%；人均财产性净收入为5589元，占可支配收入的17.6%；人均转移净收入为7617元，占可支配收入的24%。

城镇居民人均消费支出19951元，比2016年增长7.7%。八项消费支出中，食品烟酒支出总量居首位。城镇居民人均食品烟酒支出5721元，占消费支出的28.7%；人均衣着支出1069元，占消费支出的5.4%；人均居住支出5673元，占消费支出的28.4%；人均生活用品及服务支出1182元，占消费支出的5.9%；人均交通通信支出2562元，占消费支出的12.8%；人均教育文化娱乐支出2229元，占消费支出的11.2%；人均医疗保健支出1201元，占消费支出的6%；人均其他用品和服务支出314元，占消费支出的1.6%。

【农村居民生活】 2017年，临朐县农村居民人均可支配收入16015元，比2016年增长8.9%。2017年，临朐农村居民人均工资性收入（劳动报酬收入）为12520元，占可支配收入的78.2%；人均经营净收入为1996元，占可支配收入的12.5%；人均财产性净收入为212元，占可支配收入的1.3%；人均转移净收入为1287元，占可支配收入的8%。

全年农村居民人均消费支出10666元，比2016年增长11.9%。八项消费支出中，食品烟酒支出总量居首位。农村居民人均食品烟酒支出2611元，占消费支出的24.5%；人均衣着支出336元，占消费支出的3.2%；人均居住支出2345元，占消费支出的22%；人均生活用品及服务支出345元，占消费支出的3.2%；人均交通通信支出1183元，占消费支出的11.1%；人均教育文化娱乐支出452元，占消费支出的4.2%；人均医疗保健支出3176元，占消费支出的29.8%；人均其他用品和服务支出218元，占消费支出的2%。

（陈冉东）

## 民族宗教

【民族工作】 2017年，全县共有少数民族28个，少数民族群众1198人，其中常住人口799人、流动人口399人。常住人口中，回族群众284人，主要分布在冶源镇冶源南村和九山镇青平峪村。流动人口中，包括回族、维吾尔族等20个少数民族，以杀鸭厂打零工和经营拉面馆为主。

2017年，贯彻落实《临朐县落实省委、省政府〈关于加强改进新形势下民族工作的实施意见〉职责分工方案》，开展“民族团结进步宣传月”活动。严格落实穆斯林牛羊肉价格补贴政策，春节期间为100家穆斯林农户发放补贴款4万元。注重加强清真食品监管，为6家企业办理清真食品审批上报。办理2名外来务工少数民族群众子女入学诉求，协调帮助1名彝族群众办理暂住证，为3名少数民族考生出具中考特殊考生证明，依法调处涉及少数民族群众纠纷3起，答复更改民族成分政策咨询7起。

【宗教工作】 截至2017年底，全县有佛教、道教、伊斯兰教、天主教、基督教5种宗教。宗教活动场所52处，其中佛教2处、道教1处、天主教8处、基督教41处，伊斯兰教无活动场所。

5月16日，召开县委统战工作和宗教工作会议。年内，积极推动宗教活动场所基础数据库建设，将全县52处宗教活动场所、33名教职人员和2个宗教团体基础数据全部录入数据库，实现宗教基础数据管理信息化。县佛教协会为九寨沟地震灾区捐款2万余元。县基督教三自爱国运动委员会完成换届工作。5月23

日，召开临朐县基督教第五次代表大会。县佛教协会玉泉寺住持平稳交接。申报清真寺建设相关材料，为4位穆斯林群众出国朝觐办理手续。6月，集中开展“宗教政策法规学习月”专题活动，加强教职人员培训，提升教职人员素养。联合安监、住建、消防、公安、市场监管等部门，对各宗教团体、宗教活动场所的安全情况集中检查。下发《关于切实做好宗教领域有关工作的通知》，通报全县宗教领域存在的突出问题，明确阐述宗教领域有关政策要求。深入开展排查安全隐患防范四类风险专项行动和民族宗教领域安全稳定排查活动。答复设立宗教活动场所政策咨询13起，处理各类举报案件13起。　（祝洪刚　赵玉霞）

# 镇（街、园、区）概况

## 城关街道

【概况】 城关街道位于临朐县中心城区，总面积 90 平方公里。辖 32 个中心村（社区），14.9 万人，其中农村人口 8.4 万人，耕地面积 2100 公顷。2017 年，实现财政总收入 4.27 亿元，一般公共预算收入 2.52 亿元。

【党建工作】 2017 年，共有基层党组织 114 个，党员 5733 名，其中农村党员 4254 名。年内开展党建专项督查 16 次，查摆整改问题 72 项。顺利完成 32 个村的村两委换届选举工作。落实服务群众专项经费和社区建设工作经费 112 万元，招考 10 名社区专职工作人员；建立“五议一备案两公开”、社区联席会议等制度，新规划 14 个城市社区，兴隆、南关 2 处城市社区实体化运行。投资 2550 万元，新建小陡沟、教场、三里庄 3 处党群服务中心，改造提升西坦、谭马、三元等 7 处党群服务中心。兴隆等 7 个党支部被评为临朐县“过硬支部”。打造伊利、华特 2 处市级“两新”组织示范点。建成市级以上平台 22 个，产学研合作企业 21 家，新增国家“万人计划”2 名。完成高家庄村、高倪社区、南亭子村、田村集社区党组织治理工作。凤凰、高家庄、南亭子 3 个薄弱村通过土地流转、清收往年土地承包费欠款、基础设施租赁等方式，增加收入 32 万余元。推进农村集体“三资”清理工作，对发现的 180 个问题全部整改到位。完成 45 家非公企业党支部换届选举、撤并及整合工作，选配优秀党组织书记 12 名。组织 1300 余人次到淌水崖水库党性教育基地等参观学习；组织开展学习讨论 1152 场次，收集群众反映诉求 853 件，有效解决问题 961 件；创新实施“小班化”党员培训，通过视频同步直播方式，对农村党员进行集中培训；抓好失联党员排查和不合格党员处置工作，查找失联党员 38 名，约谈 27 名，处置不合格党员 21 名。结合“作风建设年”和“做合格党员、当沂山先锋”活动，引导广大党员干部在棚户区改造、大项目建设等方面发挥先锋带头作用，3990 名党员申报加分事项 620 余项，累计贡献加分 2.1 万余分。扎实开展“进千村、入万户、察民情、解民忧”活动，走访党员群众 1600 余户，解决群众生产生活问题 28 个。

【工业发展】 实施“工业强街”战略，积极破解土地制约瓶颈，集中要素资源促进优势产业集聚发展，做大做强食品加工、高端装备制造、生物新材料、节能环保等十大产业集群，街道工业经济总体实力不断壮大。骨干企业实现创新发展。以伊利乳业、华特磁电、鑫珂海洋生物等龙头企业为重点，通过科技创新，企业效益持续增长。其中，总投资 3.8 亿元的伊利二期 4 条利乐冠生产线投产，上缴税金 1.08 亿元，成为全县第二个纳税过亿元的工业企业。总投资 2 亿元的鑫珂海洋生物医用敷料项目，在完成海外并购的基础上，利用世界领先的海沐康专利技术，加快军工产品的研发和推广力度。车间工程主体完成，项目建成投产后，可新增销售收入2亿元，年利税5000万元。华特磁电在完成全球首台3.0T核磁共振医疗设备研发的基础上，加快海外布局，将智能磁电装备推向全球市场。2017年，企业完成销售收入1.53亿元，上缴税金1287万元。传统企业加快转型升级。以万豪纸业、秦池集团、三田机械等老国有企业为重点，通过节能改造、技术更新，推动产业迈向中高端水平。成长型企业逐步培强做大。以博创重工、云豪卫品、力德电器等企业为重点，通过扩大产能拓宽市场，推动产业上档升级。其中，博创重工PC构件项目总投资1.5亿元，项目运用新型建筑设计方法，大幅提高住宅的整体质量水平，实现环保、节能、绿色、安全的住宅产业化目标。企业服务平台建设不断完善。严格落实服务企业经理人制度，对全街道57家规模以上工业企业及部分重点纳税企业实行街道副科级以上领导、中层正职干部联系包靠制度，对企业进行“一对一”精准服务，切实解决发展难题，帮助企业做大做强。成功举办银企联姻会，与潍坊银行、聚丰村镇银行等金融部门建立战略合作关系，搭建银行、企业沟通的桥梁。2017年，为企业新增融资6.8亿元，解决企业融资难题。召开城关街道商会第四次会员代表大会，通过企业资源共享和优势互补，形成抱团发展的良好效应，推动城关企业共同繁荣、共同进步。

【农业产业】 2017年，城关街道栽植大樱桃2万余亩，其中大棚樱桃1万亩，以月庄为中心，辐射带动李家庄、高家庄、粟山、纸坊等片区。2017年，实现大樱桃销售收入6.5亿元，大樱桃种植成为街道农业增收的支柱产业。2017年，“丽丰”大樱桃商标通过农业部绿色食品A级认证。以月庄大樱桃基地为龙头，以月华、樱冠、福润源等大樱桃专业合作社为依托，规划建设千亩大樱桃生态示范园区，实现农业经济与旅游观光的协同并行发展；依托高效节水项目区建设，加快推进衡里炉周边3500亩樱桃示范园区建设，普及智能微喷灌技术，提高樱桃的产量和品质；立足西山优越的自然条件和生态环境，建设1000余亩的大樱桃、山楂、苹果等果品采摘园。与济南果品研究所合作，投资600万元，规划建设200亩的优质果品示范园，推广和引进国内外优良果树品种，进行新品种苗木培育和丰产栽培技术咨询服务。4月，举办中国（临朐）第一届大樱桃节，进一步扩大临朐大樱桃品牌知名度和影响力。寨子崮村柿子通过农业部绿色食品认证。

【基础设施建设】 瞄准高端服务业，加快培育城市综合体、商贸物流等新兴业态，促进中高端商业资源集聚发展。其中，总投资15亿元、占地290亩的北江市场项目开工建设。项目建成后，可容纳商户1000余家，创造就业岗位6500余个，年交易额可达25亿元。总投资5亿元的隆达商业广场、总投资1.2亿元的兴隆大厦建成并开始招商，后楼综合商贸楼、粟山商厦等项目加快建设，形成以北江市场、全福元、佳乐家、隆达商业广场为核心的商贸服务区。城市建设步伐进一步加快。集中完成魏家庄、王家楼、粟山等5个片区、1844户的搬迁任务。完成土地调整1600余亩，为棚改工作顺利实施奠定坚实基础。总投资4.4亿元的魏家庄（连家庄）安置楼工程封顶；总投资4亿元的上书房小区一期工程主体基本完成。总投资1.4亿元的王家楼安置小区及高层商住楼开工建设；总投资2.6亿元的缸套厂高层住宅楼及沿街商铺加快建设。加快推进恒信首府、丰泽园、绿城水郡等12个高端地产项目建设，城市综合承载能力进一步增强。着力打造春夏花海、秋季红叶、冬天观雪的景区新特色，推动景区由单季游向四季游过渡。总投资8000万元的植物迷宫、薰衣草基地、红叶大道、红叶谷滑道等项目完成建设；总投资1.2亿元的石门坊滑雪场、千人山地小木屋和房车宿营地等项目加快推进。成功举办临朐县第四届群众文化艺术节、“意象·临朐”中国油画名家作品展、“那时花开”临朐第十届万人相亲大会、2017中国（临朐）石门坊红叶文化节等重大节会活动，进一步叫响石门坊旅游品牌。总投资15亿元、规划面积3600亩的中华文化雕塑园项目完成区域道路建设、作业面除险、园区绿化等基础性工作，安装各类雕塑近千座。以石门坊景区为龙头，以中华文化雕塑园为核心，以红叶小镇建设为依托，将龙韵文化艺术城、中国奇石城、山东华艺雕塑、潍坊伊利乳业、月庄大樱桃基地等“八大文化旅游品牌”串珠成线，组团发展，进一步拓展旅游发展空间，提升全域旅游发展档次。

【社会事业】 总投资4200万元的朱封小学及幼儿园交付使用；总投资4600万元的魏家庄小学及幼儿园、总投资5000万元的纸坊小学及幼儿园开工建设；总投资8600万元的金宝宝幼儿园等项目进入招投标程序。加强居民生活环境整治。拆除乱搭乱建棚屋2300余个，清运垃圾5万余立方米；对张家亭子、卢家庄2处农贸市场进行改造提升，规划建设西坦、太平、西郡、北马家庄、工业街5处便民疏导点和全福元后街早（夜）市，依法取缔主干道占道经营摊点1100余个，取缔落地广告牌3400余个；投资3000余万元，完成道路养护修补、绿化美化10万余平方米。

【精准扶贫】 按照“增收、减支、省时”思路，实施产业扶贫、教育扶贫和社会组织扶贫。截至2017年9月底，61户、130人（含返贫1户1人）全部实现稳定脱贫。 （常敬伟 郭泰圆）

## 东城街道

【概况】 东城街道位于临朐县城以东，总面积144平方公里。辖43个中心村（社区），3.6万户，12万人，耕地面积3536公顷。2017年，实现财政总收入7.2亿元，一般公共预算收入4.2亿元，同比分别增长21%和20%。规模以上企业完成工业总产值199.6亿元，主营业务收入197.6亿元、利润7.83亿元、利税11.07亿元，同比分别增长4.1%、4.6%、15.7%和11.3%。

【基层党建】 2017年，深入开展“作风建设年”活动，先后5次组织对标学访活动，建立沟通交流机制，分类实施盯标赶标管理。深化“两学一做”学习教育常态化制度化，抓严抓细党员学习、四诺履职、党员积分制等规定动作，推进“三务公开”和党员教育入户化，提升党员学习效果。持续开展“进千村、入万户、察民情、解民忧”等活动，街道干部开展各类走访活动600余次，解决问题500余个。制定村集体经济三年提升计划，通过土地流转、领办合作社、发展乡村旅游等，实现村级经济持续发展，转化提升集体经济薄弱村12个，创建过硬支部8个；扎实推进村“两委”换届选举工作，选优配强村级领导班子。创新服务方式，依托三网，建成街道党群服务中心1处，朱位、东焦党群服务中心2处，推行一村一社区服务机制，优化智慧社区服务平台，实现服务群众的智能化、信息化。推进非公企业示范点创建，打造出华建铝业“全员积分制”、蓝帆新材料党员义工队创意“金点子”、伟业铝材党员职工“双向培养”等一批非公企业党建亮点特色项目，其中，华建铝业、蓝帆新材料被评为市级党建示范点。

【农业产业】 围绕“新六产”和“三转三化”发展要求，加快发展现代农业。农民合作社、家庭农场等新型农业经营主体快速发展，沙崖元宝金秋红蜜桃和黄埠店自然之源合作社取得“三品一标”绿色认证；自然之源合作社蜜桃基地扩建工程完工，达到年产6000吨标准；满山红果山楂专业合作社评为“市级农民合作社示范社”。农业基础设施进一步完善，投资160万元，新打机井2眼，建蓄水池3座，铺设PE管道3.6公里，修复道路6.8公里，新增果品面积3000亩，达到1.2万亩。强化耕地地力保护，深翻耕地5000亩，秸秆还田1.6万亩。总投资300万元，对街道范围内的小型水库、塘坝、河道进行水利设施维护，农业生产条件进一步改善。现代高效农业初具规模。在北朱、朱位村流转土地500亩，建成高档绿化苗木基地和华建农业生态产业园，带动当地农业发展、农民增收。

【工业经济】 围绕构筑现代产业体系，按照“传统产业抓升级，新兴产业抓培育”要求，加快新旧动能转换，工业经济稳中有进，实现总量扩大、质量提升，华建、雷奥、蓝帆、联科等骨干企业通过“借智”“借力”研发新产品，市场份额不断扩大。小微企业发展迅速，信泰节能产品获国家级“绿色建材”称号，飞度胶业获省级“一企一技术”创新企业称号，中坤石油、三恩电子获省级“专精特新”中小企业称号，康纳馨生物科技有限公司在齐鲁证券挂牌上市，信泰节能科技股份有限公司在“新三板”挂牌上市，联科新材料加快主板上市步伐。截至2017年底，完成企业规范化改制40家，上市企业达8家，企业融资渠道拓宽，发展后劲进一步增强。

实施“大项目带动”战略，集中精力谋划大项目，积极推动大项目的引进和建设，通过强化包靠责任，优化项目服务，大项目建设成绩显著。总投资86.8亿元的8个大项目加快建设，5个项目实现投产达效。通过创新“园区+招商主体”模块化、组合化招商模式，大力实施产业招商、会展招商、以商招商，强化招商引资带动，一批好项目、大项目落户街道。新引进落户圣鸿门业、全铝家具、兆冠新材料、蓝帆医疗健康产业园等过亿元项目8个，总投资39.2亿元，产品涵盖健康医疗、新材料、高端门窗、全铝家居等行业门类，工业结构更趋丰富，骨干财源建设进一步壮大。

【商贸服务业】 成功举办第五届、第六届家居门窗博览会，吸引国内外参展商2000余家，专业观众12万余人；组织举办各种技术交流峰会、论坛等多元行业活动80余次；发挥窗博城平台作用，筑巢引凤，引进近40家名企进驻中欧节能门窗产业园和铝模板产业园。滨河花园、东镇南路、旺佳等商贸集聚区初具规模，日益繁荣；江北物流城已落户钢材商户211家，入住建材、仓储业户198家；汽车贸易城内大众、别克等13个品牌4S店建成运营，壮大优质高效财源。

【基础设施建设】 总投资3500万元，新修、拓宽方山路、营上路等城市道路6条，同步推进水、电、暖、气等综合管廊配套建设，改造提升骈邑南路等老园区道路14条，重新罩补路面6万平方米；投入1000余万元，绿化营龙路、黄山路等道路9条，新增绿化面积20余万平方米，基本实现城市道路绿化全覆盖。投资800余万元，新建朱位、孔村社区服务场所2处，12个社区全部达到“三有一化”标准，滨河社区被评为“国家地震安全示范社区” ，吴家庙社区被评为省级“四型就业社区”。投入900余万元，全面提升村庄“五化”水平，实现辖区128个原建制村道路硬化村连村、巷连巷；建成刘家庄、杨家庄等6个美丽乡村示范村，美丽乡村覆盖率达到70%以上，其中，朱位村被评为“省级美丽乡村示范村”，吴家庙、杨家庄、初家庄等7个村被评为“省级卫生村”。揽翠湖（天沐）温泉度假村完成梦幻水城二期扩建工程，建成高端马术俱乐部，新上戏雪乐园等休闲娱乐项目，获“山东省服务名牌”称号；发挥黄埠店2万亩桃花林优势，成功举办首届东城桃花汇；承办第十届观赏石展销博览会；有效整合黄埠店、天润农场、奇石市场、状元祠、弥河景观带等文化旅游资源，打造旅游新线路，促进一二三产业融合发展。

【社会事业】 推进“中小学幼儿园三年行动计划”，总投资4000余万元，建成文昌小学、第二中心幼儿园，完成双语初中扩建工程；投资620万元，新建黑山幼儿园，主体建设完成；新增中小学教学班89个，增加学位3600个；投资600万元，新建文昌、兴安小学塑胶操场；投资300万元，为辖区学校配备空调546台、炭晶板1132块。

“三年棚改会战”全面启动，先后完成赵家庄、善家庵、烟家铺、齐家庙、南张家庄等村搬迁改造，为城市发展、产业扩容打下坚实基础。安置楼建设快速推进，皇山社区26幢多层安置楼实现当年开工建设，当年交付使用；烟家铺社区20幢多层安置楼开工建设。腾空地块得到有效开发，恒信绿城·百合花园、泰和佳苑、大观园二期等一批高档住宅、商贸小区动工建设，弥南片区、颜家洼等闲置地块达成投资意向，海岳新区完成规划。

践行绿色发展理念，开展“三八六”环保行动，实施“生态东城”建设。开展“双城同创”活动，清运各类垃圾6万余立方米，改造地上垃圾池77个，建成占地50亩的建筑垃圾消纳场1处；拆除各类违法建设2.5万平方米。拆除燃煤锅炉100余个，完成10吨及以下燃煤锅炉“清零”；坚持立查立改、彻查彻改，完成中央和省、市环保督察问题整改，依法查封散乱污企业101家；全力推进清洁煤和炉具使用推广工作，取缔关闭散煤销售点40处；全面落实河长制，清理养殖棚1000余个，疏通河道近百公里；部门联动、重拳出击，强力取缔非法洗砂、采砂点10处，平整复耕土地60余亩。

【精准扶贫】 针对508户贫困户“插花式”分布的实际，精准实施稳定就业脱贫、“合作社+贫困户”脱贫、企业包靠、光伏发电分红、兜底脱贫等措施，做到精准到户，精确到人。创新形式，通过街道财政出资和社会、个人捐赠等多种方式募集资金，成立街道脱贫基金，提高兜底保障能力，扶持合作社发展壮大，提高带动能力。2017年，街道508户、1308名贫困人口全部实现脱贫。 （陈传安 曾昭磊）

## 五井镇

【概况】 五井镇位于临朐县西南部，总面积102平方公里。辖20个中心村，1.7万户，5.2万人，耕地面积2340公顷。2017年，实现财政总收入2.16亿元，一般公共预算收入1.08亿元。

【党建工作】 全镇共有基层党支部49个，总支委员会7个。其中农村党支部20个，机关企事业党支部29个，共有党员2391人。抓好基层党建任务整顿，分4轮6组对49个党支部进行集中验收督导，整改问题19项，建立健全党建包靠联系点、老干部服务社区等问题解决机制7项；坚持早谋划、早动员、早部署，严把程序关、纪律关、选人关，顺利完成村“两委”换届选举。全面提升服务群众水平。分2期组织60名镇村干部集中拓展培训，提升村干部为民服务意识和能力；改造提升莲花山、上五井、花园河3个党群服务中心，投资300万元高标准建设茹家庄社区。完善村“两委”干部坐班制度，全天候、面对面为群众提供精准服务。集中抓好三务公开栏规范整改，33个建制村公开栏统一提档升级。完善镇域人才交流引进平台，以高铁轨道大板人才储备库项目为切入点，引进和培养高层次人才80余人。创新产业化经营“美丽乡村”模式，总结提炼隐士村产业化经营经验，将全镇33个村按山水自然、历史人文、农业产业和特色优势产业资源划分为四类，分别引导发展乡村旅游、农业产业化基地、企业配套服务、兴办特色经济实体，一村一品壮大主导产业，全镇33个村集体经营性经济收入比2016年整体提升51%。推行“三级积分”村级治理机制，将全镇村、党员、群众全部纳入积分制管理，建立起“党委统筹、支部引领、村民自治”三级积分模式，破解村级治理不规范、党员教育管理难、监督不到位等问题，村党组织凝聚力不断提升，6个支部被评为全县第一批过硬支部，花园河村被评为全国文明村。

【农业产业】 突出抓好以小麦、玉米为主产品的粮食生产；以肉鸭、奶牛、生猪、蛋鸡为重点的养殖业生产；以山楂、牛心柿子、大樱桃为重点的果品生产以及黄烟、药材等特色农业生产。粮食播种面积43100亩，总产量1300万公斤。果园总面积15728亩，果品总产量1300万公斤。奶牛存栏量840头，牛奶总产量21万公斤。肉鸭存养量62万只，年出栅450万只。蛋鸡存养量15万只，鸡蛋产量207万公斤。生猪存栏量1.2万头，出栏2.4万头。柿子总产量420万公斤，山楂总产量460万公斤。黄烟种植面积1185亩，总产19万公斤。种植瓜菜1500亩，总产量390万公斤。全镇共有塑料大棚410个，面积400亩。肉类总产量934万公斤。

以市场需求为导向，加快泉水崖500亩优质樱桃园基地建设步伐，确保农业收入效益最大化。强化农产品质量安全监管体系建设，发展无公害、绿色、有机农产品和地理标志产品，发展品牌果品深加工产业，形成产业链条，拓展农民增收渠道。加大“一村一品”培育力度，因村制宜调整种植结构，狠抓农民专业合作社、家庭农场、龙头企业等新型农业经营主体建设。强化信贷支持，落实优惠政策，打造7—10个经济效益好、知名度高、群众受惠多的农业合作社发展典型。强化合作社与龙头企业对接力度，联合华兴、全福元等大型超市开展农超对接，引导五井农产品规模化市场化进程。加强互联网与农业农村融合发展，大力发展电商产业，叫响隐士柿饼、磨砚池山楂、北庄樱桃等系列农业品牌。利用镇电商服务中心，加大知名农产品品牌网上推介、销售力度，促进农民增收。按照“围绕旅游抓农业，抓好农业促旅游”工作思路，加快占地1200亩大河现代农业观光示范园区建设，规划建设休闲垂钓区、新品种示范区、生态莲藕种植区等5大板块。

【工业经济】 围绕工业强镇目标，坚定不移实施“大项目带动”战略，强化项目带动，集聚资源支持企业发展。2017年，全镇规模以上工业企业实现产值21.17亿元，各项工业指标同步增长。大项目建设实现新突破。山东高速轨道设备材料有限公司年上缴税金10032万元，同比增长218%，山水水泥有限公司年上缴税金10019万元，同比增长125%。积极统筹协调各方资源，拓宽招商渠道。2017年，共引进过亿元项目7个，其中过10亿元项目2个，为投资10亿元高铁骨料建材产业项目、投资20亿元占地1200亩高铁轨道设备配套产业园项目。服务质量不断提升。高度重视服务企业“经理人”工作，实行“双包靠、双服务”，成立10个大项目建设指挥部，对项目建设全方位包靠、全方位服务。组织开展项目建设“百日会战”，对2017年确定的4个重点工业项目、3个重大民生项目，抢开工、抓在建、促投产，扎实推进拆迁清障、开工建设、建成运营有序进行，7个大项目全部按计划开工。

【基础设施建设】 社区建设。投资300万元的茹家庄社区党群服务中心动工建设，33个原建制村全部建成党群服务站，深入开展“两托管一代办”，落实服务“三清单”，拓展社会化服务，结合社区实际，设立农资超市、农商银行便民代办点、乡邻小站网上销售店、四点半学校、养老服务中心等系列暖心工程，最大限度方便群众，解决群众需求。

新农村建设。投资1200万元的美丽乡村连片治理项目9月开工建设，花园河、来家庄等6个村整体面貌焕然一新，花园河村被评为全国文明村。全面完成改厕任务。对境内7条河流实行镇、村两级河长包靠责任制，组织开展“清河行动”。杀伐树木近7000棵，清理垃圾4万余立方米，拆除违法建设80余间，河道面貌彻底改善。

旅游开发。以全域旅游思维引领镇域旅游产业发展，围绕“逛石林、赏红叶、游隐士、登八岐山、品全羊”乡村旅游线路，统筹旅游景点、村落、道路建设，乡村旅游发展成效显著。全镇共打造乡村旅游景点4处、乡村旅游示范村2个，农家乐酒店20余家。隐士生态旅游度假村初具规模。投资2000万元，聘请浙江绍兴艺园园林有限公司对隐士村进行全方位精细化打造，建成景观节点4处、停车场7处、公园2个、餐饮大厅1处、民宿群5处，新建占地2.2万平方米的江北最大柿子晾晒基地。官护山红叶谷完善景区基础设施建设，新建1500平方米旅游餐厅1处、规范化旅游厕所2处，开工建设养生谷、百鸟园等项目。创新营销渠道和策略，院线电影《寻人启事》在官护山景区开机拍摄，全年累计接待游客20万人。加快AAA级北方石林景区改造提升，加强景区管理，充实管护人员，美食一条街规划初步完成，以东环路为轴，景区东扩，高标准打造山水奇石景观大道。建成6.5公里隐士环山路和17公里西部环山旅游道路。石门坊、隐士旅游资源连点成线，实现市场、信息、资源、线路共享，全域旅游整体水平不断提升，叫响“八岐山麓，幸福小镇”旅游品牌。

【社会事业】 教育。五井镇现有初中1处、小学7处、幼儿园7处，在校中小学生3407人，在园幼儿879人。2017年，规划建设总投资6000万元、占地150亩的五井镇教育园区工程，新建36个班小学1处、11个班幼儿园1处，塑胶操场2个；投资1200万元的五井镇第二幼儿园项目7月底交付使用；投资2800万元的五井小学，规划36个教学班，7月份开工建设，12月份完成主体工程；投资2000万元，在原五井煤矿子弟学校扩建占地36亩的八岐山小学。

文化。举办为期三个月的“幸福五井”农民文化艺术节系列活动，促进全镇群众文化艺术水平的提高。广泛开展群众性文化活动，成立五井镇文联，构建系统化文化服务体系。大力发展社区文化、村镇文化、企业文化、校园文化和家庭文化。加强镇文化中心建设和村文化大院建设，全镇20个中心村全部建成文化大院。开展丰富多彩的文体活动，组建民间文艺特色队伍24支，除元旦、春节固定演出外，组织社区文化节等会演活动。

卫生。全年累计住院总人数6064人次，门诊诊疗9.5万人次。五井中心卫生院完成各类手术440台，其中妇产科手术146台，外科手术294台。5月25日，外科团队成功开展一例“全髋关节置换术”。3月购进大型客车一辆，免费接送辖区内65岁以上老年人到院进行免费健康查体，全年完成5978人健康查体。规范化管理高血压病患者3921人，糖尿病患者1133人，冠心病患者487人，脑卒中患者365人，精神病患者454人。建立电子档案59921人，电子建档率100%。严格执行《孕产妇、0—6岁儿童健康管理服务规范》，免费为辖区儿童提供家庭访视、健康体检等保健服务。系统管理0—6岁儿童3609人，孕情检查1101余人次，产后访视建档953人，访视560人，新生儿疾病、听力筛查447人，发放分娩补助309人，办理分娩补助申请材料617人。接种疫苗18200人次，八苗全程接种率98.48%。4月，与山东爱灸堂健康产业有限公司合作成立爱灸堂，长期聘请省中医药大学专家、山东中医药专科学校专家到院坐诊。8月，国医堂顺利通过省级中心卫生院国医堂建设项目市级初评。2017年，五井镇中心卫生院被授予“省级群众满意乡镇卫生院”称号。

【精准扶贫】 截至2017年9月底，全镇713户、1530名贫困人口全部实现脱贫。合作社牵头增收有力。深入推行“党支部+合作社+贫困户”发展模式，66家合作社规范管理水平不断提高，群发、万星、两棵松等合作社发展后劲不断增强，“合作社+电商”经营模式全面推开，760余名困难群众年均增收1万元。金融扶贫支撑力度不断增强。协调发放富民农户贷、富民生产贷、富民统筹贷410万元，12户困难群众利用富民农户贷发展特色种植，人均增收1.5万元，30户困难群众依托晟腾果蔬专业合作社统筹贷获得分红4.8万元，78户困难群众凭借富民生产贷获得固定收入。电商扶贫模式全面推开。大力推广电商产业发展，茹家庄、隐士电商特色村打造完成，6处社区电子商务室规范运转，组织开展电商业务培训500人次。全镇电商经营户达60余家，依托柿饼产业资源优势，与140余户困难群众结成供货对子，柿饼销售预订2万余公斤。旅游扶贫模式成效显著。推行“景区带动+合作社”开发模式，投资2000万元，加快隐士生态旅游度假村建设，群众旅游附加收入不断增长。项目分红实现群众稳定增收。2017年，共实施扶贫项目5个，投入资金 320万元，严格程序规范实施，制定量化折股方案，将个别扶贫产业基金量化折股入股合作社，对贫困户进行分红，全年产生效益分红30.2万元。

【高铁轨道大板项目】 总投资10亿元，占地300亩，由山东高速轨道设备材料有限公司和中铁二十三局合资兴建，总建筑面积6万平方米，现有台位法生产线两条，流水线生产线一条，可年产CRTS Ⅲ型高铁轨道大板10万余块。该项目被列为2016年山东省重点建设项目、战略性投资项目。项目于2015年10月进行场平，2016年6月1日固定台位法生产线投入试产，生产下线“齐鲁第一板”。占地20000平方米的二期项目于2017年2月1日正式投产。2017年，山东高速轨道设备材料有限公司上缴税金10032万元，同比增长218%。（胡德峰　李　健）

## 冶源镇

【概况】 冶源镇位于临朐县南部，面积153.2平方公里。辖39个中心村，3.5万户，10.7万人，耕地面积4393公顷。2017年，实现财政总收入8370.3万元，一般公共预算收入5016.1万元。

【党建工作】 坚持把党的政治建设作为推进管党治党工作的“生命线”，发挥党委核心作用，召开党委会议18次，对全镇改革发展重大事项进行研究决策，对县委巡察督导组巡察反馈的问题严格按要求整改到位。充实党建工作力量，镇党建办专职工作人员达到7名，落实党建专管员69名。投资200余万元，新、改建村级活动场所58处，制作各类牌匾1100余块，安装活动座椅1500余个，39个中心村实现基层党建云平台可视系统全覆盖，87个党组织实现挂图作战，6个村完成党组织治理整顿工作。在村“两委”换届选举期间，完成79个建制村财务审计，更换支部书记

16名、首席代表25人，分别占41%、31.6%。深入推进“两学一做”学习教育常态化制度化，组织农村党员集中培训班12期，培训党员3200余人，组织开展中共十九大精神专题学习会议7次。扎实开展“作风建设年”活动，成立4个督查小组，对全镇党员干部作风问题进行明察暗访，批评教育党员干部37人。严厉惩治发生在群众身边的不正之风和腐败行为，运用执纪监督四种形态批评教育党员260余人，立案处理失信党员8人，开除党籍3人。落实全面从严治党要求，不断加强对党员干部的廉政教育，建立机关干部每周五下午集中学习制度，共组织集中学习32次，组织观看警示教育片11次。

【农业产业】 深入推进农业供给侧结构性改革，新发展猕猴桃400亩、山枣800亩、樱桃1500亩，大棚瓜菜、葡萄等特色农业种植面积均达万亩以上。加快农业示范园区建设，积极培育新型农业经营主体，新发展省级示范园1处、省级农业龙头企业3家，全镇农业合作社达到142家、农字号注册商标达到26个。大力提高农民综合素质，开展新型职业农民培训，培训农民270余人。

【工业经济】 稳步推进大项目建设。开工实施三和纸板、微生物添加剂、纸制品包装、祥泰光伏发电、傅家李召棚户区改造、山水御园、龙湾1号7个大项目，总投资达11亿元，集聚新的经济增长点。加速新旧动能转换。聚力以“四新”促“四化”，积极引导企业通过“腾笼换鸟”“借船出海”和产业链条延伸等多种途径，转型发展、提质增效。振国机械并购冶泉工业园一闲置企业，新注册山东沃仕玛真空设备有限公司，扩大生产规模；绿保豆制品并购原广宇禽业闲置厂区，新上高端豆制品加工项目，新建办公楼2000平方米、车间8600平方米，实现闲置土地利用和企业发展壮大双赢；吉昌包装与歌尔公司合作，转型新上电子元器件项目；祥源包装与广东英联开展股份合作，新上先进易拉盖设备生产线4条，扩大市场份额；永鑫印务为青岛啤酒等企业供应酒标，年产量达23亿套，其中青岛啤酒酒标供应量占该公司总需求量的三分之一；清雀航公司与洋河大曲合作，提供瓶盖供应；天祥工具生产圆筒形扳手，年产量居全国同行业前列；明硕新能源抢抓环保治理机遇，新上汽车尾气处理装置项目，新建4200平方米综合环保实验楼。深入抓好招商引资。立足“强链”“补链”，强化精准招商、定向招商，突出高新技术项目对接，储备项目5个，在谈项目4个。不断提高为企服务水平。组织开展“服务企业经理人”和“百名干部下企业”活动，17名班子成员和100名机关干部对重点项目和企业实行“一对一”包靠服务，共协调解决项目建设、企业发展中遇到的问题和困难320余件。

【城镇建设】 紧抓国家棚改政策机遇，组织实施傅家李召片区棚户区改造工程，项目总投资4亿元，涉及搬迁户795户、2500余人，总建筑面积14.5万平方米。围绕持续提升“全国重点镇”形象，全面加强城镇建设管理，开展“平安行·你我他”集中清理整顿行动，加强“四乱”治理力度，强化对镇区主干道、各村的日常巡逻检查和监管，严查乱排乱放、乱采乱挖、违法建设、违章建筑等违法行为，先后开展集中拆除行动13次，共拆除违法建设47处、5700平方米，完成违法用地整改24宗、180亩。完善城镇基础设施配套，投入1000万元铺设傅家李召供热管网，投入600余万元铺设傅家李召村至王家河村天然气管道30余公里，投入400余万元对巨洋路东段、东环路等道路进行大修改造。

【生态文明建设】 全面推行“河长制”，研究制定《冶源镇全面实行河长制实施方案》，设立镇级河长7人、村级河长65人，完成“八乱”问题排查，大力开展清河行动，清理河道30公里，清淤2万余立方米，重点河流生态保护机制初步建立。加强水资源管理利用，成立冶源镇水资源费和污水处理费征收工作领导小组，全年共征收污水处理费210万元，水资源费28.5万元。以中央环保督察组环保督察为契机，深入开展生态环境综合整治，累计取缔“小散乱污”企业77家，镇域锅炉全部清零或改气；关停拆除禁养区养殖户200余户，养殖棚、养鱼池420余个；积极推广清洁型煤和炉具，扎实推进农村旱厕改造，生态环境质量大幅改善。

【美丽乡村建设】 坚持以美丽乡村建设助力农村品质提升，高标准、高质量、高层次建设红新、冶西、北杨善、吕家楼、谭家小崔5个美丽乡村。打造以库区移民文化和黑陶文化为特色的红新村，以竹文化、水文化、龙文化为特色的冶西村，以手绘年画为特色的吕家楼村，以剪纸艺术为特色的北杨善村，形成各具特色、亮点突出的美丽乡村建设格局。共硬化路面7.2万平方米，新栽绿化乔木7045株、灌木1.7万平方米，粉刷墙面16万平方米，喷涂文化墙1360平方米，安装路灯257盏，搭建文化活动广场1500平方米，农村群众生活环境得到改善。

【文化事业】 建成全县首个黑陶瓦盆展览馆，吕家楼年画博物馆、年画特色商业街，北杨善剪纸艺术传习中心和傅家李召村史馆加紧建设，著名书法家王庆元书法艺术馆开馆，一批特色文化的名片和样板初步树立。深入实施文化惠民工程，成立“临朐县红丝石协会冶源分会”“临朐县冶源镇文学艺术界联合会”“临朐县冶源镇书法家协会”，先后组织开展“活力绽放·魅力冶源”系列文化活动、“故乡情·水乡梦”书画比赛，“庆祝中国共产党成立96周年暨作风建设年”大型文艺会演，“宣传贯彻中共十九大精神暨庆祝元旦文艺晚会”和山东省第二届全民广场舞大赛冶源站海选等文艺活动80余场次，参与群众3万余人，群众的文化参与率和满意度不断提高。

【旅游开发】 立足山水、文化资源优势，深入做好文旅结合文章，以“18度温情小镇”为主题，加快老龙湾、海浮山、弥河、巨洋湖一体化开发，规划建设龙湾康养旅游小镇。投资400万元，完成冯惟敏故居新建工程，对龙湾文化长廊、江南亭、崔芬墓等文化景点进行改造提升，老龙湾西门休闲茶吧和商业步行街等项目进展顺利。“三月三海浮山庙会”游客达1万余人，“五一”“国庆”“仲秋”等旅游旺季游客达2万余人，“龙湾圣泉”“海浮灵山”知名度不断提升。山东万达渔业有限公司成为全省最大的观赏鱼龙头企业，白塔乡村休闲谷、红丝砚特色商业街、琴口原生态、回头古村落等乡村旅游项目积极推进，初步形成连点成线、聚点成圈的全域旅游格局。

【社会事业】 坚持教育优先发展，深入实施中小学幼儿园三年行动计划。投资600万元，开工建设潘家埠幼儿园；规划建设冶源教育园区小学部办公实验楼、餐厅楼和风雨操场，初中部加紧整修装饰。强化医疗保障。组织医疗下乡200余次，为1.5万名群众进行健康查体；农村人口医保参保人数达到7.6万人，群众健康保障水平大幅提升。深化“平安冶源”建设。投资200万元，建成立体化治安防控体系；投资10万元，建成全县第一处镇级高标准反邪教警示教育基地。坚守安全稳定底线，开展“排查安全隐患防范四类风险”专项行动，全力做好“八一”建军节和中共十九大期间维稳各项工作，社会保持和谐稳定。

【精准扶贫】 坚持把脱贫攻坚作为最大的民生工程，扎实做好白塔莲藕、巩家桥鹦鹉养殖、三阳山冷风库、光伏发电等扶贫项目收益分红。新上标准化鸭舍和观光农业锦鲤养殖扶贫项目，全镇20个扶贫项目、合作社共实现扶贫收益30万元，直接受益贫困户320户，全镇建档立卡贫困人口1801人实现稳定脱贫。

（窦玉江　段惠清）

## 寺头镇

【概况】 寺头镇位于临朐县西南部，总面积276平方公里。辖34个中心村，2.2万户，7.4万人，耕地面积5735公顷。2017年，全镇完成固定资产投入25.4亿元，规模以上工业企业8个，主营业务收入8.45亿元，同比增长12.5%。实现财政总收入3438万元，一般公共预算收入2041万元。

【党建工作】 2017年，举办“两新”组织、农村党员党课培训5次，召开“两学一做”专题会议24次。推动党建工作融入精准扶贫、美丽乡村建设等各项重点工作。按照“一厅一校十室+N”标准，建成6个党群服务中心和34个党群服务站。投资300余万元，对季家庄、福泉等5个服务站进行改扩建。提高党群服务水平，引进拓展社会化服务事项，深化“两托管一代办”。严格落实“四议两公开一监督”，指导各村每月28日在“阳光议事日”集中议事、开好“三会一课”。推动非公有制企业及社会组织党建，对全镇100余家非公企业实际运行情况、党员数量进行全面排查。培养46名支部书记后备人选，为村“两委”班子建设注入活力。严格发展党员程序，确保新发展党员质量，全年新发展党员34名。开展党员“积分制”管理，引导党员参与美丽乡村建设、精准扶贫等工作。推行抓党建促脱贫机制，壮大薄弱村集体经济，大力推广“党支部+合作社+贫困户”模式。在福泉村、河口村等10个省定贫困村，由党支部领办合作社，指导贫困户就近入社，致富增收，实现党建工作与精准脱贫工作深度融合。组织开展党员“1+1”结对帮扶，安排700余名党员干部，对全镇建档立卡的591户贫困户进行“一对一”“多对一”联系帮扶。深入推进“两清理两规范”，积极引入第三方社会机构对村集体经济进行审计。采取强有力措施，治理整顿后土门村、新台、杨柳寨等3个村级软弱涣散党组织。全面推行村党组织书记“四诺履职”，对“两委”班子其他成员实行岗位目标责任考核，落实“一定三有”，推行农村干部“三级约谈”办法，加强农村干部教育管理，对履职不到位、群众反映强烈的及时调整。结合“两学一做”学习教育，分4期对全镇2700余名农村党员进行集中培训。拓展教育途径，组织70名机关党员干部到淌水崖水库纪念馆、瑞庄临朐县委旧址参观。开展网上教育，每季度完成党建云平台学习党员数达到100%。积极推动党风廉政建设向基层延伸，层层签订责任状，与镇直部门、机关站所、行政村签订《党风廉政责任书》，不断巩固深化作风建设新成果。带头密切联系群众，深入开展千名干部“进千村、入万户、察民情、解民忧”活动，17名副科级以上干部全年走访群众2015户。

【农业发展】 不断加快农业产业结构调整的步伐，发展特色中草药、高端果品，大力培育专业大户、家庭农场、农民合作社、农业龙头企业等经营主体。其中，2017年新发展6家家庭农场、12家农民专业合作社，进一步推动农业生产由分散种养向规模化转变，释放产业结构调整的红利，带动更多的农民脱贫致富。突出寺头山楂、香椿两大产业特色。2017年，成功举办首届山楂采摘节和红香椿文化节，打响“寺头红香椿之乡”和“寺头山楂”品牌。探索“龙头企业+合作社+特色示范村”新路子，山楂产业以河口山楂种植基地为基础、以国家级示范社相亮山楂合作社为载体，依托农业龙头企业金晔食品，实现山楂种植、销售、加工、流通整个产业链大发展。香椿产业以石佛红香椿种植基地为基础，以春早红香椿合作社为载体，依托农业龙头企业山河食品，实现香椿产业链大发展。

【工业生产】 开展“大项目突破年”活动。开工建设大项目6个，利用“飞地政策”落户东城的圣鸿门业项目，落实土地指标105亩；建成金晔食品二期项目，新上国内先进的全自动包装机，万吨冷库主体完成；山河食品公司与临沂青果集团建立合作关系，新上2条速冻蔬菜生产线，年可生产各类速冻蔬菜5000吨。传统铸造产业成功转型升级，整合资源、抱团发展，17家铸造企业整合为5家，将生产设备由冲天炉改造为2吨以上电炉并全部安装除尘设备，企业生产实现由粗放式向精细化方向发展。新兴护栏产业提档升级，引导护栏企业淘汰落后产能，引进全自动或半自动生产线，提高生产效率，降低企业成本。2017年，锌钢护栏产业上缴利税达1000余万元，其中线上交易额超过1亿元。吕匣村被阿里集团评为中国“淘宝村”。

【基础设施建设】 投资50万元，完成镇区供气站建设。投资160万元，建设寺头社区，完善吕匣、石佛、石家河社区设施配套、绿化、亮化等提升改造工程。投资1800万元，完成潍九路拓宽改造3000米；投资900万元，完成寺头大桥拓宽改造；投资520万元，硬化王门、青草洼、宝畔台、虎崖、郭泉等农村道路15公里。投资32万元，完成农村危房改造8户；投资331.65万元，完成厕改 3685户。

【美丽乡村建设】 2017年，寺头镇被列入市级一事一议财政奖补美丽乡村试点项目，包括河口、程子、两岭、季家庄、李家庄、逯家庄6个建制村；铁寨村列入县级一事一议财政奖补美丽乡村试点项目。项目区累计硬化道路 1.4 万平方米、铺设沥青路 1.1 万平方米、埋设管道排水设施 190 米、河道整修 1935 米、河坝砌石 800 立方米、安装路灯 95 盏，栽植樱花、紫叶梨、金叶女贞、小黄杨、冬青、小龙柏等绿化树种绿化苗木 1 万余株，喷涂墙面 1.98 万平方米，绘制文化墙 320 平方米，新建文化广场 7 处。

【全域旅游】 2017 年，投入 500 余万元，在福泉赵北村打造五福苑民俗文化体验中心。在花溪谷景区种植樱花等观赏花木 5 万余株，建设 1 座办公楼、3 座景观房、2 座休闲木屋、4 座凉亭，完成水电设施配套、环山路路基工程等。投资 800 万元，在中国睡谷建设悬崖餐厅；投资 300 万元，建设台湾主题客栈—青舍和橘屋；投资 750 万元，新建扩建睡谷旅游道路。“红椿谷乡村旅游规划”通过专家评审。

【教育事业】 2017 年，被评为“省教育报刊宣传工作先进单位”，取得 8 项县政府教学成果奖。组织“灯塔党建答题”“两学一做”“三红工程”和“寻标对标提标达标”活动，在党员中开展以“寺头红烛先锋”为主题的系列活动。加大落实义务教育全面改薄任务力度，投资 4800 万元，建设寺头小学、寺头中心幼儿园异地新建项目、寺头镇教师公寓。寺头初中投资 30 余万元，添置设备器材、更换课桌凳等；王庄小学投资 43 万元，更换门窗，整修操场等；石佛小学投资 33 万元，更换门窗、粉刷墙面和绿化校园等。

【卫生事业】 2017 年，寺头卫生院业务收入 1355 万，比 2016 年增长 27%。全面落实公共卫生服务项目，重新建立居民健康档案 1535 人，为全镇 65 岁以上老人免费查体 3740 人，全年完成孕产妇建档管理 735 人，建档率 92% 以上，完成 0—36 月龄儿童建档 1659 人，系统管理率 93%，产后访视率 100%，共接种各类人群 2.6 万余人，接种率 98%。全镇审批发放生育服务手册 757 人，安排再生育计划 15 人，为 2199 名计划安排人员定期提供随访服务和优生指导。足额落实各项计生优生优惠政策。2017 年新落实计划生育家庭奖励扶助政策 20 人，特别扶助政策 6 人。

【传统文化】 持续开展“寺头好人”评选活动，利用镇文化广场集中宣传展示，引领社会风尚。开展“好媳妇”“好婆婆”“最美家庭”“美德少年”和各类先进个人评选活动 7 次，倡树文明新风。加强民间文艺队伍建设，镇民间文艺队伍达到 36 支，开展各种群众性文化娱乐活动 80 余次，参与群众达 1.6 万人次。

【环卫一体化】 2017 年，镇村两级先后投入 240 余万元，修建垃圾池 20 个，新配备垃圾桶 1020 个，配备保洁员 282 个、管理员 12 人、保洁车辆 14 辆、洒水车 1 辆，各中心村集中出动 3000 工日，上阵机械 65 台次，清理垃圾 90 余吨，保洁公司清运日常垃圾 2.4 万吨。按照市场化运作模式，环卫工人清扫，村收镇集中处理模式，经过招投标，由寿光市正大保洁有限公司负责全镇的垃圾清理、集中运输。镇成立由 5 人组成的城管环卫办公室，对保洁公司进行监督考核。

【精准扶贫】 2017 年，按照整合资金、建大项目的思路，共投入扶贫资金 310 万元，整合实施扶贫项目 3 个，与 591 户（包括 2016 年已脱贫户 445 户）建档立卡贫困户建立利益联结机制，年内项目全部建成并发挥作用，项目分红达 21.8 万元。创新实施扶贫赡养基金，在贫困户子女上交赡养金的基础上，镇财政按照“个人每出资筹集 100 元，镇财政相应补贴 10 元”原则，拿出专项补贴资金，对贫困户子女的扶贫赡养金进行配套。2017 年，累计发放赡养基金 24.7 万元，74 位老人受益。

【节庆活动】 成功举办中国（寺头）首届红香椿文化旅游节，以“乡约寺头·满载而归”为主题，结合周边采摘园、农业观光和景区促进全域旅游发展，吸引游客以及优秀电商平台，通过摄影家和媒体达人的视角传播寺头的优秀乡村旅游文化和特色农业产品。成功举办寺头镇首届山楂文化艺术节暨第一届金晔山楂采摘节，充分展示山楂小镇丰富的旅游资源、深厚的历史文化和独特的民俗风情，特色农业、休闲旅游成为寺头镇经济发展新亮点。 （刘国强 刘万鹏）

# 九山镇

【概况】 九山镇位于临朐县最南部，距县城52公里，地处沂山西麓、弥河源头，潍坊、临沂、淄博（临朐、沂水、沂源）三市（县）交界处，总面积254平方公里。辖26个中心村， 1.7万户，5.3万人，耕地面积3046.8公顷。2017年，实现财政总收入1764.7万元，一般公共预算收入1060.5万元。

【党建工作】 弘扬“同心同德、艰苦奋斗、自强不息、开拓创新”的淌水崖水库建设精神，全力抓好党建工作。加强村级建设，选优配强村级班子，严格落实四诺履职、党员活动日等制度，排查并成功转化大山东、宋王庄2个村级软弱涣散党组织，不断夯实基层基础；壮大集体经济，大力推行党支部领办合作社、土地房屋流转、干部群众资产入股等，全镇年收入不足3万元的薄弱村由9个减少至2个。扎实推进“两学一做”学习教育常态化制度化，全年组织党员开展各类学习30余次，规范离退休干部党组织生活，建成过硬支部14个。深化党员积分制管理，全年累计申报加分事项1872件、3952分。对标即墨灵山玫瑰特色小镇和县内先进镇街，找差距、补短板、抓建设、促发展，成功创评“省级特色小镇”“省级森林乡镇”。坚持转作风惠民生，组织开展“践初心、聚民意、谋发展”活动，走访基层群众5125户，帮助解决实际问题836件。创新示范引领，精心设计“淌水崖—牛寨”党性教育线路，高标准完成淌水崖水库纪念馆改造升级和新馆选址、征迁、规划等工作，并为全市组织工作观摩现场会提供现场。挖掘整理响水崖县政府诞生地旧址红色文化，完成恢复工程建设，打造党建文化阵地。

【农业发展】 重点抓好设施配套、品种改良、产业延伸三大工程，推进农业供给侧改革。2017年，完成青杨峪板栗基地三期项目建设，新建扬水站5座，渠系建筑59座，新建蓄水池、大口井20余座，补植板栗5万株，新修硬化道路20公里，推动板栗基地提质增效，年增产板栗50万公斤，实现增收500多万元。2017年11月18日，成功通过国家农业部评审，被评审为“国家有机农业（板栗）示范基地”，青杨峪板栗被评为“齐鲁十大放心果品”。新引进燕山红栗、小黄蓬等优良品种6个，培育出九山1号、2号两个板栗新品种。完成聚粮流域土地整理，在牛寨、土崮堆村实施水肥一体滴灌项目，实施新技术推广应用和品种改良更新，调整种植结构。新发展三优富士苹果4000亩，九山1号、2号板栗5000亩，中药材8000亩，提升品质，确保增产增收。抓好青杨峪板栗合作社和沂农现代农业公司建设，对接文创等大型互联网集团，致力打造九山板栗区域电商品牌，做活“小板栗、大产业”文章。新上蜜汁板栗加工生产线2条，板栗仁深加工生产线1条，年可深加工板栗5万公斤以上，实现农产品加工增值。

【工业发展】 2017年，实施清河行动、养殖污染、矿产资源、“散乱污”等生态突出问题综合整治五大攻坚行动，彻底关停海兰德食品、凯达高钙石、沂山缫丝厂等3家规模企业，取缔矿产品加工企业7家。继续培植金阳座椅、新旭电子等劳动密集型企业和青杨峪板栗专业生产合作社、沂农杂粮商贸有限公司为主的农产品加工企业发展，增加农产品附加值，带动农民增收。优化镇内投资环境，新引进落户总投资7.7亿元的国华风电项目，完成综合楼和升压站建设和进场道路施工40公里、风机基础30基、集电输电线路基础56座施工。利用“飞地”政策，重点抓好“一区四园”项目的落户和推进，新引进投资3.3亿元的戴科优装备铝材项目落户东城工业园，完成一期项目建设，年实现税收2000万元。

【基础设施建设】 坚持把美丽乡村建设作为加快农村发展、推进农业改革的重要举措，连续三年大力实施美丽乡村建设，全力推动美丽乡村建设由抓点连线向全域覆盖的纵深发展。2017年，累计投资900万元，全面完成麻坞村、申家庄村等5个美丽乡村建设和14个生态文明乡村、25个环境整洁村建设任务，牛寨被评为“国家级美丽宜居村庄”，青杨峪、大花龙潭被评为“省级美丽宜居村庄”，参与建设村庄比例达到

89%。开展美丽庭院和旱厕改造工程，付兴、大山东、小花龙潭等村旱厕改厕率达到90%以上。争取市县住建和财政部门支持，在北牛寨村开展厕所及生活污水一体化处理市级试点项目，成为全市首个实现污水一体化处理的山区村庄，打造山区农村污水处理的先行样板。以特色小镇和田园综合体建设为抓手，整合黑松林、云中草原等原生态资源，淌水崖水库党性教育基地、县政府诞生地旧址等红色资源以及宋香园、黑松林、神牛谷、八棵树沟、坝上草原等景区的整合开发，大力发展农家乐项目，完善提升服务设施配套，高标准建设游客服务中心、停车场、星级旅游厕所，全面提升旅游小镇的档次和水平，全力构筑“绿色生态、红色传承、紫色浪漫、金色民俗、蓝色运动”为主题的“五彩”全域旅游新格局。成功举办槐花节、牛神节、乡村马拉松邀请赛、宋香园摄影比赛等旅游节庆活动。牛寨村获评“全国生态文化村”。2017年，累计接待游客15万人次，旅游收入突破2000万元。

【教育建设】 2017年，九山镇共有初中1处，完全小学5处，小学教学点1处，幼儿园9处，在职在编教师279人，在校（在园）学生4376名。实施中小学幼儿园重点工作三年行动计划和镇域教育一体化发展“121”工作思路。启动九山初中建设项目，完成综合楼主体建设；高标准配备付兴幼儿园配套设施。

【文化建设】 2017年，实施文化惠民行动，组建淌水崖水库建设老兵艺术团，由政府出资购买公共文化演出服务，先后到褚庄、宋王庄、谢家庄等50多个村演出；邀请上海海棠花艺术团到九山慰问演出，举办广场文艺大赛，丰富群众文化生活。

【医疗建设】 九山卫生院投资2500万元，建成医养结合康复中心，全面启用血液透析中心、32排西门子CT。开展与九三学社潍坊市委员会对口帮扶活动，与潍坊呼吸病医院和潍坊第二人民医院建立潍坊呼吸专科医联体。开展健康教育12场次。

【精准扶贫】 立足资源、产业和自身优势，因村因户因人精准施策，全面完成脱贫攻坚任务。突出抓好2个镇级、5个村级扶贫项目建设运营，增强“造血”能力，其中新旭电子扩容项目完成2000平方米扩容车间建设和停车场地1100平方米、进场路400平方米硬化，新增生产线2条，提供扶贫就业岗位120个，带动300人实现就业，年增加产值5000万元。两个镇级扶贫项目运营后，年可产生发包收益16.8万元。5个村级扶贫项目完成建设，其中4个光伏发电项目已实现并网发电，大山东村构树农业循环项目已完成树苗栽种。2017年，10个省定贫困村光伏发电项目累计实现并网发电23万度，收益19万元。坚持“党支部+合作社+贫困户”扶贫模式，发挥合作组织示范带动作用，通过结对帮扶、资金支持、技术培训、补贴收购等方式，帮助贫困户增产增收。为玉峰果蔬等3家合作社发放富民统筹贷800万元，带动贫困户实现长期脱贫；青杨峪板栗合作社新上板栗仁深加工项目，吸纳贫困劳动力100人，为38户贫困社员分红5万元。2017年，全镇累计通过富民统筹贷纳入贫困户200人，贫困户年人均增收1600元，纳入富民生产贷结对帮扶44户80人，协调新旭电子、兴建食品远东果脯等企业放宽用工适用条件，为182个贫困户及子女解决就业问题。深入开展入户核查，严格落实扶贫对象动态调整标准要求，组建52个工作小组，对2014年以来4545户贫困户信息核查逐一入户，核实家庭信息、收入、“三保障”等情况，确保真脱贫、脱真贫，巩固脱贫成果。

（刘晓黎）

## 辛寨镇

【概况】 辛寨镇位于临朐县中部，总面积230平方公里。辖49个中心村，3.71万户，12.8万人，耕地面积6953.3公顷。2017年，实现财政总收入10148.5万元，一般公共财政预算收入6444万元。

【党建工作】 辛寨镇共有党组织84个，其中农村党组织49个，镇直部门党支部13个，“两新”组织22个。共有党员5042名，其中，农村党员4267名。辛寨镇党委结合学习宣传贯彻中共十九大精神，实施党建“一一三五”工程。深入推进“作风建设年”活动，结合寻标对标提标达标，加强薄弱涣散村党组织治理整顿，提升村级组织整体发展水平。各党支部结合实际，开展多项特色项目，为服务群众提供良好平台；建成投资460万元、覆盖49个中心村的“智慧辛寨”党建平台；健全镇、社区、村三级文化服务体系。其中，在镇级改造提升镇文体广电中心和丹阳湖湿地公园，完善提升1处镇级党群服务中心、8处社区党群服务中心、142处村级党群服务站；做好村集体经济提升、党员干部教育管理、党员干部廉政建设、“四个城市”建设、村“两委”换届选举等五项党建重点工作，党的建设成效显著。各村党支部领办、创办合作社或协会26个，增加村级集体收入220万元。组织镇村党员干部开展各类培训7次，开展教育活动5次，培训党员4700余人，提升党员队伍整体素质；严格按程序开展村“两委”换届选举工作，完成49个村党支部换届选举和49个村民委员会选举；扎实开展“作风建设年”主题教育活动，坚持“两学一做”常态化制度化，建立党员志愿者队伍51支，为村民解决各类事项2300余件。

【农业产业】 坚持以构建现代农业为目标，积极培育和发展“新六产”，推进小农户与现代农业发展有机结合。打造建设王老五农场、乐丰农场、玫海庄园、凤凰谷优质桃、三山峪山楂等田园综合体。积极争创农产品质量品牌，大高家庄丹参通过“临朐丹参”国家地理标志资格认证，王老五农场和富华园林创建为“省级林业龙头企业”。2017年，全镇新发展合作社213家、家庭农场40家，辐射带动1万余家农户走上致富路。积极有序地推动土地流转，加快推进农业规模化种植，全年新流转土地2万余亩。

【工业发展】 以“大项目建设突破年”为抓手，围绕镇域工业发展实际，确定“三六六五四”工业工作思路，工业经济发展不断提质增效。全社会固定资产投资32.23亿元，增幅35.49%。规模工业实现产值26.18亿元，实现主营业务收入26.91亿元、利润3077.7万元、利税9840.1万元，同比分别增长4.8%、4.6%、5.1%、5.2%。投资1.05亿元、一期2条生产线的杰高非织新材料项目正式投产运行；多晶硅生产、大力汽车工具等5个投资过千万元的大项目加快建设，其中多晶硅生产项目两个车间主体建设完成，大力汽车工具项目完成车间主体建设。投资3200万元，全面组织实施三大工业园区基础配套提升工程，园区承载能力不断提升。凤凰山工业园路网全部完成硬化，污水管网和电力线路全部埋设下地，共落户项目30家，建成投产项目11家；卧龙工业园、辛寨工业园实现燃气管网全覆盖，整改污水管道1500米，芙蓉街完成硬化15000平方米。

【基础设施建设】 投资2000万元，开工建设热源厂，铺设镇区燃气管道3000米，实现镇区和工业园区供热配套全覆盖。丹阳湖湿地公园实施北延扩建工程，复修沿河道路宽5米、长6000米，新增绿化面积3万平方米，打造月牙岛、湖心岛等景点3处。投资200万元，完成柳五路绿化工程。投资3000万元，高标准完成唐立店子、大峪、柞家庄子、裴家河、红庙子、下河等6个村庄的美丽乡村建设。投资220余万元，改善提升农村道路建设水平，农村公路生命安全防护工程全面实施。组织实施农村旱厕改造工程，完成2016年、2017年共4775户旱厕改造任务。扎实推进河长制落实，杀伐河道内树木13万余棵，清除垃圾1.2万立方米，移除各类障碍100余处，拆除养殖大棚47处，砌筑大峪河、辛寨河等河坝22公里，全镇11条河流的“清河行动”成效显著。

【生态旅游】 全力推动凤凰谷森林公园建设。投资1500万元，新建、扩建凤凰谷森林公园硬化道路30公里，新砌筑河道4000米，完成高标准农田治理3000亩。规划两个电力上山工程，安装变压器2台。挖掘整理当地民俗传说，提升望阁台、凤栖厅、凤凰泉等32处景点内涵。聘请专业机构专门编制景区导游图，改造旅游公厕1处，安装导游指示牌150余块。依托凤凰谷森林公园，建设“六个度假村”。其中，祺月山庄和投资5000万元的凤凰谷度假村正式运营，投资5000万元的松泉湖度假村达到开业运营条件，一期投资6700万元的伊松度假村建成10栋木屋别墅和入口大门，投资1.2亿元的峪林方度假村完成生态停车场建设和部分老旧建筑改造，唐泉湖休闲垂钓度假区已具备雏形。裴家河村按照“鲁中印象、民俗体验”为主题进行打造，完成污水一体化处理系统，建成游客服务中心和停车场。编辑《凤凰谷森林公园》宣传画册，创建凤凰谷微信订阅号，成功举办凤凰谷槐花节、辛中葡萄采摘节和唐泉湖垂钓比赛等活动。

【社会事业】 以创建全国首批义务教育优质均衡发展县为契机，筹资395万元，加快办学条件改善。其中，投资175万元进行校舍改造；投资96万元，完成内部设施配备，新上微机123台，新建科学实验室2个。规划建设辛寨小学。投资1.62亿元的景福养老护理院项目，完成6栋楼、1.9万平方米建设并投入使用，被列为国家示范项目。全镇居民基本养老保险参保人数达到6.94万人，完成参保续保人数45059人，续保率达到96%以上。为22510名60周岁以上老人发放养老金，发放率100%。落实好优抚对象抚恤补助待遇，按标准及时足额发放各类抚恤补助金。全镇共有低保户460户、895人，分散五保户192户，集中供养47人，全部纳入保障范围。

【精准扶贫】 2017年，全镇128户、300名贫困人口全部实现脱贫；孟家庄、大高家庄等9个省定贫困村按退出标准和程序全部退出。（马振海　高玉松）

## 蒋峪镇

【概况】 蒋峪镇位于临朐县东南部，面积178平方公里，辖8个社区，29个中心村，1.7万户，6.2万人，耕地面积4380公顷。2017年，实现财政总收入1940万元，一般公共预算收入1271万元。获山东省“美丽宜居小镇”称号，被市委、市政府授予“先进集体”称号。

【党建工作】 制定“1263”工作思路，围绕“两学一做”“作风建设年”活动和学习贯彻中共十九大精神，确定打造以“党建+”为核心的过硬品牌。围绕党群服务体系建设、村两委换届等重点任务召开专题会议。对2016年查摆的部分党员使命感、责任感淡化，村级运行不规范等问题，通过加强党员党性教育，推行“网格化”社会治理等措施，全部整改到位。加强统筹协调，抓好离退休干部党建工作，保障离退休老干部合法权益。

创新搭建“民生·党建e客服”和社会治理信息化综合服务平台，自主创建“党委搭平台、群众下订单、社会搞服务”理论模型，依托手机APP、有线电视、微信、“5134567”服务热线、“一网四智能”组织架构，推行网格化管理，构建起“网格化管理、信息化支撑、立体化防控、社会化服务”的社会治理四化联动机制。2017年9月，蒋峪镇在全市军队退役人员党建工作推进会上作典型发言；11月，在全市中共十九大安保维稳工作总结大会上作典型发言。多措并举发展壮大村集体经济，年初组织召开专题会议10余次，部署全年村集体经济发展规划，将冯家楼、蒋峪南店等村作为重点突破村，突出“党支部+合作社+产业”模式，通过土地流转，发展芝麻、食用菌种植，实现村集体与村民双增收。

深入开展“作风建设年”活动，积极开展“对标学访”活动，对照先进，查找不足，制定比学赶超方案。明确社区书记第一责任人、支部书记直接责任人职责，选派党建指导员，切实提升农村党支部党建水平。坚持分类指导，狠抓软弱涣散班子治理整顿，督促软弱涣散党组织严格落实阳光议事日、“四议两公开一监督”、民主理财等制度，蒋峪、南店等3个村完成转化提升。严格动态考核，全年进行社区交叉互查4次，吕庄村、田峪村、海尔希望小学等一批党支部率先达到过硬支部标准。

强化农村“三资”管理，瞄准“三资”管理薄弱环节，形成“三资”审计意见书，督促各村规范财务管理，运用“四种形态”处理党员73人。强化民政政策落实，成立纪检、民政、社区三级联合检查小组，重点检查2014年以来社会救助、优待抚恤等民政政策落实情况。强化土地和矿砂资源管理，开展镇、村两级党员干部参与违规违法用地和非法采砂采矿专项正风肃纪检查，维护土地和矿产资源监管秩序，规范干部廉洁从政行为。

【农业产业】　注重新型经营主体建设，现代农业跨越发展。依托盛安食品、利康食用菌合作社等龙头企业和专业合作社，推进黄桃、油牡丹、食用菌、芝麻特色农业产业的培植、壮大，新发展农民专业合作社、家庭农场20余家。加快推进山东华唐农业高标准油牡丹示范园项目二期工程建设，完成土地流转500亩、育苗300亩，修建环园路4000米、水渠5000米。搞好农产品基地建设，建成市级以上农产品质量安全示范园2个，农产品抽检合格率达到100%。

【项目建设】　深入开展“大项目建设突破年”活动，新引进投资过亿元项目2个，其中总投资5亿元、占地200亩的电力金具项目，年内完成投资6000万元；总投资1.8亿元、总装机容量20兆瓦的宏恩太阳能光伏发电项目并网发电。加大对吉祥板材、盛安食品、荣雅木业、华一服饰等重点企业的包靠、服务力度，企业实现健康平稳发展。2017年，全镇固定资产投资、工业总产值同比分别增长10.9%和9.1%　。深入实施生态、文化、旅游融合发展战略，结合汶河、蒋峪河治理巩固提升，积极推进投资1.2亿元的莲花湾康养小镇项目，完成园区道路建设5000米，绿化面积120亩，落实土地指标13亩，开工建设建筑2处。突出抓好蒋峪大集项目建设，2017年4月，蒋峪大集与“中国食品谷”、全福元商业集团签署战略合作协议，打造食品谷源头市场、商贸中心。12月，全福元商场蒋峪店开业，商贸活力和商业档次进一步提升。

【基础设施建设】　坚持镇村一体发展，新型城镇化进程不断加快。以创建省级特色小镇为目标，突出抓好汶河、蒋峪河两岸开发建设，大力实施“镇区东扩、跨河发展”战略，以汶东大道、左家岭路两条新修道路为轴，以汶河为脉，搞好产业和项目布局规划，引进建设“莲花湾”田园综合体，打造蒋峪“汶东新区”。实施蒋蒲路改造提升工程，将“两河”拉入镇区，镇区面积由1.8平方公里扩展到5平方公里。加快总投资4.5亿元、占地210亩的湖光山色集中居住区项目建设，截至2017年底，完成投资1.5亿元，建成总面积5.8万平方米的居住楼。注重因地制宜打造，美丽乡村建设实现新突破。立足“三化、四好、五美”标准，按照“抓点成线、连片推进、突出特色、打造精品”工作思路，集中资源力量，坚持共建共享，创新思路举措，2017年打造吉利沟村等4个亮点村、示范村。完成左家庄村170户整体搬迁，改善群众居住条件，新增耕地130亩。形成“点上有特色、线上有示范、面上有规模”建设格局，走出一条看得见、摸得着、能借鉴、可复制的美丽乡村建设新路子。加强镇村基础设施建设，群众居住环境不断改善。投入2000余万元，实施汶东大道、左家岭路、西王家圈至窦家屋子等5条乡村道路的修建提升工程，累计改善通行里程30余公里。

【社会事业】　聚焦民本民生，民生福祉持续改善。坚持教育优先投入、优先发展，镇中心幼儿园按省级标准化建设，总投资1200万元，占地15亩，建筑面积5000平方米，新增标准班15个，新增学位450个，2017年11月正式投入使用。2017年4月，启动蒋峪镇教育园区项目建设，项目总投资1.3亿元，计划新建教学楼、学生公寓、餐厅等4万平方米，新增标准教学班72个，新增学位3600个，全年完成投资4000余万元，一期工程基本建成。持续开展四德榜、星级文明户、最美家庭评选等活动，“星级文明户”创评村达到100%。成功举办“出彩蒋峪”首届群众文化艺术节，开展“出彩蒋峪”环湖健康跑、“古镇蒋峪朗读者”“出彩蒋峪人”才艺大赛等一系列文化活动，群众的参与度和满意度不断提高，“出彩蒋峪”品牌进一步打响。7月，蒋峪镇代表临朐县在潍坊市公共文化服务体系建设现场推进会上作典型发言。

【精准扶贫】　通过深入实施“党支部＋合作社＋贫困户”扶贫模式，大力发展油牡丹、食用菌、芝麻、黄桃“四大产业”和光伏发电、“特色种养＋”等扶贫项目，带动贫困户持续增收。2017年，全镇未脱贫的72户、113人全部实现脱贫。（苏召波　钱晓琛）

# 柳山镇

【概况】 柳山镇位于临朐县东部，总面积97.1平方公里，辖6个社区、21个中心村，1.2万户，4.2万人，耕地面积4831公顷。2017年，实现财政总收入1954万元，一般公共预算收入1227万元。

【党建工作】 制定《镇党委加强自身建设的意见》，召开党委会13次、党建领导小组会4次，专题研究发展壮大村集体经济、土地流转、党风廉政建设等重点工作，与21个中心村、15个镇直部门签订责任书，明确工作职责。深入16个村开展调研35次，组织召开党建工作现场会议2次，推动抓党建促脱贫、抓党建促村集体增收等工作任务落实。突出党建统领地位，创新实施“党支部＋土地流转＋合作社＋项目”村集体增收模式，通过土地流转，重点建设柳山智慧农业示范园、流苏文化产业园等项目，年可增加村集体收入5万元，破解村集体增收难题。坚持示范带动，探索实施“一抓双增四过硬”党建品牌，31个党支部“挂图作战”，打造翠飞村等党建示范点5个，提供全县党建观摩现场2次、市级督导考核现场2次。开展党建整顿提升活动，整改“三资”管理不规范等问题38个，转化软弱涣散党组织2个。强化组织保障，筹集落实村“两委”干部报酬122万元、基层组织运转经费84万元，投资15万元规范整顿“三务公开栏”58处。抓好村“两委”换届工作，7名60岁以上干部退出、2名35岁以下干部进入，选优配强21个村的村“两委”成员。开展“三务公开”“支部生活日”等专项督查12次。深入推进“两学一做”学习教育常态化制度化，讲党课、作辅导7次，组织中共十九大精神专题学习3次，全员轮训党员1300余名。扎实开展“作风建设年”活动，组织对标学访活动16次；开展“进千村、入万户、察民情、解民忧”活动，走访群众800余户，帮助解决问题100余件。持续抓好离退休干部党建，组织老干部座谈会2次、书画笔会2次、上门送学4次，走访老干部15人次。从严抓好执纪监督，坚持源头预防，及时约谈提醒存在苗头性、倾向性问题的党员干部。

【农业产业化】 2017年，全镇销售各类瓜菜14300余万公斤，实现销售收入近3.6亿元。全镇奶牛存栏量800余头，年产鲜奶2500吨，实现销售收入475万元。创新推行“434”土地流转模式，多形式吸引社会工商资本，推动传统农业向现代农业转型升级。全镇流转土地近13000亩，签订开发合同56项、投资近2亿元，增加就业岗位4000余个。创新土地流转模式被《新华社》《大众日报》《潍坊日报》等媒体报道。投资2800余万元，实施2016高标准农田建设、冯家沟农业综合开发、辛山农业综合开发和2000亩节水灌溉等农业项目，改善农业发展条件。

【农业旅游】 立足柳山特色，聘请青岛九思旅游规划设计院，高起点、高质量编制柳山国家农业公园规划，搭建“一核两轴四片区”旅游发展框架。开工建设台湾幸福村农业创意园项目，规划建设16个旅游分区，打造集吃、住、行、游、购、娱为一体的大型休闲观光农业旅游中心。与台湾“农委会”签订技术合作协议，借助台湾地区先进的农业发展技术和理念引领柳山农业发展，引进种植台湾红藜、红骨九层塔、红萝蔓等台湾品种，打造柳山农业特色新品牌。

【工业发展】 开展“大项目建设突破年”活动，大力实施产业招商、以商招商、精准招商。新落户过亿元项目5个，总投资8.1亿元。其中，投资3.6亿元的山东若森门窗项目落户龙山高新技术产业园；投资1亿元的北京意美达隐形纱窗项目落户东城工业园；投资1.1亿元的台湾幸福村农业创意园项目、投资1.2亿元的智慧农业示范园项目、投资1.2亿元的聚贤管材项目和投资6000万元的百科防爆装甲门项目落户镇区。新引进的5个过亿元项目中，聚贤管材项目和北京意美达隐形纱窗项目实现当年招商、当年建成、当年投产。全镇重点在建项目10个，其中7个完成建设。对兴旺包装、新旭电子、国华风电等重点企业实行“一对一”保姆式服务，及时解决企业生产过程中遇到的问题。2017年，兴旺包装上缴税金420万元，为全镇首个税收过400万元企业。

【基础设施建设】 总投资3000余万元，新修道路32条、53.6公里；投资2500万元，实施孟津河生态环境保护工程；投资1600余万元，对柳山小学、辛山幼儿园、朱家沟幼儿园进行改造提升，柳山初中被评为“山东省健康示范校”“潍坊市书香校园示范校”，柳山中心幼儿园被评为“潍坊市幼师实训基地”；投资860余万元，开工建设柳山初中教师周转房项目。

【美丽乡村建设】 坚持“抓点成线、连片推进、突出特色、打造精品”工作思路，高标准建设庙山、西翠飞等一批环境优美、产业兴旺、特色鲜明的美丽乡村。全面推行“河长制”管理，开展清河行动，关闭排污口30个，清理垃圾3200吨，疏通河道31.2公里。扎实开展厕所改造工作，共完成厕所改造3634套。不断加大城乡环卫一体化投入力度，新购置更坚固、耐用的铁制垃圾池60个、垃圾桶150个，更换大型垃圾箱26个。

【社会事业】 举办第三届流苏文化艺术节、建党96周年暨庆“七一”表彰大会、广场舞大赛、书画展、象棋比赛等活动，编排一批具有柳山特色的文艺节目，提升柳山文化品牌影响力。根据21个中心村的不同历史文化，在主要街道绘制主题鲜明、形象生动、各具特色的“文化墙”3600平方米，评选“星级文明户”1060户，推出“孝老爱亲”模范187名和最美家庭50个，并全部在各村“四德榜”进行宣传表彰。发挥21处党群服务站作用，搞好预约服务、轮值服务、义工服务，健全完善服务规范。全年养老保险征缴率达98.43%。扎实开展扫黑除恶专项斗争，继续落实“警灯闪烁”行动，不断加强巡逻防控工作，坚持落实昼夜巡控，大力提高街面见警率，社会治安水平明显提升。

【精准扶贫】 全镇共流转建档立卡贫困户土地2500余亩，提供就业岗位800余个，增加收入近500万元。帮助贫困群众发展果品、黄烟、中草药等特色产业1万余亩，可增加建档立卡贫困户收入600余万元。引进投资少、周期短、见效快、效益高的来料加工项目29个。争取扶贫资金1400余万元，实施各类扶贫项目70个，确保贫困户稳定脱贫。（王晓雨　刘　锐）

# 山旺镇

【概况】 山旺镇位于临朐县东北部，面积108平方公里，辖16个中心村，9500户，3.6万人，耕地面积3600公顷。2017年，实现财政总收入3022万元、一般公共预算收入1604万元。

【党建工作】 实现镇、社区、村三级联动，“线上线下”同步发展，党建、经济、事务齐抓共管的工作格局。整合镇级行政服务事项，推进公安、市场监管等垂直站所进大厅，强化镇党群服务中心“枢纽”作用。提升社区“综合性”，开展公共类、社会化、发展类服务，打造综合服务平台。推进村级党群服务便利化，在16个中心村推行“一村一社区”，下沉干部驻村办公服务，为群众提供便利服务。构建党群服务平台，投资2000万元，建设镇党群服务中心1处、社区党群服务中心6处、村级党群服务站57个，为党员群众开展服务。搭建企业服务平台，先后成立中小企业技术创新联盟、蓝色智谷·临朐中心，为企业提供融资、科技等服务。搭建为农服务平台，投资2100万元，建设为农服务中心。梳理11项办事频率高的公共类服务事项，研发“党群服务e点通”，实现群众“掌上”申请、审批“线上”办理，提高办事服务效率。整合社会类服务资源，在镇、社区、村设立智e购8处、农商行自动取款机3处，农商宝电子终端16处，累计完成交易量5200余件次。把发展类信息公开服务纳入“党群服务e点通”系统，进一步延伸服务内容，提高服务平台开放性。

【农业生产】 开工建设山旺镇为农服务中心，占地48亩，其中大樱桃交易市场1.2万平方米、农资超市1200平方米、大樱桃研究所1000平方米。规划建设大樱桃示范基地300亩，采用水肥一体、矮化密植等先进种植管理技术，引进种植樱桃新品种，为全镇大樱桃产业的更新换代和可持续发展提供示范样板。利用山旺大樱桃、上林小米、玄武岩弱碱水等资源优势，实施集观光、体验、采摘、养生于一体的“农业+旅游”融合发展模式。投资1亿元，开工建设山旺乡村旅游度假区，硬化区间路7.9公里，建民宿7栋、生态餐厅1处。出台《尧山生态旅游景区总体规划》《龙脉山庄总体规划》。

【工业发展】 完成总投资3.2亿元的贝能迪工业铝材艺术栅栏和昊达新型防火保温建材项目建设。先后赴上海、北京、浙江等地参加招商活动，新引进落户东方泰兴门业、乐辉新能源、泽宇重工等7个投资过亿元项目，在谈项目10个。争取土地指标215.7亩，为项目建设的快速推进和新引进项目顺利落户提供重要支撑。中广核风力发电有限公司税收突破1000万元，山东雅达节能建材有限公司发展成为全县10家成长型企业之一，潍坊昊达保温材料有限公司被列入全市重点战略型投资项目。

【社会事业】 总投资4000万元，完成梓林中心小学、幼儿园餐厅主体及卫生院综合楼主体建设。投资1.4亿元，完成东上林、西上林、小山旺村358户棚户区改造搬迁任务，开工建设15栋安置楼。投资500万元，对老镇区进行综合改造，管线下埋1.2万米，绿化改造6300平方米。新打造周家庄、杭山等5个美丽乡村示范村，完成农村厕所改造3750座。全镇57个村全部通过县级环卫一体化验收，依法依规取缔“小散乱污”保温砖厂4家，拆除改造10吨以下锅炉6个，清理河道64公里，推广清洁型煤4000吨。

【精准扶贫】 出台《2017年扶贫对象动态调整工作实施方案》，严格按照“一坚持两基本一全部”原则，入户采集信息，户户留有影像资料，户户本人签名，确保真实有效，做到“应退尽退、应纳尽纳、应返尽返”，根据动态调整数据信息逐一比对，确保动态调整数据精准。全镇贫困人口139户、265人，全部达到脱贫标准。投资240万元，建设8个省定贫困村分布式光伏发电项目，全部并网发电；投资34万元，建成凰山大樱桃项目；争取2017年财政扶贫资金270万元，安排镇级统筹项目1个；投资210万元，建龙条山旅游度假区民宿项目7套；市派“第一书记”村项目3个，总投资90万元，其中财政资金60万元，自筹30万元，建设光伏发电项目，全部并网发电。对2016年以来的贫困户开展“回头看”活动，突出“严、细、实”，做到摸清实底、全面入户、到边到沿。以社区为单位，对贫困户的家庭信息、收入、“三保障”和饮水安全问题逐一入户核实，对发现的问题立即进行整改。为贫困户新建住房16户，修缮10户，开通自来水34户。

（高明学）

# 沂山风景区

【概况】 沂山风景区位于县境东南部，总面积148平方公里，核心景区65平方公里，辖14个中心村和大关水库管理局、沂山水库管理局、国有沂山林场、沂山生态旅游有限公司、东镇庙管理所，8329户，2.9万人，耕地面积1719公顷。2017年，规模以上工业企业主营业务收入1.44亿元，利税1110万元，利润567万元。实现财政总收入1509.5万元，一般公共预算收入887.2万元，游客人数、旅游收入同比分别增长17%、11.3%。

【党建工作】 突出抓好“两学一做”学习教育常态化制度化，结合“过硬支部”建设，加大对党员干部的管理教育力度；扎实开展“进千村、入万户、察民情、解民忧”活动，进一步制定完善联系服务群众制度；以开展“作风建设年”活动为抓手，严格落实“四议两公开一监督”“阳光议事日”和农村党员积分制管理等制度规定，提高村级工作规范化水平；加强社区实体化和党群服务体系建设，新建前唐家河和李户庄村2处党群服务站；加强村“两委”换届工作分析研判，选优配强基层“带头人”队伍；坚持从严治党要求，深化干部“三级约谈”机制，持续加强对不严不实等问题的整改，运用执纪监督四种形态处理党员干部178人，下发通报22期，形成作风建设新常态。

【农业开发】 2017年，争取投资617万元的5000亩小流域综合治理项目和投资1750万元的大关水库节水配套改造项目，进一步拓展农业发展空间。引进投资2000万元的永硕生态农业产业园项目，发展高效设施农业。

【旅游开发】 配套完善景区服务设施，加快项目建设进度，提升景区品位。投资2000万元，建设环湖慢道项目；投资3亿元，建设滨湖养生苑项目；投资7200万元，建设沂山客运索道项目。

【旅游管理】 高度重视“后5A时代”运营管理，把“以人为本、以游客为中心”服务理念贯穿到景区管理全过程。从消防、食品、设施治安等方面健全安全保障制度，每月开展1次旅游突发事件应急救援演练，确保游客旅游安全。利用入冬旅游淡季时节，对全部工作人员进行相关业务培训，提升从业人员的业务素质和服务理念。服务督查科对景区服务管理工作实行全天巡视；导服科率先实行旅游绩效考核办法，调动导服人员积极性和主动性，游客满意度大幅提升。详细制定节假日应急预案，做好旅游应急值守，实行全员联动机制，协调解决突发事件和重大问题，努力营造和谐旅游环境。进一步优化旅游路线，客运索道项目竣工运营后，游客可采取步行、乘车、索道三种方式上山，通过步行、乘车、索道、“滑道+漂流”四条线路下山，既增加游客体验性，又延长游览时间，提高旅游收入。

【旅游营销】 把宣传营销作为工作的重心，提升景区见面率、覆盖面，扩大景区品牌影响力。巩固发展报纸、车体广告、高速宣传牌等平面媒体宣传力度；在山东卫视《好客山东》、潍坊电视台等插播沂山专题广告；深化与“携程”“去哪儿”等知名互联网旅游企业合作推介，拓宽微信、微博等新媒体宣传渠道，对接手机自媒体、手机客户端等线上平台，打好互联网宣传攻坚战。新招聘10名工作人员，参与济南、青岛、东营及河北、天津等重点区域宣传营销，全力开展目标客源市场推介工作，在巩固700余家合作旅行社基础上，新签180余家旅行社，扩大团队客源；与当地手机APP或热点微信公众号合作，吸引更多游客到沂山旅游。拉长沂山文化节举办时间，贯穿全年8个月份，每月推出一期主题活动；举办“沂山户外峰会”，邀请省内近百家大型户外俱乐部到沂山踩线，开发沂山探秘游；联合大众摄影家协会以及省、市摄影家协会共同举办2017年全时沂山摄影大赛，展现沂山四季美景，提高沂山知名度。

【生态建设】 2017年，对辖区内与林场接壤的500米以内所有住户、生产用房、地块、墓地进行实名普查登记，画出平面示意图并标注方向及地块户主姓名，突出重点时段和重点部位，与林区周边4170户住户签订责任书，责任到户到人，彻底清除安全隐患。年初调整13名职工充实到林场，增强一线防火力量；从周边村雇佣50人成立森林消防专业队，加强实战演练，提升应急扑救能力。在林区周边村按照墓地分布情况，投资近30万元，建设56处纸草焚烧池；投资900余万元完善引水上山工程，在回头林区、桃园林区及古松群、歪头崮等重点区域修建8处蓄水池、蓄水坝，铺设以水灭火管网8公里，提高灭火应急能力。投入500余万元，加大日本松干蚧疫情防治力度，使疫情得到有效控制，减缓向北蔓延趋势，保住法云寺区域的千年古树群。抓住雨季雨量充沛有利时机，投入近310万元，在石人山一带造林3500亩，栽植树木39万棵。加强农村环境综合整治力度，严厉打击偷盗矿产资源行为，关闭非法采砂、洗砂点5处；组织实施“清河行动”，整治河道75公里，杀伐河道树木2.7万棵，清理河道垃圾1800余立方米，取缔河道排污口8处；开展禁养工作，关闭搬迁禁养区、限养区养殖户131家；推广清洁型煤和炉具，推进农村旱厕改造，改善区域生态环境质量。

【基础设施建设】 投资4亿元的天融风力发电项目并网发电；投资300万元，复修新建前唐家河至沂泉、东红路至上常家沟2条乡村道路；扎实推进美丽乡村建设，按照“以点带面、点面结合、示范带动、整体推进”的思路，建成北草山亭村等4个美丽乡村建设示范村。

【社会事业】 投资3750万元的泛海小学易地新建项

目，开工建设教学楼、综合楼和学生餐厅；投资3150万元的大关初中改扩建项目，开工建设多功能餐厅。严格落实社会保险扩面征缴工作，社会保险覆盖范围不断扩大；投入30万元，对养老院实施改造提升，完善社会养老服务体系建设。

【精准扶贫】 把“党支部+合作社+贫困户”作为扶贫开发主要途径和模式，通过产业结构调整，依托光伏发电、伏峪蚂蚱养殖、沂泉五谷杂粮加工等产业项目分红，结合政策兜底、就业脱贫、金融扶贫、医疗救护等举措，帮助贫困户解决具体困难，确保按步骤、按计划实现销号脱贫。2017年，全区贫困群众45户、80人全部达到脱贫条件。

【节庆活动】 2017年，在沂山风景区东镇庙成功举办第五届中国（临朐）沂山文化节开幕式暨丁酉年东镇沂山祀山大典。继续策划推出学汉礼活动、东镇祭仪表演活动；举办东镇祈福庙会、槐花节、冰谷节等一系列文化活动。 （张 强 刘明银）

## 龙山高新技术产业园

【概况】 龙山高新技术产业园位于县境北部，总面积67平方公里，辖16个中心村，9490户，3.5万人，耕地面积3086公顷。2017 年，实现财政总收入4435万元，一般公共预算收入2719万元；实现工业销售收入12亿元、利税4113万元，同比分别增长10.5%和25.1%。

【党建工作】 牢记全面从严治党责任，带头落实党内政治生活和组织生活制度，全年召开党工委会议研究部署党建工作17次；落实32名机关干部指导各支部开展党建工作；践行班子成员联系点制度，进村调研17次，解决实际问题6件；包靠3个软弱涣散党组织并实现转化；落实离退休干部政治待遇，为13名老干部过“政治生日”。以“两学一做”学习教育和作风建设年为抓手，坚持学改并进，改进干部作风，推进各项工作，16个村“两委”顺利完成换届。投资70万元，对十字路等4处社区、村办公场所改造提升，为群众提供服务6700余件次。投资12万元，对公开栏改造提升，在各村开通数字网络公开电视，实现村级事务线上线下双公开。完善修订《村级工作管理办法》，继续推行村干部“四诺履职”管理办法，41名村干部承诺并完成事项330项；2个村党支部通过“过硬支部”验收。提升“两新”党组织党建工作水平，组织开展3次主题活动，打造2个党建示范点。落实班子成员“一岗双责”制度，抓好领导班子民主生活会和基层组织生活会，抓实党支部书记述职评议工作。落实谈心谈话制度，与56名产业园、村干部进行2轮谈心谈话，对党员干部存在的苗头性问题早发现、早解决，做到防微杜渐，保证干部主动干事、干净干事。强化纪律意识，运用好“四种形态”，继续加大对党员干部执纪问责力度，对13名违纪党员依规依纪进行组织处理。对2016年查摆的村级管理不到位、“两新”党组织管理滞后等问题，通过理论培训、结对帮带等方式，全部完成整改。

【现代高效农业】 围绕农业增效、农民增收“双增”目标，立足龙山产业园实际，重点打造花卉苗木、果品和瓜菜等三个“万亩农业”示范基地。对新品种、新技术的引进、示范和推广，促进农业种植结构调整，引导农民致富，打响龙山绿色农业品牌。龙山万亩花卉苗木示范基地总面积11520亩，主要以地被类植物为主，有500余个品种，分布在张佩环、宫家老庄、十字路、安家庄等12个村。通过土地流转，集中连片发展，苗木产业面积占农业生产比重的36%，从事苗木产业的农民1.2万人，成立大型专业合作社13个，产品远销鲁、陕、甘、京、津、疆、藏等20余个省市地区，为江北苗木主产区之一。龙山产业园被省林业厅授予“全省花卉苗木百强镇”称号。万亩甜油桃种植基地面积达2.5万亩，主要分布在产业园东部、北部，覆盖周边23个村。其中大棚种植近2万亩，大棚油桃种植面积占到80%，80%以上果品销往北京、上海、天津、南京、济南、青岛等大中型城市。与山东农业大学、山东果树研究所、潍坊林科院等技术院校合作，培育的“早龙霞”“龙峰”“鑫早红”等油桃新品种通过省级鉴定。其中，“龙峰”牌甜油桃通过绿色食品认证，在当地和周边推广种植面积达3万亩，带动社会经济效益3亿元。万亩瓜菜种植基地以大棚反季节蔬菜为主，包括茄子、扁青、菜花、甘蓝、青椒等20余种，涵盖宿家庄、樊家庙等7个村，建有2个大型交易市场，年总收入1.2亿元。截至2017年底，建成花卉苗木、果品、瓜菜3个“农业示范基地”，各类大型交易市场15个，专业合作社140余家，省级示范合作社3家，林果家庭农场8家，年可实现经济收入8亿元。

【工业经济】 制定《龙山产业园2017年招商引资工作实施办法》，组成3个招商分队，突出产业招商、以商引商，围绕新材料、铝型材深加工、高档汽车配件等产业领域，广泛开展精准招商活动，招引一批支撑能力强、具有核心竞争力的税源型大项目落户园区。截至2017年底，共有百事达、志特、众泰、若森、客乐思、中模供应链、鉬励华北模板设计院等7个项目落户产业园，总投资超过20亿元，其中5个项目在临朐租赁车间投入生产；深圳同力得铝模板、北京首铝、珠海荣群铝模板、珠海镓源铝模板、杭州树垚铝模板、山东盛世集团、北京高端铝包木门窗等7个投资过亿元项目实现对接洽谈。百事达建成8.5万平方米生产车间、6000平方米办公及科研楼主体；客乐思建成2.7万平方米生产车间、3000平方米办公楼主体；若森4.5万平方米生产车间主体框架基本完成；众泰建成2.6万平方米生产车间；志特一期300亩场地完成整平；东临MBS项目总面积9500平方米的9个车间、仓库、实验楼开工建设，进行生产设备安装；三义新型环保稳定剂项目进入试生产阶段。坚持招才引智、招院引所与招商引资并重，加大人才引进和创新研发力度，逐步形成一支规模大、富有创新精神、敢于承担风险的创新型人才队伍。获批“宝龙达山东省企业技术中心”“宝龙达山东省（示范）工程技术研究中心” 2个省级平台，“东临新材料潍坊市技术中心”“朝日不锈钢潍坊市工程实验室” 2个市级平台。宝龙达集团董事长曾庆铭入选国家“万人计划”专家、科技部创新创业人才，技术总监徐彩虹获“鸢都产业领军人物”称号。园区成立研发中心5家，拥有高新技术人才72人。2017年，龙山产业园被授予“中国（临朐）铝模板产业基地”“中国有机硅密封胶产业基地”称号。

【基础设施建设】 投资1300万元，对营龙路、龙涧路、龙高路等高标准绿化5万平方米；投资4000万元，开工建设营龙路北延工程。总投资1.1亿元、建筑面积3.2万平方米的孟家庄棚户区改造项目，8栋多层安置楼封顶。会同山旺镇，配合省城乡规划设计研究院对《山旺镇总体规划（2013—2030年）》进行修编，7月6日通过专家组评审，11月17日获县政府批准并组织实施。按照“试点先行、量力而为、分批实施、逐年推进”思路，2017年重点打造张家辛兴村省级美丽乡村和双埠、武家夏庄、孙家庄等村的美丽乡村连片建设。张家辛兴村投资240万元，对道路、基础设施等进行高标准建设。扎实开展旱厕改造，按时间节点完成年度计划。

【社会事业】 总投资8000万元的教育园区，规划用地120亩，建筑面积3.6万平方米，可容纳60个班级、3000名师生，包括初中、小学和幼儿园三部分，教学楼、实验楼、学生公寓楼、餐厅、多功能报告厅、高标准操场等设施。2017年，建设完成龙山小学操场、初中操场及基础设施配套工程，完成教育园区供暖工程3万平方米。龙湖公园及沿街商贸楼基本建成，商户入住率达90%以上。以龙湖公园为中心，集休闲、娱乐、居住、商务为一体的生态景观带初步形成。持续抓好城乡环卫一体化工作，建立长效运行机制。推进清河行动，共杀伐树木近10万棵、清理河道14公里、清理清运生产生活垃圾8万吨、拆除沿河养殖棚60余户，保证河道两岸生态环境建设。做好“两险”收缴工作。组织和落实产业园全民参与居民医疗保险和居民养老保险征缴工作。

【扶贫工作】 2017年，共落实扶贫项目9个，总投资530万元，其中扶贫资金380万元。投资165万元，建标准化养殖场项目，投资70万元，为3个“第一书记”村上项目，全部完工验收。坚持物质扶贫、精神扶贫两手抓，探索形成“明确一个实施责任主体、设定一个扶贫专项基金、成立一个帮扶互助社、引办一个扶贫项目、搭建一个贫困户信息平台、建立一套考核机制”的“六个一” 长效扶贫机制，通过党支部+（合作社、基地、市场、电商）+贫困户的模式，实现贫困户全覆盖。各村通过领办合作社、合理处置集体资源、借助扶贫项目等方式，中心村集体收入全部达到3万元以上，57个贫困户137人全部实现脱贫。

（赵临帅 郎海涛）

## 嵩山生态旅游区

【概况】 嵩山生态旅游区（以下简称嵩山）位于临朐县西部，南接沂源县，西邻淄川市，北靠青州市，总面积89平方公里，辖11个中心村，6502户，21524人，耕地面积800公顷，辖嵩山林场和嵩山水库。2017年，实现财政总收入1287.41万元，一般公共预算收入712.34万元。

【党建工作】 嵩山共有基层党支部18个，其中农村支部11个，机关党支部、国有嵩山林场党支部、嵩山水库管理局党支部、九杰果蔬党支部、朱家坡协会党支部、瓮节村扶贫互助协会党支部、潍临水利基础处理有限公司党支部各1个，共有党员912人。2017年全区开展“基层党组织规范化建设年”活动，规范“三会一课”、民主评议党员、组织生活会、民主生活会，抓实抓党员教育管理、村级班子建设等基层基础工作。组织开展“两学一做·嵩山行动”，深入推进“两学一做”学习教育常态化制度化。以“作风建设年”活动为抓手，突出“责任担当”这条主线，落实班子成员包靠制度，组织各支部积极开展寻标对标，制定赶超措施，以作风转变推动工作落实，狠抓村“两委”班子建设，提升村级整体工作水平。

【农业生产】 突出发展蜜桃、猕猴桃和佛手瓜等特色生态农业，促进农业增效、农民增收和农村经济快速发展。投资1600万元，对铜峪村万亩高标准农田进行整理；投资700万元，对崔木小流域和黄谷小流域进行综合治理；投资1200万元，对万亩农业节水灌溉项目的基础设施进行改造。新发展蜜桃1万亩、猕猴桃和高山樱桃各1000亩。成立17人的农业专家技术服务团，组建齐鲁嵩山农业技术微信服务群，深入田间地头，提供技术指导，解决群众“怎么种”问题；嵩山被评为“潍坊市农产品安全示范镇街”。建设鲁中果品冷储交易市场，在社区建成“乡邻小站电商平台”和“齐鲁嵩山微店”，解决农产品“怎么卖”问题。

【社区建设】 全面推行中心村、社区与合作社“三位”一体化、实体化、规范化运行，11个中心村全部成立社区和合作社。11个社区全部配备专职社会代办员，把邮政快递、票务订购、水电费缴纳、农资购销、农产品销售等业务搬进社区。抓好合作社实体化运行，采取村集体、村干部和村民三方共同出资办法，将合作社打造成利益共同体。11个合作社共计入社社员684户、吸收股金263.3万元，流转土地1261.7亩，种植猕猴桃、蜜桃等经济作物，配套建设加工车间3处、农家乐2处、冷库11处。11个合作社运营全部步入正轨，年实现总收入208万元，带动村集体增收114万元。

【生态建设】 大力开展荒山绿化，重点抓好投资1200万元的欧投项目、200万元的防护林项目、700万元的防火体系建设，年内完成造林1万亩，嵩山境内宜林荒山全部完成绿化任务。抓好护林防火工作，全面加强生态环境保护。坚持“政府引导、村为主体、群众参与”模式，加快推进村庄绿化、亮化、改厕工作，扎实推进美丽乡村建设。安装路灯2010盏、户景观灯5120盏，改厕1163户，美化4万平方米，绿化5.2万平方米。在嵩山全域实施禁牧禁养，扎实开展畜禽养殖专项整治、“清河行动”、违法建筑拆除等工作，建立起环卫一体化长效工作机制。539户养殖户无偿关停拆除各类养殖棚圈900余处，在全县率先全面完成禁牧禁养任务。杀伐树木9000余棵、清理河道16.2公里，拆除违章建筑16处、22间。

【全域旅游】 抓好全域旅游示范乡镇创建，实施“嵩山人家”农家乐提升工程，打造北黄谷、淹子岭等乡村旅游村，大力发展乡村旅游和农家乐，发展农家乐49家，住宿床位达到600张。大力发展引领户外露营新业态，打造“露营小镇·齐鲁嵩山”旅游品牌。加强对外宣传推介，提升齐鲁嵩山的知名度和影响力。先后举办齐鲁嵩山·2017国际露营季“杏花节”“桃花节”“蜜桃采摘节”及山东第四届乡村旅游节系列活动，由全国政协委员、国家一级演员巩汉林一家主演的电影《编外媳妇李小双》在嵩山开机并完成拍摄任务。

【社会事业】 教育工作。嵩山现有嵩山小学、九杰小学2所小学，教师63人，在校学生825人。幼儿园2所，教师17人，接受学前教育儿童297人。不断加大教育投入，大力实施 “雨露行动”，投资13万元，为全区81名贫困家庭学生解决午餐、校服、校车等费用。嵩山小学建设项目完成主体工程建设。2017年，8名小学教师被评为县教学能手，嵩山小学被评为临朐县精神文明先进单位、教育工作先进单位、校园安全工作先进单位、财务工作先进单位、潍坊市“零投诉”学校；九杰小学被评为临朐传统文化实验学校，获临朐县创新成果一等奖，学生作文获全省小学作文一等奖。

文化工作。围绕打通公共文化服务“最后一公里”问题，建成2万平方米镇区文化广场、11个中心村社区7万平方米群众文体广场，全部进行地面硬化、配备体育健身器材。11个社区设立图书阅览室并配备价值1万元图书、报刊，配齐配全音像制品、桌凳设施。围绕文化服务“实用、优质、高效、便捷”原则，每周统一录制广播节目，及时宣传党的政策及工作动态，占领农村思想文化阵地。制作红色标语、孝德文化、乡村旅游墙画300余幅。结合纪念建党96周年系列文化活动，为文艺队配备服装、音响等设备，抓好村级文艺宣传队的培训，组织村级文艺队参与文化活动10余场次。先后举办“杏花节”“桃花节”“蜜桃采摘节”等主题内涵多元、节庆举办常态、产业延伸互动的旅游节庆活动，成功举办山东省第四届乡村旅游节系列活动。

卫计工作。2017年全区共出生393人，其中一孩83人、二孩303人，性别比92.6。办理一孩、二孩免费生育登记300人、三孩生育证审批10人。全区合法生育率达100%，晚婚、晚育率分别达到86.7%和91.6%，人口自然增长率11.4‰。计划生育家庭奖扶政策74人，特扶9人。落实独生子女待遇598户。继续强化医疗卫生一体化建设，在新合社区、九杰社区新建卫生室各一处，西井社区改建卫生室一处，改善医疗环境。嵩山生态旅游区管委会、新合村分别成功申报“省级卫生先进单位”“省级卫生村”。

民政工作。2017年，农村最低生活保障人数234人，五保42人，及时足额发放低保资金583260元、五保资金193100元，对辖区内38户分散五保户实行村镇两级包靠责任制，入户走访并发放棉衣棉被47套，为五保户每人购买煤炭500斤，免费安装有线电视机顶盒20户，为困难群众发放面粉138袋。辖区内共有优抚对象82名，及时足额发放优抚资金735490元，为6名优抚对象发放住院补助38555元，发放优抚对象门诊补助12100元。农村60周岁退役士兵111人，烈士子女1人，抚恤金和生活补助等各项经费均及时足额发放，共发放832192元。为7户家庭申请大病救助，救助金额37976元。对16户家庭实施临时救助，救助金额41989元。开展“慈心一日捐”活动，共捐款1.28万元。为辖区内91名困难残疾人、219名重度残疾人发放生活补助和护理补贴29.76万元。对市直单位选派“第一书记”包村帮扶贫困残疾人15户发放帮扶资金。足额发放9名残疾学生、10名残疾人子女助学金；发放轮椅19辆、拐杖13副，其他辅具60件。

【项目建设】 全力抓好总投资76亿元的潍坊抽水蓄能电站等大项目的跟进落实，全程搞好服务，加快项目建设进度。潍坊抽水蓄能电站3月份启动可研；投资1.2亿元的揽月岛旅游度假区、1亿元的龙潭湖露营公园、2500万元的鲁中果品冷储交易市场等项目加快推进；投资1亿元的净心谷高端旅游度假项目、5000万元的周家山顶高端民宿等旅游项目进展顺利。持续推进镇区搬迁改造，加快旅游小镇开发建设，投资3000万元、建筑面积2万平方米的商业街交房回迁；投资1100万元的龙潭路、暖水路、嵩山路、和谐路等镇区两纵三横路网加快建设，完善镇区路网、水网等基础设施配套；投资2亿元、占地80亩的湖光假日公馆项目已正式开工建设；投资1829万元、占地45亩的嵩山小学完成主体工程。

【精准扶贫】 按照党委统领、镇域统筹、一村一策的工作思路，在全区11个中心村组建由村集体、村干部、村民三方共同参股的股份制合作社，整合资产资金，盘活闲置低效资源，把村集体、村干部、群众联合成为利益共享、风险共担的经济共同体。把贫困户全部纳入合作社，让贫困户以土地或资金入股，对无劳动能力贫困户凭借股份获得稳定收入，对有劳动能力贫困户，引导其大力发展蜜桃、猕猴桃、高山樱桃和乡村旅游等富民产业。按照“增收、减支、省时”思路，依托社区合作社，大力发展蜜桃和乡村旅游两大富民产业，实施“雨露行动”、医疗救助、关爱贫困家庭—暖家工程，抓好“黄谷生机”等社会组织扶贫，剩余的47户、99人全部脱贫。

【地方特产】 蜜桃。嵩山蜜桃为临朐县特产之一，种植于嵩山水库东南一带青石山区。嵩山蜜桃栽培历史悠久、品系繁多，成熟期为9月下旬到10月上旬，属晚熟品种。蜜桃果实性温、味甘酸，营养丰富，尤其铁、钾含量丰富，可养阴生津、清热润肺，有“肺之果”之称。2017年，嵩山蜜桃种植面积达4.5万亩，亩产3000余公斤。

核桃。临朐核桃种植历史悠久，据《临朐县志》记载，1933年，全县有核桃树4000棵，年产12.5万公斤。核桃产地主要集中于五井、嵩山一带，独特的地理环境和气候条件，所产核桃具有个大皮薄、出仁率高、口感好、营养高等特点。2017年，全县核桃种植达30余万棵，临朐县九杰寨山核桃基地被山东省林业厅评为经济林示范基地、山东省科普基地、放心果品。

（杜先涛 王金良）

# 人　物

## 新任县级领导

**张中华**，男，1968 年 6 月生，山东单县人，1989 年 7 月参加工作，省委党校研究生学历，中共党员，现任山东省统计局农村统计处处长，挂职临朐县委副书记。

**简历：**

| | |
|---|---|
| 1989 年 7 月—1990 年 8 月 | 山东省统计局干部 |
| 1990 年 8 月—1992 年 11 月 | 山东省统计局办公室办事员 |
| 1992 年 11 月—1995 年 10 月 | 山东省统计局科员 |
| 1995 年 10 月—2000 年 10 月 | 山东省统计局副主任科员 |
| 2000 年 10 月—2001 年 09 月 | 山东省统计局办公室主任科员 |
| 2001 年 09 月—2004 年 12 月 | 山东省统计局财基处主任科员 |
| 2004 年 12 月—2007 年 12 月 | 山东省统计局财基处助理调研员 |
| 2007 年 12 月—2012 年 8 月 | 山东省统计局财务基建处副处长 |
| 2012 年 8 月—2014 年 10 月 | 山东省统计局财务基建处调研员 |
| 2014 年 10 月—2017 年 10 月 | 山东省统计局农村统计处处长 |
| 2017 年 10 月— | 山东省统计局农村统计处处长，挂职临朐县委副书记 |

**于飞奇**，男，1973 年 10 月生，山东文登人，1990 年 12 月参加工作，大学学历，中共党员，现任临朐县委常委，县人武部政委、党委书记，潍坊军分区党委委员。

**简历：**

| | |
|---|---|
| 1990 年 12 月—1993 年 9 月 | 济南军区后勤部九分部军械修理所战士 |
| 1993 年 9 月—1996 年 7 月 | 石家庄军械工程学院学员 |
| 1996 年 7 月—1998 年 9 月 | 炮八师装备部修理营制配连排长 |
| 1998 年 9 月—1998 年 10 月 | 炮八师装备部副连职主任 |
| 1998 年 10 月—1999 年 9 月 | 炮八师装备部军械装备科副连职助理员 |
| 1999 年 9 月—2000 年 1 月 | 炮八师修理营 2 连政治指导员，连党支部书记 |
| 2000 年 1 月—2001 年 4 月 | 炮八师修理营 1 连政治指导员，连党支部书记 |
| 2001 年 4 月—2002 年 2 月 | 炮八师装备部军械装备科正连职助理员 |
| 2002 年 2 月—2003 年 3 月 | 炮八师 405 团装备处军械装备股股长 |

2003 年 3 月—2004 年 1 月 炮八师装备部军械装备科副营职助理员
2004 年 1 月—2005 年 1 月 装甲八师修理营 2 连技术员（技术 11 级）
2005 年 1 月—2005 年 6 月 装甲八师装备部军械装备科副营职助理员
2005 年 6 月—2006 年 1 月 装甲八师装备部军械装备科正营职助理员
2006 年 1 月—2009 年 1 月 装甲八师修理营政治教导员，营党委书记
2009 年 1 月—2011 年 12 月 装甲八师装备部战技勤务科科长
2011 年 12 月—2012 年 3 月 步兵第 200 旅保障部部长，旅党委委员、常委
2012 年 3 月—2015 年 2 月 26 集团军装备部军械装备处处长
2015 年 2 月—2015 年 7 月 临朐县人武部政委、党委书记，潍坊军分区党委委员
2015 年 7 月—2017 年 1 月 临朐县委常委，县人武部政委、党委书记，潍坊军分区党委委员
2017 年 1 月—2017 年 12 月 临朐县人武部政委、党委书记，潍坊军分区党委委员
2017 年 12 月— 临朐县委常委，县人武部政委、党委书记， 潍坊军分区党委委员

**张贵森**，男，1974 年 10 月生，安丘兴安人，1995 年 8 月参加工作，中央党校大学学历，中共党员，现任潍坊市城市管理行政执法支队党总支书记，挂职临朐县委常委、副县长。

**简历：**

1995 年 8 月—2001 月 12 日潍坊市园林管理局科员
2001 年 12 月—2005 年 6 月潍坊市市政管理局园林绿化与科技科科员
2005 年 6 月—2009 年 6 月 潍坊市市政管理局园林绿化与科技科副科长
2009 年 6 月—2010 年 7 月 潍坊市市政管理局办公室主任
2010 年 7 月—2012 年 9 月 潍坊市城市管理行政执法局办公室主任
2012 年 9 月—2014 年 12 月 潍坊市城市管理监督指挥中心党支部书记
2014 年 12 月—2017 年 3 月 潍坊市城市管理行政执法支队党总支书记
2017 年 3 月— 潍坊市城市管理行政执法支队党总支书记，挂职临朐县委常委、副县长

**王锡利**，男，1974 年 3 月生，寺头镇瑞庄村人，1994 年 7 月参加工作，省委党校大学学历，中共党员，现任临朐县政府副县长、党组成员。

**简历：**

1994 年 7 月—1996 年 4 月 临朐县石家河乡崮东初中教师
1996 年 4 月—1996 年 9 月 临朐县石家河乡团委副书记
1996 年 9 月—1998 年 4 月 临朐县委组织部办事员
1998 年 4 月—2000 年 7 月 临朐县委组织部科员
2000 年 7 月—2001 年 3 月 临朐县委组织部组织科副科长
2001 年 3 月—2003 年 3 月 临朐县委组织部组织科科长
2003 年 3 月—2003 年 8 月 临朐县委党员电教中心副主任
2003 年 8 月—2004 年 3 月 临朐县委党员电教中心主任
2004 年 3 月—2006 年 4 月 临朐县杨善镇党委副书记
2006 年 4 月—2006 年 12 月 临朐县杨善镇党委副书记、纪委书记

2006 年 12 月—2007 年 10 月 临朐县杨善镇党委副书记
2007 年 10 月—2008 年 4 月 临朐县东城街道党工委副书记
2008 年 4 月—2009 年 2 月 临朐县东城街道党工委副书记、总工会主席
2009 年 2 月—2010 年 2 月 临朐县辛寨镇党委副书记、镇长
2010 年 2 月—2011 年 12 月 临朐县冶源镇党委副书记、镇长
2011 年 12 月—2013 年 3 月 临朐县五井镇党委副书记、镇长
2013 年 3 月—2014 年 1 月 临朐县沂山镇党委书记、人大主席
2014 年 1 月—2015 年 8 月 临朐县蒋峪镇党委书记、人大主席
2015 年 8 月—2016 年 12 月 临朐县蒋峪镇党委书记
2016 年 12 月—2017 年 1 月 临朐县政府党组成员
2017 年 1 月— 临朐县政府副县长、党组成员

**张守兵**，男，1974 年 9 月生，寺头镇鹿皋村人，1994 年 7 月参加工作，省委党校大学学历，农业推广硕士，中共党员，现任临朐县政府副县长、党组成员，临朐经济开发区党工委书记。

**简历：**

1994 年 7 月—1997 年 3 月 临朐县委办办事员
1997 年 3 月—2001 年 5 月 临朐县委办科员
2001 年 5 月—2004 年 1 月 临朐县委办督查室副主任
2004 年 1 月—2004 年 6 月 临朐县委办秘书室主任
2004 年 6 月—2005 年 5 月 临朐县委办副主任科员、秘书室主任
2005 年 5 月—2006 年 5 月 临朐县委办副主任科员
2006 年 5 月—2008 年 1 月 临朐县委副秘书长、办公室副主任
2008 年 1 月—2009 年 2 月 临朐县委副秘书长、办公室副主任、保密办主任
2009 年 2 月—2009 年 8 月 临朐县委副秘书长、县接待处主任
2009 年 8 月—2010 年 2 月 临朐县接待处主任
2010 年 2 月—2013 年 9 月 临朐县辛寨镇党委副书记、镇长
2013 年 9 月—2015 年 8 月 临朐县九山镇党委书记、人大主席
2015 年 8 月—2016 年 12 月 临朐县九山镇党委书记
2016 年 12 月—2017 年 1 月 临朐县政府党组成员
2017 年 1 月—2017 年 3 月 临朐县政府副县长、党组成员
2017 年 3 月— 临朐县政府副县长、党组成员，临朐经济开发区党工委书记

**于文瑞**，男，1966 年 1 月生，九山镇于家沟村人，1987 年 7 月参加工作，大学学历，农学学士，现任临朐县政协副主席，县农业局总农艺师。

**简历：**

1987 年 7 月—1989 年 11 月 临朐县石家河乡农技站技术员、助理农艺师
1989 年 11 月—1999 年 12 月 临朐县农技站助理农艺师、农艺师
1999 年 12 月—2001 年 12 月 临朐县农业技术推广站副站长
2001 年 12 月—2009 年 2 月 临朐县农业技术推广站站长
2009 年 2 月—2012 年 2 月 临朐县农业局总农艺师
2012 年 2 月—2013 年 2 月 临朐县农业局总农艺师，县农技站站长
2013 年 2 月—2015 年 5 月 临朐县农业局主任科员、总农艺师，县农技站站长
2015 年 5 月—2016 年 6 月 临朐县农业局总农艺师，县农业技术推广站站长
2016 年 6 月—2016 年 12 月 临朐县农业局总农艺师

2016 年 12 月— 临朐县政协副主席，县农业局总农艺师

**傅廷国**，男，1973 年 11 月生，冶源镇谭家小崔村人，1996 年 9 月参加工作，大专学历，现任临朐县政协副主席，县住房和城乡建设局二级主任科员。

**简历：**

| | |
|---|---|
| 1996 年 9 月—2006 年 4 月 | 临朐县园林处职工、助理工程师 |
| 2006 年 4 月—2010 月 4 月 | 临朐县辛寨镇副镇长 |
| 2010 年 4 月—2011 年 12 月 | 临朐县辛寨镇副镇长、科协主席 |
| 2011 年 12 月—2014 年 1 月 | 临朐县东城街道办事处副主任 |
| 2014 年 1 月—2015 年 8 月 | 临朐县东城街道人大工作室专职副主任（正科级） |
| 2015 年 8 月—2016 月 12 月 | 临朐县东城街道人大工作室主任 |
| 2016 年 12 月— | 临朐县政协副主席，县住房和城乡建设局二级主任科员 |

（县委组织部）

## 2017 年临朐县劳动模范

**杨　宏** 山东华瑞针纺有限公司副总经理
**袁秀红** 临朐县城关街道城关小学教师
**李红梅** 临朐县城关街道初级中学德育处副主任
**潘福荣** 临朐县城关街道办事处教育管理办公室教师
**张　彦** 临朐县人民政府东城街道教育管理办公室团支部书记
**王爱梅** 临朐东城双语学校教师
**石有亮** 临朐县国家税务局营子税务分局局长
**聂振东** 山东东城铝业有限公司总经理
**高世杰** 临朐县五井镇大楼村党支部书记
**刘树清** 临朐山水水泥有限公司总经理
**李永芹** 山东三和食品有限公司职工
**梅生堂** 山东鹤来生物科技有限公司董事长
**曾　明** 临朐县国土资源局寺头国土资源所所长
**陈加训** 临朐县九山镇付兴村党支部书记
**马军元** 临朐县辛寨初级中学教师
**刘成志** 山东祺月童车有限公司副总经理
**刘成安** 临朐县蒋峪镇海尔希望小学教师
**徐丰华** 临朐县柳山镇杜家庄社区服务中心主任
**刘　刚** 临朐县山旺镇文体旅游服务中心主任
**李晓伟** 临朐县国有沂山林场助理农艺师
**王兆艳** 山东东临新材料股份有限公司职工
**窦玉斌** 临朐县嵩山生态旅游区垛庄村支部委员
**刘升臣** 临朐县科学技术协会副科级干部
**倪同霞** 临朐县委老干部局干部
**谭金波** 临朐县国土资源局龙山国土资源所所长
**刘风荣** 临朐县人民医院职工医保办主任
**张兆伟** 临朐县第一中学党委书记、校长
**陈洪涛** 临朐县委宣传部副主任科员
**郝兴川** 临朐县人民检察院党组成员、纪检组长
**王兆年** 临朐县公安局食药环侦大队中队长
**赵传和** 临朐县粮食局办公室主任
**李德民** 临朐县劳动人事争议仲裁院副院长
**房丰贤** 国网山东省电力公司临朐县供电公司乡镇供电所管理部主任
**聂清旭** 山东华建铝业集团有限公司副总裁、生产总监
**吴朝利** 临朐县国有嵩山林场林区主任
**傅绍卓** 临朐县冶源镇傅家李召村党委书记兼村主任
**刘继军** 临朐县地方税务局法规税政科科长
**冯兰君** 临朐县财政投资评审中心党支部书记
**孙开卫** 临朐县市政工程有限公司项目部经理
**冯娟娟** 山东临朐聚丰村镇银行股份有限公司风险管理部科员

（王承学　谭树刚）

# 附　录

## 2017 年县委重要文件目录

表 14

| 序号 | 文件编号 | 文件名称 |
| --- | --- | --- |
| 1 | 临委〔2017〕16 号 | 关于表彰 2016 年度先进单位的决定 |
| 2 | 临发〔2017〕2 号 | 中共临朐县委关于加强自身建设的决定 |
| 3 | 临发〔2017〕3 号 | 关于印发《中共临朐县委 2017 年工作要点》的通知 |
| 4 | 临发〔2017〕5 号 | 关于开展“大项目建设突破年”活动的实施意见 |
| 5 | 临发〔2017〕6 号 | 关于建立服务企业经理人制度精准服务企业的实施意见 |
| 6 | 临发〔2017〕8 号 | 印发《中共临朐县委巡察工作实施办法（试行）》和《关于建立县委巡察工作协作配合机制的意见》的通知 |
| 7 | 临发〔2017〕13 号 | 关于进一步严格和规范党的组织生活的实施意见 |
| 8 | 临发〔2017〕14 号 | 印发《关于在全县开展“作风建设年”活动的实施方案》的通知 |
| 9 | 临发〔2017〕16 号 | 关于印发《县委、县政府领导班子成员党风廉政建设岗位职责》的通知 |
| 10 | 临发〔2017〕22 号 | 印发《关于加快推进生态文明建设的实施方案》的通知 |
| 11 | 临发〔2017〕25 号 | 关于印发临朐县“四个城市”建设五年规划和三年行动计划的通知 |
| 12 | 临发〔2017〕27 号 | 关于进一步完善招商工作体制机制的意见 |
| 13 | 临发〔2017〕29 号 | 关于推进综合行政执法体制改革的实施意见 |
| 14 | 临发〔2017〕33 号 | 关于深入学习宣传贯彻中共十九大精神的决议 |
| 15 | 临办发〔2017〕1 号 | 关于印发《2017 年工业工作实施意见》的通知 |
| 16 | 临办发〔2017〕3 号 | 关于印发《实施“突破龙山”战略五年行动方案》的通知 |
| 18 | 临办发〔2017〕6 号 | 关于印发《2017 年全县美丽乡村标准化建设工作要点》和《2017 年度美丽乡村建设考核办法》的通知 |
| 19 | 临办发〔2017〕10 号 | 关于印发《临朐县基层党建工作责任制实施办法（试行）》的通知 |
| 20 | 临办发〔2017〕11 号 | 关于深入推进大气污染防治的实施意见 |
| 21 | 临办发〔2017〕13 号 | 关于印发《临朐县“四个城市”建设协调推进机制总体方案》的通知 |
| 22 | 临办发〔2017〕15 号 | 关于印发《临朐县招商发展激励政策》的通知 |
| 23 | 临办发〔2017〕17 号 | 关于加强国土资源执法监管建立共同责任机制的实施意见 |
| 24 | 临办发〔2017〕18 号 | 印发《关于开展全县扶贫领域腐败和作风突出问题专项治理的工作方案》的通知 |
| 25 | 临办字〔2017〕15 号 | 关于印发《2017 年度镇（街、园、区）科学发展综合考核办法》的通知 |

续表 14

| 序号 | 文件编号 | 文件名称 |
|---|---|---|
| 26 | 临办字〔2017〕16 号 | 关于印发《2017 年县直部门（单位）工作绩效考核办法》的通知 |
| 27 | 临办字〔2017〕80 号 | 关于印发《临朐县大气污染治理问责办法（试行）》的通知 |
| 28 | 临办字〔2017〕81 号 | 关于印发《临朐县全面实行河长制实施方案》的通知 |
| 29 | 临办字〔2017〕87 号 | 关于印发《临朐县新旧动能转换重大工程实施方案》的通知 |
| 30 | 临办字〔2017〕97 号 | 关于印发《临朐县生态环境损害责任追究暂行办法》的通知 |
| 31 | 临办字〔2017〕136 号 | 关于印发《临朐县人才产业投资基金管理暂行办法》和《临朐县新兴产业基金管理暂行办法》的通知 |

（陈　波）

## 2017 年县政府重要文件目录

表 15

| 序号 | 文件编号 | 文件名称 |
|---|---|---|
| 1 | 临政发〔2017〕1 号 | 关于印发《临朐县人民政府工作规则》的通知 |
| 2 | 临政发〔2017〕2 号 | 关于印发临朐县妇女儿童发展“十三五”规划和临朐县儿童发展“十三五”规划的通知 |
| 3 | 临政发〔2017〕3 号 | 关于印发临朐县矿产资源综合整治工作方案的通知 |
| 4 | 临政发〔2017〕4 号 | 关于印发临朐县县级政府和社会资本合作项目实施意见的通知 |
| 5 | 临政发〔2017〕5 号 | 关于进一步加强税收保障工作的实施意见 |
| 6 | 临政发〔2017〕6 号 | 关于做好银行业信用风险防范和化解工作的意见 |
| 7 | 临政发〔2017〕7 号 | 关于命名表彰临朐县劳动模范的决定 |
| 8 | 临政发〔2017〕8 号 | 关于进一步加强城市基础设施配套费征收使用管理的意见 |
| 9 | 临政发〔2017〕9 号 | 关于进一步加强水资源费和污水处理费征收工作的实施意见 |
| 10 | 临政发〔2017〕11 号 | 关于进一步加强饮用水水源地保护管理的实施意见 |
| 11 | 临政发〔2017〕13 号 | 关于加强养殖业规范管理的意见 |
| 12 | 临政发〔2017〕14 号 | 关于表彰捐资助学先进单位的决定 |
| 13 | 临政发〔2017〕15 号 | 关于表彰学前教育工作先进单位的决定 |
| 14 | 临政发〔2017〕16 号 | 关于表彰 2017 年度临朐县优秀教师优秀教育工作者和十佳班主任的决定 |
| 15 | 临政发〔2017〕17 号 | 关于公布第九届县政府教学成果奖的通报 |
| 16 | 临政发〔2017〕19 号 | 关于颁发第四届文化艺术政府奖的决定 |

（张龙震）

## 2017 年规范性文件选录

表 16

| 序号 | 文件编号 | 文件名称 |
|---|---|---|
| 1 | 临政办发〔2017〕18 号 | 关于印发临朐县城镇污水排入排水管网许可管理办法的通知 |
| 2 | 临政发〔2017〕10 号 | 关于印发临朐县地方储备粮管理办法的通知 |
| 3 | 临政发〔2017〕12 号 | 关于印发临朐县重大行政执法决定法制审核实施办法的通知 |
| 4 | 临政发〔2017〕18 号 | 关于印发临朐县政府非税收入管理办法的通知 |
| 5 | 临政发〔2017〕20 号 | 关于印发临朐县地方政府性债务管理办法的通知 |
| 6 | 临政发〔2017〕21 号 | 关于印发临朐县行政应诉办法的通知 |
| 7 | 临政字〔2017〕60 号 | 关于保留、修改、废止部分规范性文件的通知 |

（杨佃锁　宿万巡）

# 2017 年任免人员

## 县委任免人员

衣利民任县委统战部部长，不再担任县政府党组副书记职务；

郭家荣任县政府党组副书记；

黄芳任县委宣传部部长，不再担任县政府党组成员职务；

郭宝花任县人大常委会党组成员，不再担任县委宣传部部长职务；

傅来昌任县人大常委会党组成员，不再担任县政协党组成员职务；

张守兵任临朐经济开发区党工委书记；

黄芳不再担任临朐经济开发区党工委书记职务；

张元平不再担任县人大常委会党组成员职务；

李文全任县委机要局局长（试用期一年），不再担任县委督查室督查专员职务；

杨维刚任县委督查室主任（试用期一年）；

倪国庆任县委第五巡察组组长（试用期一年），不再担任县委机要局副局长职务；

文雪任县委督查室督查专员（试用期一年）；

卜令芳任县委第二巡察组副组长（试用期一年）；

李莎莎任县纪委案件监督管理室主任（试用期一年）；

韩建国任县委第一巡察组组长（试用期一年），不再担任县纪委派驻第四纪检组副书记职务；

王辉任县委第二巡察组组长（试用期一年），不再担任县纪委派驻第六纪检组副书记职务；

郑成福任县委第四巡察组组长（试用期一年），不再担任县委党代表联络办公室副主任职务；

张栋任县委党代表联络办公室副主任；

马晓文任县委组织员办公室主任（试用期一年）；

都增政任县党建研究会副秘书长（试用期一年）；

王孔海任县精神文明建设委员会办公室副主任（试用期一年），不再担任县委宣传部副主任科员职务；

聂成涛任县委统战部副部长，不再担任县委统战部主任科员职务；

万志勇任县社会治安综合治理委员会办公室主任（试用期一年）；

聂晓燕任县委防范和处理邪教问题领导小组办公室副主任（试用期一年）；

郝大川任县委第三巡察组副组长，不再担任县委防范和处理邪教问题领导小组办公室副主任职务；

刘娜任县信访局副局长（试用期一年），不再担任县信访局副主任科员职务；

刘福平任县技工学校党支部书记，不再担任县职业教育中心党支部书记职务；

吴玉坚任县委第三巡察组组长（试用期一年）；

崔文鹏不再担任县政府办公室副主任科员职务；

王贵龙不再担任县精神文明建设委员会办公室副主任职务；

王来超不再担任县委统战部副部长职务；

赵秀英不再担任县发展和改革局副主任科员职务；

申铜祥不再担任县民政局副主任科员职务；

赵永祥不再担任县财政局副主任科员职务；

王敬涛不再担任县劳动就业办公室党支部书记职务；

谭树宝不再担任县住房和城乡建设局副主任科员职务；

王玉珍不再担任县拆迁安置工作办公室党支部副书记职务；

王建玺不再担任县卫生和计划生育局主任科员职务；

孙传文不再担任县技工学校党支部书记职务；

熊建凯不再担任县弥河风景区管理服务中心党支部书记职务；

朱有德不再担任县人民防空办公室党支部书记职务；

刘涛不再担任县慈善总会办公室党支部副书记职务；

樊升不再担任县人民法院审判委员会专职委员职务；

苏国亮不再担任县农村公共供水管理办公室党支部副书记职务；

王艳任县政协办公室主任科员；

赵玉霞任县民族宗教事务局副主任科员；

郑成亮任县事业单位监督管理局副主任科员；

王玉太任县信访局副主任科员；

王清大任县发展和改革局副主任科员；

张传增任县粮食局主任科员；

付小蒙任县经济和信息化局副主任科员；

马学东任县教育局主任科员；

沈汝伟任县科学技术局主任科员；

陈文静任县民政局副主任科员；

冯元民任县财政局主任科员；

王素芳任县财政局副主任科员；

李霞任县人力资源和社会保障局副主任科员；

吴月亮任县劳动监察大队副主任科员；

刘国明任县住房和城乡建设局主任科员；

宿立涛任县城市管理行政执法大队主任科员；

张洪茂任县统计局主任科员；

刘向明任县安全生产监察大队副主任科员；

郑会宁任县委党校副主任科员；

刘京娟任县旅游局副主任科员；

李华任县妇联副主任科员；

李咏梅任县文学艺术界联合会和县社会科学界联合会主席；

王贵龙任县网络文化管理办公室主任；

井波任县档案馆副馆长；

王成建任县委党员干部现代远程教育中心副主任；

沈汝虎不再担任县文学艺术界联合会和县社会科学界联合会主席职务；

张栋不再担任县委党员干部现代远程教育中心副主任职务；

郭家荣任县工商业联合会主席；

衣利民不再担任县工商业联合会主席职务；

张涛任县人大常委会人事代表工作室副主任；

刘建国不再担任县政协经济科技委主任职务；

王艳不再担任县政协办公室副主任职务；

西宝旺不再担任县反邪教协会秘书长职务；

潍坊市城市管理行政执法支队党总支书记张贵森挂职任临朐县委常委，挂职时间2年；

唐江然任县广播影视中心党委书记，不再担任县委办公室常务副主任职务；

王明奋任县委办公室常务副主任；

车会臣任县农业机械管理局党委书记，不再担任县机构编制委员会办公室副主任、县政务服务中心管理办公室党组书记职务；

刘海任县机构编制委员会办公室副主任、县政务服务中心管理办公室党组书记；

李萍任县档案馆（档案局）党支部书记；

王兵任县委机要局副局长，不再担任县委全面深化改革领导小组办公室专职副主任职务；

杨茂亮任县委督查室副主任（试用期一年），不再担任县委办公室副主任科员职务；

刘鑫任县委全面深化改革领导小组办公室专职副主任（试用期一年），不再担任县委办公室副主任科员职务；

王永泉任县纪委组织部部长（试用期一年），不再担任县纪委副科级纪律检查员职务；

高成栋任县纪委宣传部部长（试用期一年），不再担任县纪委副科级纪律检查员职务；

赵秀山任县委组织员办公室副主任(试用期一年)，不再担任县委组织部副主任科员职务；

蔺园园任县直机关武装部部长（试用期一年）；

王琴任县直机关党工委副书记，不再担任县老年大学党支部书记职务；

谭清军任县人民检察院政治处主任(试用期一年)，不再担任县人民检察院检委会专职委员职务；

王化军任县疾病预防控制中心党支部书记，不再担任县石门坊风景区管理服务中心党支部书记职务；

孟宪进任县弥河风景区管理服务中心党支部书记；

孙秉明不再担任县广播影视中心党委书记职务；

王孝宝不再担任县农业机械管理局党委书记职务；

李培玉不再担任县档案馆（档案局）党支部书记职务；

李兴国不再担任县纪委组织部部长职务；

李春辉不再担任县纪委宣传部部长职务；

张延明不再担任县政府办公室副主任科员职务；

傅有文不再担任县直机关党工委副书记职务；

杨景民不再担任县直机关武装部部长职务；

林立廷不再担任县冶源水库管理局党总支书记职务；

刘扬不再担任县司法局主任科员职务；

冯恩国不再担任县人民检察院政治处主任职务，保留原职级；

陈洪普不再担任县非公有制经济组织党工委专职副书记职务；

夏家华不再担任东城街道党工委委员职务；

殷法军不再担任五井镇副主任科员职务；

李萍任县档案馆（档案局）馆长（局长）；

衣光东任县人才发展服务中心主任；

孔令明任县人才发展服务中心副主任；

谭乐海任县老年大学副校长；

李培玉不再担任县档案馆（档案局）馆长（局长）职务；

李萍不再担任县委党校副校长职务；

王琴不再担任县老年大学副校长职务；

孙秉明任县政协常委会委员；

吉国荣任县反邪教协会秘书长；

陈洪普任县工商业联合会副主席；

刘大章不再担任县工商业联合会副主席职务；

刘海龙任共青团临朐县委副书记；

谭波任县中医院党委书记；

刘洪军任县人民医院党委书记；

高长雷不再担任县中医院党委书记职务；

王乐华任县人民医院理事长；

许孝新任县人民医院院长；

谭波任县中医院理事长；

高长雷任县中医院院长；

李咏梅任县文学艺术界联合会党组书记兼县社会科学界联合会党组书记；

聂清川任县公安局辛寨派出所教导员（试用期一年）；

郝桂林任县公安局冶源派出所教导员（试用期一年）；

马道波任县公安局东城派出所教导员（试用期一年）；

孙家波任县公安局刑警大队教导员（试用期一年）；

王辉不再担任县委第二巡察组组长职务；

冯元民不再担任县财政局主任科员职务；

刘洪德不再担任县卫生和计划生育局副主任科员职务；

窦文纲不再担任县教育局党工委副书记职务；

冯元民不再担任县教育局副主任科员职务；

宋立煜不再担任县公安局刑警大队教导员职务；

冯宪永任临朐城市建设投资集团有限公司总经理；

王忠勇任临朐金融控股集团有限公司总经理；

李继艳任县人大常委会人事代表工作委员会主任，不再担任县人大常委会人事代表工作室主任职务；

张正瑜任县人大常委会研究室主任，不再担任县人大常委会调查研究室主任职务；

王宗华任县人大农业与农村委员会工作室主任，不再担任县人大常委会信访工作室主任职务；

马世宝任县人大内务司法委员会工作室主任，不再担任县人大常委会办公室副主任职务；

赵文奎任县人大教育科学文化卫生委员会工作室主任，不再担任县人大常委会办公室副主任职务；

刘涛任县人大城乡建设与环境资源保护委员会工作室主任，不再担任县人大常委会调查研究室副主任职务；

张本凯任县人大常委会办公室副主任，不再担任县人大常委会信访工作室副主任职务；

郭金鑫任县人大常委会办公室副主任，不再担任县人大常委会办公室老干部科科长职务；

张涛任县人大常委会研究室副主任，不再担任县人大常委会人事代表工作室副主任职务；

王学辉任县人大常委会人事代表工作委员会副主任；

李咏梅任县文学艺术界联合会主席兼县社会科学界联合会主席，不再担任县文学艺术界联合会和县社会科学界联合会主席职务；

张克奇任县文学艺术界联合会副主席，不再担任县文学艺术界联合会和县社会科学界联合会副主席职务；

山东省统计局农村统计处处长张中华挂职任中共临朐县委委员、常委、副书记，挂职时间2年；

高兴江任县维护稳定工作领导小组办公室副主任（正科级）；

冯江华不再担任县人民检察院党组成员、反贪污贿赂局局长职务；

叶东生、王明成、马建营任县政协常务委员会委员；

孟兆庆、赵亚伯不再担任县政协常务委员会委员职务；

周世彬、赵春堂、陈晓东、朱占花任县人大常务委员会委员；

王元孟、叶同国、李储光、刘瑞永、李兴国不再担任县人大常务委员会委员职务；

冯江华、赵文洪、徐亭、韩冬任县监察委员会委员；

高帅为团县委书记候选人；

刘海龙为团县委副书记候选人；

陈明阳、刘莹为团县委挂职副书记候选人；

王明津为团县委兼职副书记候选人；

陈强为县残疾人联合会理事长候选人；

周立俭、聂清渠为县残疾人联合会副理事长候选人。

### 提请县政府任免人员

**提名：**

聂成涛任县民族宗教事务局局长；

王来超不再担任县民族宗教事务局局长职务；

李宪国任县物价局局长，不再担任县发展和改革局副局长职务；

张锋任县统计局副局长，不再担任县政府应急管理办公室副主任职务；

崔文鹏任县政府办公室副主任（试用期一年）；

陈敬任县推进政府职能转变领导小组办公室副主任（试用期一年）；

王兴波任县政府应急管理办公室副主任（试用期一年）；

韩冬任县监察局副局长；

赵秀英任县科学技术局副局长（试用期一年）；

安勇军任县教育局副局长；

王士芹任县教育局副局长（试用期一年）；

赵永祥任县财政局副局长（试用期一年）；

刘伟明任县人力资源和社会保障局副局长，不再担任县公务员管理办公室主任职务；

谭树宝任县住房和城乡建设局副局长（试用期一年）；

周世德、朱占花不再担任县政府办公室副主任职务；

张惠玉、马学东不再担任县教育局副局长职务；

韩建国不再担任县监察局派驻第四监察室副主任职务；

沈汝伟不再担任县科学技术局副局长职务；

冯元民不再担任县财政局副局长职务；

王敬涛不再担任县人力资源和社会保障局副局长职务；

刘国明不再担任县住房和城乡建设局副局长职务；

吴玉坚不再担任县卫生和计划生育局副局长职务；

张洪茂不再担任县统计局副局长职务；

刘谦不再担任县市场监督管理局副局长职务；

尹继军不再担任县计生协会副会长职务；

赵志远任县体育总会副主席，不再担任县物价局副局长职务；

张淑娟任县体育局副局长；

叶永君任县慈善总会办公室主任；

王志勇任县基础设施投资管理中心主任；

王敬涛任县社会保险事业管理中心主任；

姚淑江任县技工学校校长，不再担任县人力资源管理服务中心副主任职务；

王玉珍任县慈善总会办公室副主任；

夏廷涛任县城市管理行政执法大队副大队长；

王建玺任县疾病预防控制中心主任；

白应春任县旅游局副局长；

赵立峰任县规划局副局长；

王春亮任县供销合作社监事会主任，不再担任县供销合作社副主任职务；

郭方明任县供销合作社副主任；

李鹏任县供销合作社监事会副主任；

张永田任县砂资源管理行政执法局副局长；

邱艾明任县粮食局副局长，不再担任县体育局副局长职务；

张传增不再担任县粮食局副局长职务；

马立芳不再担任县物价局副局长职务；

宿立涛不再担任县城市管理行政执法大队副大队长职务；

赵立良不再担任县规划局副局长职务；

王兆生不再担任县体育总会副主席职务；

孙传文不再担任县技工学校校长职务；

马光国不再担任县社会保险事业管理中心主任职务；

刘广顺不再担任县疾病预防控制中心主任职务；

王克军不再担任县会计管理处主任职务；

马云忠不再担任县农村公共供水管理办公室主任职务；

徐传国不再担任县史志办公室副主任职务；

宗传友不再担任县人力资源管理服务中心副主任职务；

潍坊市城市管理行政执法支队党总支书记张贵森挂职任临朐县副县长，挂职时间2年；

刘海任县政务服务中心管理办公室主任；

张延明任县政府办公室副主任（试用期一年）；

杨景民任县政府行政审批制度改革办公室副主任；

张宪富任县物价检查所所长；

吕学聪任县食品药品监督管理局专职副局长（正科级，试用期一年）、县卫生和计划生育局副局长，不再担任县市场监督管理局副局长职务；

刘扬任县司法局副局长；

尹健任县公共资源交易管理办公室专职副主任（试用期一年）；

车会臣不再担任县政务服务中心管理办公室主任职务；

李钦政不再担任县司法局副局长职务；

贺志远不再担任县食品药品监督管理局专职副局长职务；

申光民不再担任县物价检查所所长职务；

唐江然任县广播影视中心主任；

车会臣任县农业机械管理局局长；

刘峰任县招商局副局长；

曾宪雷任县人力资源管理服务中心副主任；

王楠任县中小企业办公室副主任；

李伟任县人民防空办公室副主任；

韩树强任县拆迁安置工作办公室副主任；

冯君萍任县冶源水库管理局副局长；

王兆江任县农业机械管理局副局长；

刘吉坤任县老龙湾风景区管委会主任，不再担任县人民防空办公室副主任职务；

夏光超任县农村公路管理处主任，不再担任县招商局副局长职务；

王建庆任县智慧城市建设管理中心副主任；

孙中强任县尧山生态林场管委会副主任；

殷法军任县沂山生态林场管委会副主任；

刘刚任县国有沂山林场副场长；

孙秉明不再担任县广播影视中心主任职务；

王孝宝不再担任县农业机械管理局局长职务；

吉国荣不再担任县中小企业办公室副主任职务；

张临华不再担任县农业机械管理局副局长职务；

衣光东不再担任县尧山生态林场管委会副主任职务；

孟宪进不再担任县老龙湾风景区管委会主任职务；

刘兆伦不再担任县国有沂山林场副场长职务；

王世东任县公安局副局长（试用期一年）；

李富国任县公安局辛寨派出所所长（试用期一年）；

王庆秀任县公安局冶源派出所所长（试用期一年）；

王丰华任县公安局东城派出所所长（试用期一年）；

王炳法、苏周任县警官培训中心副主任；

林孝伟不再担任县砂资源管理行政执法局副局长职务；

冯宪永不再担任县基础设施投资管理中心副主任职务；

王忠勇不再担任县基层财政管理处副主任职务；

冯元民任临朐金融控股集团有限公司董事长；

赵永祥任临朐城市建设投资集团有限公司董事长，不再担任县财政局副局长职务；

赵文洪、韩冬不再担任县监察局副局长职务；

陈安和不再担任县监察局局长职务。

（县委组织部）

## 2017 年新增山东省服务名牌

表 17

| 序号 | 单位名称 | 服务项目 | 年　度 |
|---|---|---|---|
| 1 | 临朐县沂山生态旅游开发有限公司 | 游览景区管理 | 2017 年 |
| 2 | 临朐揽翠湖温泉度假村有限公司 | 住宿和餐饮业 | 2017 年 |
| 3 | 山东临朐聚丰村镇银行股份有限公司 | 货币银行服务 | 2017 年 |

（吕学聪　张世宸）

## 2017 年新增国家地理标志商标

表 18

| 序号 | 商标注册人 | 商标（图样） | 核定使用商品 / 服务 |
|---|---|---|---|
| 1 | 临朐县桑皮纸制作技艺传习所 | 临朐桑皮宣纸 LINQUSANGPIXUANZHI | 宣纸 |

（吕学聪　张世宸）

## 精品旅游线路、乡村游（农家乐）

表 19

| 旅游项目 | 推荐线路 |
|---|---|
| 魅力临朐一日游 | 沂山—揽翠湖（天沐）温泉度假村—中国奇石城—返程 |
| | 石门坊—五井北方石林—老龙湾—中国奇石城—返程 |
| | 老龙湾—揽翠湖（天沐）温泉度假村—中国奇石城—华艺雕塑园—山旺国家地质公园—返程 |
| | 老龙湾（石门坊）—嵩山生态旅游区—华艺雕塑园—返程 |
| | 从北济青及淄博方向来临朐：D1 山旺国家地质公园—老龙湾—五井北方石林—石门坊（嵩山生态旅游区）—宿揽翠湖（天沐）温泉度假村<br>D2 中国奇石城—沂山—返程 |
| 魅力临朐二日游 | 从南济青及东南方向来临朐：D1 沂山—老龙湾—中国奇石城—宿揽翠湖（天沐）温泉度假村<br>D2 嵩山生态旅游区（石门坊）—五井北方石林—临朐县农民专业合作社产品展销中心—山旺国家地质公园—返程 |
| | 从东边潍坊方向来临朐：D1 山旺国家地质公园—临朐县农民专业合作社产品展销中心—五井北方石林—石门坊—宿揽翠湖（天沐）温泉度假村<br>D2 中国奇石城—老龙湾—沂山—返程 |

续表 19

| 旅游项目 | 推荐线路 |
| --- | --- |
| 沂山周末精品二日游 | D1 博物馆—华艺雕塑园—石门坊—中国奇石城—山旺国家地质公园—宿揽翠湖（天沐）温泉度假村<br>D2 老龙湾—沂山—返程 |
| | D1 老龙湾—中国奇石城—华艺雕塑园—石门坊—宿揽翠湖（天沐）温泉度假村<br>D2 博物馆—沂山—返程 |
| | D1 博物馆—华艺雕塑园—嵩山生态旅游区—中国奇石城—山旺国家地质公园—宿揽翠湖（天沐）温泉度假村<br>D2 老龙湾—沂山—返程 |
| 乡村旅游精品一日游 | 寨子崮景区（午餐：寨子崮农家宴）—五井北方石林—嵩山生态旅游区—返程 |
| | 老龙湾（午餐：全鱼宴）—宋香园生态世界—九山镇牛寨村、黑松林景区—返程 |
| 乡村旅游精品二日游 | D1 老龙湾（午餐：全鱼宴）—宋香园生态世界—九山镇牛寨村、黑松林景区—宿揽翠湖（天沐）温泉度假村或寨子崮农家乐<br>D2 寨子崮景区（午餐：寨子崮农家宴）—五井北方石林—嵩山生态旅游区—返程 |
| | D1 华艺雕塑—五井北方石林—龙虎山居真人 CS（午餐）—淹子岭—北黄谷<br>D2 嵩山景区—河沟村（午餐）—蜜桃、蔬菜基地采摘—返程 |
| 婚纱摄影 | 宋香园生态世界—老龙湾—石门坊—宿揽翠湖（天沐）温泉度假村 |

（韩　莉　王　鹏）

## 星级酒店、餐馆、农家乐、潍水人家品牌示范户

表 20

| 类　别 | 名　称 |
| --- | --- |
| 三星级饭店 | 伟成大酒店、临朐大酒店 |
| 二星级饭店 | 九福来商务酒店 |
| 三星级旅游餐馆 | 五井供销宾馆、沂山观云台 |
| 二星级旅游餐馆 | 冶源鱼宴中心 |
| 四星级“好客人家”农家乐 | 沂山沂盛山庄农家乐 |
| 三星级“好客人家”农家乐 | 冶源鱼宴中心，山旺凤凰庄苑酒店，城关街道寨子崮金岭山庄，东城街道东山田园山庄林兆红经营户，九山镇牛寨村神牛谷二号院、三号院、神牛谷山庄、兴元山庄 |
| 二星级“好客人家”农家乐 | 山旺镇清泉山庄农家乐，辛寨大峪羊肉馆农家乐、唐泉湖农家乐、凤凰山庄、怡香园，沂山风景区沂山人家、沂山茅舍、可心饭庄、国富山庄，嵩山生态旅游区世明饭庄，九山镇牛寨人家、轩辕氏农家乐 |
| 市级“潍水人家”品牌示范户 | 临朐县嵩山生态旅游区沟河村公茂华，常家溜村陈亮，马王村聂乾彦、聂孝禹，马家溜村魏小兰；沂山风景区上寺院旅游开发公司张国爱、倪忠实、张国宝；九山镇牛寨村李信忠、宋代伟、刘瑞亮、赵世军、张贵金、于兴堂、沈祥水、沈喜信、宋代强、宋文学、宋文生、高付营、高付生、王世华、张锡国、刘发安、赵世国、张继会、刘文法、张贵亮、张贵春、刘富来、沈祥强、刘发全、赵世东、鞠海祥、刘富全、鞠学明、刘发增、张继学、沈祥国、于兴元、于兴平；临朐桃花峪旅游开发有限公司杨振、张立明、赵传杰、高学文、牛金岭、刘富全、沈树宝、高成利、高玉财、常子成、于德全、于德海、牛赞民宿、牛寨乡村旅游专业合作社 1 号院（神牛府）、牛寨乡村旅游专业合作社 2 号院（龙潭居）、孙建成之 2 号院（牛妞客栈）、孙建成之 3 号院（牛大姐饭庄）、临朐九山镇牛寨村高玉刚户、高玉江户、牛寨乡村旅游合作社 3 号院（龙女苑）、牛寨乡村旅游合作社 4 号院（铜牛府）、临朐县嵩山生态旅游区新合村 1 号院（大食堂）、瑞头韩克锋农家乐经营户、城关街道寨子崮村高学文经营户、寨子崮 1 号院 |

（韩　莉　王　鹏）

## 临朐县公交线路一览表

表 21

| 线路 | 站 点 |
| --- | --- |
| 1 路 | 上行站点：<br>刘家河—小周家庄—王家楼村—周家庄—永昌铝业—东方怡和教育中心—正源塑胶—润建商砼—威王电池—山东富山集团—东鸿包装—鸿明铝材—滨河花园—曾家洼—创业大厦—风筝集团—鸿瑞不锈钢—华新磁电—瑞丰电子—窗博城—华建集团—旺佳商贸城—赵家庄路口—通力国际商贸城—汽车站—陈家上庄—华铭工程公司—伟华玻璃公司—南环路口北—骨科医院—朐山国际—朐山医院—朐山公园—鼎基国际城市广场—县医院—华兴超市—亿佰家购物中心—工商银行—华兴购物中心—伟成百货—佳乐家购物中心—中医院—原质量技术监督局—石门小区—实验二小—北京花园—原民政局—裕林纺织—北马家庄—秦池集团—泰昌电磁—北苑名都—茂德皮革—供电公司—中国银行—步行街<br>下行站点：<br>伟成百货—工商银行—鲁艺商城—亿佰家购物中心—华兴超市—县医院—鼎基国际城市广场—朐山公园—朐山医院—朐山国际—骨科医院—伟华玻璃公司—华铭工程公司—陈家上庄—汽车站—通力国际商贸城—赵家庄路口—旺佳商贸城—华建集团—窗博城—瑞丰电子—华新磁电—鸿瑞不锈钢—风筝集团—创业大厦—曾家洼—滨河花园—鸿明铝材—东鸿包装—山东富山集团—威王电池—润建商砼—正源塑胶—东方怡和教育中心—永昌铝业—周家庄—王家楼村—小周家庄—刘家河 |
| 3 路 | 上行站点：<br>实验中学—沂山嘉苑—水磨村—天安保险—农信大厦—市场监管局—原万豪集团—人寿保险—奇石市场—原质量技术监督局—中医院—佳乐家购物中心—伟成百货—大观园商场—工商银行—鲁艺商城—亿佰家购物中心—华兴超市—县医院—鼎基国际城市广场—爱德医院—丝绸公司—东苑小学—兴隆弥河大桥—体育中心—东苑小区—广电大厦—东城双语学校—顺达铝业—交通运输局—三和铝业—吉林北站—吉林—北安家河—山东博康蜂业—蓝帆新材料—鑫光钢构—正信商砼—营子—营子五中—吉林村—建美铝业—伟盛铝业—相家楼—毕家沟子—刘迪沟—县中医院康复中心—下李家崖<br>下行站点：<br>下李家崖—县中医院康复中心—刘迪沟—毕家沟子—相家楼—伟盛铝业—建美铝业—吉林村—水沟超市—三和铝业—交通运输局—顺达铝业—东城双语学校—广电大厦—东苑小区—体育中心—兴隆弥河大桥—东苑小学—丝绸公司—爱德医院—鼎基国际城市广场—县医院—华兴超市—亿佰家购物中心—工商银行—华兴购物中心—伟成百货—佳乐家购物中心—中医院—原质量技术监督局—奇石市场—人寿保险—万豪集团—市场监管局—农信大厦—天安保险—水磨村—沂山嘉苑—实验中学 |
| 6 路 | 汽车站—赵家庄路口—窦家庄—型材市场—华建铝业—郎家洼—型材市场—朐山医院—朐山公园—鼎基国际城市广场—县医院—华兴超市—亿佰家—大观园—中国银行—北苑中学—茂德皮革—兴福花园—鲁艺红木—临朐中学—教场—教场北站—宽惠红木—五里庄—竹器市场—鲍庄—利民机械—华特磁电—小陡沟—后楼—锦绣园小区—奇石市场—原科技局—财政局—东郡小区—龙泉小区—沂山嘉苑—龙苑新村—卢家庄—田村路口—丁家路口—文化城—恩诚棉织—南环路口—汽车站 |
| 7 路 | 上行站点：<br>汽车站—陈家上庄—华铭工程公司—伟华玻璃公司—钢材市场—文化城—丁家路口—农资市场—金地商城—田村路口东—王家楼村—水磨村—天安保险—农信大厦—市场监管局—爱玛电动车商城—原巨龙集团—缸套厂家属院—临朐一中—电影院—华兴超市—亿佰家购物中心—工商银行—华兴购物中心—兴隆村委—农机公司—北苑名都—鲁艺红木—临朐中学—教场—北环路口东—陈家庄—刘家庄—广威消毒—健美铝业—东城铝业—康地铝业—山东华联—黄龙木业—东城热电—中坤石油—万利电子—泰昌电磁—华建工业园—三义实业—宝龙达胶业—鑫瑞磁电—永富铝业—榆林店—联科新材料—东临新材料—三义实业—宝龙达—龙润路—志特铝模—华铝铝膜—新龙路—龙南村—龙岗—教育园区—龙山管委会<br>下行站点：<br>龙山管委会—教育园区—龙岗—龙南村—新龙路—华铝铝膜—志特铝模—龙润路—宝龙达—三义实业—东临新材料—联科新材料—万利电子—中坤石油—东城热电—黄龙木业—山东华联—康地铝业—东城铝业—健美铝业—广威消毒—刘家庄—陈家庄—北环路口东—鲁艺红木—北苑名都—茂德皮革—农机公司—兴隆村委—三联家电—大观园商场—中国工商银行—鲁艺商城—亿佰家购物中心—华兴超市—电影院—临朐一中—缸套厂家属院—巨龙集团—福瑞达家私城—市场监管局—农信大厦—天安保险—水磨村—王家楼—田村路口东—金地商城—农资市场—丁家路口—文化城—钢材市场—伟华玻璃公司—华铭工程公司—陈家上庄—汽车站 |

续表 21

| 线路 | 站　点 |
| --- | --- |
| 8 路 | 上行站点：<br>汽车站—陈家上庄—华铭工程公司—伟华玻璃公司—南环路口北—骨科医院—朐山国际—朐山医院—朐山公园—鼎基国际城市广场—县医院—电影院—临朐一中—博物馆—糖尿病医院—城里派出所—财政局路口西—东郡村—西郡村—临朐六中—平安庄—华杰电子—太和聚食品厂—鲁润宝石城—河崖村—开元钛业—狮子口村—捎门村—红叶塑胶—南环路口—岩头村—纸坊工业园—李家庄—李家庄北站—伊利乳业—上石埠村—金声电子—下石埠村<br>下行站点：<br>华杰电子—平安庄—临朐六中—西郡村—东郡村—财政局路口西—城里派出所—糖尿病医院—博物馆—临朐一中—电影院—县医院—鼎基国际城市广场—朐山公园—朐山医院—朐山国际—骨科医院—伟华玻璃公司—华铭工程公司—陈家上庄—汽车站—通力国际商贸城—赵家庄路口—华铝股份—华铝股份南站—消防队—长运公司—江北物流园—供水管理中心—贾家庄—吴家后门村—高家庄—谷家沟—宋家沟—物流园区—长运南门—长运公司—消防队—华铝股份南站—华铝股份—赵家庄路口—通力国际商贸城—汽车站 |
| 10 路 | 汽车站—南环路口—恩诚棉织—文化城—丁家路口—田村路口—卢家庄—龙苑新村—沂山嘉苑—龙泉小区—东郡小区—财政局—原科技局—奇石市场—锦绣园小区—后楼—小陡沟—华特磁电—利民机械—鲍庄—竹器市场—五里庄—宽惠红木—教场北站—教场—临朐中学—鲁艺红木—兴福花园—茂德皮革—北苑中学—中国银行—大观园—亿佰家—华兴超市—县医院—老车站—朐山公园—朐山医院—型材市场—郎家洼—华建铝业—型材市场—窦家庄—赵家庄路口—汽车站 |
| 12 路 | 上行站点：<br>汽车站—檀香园北方—尹家沟小区—顺丰轮胎—丰阳胶条—皇山饺子酒店—东城商会—浩天消防—陶家庄—锦地包装—颜家洼新村—揽翠湖—曾家小区—东城双语学校西门—东红宾馆—馨苑酒店—天普阳光饲料—妇幼保健院—交通运输局—三和铝业—东城医院—黄家洼—吉林村—建美铝业—伟盛铝业—相家楼—毕家沟子—刘迪沟—中医院康复中心—下李家崖<br>下行站点：<br>下李家崖—中医院康复中心—刘迪沟—毕家沟子—相家楼—伟盛铝业—建美铝业—吉林村—黄家洼—东城医院—三和铝业—交通运输局—妇幼保健院—天普阳光饲料—馨苑酒店—东红宾馆—东城双语学校西门—曾家小区—揽翠湖—颜家洼新村—锦地包装—陶家庄—浩天消防—东城商会—皇山饺子酒店—丰阳胶条—顺丰轮胎—尹家沟小区—檀香园北方—汽车站 |
| 26 路 | 上行站点：<br>北亭子—亭子—河头庄—教场—鑫圣钛业—北五里庄—鲍庄—大陡沟—双利制衣—万豪集团—兆杰食府—秦池酒厂—泰昌电磁—兴福花园—茂德皮革—北苑中学—中国银行—全福元—工商银行—亿佰家—万福金店—潍坊银行—南关派出所—富瑞达家私—龙泉小区—张家亭子—西马家庄子—好日子酒店—文泰苑—伊利集团—城关教育园区—李家庄北—李家庄—纸坊工业园路口—纸坊小区—纸坊村—城关街道—永昌门业—石门坊牌坊—东朱堡村—西朱堡村—西环路口—谭马村—谭马村西—石门坊水库—石门坊风景区<br>下行站点：<br>石门坊风景区—石门坊水库—谭马村西—谭马村—西环路口—西朱堡村—东朱堡村—石门坊牌坊—永昌门业—城关街道—纸坊村—纸坊小区—纸坊工业园路口—李家庄—李家庄北—城关教育园区—伊利集团—文泰苑—好日子酒店—西马家庄子—张家亭子—龙泉小区—富瑞达家私—南关派出所—潍坊银行—万福金店—亿佰家—工商银行—全福元—中国银行—北苑中学—茂德皮革—兴福花园—泰昌电磁—秦池酒厂—兆杰食府—万豪集团—双利制衣—大陡沟—鲍庄—北五里庄—鑫圣钛业—教场—河头庄—亭子—北亭子 |

续表 21

| 线路 | 站 点 |
| --- | --- |
| 101 路 | 上行站点：<br>教育园区—鲁艺红木—北苑名都—茂德皮革—农机公司—丝绸公司—鼎基国际城市广场—焦化宾馆—县医院—电影院—临朐一中—博物馆—糖尿病医院—城里派出所—财政局—市场监管局—天安保险—水磨村—王家楼村—田村路口—田村集社区—田村南站—驾考中心—泰丰塑料—付家李召村—杨善路口—临朐一棉—茂森红木—白家李召路口—长丰座椅—大刘家李召—后洼子—洼子超市—大广尧路口—大广尧南站—北店桥南头—沂山啤酒厂—冶五路口—缫丝厂路口—华兴超市—冶源中队—海浮山小区—海浮山医院—冶源镇政府—樱花商务宾馆—志成磁电—恒昌化工—宫家坡村—宫家坡水泥厂<br>下行站点：<br>宫家坡水泥厂—宫家坡村—恒昌化工—志成磁电—樱花商务宾馆—冶源镇政府—海浮山医院—海浮山小区—冶源中队—华兴超市—缫丝厂路口—冶五路口—沂山啤酒厂—北店桥南头—大广尧南站—大广尧路口—洼子超市—后洼子—大刘家李召—长丰座椅—白家李召路口—茂森红木—临朐一棉—杨善路口—付家李召村—泰丰塑料—驾考中心—田村南站—田村集社区——田村路口—水磨村—王家楼村—天安保险—农信大厦—市场监管局—万豪集团 —城里派出所—糖尿病医院—博物馆—临朐一中—电影院—县医院—鼎基国际城市广场—爱德医院—丝绸公司—农机公司—北苑名都—鲁艺红木—教育园区 |
| 102 路 | 上行站点：<br>汽车站—陈家上庄—华铭工程公司—伟华玻璃公司—钢材市场—奇石城—丁家路口—农资市场—金地商城—田村路东—田村路口—田村集社区—田村南站—驾考中心—泰丰塑料—付家李召村—杨善路口—临朐一棉—茂森红木—白家李召路口—长丰座椅—大刘家李召—后洼子—洼子超市—大广尧路口—大广尧南站—北店桥南头—沂山啤酒厂—冶五路口—缫丝厂路口—华兴超市—冶源中队—海浮山小区—海浮山医院—冶源镇政府—樱花商务宾馆—志成磁电—恒昌化工——宫家坡村—宫家坡水泥厂<br>下行站点：<br>宫家坡水泥厂—宫家坡村—恒昌化工—志成磁电—樱花商务宾馆—冶源镇政府—海浮山医院—海浮山小区—冶源中队—华兴超市—缫丝厂路口—冶五路口—沂山啤酒厂—北店桥南头—大广尧南站—大广尧路口—洼子超市—后洼子—刘家李召—长丰座椅—白家李召路口—茂森红木—临朐一棉—杨善路口—付家李召村—泰丰塑料—驾考中心—田村南站—田村社区—田村路口—田村路口东—金地商城—农资市场—丁家路口—奇石城—钢材市场—伟华玻璃公司—华铭工程公司—陈家上庄—汽车站 |
| 103 路 | 上行站点：<br>汽车站—通力国际商贸城—赵家庄路口—华铝股份—华铝股份南站—消防队—长运公司—江北物流园—富民汽车城—威通汽车城—博思特磁电—七贤店村—罗家树村—通顺驾校—林家庄—美华搅拌站—大山中心村—谢家营—卧龙—朱家路口—小山—恩友工业铝材—连家庙—卧龙官庄—猫林沟—梨花埠—北南流村—曹官庄—瞿家圈—冶源水库—冯家王舍村—半截楼村—红新村—冶源镇政府—海浮山医院—海浮山小区—冶源中队—华兴超市—缫丝厂路口—矿山机械厂—冶北小区—冶西小学—冶源职业中学<br>下行站点：<br>瞿家圈—曹官庄—北南流村—梨花埠猫林沟—卧龙官庄—连家庙—恩友工业铝材—小山—朱家路口—卧龙—谢家营—大山中心村—美华搅拌站—林家庄—通顺驾校—罗家树村—七贤店村—博思特磁电—威通汽车城—富民汽车城—江北物流园—长运公司—消防队—华铝股份南站—华铝股份—赵家庄路口—通力国际商贸城—汽车站—曾家洼—金迪胶业—中天不锈钢—吕家庙—骨科医院—朐山国际—盛世家园东门—景观桥—潍坊银行—电影院—建设银行—临朐一中—博物馆—城里派出所—中国人寿—临朐奇石城—原技术监督局—中医院—佳乐家—邮电局—伟成百货—工商银行—鲁艺文化城—亿百家—华兴超市—电影院—潍坊银行—龙韵文化城—景观桥—盛世家园东门—朐山国际—骨科医院—吕家庙—中天不锈钢—金迪胶业—曾家洼—汽车站 |

（窦学华 张 琨）

## 临朐县汽车站班次对应表（一）

表 22

| 线路 | 班次 | 发车时间 | 线路 | 班次 | 发车时间 |
|---|---|---|---|---|---|
| 潍坊 | 101 | 流水 | 西池 | 217 | 7:50 |
| | 102 | | | 218 | 10:00 |
| 柳山 | 103 | | | 219 | 11:00 |
| 九山 | 201 | | | 220 | 14:30 |
| 五井 | 202 | | | 221 | 17:00 |
| 嵩山 | 203 | | 黄山 | 222 | 7:40 |
| 李季 | 205 | | | 223 | 9:40 |
| 石家河（西） | 206 | | | 225 | 12:00 |
| 洛庄 | 207 | | | 226 | 14:10 |
| 新汶 | 208 | | | 227 | 17:00 |
| 大关 | 301 | | 花园河 | 228 | 8:00 |
| 石家河（东） | 302 | | | 229 | 17:00 |
| 临沂 | 303 | | 李家庄 | 230 | 6:50 |
| 蒲沟 | 305 | | | 231 | 9:05 |
| 徐家河 | 306 | | | 232 | 11:20 |
| 杨家河 | 307 | | | 233 | 14:00 |
| 沂山 | 308 | | | 235 | 16:20 |
| 赵家沟 | 309 | | 平安峪 | 236 | 7:30 |
| 济南 | 401 | | | 237 | 9:30 |
| 青州 | 402 | | | 238 | 12:00 |
| 淄博 | 403 | | | 239 | 15:00 |
| 东营 | 405 | | | 240 | 17:00 |
| 临淄 | 406 | | 铜峪 | 241 | 8:20 |
| 寿光 | 407 | | | 242 | 11:00 |
| 龙岗 | 110 | 7:00 | | 243 | 14:00 |
| | 111 | 8:00 | | 245 | 16:50 |
| | 112 | 9:00 | 赵家楼 | 246 | 8:00 |
| | 113 | 10:00 | | 247 | 10:00 |
| | 115 | 11:30 | | 248 | 12:00 |
| | 116 | 13:00 | | 249 | 14:30 |
| | 117 | 15:00 | | 250 | 17:00 |
| | 118 | 17:00 | 大楼 | 251 | 7:30 |
| 后疃 | 120 | 7:30 | | 252 | 9:30 |
| | 121 | 10:30 | | 253 | 12:10 |
| | 122 | 14:30 | | 255 | 14:40 |
| | 123 | 17:00 | 梨花埠 | 310 | 7:30 |
| 英山河 | 130 | 7:50 | | 311 | 9:30 |
| | 131 | 9:30 | | 312 | 11:30 |
| | 132 | 11:30 | | 313 | 14:40 |
| | 133 | 14:30 | | 315 | 17:00 |
| | 135 | 16:00 | 三山峪 | 316 | 9:10 |
| | 136 | 17:00 | | 317 | 13:00 |
| 国家峪 | 211 | 7:40 | | 318 | 17:00 |
| | 212 | 10:00 | | | |
| | 213 | 12:10 | | | |
| | 215 | 14:50 | | | |
| | 216 | 17:00 | | | |

（窦学华　张　琨）

## 临朐县汽车站班次对应表（二）

表 23

| 线路 | 班次 | 发车时间 | 线路 | 班次 | 发车时间 |
|---|---|---|---|---|---|
| 南京（过） | 1002 | 9:30 | 苍山（过） | 1330 | 10:00（隔） |
| 天津（隔） | 1006 | 7:20 | | 1442 | 11:30（隔） |
| 北京 | 1008 | 9:00 | 宁波（过） | 1332 | 9:30 |
| 泰安 | 1102 | 7:00 | 常熟（过） | 1336 | 9:30 |
| | 1108 | 8:05 | 温州（过） | 1342 | 11:40 |
| | 1112 | 13:30 | 杭州（过） | 1346 | 13:30 |
| 济宁 | 1116 | 5:50 | 尧峪 | 1383 | 12:40 |
| 沂源 | 1118 | 6:40 | 抬头 | 1385 | 12:30 |
| | 1168 | 12:00 | 赣榆（过） | 1398 | 8:30 |
| 沂源（过） | 1194 | 8:40 | 上海（过） | 1350 | 9:30 |
| | 1140 | 9:30 | 上海（过） | 1352 | 16:00 |
| | 1124 | 10:10 | 南通（过） | 1356 | 16:20 |
| | 1170 | 10:40 | 东里店 | 1402 | 13:20 |
| | 1174 | 13:20 | 淮安（过） | 1412 | 8:30 |
| | 1176 | 14:50 | 郯城（过） | 1428 | 10:20 |
| | 1172 | 16:20 | 上流庄 | 1429 | 13:40 |
| | 1178 | 18:10 | 野坊 | 1430 | 12:40 |
| | | | 盐城（过） | 1432 | 10:00 |
| 聊城 | 1192 | 7:20 | 枣庄（过） | 1436 | 9:40 |
| 莱芜（过） | 1182 | 8:25 | 沂南（过） | 1544 | 9:30 |
| | 1196 | 9:05 | 滨州 | 1506 | 7:00 |
| 烟台 | 1210 | 6:50 | | 1508 | 8:10 |
| | 1216 | 8:10 | | 1510 | 13:00 |
| | 1218 | 12:30 | | 1512 | 14:00 |
| 烟台（过） | 1240 | 9:10（隔） | 高密 | 2202 | 7:40 |
| | 1242 | 9:10（隔） | | 2206 | 14:30 |
| 青岛 | 1220 | 6:50 | 诸城 | 2302 | 6:50 |
| | 1222 | 7:30 | | 2306 | 13:20 |
| | 1236 | 13:00 | 安丘 | 2308 | 10:40 |
| | 1228 | 13:40 | | 2310 | 16:00 |
| 威海 | 1226 | 7:30 | 滨海 | 2502 | 7:10 |
| 黄岛 | 1230 | 6:55 | | 2506 | 8:25 |
| | 1232 | 13:40 | | 2510 | 13:55 |
| 日照 | 1302 | 7:20 | 昌乐 | 2208 | 7:40 |
| | 1306 | 13:30 | | 2210 | 8:30 |
| 临沂 | 1308 | 6:10 | | 2212 | 9:30 |
| | 1310 | 6:50 | | 2214 | 10:30 |
| | 1316 | 8:20 | | 2216 | 13:30 |
| | 1122 | 12:40 | | 2218 | 14:30 |
| 连云港（过） | 1318 | 9:10 | | 2220 | 15:30 |
| | 1360 | 9:40 | | 2222 | 16:30 |
| | 136 | 17:00 | | 317 | 13:00 |
| 国家峪 | 211 | 7:40 | | 318 | 17:00 |
| | 212 | 10:00 | | | |
| | 213 | 12:10 | | | |
| | 215 | 14:50 | | | |
| | 216 | 17:00 | | | |

（窦学华 张 琨）

## 临朐县公共自行车站点一览表

表 24

| 车站号 | 车站名称 | 位　置 |
|---|---|---|
| 5001 | 东城医院 | 东城医院路口北侧 |
| 5002 | 临朐交通运输局 | 交通局正门前 |
| 5003 | 大观园小区 | 大观园小区东镇路口西侧 |
| 5004 | 国土局南门 | （国土局）滨河花园南门西侧 |
| 5005 | 东环路口公园 | 东环路与兴隆路交叉路口东北 |
| 5006 | 创业大厦西 | 创业大厦出口西侧 |
| 5007 | 集贤村 | 集贤村路口西侧 |
| 5008 | 体育中心 | 体育中心西侧 |
| 5009 | 东苑小学 | 东苑小学西侧（公交站牌东） |
| 5010 | 全福元 | 全福元东侧（兴隆村西门对面） |
| 5011 | 临朐佳乐家 | 佳乐家前东侧 |
| 5012 | 临朐中医院 | 县中医院对面路南 |
| 5013 | 凤凰新城 | 凤凰新城南门东侧 |
| 5014 | 锦绣园 | 锦绣园小区西门口南侧 |
| 5015 | 防疫站 | 防疫站南小区（顺风肥牛对面） |
| 5016 | 龙泉小区西扩区 | 临朐县体育公园北 |
| 5017 | 临朐县卫生局 | 卫生局大门西（龙泉中学对面） |
| 5018 | 沂山家园 | 站前路交沂山路口北侧 |
| 5019 | 龙泉小区南扩区 | 龙泉南扩区西门口南侧 |
| 5020 | 机关加油站 | 加油站东侧沿南北人行道 |
| 5021 | 第二加油站 | 弥河路交骈邑路西北角 |
| 5022 | 颐顺园小区 | 颐顺园小区西门北侧 |
| 5023 | 商业街东口 | 全福元商业街东门北侧 |
| 5024 | 丝绸公司家属院 | 兴隆路口西南角拐弯处 |
| 5025 | 阳光水岸西门 | 阳光水岸小区西门北侧 |
| 5026 | 爱德医院 | 爱德医院门口北侧 |
| 5027 | 文化公园中心 | 临朐文化公园标志北侧 |
| 5028 | 鲁艺轩 | 莱茵名都北门西侧 |
| 5029 | 朐山滨河公园 | 政法委对面，骈邑路东侧 |
| 5030 | 朐山国际 | 朐山国际东门南侧 |
| 5031 | 朐山华兴超市 | 朐山华兴超市西出口 |
| 5032 | 东方丽景 | 东方丽景售楼处西侧 |
| 5033 | 民主路南首 | 民主路交沂山路东北角 |
| 5034 | 盛世家园西门 | 盛世家园西门对面 |
| 5035 | 金城大酒店 | 金城大酒店西 |
| 5036 | 水岸泓庭北门 | 水岸泓庭北门东 |
| 5037 | 同心湿地公园 | 湿地公园西北角，碧桂园北门 |
| 5038 | 城建开发公司 | 县法院北侧 |
| 5039 | 惠中园西出口 | 惠中园西出口北，环城食府对面 |
| 5040 | 城关行政审批中心 | 城关行政审批中心前 |
| 5041 | 龙泉新汇园 | 龙泉新汇园门口北侧，检察院北 |
| 5042 | 县委党校 | 县委党校门口北侧 |
| 5043 | 县教育局 | 县教育局门口南侧 |
| 5044 | 县环卫处 | 县环卫处门口北侧 |
| 5045 | 和德乐家具大世界 | 家具大世界北门，原纸厂路口 |
| 5046 | 华兴龙泉店 | 华兴龙泉店东门 |
| 5047 | 晨辉丽都城东 | 晨辉丽都城东北门对面 |
| 5048 | 县财政局 | 县财政局门口南侧 |

续表 24

| 车站号 | 车站名称 | 位　置 |
|---|---|---|
| 5049 | 龙泉小区 | 龙泉小区东门北侧，水务南 |
| 5050 | 临朐县交警大队 | 交警大队门口南侧 |
| 5051 | 临朐联通公司 | 联通公司门口北侧 |
| 5052 | 赋海花园 | 赋海花园南门西侧 |
| 5053 | 富瑞达家俬城 | 富瑞达家俬城 |
| 5054 | 文博苑东区 | 文博苑东区门口南侧 |
| 5055 | 老干局 | 老干局门口南侧 |
| 5056 | 县纪委 | 县纪委门口北侧 |
| 5057 | 三联大酒店 | 三联酒店南侧 |
| 5058 | 建筑质监站 | 建筑质监站门口北，二小东 |
| 5059 | 三友丽锦苑 | 城关法庭对面，龙泉路西侧 |
| 5060 | 劳动就业办 | 劳动就业办北，原民政局对面 |
| 5061 | 富华家园东 | 富华家园东门北侧，民主花园对面 |
| 5062 | 中国银行 | 中国银行门口南侧 |
| 5063 | 全福元商业街西口 | 商业街西出口北侧 |
| 5064 | 临朐邮政局 | 县邮政局门口南侧 |
| 5065 | 华兴购物广场 | 华兴购物广场门口北侧 |
| 5066 | 临朐县公安局 | 县公安局门口南侧 |
| 5067 | 亿佰家 | 亿佰家中心门南侧 |
| 5068 | 水利局 | 水利局门口南侧 |
| 5069 | 铁路大厦 | 铁路大厦门口 |
| 5070 | 东华花园 | 东华花园西门南侧 |
| 5071 | 山水文苑 | 山水文苑大门北侧 |
| 5072 | 小陡沟 | 小陡沟社区西 |
| 5073 | 龙韵绿地西 | 文化城南绿地，景观桥北 |
| 5074 | 龙苑新村北 | 龙苑新村门口北 |
| 5075 | 临朐汽车站 | 汽车站进站口西路沿石上 |
| 5076 | 卜家小河社区 | 骈邑路交沂山路口西南角 |
| 5077 | 御景花园 | 大桥街东头 |
| 5078 | 电脑科技城 | 电脑城西，山水文苑南门东 |
| 5079 | 临朐潍坊银行 | 银行前，朐山路交民主路东北 |
| 5080 | 龙韵文化城 | 龙韵文化城北门东侧 |
| 5081 | 二建路口 | 二建公司路口东侧 |
| 5082 | 组织部 | 组织部东，人事局家属院南 |
| 5083 | 新天地北门 | 大门西侧，南关派出所对面 |
| 5084 | 亿佰家龙泉购物 | 广场前 |
| 5085 | 富元家居 | 家居城西，南关安置楼东 |
| 5086 | 城关供电所 | 供电所门东，华兴超市南门 |
| 5087 | 龙泉小区北门 | 龙泉小区北门西，畜牧局东 |
| 5088 | 临朐一中 | 临朐一中南大门西 |
| 5089 | 临朐建设银行 | 建行营业大厅前 |
| 5090 | 县人民医院 | 县人民医院大门西 |
| 5091 | 临朐县总工会 | 工会门口东，行道树中间 |
| 5092 | 文化公园南侧 | 顺河路交骈邑路东南角 |
| 5093 | 烟草公司北门 | 烟草公司北门东，移动对面 |
| 5094 | 兴隆社区南门 | 社区南门东，县文化馆对面 |
| 5095 | 一建公司 | 一建大门东侧，国税局对面 |
| 5096 | 物价局 | 物价局大门东侧 |
| 5097 | 新华中学 | 新华中学大门西侧 |

续表 24

| 车站号 | 车站名称 | 位　置 |
|---|---|---|
| 5098 | 食品药品监督局 | 监督局门口西，聋哑学校东 |
| 5099 | 华茂集团 | 华茂集团大门东侧 |
| 5100 | 实验二小 | 二小西侧，石门小区北出口 |
| 5101 | 临朐供电公司 | 县供电公司门口东侧 |
| 5102 | 秦池酒厂 | 秦池酒厂大门西侧 |
| 5103 | 大连商务会馆 | 大连商务会馆对面，技校西 |
| 5104 | 创业大厦东 | 创业大厦东侧 |
| 5105 | 县政府 | 县府门口北侧 |
| 5106 | 沂山大桥南 | |
| 5107 | 华艺弥河大桥东 | |
| 5108 | 东朱封东 | |
| 5109 | 西朱村西 | |
| 5110 | 胡梅涧桥东 | |
| 5111 | 孔村桥东 | |
| 5112 | 冯家营 | |
| 5113 | 水库大坝东 | |
| 5114 | 冶东村 | |
| 5115 | 孔村桥西 | |
| 5116 | 胡梅涧桥西 | |
| 5117 | 西朱封西 | |
| 5118 | 红光村 | |
| 5119 | 东朱封 | |
| 5120 | 华艺弥河大桥西 | |

（窦学华　张　琨）

## 临朐县共享汽车充电站一览表

表 25

| 充电站 | 快充 | 慢充 | 合计 |
|---|---|---|---|
| 县委办公院 | 5 | 0 | 5 |
| 县政府办公院 | 5 | 0 | 5 |
| 临朐宾馆 | 0 | 10 | 10 |
| 人民医院 | 5 | 0 | 5 |
| 伟成大酒店 | 0 | 5 | 5 |
| 金城大酒店 | 4 | 6 | 10 |
| 交通运输局 | 3 | 0 | 3 |
| 揽翠湖（天沐）温泉度假村 | 2 | 6 | 8 |
| 创业大厦 | 2 | 3 | 5 |
| 总计 | 26 | 30 | 56 |

（窦学华　张　琨）

## 2017 年国内媒体对临朐重点报道一览表

表 26

| 报刊 | 序号 | 题　目 | 时间 | 位置 |
|---|---|---|---|---|
| 新华每日电讯 | 1 | 《山东临朐牛寨穷山村踏上富裕路》 | 9 月 18 日 | 1 版 |
| 人民日报 | 2 | 《非法集资盯上农民口袋》 | 4 月 19 日 | 11 版 |
| | 3 | 《全国各中小学以“党建 +”为学校发展护航》 | 6 月 29 日 | 17 版 |
| 光明日报 | 4 | 《取缔“神仙银行”，还应打通农村金融血脉》 | 4 月 20 日 | 2 版 |
| 科技日报 | 5 | 《手握技术“金刚钻” 临朐农民创客忙》 | 2 月 21 日 | 7 版 |
| 农民日报 | 6 | 《合力铸品牌“平安峪”小米身价倍增》 | 4 月 8 日 | 5 版 |
| | 7 | 《“神仙银行”凸显农村金融服务缺位》 | 4 月 26 日 | 1 版 |
| | 8 | 《“临朐大樱桃”老品牌“新亮剑”》 | 5 月 19 日 | 3 版 |
| | 9 | 《临朐山区脱贫走了“桃花运”》 | 6 月 26 日 | 8 版 |
| | 10 | 《临朐县：用物联网种鲜桃》 | 8 月 17 日 | 2 版 |
| | 11 | 《生态猪“拱出”大市场》 | 8 月 29 日 | 3 版 |
| 新华社通稿 | 12 | 《百名沂蒙老兵助力山东省临朐县精准扶贫》 | 5 月 17 日 | |
| 新华社山东要情动态 | 13 | 《山东省临朐县：让生态成为县域发展的第一选择》 | 3 月 17 日 | 9/14 |
| | 14 | 《临朐柳山镇加速土地流转撬动农业转型发展》 | 7 月 17 日 | 18—22 |
| | 15 | 《临朐探路全域旅游培育“旅游富县”新动能调查》 | 7 月 24 日 | 13—17 |
| | 16 | 《临朐为新媒体定规立矩强化“党管媒体”主导权》 | 8 月 4 日 | 1/6 |
| 联合日报 | 17 | 《临朐县政协对“中小学幼儿园三年行动计划”实施情况进行视察》 | 7 月 7 日 | 2 版 |
| | 18 | 《以生态理念统揽发展全局——两山理论在临朐的实践》 | 12 月 20 日 | 1 版头条 |
| 大众日报 | 19 | 《“农家乐”开在大山深处》 | 10 月 6 日 | 2 版头条 |
| | 20 | 《齐鲁嵩山：旅游名区 生态小镇》 | 9 月 25 日 | 23 版专版 |
| | 21 | 《沂山百丈崖瀑布》 | 1 月 6 日 | 10 版 |
| | 22 | 《嵩山小学以体验文化提高办学水平》 | 1 月 6 日 | 10 版 |
| | 23 | 《临朐牛寨村获评全国美丽宜居示范村庄》 | 1 月 13 日 | 18 版 |
| | 24 | 《山东首家帐篷酒店营地落户临朐》 | 1 月 16 日 | 7 版 |
| | 25 | 《墙上又多了一张“三好学生”奖状》 | 2 月 2 日 | 1 版 |
| | 26 | 《临朐嵩山生态旅游区创建“2+1”社区工作新模式》 | 2 月 10 日 | 22 版 |
| | 27 | 《冬日游“热”度不减》 | 2 月 10 日 | 22 版 |
| | 28 | 《重点旅游项目建设加快推进》 | 2 月 17 日 | 13 版 |
| | 29 | 《临朐交警利用查缉布控系统打击交通违法行为》 | 2 月 28 日 | 12 版 |
| | 30 | 《临朐供电“三创工程”促服务提升》 | 2 月 28 日 | 10 版 |
| | 31 | 《13 处义务植树基地公布》 | 3 月 10 日 | 17 版 |
| | 32 | 《创业浪潮中的“她力量”》 | 3 月 10 日 | 18 版 |
| | 33 | 《“蘑菇王”点赞临朐供电》 | 3 月 12 日 | 6 版 |
| | 34 | 《“平安峪”小米的供给侧改革实验》 | 3 月 13 日 | 5 版 |
| | 35 | 《临朐供电为纳米钙产业“护航”》 | 3 月 14 日 | 9 版 |
| | 36 | 《临朐县国税局：便民办税 春风润心田》 | 3 月 18 日 | 6 版 |
| | 37 | 《山东首家帐篷酒店营地落户临朐》 | 3 月 20 日 | 7 版 |
| | 38 | 《谭淼：36 岁的“能工巧匠”》 | 3 月 21 日 | 12 版 |
| | 39 | 《凌晨雷霆出击临朐严打砂石车辆违法》 | 3 月 21 日 | 10 版 |
| | 40 | 《临朐供电贴心服务“红丝砚”加工业》 | 3 月 23 日 | 7 版 |
| | 41 | 《临朐供电“三位一体”加强跨棚区线路安全防护》 | 3 月 26 日 | 6 版 |
| | 42 | 《带电抢修只为山村灯火闪亮》 | 3 月 28 日 | 9 版 |
| | 43 | 《电力无忧，火了红香椿》 | 3 月 30 日 | 6 版 |
| | 44 | 《临朐借助升旗仪式加强德育教育》 | 3 月 30 日 | 9 版 |

续表 26

| 报刊 | 序号 | 题　目 | 时间 | 位置 |
|---|---|---|---|---|
| 大众日报 | 45 | 《沂山文化节将于 4 月 16 日—10 月 31 日举办》 | 3 月 31 日 | 18 版 |
| | 46 | 《临朐大棚樱桃进入采摘期》 | 3 月 31 日 | 17 版 |
| | 47 | 《临朐强化危化品车辆安全管理 》 | 4 月 11 日 | 10 版 |
| | 48 | 《零散土地“集结”激发农业新活力 》 | 4 月 14 日 | 18 版 |
| | 49 | 《临朐供电全力服务樱桃行业》 | 4 月 16 日 | 6 版 |
| | 50 | 《第五届中国（临朐）沂山文化节开幕 》 | 4 月 17 日 | 2 版 |
| | 51 | 《临朐“电亮”创业之星》 | 4 月 18 日 | 10 版 |
| | 52 | 《临朐县龙山中心幼儿园开展家访效果好》 | 4 月 21 日 | 19 版 |
| | 53 | 《郑钦：急公援五四 好义勀督军 》 | 5 月 3 日 | 11 版 |
| | 54 | 《精准帮扶，点燃希望》 | 5 月 5 日 | 14 版 |
| | 55 | 《临朐县亭子小学班建立“班级家长微信群”》 | 5 月 5 日 | 14 版 |
| | 56 | 《临朐幼儿教师一体化轮岗效果好 》 | 5 月 12 日 | 18 版 |
| | 57 | 《打造“指尖上”的党建阵地 》 | 5 月 19 日 | 18 版 |
| | 58 | 《临朐以媒体访谈助推“两个责任”落实》 | 5 月 26 日 | 18 版 |
| | 59 | 《“旅游 + 直播”开启旅游营销新模式》 | 6 月 5 日 | 7 版 |
| | 60 | 《“中国大棚樱桃第一县”花落临朐》 | 6 月 9 日 | 22 版 |
| | 61 | 《临朐打造投资项目审批“绿色通道” 》 | 6 月 16 日 | 33 版 |
| | 62 | 《“山东临朐红色传承展”在临朐县委门前开展》 | 6 月 16 日 | 33 版 |
| | 63 | 《通路那年，全村增收 30 多万元 》 | 6 月 30 日 | 18 版 |
| | 64 | 《临朐服务企业经理人奔赴大项目一线 》 | 7 月 14 日 | 13 版 |
| | 65 | 《冷链物流送农产品新鲜入户 》 | 7 月 21 日 | 14 版 |
| | 66 | 《外出打工的陆续回村了》 | 8 月 18 日 | 14 版 |
| | 67 | 《潍坊市入围 2017 中国旅游城市前 50 强》 | 8 月 18 日 | 14 版 |
| | 68 | 《县乡人大工作如何“根深本固”》 | 9 月 17 日 | 3 版 |
| | 69 | 《临朐龙泉小学　阶段式培养教师》 | 9 月 22 日 | 30 版 |
| | 70 | 《山东省第一届“最美基层统计人”先进事迹》 | 9 月 25 日 | 14 版 |
| | 71 | 《恋上这里的青山绿水》 | 9 月 28 日 | 10 版 |
| | 72 | 《临朐县加强中小学校党建工作扫描》 | 9 月 29 日 | 21 版 |
| | 73 | 《临朐农商行　“富民统筹贷”开启托底扶贫新模式》 | 10 月 11 日 | 19 版 |
| | 74 | 《中国（临朐）家居门窗博览会暨全铝家居博览会举办》 | 10 月 20 日 | 17 版 |
| | 75 | 《临朐治理占道经营疏堵并举》 | 10 月 20 日 | 17 版 |
| | 76 | 《美丽乡村又添新魅力》 | 10 月 20 日 | 17 版 |
| | 77 | 《临朐县地税局推进国地税联合稽查　打造税务检查双引擎》 | 11 月 1 日 | 5 版 |
| | 78 | 《第一书记十字路村给来人拍照》 | 11 月 10 日 | 13 版 |
| | 79 | 《临朐妇女撑起脱贫半边天》 | 11 月 17 日 | 13 版 |
| | 80 | 《临朐县地税局多点共推 提升党建水平彰显党员形象》 | 11 月 25 日 | 5 版 |
| | 81 | 《潍坊新增五处市级湿地公园》 | 11 月 28 日 | 7 版 |
| | 82 | 《临朐两宗采矿权出让总成交 6.28 亿元》 | 11 月 28 日 | 7 版 |
| | 83 | 《临朐山沟里的“厕所革命”》 | 12 月 1 日 | 17 版 |
| | 84 | 《临朐违法建设治理实现新突破》 | 12 月 1 日 | 18 版 |
| | 85 | 《临朐掌上党建平台亮了“临朐 e 支部”》 | 12 月 8 日 | 21 版 |
| | 86 | 《强化明察暗访 推进作风建设》 | 12 月 8 日 | 22 版 |
| | 87 | 《43 类申请事项无纸化办理》 | 12 月 8 日 | 23 版 |
| | 88 | 《临朐处分 25 名失信“老赖”》 | 12 月 14 日 | 14 版 |
| | 89 | 《共享汽车到临朐》 | 12 月 15 日 | 8 版 |

续表 26

| 报刊 | 序号 | 题　目 | 时间 | 位置 |
|---|---|---|---|---|
| | 90 | 《不要车不要房 自己家业自己创》 | 12 月 15 日 | 17 版 |
| | 91 | 《临朐九山牛寨村入选全国生态文化村》 | 12 月 15 日 | 17 版 |
| | 92 | 《17 个乡村旅游标杆 示范项目通过市级验收》 | 12 月 22 日 | 14 版 |
| | 93 | 《临朐县技工学校作风建设助力专业强校品牌就业》 | 12 月 22 日 | 14 版 |
| | 94 | 《临朐龙山产业园纪工委强化监督责任》 | 12 月 27 日 | 7 版 |
| | 95 | 《嵩山小学大力开展优秀传统文化体验教育》 | 12 月 29 日 | 18 版 |
| 农村大众 | 96 | 《临朐特色镇村引领城乡高品质生活》 | 4 月 24 日 | 1 版头条 |
| | 97 | 《全域皆景，临朐培育“旅游富县”新动能》 | 6 月 21 日 | 1 版头条 |
| | 98 | 《临朐激活脱贫攻坚源头活水》 | 7 月 26 日 | 1 版头条 |
| | 99 | 《临朐“新六产“助推农业新旧动能转换》 | 12 月 26 日 | 1 版头条 |
| | 100 | 《一粒小米的供给侧改革》 | 3 月 22 日 | A3 版 |
| | 101 | 《看临朐人怎样种植销售大樱桃》 | 4 月 6 日 | B2 版 |
| | 102 | 《临朐破获开叉车盗风景石案件》 | 5 月 8 日 | A4 版 |
| | 103 | 《建设景区钱何来，发展旅游谁受益》 | 5 月 26 日 | 2 版 |
| | 104 | 《村民劳作被电击伤 全力救援有惊无险》 | 6 月 12 日 | A4 版 |
| | 105 | 《临朐山区脱贫走了“桃花运”》 | 6 月 15 日 | A3 版 |
| | 106 | 《一头猪拱动“新六产”》 | 7 月 20 日 | A3 版 |
| | 107 | 《临朐农民两年推广水肥一体化 1200 亩》 | 8 月 22 日 | B3 版 |
| | 108 | 《手工煎饼加工点遍布临朐城乡》 | 9 月 4 日 | A3 版 |
| | 109 | 《小村两个月完成“厕改”》 | 10 月 9 日 | A3 版 |
| | 110 | 《临朐换个方式“靠山吃山”》 | 10 月 11 日 | A3 版 |
| | 111 | 《临朐设立人才产业基金》 | 11 月 6 日 | A3 版 |
| | 112 | 《乡村振兴让“隐士”出山》 | 12 月 14 日 | A3 版 |
| 齐鲁晚报 | 113 | 《特色培训“大篷车”开到家门口》 | 3 月 1 日 | C2 版 |
| | 114 | 《临朐城区启用自适应信号灯》 | 3 月 9 日 | C3 版 |
| | 115 | 《临朐县嵩山小学以体验文化带动教学纪实》 | 3 月 15 日 | 1 版 |
| | 116 | 《临朐车管所开展上门服务》 | 3 月 31 日 | C4 版 |
| | 117 | 《临朐车管所深入企业提高群众满意度》 | 3 月 31 日 | C5 版 |
| | 118 | 《院线电影〈寻人“起”事〉在潍开拍》 | 4 月 12 日 | C1 版 |
| | 119 | 《第五届中国（临朐）沂山文化节开幕》 | 4 月 17 日 | C3 版 |
| 潍坊日报 | 120 | 《临朐 259 家规模以上工业企业配上了“服务员”》 | 3 月 12 日 | 1 版头条 |
| | 121 | 《临朐农业综合开发拓展农业发展“接二连三”新路径》 | 4 月 10 日 | 1 版头条 |
| | 122 | 《临朐：大项目建设演绎“速度与激情”》 | 5 月 24 日 | 1 版头条 |
| | 123 | 《临朐县冶源镇狠抓作风建设力促发展新跨越》 | 6 月 1 日 | 1 版头条 |
| | 124 | 《临朐扭住“五个导向”进位争先加快崛起》 | 6 月 12 日 | 1 版头条 |
| | 125 | 《临朐县嵩山生态旅游区基层治理探析》 | 6 月 30 日 | 1 版头条 |
| | 126 | 《聚焦新旧动能转换的“临朐实践”》 | 7 月 27 日 | 1 版头条 |
| | 127 | 《“四个城市”的柳山探索》 | 7 月 30 日 | 1 版头条 |
| | 128 | 《临朐探路全域旅游培育“旅游富县”新动能》 | 9 月 10 日 | 1 版头条 |
| | 129 | 《担当作为看境界》 | 9 月 25 日 | 1 版头条 |
| | 130 | 《临朐“五把尺子”量出创业激情》 | 11 月 5 日 | 1 版头条 |
| | 131 | 山水之城落墨文化重彩 | 12 月 22 日 | 1 版头条 |
| | 132 | 《临朐贯彻落实市第十二次党代会精神 瞄准一流寻标定标加快崛起》 | 2 月 23 日 | 1 版倒头条 |
| | 133 | 《临朐县认真贯彻落实全市开展“作风建设年”活动动员大会精神》 | 4 月 29 日 | 1 版倒头条 |
| | 134 | 《集聚各方资源打好“人民战”》 | 7 月 26 日 | 1 版倒头条 |

续表 26

| 报刊 | 序号 | 题　目 | 时间 | 位置 |
|---|---|---|---|---|
| 潍坊日报 | 135 | 《一份典型山区发展的“嵩山方案”》 | 8月16日 | 1版倒头条 |
| | 136 | 《临朐以实干闯出绿色崛起之路》 | 9月27日 | 1版倒头条 |
| | 137 | 《中国（临朐）铝模板产业园：筑造铝模板行业新地标》 | 11月14日 | 1版倒头条 |
| | 138 | 《中欧节能门窗产业园：拉深增厚铝型材产业链条》 | 12月14日 | 1版倒头条 |
| | 139 | 《临朐九山以项目建设力促产业转型》 | 12月25日 | 1版倒头条 |
| | 140 | 《年后农村别样红》 | 2月4日 | 2版头条 |
| | 141 | 《农民创客唤醒土地“新活力”》 | 2月7日 | 2版头条 |
| | 142 | 《临朐构建全域旅游新格局》 | 2月22日 | 2版头条 |
| | 143 | 《打造山水园林宜居城市》 | 3月24日 | 2版头条 |
| | 144 | 《以作风建设为突破口　寻标定标加快崛起 》 | 4月24日 | 2版头条 |
| | 145 | 《临朐传承“淌水崖水库精神”加快崛起》 | 5月8日 | 2版头条 |
| | 146 | 《临朐大力促进农业增效农民增收》 | 6月8日 | 2版头条 |
| | 147 | 《临朐构建全民创业孵化大格局纪实》 | 7月18日 | 2版头条 |
| | 148 | 《临朐“作风建设年”活动高标准推进走笔》 | 8月13日 | 2版头条 |
| | 149 | 《临朐县创新打造特色党性教育基地速写》 | 8月18日 | 2版头条 |
| | 150 | 《用扎实作风增强崛起动力之源》 | 9月30日 | 2版头条 |
| | 151 | 《临朐“智慧企业”驱动产业强市加速度》 | 11月4日 | 2版头条 |
| | 152 | 《临朐推行“河长制”的责任担当》 | 11月20日 | 2版头条 |
| | 153 | 《临朐美丽乡村闪耀生态民俗特色》 | 1月16日 | 2版倒头条 |
| | 154 | 《临朐：抓好六项重点进位争先》 | 2月14日 | 2版倒头条 |
| | 155 | 《“一粒小米”的供给侧改革》 | 3月25日 | 2版倒头条 |
| | 156 | 《一粒花椒的“富民之道”》 | 5月7日 | 2版倒头条 |
| | 157 | 《合作社里演奏“扶贫进行曲”》 | 5月19日 | 2版倒头条 |
| | 158 | 《山沟里的“厕所革命”》 | 8月24日 | 2版倒头条 |
| | 159 | 《临朐老英雄高新发的抗战故事》 | 9月17日 | 2版倒头条 |
| | 160 | 《农业供给侧结构性改革下的“柳山路径”》 | 4月28日 | 8版整版 |
| | 161 | 《来自临朐脱贫攻坚一线的报告》 | 4月28日 | 7版整版 |
| | 162 | 《读懂一座山　惠泽山里人》 | 5月25日 | 3版整版 |
| | 163 | 《木雕艺人刘光宝：精琢诠释“匠人精神”》 | 1月6日 | 5版 |
| | 164 | 《扶贫路上的“老有所为”》 | 1月7日 | 2版 |
| | 165 | 《搭建文化艺术交融平台》 | 1月11日 | 2版 |
| | 166 | 《临朐30家重点企业1月份上缴税金过亿元》 | 3月5日 | 1版 |
| | 167 | 《临朐40个大项目集中开工》 | 3月7日 | 1版 |
| | 168 | 《临朐县脱贫致富的故事》 | 3月19日 | 2版 |
| | 169 | 《一颗樱桃的全产业链》 | 4月9日 | 2版 |
| | 170 | 《“魅力山水　相约临朐”摄影作品亮相市人民广场》 | 4月14日 | 9版 |
| | 171 | 《全市开展“作风建设年”活动动员大会引起各界热烈反响》 | 4月19日 | 3版 |
| | 172 | 《第五届中国（临朐）家居门窗博览会举办》 | 4月21日 | 2版 |
| | 173 | 《临朐举行首届国际半程马拉松比赛》 | 5月6日 | 2版 |
| | 174 | 《临朐：特色引领城乡品质》 | 5月6日 | 4版 |
| | 175 | 《“金凤凰”缘何扎堆落户“中国门窗硅谷”》 | 5月18日 | 1版 |
| | 176 | 《争当转型发展排头兵》 | 5月27日 | 2版 |
| | 177 | 《麦收“机”欢唱》 | 6月2日 | 2版 |
| | 178 | 《“洼子跑麒麟”的前世今生》 | 6月2日 | 5版 |
| | 179 | 《“紫色花海”绽放山水之城》 | 6月4日 | 1版 |

续表 26

| 报刊 | 序号 | 题　目 | 时间 | 位置 |
|---|---|---|---|---|
| 潍坊日报 | 180 | 《以好作风推动社区新发展》 | 6 月 4 日 | 2 版 |
| | 181 | 《全力打造人才核心竞争力》 | 6 月 7 日 | 2 版 |
| | 182 | 《用“品质”培育 12 亿产值樱桃产业》 | 6 月 14 日 | 7 版 |
| | 183 | 《“小党徽”折射大作风》 | 6 月 22 日 | 6 版 |
| | 184 | 《一场婚礼的“新事新办”》 | 6 月 24 日 | 3 版 |
| | 185 | 《九山：优良作风带动项目大建设》 | 6 月 27 日 | 2 版 |
| | 186 | 《激活每一个产业细胞》 | 6 月 30 日 | 3 版 |
| | 187 | 《临朐加快新旧动能转换》 | 7 月 11 日 | 1 版 |
| | 188 | 《给梦想一个腾飞的舞台》 | 7 月 18 日 | 2 版 |
| | 189 | 《“新六产”助推农业新旧动能转换》 | 7 月 19 日 | 7 版 |
| | 190 | 《打造“三最”软环境　进位争先加快崛起》 | 7 月 20 日 | 3 版 |
| | 191 | 《将改革进行到底》在我市引发强烈反响 | 7 月 25 日 | 1 版 |
| | 192 | 《全市“四个城市”建设动员大会引起社会各界热议》 | 7 月 31 日 | 2 版 |
| | 193 | 《我市社会各界认真收听收看庆祝中国人民解放军建军 90 周年大会盛况》 | 8 月 2 日 | 3 版 |
| | 194 | 《探寻古村落北黄谷村》 | 8 月 4 日 | 6 版 |
| | 195 | 《“妇字号”撑起脱贫“半边天”》 | 8 月 5 日 | 2 版 |
| | 196 | 《临朐县：统筹谋划实现加快崛起》 | 8 月 6 日 | 1 版 |
| | 197 | 《以讲话精神为指引扎实做好各项工作以优异成绩迎接中共十九大胜利召开》 | 8 月 8 日 | 1 版 |
| | 198 | 《脱贫攻坚路上的“领墒牛”》 | 8 月 9 日 | 3 版 |
| | 199 | 《建设淌水崖水库的 6 年零 8 个月》 | 8 月 11 日 | 6 版 |
| | 200 | 《小城大爱—说说临朐志愿服务那些事》 | 8 月 24 日 | 5 版 |
| | 201 | 《我市广大干部群众不忘初心，砥砺奋进》 | 9 月 3 日 | 1 版 |
| | 202 | 《第四届乡村旅游节即将拉开帷幕》 | 9 月 6 日 | 2 版 |
| | 203 | 《林凤珍：捡个“爹”伺候三十年》 | 9 月 14 日 | 7 版 |
| | 204 | 《临朐开拍乡村电影《编外媳妇李小双》》 | 9 月 16 日 | 2 版 |
| | 205 | 《老窦的养鹅场“孵”出新营生》 | 9 月 22 日 | 8 版 |
| | 206 | 《第四届山东省乡村旅游节开幕》 | 9 月 28 日 | 2 版 |
| | 207 | 《临朐县女书画家作品展在潍举办》 | 9 月 29 日 | 9 版 |
| | 208 | 《感谢您撑起这片晴朗的天》 | 9 月 30 日 | 6 版 |
| | 209 | 《以“三招三引”新成效助推“四个城市”建设》 | 10 月 9 日 | 3 版 |
| | 210 | 《抗战医院的良心医者》 | 10 月 9 日 | 4 版 |
| | 211 | 《“精品杂技下基层”慰问演出在临朐县举行》 | 10 月 12 日 | 2 版 |
| | 212 | 《第六届中国（临朐）家居门窗博览会举办》 | 10 月 13 日 | 2 版 |
| | 213 | 《老区农村“新变化”》 | 10 月 14 日 | 2 版 |
| | 214 | 《走进新时代　踏上新征程》 | 10 月 19 日 | 5 版 |
| | 215 | 《凝心聚力共建美好家园》 | 10 月 20 日 | 6 版 |
| | 216 | 《我市基层干部群众持续关注中共十九大》 | 10 月 21 日 | 3 版 |
| | 217 | 《为决胜全面建成小康社会贡献力量》 | 10 月 22 日 | 1 版 |
| | 218 | 《临朐文化惠民“输血”变“造血”》 | 11 月 16 日 | 3 版 |
| | 219 | 《全市重点项目建设亮点纷呈》 | 11 月 18 日 | 1 版 |
| | 220 | 《农产品“触网”找“婆家”》 | 11 月 30 日 | 3 版 |
| | 221 | 《全市首家手绘年画博物馆建成》 | 12 月 9 日 | 3 版 |
| | 222 | 《226 名干部“应聘”到 259 家企业当“店小二”》 | 12 月 10 日 | 2 版 |
| | 223 | 《唱“大戏”赞新生活》 | 12 月 22 日 | 5 版 |

（衣学强）

# 索 引

## D



## E



## F

## G

## H



## J

K



L

## M



## N

## P



## Q



## R



## S

## T

## W



## X

## Y

## Z